Rapport final de la trente-sixième Réunion consultative du Traité sur l'Antarctique

RÉUNION CONSULTATIVE
DU TRAITÉ SUR L'ANTARCTIQUE

Rapport final
de la trente-sixième
Réunion consultative
du Traité sur l'Antarctique

Bruxelles, Belgique
20 - 29 mai 2013

Volume II

Secrétariat du Traité sur l'Antarctique
Buenos Aires
2013

Publié par :

Secretariat of the Antarctic Treaty
Secrétariat du Traité sur l'Antarctique
Секретариат Договора об Антарктике
Secretaría del Tratado Antártico

Maipú 757, Piso 4
C1006ACI Ciudad Autónoma
Buenos Aires - Argentina
Tel: +54 11 4320 4260
Fax: +54 11 4320 4253

Ce rapport est également disponible à : *www.ats.aq* (version numérique)
et exemplaires achetés en ligne

ISSN 2346-9900   ISBN 978-987-1515-67-7

Contenu

3. Résolutions

VOLUME II

DEUXIÈME PARTIE – MESURES, DÉCISIONS ET RÉSOLUTIONS (suite)

TROISIÈME PARTIE – DISCOURS D'OUVERTURE ET DE CLÔTURE ET RAPPORTS

QUATRIÈME PARTIE – DOCUMENTS ADDITIONNELS DE LA XXXVIᵉ RCTA

Sigles et abréviations

ACAP	Accord sur la conservation des albatros et des pétrels
API	Année polaire internationale
ASOC	Coalition sur l'Antarctique et l'océan austral
ATCM	Réunion consultative du Traité sur l'Antarctique
ATCP	Partie consultative au Traité sur l'Antarctique
CAML	Recensement de la vie marine de l'Antarctique
CCAMLR	Convention sur la conservation de la faune et de la flore marines de l'Antarctique et/ou Commission pour la conservation de la faune et de la flore marines de l'Antarctique
CCAS	Convention pour la protection des phoques de l'Antarctique
CCNUCC	Convention Cadre des Nations Unies sur les changements climatiques
CHA	Comité hydrographique sur l'Antarctique
COI	Commission océanographique intergouvernementale
COMNAP	Conseil des directeurs des programmes antarctiques nationaux
CPE	Comité pour la protection de l'environnement
EEC	Évaluation environnementale complète
EEI	Évaluation environnementale initiale
EIE	Évaluation de l'impact sur l'environnement
GCI	Groupe de contact intersessions
IAATO	Association internationale des organisateurs de voyages dans l'Antarctique
ICSU	Conseil International des Unions Scientifiques
IP	Document d'information
IPCC	Groupe d'experts intergouvernemental sur les changements climatiques
IPY-IPO	Bureau du programme de l'Année polaire internationale (API)
OHI	Organisation hydrographique internationale
OMI	Organisation maritime internationale
OMM	Organisation météorologique mondiale
ORGP	Organisation régionale de gestion de la pêche
PNUE	Programme des Nations Unies pour l'environnement
SATCM	Réunion consultative du Traité sur l'Antarctique
SCALOP	Comité permanent sur la logistique et les opérations en Antarctique
SCAR	Comité scientifique pour la recherche antarctique

SC-CAMLR	Comité scientifique de la Commission pour la conservation de la faune et flore marines de l'Antarctique
SMH	Sites et monuments historiques
SP	Document du Secrétariat
STA	Système du Traité sur l'Antarctique ou Secrétariat du Traité sur l'Antarctique
UICN	Union internationale pour la conservation de la nature et de ses ressources
WG	Groupe de travail
WP	Document de travail
WTO	Organisation mondiale du tourisme
ZSGA	Zone spécialement gérée de l'Antarctique
ZSP	Zone spécialement protégée
ZSPA	Zone spécialement protégée de l'Antarctique

PARTIE II

Mesures, Décisions et Résolutions (Suite)

4. Plans de gestion

Plan de gestion

pour la zone spécialement protégée de l'Antarctique

(ZSPA) n° 108

ÎLE GREEN, ÎLES BERTHELOT, PÉNINSULE ANTARCTIQUE

Introduction

La protection des valeurs environnementales et particulièrement celles de la tourbe tapissée de mousse de *Chorisodontium-Polytrichum,* paysage dominant de l'Île Green est la raison primordiale de la désignation de la zone spécialement protégée de l'Antarctique (ZSPA) n° 108 Île Green, Îles Berthelot, Péninsule Antarctique (65°19' de latitude sud, 64°09'de longitude ouest; superficie : 0.2 km^2).

L'Île Green avait été initialement désignée comme zone spécialement protégée en vertu de la recommandation IV-9 (ZSP n° 9, 1966) suite à la proposition du Royaume-Uni. La protection spéciale avait été conférée à la zone en raison de la richesse exceptionnelle de sa flore, probablement la plus luxuriante de la région occidentale de la Péninsule antarctique. La recommandation stipulait en outre qu'à certains endroits l'épaisseur de l'humus atteignait 2 m et que cette zone, de par sa valeur scientifique, devait être protégée car elle était probablement l'un des écosystèmes les plus variés de l'Antarctique. Le Royaume-Uni avait donc élaboré un plan de gestion pour la zone qui avait été adopté dans la recommandation XVI-6 (1991). Les motifs de désignation avaient été étendus et précisés bien que la comparaison avec d'autres sites alentours donnait à penser que la flore d'Île Green n'était pas d'une diversité extraordinaire. Néanmoins, la flore de l'île avait été jugée digne d'intérêt notamment le versant nord de l'île, caractérisé par des bancs de tourbe couverte de mousse abondante et pérenne constituée de *Chorisodontium aciphyllum* et de *Polytrichum strictum* recouvrant essentiellement une tourbière de plus d'un mètre de profondeur. La canche antarctique (*Deschampsia antarctica*), l'une des deux seules plantes vasculaires poussant dans tout le territoire visé par le Traité sur l'Antarctique avait été également observée dans la zone. Elle pousse en touffe parsemée sur les rochers abritant une colonie de cormorans impériaux. Cette colonie de cormorans que l'on rencontre dans les hauteurs abruptes au sud-ouest de l'île avait été identifiée comme l'une des plus importantes de la Péninsule antarctique. Le plan de gestion avait été révisé par le biais de la mesure 1 (2002).

En outre, cet espace s'inscrit bien dans le cadre du système plus global de désignation de zones spécialement protégées puisqu'il abrite une tourbe couverte de mousse ainsi qu'une tourbière présentant des caractéristiques rares dans la région de la Péninsule antarctique. En effet les bancs de mousses de cette zone se distinguent de celles que l'on retrouve ailleurs dans les ZSPA plus au nord car elles sont très peu touchés par l'impact nuisible de l'otarie à fourrure antarctique (*Arctocephalus gazella*). La résolution 3 (2008) recommande l'usage de l'Analyse des domaines environnementaux pour le continent Antarctique comme modèle dynamique pour identifier des espaces répondant aux critères de zones spécialement protégées de l'Antarctique notamment dans le cadre de travail systématique environnemental et géographique visé à l'article 3(2) de l'annexe V du Protocole (voir également Morgan et al.2007). Selon ce modèle, la ZSPA n° 108 se situe dans le domaine B (Géologique des latitudes septentrionales moyennes de la péninsule Antarctique). Les autres zones protégées correspondant au Domaine B sont les ZSPA 115, 134, 140 and 153 et la ZGSA 4). La ZSPA n° 108 se situe dans la Région de conservation biogéographique de l'Antarctique 3, au nord-ouest de la Péninsule antarctique.

1. Description des valeurs à protéger

Suite aux visites effectuées sur la ZSPA en février 2011 et janvier 2013 le présent plan de gestion réaffirme les valeurs qui avaient motivé la désignation de la zone à l'origine. Elles sont réitérées ci-après :

- la riche tourbe tapissée de mousse *Chorisodontium-Polytrichum*, constitue la raison première de la protection spéciale d'Île Green. Les bancs de mousse composés de *Polytrichum strictum* et de *Chorisodontium aciphyllum* sont considérés comme les paysages les plus représentatifs de la flore de cette zone dans la partie ouest de la Péninsule antarctique puisqu'ils occupent une superficie de 0,5 hectare. En outre, au cours des dernières années, de nombreux bancs de mousse comparables situés sur des îles plus au nord ont subi les répercussions négatives de la croissance de la population d'otaries à fourrure (*Arctocephalus gazella*). La végétation de l'Île Green a jusqu'à présent échappé à toute perturbation majeure ;

- la mousse *Chorisodontium aciphyllum* est présente à la limite méridionale de l'île vers les Îles Berthelot ;
- la zone abrite une importante colonie de cormorans impériaux (*Phalacrocorax atriceps*), qui est probablement l'une des espèces qui se reproduisent le plus dans la Péninsule antarctique ;
- l'Île Green a bénéficié d'une protection pendant pratiquement toutes les périodes d'activités scientifiques dans la région et des autorisations d'accès ont été délivrées uniquement pour mener à bien des recherches scientifiques indispensables. Autrement dit, l'île n'a pas été souvent visitée, la recherche et le prélèvement d'échantillons ont été modérés et, par conséquent, le potentiel du site comme référence pour de futures études est incontestable.

2.   Buts et objectifs

La gestion du site de l'Île Green a pour objectif :

- d'éviter la dégradation et de réduire les menaces sérieuses susceptibles d'affecter les valeurs de la zone en empêchant les interventions humaines superflues ;
- d'empêcher ou réduire autant que possible le risque d'introduction dans la zone d'espèces végétales, animales ou microbiennes non indigènes ;
- de réduire autant que possible le risque d'introduction d'agents pathogènes pouvant transmettre des maladies aux populations animales de la zone ;
- d'autoriser d'autres travaux de recherche scientifique sous réserve qu'ils soient motivés par des raisons impérieuses et ne puissent pas être menés ailleurs, mais également, à condition qu'ils ne portent pas atteinte à l'écosystème de la zone ;
- veiller à la conservation de l'écosystème propre à la zone afin d'en faire un espace de référence pour de futures recherches.

3.   Activités de gestion

Afin de protéger les valeurs de la zone, les activités de gestion décrites ci-dessous seront menées :

- des exemplaires du plan de gestion seront mis à la disposition des navires et aéronefs devant visiter les environs de la zone ;
- les bornes, panneaux ou structures érigés à l'intérieur de la zone à des fins scientifiques ou de gestion seront solidement fixés et maintenus en bon état puis enlevés lorsqu'ils ne seront plus nécessaires ;
- le plan de gestion sera révisé au moins une fois tous les cinq ans et mis à jour autant de fois que nécessaire ;
- un exemplaire du présent plan de gestion sera disponible à la station Akademik Vernadsky Station (Ukraine; 65°15' de latitude sud, 64°16' de longitude ouest) ;
- toutes les activités scientifiques ou de gestion réalisées dans la zone feront l'objet d'une évaluation de l'impact sur l'environnement conformément aux dispositions de l'annexe I du Protocole au Traité sur l'Antarctique relatif à la protection de l'environnement ;
- les programmes nationaux pour l'Antarctique en exécution dans cette zone se concerteront afin de veiller à la mise en œuvre des activités de gestion cités ci-haut.

4.   Durée de la désignation

La zone est désignée pour une période indéterminée.

5.   Cartes et photographies

Carte 1. Vue d'ensemble, situation d'Île Green dans la Péninsule antarctique.

Caractéristiques de la carte : WGS84 stéréographie du Pôle antarctique. Méridien central : -55°. Parallèle de référence : -71°

Carte 2. Emplacement de la ZSPA n° 108, Île Green, Îles Berthelot, sur une carte de la région. Localisation des stations et des autres zones protégées à proximité

Caractéristiques de la carte : WGS84 stéréographie du Pôle antarctique. Méridien central :-64°. Parallèle de référence : -71°

Carte 3. Topographie de la ZSPA n° 108, Île Green, Îles Berthelot, Péninsule antarctique. Carte réalisée à partir d'une étude de terrain le 24 février 2001 et d'une orthophotographie numérique (photographie aérienne du British Antarctic Survey, prise le 14 février 2001)

Caractéristiques de la carte : Projection UTM Zone 20S. Sphéroïde : WGS84. Datum: niveau moyen de la mer (EGM96)

6. Description de la zone

6(i) **Coordonnées géographiques, bornage et caractéristiques du milieu naturel**

Caractéristiques générales

L'Île Green (65°19'de latitude sud, 64°09' de longitude ouest, environ 0,2 km^2, carte 1) est une petite île située à 150 m au nord de la plus grande des Îles Berthelot, canal Grandidier, à environ 3 km au large de la côte Graham sur la Péninsule antarctique (carte 2). Sa superficie est de 520 m du nord au sud sur 500 m d'est en ouest. Le relief culmine en un pic arrondi à 83 m d'altitude. L'île est entourée de flancs raides habillés de falaises vertigineuses au sud et à l'est. Les terres basses de l'île sont essentiellement situées sur la côte septentrionale où les rochers se déclinent en pente douce. Les neiges éternelles recouvrent les sommets des falaises ainsi que l'espace situé en altitude au sud-est du point culminant.

Limites géographiques

La zone désignée comprend la totalité de l'île, ses limites étant définies en fonction du niveau de la mer à marée basse. Les îlots et rochers alentours ne sont pas inclus dans la zone. Aucune borne n'a été installée. La côte est très clairement définie et les limites de la zone sont visibles à l'œil nu.

Climat

Il n'existe pas de données d'archive détaillées sur la météorologie de l'Île Green, mais les conditions doivent être semblables à celles de la station *Akademik Vernadsky* (Ukraine) sur l'Île Galindez, Îles Argentine, située à 8 km au nord. La température estivale moyenne à la station est de 0 °C tandis que la température maximale est de 11,7 °C. En hiver, la température moyenne est de -10 °C, le mercure peut descendre jusqu'à -43,3°C. La vitesse moyenne du vent est de 7,5 nœuds.

Géologie et sols

L'Île Green, à l'instar du reste des Îles Berthelot, est composée de gabbro du Jurassique inférieur - Tertiaire inférieur (*British Antarctic Survey*, 1981). Il n y a pas d'autres informations géologiques concernant l'Île. Hormis les importants dépôts de tourbe, le sol dépasse rarement les 20 cm de profondeur sauf dans les ravines et les dépressions rocheuses. Il est principalement constitué de minéraux ahumiques grossiers issus de l'altération de la roche-mère. Les saillies rocheuses et les ravines situées à proximité de la colonie de cormorans impériaux sont constituées d'un sol plus riche en matière organique. Cela s'explique en partie par la présence de mousse et de guano décomposée. Sur la majeure partie du relief en pentes raides au nord de l'île, *Chorisodontium aciphyllum* et *Polytrichum strictum* ont développé un tapis épais de mousse vivante recouvrant au moins un mètre de tourbière à peine altérée ou décomposée (Smith, 1979, Fenton et Smith, 1982). L'étude des propriétés de la tourbière pourrait contribuer à l'identification des caractéristiques climatiques de l'Holocène tardif (Royles et al. 2012). La couche de pergélisol se trouve à une profondeur de 20 à 30 cm sous le sol. Ailleurs sur l'île, notamment sur le flanc nord-est, des petites zones d'éboulis ont été observées. Aucune particularité périglaciaire bien développée n'a pu être constatée malgré la présence évidente de quelques cercles de pierre.

Flore

Le *Polytrichum strictum* est la variété qui domine incontestablement la flore de l'île. Il borde les reliefs en pente au nord de l'île (carte 3) et couvre une étendue de 0,5 ha, d'une largeur de près de 140 m, à une altitude variant entre 25 et 70 m (Bonner et Smith, 1985). La végétation de la zone est luxuriante et la tourbe gelée peut atteindre deux mètres de profondeur. La tourbe apparaît à la surface des bancs de mousse sèche et compacte, ce phénomène serait le résultat de la descente de couches de tourbe active vers les flancs abruptes des falaises. L'érosion des bancs de mousse est très marquée à certains endroits. Cela semble dû au fait que la tourbière atteint une profondeur critique et déborde sur les pentes. Les otaries à fourrure ne seraient pas en cause dans cette évolution, contrairement aux résultats des observations faites sur des ZSPA situées plus au nord (ex : ZSPA n° 113). La variété *Chorisodontium aciphyllum* est plus répandue sur les bordures des bancs de mousse et autour des petites ravines qui s'y forment. En effet, l'écosystème offrant protection et humidité provenant de la congère lui est favorable. Ces deux genres de mousses sont souvent amalgamés dans les grandes tourbières du nord de l'Antarctique maritime. Cependant dans la région du canal Grandidier, on retrouve une mousse plus xérique, exclusivement constituée de *P. strictum*. Le *C. aciphyllum* est plus répandue à la limite méridionale de l'Île Green (Smith, 1996). On retrouve fréquemment les variantes de *C. aciphyllum* telles que *Pohlia nutans* et les hépatiques *Barbilophozia hatcheri* et *Cephaloziella varians*. Les lichens épiphytes ne croissent pas souvent sur la mousse vivante constituée de *Polytrichum* et de *Chorisodontium*, mais le *Sphaerophorus globosus* peut être identifié dans les espaces plus exposées du nord-ouest. Plusieurs genres de *Cladonia* se retrouvent souvent sur les bancs de mousse. L'*Ochrolechia frigida,* lichen épiphyte blanc et verruqueux peut également se retrouver dans une moindre mesure dans cette zone. Les mousses noires encroûtantes s'épanouissent généralement dans la mousse moribonde.

Les petites étendues de mousse constituées de *Warnstorfia fontinaliopsis*, *Brachythecium austro-salebrosum* et *Sanionia uncinata* poussent généralement dans les cavités humides entre les roches et dans les galeries de fonte. Partout ailleurs, la végétation est dominée par les lichens. On peut observer la présence dominante des communautés de *Usnea antarctica* et de *Umbilicaria* (notamment les genres *U. antarctica, U. decussate, U. hyperborea* et *U. umbilicarioides*) qui poussent sur les rochers et les galets loin de la côte et des oiseaux marins. Il est toutefois possible d'identifier dans cet espace, les mousses *Andreaea depressinervis* et *A. regularis* ainsi que plusieurs genres de lichens crustacés. Les falaises surplombant le littoral abritent les communautés les plus diversifiées et les plus hétérogènes. Elles sont essentiellement composées de lichens issus de la modification de la communauté de *Usnea-Umbilicaria* au contact de plusieurs taxons « nitrophiles » (dépendant de l'azote) présents à proximité des nids d'oiseaux marins, notamment les *Acarospora, Buellia, Caloplaca, Lecanora, Mastodia, Omphalodina, Physcia* et *Xanthoria*. Les recensements de plantes dans la région ont servi de référence pour la réalisation de projections régionales et locales concernant la diversité de la flore de lichen dans la Péninsule antarctique (Casanovas et al. 2012). La seule plante à fleur répertoriée à ce jour sur l'Île Green est la canche antarctique (*Deschampsia antarctica*), qui pousse en petites touffes parsemées au-dessus des sites abritant les colonies de cormorans et sur les saillies rocheuses à l'ouest de l'île. Quant aux algues vertes foliacées, elles sont très répandues dans les espaces humides de l'île.

Oiseaux nicheurs

Une importante colonie de cormorans impériaux ((*Phalacrocorax atriceps*) évolue sur un flanc raide et rocheux au nord-ouest de l'île (65°19'21" latitude sud, 64°09'11" longitude ouest; carte 3). Il s'agit de l'une des plus grandes colonies de cormorans impériaux identifiées dans la Péninsule antarctique (Bonner et Smith, 1985), quoique les effectifs varient considérablement d'une année sur l'autre (Casaux et Barrera-Oro, 2006). En 1971, on dénombrait dans la zone 50 couples environ (Kinnear, 1971). En 1973, on comptait 112 individus (Schlatter et Moreno, 1976). Lors d'une visite réalisée en mars 1981, 500-600 individus avaient été recensés (dont 300-400 juvéniles). Le 24 février 2001, Harris (Harris, 2001) avait dénombré 71 oisillons. Le recensement effectué le 15 février 2011 a permis d'identifier 100 individus. Le 22 janvier 2013, l'effectif était de 200-250 individus dont 100 adultes. Les labbes bruns (*Catharacta loennbergi*) sont très répandus dans l'île, ils occupent généralement les grands bancs de mousse. Le labbe antarctique (*C. maccormicki*) fait également partie de la faune de l'île. Quelques spécimens hybrides issus de ces oiseaux sont parfois représentés. Plus de 80 oiseaux avaient été observés en mars 1981 dont 10 couples nicheurs, élevant essentiellement des nichées de deux oisillons. La visite n'avait pas permis d'identifier d'autres oiseaux.

Invertébrés

Les données concernant les invertébrés présents sur l'Île Green sont assez limitées. Cependant 15 espèces d'invertébrés avaient été recensées dans le cadre d'une étude indiquant que la faune d'invertébrés était assez diversifiée pour la région (Usher et Edwards, 1986). Les espèces les plus représentées étaient : *Cryptopygus antarcticus, Belgica antarctica* et *Nanorchestes gressitti*. La larve *B.antarctica* était beaucoup plus répandue sur l'Île Green que sur l'île voisine : l'Île Darboux. Les autres espèces rencontrées dans la zone sont les suivantes: *Alaskozetes antarcticus, Ereynetes macquariensis, Eupodes minutus, Eupodes parvus grahamensis, Friesea grisea, Gamasellus racovitzai, Halozetes belgicae, N. berryi, Oppia loxolineata, Parisotoma octo-oculata, Rhagidia gerlachei* et *Stereotydeus villosus*.

Activités humaines et autres impacts

Les visites de l'Île Green qui ont été documentées sont assez rares. Le premier débarquement sur l'île, dont la mention est connue, date de la Première expédition antarctique française en 1903-05. Puis il y eut quelques autres visites par la Deuxième expédition antarctiques française au cours de l'hiver 1909. Le British Graham Land Expedition débarque sur l'île le 18 mars 1935. En 1981, Smith (Bonner et Smith, 1985) mène des études sur la flore de l'Île Green. Vers 1982-83, Komárková (Komárková, 1983) y entreprend des études de même nature. En janvier 1989, une équipe d'inspection (Heap, 1994 découvre sur un site de l'île de nombreux bouts de fil de fer d'environ 30 cm de long et 2,5mm de diamètre, délimitant les angles d'une aire de 50 m^2 : il s'agissait d'une tourbière recouverte d'un tapis de mousse *Polytrichum strictum*. Les câbles identifiés par l'équipe d'inspection ont été laissés sur place. Il n'a pas été possible de déterminer avec précision la période à laquelle ces repères ont été installés. Il n'a pas été possible non plus, de déterminer précisément le nombre de repères, leurs emplacements à travers le site ainsi que les caractéristiques d'une éventuelle pollution de la mousse par ce matériel. En janvier 2013, une tringle métallique d'environ 20 cm de long dont l'origine est inconnue, a été retrouvée sur la mousse à 65°19'23"de latitude sud et 64° 09'02"de longitude ouest.

Plus récemment, la flore de plusieurs sites situés dans la Péninsule antarctique a été endommagée par le piétinement et l'enrichissement excessif de l'eau de mer par des nutriments, dus à la présence de l'otarie à fourrure antarctique (*Arctocephalus gazelle*). La présence d'otarie à fourrure antarctique n'a pas été détectée sur l'Île Green lors de la visite du 24 février 2001, bien que des traces de piétinement et des indices d'enrichissement des sols aient été observés à plusieurs endroits sur la partie inférieure des bancs de mousse. Cependant, les dommages causés au site étaient très limités et les bancs de mousses étaient bien préservés. Les visites effectuées en février 2011 et en janvier 2013 n'ont pas révélé de nouvelles perturbations par les otaries.

6(ii) Accès à la zone

- L'accès à la zone est autorisé aux embarcations, aux véhicules et aux piétons. Les véhicules et les piétons doivent emprunter la banquise. Il n y a pas de restriction à l'accès à la zone ainsi qu'au départ de la zone par embarcation ou par la banquise ;
- le débarquement des petites embarcations se fera de préférence sur la côte rocheuse septentrionale. L'aire de débarquement recommandée est située sur une petite crique à 65°19'17.6" de latitude sud et 64°08'46.0"de longitude ouest (carte 3). L'accès à d'autres emplacements à proximité de la zone est autorisé aux petites embarcations sous réserve que la visite envisagée soit en rapport avec les motifs pour lesquels le permis a été délivré ;
- lorsque l'accès par la banquise est possible, aucune restriction ne s'applique aux itinéraires d'accès à la zone par les véhicules et les piétons. Toutefois les véhicules ne doivent pas circuler sur la terre ferme ;
- l'atterrissage d'aéronefs dans la zone est interdit ;
- les équipages à bord des embarcations de même que toutes personnes à bord d'une embarcation ne doivent circuler à pied au-delà des environs immédiats de l'aire d'atterrissage sauf autorisation dûment mentionnée sur un permis.

6(iii) Structures à l'intérieur et à proximité de la zone

Aucune structure n'est installée dans la zone. La station de recherche scientifique la plus proche est Akademik Vernadsky (Ukraine, 65°15'de latitude sud, 64°16'de longitude ouest). Elle se trouve à environ 8 km au nord de la zone, à Île Galindez.

6(iv) Existence d'autres zones protégées à proximité de la zone

Les autres zones protégées dans les environs sont :

- ZSPA 113, Île Litchfield, port Arthur, île Anvers, archipel Palmer, 64°46'de latitude sud, 64°06'de longitude ouest, 62 km au nord ;
- ZSPA 139, Pointe Biscoe, Ile Anvers, Archipel Palmer, 64°48' de latitude sud, 63°46'de longitude ouest, 60 km au nord ;
- ZSPA 146, Baie du Sud, Île Doumer, Archipel Palmer, 64°51' de latitude sud, 63°34' longitude ouest, 60 km au nord.

Les ZSPA 113 et 139 sont situées dans la zone gérée spécial de l'Antarctique n° 7, Ile Southwest Anvers et bassin Palmer.

6(v) Sites spécifiques à l'intérieur de la zone

Il n'y a pas de sites spécifiques à l'intérieur de la zone.

7.   Critères de délivrance d'un permis d'accès

7(i) Critères généraux

L'entrée dans la zone est interdite. Seules les personnes en possession d'un permis délivré par une autorité nationale compétente peuvent y accéder. Les critères de délivrance d'un permis d'accès sont les suivants :

- un permis est délivré uniquement pour des causes scientifiques impérieuses ne pouvant être satisfaites par ailleurs ou pour des raisons essentielles à la gestion de la zone ;
- les actions autorisées doivent être conformes aux dispositions du présent plan de gestion ;
- toute activité de gestion envisagée doit servir les objectifs du présent plan de gestion ;
- les actions autorisées ne doivent pas porter atteinte à l'écosystème propre à la zone ;
- les activités autorisées doivent prêter toute l'attention nécessaire à la protection permanente des valeurs environnementales et scientifiques de la zone à travers la mise en œuvre du processus d'évaluation de l'impact sur l'environnement ;
- le permis doit être délivré pour une durée déterminée ; et
- le détenteur du permis doit être en possession du permis ou sa copie lorsqu'il est à l'intérieur de la zone.

7(ii) Accès à la zone et déplacements à l'intérieur de la zone

- l'accès à la zone est interdit aux véhicules terrestres. Les déplacements doivent se faire exclusivement à pied ;
- le survol de la zone par les aéronefs doit se faire dans le respect des conditions minimales stipulées dans les *Lignes directrices pour l'exploitation d'aéronefs à proximité de concentrations d'oiseaux dans l'Antarctique* adoptées dans la résolution 2 (2004) ;
- les piétons doivent prendre toutes les précautions utiles pour minimiser l'impact de leur présence sur le sol, la couverture végétale et les oiseaux, notamment en marchant sur les surfaces enneigées ou les terrains rocailleux ;
- la circulation piétonne doit être réduite au strict minimum et se limiter à l'accomplissement des activités autorisées. Les piétons doivent s'efforcer autant que possible de minimiser l'impact du piétinement.

7(iii) Activités menées ou pouvant être menées dans la zone

Les activités suivantes sont autorisées dans la zone:

- activités de gestion essentielles, notamment la surveillance ;
- travaux de recherche indispensables ne pouvant pas être menées ailleurs et ne portant pas atteinte à l'écosystème de la zone ; et
- échantillonnage limité au minimum requis dans le cadre de programmes de recherches approuvés.

7(iv) Installation, modification ou enlèvement de structures

- Aucune structure ou installation à caractère permanent ne doit être érigée dans la zone ;
- l'installation de structures ou d'équipements de recherche scientifique dans la zone est interdite, sauf pour des raisons scientifiques ou de gestion de nature impérieuse. L'installation doit être dûment autorisée par un permis précisant la durée et les modalités ;
- tous les repères, structures, ou matériels scientifiques installés dans la zone doivent être autorisés par un permis et clairement identifiables par les mentions du pays, nom du principal chercheur, année d'installation, date prévue de l'enlèvement ;
- tous les objets doivent être exempts d'organismes, propagules (ex : semences, œufs, spores), sols non stériles (voir section*7vi)*). Ils doivent être fabriqués à partir de matériaux capables de résister aux conditions environnementales de la région et présenter le moins de risque de contamination possible ;
- lorsque le permis relatif à des structures/matériels spécifiques expire, il appartient à l'autorité qui a délivré le permis à l'origine, de procéder à l'enlèvement de ces structures ou matériels. Cette disposition doit constituer une condition pour la délivrance du permis.

7(v) Emplacement des camps

Lorsqu'ils sont indispensables, les campements temporaires sont autorisés dans la zone, au niveau de la plateforme située sur la côte septentrionale (65°19'18'' de latitude sud, 64°08'55''de longitude ouest; carte 3). Un permis mentionnant l'objectif du campement doit être délivré. Les camps doivent être installés sur les surfaces enneigées stables –qui caractérisent cet emplacement - ou sur le gravier ou les rochers en l'absence de couverture neigeuse. L'installation de camps sur les zones ayant une couverture végétale permanente est interdite.

7(vi) Restrictions sur les matériaux et organismes pouvant être introduits dans la zone

Aucun animal, matériel végétal ou micro-organisme vivant ne doit être délibérément introduit dans la zone. Afin de préserver les valeurs écologiques et floristiques de la zone, des mesures particulières doivent être prises pour réduire le risque d'introduction involontaire d'organismes microbiens, d'invertébrés ou de plantes en provenance d'autres sites de l'Antarctique y compris des stations ainsi que d'autres régions. Tout matériel d'échantillonnage ainsi que tous repères introduits dans la zone doivent être méticuleusement nettoyés voire stérilisés. Dans la mesure du possible, les chaussures et les autres équipements utilisés ou introduits dans la zone (sacs à dos, autres types de sacs) doivent être entièrement et méticuleusement nettoyés avant leur introduction. Il convient également de prendre connaissance et de suivre les recommandations du *Manuel sur les espèces non indigènes du Comité pour la protection de l'environnement* (CEP 2011), et du *Code de conduite environnementale pour les recherches scientifiques terrestres sur le terrain en Antarctique* (SCAR 2009). Compte tenu de la présence de colonies d'oiseaux nicheurs dans la zone, aucun produit provenant ou dérivé d'espèces avicoles - notamment les déchets, les produits contenant des œufs en poudre non pasteurisés - ne doit être introduit dans la zone ou déversé dans la mer au large et à proximité de la zone.

L'introduction d'herbicides et de pesticides dans la zone est interdite. L'introduction dans la zone de tous autres produits chimiques, notamment les radionucléides ou isotopes stables à des fins de recherche ou de gestion doit être dûment autorisée par un permis. Ces produits doivent être enlevés si possible avant la fin sinon dès la fin de l'activité pour laquelle un permis a été délivré. Le rejet de radionucléides ou d'isotopes stables directement dans l'environnement sans aucune possibilité d'élimination ultérieure est fortement déconseillé. Les combustibles et les produits chimiques ne doivent pas être stockés dans la zone sauf autre disposition dûment autorisée par un permis ; le cas échéant, ils doivent être conservés et manipulés avec précaution afin de limiter le risque d'introduction accidentelle dans l'environnement. Tout matériel introduit dans la zone est soumis à une restriction de durée et doit être enlevé à l'issue de la période indiquée. En cas de rejet ou déversement accidentel préjudiciable aux valeurs de la zone, l'enlèvement du matériel est recommandé uniquement si l'impact de l'opération d'enlèvement est moindre que celui de laisser le matériel sur place. L'autorité compétente doit être informée de tout matériel rejeté et non enlevé qui n'aurait pas été mentionné sur le permis délivré.

7(vii) Prélèvement de végétaux, capture d'animaux ou perturbations nuisibles à la faune et à la flore

Il est interdit de prélever des végétaux, de capturer des animaux ou d'entreprendre des interventions nuisibles à la faune et à la flore. Toutefois certaines actions peuvent être menées dans le cadre des dispositions de l'annexe II du Protocole au Traité sur l'Antarctique relatif à la protection de l'environnement. Lorsqu'une opération impliquant la capture d'animaux ou une intervention nuisible à la faune ou à la flore est nécessaire, elle doit être au moins conforme au *Code de conduite du SCAR pour l'utilisation d'animaux à des fins scientifiques en Antarctique* (2011). Le respect de ce code est la norme minimale. Tout prélèvement sur le sol ou la flore à des fins d'échantillonnage doit être limité au strict minimum nécessaire aux activités scientifiques et de gestion. Les techniques envisagées à cet effet doivent avoir les moindres répercussions possibles sur le sol, la glace et le biote.

7(viii) Récupération ou enlèvement de toute chose qui n'a pas été apportée dans la zone par le détenteur du permis

La récupération et l'enlèvement de matériel de la zone doit faire l'objet d'une autorisation mentionnée sur un permis et doit être limitée au minimum requis pour les activités menées à des fins scientifiques et de gestion. Le matériel introduit par l'homme et susceptible de porter atteinte aux valeurs de la zone, lorsqu'il n'a pas été introduit par un visiteur détenteur de permis conformément aux dispositions mentionnées sur le permis ou conformément à tout autre moyen d'autorisation, doit être enlevé si l'impact de l'opération d'enlèvement est moindre que celui de laisser le matériel sur place. Le cas échéant, l'autorité compétente doit en être informée et doit autoriser l'enlèvement.

7(ix) Élimination des déchets

Tous les déchets, y compris les déchets humains doivent être enlevés de la zone. Les déchets humains peuvent être évacués dans la mer.

7(x) Mesures nécessaires à la pérennisation des résultats du plan de gestion

- Des permis d'accès à la zone peuvent être délivrés pour la réalisation d'activités de recherche scientifique, de surveillance et d'inspection des sites pouvant donner lieu au prélèvement d'un nombre limité d'échantillons à des fins d'analyse ou de mise en place de mesures de protection ;

- tout site de surveillance aménagé dans une perspective de long terme doit être clairement délimité et les repères et autres moyens de signalisation doivent être maintenus en bon état ;

- les activités scientifiques envisagées doivent être conformes aux dispositions du *Code de conduite environnementale pour les recherches scientifiques terrestres sur le terrain en Antarctique* (SCAR 2009).

7(xi) Rapports de visites

Le détenteur principal d'un permis doit soumettre un rapport à l'autorité nationale compétente dès que possible après chaque visite sur le site, et au plus tard six mois à compter de la date de fin de la visite. Les rapports de visites doivent inclure, s'il y a lieu, les renseignements mentionnés dans le formulaire du rapport de visite pour les *Zones spécialement protégées de l'Antarctique* contenu dans le *Guide pour la préparation des plans de gestion des zones spécialement protégées en Antarctique* (annexe 2). L'autorité nationale compétente doit être informée de toute activité réalisée ou mesure prise, qui n'aurait pas été préalablement autorisée par un permis. Le cas échéant, l'autorité nationale compétente doit également adresser une copie du rapport de visite à la Partie ayant soumis le plan de gestion. En effet les informations contenues dans ces rapports sont utiles à la gestion de la zone et à la révision du plan de gestion correspondant. Les parties doivent à chaque fois que cela est possible, déposer les originaux ou copies des rapports de visites dans un lieu d'archivage accessible au public et fournissant des relevés de consultation qui pourraient être utilisés à des fins de révision du plan de gestion et pour l'organisation de l'utilisation scientifique qui est faite de la zone.

8. Bibliographie

Bonner, W. N., and Smith, R. I. L. (Eds.). (1985). *Conservation areas in the Antarctic.* SCAR, Cambridge: 73-84.

Booth, R. G., Edwards, M., and Usher, M. B. (1985). Mites of the genus *Eupodes* (Acari, Prostigmata) from maritime Antarctica: a biometrical and taxonomic study. Journal of Zoology 207: 381-406.

British Antarctic Survey. (1981). Geological Map (Scale 1:500 000). Series BAS 500G Sheet 3, Edition 1. Cambridge: British Antarctic Survey.

Casanovas, P., Lynch, H. L., and Fagan, W. F. (2012). Multi-scale patterns of moss and lichen richness on the Antarctic Peninsula. Ecography 35: 001–011.

Casaux, R., and Barrera-Oro, E. (2006). Review. Shags in Antarctica: their feeding behaviour and ecological role in the marine food web. Antarctic Science 18: 3-14.

Committee for Environmental Protection (CEP). (2011). Non-native species manual – 1st Edition. Manual prepared by Intersessional Contact Group of the CEP and adopted by the Antarctic Treaty Consultative Meeting through Resolution 6 (2011). Buenos Aires, Secretariat of the Antarctic Treaty.

Corner, R. W. M. (1964). Biological report (interim) for Argentine Islands. Unpublished report, British Antarctic Survey Archives Ref AD6/2F/1964/N1.

Fenton, J. H. C, and Smith, R. I. L. (1982). Distribution, composition and general characteristics of the moss banks of the maritime Antarctic. British Antarctic Survey Bulletin 51: 215-236.

Greene, D. M, and Holtom, A. (1971). Studies in *Colobanthus quitensis* (Kunth) Bartl. and *Deschampsia antarctica* Desv.: III. Distribution, habitats and performance in the Antarctic botanical zone. British Antarctic Survey Bulletin 26: 1-29.

Harris, C. M. (2001). *Revision of management plans for Antarctic protected areas originally proposed by the United States of America and the United Kingdom: Field visit report.* Internal report for the National Science Foundation, US, and the Foreign and Commonwealth Office, UK. *Environmental Research and Assessment,* Cambridge.

Heap, J. (Ed.). (1994). *Handbook of the Antarctic Treaty System.* 8th Edition. U.S. Department of State, Washington.

Kinnear, P. K. (1971). *Phalacrocorax atriceps* population data cited in BAS internal report — original reference unavailable.

Komárková, V. (1983). Plant communities of the Antarctic Peninsula near Palmer Station. Antarctic Journal of the United States 18: 216-218.

Royles, J., Ogée, J., Wingate, L., Hodgson, D. A., Convey, P., and Griffiths, H. (2012). Carbon isotope evidence for recent climate-related enhancement of CO_2 assimilation and peat accumulation rates in Antarctica. Global Change Biology 18: 3112-3124.

SCAR (Scientific Committee on Antarctic Research). (2009). Environmental code of conduct for terrestrial scientific field research in Antarctica. ATCM XXXII IP4.

SCAR (Scientific Committee on Antarctic Research). (2011). SCAR code of conduct for the use of animals for scientific purposes in Antarctica. ATCM XXXIV IP53.

Schlatter, R. P., and Moreno, C. A. (1976). Habitos alimentarios del cormoran Antartico, *Phalacrocorax atriceps bransfieldensis* (Murphy) en Isla Green, Antartica. Serie Cientificia, Instituto Antártico Chileno 4(1): 69-88.

Smith, M. J., and Holroyd, P. C. (1978). 1978 Travel report for Faraday. Unpublished report, British Antarctic Survey Archives Ref AD6/2F/1978/K.

Smith, R. I. L. (1979). Peat forming vegetation in the Antarctic. In: *Proceedings of the International Symposium on Classification of Peat and Peatlands Finland, September 17-21, 1979*. International Peat Society: 58-67

Smith, R. I. L. (1982). Farthest south and highest occurrences of vascular plants in the Antarctic. Polar Record 21:170-173.

Smith, R. I. L. (1996). Terrestrial and freshwater biotic components of the western Antarctic Peninsula. In: Ross, R.M., Hofmann, E.E., and Quetin, L.B. (Eds.) *Foundations for ecological research west of the Antarctic Peninsula.* Antarctic Research Series 70: 15-59.

Smith, R. I. L., and Corner, R.W. M. (1973). Vegetation of Arthur Harbour — Argentine Islands Region. British Antarctic Survey Bulletin 33&34: 89-122.

Stark, P. (1994). Climatic warming in the central Antarctic Peninsula area. Weather 49(6): 215-220.

Usher, M. B., and Edwards, M. (1986). The selection of conservation areas in Antarctica: an example using the arthropod fauna of Antarctic islands. Environmental Conservation 13(2):115-122.

Carte 1. Vue d'ensemble, situation de l'Île Green dans la Péninsule antarctique. Caractéristiques de la carte : WGS84 stéréographie du Pôle antarctique. Méridien central : -55°. Parallèle de référence : -71°

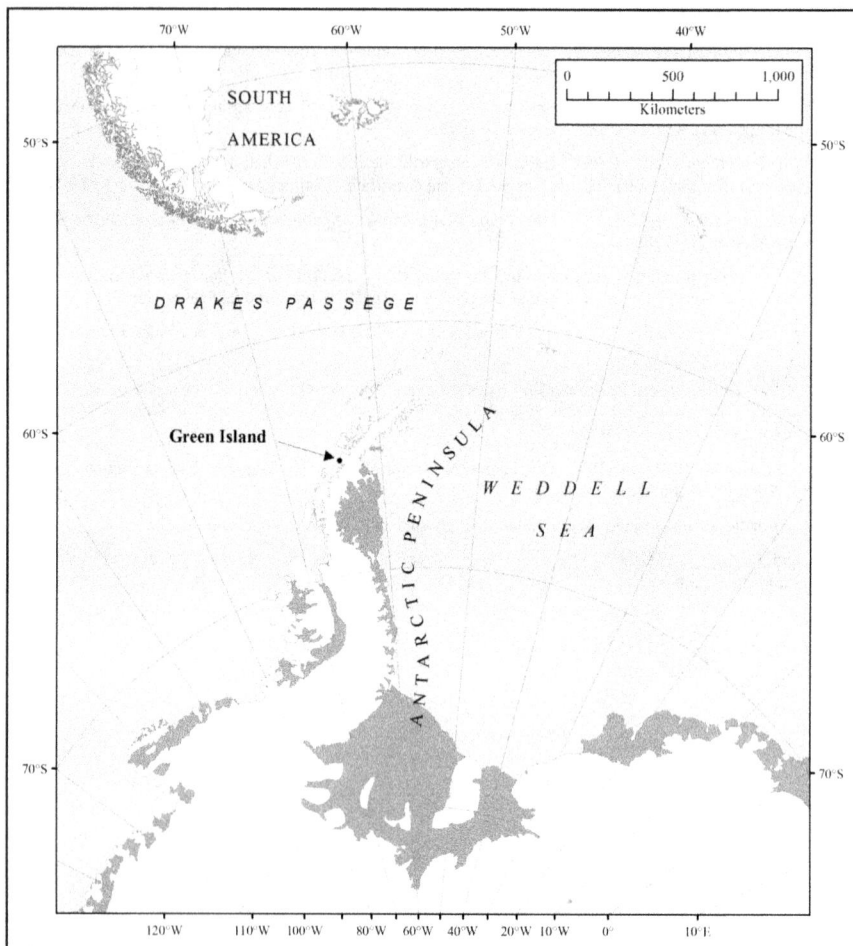

Carte 2. Emplacement de la ZSPA n° 108, Île Green, Îles Berthelot, sur une carte de la région. Localisation des stations et des autres zones protégées à proximité. Caractéristiques de la carte : WGS84 stéréographie du Pôle antarctique. Méridien central :-64°. Parallèle de référence : -71°

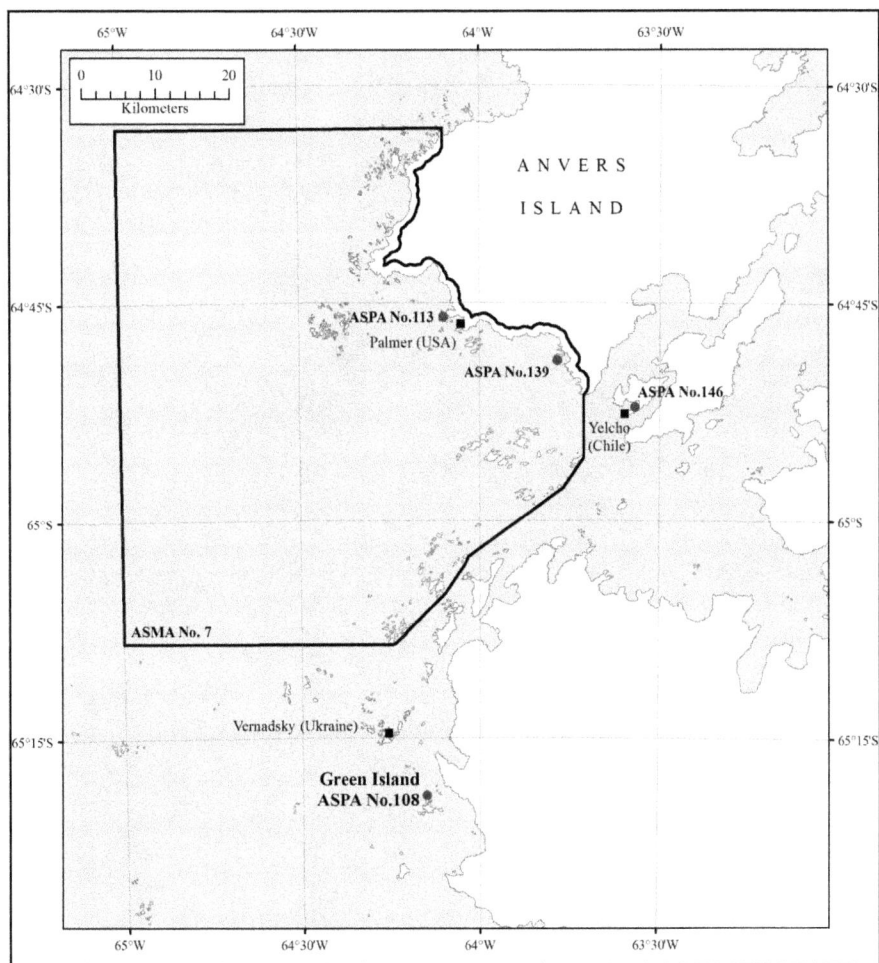

Plan de gestion pour

la zone spécialement protégée de l'Antarctique n° 117

ÎLE AVIAN, BAIE MARGUERITE, PÉNINSULE ANTARCTIQUE

Introduction

L'île Avian, baie Marguerite, péninsule antarctique, (Long. 67°46'S ; Lat. 68°54'O; 0.49 km²) a été désignée zone spécialement protégée de l'Antarctique principalement pour protéger les valeurs environnementales et en particulier l'abondance et la diversité des oiseaux marins en phase de reproduction présents sur l'île.

L'île Avian est située au nord-ouest de la baie Marguerite à 400 mètres au sud de l'île Adélaïde sur le flanc occidental de la péninsule antarctique centrale. Elle a été initialement désignée site d'intérêt scientifique particulier (SISP) en vertu de la Recommandation XV-6 (1989, SISP n°30) sur proposition du Royaume-Uni. Le site incluait l'île avec sa zone littorale mais excluait un petit secteur situé à proximité d'un refuge sur la côte nord-ouest de l'île. Les valeurs protégées initialement étaient les suivantes : l'abondance et la diversité des oiseaux marins en phase de reproduction présents sur l'île, le pétrel géant (*Macronectes giganteus*) qui formait la colonie de pétrels en phase de reproduction la plus importante à cette latitude et le cormoran aux yeux bleus (*Phalacrocorax atriceps*) qui se reproduisait à la limite méridionale de sa zone de répartition. Par conséquent, la zone était considérée comme un refuge ornithologique d'une importance capitale et méritant dès lors une protection de toute intervention humaine.

L'île Avian a perdu son statut de SISP lorsqu'elle a été redésignée zone spécialement protégée (ZSP) en vertu de la Recommandation XVI-4 (1991, ZSP n° 21) sur proposition du Royaume-Uni. Les limites de la ZSP étaient semblables à celles du SISP mais incluaient la totalité de l'île et de la zone littorale ainsi que le secteur situé à proximité du refuge sur la côte nord-ouest. Après avoir été redésignée ZSPA n° 117 en vertu de la décision I (2002), le plan de gestion de la ZSPA a été approuvé par la mesure 1 (2002).

La zone s'inscrit dans le contexte plus large du système des zones protégées de l'Antarctique en protégeant les sites de reproduction de sept espèces d'oiseaux, notamment le pétrel géant qui est particulièrement vulnérable à toute perturbation. Aucune autre ZSPA dans la région ne protège une aussi grande diversité d'espèces d'oiseaux en phase de reproduction. La résolution 3 (2008) recommandait que l'« Analyse des domaines environnementaux pour le continent Antarctique » serve de modèle dynamique pour l'identification des zones spécialement protégées de l'Antarctique dans le cadre environnemental et géographique systématisé visé à l'article 3(2) de l'annexe V du Protocole (voir également Morgan et al., 2007). Selon ce modèle, l'île Avian relève du domaine environnemental E (Péninsule antarctique, île Alexander et les principaux champs de glace et glaciers d'autres îles). Parmi les autres zones protégées contenant le domaine environnemental E, on compte notamment les ZSPA n° 113, 114, 126, 128, 129, 133, 134, 139, 147, 149, 152 et les ZGSA n° 1 et 4. Cependant, étant donné que l'île Avian est essentiellement libre de glace, ce domaine ne peut pas être pleinement représentatif de l'environnement de la zone. Bien que n'étant pas spécifiquement décrite comme telle dans Morgan et al., l'île Avian relèverait plutôt du domaine B (Géologique des latitudes septentrionales moyennes de la péninsule antarctique). Les ZSPA n° 108, 115, 129, 134, 140, 153 et la ZGSA n° 4 s'inscrivent également dans le domaine B. La ZSPA fait partie des régions de conservation biogéographiques de l'Antarctique (RCBA), région 3, nord-ouest de la péninsule antarctique, (Terauds et al., 2012).

1.   Description des valeurs à protéger

La valeur exceptionnelle de l'environnement de la région, qui constitue la principale raison de sa désignation comme ZSPA, est basée sur les éléments suivants :

Carte 3. Topographie de la ZSPA n° 108, Île Green, Îles Berthelot, Péninsule antarctique. Carte réalisée à partir d'une étude de terrain le 24 février 2001 et d'une orthophotographie numérique (photographie aérienne du British Antarctic Survey, prise le 14 février 2001). Caractéristiques de la carte : Projection UTM Zone 20S. Sphéroïde : WGS84. Datum: niveau moyen de la mer (EGM96).

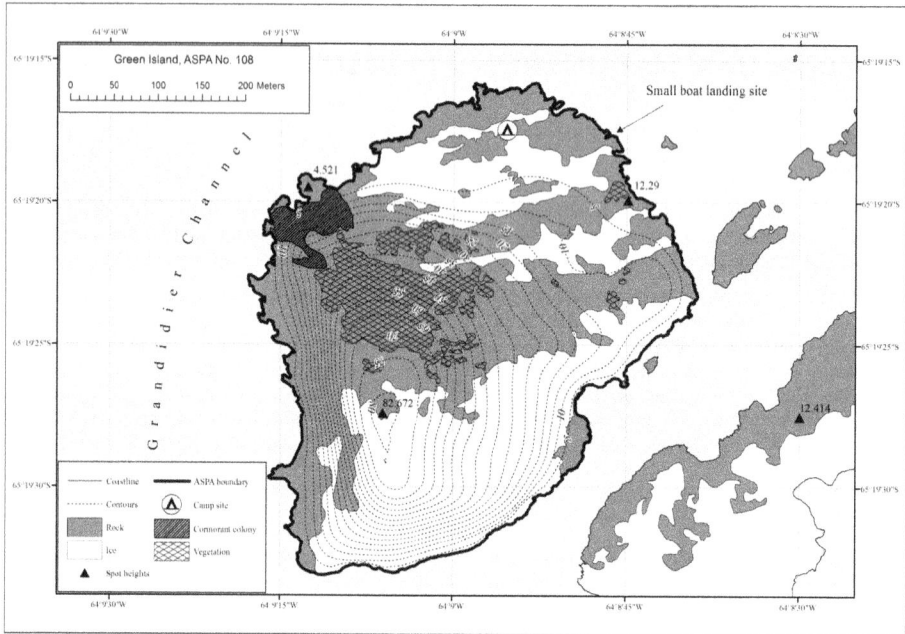

- La colonie de manchots d'Adélie (*Pygoscelis adeliae*) est l'une des plus grandes de la Terre de Palmer, comptant environ 77 515 couples en phase de reproduction ;
- la colonie de cormorans aux yeux bleus (*Phalacrocorax atriceps*) constitue une des plus grandes colonies de l'Antarctique en phase de reproduction et évolue à la limite méridionale de sa zone de répartition ;
- la situation de ce site est unique et remarquable : c'est le seul connu de la péninsule antarctique où se reproduisent 7 espèces d'oiseaux géographiquement très proches les unes des autres dans l'espace confiné d'une seule île, de petite taille et à très forte densité de population, la totalité de l'île étant pratiquement occupée l'été par des oiseaux en phase de reproduction ;
- la colonie de pétrels géants (*Macronectes giganteus*) est une des deux plus importantes de la péninsule antarctique ;
- la colonie de goélands dominicains (*Larus dominicanus*) est également importante et se reproduit à la limite méridionale de sa zone de répartition ;
- La mousse *Warnstorfia laculosa* sur l'île Avian se trouve à la limite méridionale de sa zone de répartition.

2. Buts et objectifs

Les buts et objectifs de la gestion de l'île Avian sont les suivants :

- Éviter toute détérioration des valeurs de la zone ou leur mise en péril en y empêchant toute perturbation humaine ;
- prévenir ou minimiser l'introduction de plantes, d'animaux et de microbes exotiques dans la zone ;
- minimiser les risques d'introduction dans la zone d'agents pathogènes susceptibles de provoquer des maladies parmi la faune ;
- permettre la recherche scientifique dans la zone, à condition qu'elle soit motivée par des raisons indispensables qu'il est impossible de satisfaire ailleurs et qu'elle ne porte pas atteinte au système écologique naturel de la zone ;
- maintenir l'écosystème naturel de la zone comme zone de référence pour les études futures.

3. Activités de gestion

Les activités de gestion suivantes doivent être entreprises en vue de protéger les valeurs de la zone :

- Une copie du plan de gestion sera mise à disposition à la station Teniente Luis Carvajal au Chili (Lat. 67°46'S ; Long. 68°55'O), à la station scientifique Rothera au Royaume-Uni (Lat. 67°34' S ; Long. 68°07'O) et à la station General San Martín en Argentine (Lat. 68°08' S ; Long. 67°06'O) ;
- le plan de gestion fera l'objet d'une révision au moins tous les cinq ans et sera mis à jour selon les besoins ;
- l'autorité nationale informera pleinement les Parties visitant le terrain des valeurs à protéger dans la zone, ainsi que des précautions et mesures d'atténuation détaillées dans le présent plan de gestion ;
- toutes les activités de nature scientifique ou de gestion menées dans la zone feront l'objet d'une évaluation d'impact sur l'environnement, conformément aux exigences stipulées dans l'annexe I du Protocole au Traité sur l'Antarctique relatif à la protection de l'environnement ;
- des exemplaires du présent plan de gestion seront mis à la disposition des navires et aéronefs qui prévoient de visiter les alentours de la zone ;
- tous les pilotes opérant dans la région seront informés de l'emplacement, des limites et des restrictions applicables à l'entrée et au survol de la région ;
- les repères, panneaux ou ouvrages érigés dans la zone pour des raisons scientifiques ou de gestion seront maintenus fixes et en bon état, et ils seront enlevés lorsqu'ils ne seront plus nécessaires ;
- conformément à l'annexe III du Protocole au Traité sur l'Antarctique relatif à la protection de l'environnement, le matériel ou les matériaux abandonnés seront enlevés dans toute la mesure du

possible, à condition que cet enlèvement ne porte pas atteinte à l'environnement et aux valeurs de la zone ;

- les programmes antarctiques nationaux sont invités à agir en étroite collaboration afin de s'assurer de la mise en œuvre des activités de gestion mentionnées ci-dessus.

4. Durée de la désignation

La zone est désignée pour une période indéterminée.

5. Cartes et photographies

Carte 1 : Île Avian (ZSPA n° 117), baie Marguerite. La carte montre l'emplacement des stations Teniente Luis Carvajal (Chili), Rothera (Royaume-Uni) et General San Martín (Argentine). Elle indique également l'emplacement d'autres zones protégées dans la baie Marguerite : la ZSPA n° 107 sur l'île Empereur (îles Dion), la ZSPA n° 115 sur l'île Lagotellerie et la ZSPA n° 129 sur pointe Rothera. Encart : emplacement de l'île Avian sur la péninsule antarctique.

Carte 2 : Île Avian (ZSPA n° 117), carte topographique. Spécifications : projection conique conforme de Lambert ; parallèles d'échelle conservée : 1er 67°30'00"S ; 2e 68°00'00"S ; méridien central : 68° 55' 00"O ; latitude origine : 68° 00' 00"S; sphéroïde : WGS84 ; datum : niveau moyen de la mer ; équidistance des courbes de niveau verticales : 5 m ; précision horizontale : ±5 m ; précision verticale : ±1,5 m.

Carte 3 : Île Avian (ZSPA n° 117), croquis cartographique de la faune en phase de reproduction. La position des nids et des colonies sont d'une précision de ±25 m. Ces informations proviennent de Poncet (1982). Spécifications : projection conique conforme de Lambert ; parallèles d'échelle conservée : 1er 67°30'00"S ; 2e 68°00'00"S ; méridien central : 68°55'00"O ; latitude origine : 68° 00' 00"S ; sphéroïde : WGS84 ; datum : niveau moyen de la mer ; équidistance des courbes de niveau verticales : 5 m ; précision horizontale : ±5 m ; précision verticale : ±1,5 m.

6. Description de la zone

6(i) Coordonnées géographiques, bornage et caractéristiques du milieu naturel

Description générale

L'île Avian (Lat. 67°46'S ; Long. 68°54'O, 0,49 km²) est située au nord-ouest de la baie Marguerite, à 400 m au sud de l'extrémité sud-ouest de l'île Adélaïde (carte 1). L'île a une superficie de 1,45 km sur 800 m en son point le plus large et sa forme est plutôt triangulaire. Elle est rocheuse avec un relief assez bas qui ne dépasse pas les 10 m au nord mais qui atteint 30 m au centre et 40 m au sud où plusieurs versants rocheux et glacés de plus de 30 m rejoignent la mer. La côte est irrégulière et rocheuse avec de nombreux îlots proches, mais elle comporte également plusieurs plages accessibles sur les côtes nord et est. L'île est en général libre de glace en été. Son habitat est particulièrement propice à la reproduction d'une variété d'oiseaux : les versants de la face nord bien drainés conviennent parfaitement aux cormorans aux yeux bleus (*Phalacrocorax atriceps*), les rochers fragmentées et les blocs rocheux fissurés sont propices aux petits oiseaux nicheurs tels que les océanites de Wilson (*Oceanites oceanicus*), les hauteurs rocailleuses plus élevées sont recherchées par les pétrels géants (*Macronectes giganteus*), et les plus vastes étendues libres de glace sont convoitées par les manchots d'Adélie (*Pygoscelis adeliae*). La présence de ces derniers attire les labbes (*Catharacta maccormicki* et *C. loennbergi*) et les goélands dominicains (*Larus dominicanus*).

Limites

La zone désignée comprend la totalité de l'île Avian, sa zone littorale, des îlots et des rochers alentours ainsi qu'une zone tampon abritant le milieu marin avoisinant (y compris les glaces marines lorsqu'il y en a) sur une distance de 100 m autour du rivage de l'île principale (carte 2). Aucun dispositif de bornage n'a été installé car le littoral à lui seul détermine clairement la limite marine.

Climat et glace marine

Il n'existe aucune donnée d'archive détaillée sur la météorologie pour l'île Avian mais les relevés effectués entre 1962 et 1974 pour la base Adélaïde (appartenant autrefois au Royaume-Uni et aujourd'hui au Chili qui l'a renommée station Teniente Luis Carvajal), distante de 1,2 km, indiquent une température journalière maximum de 3 °C en février (record maximum de - 9 °C) et une température journalière minimum de - 8 °C en août (record minimum de - 44 °C). Le même cycle global a été constaté lors d'observations effectuées sur l'île tout au long de l'année en 1978-1979 (Poncet et Poncet, 1979). Cette année-là, les précipitations sur l'île se sont présentées sous forme de neige et sont surtout tombées du mois d'août au mois d'octobre, même si des pluies et des chutes de neige sporadiques ont été enregistrées durant l'été.

La baie Marguerite peut geler en hiver bien que l'étendue et les caractéristiques de la glace marine montrent des variations considérables d'une saison à l'autre. Malgré l'étendue et la persistance de la glace marine dans la région, une polynies se forme de manière récurrente à proximité de l'île Avian, ce qui permet l'absence de glace dans cette zone à partir d'octobre. En outre, de forts courants de marée autour de l'île permettent de maintenir cette absence de glace durant la majeure partie de l'année, ce qui facilite l'accès aux aires d'alimentation pour plusieurs espèces. L'île n'est pas spécialement balayée par les vents dont la force est évaluée en moyenne annuelle à 10 nœuds (1978-1979). Cependant, les vents catabatiques violents qui descendent de l'île Adélaïde et soufflent de un à trois jours quelques fois par mois, réduisent l'accumulation de la neige sur l'île et éloignent la glace marine du littoral, contribuant ainsi à la formation de polynies. Ce faible enneigement relatif joue un rôle capital dans la colonisation des oiseaux.

Géologie, géomorphologie et sols

La roche mère de l'île Avian fait partie du bloc faillé vers le bas à l'extrémité sud-ouest de l'île Adélaïde. Elle est constituée de grès volcaniclastiques riches en feldspath et en lithique interstratifiés. La zone contient également du grès tuffacé stratifié, du grès graveleux riche en lithique volcanique et des brèches granuleuses volcaniques. Ce dernier est probablement un dépôt volcanique primaire tandis que les autres éléments de la séquence sont en grande partie composés de matières volcaniques reformées. Ladite séquence fait partie de la formation du Mont Liotard, situé dans l'île Adélaïde, et date probablement de la période du Crétacé tardif (Griffiths, 1992, Moyes et al, 1994). À l'exception des affleurements rocheux, la surface est principalement constituée de roches brisées par la glace et de pergélisol. Les sols ornithogéniques sont très répandus, notamment au nord, mais les sols constitués de tourbe organique sont pratiquement absents et, lorsqu'ils existent, ils sont peu développés et associés à la croissance de la mousse. Plusieurs plages surélevées ont été répertoriées sur l'île Avian, mais le reste de la géomorphologie n'a fait l'objet d'aucune description.

Cours d'eau et lacs

L'île Avian compte plusieurs étangs d'eau douce éphémères allant jusqu'à 10 000 m² et 40 cm de profondeur, les deux plus grands étant situées sur la côte est, à environ 5 m d'altitude, et sur la côte nord-ouest près du niveau de la mer. De nombreux petits bassins et canaux d'eau de fonte font leur apparition lors de la fonte des neiges saisonnières et de petits cours d'eau canalisent l'eau des vallées à proximité des étangs. Tant les étangs que les bassins d'eau de fonte gèlent en hiver. Les composants d'eau douce sur l'île font l'objet d'un enrichissement organique par les guanos, source d'éléments nutritifs, et en été de nombreux étangs abritent une flore et une faune benthiques très riches d'algues, de phyllopodes, de copépodes, de nématodes, de protozoaires, de rotifères et de tardigrades. Un grand nombre de crustacés de l'espèce *Branchinecta* a également été observé (Poncet et Poncet, 1979). L'écologie des eaux douces de l'île n'a pas fait l'objet d'une étude détaillée.

Oiseaux en phase de reproduction

Sept espèces d'oiseaux se reproduisent sur l'île Avian. Ce chiffre est relativement élevé comparé à celui d'autres sites de la péninsule antarctique. Plusieurs espèces ont des populations particulièrement élevées à tel point que certaines d'entre elles sont les plus nombreuses de la région de la péninsule antarctique (carte 3). Des informations détaillées pour toutes les espèces ont été recueillies tout au long de l'année en 1978-1979 (Poncet et Poncet, 1979) mais, à part ces données, les informations restent sporadiques. Par conséquent, les descriptions ci-dessous sont axées sur des observations réalisées au cours d'une seule saison et il convient de souligner que ces données ne sont pas nécessairement représentatives des tendances évolutives des populations à long terme. Toutefois, il s'agit des données les plus fiables disponibles à l'heure actuelle.

La colonie de manchots d'Adélie (*Pygoscelis adeliae*) occupe la moitié nord et la côte centrale est de l'île (carte 3). Le premier plan de gestion indiquait que cette colonie de l'île Avian était « la plus importante de la péninsule antarctique puisqu'elle représentait un tiers de la population totale en phase de reproduction dans la région ». Bien qu'aucune donnée récente ne permette de corroborer cette observation [une colonie de la péninsule antarctique se compose de plus de 120 000 couples et plusieurs autres de plus de 3 000 couples (Woehler, 1993)], la colonie de l'île Avian constitue une des plus importantes populations en phase de reproduction de la Terre de Palmer. Des recherches récentes tendent à montrer que le nombre de manchots d'Adélie est en baisse dans presque tous les endroits de la péninsule antarctique (Lynch et al., 2012). Cependant, les données les plus récentes disponibles sur les manchots d'Adélie présents sur l'île Avian indiquent que la population de couples en phase de reproduction s'élevait à 77 515 en janvier 2013 (± 5 %) (W. Fraser, comm. Pers. 2013 ; Sailley et al., in press), tandis qu'en date du 11 novembre 1978, elle s'élevait à 36 500 (Poncet et Poncet, 1979 ; Woehler, 1993). Une photo aérienne prise en décembre 1998 a montré 87 850 manchots d'Adélie (± 0.16 SD).

En 1978-1979, les manchots d'Adélie ont été vus sur l'île d'octobre à la fin du mois d'avril, la ponte des œufs ayant lieu d'octobre à novembre et les premières éclosions aux environs de la mi-décembre. L'activité de bébés manchots a été observée dès la mi-janvier et les premiers petits manchots sont devenus indépendants dès la fin de ce même mois. La plupart des adultes en mue et des bébés manchots indépendants ont quitté l'île dès la troisième semaine de février même si certains groupes sont revenus périodiquement au mois de mars et avril.

Une grande colonie de cormorans aux yeux bleus (*Phalacrocorax atriceps*) a été observée dans trois groupes situés sur la côte sud-ouest à l'extrémité de l'île (carte 3). Cependant, lors d'une visite effectuée les 26 et 27 janvier 2011, il est apparu que les deux sites de colonies situés le plus au nord n'étaient pas occupés et les buttes de nidification étaient en mauvais état. Ces observations laissent à penser que ces sites ont probablement été abandonnés pendant un certain temps. Stonehouse (1949) avait rapporté la présence d'environ 300 oiseaux en octobre 1948 et un nombre similaire avait été enregistré à la mi-novembre 1968, la plupart des cormorans étant en phase de reproduction (Willey, 1969). Poncet et Poncet (1979) ont observé 320 couples en 1978 et environ 670 couples le 17 janvier 1989 (Poncet, 1990). Un décompte effectué le 23 février 2001 faisait état de 185 jeunes cormorans mais il est probable que certains d'entre eux avaient déjà quitté l'endroit au moment du décompte. Quelque 250 sites de nidation ont été répertoriés. Le décompte réalisé de la mi-janvier à fin janvier 2013 faisait état de 302 couples en phase de reproduction. En 1968, des cormorans aux yeux bleus ont été observés sur l'île à partir du 12 août, la ponte intervenant à partir du mois de novembre et l'éclosion au mois de décembre (Willey, 1969). En 1978-1979, ils ont été observés de septembre à juin, la ponte intervenant de novembre à janvier avec les premières éclosions, et les tout jeunes cormorans ont commencé à devenir indépendants pendant la troisième semaine de février (Poncet et Poncet, 1979).

Sur les treize colonies de pétrels géants (*Macronectes giganteus*) connues au sud des îles Shetland du Sud, l'une des plus importantes se situe sur l'île Avian qui abrite une partie importante de la population en phase de reproduction de l'ensemble de la région de la péninsule antarctique méridionale En 1979, les pétrels géants occupaient principalement les affleurements rocheux les plus élevés de la moitié sud de l'île, se répartissant en quatre groupes principaux (carte 3). Des données relatives aux oiseaux présents sur l'île figurent dans le tableau 1.

Tableau 1 : Nombre de pétrels géants (*Macronectes giganteus*) sur l'île Avian

Année	Nombre d'oiseaux	Nombre de couples	Nombre de jeunes	Source
1948	± 100	Non disponible	Non disponible	Stonehouse, 1949
1968	400	163	Non disponible	Willey, 1969
1979	Non disponible	197	Non disponible	Poncet et Poncet, 1979
1989	Non disponible	250	Non disponible	Poncet, 1990

| 2001 | Non disponible | Non disponible | 237 | Harris, 2001 |
| 2013 | Non disponible | 470 | Non disponible | W. Fraser, pers. comm., 2013 |

En 1978-1979, les pétrels géants étaient présents sur l'île Avian entre la mi-septembre et le mois de juin. À cette saison, la ponte s'étendait de la fin du mois d'octobre à la fin du mois de novembre, l'éclosion intervenant pendant le mois de janvier et les jeunes oiseaux acquérant leur indépendance au plus tard en avril. Durant l'été austral de 1978-1979, jusqu'à 100 pétrels non reproducteurs ont été observés sur l'île lors de la pariade en octobre mais ce nombre a diminué au fil de la saison.

Quelque 200 goélands dominicains (*Larus dominicanus*) adultes, dont 60 couples en phase de reproduction, ont été observés sur l'île Avian en 1978-1979. Ces oiseaux étaient en général dispersés sur l'île mais se retrouvaient principalement au centre et au sud sur le relief (Poncet et Poncet, 1979) (carte 3). Lors de l'été austral 1998-1999, la majorité des goélands en phase de reproduction sont arrivés au début du mois d'octobre, la ponte intervenant à la mi-novembre et l'éclosion un mois plus tard. Aucune donnée détaillée n'est disponible compte tenu des risques de perturbation du milieu inhérents aux opérations de collecte de données qui affecteraient la reproduction de ces espèces. Cependant, à peine 12 jeunes goélands ont été observés sur l'île à la fin du mois de janvier 1979, indiquant que le taux de reproduction a été faible cette année-là. La cause exacte de cet état de fait – perturbation humaine ou facteur naturel – n'a pu être déterminée. En 1967, 19 couples et entre 80 et 120 oiseaux ont été répertoriés (Barlow, 1968).

Des observations effectuées en 1978-1979 confirment la présence sur l'île d'au moins quelque centaines de couples d'océanites de Wilson (*Oceanites oceanicus*) en phase de reproduction (Poncet et Poncet, 1979). Ils ont été observés dès la deuxième semaine de novembre, la ponte et l'incubation intervenant probablement jusqu'à la mi-décembre. À la fin du mois de mars, la majeure partie des adultes et des jeunes déjà indépendants avait quitté l'endroit. La plupart des affleurements rocheux de la moitié nord de l'île, ainsi que toutes les pentes rocheuses stables du sud, constituent un habitat idéal pour cette espèce.

En 1978-1979, environ 25 à 30 couples de labbes antarctiques (*Catharacta maccormicki*) étaient en phase de reproduction sur l'île Avian. Leur nid était en général dispersé sur l'île mais se localisait principalement au centre et à l'est, notamment sur les pentes surplombant la colonie de manchots d'Adélie (carte 3). D'importants groupes d'oiseaux non reproducteurs (environ 150 – Poncet et Poncet, 1979) ont été observés autour d'un lac peu profond sur le flanc est de l'île. En 1968, Barlow a observé quelque 200 labbes qui n'étaient pas en phase de reproduction. En 2004, 880 couples de labbes antarctiques ont été enregistrés (W. Fraser, pers. comm., in Ritz et al., 2006). Lors de l'été austral de 1978-1979, ils se sont installés sur l'île à la fin du mois d'octobre, la ponte intervenant au début de décembre et l'éclosion se terminant à la fin du mois de janvier. Les adultes et les jeunes devenus indépendants ont en général quitté les lieux à la fin du mois de mars, certains reproducteurs tardifs restant sur les lieux jusqu'à la mi-avril. Au cours de cet été, la phase de reproduction a donné le résultat d'un jeune labbe par nid. Barlow (1968) a observé 12 couples de labbes bruns (=subantarctiques) (*Catharacta loennbergi*) bien que ce nombre puisse inclure des labbes antarctiques. Un couple de labbes bruns a été observé au sud-ouest de l'île au cours de l'été austral 1978-1979. Cette espèce n'avait jamais été observée à une latitude aussi méridionale de la péninsule antarctique. La présence de plusieurs labbes bruns non reproducteurs a également été signalée pendant la même saison.

Plusieurs autres espèces d'oiseaux qui se reproduisent ailleurs dans la baie Marguerite visitent fréquemment l'île Avian. Il s'agit notamment de la sterne antarctique (*Sterna vittata*), du pétrel des neiges (*Pagodroma nivea*) et du fulmar austral (*Fulmarus glacialoides*). Aucune nidation de ces espèces n'a été observée sur l'île. Quelques pétrels antarctiques (*Thalassoica antarctica*) ont été vus occasionnellement. En octobre 1948, le damier du cap (*Daption capense*) a été observé (Stonehouse, 1949). Quelques rares manchots royaux (*Aptenodytes patagonicus*) et à jugulaire (*Pygoscelis antarctica*) ont été remarqués en 1975 et en 1989.

Biologie terrestre

La végétation de l'île Avian est en général clairsemée et la flore n'a pas fait l'objet d'une étude détaillée. Il n'existe pas de phanérogames sur l'île et les cryptogames sont en quantité limitée même si la flore de lichens est abondante. À ce jour, 9 espèces de mousses et 11 de lichens ont été identifiées dans la zone.

Ces mousses sont les suivantes : *Andreaea depressinervis, Brachythecium austro-salebrosum, Bryum argenteum, B. pseudotriquetrum, Ceratodon purpureus, Pohlia cruda, P. nutans, Sanionia georgico-uncinata, S. uncinata, Syntrichia magellanica* et *Warnstorfia fontinaliopsis*. Cette dernière espèce se retrouve à la limite sud de sa zone de répartition sur l'île Avian (Smith, 1996). Les mousses se développent aux endroits de l'île qui ne sont occupés ni par les manchots d'Adélie ni par les cormorans aux yeux bleus, notamment dans les zones humides ou à proximité des bassins d'eau de fonte. Des concentrations éparses de mousses allant jusqu'à 100 m² entourent les berges d'un petit étang sur la colline située au sud de la zone à 30 m d'altitude. L'algue verte *Prasiola crispa* est très répandue dans les zones humides de l'île et une eupatoire, *Cephaloziella varians*, a également été identifiée.

Les lichens identifiés sur l'île sont les suivants : *Acarospora macrocyclos, Cladonia fimbriata, C. gracilis, Dermatocarpon antarcticum, Lecanora dancoensis, Lecidea brabantica, Physcia caesia, Rinodina egentissima, Siphulina orphnina, Thamnolecania brialmontii* et *Usnea antarctica*. Les communautés les plus importantes se trouvent sur les affleurements rocheux au sud de l'île.

La faune de microinvertébrés, les champignons et les bactéries de l'île Avian doivent encore faire l'objet d'une étude approfondie. À ce jour, seul l'acarien mésostigmatide (*Gamasellus racovitzai*) a été décrit (base de données du *British Antarctic Survey*, 1999), bien qu'un collembole et plusieurs autres espèces d'acariens aient été observés sans toutefois être identifiés (Poncet, 1990). Quelques espèces de nématodes (dominées par *Plectus*) (Spaull, 1973) et un champignon (*Thyronectria hyperantarctica*) (base de données du *British Antarctic Survey*, 1999) ont été enregistrés sur l'île.

Mammifères en phase de reproduction et écosystème marin

En 1978-1979, les phoques de Weddell (*Leptonychotes weddellii*) étaient souvent présents sur l'île Avian et ses alentours. Pendant l'hiver, une douzaine d'entre eux sont restés sur place et se sont installés sur la glace côtière (Poncet, 1990). Plusieurs bébés phoques sont nés sur le littoral de l'île pendant la dernière semaine de septembre 1978. Un éléphant de mer (*Mirounga leonina*) a été observé s'occupant de sa progéniture sur la côte nord-est de l'île Avian le 10 octobre 1969 (Bramwell, 1969). Une photo aérienne prise le 15 décembre 1998 a montré 182 éléphants de mer regroupés principalement à proximité des étangs. Des léopards de mer (*Hydrurga leptonyx*) ont été observés sur le littoral, dont un sur la côte, durant l'hiver de 1978. Un certain nombre d'otaries à fourrure (*Arctocephalus gazella*) qui n'étaient pas en phase de reproduction a été observé sur l'île en mars 1997 (Gray et Fox, 1997), à la fin de janvier 1999 (Fox, commentaire personnel, 1999) et en janvier 2011. Plusieurs centaines de ces otaries étaient présentes lors des observations du 23 février 2001 (Harris, 2001), notamment sur les plages et les endroits de faible altitude du centre et du nord de l'île. Les phoques mangeurs de crabe (*Lobodon carcinophagus*) sont régulièrement observés dans la baie Marguerite mais n'ont pas été aperçus sur l'île Avian. L'écosystème marin autour de l'île Avian n'a fait l'objet d'aucune étude.

Nature et impacts des activités humaines

Les activités humaines sur l'île Avian ont été sporadiques. Les archives indiquent que la première visite a eu lieu en octobre 1948 lorsque les membres de l'expédition britannique sur l'île Stonington ont découvert la grande colonie de manchots d'Adélie sur l'île Avian (qui à l'époque était une des îles Henkes). Les visites ultérieures ont été organisées à des fins scientifiques, récréatives (personnel de station), touristiques et logistiques (recensements, etc.). Les refuges ont été installés sur l'île respectivement en 1957 et en 1962 par l'Argentine et le Chili. [cf. section *6 iii*)].

En novembre 1968, une expédition géologique réunissant deux campements a séjourné environ 10 jours au sud-est de l'île (Elliott, 1969). Cette même année, une expédition hydrographique de la Royal Navy a établi son campement sur la côte est de l'île durant l'été. Les amarres et les chaînes permanentes pour le mouillage des vaisseaux de l'expédition ont été installées dans une petite baie sur la côte nord-ouest et ces dispositifs étaient encore là en 1989 (Poncet, 1990).

En 1969, une autre expédition a établi pendant un mois son campement sur l'île pour mener des recherches sur le virus de la grippe : des chiens faisant partie de l'expérience ont été inoculés et ramenés à la base (Bramwell, 1969). Ces animaux accompagnaient souvent le personnel lors des visites régulières sur l'île

Avian pendant la période d'activités menées par le personnel de la base britannique installée sur l'île Adélaïde. Mais les impacts liés à ces activités sont inconnus.

En 1978-1979, un groupe de deux personnes a passé un an sur l'île, à bord du bateau de plaisance Damien II afin de procéder à des observations détaillées de l'avifaune et d'étudier d'autres aspects de la biologie et de l'écosystème de l'île (Poncet et Poncet, 1979 ; Poncet, 1982 ; Poncet, 1990). Le bateau était amarré dans une petite anse sur la côte nord-ouest. Les chercheurs ont régulièrement visité l'île au cours des dix années suivantes avant qu'elle ne soit désignée zone spécialement protégée.

Des activités de cartographie et de photographie aérienne ont été réalisées sur l'île ainsi que dans son espace aérien en 1996-1998 (Fox et Gray, 1997, Gray et Fox, 1997) et en 1998-99 (Fox, commentaire personnel, 1999).

Les impacts de ces activités n'ont pas été décrits et restent inconnus mais ils semblent avoir été relativement mineurs et s'être limités à la perturbation passagère des oiseaux en phase de reproduction, à l'installation des campements, aux traces de pas, à l'abandon occasionnel de détritus, aux déchets humains, aux prélèvements d'échantillons scientifiques et à l'installation de balises. Malgré la nature transitoire de la majorité de ces facteurs de perturbation, il a été rapporté que des visites humaines sur le site pouvaient entraîner la destruction d'œufs et la mort de jeunes animaux, soit par abandon du nid, soit par prédation opportuniste. Plusieurs espèces telles que le pétrel géant et le goéland dominicain sont particulièrement vulnérables à toute perturbation et des observations ont révélé qu'ils abandonnaient leur nid à des périodes spécifiques du cycle de nidation s'ils voyaient l'homme s'approcher à moins de 100 m (Poncet, 1990). Quelque 140 personnes, y compris une embarcation touristique de 100 personnes, ont été observées en visite sur l'île Avian au cours de l'été 1989-1990. Le nombre et le caractère non réglementaire de ces visites ont suscité une inquiétude croissante et ont contribué à la désignation de l'île Avian comme ZSP.

Les impacts les plus visibles et durables sont liés à la présence des deux refuges et des deux phares décrits à la section 6 iii) qui sont situés à proximité des oiseaux en phase de reproduction. Les deux refuges étaient toujours en mauvais état en février 2001 et lors d'une visite de gestion environnementale en janvier 2011 où de nouvelles détériorations ont été signalées. À ces mêmes dates, des oiseaux et des phoques ont été observés parmi ces ordures. Le refuge érigé sur la côte est (Lat. 67°46'26 "S ; Long. 68°53'01"O) en 1957 a été exposé aux intempéries : la porte, ayant été arrachée de ses charnières, est tombée et la base du mur sud du refuge a désormais un grand trou (à peu près 0,25 m^2). Des boîtes rouillées et du verre brisé ont été trouvés par terre. Des métaux rouillés (notamment des bardages en tôle ondulée, des jalons et des haubans), des fragments de bois en décomposition et du verre brisé ont également été trouvés à proximité du refuge. Un fût de carburant, d'une contenance de 205 l, corrodé et vide se trouve au sud du refuge.

Le plus grand refuge, installé sur la côte nord-ouest (Lat. 67°46'08"S ; Long. 68°53'29"O) en 1962, était également en mauvais état. Il s'est sensiblement détérioré à cause de l'humidité, ses poutres se sont déformées et des surfaces importances de moisissure et d'algues s'étendent sur les murs et sur le revêtement du plafond. Une grande partie du plafond s'est effondrée laissant transparaitre le toit. La porte ne fermait plus correctement et a été ficelée. Lors de la visite en janvier 2011, un gros tas de bois de sciage recouvert d'une bâche bleue a été stocké à l'intérieur de la cabane. On ignorait l'utilisation qui allait en être faite. Du bois et des métaux ont été retrouvés du côté est du refuge.

Le plus vieux des deux phares n'est plus en service et sa structure métallique, bien que toujours en place, affiche un état d'oxydation et de détérioration avancé. Le nouveau phare, mis en place par le Chili en février 1998, semblait être en bon état en janvier 2011.

6(ii) Accès à la zone

- L'accès à la zone par petites embarcations est autorisé aux endroits prévus sur la côte nord-ouest centrale (Lat. 67°46'08.1"S ; long. 68°53'30.1"O) ou sur la côte est centrale de l'île (Lat. 67°46'25.5"S ; Long. 68°52'57.0"O) (carte 2). Si les conditions en mer ou l'état de la glace compliquent l'accès, les petites embarcations peuvent accéder au site en d'autres points de la côte si la situation du moment le permet.

- L'accès au site en véhicule est autorisé lorsque la côte est entourée de glace marine et, dans ce cas, tout véhicule doit utiliser ces points d'accès et être garé sur le littoral.

- Tout déplacement en véhicule ou en petite embarcation dans la partie marine de la zone n'est pas soumis à un itinéraire particulier mais doit suivre l'itinéraire le plus court en fonction des objectifs et des exigences des activités autorisées.

- L'équipage ou autres personnes dans les véhicules ou les embarcations ne peuvent en aucun cas se déplacer à pied dans les alentours immédiats du site de débarquement sauf avis contraire stipulé dans le permis.

- Tout aéronef doit éviter d'atterrir dans la zone quel que soit le moment de l'année.

- Un permis peut être délivré pour accéder à la zone en hélicoptère quand cela s'avère nécessaire pour répondre aux objectifs prévus, tels que l'installation, l'entretien ou l'enlèvement de structures, et qu'il n'existe aucun autre moyen. Dans ce cas-là, l'accès en hélicoptère, les alternatives et le degré de perturbation potentielle des oiseaux en phase de reproduction doivent être évalués avec précision avant la délivrance du permis. Ce permis définira clairement les conditions de vol et d'atterrissage de l'hélicoptère sur la base des conclusions de l'évaluation.

6(iii) Emplacement des ouvrages à l'intérieur et à proximité de la zone

Deux petits refuges désaffectés et deux phares sont présents dans la zone. Un refuge installé par le Chili en 1962 est situé sur la côte nord-ouest de l'île (Lat. 67°46'16"S ; Long. 68°54'00"O). L'autre construit par l'Argentine en 1957 est à 650 m au sud-ouest de cet emplacement, sur la côte est de la zone (Lat. 67°46'39"S ; Long. 68°53'35"O). En janvier 2011, peu de réparations avaient été effectuées afin de remettre les refuges en état. Toute détérioration supplémentaire des refuges pourrait avoir un impact sur les oiseaux en nidation.

Une vieille structure en fer forgé qui pourrait avoir été installée par le Royaume-Uni lors de l'opération de la base Adélaïde et avoir servi de guide à la navigation, est située à environ 38 m du sommet de l'île (Lat. 67°46'35.5" S ; Long. 68°53'25.2" O). Cette structure est toujours en place, bien qu'elle montre un état d'oxydation certain.

Un nouveau phare a été mis en place par le Chili en février 1998 sur un site adjacent, à la même altitude (Lat. 67°46'35.3" S ; Long. 68°53'26.0" O). Il s'agit d'une solide structure métallique de forme cylindrique, de 2 m de diamètre et de 2,50 m de haut, protégée par une couche de peinture et fixée sur un socle en béton de 2,50 m sur 2,50 m. Un phare, des rails de protection et des panneaux solaires sont fixés au sommet de la structure. Aucune autre structure connue n'existe sur l'île.

Quatre balises utilisées pour le contrôle des recensements ont été installées sur l'île le 31 janvier 1999 (carte 2). La balise la plus au sud est située à côté du phare et est d'un type particulier muni d'un pic. Elle est installée au sol et couverte d'un cairn. Une autre balise similaire est installée au point culminant de la crête inférieure de la côte nord-est de l'île. Les deux dernières balises, également munies d'un pic, sont fixées au toit de chacun des refuges.

La station de recherche scientifique la plus proche se trouve à 1,2 km au nord-ouest. Il s'agit de la station Teniente Luis Carvajal (Chili) située dans la partie méridionale de l'île Adélaïde (Lat. 67°46'S ; Long. 68°55'O). Depuis 1982, cette installation fonctionne uniquement en été et elle est ouverte d'octobre à mars. Pendant cette période, elle accueille en général jusqu'à dix personnes. Elle a été au départ installée par les Britanniques qui l'ont administrée en permanence de 1961 à 1977.

6 (iv) Emplacement d'autres zones protégées à proximité de la zone

Les autres zones protégées proches de l'île Avian sont :

- la ZSPA n° 107, île Empereur, îles Dion, baie Marguerite, péninsule antarctique, (Lat. 67°52'S ; Long. 68°42'O), à 12,5 km au sud, sud-est ;

- la ZSPA n° 129, pointe Rothera, île Adélaïde, (Lat. 67°34'S ; Long. 68°08'O), à 40 km au nord-est;

- la ZSPA n 115, île Lagotellerie, baie Marguerite, Terre Graham, (Lat. 67°53'20"S ; long. 67°25'30"O), à 65 km à l'est (carte 1).

6(v) Zones spéciales à l'intérieur de la zone

Il n'existe aucune zone spéciale à l'intérieur de la zone

7. Critères de délivrance des permis

7(i) Conditions générales

L'accès à la zone est interdit sauf si un permis a été délivré par les autorités nationales compétentes. Les conditions régissant l'octroi de permis d'entrée sont les suivantes :

- Le permis est délivré uniquement pour mener des activités scientifiques qui ne peuvent être effectuées ailleurs ou pour des raisons essentielles à la gestion de la zone ;
- les actions autorisées sont conformes au présent plan de gestion ;
- toutes les activités de gestion doivent contribuer aux buts et objectifs du présent plan de gestion ;
- les actions autorisées ne mettront pas en péril l'écosystème écologique naturel de la zone ;
- les personnes menant les activités autorisées veilleront à assurer la protection des valeurs environnementales ou scientifiques de la zone via le processus d'évaluation d'impact sur l'environnement ;
- le permis est délivré pour une période déterminée ;
- la détention du permis ou d'une copie certifiée conforme est impérative dans la zone.

Accès à la zone et déplacement à l'intérieur de celle-ci

- L'utilisation de véhicules terrestres (motoneiges, quads, etc.) dans la zone est interdite.
- Tous les déplacements devront se faire à pied. La circulation des piétons doit être maintenue au minimum nécessaire pour mener les activités autorisées et tous les efforts raisonnables devront être entrepris afin de minimiser les effets de piétinement.
- Les personnes à pied respecteront les tracés afin de minimiser les perturbations des oiseaux en phase de reproduction et emprunteront au besoin un itinéraire plus long pour parvenir au lieu de destination.
- Les itinéraires de marche ont été désignés pour éviter les sites de reproduction les plus sensibles et ils doivent être utilisés lorsqu'il est indispensable de traverser la partie centrale de l'île (carte 2). Les visiteurs ne doivent jamais perdre de vue que les sites de nidation spécifiques peuvent varier d'année en année et que, par conséquent, le tracé de l'itinéraire recommandé peut changer. L'itinéraire est proposé à titre indicatif et les visiteurs sont appelés à faire preuve de discernement pour minimiser les effets de leur présence. Dans certaines parties, lorsque cela est possible et sûr, il est souvent préférable d'opter pour un itinéraire qui suit le littoral de la zone. Trois itinéraires sont désignés (carte 2). L'itinéraire n° 1 traverse la partie centrale de l'île et relie les refuges chilien et argentin. L'itinéraire n° 2 facilite l'accès aux phares sur le sud de l'île et s'étend du centre de la côte est aux versants orientales de la colline. Cependant, lors d'une visite de gestion en 2011, cet itinéraire s'est révélé être colonisé par des oiseaux. C'est ainsi que l'itinéraire n°3 a également été désigné. Il fait route vers l'est, du refuge argentin à un passage étroit sur le côté ouest de l'île, et poursuit au sud-ouest jusqu'à un ravin/versant, vers une surface plane au-dessus de la colonie abandonnée (à compter de janvier 2011) de cormorans aux yeux bleus. À partir de là, l'itinéraire emprunte une trajectoire en direction est vers les phares. Des précautions doivent être prises pour éviter de piétiner les bancs de mousse qui se trouvent à proximité d'une piscine d'eau de fonte, à environ 70 m au nord des phares.
- L'accès aux endroits privilégiés par les pétrels géants pour la nidation (carte 3) sera uniquement autorisé dans le cadre des objectifs spécifiés dans le permis. Lorsqu'il est indispensable d'accéder au phare (pour procéder à son entretien par exemple), les visiteurs devront suivre l'itinéraire prévu le plus rigoureusement possible en veillant à éviter les oiseaux en nidation. La majeure partie de la zone menant au phare et entourant ce dernier est occupée par des pétrels en phase de reproduction. Une extrême prudence est donc de rigueur.
- Tout mouvement doit être lent, silencieux et toujours à bonne distance des oiseaux en nidation.

- Les visiteurs seront particulièrement attentifs aux signes d'agitation et feront même demi-tour si cette dernière est de forte intensité.
- Au dessus des zones, le pilotage d'aéronefs doit s'effectuer au minimum conformément aux « Lignes directrices pour les aéronefs à proximité des concentrations d'oiseaux » énoncées dans la résolution 2 (2004).

7 (iii) Activités qui peuvent être menées dans la zone:

Les activités qui peuvent être menées dans la zone sont les suivantes :

- Les activités de gestion essentielles, y compris celles de surveillance ;
- les travaux de recherche scientifique indispensables qui ne peuvent être entrepris ailleurs et ne mettent pas en péril l'écosystème de la zone ;
- l'échantillonnage, qui devrait être le minimum requis pour les programmes de recherche approuvés.

Les restrictions concernant les périodes pendant lesquelles les activités peuvent être menées à bien s'appliquent à la zone et sont spécifiées dans les sections pertinentes du présent plan de gestion.

7(iv) Installation, modification ou enlèvement de structures

- Toute nouvelle structure ou installation permanente est interdite dans la zone.
- Les structures existantes qui sont désaffectées ou saccagées doivent être enlevées ou rénovées.
- Toute activité liée à l'installation, à la modification, à l'entretien ou à l'enlèvement de structures sera menée à bien de façon à minimiser les perturbations des oiseaux en phase de reproduction. Elle devra avoir lieu entre le 1er février et le 30 septembre inclus pour éviter la grande saison de reproduction.
- Aucune nouvelle structure ne peut être construite dans la zone et aucun matériel scientifique ne peut y être installé, sauf s'ils doivent servir aux activités de gestion ou aux recherches scientifiques indispensables conformément aux clauses du permis pour une période prédéterminée.
- Toutes les balises, les structures ou le matériel de nature scientifique installés dans la zone doivent être clairement identifiés, indiquant le pays, le nom du principal chercheur ou de l'organisme, l'année d'installation et la date prévue de l'enlèvement.
- Ces objets ne devront pas contenir d'organismes, de propagules (par ex. semences, œufs) ou de sol non stérile (cf. section *7(vi)*), et ils seront composés de matériaux capables de résister aux conditions environnementales et qui ne risquent pas de contaminer la zone.
- L'enlèvement des structures et du matériel spécifiques pour lesquels la validité du permis a expiré relèvera de la responsabilité de l'autorité qui a délivré le permis original et sera une des conditions de délivrance.

7 (v) Emplacement des camps

Les camps à l'intérieur de la zone sont à éviter. Cependant, lorsque l'exigent certaines opérations autorisées par le permis, des camps temporaires peuvent être installés à deux endroits spécifiques :: sur la côte est centrale de l'île (Lat. 67°46'25.8"S ; Long. 68°53'00.8"O) et sur la côte nord-ouest centrale de la zone (Lat. 67°46'08.2"S ; Long. 68°53'29.5"O) (carte 2).

7(vi) Restrictions sur les matériaux et organismes pouvant être introduits dans la zone

Aucun animal vivant, aucune matière végétale ou aucun micro-organisme ne peut être introduit délibérément dans la zone. Afin de garantir la préservation des valeurs écologiques et floristiques de la zone, il conviendra d'être particulièrement vigilant contre l'introduction involontaire de microbes, d'invertébrés ou de plantes issus d'autres sites en Antarctique, y compris les stations, ou d'autres régions hors Antarctique. Tous les dispositifs d'échantillonnage ou les balises apportés dans la zone doivent être nettoyés ou stérilisés. Dans la mesure du possible, les chaussures et autres équipements utilisés ou apportés dans la zone (y compris les sacoches ou sacs à dos) doivent avoir été parfaitement nettoyés avant d'entrer dans la zone. Le *Manuel sur les espèces non indigènes* du CPE (CPE, 2011) et le *Code de conduite environnemental pour la recherche scientifique sur le terrain en Antarctique* (SCAR, 2009) offrent des orientations supplémentaires en la matière. Du fait de la présence de colonies d'oiseaux qui se reproduisent dans la zone, aucun produit ou déchet à base de volaille, y compris des produits alimentaires contenant des œufs en poudre crus, ne peut être introduit dans la zone et dans sa composante marine.

Aucun herbicide ou pesticide ne peut être introduit dans la zone. Tout autre produit chimique, y compris les radionucléides ou les isotopes stables, qui peut être introduit à des fins scientifiques ou à des fins de gestion décrites dans le permis, devra être retiré de la zone au plus tard à l'issue de l'activité pour laquelle le permis a été délivré. L'émission directe de radionucléides ou d'isotopes stables dans l'environnement d'une manière qui empêche de les récupérer, devrait être évitée. Le stockage de carburants ou d'autres produits chimiques dans la zone est interdit, sauf s'il est explicitement autorisé dans le permis délivré. Ces matières seront stockées et manipulées de manière à minimiser les risques d'introduction involontaires dans l'environnement. Les matériaux introduits seront autorisés dans la zone pendant une période prédéfinie et seront retirés de la zone à la fin ou avant la fin de ladite période. En cas de fuites qui pourraient porter atteinte aux valeurs de la zone, les matières émises doivent être enlevées seulement si l'impact de cet enlèvement est inférieur à celui de l'abandon sur place. L'autorité compétente doit être notifiée de toute fuite de matière non enlevée qui ne faisait pas partie des substances autorisées par le permis.

7 (vii) Prélèvement de végétaux et capture d'animaux ou perturbations nuisibles à la faune et la flore indigènes

Le prélèvement de végétaux et la capture d'animaux ainsi que les perturbations nuisibles à la flore et à la faune indigènes sont interdits, sauf aux termes d'un permis délivré conformément à l'annexe II du Protocole au Traité sur l'Antarctique relatif à la protection de l'environnement. Lorsque des animaux doivent être capturés ou perturbés, il convient d'appliquer comme norme minimale le *Code de conduite du SCAR pour l'utilisation d'animaux à des fins scientifiques dans l'Antarctique* (2011). Les activités d'échantillonnage des sols et de la végétation doivent être limitées au minimum absolu requis à des fins scientifiques ou à des fins de gestion et exécutées avec des techniques qui minimisent les perturbations susceptibles d'être causées au sol et au biote.

7 (viii) Ramassage ou enlèvement de toute chose qui n'a pas été apportée dans la zone par le détenteur du permis

Le ramassage ou l'enlèvement de toute chose qui n'a pas été apportée dans la zone par le détenteur du permis ne se fera qu'en vertu des clauses du permis et se limitera au minimum nécessaire afin de répondre aux besoins scientifiques ou de gestion. Tout matériau d'origine humaine risquant de porter atteinte aux valeurs de la zone et qui n'a pas été introduit dans la zone par le détenteur du permis, ou avec une autorisation, peut être enlevé de la zone à moins que l'impact de l'enlèvement sur l'environnement soit supérieur à celui de l'abandon sur place. Dans ce cas, l'autorité compétente doit être notifiée et il conviendra d'obtenir une approbation. Aucun permis ne sera délivré si le prélèvement d'échantillons envisagé est susceptible d'entraîner la prise, l'enlèvement ou la destruction de quantités de sols, ainsi que de faune et de flore indigènes trop importantes qui affecteraient leur répartition et leur abondance sur l'île Avian. Les échantillons de faune et de flore retrouvés sans vie dans la zone peuvent être enlevés à des fins d'analyse et de vérification sans autorisation préalable.

7 (ix) Élimination des déchets

Tous les déchets, à l'exception des déchets humains, doivent être retirés de la zone. Dans l'idéal, tous les déchets humains devraient être éliminés de la zone. Si cela n'est pas possible, ils peuvent être jetés à la mer.

7 (x) Mesures nécessaires pour continuer de répondre aux objectifs du plan de gestion

1. Des permis peuvent être délivrés pour entrer dans la zone afin d'y réaliser des travaux de recherche scientifique, de surveillance et d'inspection de site, susceptibles de requérir le prélèvement d'un nombre limité d'échantillons à des fins d'analyse ou pour prendre des mesures de protection.

2. Tout site de surveillance à long terme doit être convenablement balisé et les balises ou panneaux doivent être entretenus de manière satisfaisante ;

3. Les activités de nature scientifique doivent être menées conformément au *Code de conduite environnemental pour la recherche scientifique sur le terrain en Antarctique* (SCAR, 2009).

7 (xi) Rapports de visite

Pour chaque visite effectuée dans la zone, le principal détenteur du permis devra soumettre à l'autorité nationale compétente un rapport dans les plus brefs délais et, au plus tard, dans les six mois suivant la visite dans la zone. Ces rapports doivent inclure, s'il y a lieu, les renseignements identifiés dans le formulaire de rapport de visite qui figure dans le *Guide pour la préparation des plans de gestion des zones spécialement protégées en Antarctique* (annexe 2). L'autorité compétente doit être notifiée de toute activité ou mesure entreprise qui ne figurait pas dans le permis délivré. Lorsque cela est possible, l'autorité nationale doit également transmettre un exemplaire du rapport de visite à la Partie dont a émané la proposition de plan de gestion, et ce en vue de contribuer à la gestion de la zone et à la révision du plan de gestion. Les Parties doivent, dans la mesure du possible, déposer les originaux ou les copies de ces rapports de visite dans des archives ouvertes au public en vue de préserver une archive d'usage, qui servira tant à l'examen du plan de gestion qu'à l'organisation de la zone à des fins scientifiques.

8. Bibliographie

Barlow, J. (1968). Biological report. Adelaide Island. 1967/68 Unpublished British Antarctic Survey report, BAS Archives Ref. AD6/2T/1967/N.

Bramwell, M.J. (1969). Report on elephant seal pupping on Avian Island. Unpublished British Antarctic Survey report, BAS Archives Ref. AD6/2T/1969/N.

Bramwell, M.J. (1970). Journey report: Avian Island 7 Oct – 4 Nov 1969. Unpublished British Antarctic Survey report, BAS Archives Ref. AD6/2T/1969/K3.

Committee for Environmental Protection (CEP). (2011). Non-native species manual – 1st Edition. Manual prepared by Intersessional Contact Group of the CEP and adopted by the Antarctic Treaty Consultative Meeting through Resolution 6 (2011). Buenos Aires, Secretariat of the Antarctic Treaty.

Elliott, M.H. (1969). Summer geological camp on Avian Island 26 Nov – 4 Dec 1968. Unpublished British Antarctic Survey report, BAS Archives Ref. AD6/2T/1968/K3.

Fox, A., and Gray, M. (1997). Aerial photography field report 1996-97 Antarctic field season. Unpublished British Antarctic Survey report, BAS Archives Ref. AD6/2R/1996/L2.

Gray, M., and Fox, A. (1997). GPS Survey field report 1996-97 Antarctic field season. Unpublished British Antarctic Survey report, BAS Archives Ref. AD6/2R/1996/L1.

Griffiths, C. (1992). Geological fieldwork on Adelaide Island 1991-92. Unpublished British Antarctic Survey report, BAS Archives Ref. AD6/2R/1991/GL1.

Harris, C.M. (2001). Revision of management plans for Antarctic protected areas originally proposed by the United States of America and the United Kingdom: Field visit report. Internal report for the National Science Foundation, US, and the Foreign and Commonwealth Office, UK. Environmental Research and Assessment, Cambridge.

Lynch, H. J., Naveen, R., Trathan, P. N., and Fagan, W. F. (2012). Spatially integrated assessment reveals widespread changes in penguin populations on the Antarctic Peninsula. Ecology 93:1367–1377.

Moyes, A. B., Willan, C. F. H., Thomson, J. W., et al. (1994). Geological map of Adelaide Island to Foyn Coast, BAS GEOMAP Series, Sheet 3, Scale 1:250,000, with supplementary text. British Antarctic Survey, Cambridge.

Patterson, D. L., Woehler, E. J., Croxall, J. P., Cooper, J., Poncet, S., Peter, H.-U., Hunter, S., and Fraser, W. R. (2008). Breeding distribution and population status of the northern giant petrel *Macronectes halli* and the southern giant petrel *M. giganteus*. Marine Ornithology 36: 115-124.

Poncet, S., and Poncet, J. (1979). Ornithological report, Avian Island, 1978-79. Unpublished British Antarctic Survey report, BAS Archives Ref. AD6/2R/1978/Q.

Poncet, S. (1982). Le grand hiver: Damien II base Antarctique. Les Éditions Arthaud, Paris.

Poncet, S., and Poncet, J. (1987). Censuses of penguin populations of the Antarctic Peninsula, 1983-87. British Antarctic Survey Bulletin 77: 109-129.

Poncet, S. (1990). Avian Island, Marguerite Bay, Antarctic Peninsula, SPA proposal. Unpublished report to the SCAR Group of Specialist on Environmental Affairs and Conservation, 1990.

Riley, T. R., Flowerdew, M. J. and Whitehouse, M. J. (2012). Litho- and chronostratigraphy of a fore- to intra-arc basin: Adelaide Island, Antarctic Peninsula. Geological Magazine 149: 768-782.

Ritz, M. S., Hahn, S., Janicke, T., and Peter, H.-U. (2006). Hybridisation between South Polar Skua (*Catharacta maccormicki*) and Brown Skua *(C. antarctica lonnbergi)* in the Antarctic Peninsula region. Polar Biology 29: 153-159.

Sailley, S. F., Ducklow, H. W., Moeller, H. V., Fraser, W. R., Schofield, O. M., Steinberg, D. K., Price, L. M., and Doney, S. C. (2013). Carbon fluxes and pelagic ecosystem dynamics near two western Antarctic Peninsula Adélie penguin colonies: an inverse model approach. Marine Ecology Progress Series, in press.

SCAR (Scientific Committee on Antarctic Research). (2009). Environmental code of conduct for terrestrial scientific field research in Antarctica. ATCM XXXII IP4.

SCAR (Scientific Committee on Antarctic Research). (2011). SCAR code of conduct for the use of animals for scientific purposes in Antarctica. ATCM XXXIV IP53.

Smith, H. G. 1978. The distribution and ecology of terrestrial protozoa of sub-Antarctic and maritime Antarctic islands. BAS Scientific Report 95, British Antarctic Survey, Cambridge.

Smith, R. I. L. (1996). Terrestrial and freshwater biotic components of the western Antarctic Peninsula. In Ross, R. M., Hofmann, E. E. and Quetin, L. B. *Foundations for ecological research west of the Antarctic Peninsula*. Antarctic Research Series 70: American Geophysical Union, Washington D.C.: 15-59.

Stonehouse, B. (1949). Report on biological activities at Base E 1948-49. Unpublished British Antarctic Survey report, BAS Archives Ref. AD6/2E/1948/N1.

Stonehouse, B. (1950). Preliminary report on biological work Base E 1949-50. Unpublished British Antarctic Survey report, BAS Archives Ref. AD6/2E/1949/N.

Terauds, A., Chown, S. L., Morgan, F., Peat, H. J., Watt, D., Keys, H., Convey, P., and Bergstrom, D. M. (2012). Conservation biogeography of the Antarctic. Diversity and Distributions 18: 726-41.

Diversity and Distributions 18: Adelaide Island bird report 1968. Unpublished British Antarctic Survey report, BAS Archives Ref. AD6/2T/1968/Q.

Woehler, E. J. (ed). (1993). The distribution and abundance of Antarctic and sub-Antarctic penguins. SCAR, Cambridge.

Carte 1 :   Île Avian (ZSPA n° 117), baie Marguerite. La carte montre l'emplacement des stations
Teniente Luis Carvajal (Chili), Rothera (Royaume-Uni) et General San Martín (Argentine). Elle indique
également l'emplacement d'autres zones protégées dans la baie Marguerite : la ZSPA n° 107 sur l'île
Empereur (îles Dion), la ZSPA n° 115 sur l'île Lagotellerie et la ZSPA n° 129 sur pointe Rothera. Encart :
emplacement de l'île Avian sur la péninsule antarctique.

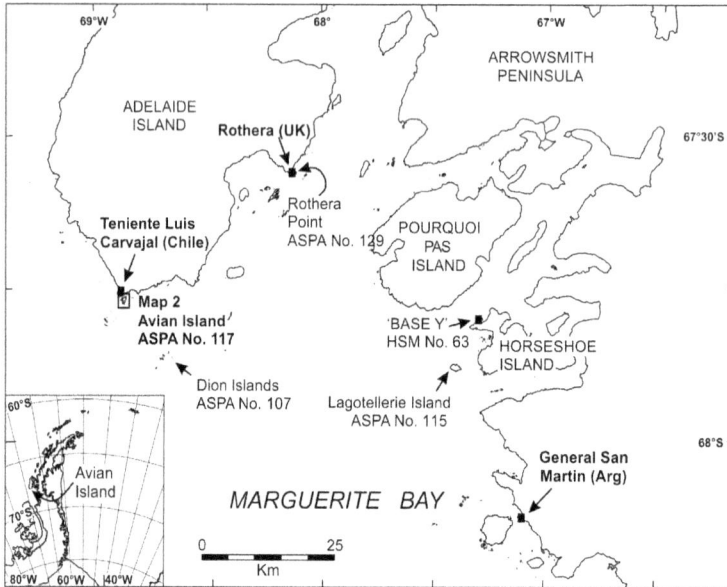

Carte 2 :　　　Île Avian (ZSPA n° 117), carte topographique. Spécifications : projection conique conforme de Lambert ; parallèles d'échelle conservée : 1er 67°30'00"S ; 2e 68°00'00"S ; méridien central : 68°55'00"O ; latitude origine : 68° 00' 00"S ; sphéroïde : WGS84 ; datum : niveau moyen de la mer ; équidistance des courbes de niveau verticales : 5 m ; précision horizontale : ±5 m ; précision verticale : ±1,5 m.

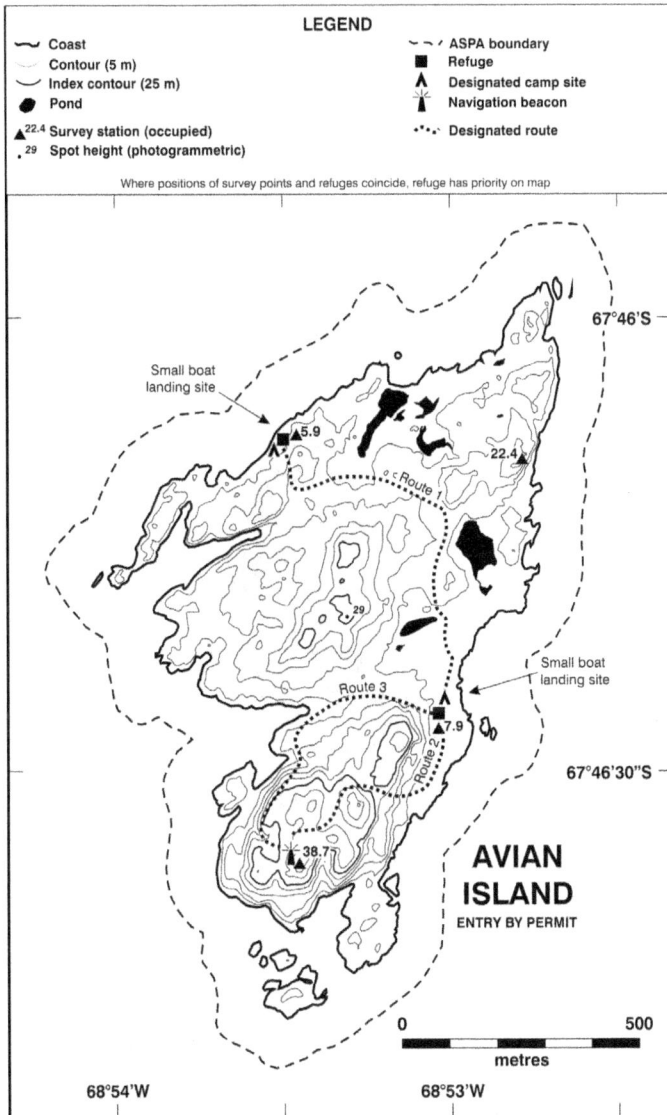

Carte 3 : Île Avian (ZSPA n° 117), croquis cartographique de la faune en phase de reproduction. La position des nids et des colonies sont d'une précision de ±25 m. Ces informations proviennent de Poncet (1982). Spécifications : projection conique conforme de Lambert ; parallèles d'échelle conservée : 1er 67°30'00"S ; 2e 68°00'00"S ; méridien central : 68°55'00"O ; latitude origine : 68° 00' 00"S ; sphéroïde : WGS84 ; datum : niveau moyen de la mer ; équidistance des courbes de niveau verticales : 5 m; précision horizontale : ±5 ; précision verticale : ±1,5 m.

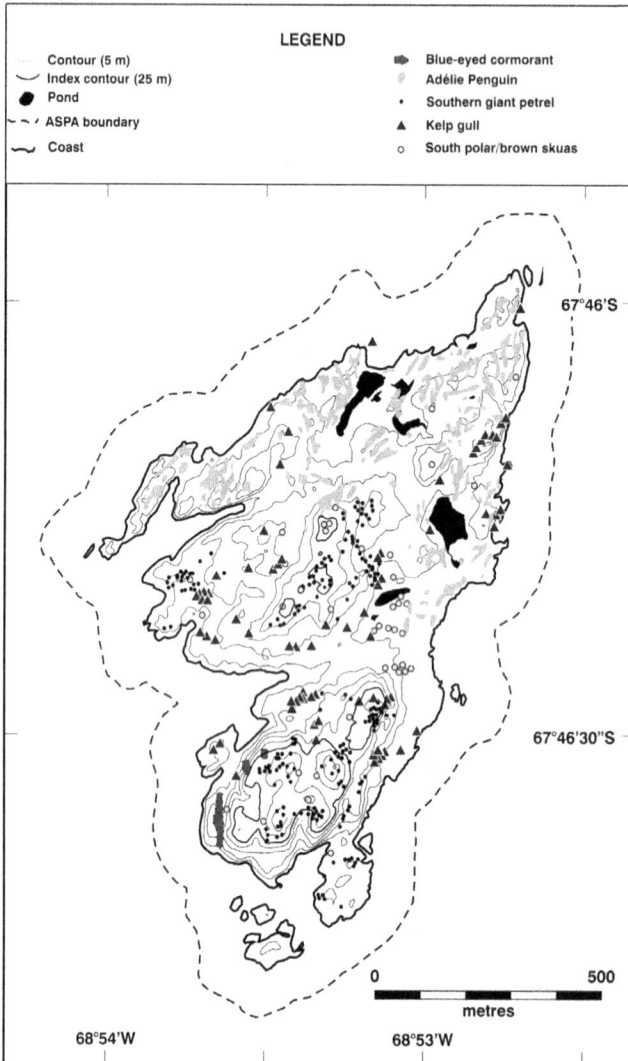

Plan de gestion pour

la zone spécialement protégée de l'Antarctique (ZSPA) n° 123,

VALLEES BARWICK ET BALHAM,

TERRE SOUTHERN VICTORIA

Introduction

Les vallées Barwick et Balham sont situées dans la zone gérée spéciale de l'Antarctique (ZGSA) n° 2, vallées sèches de McMurdo, Terre Victoria, mer de Ross. Le centre de la zone se trouve aux latitude. 77°21'S, longitude. 160°57'E, et celle-ci s'étend sur une superficie d'environ 423 km². Les vallées Barwick et Balham sont rarement visitées et constituent une zone de référence importante pour comparer l'évolution des écosystèmes d'autres vallées sèches qui font régulièrement l'objet de visites à des fins scientifiques. La zone contient des exemples d'une grande variété d'environnements rencontrés dans l'écosystème désertique polaire. Les fonds de vallées recèlent des exemples inégalés des caractéristiques de surface physiques qui sont associées à cet environnement unique et extrême, ainsi que de beaux spécimens issus du monde bactérien, des lichens et de la microflore pédologique et lacustre.

Les vallées Barwick et Balham ont, à l'origine, été désignées Site d'intérêt scientifique particulier (SISP) n° 3 par le biais de la Recommandation VIII-4 (1975) sur proposition des États-Unis d'Amérique. Une série de Recommandations ont prorogé les dates d'expiration du plan de gestion (Recommandation X-6 (1979), Recommandation XII-5 (1983), Recommandation XIII-7 (1985), et Résolution 7 (1995)). La Mesure 2 (2000) a reporté la date d'expiration du plan de gestion du 31 décembre 2000 au 31 décembre 2005. La Décision 1 (2002) a rebaptisé et renuméroté le SISP n° 3 en tant que Zone spécialement protégée de l'Antarctique n° 123. La Mesure 1 (2002) a désigné la zone en tant que telle pour une période indéterminée, a élargi la zone d'origine afin d'y inclure une plus grande partie du bassin versant de la vallée Balham, et l'a rationalisée afin d'exclure le bassin versant du glacier supérieur Victoria. La Mesure 6 (2008) a modifié le plan de gestion pour y inclure des dispositions supplémentaires afin de réduire le risque d'introductions bactériennes et végétales provenant des sols d'autres sites de l'Antarctique ou de régions hors de l'Antarctique. La révision de 2013 a permis d'actualiser les références, de confirmer la validité des valeurs, d'améliorer la carte de la zone et d'apporter des modifications mineures aux dispositions concernant l'accès par aéronef. Une cartographie améliorée a permis d'affiner la limite de la zone pour qu'elle suive les bassins versants Barwick / Balham de manière plus précise.

La zone est classée Environnement S – McMurdo - South Victoria Land geologic (géologique du sud de la Terre Victoria, McMurdo), selon l'Analyse des domaines environnementaux du continent antarctique, et est classée Terre Victoria du Sud / vallées sèches dans le système des Régions de conservation biogéographiques de l'Antarctique (RCBA).

1. Description des valeurs à protéger

Une zone de 325 km² dans la vallée Barwick, y compris une partie de la vallée Balham qui y est adjacente, avait à l'origine été désignée dans la Recommandation VIII-4 (1975, SISP n° 3) sur proposition des États-Unis d'Amérique qui estimaient en effet que cette zone était « l'une des vallées sèches les moins perturbées et polluées de la Terre Victoria » et qu'elle était importante comme zone de référence grâce à laquelle il est possible de mesurer l'évolution d'écosystèmes comparables d'autres vallées sèches où des recherches scientifiques étaient régulièrement exécutées. Le site reste éloigné des stations et n'a pas fait l'objet de visites et de travaux de recherche intensifs. La vallée Barwick a été visitée pour la première fois en 1958 et plusieurs expéditions y ont ensuite été effectuées dans les années 60 jusqu'en 1975. Par la suite, les visites ont été rares du fait de sa désignation comme Site présentant un intérêt scientifique particulier (SISP). Bien que quelques impacts humains de ces premières expéditions aient été visibles en 1993-94 à l'intérieur de la région, il est considéré que les vallées Barwick et Balham demeurent l'une des zones les moins affectées de la région antarctique des vallées sèches de la Terre Victoria.

Les limites de la zone originelle ont été retracées dans la Mesure 1 (2002) pour suivre plus exactement les bassins versants de Barwick et de Balham, ce qui donne au total une superficie de 418 km² (correction par rapport aux 480 km², une erreur inscrite dans la Mesure 1 (2002)) ; ces limites ont à nouveau été adoptées sans modification dans la Mesure 6 (2008). Le plan de gestion actuel a affiné davantage les limites du bassin versant en se basant sur des données cartographiques améliorées, ce qui implique une légère augmentation de la superficie totale de 418 km² à 423 km².

Les vallées sèches de la Terre Victoria comportent un écosystème désertique polaire qui est extrême et unique en son genre. La zone comprend des exemples d'une grande variété d'environnements trouvés dans cet écosystème, y compris des pavements de déflation, des dunes de sable, des sols réticulés, des caractéristiques glacières et de moraines, des cours d'eau, des lacs d'eau douce et saline, des vallées et des sols de haute altitude libres de glace. Les fonds de vallées recèlent des exemples inégalés de pavements éolisés et de dolérites criblées de vasques, ainsi que des spécimens de lichens chasmolithiques, de communautés stratifiées de lichens endolithiques, de champignons, d'algues et de bactéries apparentées, sans oublier des populations de la microflore pédologique et lacustre. La protection spéciale conférée à la zone permet de conserver un exemple relativement vierge de cet écosystème qui servira de base de référence future. La protection sur la base d'un bassin versant sert à fournir une plus grande représentation des caractéristiques de l'écosystème et facilite par ailleurs la gestion de la zone en tant que système écologique intégré et géographiquement distinct. Les grandes valeurs écologiques ainsi que les valeurs scientifiques, esthétiques et naturelles, qui découlent de l'isolement et du niveau relativement faible de l'impact humain, constituent d'importantes raisons pour justifier une protection spéciale dans les vallées Barwick et Balham.

2. Buts et objectifs

Les objectifs de la gestion des vallées Barwick et Balham sont les suivants :

- Éviter la dégradation des valeurs de la zone et les risques substantiels qu'elles pourraient courir en empêchant les perturbations humaines inutiles dans la zone.
- Protéger l'écosystème naturel comme une zone de référence demeurée en grande partie non perturbée par des activités humaines directes.
- Permettre des travaux de recherche scientifiques sur l'écosystème naturel et l'environnement physique dans la zone sous réserve qu'ils soient effectués à des fins essentielles auxquelles il est impossible de répondre ailleurs.
- Minimiser les perturbations humaines dans la zone en y empêchant un échantillonnage inutile.
- Éviter ou minimiser l'introduction de plantes, d'animaux et de microbes non indigènes dans la zone.
- Permettre que des visites soient effectuées pour des raisons de gestion appuyant les objectifs du plan de gestion.

3. Activités de gestion

Les activités de gestion suivantes sont à mettre en œuvre afin de protéger les valeurs de la zone :

- Des panneaux indiquant l'emplacement de la zone (et spécifiant les restrictions spéciales qui s'y appliquent) doivent être disposés bien en évidence et une copie du présent plan de gestion doit être disponible aux stations scientifiques permanentes situées dans la région de la mer de Ross.
- Tous les pilotes qui opèrent dans la région doivent être tenus informés de l'emplacement, des limites de la zone et des restrictions qui s'appliquent à l'entrée, au survol et aux atterrissages dans la zone.
- Les directeurs des programmes nationaux doivent prendre des mesures pour s'assurer que les limites de la zone et les restrictions qui s'appliquent à l'intérieur de celle-ci soient marquées sur les cartes concernées et sur les cartes nautiques / aéronautiques.
- Les repères, les panneaux ou les structures installés à l'intérieur de la zone à des fins scientifiques ou de gestion doivent être fixés et maintenus en bon état, et enlevés lorsqu'ils ne sont plus nécessaires.

- Tout équipement ou matériel abandonné doit être enlevé dans toute la mesure possible, sous réserve que cette action n'ait pas un impact négatif sur l'environnement et les valeurs de la zone.

- Des visites sont à effectuer, s'il y a lieu, pour déterminer si la zone continue de répondre aux objectifs pour lesquels elle a été désignée et pour s'assurer que les mesures de gestion et d'entretien sont adéquates.

- Les directeurs des Programmes antarctiques nationaux en cours d'exécution dans la région sont tenus de se consulter pour veiller à ce que les activités de gestion ci-dessus soient mises en œuvre.

4. Durée de la désignation

Désignée pour une durée indéterminée.

5. Cartes

Carte 1 : ZSPA n° 123, vallées Barwick et Balham, topographie et limite.

Spécifications de la carte : Projection : conique conforme de Lambert ; parallèles types : 1er 77°15'S ; 2nd 77°25'S ; méridien central : 161°10'E ; latitude d'origine : 78°00'S ; sphéroïde et datum : WGS84.

Encart 1 : Région de la mer de Ross, montrant l'emplacement des vallées sèches de McMurdo, et Encart 2.

Encart 2 : Vallées sèches de McMurdo et île de Ross, montrant l'emplacement de la station McMurdo (États-Unis d'Amérique) et de la base Scott (Nouvelle Zélande), Zone gérée spéciale de l'Antarctique n° 2, vallées sèches de McMurdo (ZGSA n° 2).

6. Description de la zone

6(i) Coordonnées géographiques, bornage et caractéristiques du milieu naturel

La vallée Barwick (Lat. 77°21'S ; Long. 161°57'E) est située à environ 65 km à l'intérieur des terres depuis la côte de Terre Southern Victoria le long de la mer de Ross (Carte 1 et encarts). La zone comprend les vallées Barwick et Balham ainsi que leurs bassins hydrographiques correspondants, et elle est limitée au sud, à l'ouest et au nord respectivement par la vallée McKelvey, le Willet Range et la ligne de partage entre les vallées Victoria et Barwick.

La limite de la zone s'étend de son extrémité est dans la vallée inférieure de Barwick (autour de la confluence des vallées Barwick, Victoria et McKelvey) sur plusieurs kilomètres au sud vers la crête allant sud-ouest jusqu'au sommet du mont Insel (1 345 m ; Lat. 77°23.50'S ; Long. 161°30.74'E,), d'où elle suit les points élevés de la crête d'Insel Range à travers Halzen Mesa sur 5,5 km avant de descendre jusqu'à une dépression entre les vallées McKelvey et Balham à l'endroit où se trouve le lac Bullseye (722 m ; Lat. 77°24.78'S ; Long. 161°14.41'E). La limite traverse le lac avant de grimper la crête jusqu'à un point plus élevé sur Canfield Mesa, sur Insel Range (environ 1 250 m), et continue à travers Green Mesa pour suivre Rude Spur jusqu'au mont Cassidy (1 917 m) et se diriger ensuite vers les cours supérieurs de la vallée Balham. Au fur et à mesure que le terrain s'adoucit dans la partie supérieure de la vallée Balham et à environ 6,5 km au sud-est du sommet de la montagne Shapeless (2 736 m), la limite se propulse vers le nord à une altitude située entre 1 800 m et 1 900 m en direction du glacier Huka Kapo et des pics Apocalypse. La limite de la zone s'étend au nord-ouest du glacier Huka Kapo sur environ 9 km vers une crête saillante qui mène au sommet du mont Bastion (2 477 m ; Lat. 77°19.18'S ; Long. 160°29.39'E). Cette crête est suivie vers le nord jusqu'au sommet de McSaveney Spur, d'où la limite suit la ligne de crête supérieure du cirque glaciaire, qui comprend Webb Icefall, jusqu'au sommet du pic Vishniac (2 280 m ; Lat. 77°14.71'S ; Long. 160°31.82'E). La limite suit alors la crête principale vers le nord-est sur 5 km jusqu'au sommet du pic Skew (2 537 m ; Lat. 77°13.16'S ; Long. 160°42.07'E), situé à la tête de la vallée Barwick. La limite descend ensuite le long de la crête est du pic Skew au-dessus de Webb Cirque, avant de suivre la limite du bassin versant plus au sud vers Parker Mesa. De Parker Mesa, la limite descend plus encore pour suivre la crête supérieure de The Fortress et du Cruzon Range, qui sépare les bassins versants du glacier supérieur Victoria et de la vallée Barwick. La limite de la zone s'étend vers l'est le long de cette crête sur environ 12 km via le pic Loewenstein (1 539 m) et le pic Shulman (1 400 m) jusqu'au pic Sponsors (1 454 m ; Lat. 77°18.2'S ; Long. 161°24.4'E). Elle descend la crête sud-est du pic Sponsors et du pic Nickell (environ 1 400 m ; Lat. 77°19.21'S ; Long. 161°28.25'E) jusqu'à la partie inférieure de la vallée Barwick pour atteindre l'extrémité est de la zone qui se trouve à environ 4 km au nord-ouest du lac Vida dans la vallée Victoria.

Un vaste névé au sud du pic Skew alimente le glacier Webb dans la partie supérieure de la vallée Barwick. Très peu de glace du plateau polaire s'écoule par-dessus l'escarpement dans la vallée Barwick, les vecteurs d'écoulement et les motifs de la couverture sédimentaire sur le glacier Webb à cet endroit indiquant que cette partie du glacier est quasiment stationnaire. Les vallées Barwick et Balham fusionnent dans la partie sud-est de la zone, à 9 km de l'endroit où la vallée Barwick rejoint la vallée Victoria. Une série de lacs occupent la vallée Barwick, le plus grand étant le lac Webb (à une altitude d'environ 658 m), au front du glacier Webb. Le lac Vashka (à une altitude d'environ 476 m), qui remplit en partie une dépression circulaire inhabituellement profonde (Chinn 1993), est le deuxième lac le plus grand, situé à 5,7 km du lac Webb plus bas dans la vallée. Le lac Hourglass (à une altitude d'environ 617 m), le troisième lac le plus grand, se trouve à peu près à mi-chemin entre le lac Webb et le lac Vashka. Un cours d'eau intermittent reliant cette série de lacs prend fin au lac Vashka, dont le niveau est bien en-dessous de son seuil de débordement. Un premier examen des surfaces lisses des lacs Webb et Vashka semble indiquer que ce sont deux lacs de « blocs de glace » qui ne contiennent aucune eau liquide en quantités significatives (Chinn 1993). Toutefois, en décembre 1993, de l'eau liquide a été observée sur plusieurs mètres de profondeur dans le pourtour du lac Vashka. Aucune étude récente des caractéristiques physiques d'un des lacs de la vallée Barwick n'a été réalisée récemment. Le lac Balham, un petit lac situé dans une dépression (à une altitude de 671 m) en-dessous des pics Apocalypse, est le seul lac dans la vallée Balham (en général d'une altitude d'environ 800 m).

De multiples glaciations, datant principalement de 13 Ma à 3,5 Ma, ont créé au fil du temps une épaisse moraine de fond dans les deux fonds de vallées (Péwé 1960). Ces dépôts sont mantelés par des plaques de solifluxion à la tête de la vallée Balham. En outre, les vallées comportent un petit nombre de lacs d'eau douce et saline sur les surfaces des amas glaciaires. Dans de nombreux cas, les lacs se sont évaporés pour faire place à de vastes gisements de sel. Les parois des vallées Barwick et Balham présentent des vestiges de bancs glaciaires à une altitude d'environ 800 m et 1 200 à 1 500 m (Bull *et al.* 1962). Les sols proches du lac Vashka sont composés de débris de moraine issus en grande partie de dolérites et de grès ; toutefois, les granites, le gneiss et le schiste représentent non moins de 35 % des roches localement (Claridge 1965). L'altération due aux intempéries est souvent indiquée par des colorations d'un rouge foncé attribuables à l'oxydation de composés de fer, habituellement érodés par du sable balayé sur la face des roches exposée aux vents (Claridge & Campbell 1984). Les fonds de vallées sont amplement recouverts d'un sol réticulé parsemé de polygones à fentes ensablées, typiques des zones de permafrost dans les vallées sèches (Campbell & Claridge 1987). La plupart sont anciens (centrés en hauteur), de jeunes polygones (centrés sur des cavités) ayant été découverts dans de récents canaux de cours d'eau, et tous font habituellement 20 m de large.

Aucun invertébré n'a été trouvé dans les sols arides de la vallée Barwick, où il existe très peu de végétation visible (Freckman & Virginia 1998). Croûtes et tapis algaires bordent les lacs et les cours d'eau, mais la flore signalée est essentiellement de nature microbienne. Des lichens chasmolithiques sont présents dans des éboulis irréguliers de l'Apocalypse Range et des communautés stratifiées denses de lichens endolithiques, de champignons, d'algues et de bactéries apparentées sont parfois trouvées dans le grès de Beacon (Edwards *et al.* 1998, 2005). Une croissance marquée de lichens noirs a été signalée dans des zones de grès du fond de vallée de Balham (Russell *et al.* 1998). Des populations bactériennes hétérophiques considérables ont été signalées dans des échantillons de sable provenant de la vallée Barwick. La population contenait des fermenteurs du lactose, des réducteurs de nitrate, des agents de fixation de l'azote, des levures et des algues, mais aucun champignon ou protozoaire filamenteux détectable (Cowan *et al.* 2002).

Les vallées Barwick et Balham sont certes l'une des zones les plus reculées des vallées sèches, mais il est un fait que des labbes de l'Antarctique (*Catharacta maccormicki*) la visitent, quelque 40 carcasses ayant été trouvées au lac Vashka en 1959-60. Les carcasses momifiées de deux phoques ont également été découvertes à proximité du front du glacier Webb et sept autres, essentiellement de phoques crabiers (*Lobodon carcinophagus*), ont été trouvées près de l'intersection des vallées Balham et Barwick (Dort 1981).

L'inspection de ces deux vallées en décembre 1993, du lac Bullseye au lac Vashka, a révélé des traces d'activités humaines antérieures, en particulier autour du lac Vashka où des campements avaient été utilisés dans les années 60 à des fins de recherche scientifique. Des impacts ont été observés dans les environs du lac

Vashka, notamment des cercles de pierre pour l'implantation de tentes dans d'anciens campements, des fosses d'observation et une tranchée, les vestiges d'une caisse en bois, une boîte en bois contenant des roches et une affiche en papier, ainsi qu'une cache d'aliments brisée partiellement submergée dans le lac (Harris 1994). Des poteaux de bambou se trouvent à proximité du front du glacier Webb et sur Vashka Crag. Des charges de dynamite ont été utilisées aux alentours du lac Vashka et dans au moins un autre lieu inconnu de la vallée Barwick. La remédiation du site a été effectuée par une équipe néo-zélandaise en 1995-1996.

La seule visite dans la zone depuis la dernière révision du plan de gestion (2008) a été effectuée du 6 au 13 janvier 2012 par une équipe néo-zélandaise composée de deux personnes, pour cartographier la répartition spatiale des sols dans les vallées Barwick et Balham. L'équipe a réalisé de petites excavations peu profondes afin de déterminer les propriétés du sol, et celles-ci ont été soigneusement remédiées et leurs positions enregistrées par GPS (Antarctica NZ 2012). L'équipe a campé dans un site qui avait anciennement été établi non loin du lac Vashka (Lat. 77°20.931'S ; Long. 161°09.284'E) (Carte 1). Les itinéraires de marche et les sites d'échantillonnage ont été limités le plus possible pour répondre aux objectifs, tout en évitant les zones sensibles. Des précautions ont été prises afin de réduire les risques d'introduction d'espèces non indigènes par le matériel de nettoyage, et tous les déchets ont été enlevés. L'équipe a effectué des observations d'anciennes excavations du sol à trois endroits (Lat. 77°20.951'S, Long. 161°08.822'E ; Lat. 77°20.989'S, Long. 161°09.078'E ; et Lat. 77°20.989'S, Long. 161°09.085'E). Aucune structure n'a été observée à l'intérieur de la zone et l'équipe a constaté que les sites visités semblaient demeurer vierges. Une affiche conservée dans un tube au lac Vashka (recensant les noms des visiteurs du lac Vashka et observée en décembre 1993 (Harris 1994)) a été retirée de la zone en raison de sa détérioration.

6 (ii) Accès à la zone

La zone est accessible en traversant des étendues de terre ou de glace ou par un accès aérien. Aucune voie d'accès particulière n'a encore été désignée pour entrer dans la zone. Des restrictions d'accès s'appliquent à l'intérieur de la zone, dont les conditions spécifiques sont décrites dans la section 7(ii) ci-dessous.

6(iii) Emplacement des structures à l'intérieur et à proximité de la zone

Il n'existe aucune structure à l'intérieur ou proche de la zone.

6(iv) Emplacement d'autres zones protégées dans les environs

Les vallées Barwick et Balham se trouvent dans la Zone gérée spéciale de l'Antarctique (ZGSA) n° 2, vallées sèches de McMurdo. Les zones protégées les plus proches des vallées Barwick et Balham sont Linnaeus Terrace (ZSPA n° 138) à 35 km au sud dans la vallée Wright, et le glacier Canada (ZSPA n° 131) ainsi que le glacier inférieur Taylor et les Blood Falls (ZSPA n° 172), ces deux dernières zones se trouvant à environ 45 km au sud-est dans la vallée Taylor (Encart 2, Carte 1).

6 (v) Zones spéciales à l'intérieur de la zone

Il n'existe aucune zone spéciale à l'intérieur de la zone.

7. Critères des permis d'entrée

7 (i) Conditions générales des permis

L'accès à la zone est interdit sauf si un permis est délivré par une autorité nationale compétente. Les conditions de délivrance d'un permis pour entrer dans la zone sont les suivantes :

- Un permis est délivré à des fins scientifiques essentielles auxquelles il est impossible de répondre ailleurs ou à des fins indispensables à la gestion de la zone.
- Les actions autorisées sont conformes au présent plan de gestion.
- Les activités autorisées prennent dûment en considération, via l'évaluation de l'impact sur l'environnement, la protection continue des valeurs environnementales, écologiques, scientifiques, esthétiques et naturelles de la zone, y compris de sa valeur comme zone vierge et de son potentiel comme site de référence en grande partie non perturbé.
- Le permis est délivré pour une période limitée.

- Le permis, ou une copie, doit être emporté à tout moment à l'intérieur de la zone.

7(ii) Accès à la zone et déplacements à l'intérieur ou au-dessus de celle-ci

L'accès à la zone et les déplacements à l'intérieur de celle-ci doivent se faire à pied ou en aéronef. Les véhicules sont interdits dans la zone.

Accès à pied

- Les piétons sont invités à accéder à la zone à partir d'un point pratique, le plus proche possible du(des) site(s) qu'ils visitent afin de réduire la surface de la zone à traverser.
- Les itinéraires des piétons doivent éviter les lacs, les étangs, les lits de cours d'eau, les zones comportant un sol humide et les zones composées de sédiments meubles ou de dunes.
- Le trafic de piétons doit se limiter au strict nécessaire conformément aux objectifs de toute activité autorisée, et tout effort raisonné doit être entrepris en vue de réduire les impacts.

Accès par aéronef

- L'atterrissage d'aéronefs à l'intérieur de la zone est interdit sauf s'il est autorisé par un permis pour répondre à des objectifs prévus par le plan de gestion.
- Le survol d'aéronefs en-dessous de 2 000 pieds (~610 m) est interdit, sauf s'il est autorisé par un permis pour répondre à des objectifs prévus par le plan de gestion.

7(iii) Activités pouvant être menées à l'intérieur de la zone

- Travaux de recherche scientifique essentiels qui ne peuvent être effectués ailleurs et ne porteront pas atteinte aux valeurs de la zone ou à sa valeur comme zone vierge et son potentiel comme site de référence.
- Activités de gestion essentielles, y compris celles de surveillance et d'inspection.

7(iv) Installation, modification ou enlèvement de structures / de matériel

- Aucune structure ne doit être érigée dans la zone, sauf si un permis l'autorise.
- Les structures permanentes sont interdites.
- Tous les matériels scientifiques, repères et structures installés dans la zone doivent être autorisés par un permis et clairement identifiés par pays, nom du chercheur principal, année d'installation et date d'enlèvement prévue. Tous ces éléments ne doivent comporter aucun organisme, propagule (p. ex. semences, œufs) et aucune particule de terre non stérile, et doivent être faits de matériaux qui puissent résister aux conditions environnementales et constituent un facteur de risque minimal de pollution de la zone.
- L'installation (y compris le choix du site), l'entretien, la modification ou l'enlèvement de structures ou de matériel doivent être réalisés de manière à minimiser la perturbation des valeurs de la zone.
- L'enlèvement de structures / de matériel spécifiques dont le permis a expiré relève de l'autorité qui a délivré le permis original, et doit constituer l'un des critères de délivrance du permis.

7(v) Emplacement des campements

De manière générale, il faut éviter de camper à l'intérieur de la zone. Deux campements se trouvant à l'extérieur, mais proches des limites est et sud, ont été identifiés pour entrer dans la zone. Le premier est situé au confluent des vallées inférieures Barwick et Victoria (Lat. 77°21.75'S ; Long. 161°41.25'E), tandis que le second est proche du lac Bullseye dans la vallée McKelvey (Lat. 77°25.67'S ; Long. 161°13.13'E) (voir Carte 1). S'il est jugé indispensable, le campement dans la zone doit se faire dans des sites qui ont été antérieurement affectés, de préférence sur des sols couverts de neige ou de glace si celle-ci est présente. L'un de ces campements précédemment établis se trouve sur des versants, environ 150 m au-dessus de la rive sud-ouest du lac Vashka (Long. 77°20.931'S ; Lat. 161°09.284'E) (Carte 1), et est marqué par un cercle de pierres. Ce site doit être utilisé pour répondre aux besoins en matière de recherche, le cas échéant. Les chercheurs doivent consulter l'autorité nationale compétente pour obtenir des informations à jour sur tout autre site où il serait préférable d'installer un campement.

7(vi) Restrictions sur les matériaux et organismes pouvant être introduits dans la zone

Outre les critères du Protocole au Traité sur l'Antarctique relatif à la protection de l'environnement, les restrictions sur les matériaux et organismes pouvant être introduits dans la zone sont les suivantes :

- L'introduction délibérée d'animaux, de matières végétales, de microorganismes et de terre non stérile à l'intérieur de la zone est interdite. Des précautions doivent être prises pour éviter l'introduction accidentelle d'animaux, de matières végétales, de microorganismes et de terre non stérile qui proviennent d'autres régions différentes en termes biologiques (faisant partie de la zone du Traité sur l'Antarctique et au-delà).

- Les visiteurs sont tenus de s'assurer que le matériel scientifique, en particulier utilisé pour l'échantillonnage, et les repères apportés à l'intérieur de la zone soient propres. Dans toute la mesure possible, les chaussures et autres matériels utilisés ou apportés dans la zone (y compris les sacs à dos, les bagages à main et les tentes) doivent être nettoyés scrupuleusement avant d'y accéder. Les visiteurs sont également tenus de consulter et de suivre, le cas échéant, les recommandations comprises dans le Manuel sur les espèces non indigènes du Comité pour la protection de l'environnement (CEP 2011), et dans le Code de conduite environnemental pour la recherche scientifique terrestre en Antarctique (SCAR 2009).

- Pour réduire le risque de contamination par des microbes, les surfaces exposées des chaussures, du matériel d'échantillonnage et des repères doivent être, dans toute la mesure possible, stérilisées avant leur usage dans la zone. La stérilisation doit se faire au moyen d'une méthode acceptable, qui consiste par exemple à les nettoyer avec une solution d'éthanol à 70 % dans de l'eau ou avec une solution disponible dans le commerce telle que le « Virkon ».

- Aucun herbicide ou pesticide ne doit être introduit dans la zone.

- L'utilisation d'explosifs est interdite dans la zone.

- Les combustibles, la nourriture, les produits chimiques et autres matériaux ne doivent pas être stockés dans la zone, sauf si une autorisation spécifique a été donnée par le biais d'un permis. Ils doivent être stockés et traités de manière à minimiser les risques de leur introduction accidentelle dans l'environnement.

- Tous les matériaux introduits dans la zone le sont pour une période donnée uniquement, et doivent être enlevés lorsque cette période donnée est échue.

- Si un rejet est effectué, pouvant porter atteinte aux valeurs de la zone, il est conseillé de retirer les matériaux uniquement lorsque l'impact de leur enlèvement ne risque pas d'être plus conséquent que celui de les maintenir *in situ*.

7(vii) Prélèvement de végétaux et capture d'animaux ou perturbations nuisibles à la flore et à la faune

Le prélèvement de végétaux et la capture d'animaux ou les perturbations nuisibles à la flore et à la faune sont interdits, sauf conformément à l'Annexe II du Protocole au Traité sur l'Antarctique relatif à la protection de l'environnement.

Lorsque la capture ou la perturbation nuisible d'animaux a lieu, elle doit, comme norme minimale, être effectuée conformément au Code de conduite du SCAR pour l'utilisation d'animaux à des fins scientifiques dans l'Antarctique.

7(viii) Ramassage ou enlèvement de toute chose qui n'a pas été apportée dans la zone par le détenteur d'un permis

Des matériaux peuvent être ramassés ou enlevés de la zone uniquement avec un permis, cette action devant se limiter au strict nécessaire pour répondre à des besoins d'ordre scientifique ou de gestion. Les matériaux d'origine humaine qui risquent de porter atteinte aux valeurs de la zone et qui n'y ont pas été apportés par le détenteur d'un permis, ou pour lesquels aucune autorisation n'a été donnée par ailleurs, peuvent être retirés à moins que l'impact de leur enlèvement ne risque d'être plus conséquent que celui de les maintenir *in situ*. Si tel est le cas, l'autorité compétente doit en être informée et une approbation doit être reçue.

7(ix) Elimination des déchets

Tous les déchets, y compris les eaux utilisées à des fins humaines et tous les déchets humains, doivent être enlevés de la zone.

7(x) Mesures pouvant être nécessaires pour que les objectifs du plan de gestion continuent d'être atteints

Des permis peuvent être délivrés pour accéder à la zone dans les cas suivants :

- En vue de réaliser des activités de surveillance et d'inspection de la zone, pouvant impliquer le prélèvement d'une faible quantité d'échantillons ou de données pour leur analyse ou leur révision.
- Pour installer ou entretenir les panneaux, repères, structures ou matériels scientifiques.
- Pour appliquer des mesures de protection.

7(xi) Critères pour les rapports

- Le détenteur principal d'un permis, pour chaque visite dans la zone, doit soumettre un rapport à l'autorité nationale compétente dès que possible et pas plus de six mois suivant la réalisation de la visite.
- Ces rapports doivent inclure, le cas échéant, les informations identifiées dans le formulaire du rapport de visite compris dans le Guide pour la préparation des plans de gestion des zones spécialement protégées en Antarctique. Si nécessaire, l'autorité nationale est également tenue de transmettre un exemplaire du rapport de visite à la Partie ayant proposé le plan de gestion, afin de contribuer à la gestion de la zone et à la révision du plan de gestion.
- Dans la mesure du possible, les Parties sont tenues de déposer les originaux ou les copies de ces rapports de visite originels dans une archive accessible au public afin de maintenir une archive d'usage. Celle-ci sera utilisée pour toute révision du plan de gestion et pour l'organisation de l'usage scientifique de la zone.
- L'autorité compétente doit être informée de toute activité / mesure mise en œuvre et / ou de tout matériau rejeté et non enlevé, qui ne figuraient pas dans le permis autorisé.

8. Bibliographie

Antarctica New Zealand 2012. Antarctic Specially Protected Area Visit Report. Unpublished report by M. McLeod on visit made to Barwick and Balham Valleys in January 2012. Antarctica NZ, Christchurch.

Bull, C., McKelvey, B.C. & Webb, P.N. 1962. Quaternary Glaciations in Southern Victoria Land, Antarctica. *Journal of Glaciology* **4** (31): 63-78.

Campbell, I.B. & Claridge, G.G.C. 1987. *Antarctica: Soils, weathering processes and environment. Developments in Soil Science* **16**. Elsevier Science Publishers, Amsterdam.

Chinn, T.J. 1993. Physical Hydrology of the Dry Valley Lakes. In Green, W.J. & Friedmann, E.I. (eds) Physical and biogeochemical processes in Antarctic Lakes. *Antarctic Research Series* **59**:1-51. American Geophysical Union, Washington, D.C.

Claridge, G.G.C. 1965. The clay mineralogy and chemistry of some soils from the Ross Dependency, Antarctica. *New Zealand Journal of Geology and Geophysics* **8** (2):186-220.

Claridge, G.G.C. & Campbell, I.B. 1984. Mineral transformations during the weathering of dolerite under cold arid conditions. *New Zealand Journal of Geology and Geophysics* **27**: 533-45.

Committee for Environmental Protection (CEP) 2011. *Non-native Species Manual – 1st Edition.* Manual prepared by Intersessional Contact Group of the CEP and adopted by the Antarctic Treaty Consultative Meeting through Resolution 6 (2011). Buenos Aires: Secretariat of the Antarctic Treaty.

Cowan, D.A., Russell, N.J., Mamais, A. & Sheppard, D.M. 2002. Antarctic Dry Valley mineral soils contain unexpectedly high levels of microbial biomass. *Extremophiles* **6** (5): 431-36.

Dort, W., Jr. 1981. The mummified seals of southern Victoria Land, Antarctica. In Parker, B., Ed. *Terrestrial Biology III, Antarctic Research Series* **30**: 123–54. American Geophysical Union, Washington, D.C.

Edwards, H.G.M., Moody, C.D., Jorge Villar, S.E. & Wynn-Williams, D.D. 2005. Raman spectroscopic detection of key biomarkers of cyanobacteria and lichen symbiosis in extreme Antarctic habitats: Evaluation for Mars lander missions. *Icarus* **174**: 560-71.

Edwards, H.G.M., Russell, N.C. & Wynn-Williams, D.D. 1997. Fourier Transform Raman spectroscopic and scanning electron microscopic study of cryptoendolithic lichens from Antarctica. *Journal of Raman Spectroscopy* **28** (9): 685–90.

Freckman, D.W. & Virginia, R.A. 1998. Soil Biodiversity and Community Structure in the McMurdo Dry Valleys, Antarctica. In Priscu, J., Ed.. Ecosystem Dynamics in a Polar Desert, The McMurdo Dry Valleys, Antarctica. *Antarctic Research Series* **72**: 323–35. American Geophysical Union, Washington, D.C.

Harris, C.M. 1994. Ross Sea Protected Areas 1993/94 Visit Report. Unpublished report on inspection visits to protected areas in the Ross Sea. International Centre for Antarctic Information and Research, Christchurch.

Péwé, T.L. 1960. Multiple glaciation in the McMurdo Sound region, Antarctica – A progress report. *Journal of Geology* **68** (5): 498-514.

Russell, N.C., Edwards, H.G.M. and Wynn-Williams, D.D. 1998. FT-Raman spectroscopic analysis of endolithic microbial communities from Beacon sandstone in Victoria Land, Antarctica. *Antarctic Science* **10** (1): 63-74.

SCAR (Scientific Committee on Antarctic Research) 2009. *Environmental Code of Conduct for terrestrial scientific field research in Antarctica.* Cambridge, SCAR.

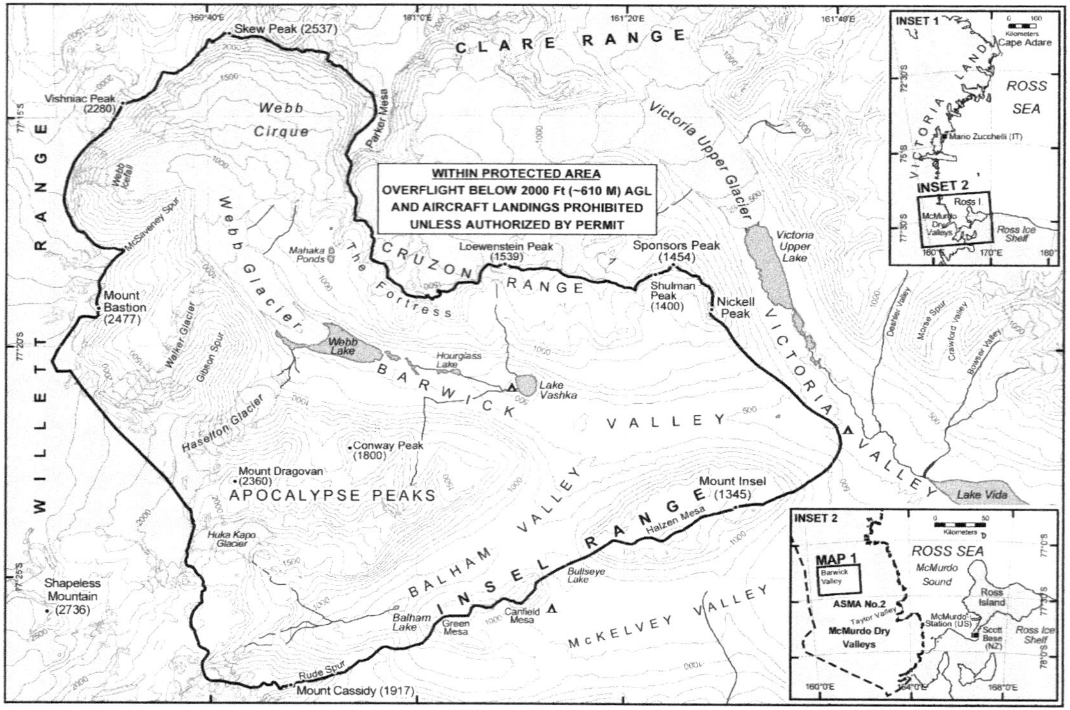

Rapport final de la XXXVIe RCTA

Map 1: ASPA No. 123 — Barwick and Balham Valleys — Topography and boundary

54

Plan de gestion pour la zone spécialement protégée de l'Antarctique n° 132

PÉNINSULE POTTER

Introduction

À l'origine, cette zone a été désignée comme site d'intérêt scientifique particulier n° 13 dans la Recommandation XIII-8 de la RCTA, sur proposition de l'Argentine, compte tenu de la diversité et de l'étendue de sa végétation et de sa faune qui constituent un échantillon représentatif de l'écosystème antarctique.

En 1997, le plan de gestion a été adapté aux critères de l'Annexe V du Protocole au Traité sur l'Antarctique relatif à la protection de l'environnement, et approuvé par le biais de la Mesure 3 (1997). Cette version correspond à la révision du plan de gestion approuvé conformément à la Mesure 2 (2005), et il s'agit de la seconde révision depuis l'entrée en vigueur de l'Annexe V.

Les objectifs initiaux de désignation de cette zone demeurent valides. La péninsule Potter a été désignée comme zone spécialement protégée de l'Antarctique pour protéger ses valeurs environnementales exceptionnelles et pour faciliter les travaux de recherche scientifique en cours et futurs. Les perturbations anthropiques pourraient porter atteinte aux études de longue durée qui y sont menées, en particulier pendant les périodes de reproduction.

La raison principale de la désignation de la ZSPA est que la péninsule Potter constitue un échantillon représentatif de *groupements d'espèces* de l'écosystème antarctique. Ses régions côtières accueillent d'importantes colonies d'oiseaux, des sites de reproduction de mammifères marins et diverses espèces végétales. Elle présente une valeur scientifique considérable depuis que différentes études peuvent y être menées, concernant les impacts du changement climatique dans les facteurs biotiques et abiotiques ainsi que ses conséquences sur le réseau trophique (p. ex. Carlini *et al.*, 2009 ; Carlini *et al.*, 2010 ; Casaux *et al.*, 2006 ; Daneri et Carlini, 1999 ; Rombolá *et al.*, 2010 ; Torres *et al.*, 2012). Il est capital de maintenir ces activités scientifiques, telles que le programme de surveillance qui y est mené depuis 1982, comprenant le Programme de contrôle de l'écosystème de la CCAMLR, pour les données scientifiques inestimables que celui-ci peut apporter.

Plusieurs caractéristiques rendent cette zone particulièrement sensible aux perturbations humaines, comme sa configuration, à savoir une zone littorale relativement étroite, comprise entre la mer et une falaise, où il existe très peu d'espace d'opération sans interférence avec les colonies en phase de reproduction. La forte concentration d'activités, de stations scientifiques, et l'accessibilité facile de la zone par la mer ou sur terre, même si elle implique de petites embarcations, constituent une menace potentielle pour les valeurs biologiques et les activités de recherche.

La situation environnementale dans les îles Shetland du Sud, d'après de récentes études, montre que la partie de l'océan Austral proche de la péninsule Potter a été sérieusement transformée, tout d'abord par l'éradication quasiment totale de la population autrefois incroyablement abondante d'otaries à fourrure (*Arctocephalus* spp.) se nourrissant de poissons et de krill, suivie de celle des mysticètes. Plus récemment, les otaries à fourrure se sont largement rétablies et les mysticètes commencent à prendre cette voie (Ainley *et al.*, 2010), toutefois les changements climatiques modifient de plus en plus les processus écologiques, se traduisant par des changements physiques dans les températures, la circulation d'eau et l'expansion de la glace marine, entre autres. Suite au nombre réduit de proies, non seulement du fait des changements climatiques et du rétablissement des espèces concurrentes, mais également en raison d'autres facteurs actuellement inconnus, les populations de manchots diminuent (Ducklow *et al.*, 2007 ; Ainley et Blight 2009 ; Ainley *et al.*, 2010 ; Trivelpiece *et al.*, 2010). En ce sens, actuellement, la ZSPA n° 132 présente une pertinence particulière, étant donné que l'étude des colonies de manchots d'Adélie qui se trouvent dans la zone est source de réponses quant aux changements environnementaux observés dans la péninsule antarctique, notamment la fréquence moins élevée des années froides associée à la réduction des étendues de glace marine, et ses impacts sur l'abondance du krill.

La péninsule Potter permet également des opportunités exceptionnelles pour la réalisation d'autres études scientifiques portant sur les communautés biologiques terrestres et marines.

Les recherches actuellement menées dans la ZSPA n° 132 incluent notamment :

-   Biosurveillance côtière : impact des changements climatiques mondiaux et des xénobiotiques sur les espèces clés des réseaux trophiques antarctiques.
-   Polluants organiques persistants et oligo-éléments dans les matrices biotiques et abiotiques de l'environnement antarctique.
-   Création d'énergie, types de proies et réponses potentielles des pinnipèdes aux anomalies climatiques et aux étendues de glace marine dans la région de la péninsule antarctique et de l'arc de Scotia.
-   Réponse des populations d'oiseaux de l'Antarctique à la variabilité interannuelle de leurs proies dans des zones où les impacts du changement climatique sont évidents.
-   Phylogéographie de *Deschampsia Antartica* basée sur des études moléculaires, morphologiques et caryologiques.
-   Répartition et état nutritionnel des labbes antarctiques et des labbes de McCormick.

1. Description des valeurs à protéger

Les régions littorales abritent d'importantes colonies d'oiseaux, des colonies de mammifères marins en phase de reproduction et une végétation abondante (vastes tapis de mousses dans les zones côtières et forêts de lichens dans les zones rocheuses). Des programmes de recherche scientifique sur l'écologie de la reproduction des éléphants de mer (*Mirounga leonina*), des manchots d'Adélie (*Pygoscelis adeliae*) et des manchots papous *(Pygoscelis papua)*, comprenant entre autres le Programme de contrôle de l'écosystème de la CCAMLR, sont mis en place dans la zone depuis 1982. Les colonies en phase de reproduction se trouvent dans un lieu spécifique sur la côte. La zone comprend principalement des plages surélevées, en grande partie recouvertes de galets moyens, de structures basaltiques et de moraines latérales et terminales. Le littoral est très irrégulier et se compose d'une série de petites baies formées parmi des caps rocheux. Les raisons susmentionnées confèrent à la zone une valeur scientifique et esthétique exceptionnelle.

D'après Morgan *et al.* (2007), la ZSPA n° 132 représente le domaine environnemental « Îles au large des côtes de la péninsule antarctique ». En outre, d'après Terauds *et al.* (2012), la zone représente la région « nord-ouest de la péninsule antarctique » selon la classification des Régions de conservation biogéographiques de l'Antarctique.

Pour des caractéristiques plus détaillées, veuillez vous reporter à la section 6.

2. Buts et objectifs

- Préserver l'écosystème naturel et éviter les perturbations humaines inutiles ;
- Permettre la réalisation de travaux de recherche scientifique sous réserve qu'ils ne portent pas atteinte aux valeurs qui accordent une protection à la zone ;
- Éviter tout changement important dans la structure et la composition des communautés faunistiques et floristiques ;
- Éviter ou minimiser l'introduction de plantes, d'animaux, et de microbes non indigènes dans la zone ;
- Minimiser les possibilités d'introduction de pathogènes qui pourraient apporter des maladies aux populations fauniques dans la zone.

3. Activités de gestion

- Le personnel affecté à la base Carlini (anciennement base Jubany, base argentine adjacente à la ZSPA), en particulier le personnel autorisé à entrer dans la ZSPA, recevra une formation particulière relative aux conditions qui régissent le plan de gestion ;
- Des copies de ce plan de gestion doivent être disponibles à la base Carlini.
- Les distances d'approche de la faune doivent être respectées, sauf si les projets scientifiques ont d'autres exigences, et sous réserve que les permis adéquats aient été délivrés.
- Le prélèvement d'échantillons est limité au strict nécessaire à la mise en œuvre de programmes de recherche scientifique autorisés.
- Tous les repères et toutes les structures érigés dans la ZSPA à des fins scientifiques ou de gestion doivent être solidement fixés et soigneusement entretenus.
- Conformément aux critères de l'Annexe III du Protocole au Traité sur l'Antarctique relatif à la protection de l'environnement, tout matériel ou équipement abandonné doit être enlevé, dans toute la mesure possible, sous réserve que cette action n'ait pas un impact négatif sur l'environnement et les valeurs de la zone.
- Le plan de gestion doit être révisé au moins une fois tous les cinq ans et actualisé, selon que de besoin.
- Tous les pilotes qui opèrent dans la région doivent être tenus informés de l'emplacement de la zone, des limites de celle-ci et des restrictions qui s'appliquent à l'entrée et au survol dans la zone.

4. Durée de la désignation

La zone est désignée pour une durée indéterminée.

5. Cartes

La Carte 1, comprise à la fin du présent plan de gestion, montre l'emplacement de la ZSPA n° 132 (lignes diagonales) par rapport à la péninsule Potter (île du Roi-George).

6. Description de la zone

6(i) Coordonnées géographiques, bornage et caractéristiques du milieu naturel

Coordonnées géographiques et limites

La zone est située sur la côte orientale de la baie Maxwell, au sud-ouest de l'île du Roi-George, entre l'extrême sud de la pointe Mirounga (au nord-ouest de la péninsule Potter) et l'affleurement rocheux connu sous le nom de « Saillie 7 », sur la limite nord-est de la pointe Stranger. La zone s'étend le long de la bande littorale, à marée basse, jusqu'au bord de la falaise, atteignant des hauteurs de 15 – 50 mètres. La façade du bord de la falaise est incluse dans la ZSPA. Cette bande littorale est de largeur variable, s'étendant jusqu'à 500 mètres du rivage à marée basse. La zone comprend principalement des plages surélevées, en grande partie recouvertes de galets moyens, de structures basaltiques et de moraines latérales et terminales. Le littoral est très irrégulier et se compose d'une série de petites baies formées parmi des caps rocheux.

Cette topographie constitue une limite naturelle pour l'installation des colonies de mammifères marins et de manchots en phase de reproduction, ce qui justifie l'expansion de la ZSPA.

6(ii) Caractéristiques du milieu naturel

La zone renferme d'importantes valeurs scientifiques du fait de la présence de colonies d'éléphants de mer (*Mirounga leonina*) en phase de reproduction, de colonies d'otaries à fourrure (*Arctocephalus gazella*) ne se reproduisant pas, et occasionnellement de phoques de Weddell (*Leptonychotes weddelli*), de phoques crabiers (*Lobodon carcinophagus*) et de léopards des mers (*Hydrurga leptonyx*). La saison de reproduction rassemble environ 400 éléphants de mer, et entre 200 et 600 durant la période d'élevage. Les groupes d'otaries à fourrure ne se reproduisant pas peuvent atteindre un effectif de 300 individus, bien que ce nombre puisse varier considérablement d'une année à l'autre.

La zone accueille également d'importantes colonies de manchots papous *(Pygoscelis papua)* et de manchots d'Adélie *(Pygoscelis adeliae)*, comprenant respectivement 3 800 et 3 000 couples. La population d'océanites (essentiellement *Oceanites oceanicus* et, dans une moindre mesure, *Fregetta Tropica*) atteint quelque 200 couples. Le goéland dominicain (*Larus dominicanus*), le chionis blanc *(Chionis alba),* la sterne subantarctique (*Sterna vittata),* le pétrel géant (*Macronectes giganteus*) et les labbes (*Catharacta sp.*) se reproduisent également dans la zone. Étant donné que certains sites de nidification autour de la péninsule Potter changent de position au fil du temps, le calcul des populations n'est qu'une estimation.

Les manchots d'Adélie et papous sont répartis autour de la pointe Stranger, entre l'abri Elefante et la Saillie 7. Les concentrations de mammifères sont réparties le long de la côte, entre la Saillie 1 et la Saillie 7, et les sites de nidification des pétrels géants sont généralement répartis entre la Saillie 7 et la Saillie 4 (voir Carte 1). On observe dans la zone un développement relativement abondant de communautés végétales dominées par des lichens et des mousses, respectivement sur les versants rocheux et les surfaces plates de paléo-plages.

Caractéristiques du milieu naturel. Flore

Le profil spatial de la végétation correspond à une combinaison de variables liées entre elles : type de substrat, exposition, stabilité des versants et drainage (disponibilité en eau). La péninsule Potter comprend une zone de plusieurs kilomètres carrés libre d'une couche de neige et de glace permanente. Les collines des Trois frères sont environnées d'un substrat relativement stable. Les moraines proches du glacier ne sont couvertes que de plantes éparses, mais la couverture végétale et la richesse des espèces augmentent en s'éloignant des moraines. Un plateau situé au sud-ouest des collines des Trois frères est recouvert d'une végétation d'une richesse exceptionnelle. Il comporte deux couches de plantes dont la couverture peut atteindre 100 %. Plusieurs espèces de mousses et de lichens observées sur la péninsule Potter se limitent à cette zone. Il est probable d'observer les deux plantes vasculaires indigènes antarctiques, *Colobanthus quifensis* et *Deschampsia antarctica*, non loin de la côte ou dans des lieux à fortes concentrations de nutriments.

Les mousses pleurocarpes, telles que *Sanionia uncinata* et *Calliergon sarmentosum*, dominent la zone, tandis que les rochers sont généralement couverts de lichens croûteux *Lecidea sciatrapha*. Plus haut sur le versant, où le sol est mieux drainé et la durée d'enneigement est plus courte, des mousses formant des coussins, telles que *Andreaea regularis* et *Andreaea gainii*, dominent généralement aux côtés de *Himantormia lugubris*. Des associations de lichens bryophiles, tels que *Psoroma hypnorum*, et d'un certain nombre de mousses acrocarpes sont également souvent observées. Dans les lieux où l'enneigement dépasse rarement 10 cm, même en hiver, une voûte composée d'une double couche de lichens et de mousses se forme.

La couche supérieure est discontinue et comporte des lichens frutescents, tels que *Usnea aurantiaco-atra*, *U. antarctica* et *Pseudephebe pubescens*. La couche inférieure se compose d'un groupement de différentes espèces de mousses et d'hépatiques. *U. aurantiaco-atra* et *Himantormia lugubris* constituent souvent des tapis entrecroisés de forme aplatie dépourvus d'apothécies. La mousse dicranoïde *Chorisodontium aciphyllum* et les lichens frutescents formant des coussins, tels que *Sphaerophorus globosus*, sont présents dans les creux. Le lichen bryophile le plus abondant est *Ochrolechia frigida* (Wiencke *et al.*, 1998).

6(iii) Accès à la zone

Sauf dans le cas d'exceptions pour lesquelles une autorisation a été octroyée, l'accès à la zone doit se faire à pied, depuis la pointe nord, proche de l'hélistation de la base Carlini (62°14'17''S, 58°40'42''O), ou de derrière le versant nord de la colline des Trois frères (voir Carte 1). L'accès à la zone par la mer sur les plages doit être évité lorsque la faune est présente, particulièrement entre octobre et décembre, car cette période coïncide avec les pics d'activité pour l'allaitement des éléphants de mer et la ponte des œufs.

Informations complémentaires dans la section 7(ii)

6(iii) Emplacement des structures à l'intérieur de la zone et adjacentes à celle-ci

Structures à l'intérieur de la zone

Abris : l'abri argentin Elefante se trouve à environ 150 m de la côte, à 1 000 mètres au nord-est de la pointe Stranger. Il est utilisé par les groupes de recherche qui mènent des activités dans la ZSPA, de mars à octobre. L'abri peut loger 6 personnes maximum (voir la section 7(ix) sur l'élimination des déchets).

Panneaux : des panneaux signalant l'entrée de la zone protégée sont situés à la pointe Mirounga (proche de l'hélistation), à la base nord sur la colline des Trois frères, et dans la zone de plages proche de la Saillie I. Les panneaux affichent des informations concernant l'existence de la ZSPA et l'obligation de détenir un permis d'accès à la zone.

Structures adjacentes à la zone

Carlini est une station argentine permanente (62°14'S, 58°39'O) située dans l'anse Potter, péninsule Potter, dans la partie sud-ouest de l'île du Roi-George. Elle comporte plusieurs installations, notamment le laboratoire argentin-allemand *Dallmann*, un entrepreneuriat entre l'Institut Alfred Wegener (AWI) et l'Institut antarctique argentin (IAA).

Albatros est un refuge argentin (62°15'09"S, 58°39'23"O / - 62,2525 ; - 58,65639) situé dans l'anse Potter, péninsule Potter.

Les autres stations proches sont la station coréenne King Sejong (62°13'394''S / 58°47'190''O) et la station polonaise Arctowsky (62°9'586''S, 58°28'399''O).

6(iv) Emplacement d'autres zones protégées à proximité

- La ZSPA n° 125, péninsule Fildes, île du Roi-George (25 de Mayo), îles Shetland du Sud, se trouve à environ 20 km vers l'est.

- La ZSPA n° 128, rive occidentale la baie de l'Amirauté, île du Roi-George (25 de Mayo), îles Shetland du Sud, se trouve à environ 10 km vers le nord-est.

- La ZSPA n° 171, pointe Narębski (côte sud-est de la péninsule de Barton, île du Roi-George (25 de Mayo))

- La ZSPA n° 133, pointe Harmonie, île Nelson, se trouve à environ 30 km en direction ouest/sud-ouest.

6(v) Zones spéciales à l'intérieur de la zone

Il n'existe aucune zone spéciale à l'intérieur de la zone.

7. *Critères des permis d'entrée*

7(i) Conditions générales des permis

L'accès à la zone est interdit sauf si un permis a été délivré par les autorités nationales compétentes.

Les critères de délivrance d'un permis sont les suivants :

- Les activités sont réalisées à des fins scientifiques, de gestion de la ZSPA ou de vulgarisation, qui ne peuvent être menées ailleurs et qui sont en accord avec les objectifs du plan de gestion. Toutes les activités de gestion (inspection, entretien ou révision) sont conformes au plan de gestion. Le personnel autorisé à entrer dans la zone doit être en possession du permis.

- Un rapport de post-visite doit être soumis à l'autorité nationale compétente mentionnée dans le permis au terme de l'activité, conformément aux conditions établies par les autorités nationales qui ont délivré le permis.

Le tourisme et toute autre activité ludique sont interdits dans la zone.

7(ii) Accès à la zone et déplacements à l'intérieur de celle-ci

Dans la mesure du possible, les déplacements à l'intérieur de la zone doivent s'effectuer à pied, le long des pistes existantes connues du personnel familiarisé avec la zone et de ses visiteurs habitués. Il s'agit de la zone des plages et de la limite supérieure de la zone, au nord-est de la colline des Trois frères.

Les véhicules de toute sorte sont interdits à l'intérieur de la zone, sauf lorsqu'il s'agit de véhicules indispensables pour l'entretien du refuge, qui sont pilotés uniquement par le personnel chargé de la logistique, et en conformité avec un permis d'accès. Dans ce cas, l'accès à la ZSPA se fait par une pente douce proche du refuge *Albatros* et les véhicules doivent éviter les zones de végétation ainsi que les concentrations d'oiseaux et de mammifères (voir Carte 1).

L'exploitation d'aéronefs au-dessus de la ZSPA doit suivre, comme norme minimale, les dispositions incluses dans la Résolution 2 (2004), « Directives pour l'exploitation d'aéronefs à proximité de concentrations d'oiseaux dans l'Antarctique ». En règle générale, aucun aéronef n'est autorisé à survoler la ZSPA en-dessous de 610 m (2 000 pieds). Un espacement horizontal de 460 m (1/4 mille marin) de la côte doit être maintenu, dans la mesure du possible. Les atterrissages d'aéronefs dans la zone sont interdits, sauf en cas d'urgence ou de sécurité aérienne.

7(iii) Activités pouvant être menées dans la zone

- Travaux de recherche scientifique qui ne peuvent être menés ailleurs, et qui ne porteront pas atteinte à l'écosystème de la zone.

- Activités de gestion essentielles, y compris les visites d'évaluation de l'efficacité du plan de gestion et des activités de gestion.

- Activités à des fins pédagogiques et de vulgarisation, qui contribuent à la sensibilisation aux activités scientifiques, dans le cadre des Programmes antarctiques nationaux. Entretien de l'abri Elefante, sauf entre octobre et décembre. Pendant cette période, les activités d'entretien de l'abri doivent être évitées ou, si nécessaire, réduites dans toute la mesure possible, et les tâches doivent toujours être réalisées en conformité avec un permis. Cette période est considérée comme particulièrement sensible car elle coïncide avec les pics d'activité pour l'allaitement des éléphants de mer et la ponte des œufs.

7(iv) Installation, modification ou enlèvement de structures

Aucune nouvelle structure ne doit être construite à l'intérieur de la zone et aucun matériel scientifique ne doit y être installé, sauf à des fins scientifiques ou de gestion indispensables, et sous réserve de la détention d'un permis approprié.

Tout le matériel scientifique à installer dans la zone ainsi que toutes les bornes de recherche doivent être approuvés par un permis et clairement étiquetés, indiquant le pays, le nom du chercheur principal et l'année d'installation. Tous ces matériels doivent être de nature telle que le risque de contamination dans la zone, de dommage causé à la végétation ou de perturbation de la faune soit minimal.

Les structures et les installations doivent être enlevées lorsqu'elles ne sont plus nécessaires, ou une fois que le permis est arrivé à expiration, selon ce qui se produit en premier. Aucune trace des activités de recherche ne doit subsister une fois que le permis est arrivé à expiration. Si un projet spécifique ne peut être finalisé dans les limites du calendrier spécifié par le permis, ces circonstances doivent être stipulées dans le rapport de post-visite, et une prorogation de la validité du permis autorisant le matériel à rester dans la zone doit être demandée.

Les tentes sont autorisées uniquement pour entreposer des instruments ou du matériel scientifiques, ou pour être utilisées en tant que postes d'observation.

7(v) Emplacement des campements

Afin d'éviter une perturbation importante de la faune, et compte tenu du fait qu'il existe des lieux alternatifs de logement, il n'est pas permis de camper dans la ZSPA n° 132. Les porteurs de projets dont la réalisation est autorisée dans la ZSPA peuvent demander à être logés à la base Carlini, en fonction des disponibilités. Si nécessaire à des fins scientifiques, l'abri Elefante (situé dans la zone) ou l'abri Albatros (hors de la zone, mais très proche) peut être utilisé. L'utilisation de l'abri Elefante à des fins scientifiques, par le personnel autre que celui du Programme antarctique argentin, doit être arrangée à l'avance avec ledit programme.

L'emplacement des campements à proximité de la ZSPA est la responsabilité du Programme antarctique national correspondant, mais pour des raisons de sécurité, il est recommandé d'en informer le chef de la station Carlini.

7(vi) Restrictions sur les matériaux et organismes pouvant être introduits dans la zone

- L'introduction délibérée d'animaux vivants ou de matières végétales dans la ZSPA est interdite. Il convient à tout moment de veiller à ce que les précautions nécessaires contre l'introduction involontaire d'espèces non indigènes dans la zone soient adoptées. Il doit être pris en compte que les espèces non indigènes sont plus fréquemment et efficacement introduites par les humains. Les vêtements (poches, bottines, fermetures velcro sur les habits) et l'équipement personnel (sacs, sacs à dos, sacs d'appareils photos, trépieds), ainsi que les instruments scientifiques et les outils de travail, peuvent porter des larves d'insectes, des semences, des propagules, etc. Pour plus d'informations, veuillez vous rapporter au « Manuel sur les espèces non indigènes – CPE 2011 ».

- L'introduction de produits de volaille non cuits dans la zone est interdite.

- Aucun herbicide ou pesticide ne doit être introduit dans la zone. Tout autre produit chimique, qui doit être introduit avec le permis correspondant, doit être enlevé de la zone avant ou dès la fin des activités prévues par le permis. L'utilisation et le type de produits chimiques doivent être documentés avec un maximum de détails pour que d'autres chercheurs puissent en prendre connaissance.

- Il est interdit d'entreposer dans la zone du carburant, des aliments et d'autres matériaux, sauf s'ils sont absolument nécessaires pour mener à bien l'activité autorisée dans le permis et à condition de les stocker à l'intérieur ou aux alentours de l'abri Elefante, et de les enlever à la fin de l'activité. Tout carburant utilisé à l'abri Elefante doit être manipulé conformément au plan d'urgence établi par le Programme antarctique argentin pour la station Carlini.

7(vii) Prélèvement de végétaux et capture d'animaux ou perturbations nuisibles à la flore et à la faune

Tout prélèvement de végétaux, toute capture d'animaux, ou toute perturbation nuisible à la flore et à la faune est interdit, sauf si un permis l'autorise.

Les distances d'approche de la faune doivent être respectées, sauf si les projets scientifiques ont d'autres exigences, et sous réserve que les permis adéquats aient été délivrés.

Pour les manchots, la distance recommandée est de 10 m pendant les périodes de reproduction et de mue, et de 5 m par rapport aux jeunes. Une distance de 100 m est recommandée par rapport aux nids de pétrels géants et, dans le cas des otaries à fourrure, des phoques de Weddell, des léopards de mer et des phoques crabiers, une distance de 10 m minimum doit être respectée. Il est important de considérer que ces distances servent d'orientation et doivent varier et s'élargir si la réaction à la proximité humaine s'avère être clairement une source de stress pour l'animal.

Dans le cas d'une activité qui implique des prélèvements ou des perturbations nuisibles, celle-ci doit être réalisée conformément au *Code de conduite du SCAR pour l'utilisation d'animaux à des fins scientifiques dans l'Antarctique*, comme norme minimale.

Les informations concernant les prélèvements et les perturbations nuisibles sont à échanger, comme il convient, par le biais du système d'Echange d'informations du Traité sur l'Antarctique et leurs archives sont à déposer, comme norme minimale, auprès du Répertoire maître de l'Antarctique ou, en Argentine, auprès du Centre national de données antarctiques (Centro de Datos Nacionales Antárticos).

Les scientifiques qui prélèvent des échantillons de tout type doivent d'adresser au SEEI et/ou contacter les Programmes antarctiques nationaux concernés afin de minimiser le risque d'une éventuelle répétition.

7(viii) Ramassage ou enlèvement de toute chose qui n'a pas été apportée dans la zone par le détenteur d'un permis

Le ramassage ou l'élimination de matériaux présents dans la zone ne peut être autorisé qu'avec le permis adéquat. L'enlèvement de spécimens biologiques morts à des fins scientifiques doit être analysé au cas par cas, afin de ne pas dépasser des niveaux qui entraîneraient la dégradation de la base nutritive des détritivores locaux. Cette action dépend de l'espèce à ramasser et, si nécessaire, les conseils d'un spécialiste sont requis avant l'extension du permis.

7(ix) Elimination des déchets

Tous les déchets non physiologiques doivent être enlevés de la zone. Les eaux résiduelles et les résidus liquides domestiques peuvent être déversés en mer, conformément à l'Article 5 de l'Annexe III du Protocole de Madrid.

Les déchets qui résultent des activités de recherche menées dans la zone peuvent être entreposés à titre temporaire à côté de l'abri Elefante en attendant d'être évacués. Ces déchets doivent être éliminés en conformité avec l'Annexe III du Protocole de Madrid, être étiquetés en tant que déchets et scellés, comme il convient, pour éviter les fuites accidentelles.

7(x) Mesures nécessaires pour faire en sorte que les buts et objectifs du plan de gestion continuent à être atteints

Des permis d'accès à la zone peuvent être délivrés afin d'y réaliser des activités de biosurveillance et d'inspection du site, pouvant impliquer le prélèvement de matières végétales ou d'échantillons d'animaux à des fins scientifiques, ainsi que l'érection ou l'entretien des panneaux, et toute autre mesure de gestion.

7(xi) Critères pour les rapports

Pour chaque permis délivré et une fois que les activités sont terminées, le principal détenteur du permis soumet un rapport décrivant les activités menées dans la zone. Ce rapport doit se tenir au format qui lui a été remis avec le permis, et être envoyé ensuite à l'autorité qui a délivré le permis.

Les informations comprises dans les rapports seront utilisées dans toute révision du plan de gestion et dans l'organisation de l'usage scientifique de la zone.

Les archives de permis de la ZSPA et les rapports de post-visite sont échangés avec les autres Parties consultatives, dans le cadre du système d'Echange d'informations, tel que stipulé dans l'Article 10.1 de l'Annexe V.

Ces rapports doivent être conservés et disponibles en cas d'inspection effectuée par toutes les Parties intéressées, le SCAR, la CCAMLR et le COMNAP, de manière à fournir les informations nécessaires sur les activités humaines menées dans la zone en vue de sa gestion adéquate.

8. Bibliographie.

Ainley, D.G., Ballard,G., Blight, L.K., Ackley, S., Emslie, S.D., Lescroël, A., Olmastroni, S., Townsend, S.E., Tynan, C.T., Wilson, P., Woehler, E. 2010. Impacts of cetaceans on the structure of southern ocean food webs. *Mar. Mam. Sci.* **26**: 482-489.

Ainley, D.G., Blight, L.K. 2009. Ecological repercussions of historical fish extraction from the Southern Ocean. *Fish Fisheries* **10**: 13-38.

Atkinson, A., Siegel, V., Pakhomov, E., Rothery, P. 2004. Long-term decline in krill stock and increase in salps within the Southern Ocean. *Nature* **432**:100–103.

Carlini A.R., Coria N.R., Santos M.M., Negrete J., Juares M.A., Daneri G.A. 2009. Responses of *Pygoscelis adeliae* and *P. papua* populations to environmental changes at Isla 25 de Mayo (King George Island). *Polar Biology* **32**:1427–1433.

Carlini A.R., Daneri G.A., Márquez M.E.I., Negrete J., Mennucci J., Juares M. 2010. Food consumption estimates of southern elephant seal females at Isla 25 de Mayo (King George Island), Antarctica. XXXI Scientific Committee on Antarctic Research and Open Science Conference. Buenos Aires, Argentina.

Casaux, R. J., Barrera-Oro, E.R. 2006. Shags in Antarctica: their feeding behaviour and ecological role in the marine food web. *Antarctic Science* **18**: 3-14.

Daneri G.A., Carlini A.R.1999. Spring and summer predation on fish by Antarctic fur seal, *Arctocephalus gazella*, at King George Island, South Shetland Islands. *Canadian J. of Zoology* **77**: 1165-1170.

Ducklow, H. W., Baker, K., Martinson, D.G, Quetin, L.B., Ross, R.M., Smith, R.C., Stammerjohn, S.E., Vernet, M., Fraser. W. 2007. Marine pelagic ecosystems: the west Antarctic Peninsula. Phil. *Trans. Roy. Soc. Lond. Ser. B* **362**: 67–94.

Guidelines for the Operation of Aircrafts. Resolution 2. 2004 – ATCM XXVII - CEP VII, Cape Town (available at *http://www.ats.aq/documents/recatt/Att224_e.pdf*)

Marschoff, E.R., Barrera-Oro, E.R., Alescio, N.S., Ainley, D. G. 2012. Slow recovery of previously depleted demersal fish at the South Shetland Islands, 1983-2010. *Fisheries Research.*, **125**–126, pp:: 206–213.

Montes-Hugo, M., Doney, S.C., Ducklow, H.W., Fraser, W., Martinson, D., Stammerjohn, S.E., Schofield, O. 2009. Recent changes in phytoplankton communities associated with rapid regional climate change along the western Antarctic Peninsula. *Science* **323**: 1470–1473.

Morgan, F., Barker, G., Briggs, C., Price, R. and Keys H. 2007. Environmental Domains of Antarctica version 2.0 Final Report, Manaaki Whenua Landcare Research New Zealand Ltd, pp. 89.

Non-Native Species Manual. Resolution 6 (2011) – ATCM XXXIV - CEP XIV , Buenos Aires (available at *http://www.ats.aq/documents/atcm34/ww/atcm34_ww004_e.pdf*)

Rambolá, E. F., Marschoff, E., Coria, N. 2010. Inter-annual variability in Chinstrap penguin diet at South Shetland and South Orkneys Islands. *Polar biology*. **33** (6), 799-806

Russell, J.L., Dixon, K.W., Gnanadesikan, A., Stouffer, R.J., Toggweiler, D.J.R., 2006. The Southern Hemisphere westerlies in a warming world: propping open the door to the deep ocean. *J. Clim.* **19**: 6382–6390.

Stammerjohn, S.E., Martinson, D.G, Smith, R.C., Yuan, X., Rind, D., 2008. Trends in Antarctic annual sea ice retreat and advance and their relation to El Niño–Southern Oscillation and Southern Annular Mode variability. *J. Geophys. Res.*, **113**:C03S90.

Terauds, A., Chown, S., Morgan, F., Peat, H., Watts, D., Keys, H., Convey, P. and Bergstrom, D. 2012. Conservation biogeography of the Antarctic. *Diversity and Distributions*, 22 May 2012, DOI: 10.1111/j.1472-4642.2012.00925.x

Thompson, D.W.J., Solomon, S., 2008. Interpretation of recent Southern Hemisphere climate change. *Science* **296**: 895-899.

Torre, L., Servetto, N., Eöry, L. M., Momo, F., Abele, D., Sahade, R. 2012.Respiratory responses of three Antarctic ascidians and a sea pen to increased sediment concentrations. *Polar biology* **35**(11): 1743-1748.

Trivelpiece, W.Z., Hinke, J.T. Miller, A.K. Reiss, C.S. Trivelpiece, S.G., Watters, G.M., 2010. Variability in krill biomass links harvesting and climate warming to penguin population changes in Antarctica. *Proc. Natl. Acad. Sci.*, doi/10.1073/pnas.1016560108.

Wiencke, C., Ferreyra, C., Arntz, W. and Rinaldi, C. 1998. The Potter Cove coastal ecosystem, Antarctica. Synopsis of research performed within the frame of the Argentinean - German Cooperation at the Dallmann Laboratory and Jubany Station (King George Island, Antarctica, 1991 -1 997). *Ber. Polarforsch,* **299,** pp: 342.

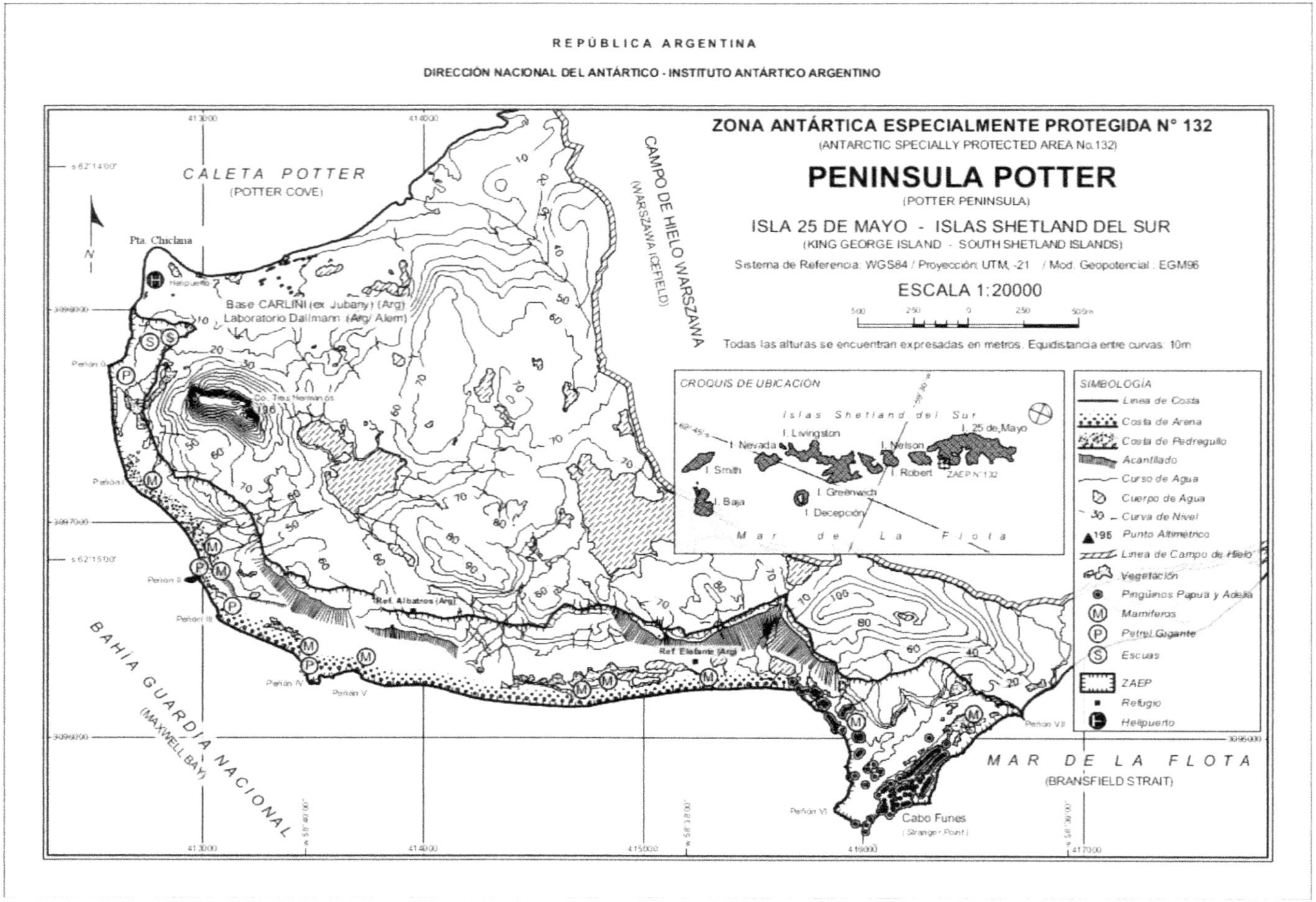

Carte 1 : Plan de gestion pour la zone spécialement protégée de l'Antarctique n° 132, relatif à la péninsule Potter. Les plans d'eau permanents sont représentés par des lignes diagonales discontinues.

Plan de gestion pour
la zone spécialement protégée de l'Antarctique n° 134

POINTE CIERVA ET ÎLES AU LARGE DES CÔTES, CÔTE DANCO, PÉNINSULE ANTARCTIQUE

Introduction

Cette zone avait à l'origine, sur proposition de l'Argentine et en vertu de la recommandation XIII-8 de la XIIème RCTA (1985), été désignée comme site présentant un intérêt scientifique particulier (SISP) n° 15, en raison de sa grande diversité de végétation et du fait qu'elle soit un site de colonies de reproduction de dix espèces d'oiseaux au moins.

Lors de la XXIème Réunion consultative du Traité sur l'Antarctique (Christchurch 1997), le plan de gestion révisé de la zone a été adopté en conformité avec le format arrêté dans l'annexe V du Protocole de Madrid et les dispositions de la mesure 3 (1997). Lors de la XXVème RCTA (Varsovie 2002), après l'entrée en vigueur de l'annexe V, le *Site représentant un intérêt scientifique particulier* n° 15 est devenu la *Zone spécialement protégée de l'Antarctique* n° 134 conformément à la décision 1 (2002). Le plan de gestion a par la suite été révisé et, à l'occasion de la XXVème RCTA (Edimbourg, 2006), la mesure 1 (2006) a adopté une nouvelle version de ce plan, désormais remplacée par le présent plan de gestion.

Les arguments avancés initialement pour désigner cette zone demeurent valides et d'autres arguments se sont ajoutés ces dernières années rendant la désignation de cette zone d'autant plus pertinente.

En effet, la zone possède une grande valeur scientifique du fait de sa diversité biologique inhabituelle qui englobe de nombreuses espèces d'oiseaux, de plantes et d'invertébrés. La topographie particulière de la zone conjuguée à la richesse et à la diversité de la végétation offrent des conditions on ne peut plus propices à la formation de nombreux micro-habitats, lesquels favorisent à leur tour le développement d'une très grande biodiversité et confèrent à la zone une valeur esthétique exceptionnelle.

Actuellement, il serait opportun de multiplier les études concernant les effectifs et la reproduction des oiseaux de mer et des mammifères, étant donné qu'ils pourraient être utilisés comme indicateurs de phénomènes au niveau mondial (Croxall *et al* 1998). Dans ce sens, la situation géographique de la ZSPA n° 134 apparaît très stratégique pour la réalisation de ces études ainsi que d'autres études comparatives entre sa faune et celle d'autres zones de l'Antarctique. Les variations climatiques et océanographiques ont démontré leurs effets sur les populations d'oiseaux de mer, entraînant généralement des conséquences substantielles, telles que la baisse du taux de reproduction et des changements dans les cycles reproductifs de certaines espèces (Chambers *et al.* 2011). La région de la Péninsule antarctique constitue l'un des espaces de la planète où les effets les plus marquants du changement climatique ont été observés avec un impact direct sur la formation et la pérennité de la banquise, ce qui implique des répercussions sur toute la chaîne alimentaire. La stabilité dans la phase positive de l'Oscillation de l'Antarctique (OAA) a eu un impact sur les vents, les courants marins et l'évolution de la banquise (Stammerjohn *et al.* 2008; Thompson et Solomon 2002) et des répercussions sur la faune et la flore antarctique.

Dans ce contexte, la ZSPA n°134 présente des caractéristiques permettant de mener des études comparatives entre des populations dont l'habitat subit de fréquents impacts anthropiques (accumulation de déchets, pollution, tourisme et pêche) et des populations peu exposées aux perturbations (Woehler *et al.* 2001, Patterson *et al.* 2008). Durant ces dernières années, une tendance à la hausse de certaines populations de la zone, notamment des manchots, a été observée, contrairement à ce qu'il peut être observé dans d'autres zones où la fréquence des perturbations anthropiques est proportionnelle à la chute des effectifs de certaines populations (Woehler *et al* 2001, Lynch *et al.* 2008, Gonzalez-Zeballos *et al.* 2013)Durant

La désignation de la zone comme ZSPA permet de garantir que les programmes de recherches actuels ne seront pas compromis par des interférences humaines accidentelles, une destruction de la végétation et du sol, une pollution des plans d'eau et la perturbation des oiseaux, surtout aux époques qui coïncident avec les périodes de reproduction.

Les programmes de recherche scientifique actuellement menés dans la ZSPA n° 134 comprennent les projets suivants :

1) Projet *« Primavera Mammals »* *[Mammifères Primavera]* : étude des effets potentiels du changement climatique sur 3 pinnipèdes antarctiques présentant différents degrés d'affinité avec la banquise (*Arctocephalus gazella, Leptonychotes weddellii* et *Hydrurga leptonyx)* par rapport à la couverture glaciaire dans la zone et des phénomènes mondiaux, tels que l'Oscillation australe El Niño (ENSO), à travers l'évaluation de l'impact de ces prédateurs sur les ressources marines, leurs stratégies alimentaires et leur influence sur la disponibilité des proies. Projet mené en coopération entre l'Argentine et l'Australie.

2) Projet *« Response of Antarctic bird populations to interannual variability of their prey in areas with obvious effects of global warming »[Réaction des populations d'oiseaux antarctiques à la fluctuation interannuelle de leurs proies dans des zones subissant des effets flagrants du réchauffement climatique]* dont l'objectif est de réaliser, durant les périodes d'incubation, un recensement des oiseaux afin d'évaluer les effectifs des colonies et de déterminer la chronologie de la reproduction ainsi que le taux de succès de reproduction pour les différentes catégories. Les activités portent notamment sur : 1) le baguage de pétrels géants et de labbes, tant sur les adultes que sur les poussins afin de poursuivre le programme de marquage et de traçage de ces oiseaux ; 2) les prélèvements d'échantillons alimentaires in vivo ; 3) l'installation d'équipements pour l'enregistrement de la durée et de la profondeur des plongées (TDR) et 4) les prélèvements d'endoparasites sur des cadavres d'oiseaux et prélèvements fécaux et d'ectoparasites sur des oiseaux vivants.

3) *« Project phylogeography of Deschampsia antartica on the basis of molecular, morphological and cariological studies : a window to the past under scenario of change »* [Projet de phylogéographie de la canche antarctique *Deschampsia antártica* reposant sur des études moléculaires, morphologiques et caryotipiques : rétrospection et scénarios de changement] dont l'objectif est d'évaluer la structure et la diversité génétique de *Deschampsia antartica* et d'autres espèces végétales.

Description des valeurs à protéger

Le littoral de la zone abrite une quantité importante de colonies d'oiseaux, de colonies de reproduction de mammifères marins et une végétation très étendue. La couverture de lichens, de mousses et d'autres communautés végétales essentiellement dominés par les graminées est vaste à la Pointe Cierva. Les valeurs de la zone résident dans la grande diversité biologique en terme de faune et de flore et dans ses caractéristiques topographiques auxquelles s'ajoute une haute valeur esthétique en matière de paysage.

De plus, sa situation géographique particulière au nord-ouest de la péninsule antarctique est d'une importance essentielle pour les nombreux programmes de recherche scientifique développés dans la zone dans leur tentative d'expliquer, du moins en partie, les changements subis par l'écosystème antarctique du fait du changement climatique et des impacts anthropiques.

Selon Morgan et al. (2007), la ZSPA n° 134 se situe dans le domaine environnemental B « Géologique des latitudes septentrionales moyennes de la péninsule Antarctique ». Selon Terauds *et al.* (2012), la zone se situe dans la région biogéographique 1 « Nord-est de la Péninsule antarctique ».

Pour plus de précisions sur les caractéristiques de la zone, se référer à la section 6 du présent document.

2. Buts et objectifs

La gestion de la ZSPA n°134 vise à :

- protéger la biodiversité de la zone en évitant des changements importants dans la structure et la composition des communautés de faune et de flore;
- éviter toute perturbation humaine inutile ;
- permettre la réalisation de travaux de recherche scientifique qu'il n'est pas possible de mener ailleurs et la poursuite des études biologiques à long terme en cours dans la zone, ainsi que la réalisation de toute autre activité de recherche scientifique ne portant pas atteinte aux valeurs pour lesquelles la zone est protégée ;
- éviter ou réduire autant que possible le risque d'introduction involontaire de propagules, végétaux, animaux, microbes et pathogènes qui pourraient être nuisibles à la faune et à la flore ;
- permettre la réalisation d'études et de tâches de suivi pour évaluer les effets directs et indirects que causent les activités de la station scientifique voisine (station Primavera).

3. Activités de gestion

Afin de protéger les valeurs de la zone, les activités de gestion décrites ci-dessous seront menées:

- le personnel affecté à la station Primavera (Argentine) recevra une formation particulière relative aux conditions qui régissent le plan de gestion ;
- des copies du plan de gestion de la zone doivent être disponibles à la station Primavera ;
- les déplacements se feront exclusivement sur les espaces dépourvus de végétation en évitant de s'approcher de la faune sauf lorsque des projets à caractère scientifique l'exigent et que les permis d'interférence nuisible appropriés ont été délivrés ;
- le prélèvement d'échantillons est limité au strict nécessaire à la mise en œuvre des programmes de recherche scientifique autorisés ;
- des visites seront effectuées en tant que de besoin pour s'assurer que les mesures de gestion et d'entretien sont appropriées. Tous les panneaux et structures érigés dans la zone à des fins scientifiques ou de gestion seront fixés de manière appropriée et maintenus en bon état ;
- les sentiers de déplacement à pied menant aux sites de recherche seront balisés afin de limiter les déplacements ;
- conformément aux dispositions de l'annexe III du Protocole au Traité sur l'Antarctique relatif à la protection de l'environnement, tout équipement ou matériel abandonné ou hors d'usage doit être enlevé et sous réserve que l'opération n'ait pas un impact négatif sur l'environnement ;
- le plan de gestion doit être révisé au moins une fois tous les cinq ans et mis à jour si nécessaire ;
- tous les pilotes opérant dans la zone doivent être tenus informés de l'emplacement, des limites et des restrictions applicables à l'entrée et au survol de la zone ;
- des mesures préventives seront adoptées afin de prévenir tout risque d'introduction d'espèces non indigènes et afin d'éradiquer toute espèce non indigène introduite (exemple du *poa pratensis*).

4. Durée de la désignation

La zone est désignée pour une durée indéterminée.

5. Cartes

La carte 1 indique l'emplacement général de la ZSPA n° 134. La carte 2 montre celui de la ZSPA par rapport à la Côte Danco. Les parties illustrées en gris foncé indiquent l'ensemble des sites qui forment la ZSPA n° 134 (le milieu marin subtidal entre les différents secteurs continentaux et insulaires n'est pas inclus dans la ZSPA). La carte 3 est une illustration détaillée des environs de la station Primavera (la station ne fait pas partie de la ZSPA n° 134).

6. Description de la zone

6 i) Coordonnées géographiques, bornes et caractéristiques du milieu naturel

Coordonnées géographiques et limites géographiques

La pointe Cierva (64° 09' 23'' de latitude sud et 60° 57' 17'' de longitude ouest) se trouve sur la côte sud de l'anse Cierva, au nord de la baie Hughes, entre les côtes Danco et Palmer, dans la partie nord-ouest de la péninsule Antarctique. Le site comprend la zone libre de glace entre la côte sud-ouest de l'anse Cierva et la côte nord-ouest de l'anse Santucci. Il comprend également les îles Apendice (Lat. 64 ° 11 ' 41.99 '' S, Long. 61° 1 ' 3.25 '' W) et José Hernández (Lat. 64 ° 10 ' 10.06 '' S, Long. 61° 6 ' 11.34 '' W) et les îlots Musgo (Lat. 64 ° 10 ' 2.22 '' S, Long. 61° 1 ' 49.43 '' W) et Pingüino (Lat. 64° 8 ' 35.90 ''S, Long. 60 ° 59 ' 11.43 '' W), qui sont situées dans un axe ouest-sud-ouest par rapport à la pointe Cierva. Bien que la zone intertidale de chacun de ces sites se trouve dans la ZSPA le milieu marin subtidal lui ne l'est pas.

La station Primavera (Argentine) et ses installations annexes ainsi que la partie du littoral utilisée pour y accéder sont exclues de la zone.

Caractéristiques du milieu naturel

La zone possède une grande richesse d'espèces tant animales que végétales et, dans certains cas, leur abondance est exceptionnelle. De plus, la zone a une valeur esthétique exceptionnelle du fait de l'importante variété des reliefs et des formes côtières, de la présence de différentes lithologies et d'un système de fractures marqué. Par ailleurs une couverture végétale étendue et variée offre un panorama inhabituel pour l'environnement antarctique. La Pointe Cierva présente une structure géographique relativement simple. Elle est dominée par trois sommets : le Mojon, l'Escombrera et le Chato, alignés dans une orientation est-ouest, avec un versant abrupt orienté vers le sud couvert de neige en permanence et un versant orienté vers le nord décliné en pente modérée s'adoucissant progressivement, dépourvu de neige en été. Sur ce versant nord, une végétation très développée peut être observée, avec des espaces couverts de manière continue par des graminées bryophytes et des lichens associés, ainsi que de nombreuses espèces d'oiseaux, notamment une colonie de manchots papous (Novatti 1978, Agraz et al, 1994). Ces caractéristiques confèrent à la zone une valeur scientifique et esthétique exceptionnelle.

Dans le cadre d'études antérieures Agraz *et al.* (1994), la Pointe Cierva avait été divisée en deux espaces environnementaux différents en fonction du substrat et de la couverture végétale, à savoir 1) une paroi rocheuse (ou espace côtier) et 2) un versant exposé. La paroi rocheuse est en effet une frange côtière avec des pentes abruptes, une surface rocheuse avec des éboulis de différentes tailles. Dans certains secteurs, ce substrat est instable et traversé par de nombreux canyons. Ce substrat est en grande partie libre de neige durant l'été austral. La végétation y est clairsemée constituée de lichens et de graminées. Il y a de nombreuses cavités naturelles entre les rochers. Ce premier espace abrite le site de reproduction de cinq espèces d'oiseaux. Le second espace, le versant exposé, comprend une grande variété d'environnements et d'expositions s'étendant de la côte jusqu'aux sommets. Les pentes sont modérées à abruptes, les rochers sont de taille variable, consolidés ou non, et la surface est libre de glace durant l'été austral. Des glaciers sont présents aux zones les plus élevées, ce qui entraîne l'apparition de nombreux petits torrents d'eau en été. Ces torrents alimentent les zones en basse altitude où la végétation est la plus développée.

Au moins 10 espèces d'oiseaux nichent dans la zone : le manchot antarctique (*Pygoscelis antarctica),* le manchot papou (*P. papua*), le pétrel géant (*Macronectes giganteus),* le damier du cap (*Daption capense*), l'océanite de Wilson (*Oceanites oceanicus),* le cormoran antarctique (*P. bransfieldensis*), le chionis blanc (*Chionis alba*), le labbe (espèce prédominante *Catharacta maccormickii*), le goéland dominicain (*Larus dominicanus*) et la sterne couronnée (*Sterna vittata*).

Les colonies les plus nombreuses sont celles du manchot antarctique (*Pygoscelis antarctica*), du manchot papou (*P. papua*), de l'océanite de Wilson (*Oceanites oceanicus*), du labbe antarctique (*Catharacta maccormickii*) et du goéland dominicain (*Larus dominicanus*).

Les tableaux 1, 2 et 3 présentent un résumé du nombre estimé de couples nicheurs par espèce et par site de nidification.

Tableau 1. Effectifs des couples nicheurs par site pour *Pygoscelis papua*. L'année de recensement est indiquée entre parenthèses (source : Gonzalez-Zeballos *et al.* 2013)

Localidad	Novatti (1978)	Poncet & Poncet (1987)	Quintana et al. (1998)	Favero et al. (2000)	Gonzalez-Zeballos et al. (2013)
Punta Cierva	559-614 (1954-58)	600 (1984)	800-1041 (1991-96)	593 (1998)	2680
Isla Apéndice		450 (1987)		905 (1998)	2795

Tableau 2. Effectifs des couples nicheurs par site pour *Pygoscelis antarctica*. L'année de recensement est indiquée entre parenthèses (source : Gonzalez-Zeballos *et al.* 2013)

Localidad	Muller-Schwarze (1975)	Poncet & Poncet (1987)	Woehler (1993)	Favero et al. (2000)	Gonzalez-Zeballos et al. (2013)
Ite. Pingüino o Mar		500 (1984)		1553 (1998)	2763
I José Hernández	2060 (1971)	200 (1987)		546 (1998)	180
I. Apéndice		1100 (1987)		152 (1998)	33

Tableau 3. Effectifs des couples nicheurs par espèce et par site. PB: *Phalacrocorax bransfieldensis*, MG: *Macronectes giganteus*, DP: *Daption capense*, CA: *Chionis alba*, SM: *Stercorarius maccormicki*, LD: *Larus dominicanus*, SV: *Sterna vittata*. L'année de recensement est indiquée entre parenthèses (source: Gonzalez-Zeballos et al. 2013

Localidad	PB			MG			DP			CA			SM			LD			SV		
	Ns1	Ns2	λ	Ns1	Ns2	λ	Ns1	Ns2	λ	Ns1	Ns2	λ	Ns1	Ns2	λ	Ns1	Ns2	λ	Ns1	Ns2	λ
Punta Cierva	0	0	--	0	0	--	7	3	0.94	2	1	0.95	145	166	1.01	158	73	0.94	45	57	1.02
Ite. Pingüino o Mar	9	0	0	0	0	--	1	0	0	3	1	0.92	3	3	1	8	10	1.02	0	3	
Ite. Musgo	0	0	--	35	42	1.01	28	17	0.96	3	4	1.02	10	26	1.08	120	70	0.96	15	19	1.02
José Hernández	21	21	1	0	7[b]		0	0		1	1	1	3	17	1.14	15	9	0.96	35	11[b]	0.91
I. Apéndice	0	0		5[b]	41	1.17	23	11	0.94	1[b]	2	1.05	2[b]	12	1.15	68	12	0.87	15	12	0.98

La flore de la zone est luxuriante et présente tant dans les zones humides que dans les zones sèches. Dans les zones humides, il s'agit principalement de mousses sous forme de tapis (*Drepanocladus uncinatus*) et de matelas (*Polytrychum alpestre*). Dans les zones sèches, sur les rochers, la végétation est dominée par les lichens du genre *Usnea* et *Xanthoría*. Les graminées (*Deschampsia Antarctica*) y sont également abondants.

La couverture de mousses, de lichens et de graminées est très étendue. Les communautés végétales les plus notables sont les associations de lichens dominantes, le matelas de mousses dominé par *Polytrichum alpestre* et *Chorisodontium aciphillum* et la sous-formation de *Deschampsia-Colobanthus*. Le matelas de mousse couvre des superficies de plus de cent mètres carrés sur une profondeur moyenne de 80 cm environ. La flore présente comprend les deux espèces antarctiques de plantes à fleurs, 18 espèces de mousses, 70 espèces de lichens, deux hépatiques et une vingtaine d'espèces de champignons. Les micro algues non marines, notamment sur les îlots Musgo et Pingüino, sont très abondantes et dotées de registre peu habituels. Les arthropodes terrestres sont également très nombreux et parfois même associés aux flaques de marée présentes dans la zone littorale de la zone. Il est important de souligner qu'une espèce de graminée non indigène *Poa pratensis* a été détectée dans la zone. Elle a été involontairement introduite à Pointe Cierva au cours d'expériences impliquant le repiquage de *Nothofagus antarctica* et de *N. ward* entre 1954 et 1955 (Ross *et al* 1996, Corte 1961, Smith 1996). A partir de 1995, une augmentation du développement de cette espèce a été constatée. Son expansion récente serait probablement due aux changements environnementaux constatés dans la zone, renforçant d'autant l'intérêt scientifique porté à cette espèce. Ainsi, les études concernant *Poa pratensis* ont été reprises, tout en les étendant aux communautés auxquelles ce graminée est associé afin de déterminer une stratégie d'éradication qui présente le moins d'impact possible sur l'écosystème (cf. document d'information 13, présenté à la XXVè^{me} RCTA). Par ailleurs, il y a un seul antécédent de présence d'une espèce non indigène d'arthropode relevé dans la zone (Convey y Quintana 1997).

6 ii) Accès à la zone

L'accès à la zone est interdit sauf autorisation dûment mentionnée sur un permis. L'accès doit se faire à pied depuis la station Primavera.

L'accès aux îles situées à proximité de la zone doit se faire à bord de petites embarcations. L'accès par voie maritime est autorisé en tout point des îles inclues dans la zone.

L'accès par le littoral doit toujours être évité en cas de présence de faune, particulièrement durant la saison de reproduction.

Pour plus de détails, voir la section *7 ii)* du présent document.

6 iii) Structures à l'intérieur et à proximité de la zone

Structures à l'intérieur de la zone

Aucune structure n'est installée à l'intérieur de la zone.

Structures à proximité de la zone

La station Primavera (Argentine) (64°09' de latitude sud et 60°58' de longitude ouest) est contiguë à la zone mais ne fait pas partie de la ZSPA. Elle est située au nord-ouest de Pointe Cierva et n'est ouverte que durant les mois d'été. La station se compose de 8 bâtiments et d'une aire délimitée pour l'atterrissage des hélicoptères. Les bâtiments sont reliés par des passerelles afin de limiter les perturbations de la flore.

6 iv) Emplacement d'autres zones protégées à proximité de la zone
- ZSPA n°152, dans la partie occidentale de Mar de la Flota, face à l'Île Low, Îles Shetland du sud à environ 90 km au nord-est de la zone n°134. La ZSPA n° 152 est située sur la côte ouest et la côte sud de l'Îles Low entre 63°15' et 63°30' de latitude sud et 62°00' et 62°45' de longitude ouest.
- ZSPA n° 153, dans la partie orientale de la baie Dallmann, face à la côte occidentale de l'Île Brabant, archipel Palmer, à environ 90 km à l'ouest de la zone n°134. Elle est située entre 64°00' et 64°20' de latitude sud et à partir de 62°50' de longitude ouest, en allant vers la côte ouest de l'Île Brabant (environ 520 km^2).

6 v) Sites spécifiques à l'intérieur de la zone

Il n'y a pas de site spécifique à l'intérieur de la zone.

7. Critères de délivrance d'un permis d'accès

7 i) Critères généraux

L'accès à la zone est interdit sauf si un permis a été délivré par une autorité nationale compétente. Les critères de délivrance d'un permis d'accès sont les suivants :

- un permis est délivré à des fins scientifiques, conformes aux objectifs du plan de gestion, et qu'il est impossible de réaliser ailleurs;
- les actions autorisées ne doivent pas porter atteinte aux valeurs écologiques naturelles de la zone ;
- un permis est délivré pour toute activité de gestion (inspection, entretien, révision) contribuant à l'atteinte des objectifs du présent plan de gestion ;
- les actions autorisées doivent être conformes au présent plan de gestion ;
- Le chercheur principal autorisé à entrer dans la zone doit se munir soit du permis soit d'une copie certifiée ;
- Un rapport post-visite doit être soumis à l'autorité nationale compétente mentionnée dans le permis;
- le tourisme ainsi que toute autre activité ludique sont interdits.

7 ii). Accès à la zone et déplacements à l'intérieur de la zone

L'accès à la zone ne sera autorisé qu'avec un permis délivré par une autorité compétente et ce, uniquement pour s'y livrer à des activités conformes au présent plan de gestion.

Il n'y a qu'un accès pour hélicoptères en dehors de la zone, à savoir dans l'aire adjacente à la base Primavera. Les hélicoptères ne peuvent atterrir que dans l'aire située à l'est-sud-est de la base. La route de vol à utiliser se limite à une approximation et part du nord. L'exploitation d'aéronefs audessus de la zone se fera au minimum en fonction des dispositions de la résolution 2 (2004) "Lignes directrices pour l'exploitation d'aéronefs à proximité de concentrations d'oiseaux". En règle générale, aucun aéronef ne devra voler au-dessus de la ZSPA à moins de 610 m d'altitude sauf en cas d'urgence ou pour des raisons de sécurité aérienne.Les déplacements à l'intérieur de la zone se feront en évitant de perturber la faune et la flore surtout durant la saison de reproduction.

Le déplacement à l'intérieur de la zone est formellement interdit à tous types de véhicules.

7 iii) Activités qui sont ou peuvent être menées dans la zone, y compris les restrictions à la durée et à l'endroit

- Activités de recherche scientifique ne pouvant être réalisées ailleurs et ne portant pas atteinte à l'écosystème de la zone.
- Activités de gestion essentielles, y compris la surveillance.
- Si, pour des raisons d'ordre scientifique ou de conservation, il est jugé nécessaire d'accéder à des sites donnés de nidification d'oiseaux et de colonies de mammifères, on pourrait imposer des restrictions plus sévères entre la fin du mois d'octobre et le début du mois de décembre. C'est une période considérée en effet comme particulièrement délicate car elle coïncide avec la phase maximale de ponte des œufs des oiseaux nichant dans la zone.

7 iv) Installation, modification ou enlèvement de structures

Aucune structure additionnelle ne peut être construite et aucun matériel installé dans la zone, sauf pour des activités scientifiques ou de gestion essentielles et avec le permis approprié.

Tous le matériel scientifique installé dans la zone, ainsi que tous les repères de recherche, doivent être autorisés par un permis et être clairement étiquetés en indiquant le nom du pays, le nom du chercheur principal et l'année d'installation. Tous les matériaux installés devront être de nature telle qu'ils causent un minimum de contamination dans la zone, de dommages à la végétation ou de perturbations de la faune.

Les repères de recherche ne devront pas rester dans la zone une fois que le permis sera arrivé à expiration.. Si un projet spécifique ne peut pas être achevé dans les délais autorisés, il convient de solliciter une prolongation du permis permettant de laisser sur place tout objet introduit.

7 v) Emplacement des camps

Sous réserve d'une coordination préalable avec le Programme antarctique argentin, les Parties qui utilisent la zone pourront normalement utiliser la station Primavera comme lieu d'hébergement. Seule sera autorisée l'installation de tentes pour y abriter des instruments ou du matériel scientifiques pour servir de base d'observation.

7 vi) Restrictions sur les matériaux et organismes pouvant être introduits dans la zone

- L'introduction délibérée dans la zone d'animaux vivants et de matières végétales est interdite. Toutes les mesures nécessaires doivent être prises afin de prévenir tout risque d'introduction volontaire d'espèces non indigènes à l'intérieur de la zone. A cet égard, il faut souligner que l'introduction d'espèces non indigènes est souvent d'origine humaine. Tous les vêtements, ainsi que l'équipement personnel ou le matériel scientifique et tous les autres outils de travail, sont susceptibles d'introduire des larves d'insectes, des semences, des propagules…Pour davantage d'informations sur ce sujet, consulter le Manuel sur les espèces non indigènes - CEP 2011.
- Il est également interdit d'y introduire des produits de la ferme qui n'ont pas été cuits.
- Aucun herbicide ou pesticide ne doit être introduit dans la zone. Toute autre substance chimique, qui devra être introduite avec le permis correspondant, devra être retirée de la zone dès la fin de l'activité réalisée avec le permis adéquat. L'utilisation et le type des substances chimiques devront être documentés de la manière la plus claire possible, à titre d'information pour les autres chercheurs.
- Les combustibles, aliments et autres matériels ne doivent pas être entreposés dans la zone sauf cela est indispensable à la réalisation de l'activité autorisée par un permis correspondant.

7 vii) Prélèvement de végétaux, capture d'animaux ou perturbations nuisibles à la faune et à la flore
Toute capture ou perturbation nuisible à la faune et la flore est interdite sauf avec un permis. Lorsqu'une activité implique une capture ou perturbation nuisible à la faune et la flore, elle devra être, a minima, menée en conformité avec le *Code de conduite du SCAR pour l'utilisation d'animaux à des fins scientifiques en Antarctique*.

Toutes les informations relatives aux captures ou perturbations nuisibles seront dûment échangées dans le système d'échange d'informations du Traité sur l'Antarctique et, a minima, être incorporées dans le Répertoire maître de l'Antarctique ou, en Argentine, dans le *Centro de Datos Nacionales Antárticos* (centre national en charge de la gestion des données sur l'Antarctique). Les scientifiques qui prélèvent des échantillons, quelle qu'en soit la nature, devront consulter le système électronique d'échange d'information du Traité sur l'Antarctique (SEEI) et/ou se mettre en relation avec les programmes nationaux antarctiques susceptibles d'être impliqués dans le prélèvement d'échantillons dans la zone afin de minimiser le risque d'une éventuelle duplication .

7 viii) Prélèvement ou enlèvement de toute chose qui n'a pas été apportée dans la zone par le détenteur du permis

Le ramassage et l'enlèvement de matériel présent dans la zone ne peuvent se faire que dans le cadre d'un permis approprié. Le prélèvement, à des fins scientifiques, de spécimens morts ne doit pas dépasser un niveau tel qu'il risque de mettre en péril la base nutritionnelle des charognards. Cela dépendra de l'espèce en question et de la nécessité de solliciter si nécessaire l'avis d'un expert avant l'extension du permis.

7 ix). Elimination des déchets

Tous les déchets non physiologiques doivent être enlevés de la zone.

Pour les eaux usées et les effluents domestiques liquides, des installations sanitaires sont disponibles à la station Primavera (Argentine) pour autant qu'elles soient ouvertes. S'agissant des activités de recherche menées dans les îles situées à proximité immédiate de la zone, les eaux usées pourront être rejetées dans la mer conformément aux dispositions de l'article 5 de l'annexe III du Protocole de Madrid.

Les déchets résultant des travaux de recherche dans la zone peuvent être stockés temporairement à la station Primavera, en attendant leur évacuation. Ce stockage devra se faire conformément aux dispositions de l'annexe III du Protocole de Madrid, portant la mention « détritus » et dûment scellés afin d'éviter toute fuite accidentelle.

7 x). Mesures nécessaires pour assurer que les buts et objectifs du plan de gestion continuent d'être atteints

Des permis peuvent être délivrés pour entrer dans la zone afin d'y réaliser des activités de veille biologique et d'inspection, pouvant impliquer le prélèvement d'échantillons de plantes ou d'animaux à des fins d'analyse ou l'installation et l'entretien de panneaux d'affichages, ainsi que toute autre mesure de gestion. Toutes les structures ainsi que toutes les bornes installées dans la zone à des fins scientifiques, notamment les panneaux de signalisation, doivent faire l'objet d'une autorisation mentionnée dans le permis et doivent être clairement identifiées par la mention du pays, du nom du principal chercheur et de l'année d'installation.

7 xi) Exigences de rapports de visites dans la zone

Pour chaque permis et une fois terminées les activités menées dans la zone, le détenteur principal du permis doit soumettre un rapport sur les activités menées dans la zone en utilisant, pour ce faire, le formulaire qui lui a été remis au préalable avec le permis. Le rapport doit être soumis à l'autorité nationale qui a délivré le permis.

Les registres des permis et des rapports de visites concernant la ZSPA seront communiqués aux autres Parties consultatives dans le cadre du système d'échange d'information conformément à l'article 10.1 de l'annexe V.

Les permis ainsi que les rapports doivent être archivés et consultables par toute Partie intéressée, par le SCAR, la CCAMLR et le CONMAP de manière à fournir la documentation nécessaire sur les activités humaines menées dans la zone et d'en assurer une gestion adéquate.

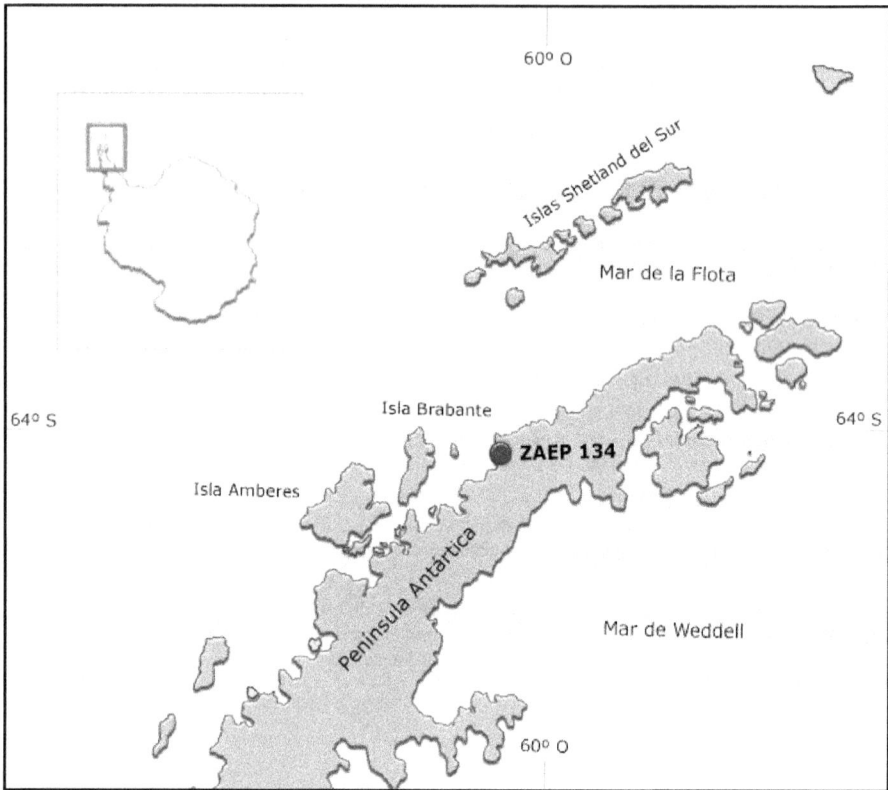

Figure 1: Emplacement général de la zone spécialement protégée de l'Antarctique no 134, Pointe Cierva et îles au large des côtes, Côte Danco, Péninsule Antarctique.

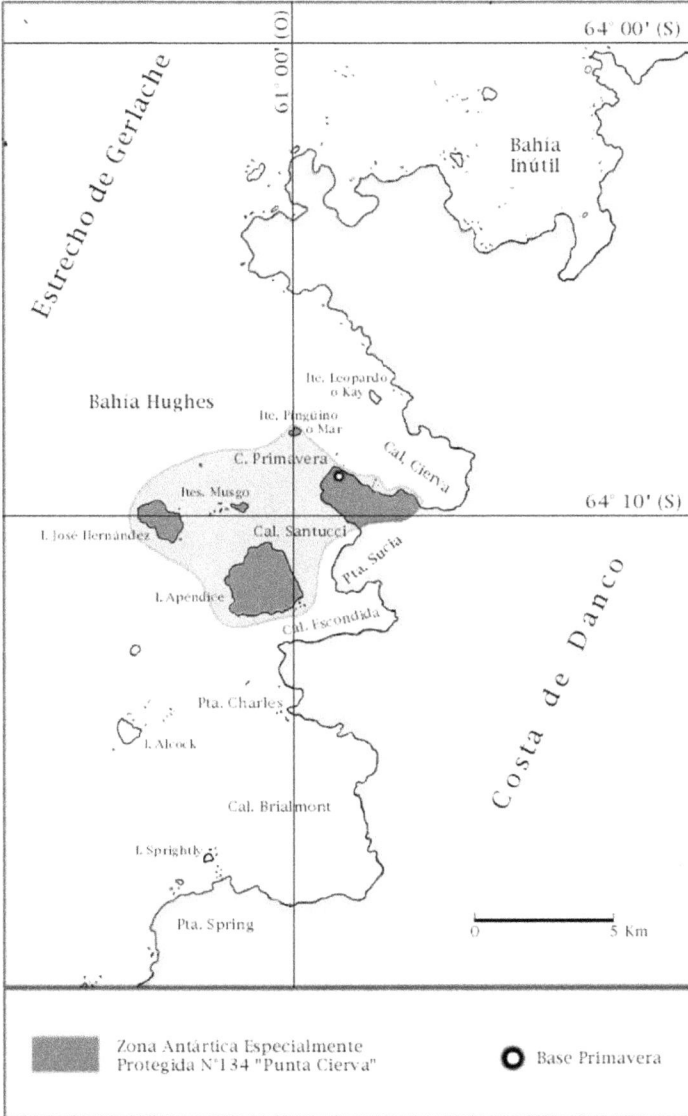

Figure 2: Zone antarctique spécialement protégée n° 134, Pointe Cierva et îles au large des côtes, Côte Danco, Péninsule antarctique. En gris, l'ensemble des aires que contient la ZSPA no 134 (le milieu marin subtidal entre les différents secteurs continental et insulaires n'est pas inclus dans la ZSPA).

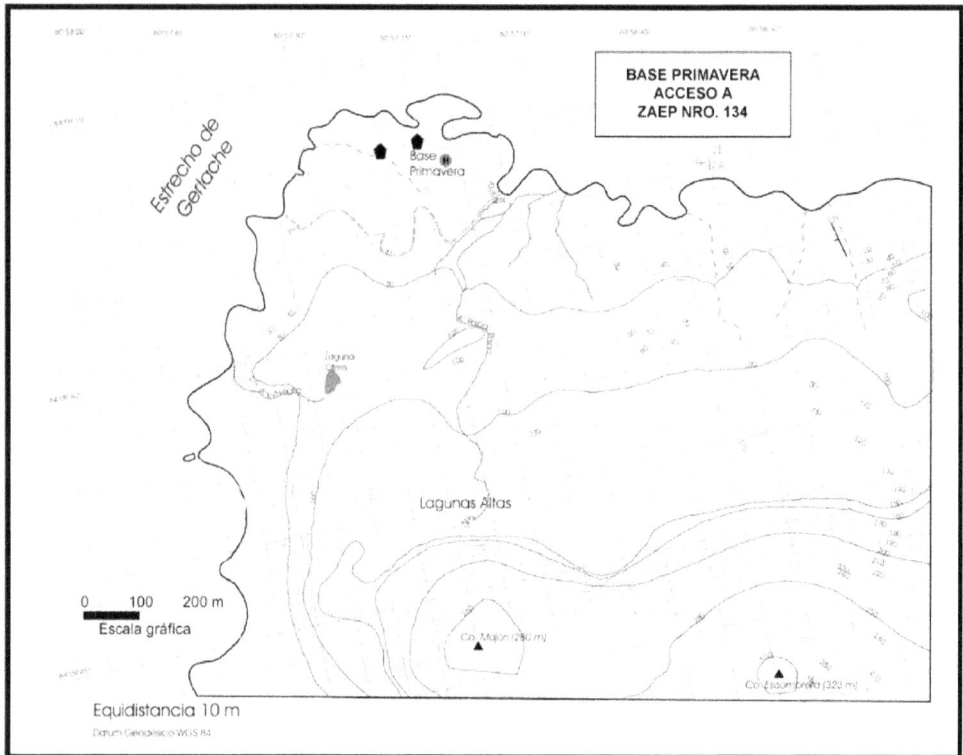

Figure 3: Secteur de Pointe Cierva comprenant la station Primavera (la ligne grise pointillée sur la courbe de niveau de 40 m indique l'emplacement de la station, exclue de la ZSPA n° 134)

8. Bibliographie

Agraz, J. L., Quintana, R.D. y Acero, J. M. 1994. Ecología de los ambientes terrestres en Punta Cierva (Costa de Danco, Península Antártica). *Contrib. Inst. Ant. Arg.,* **439**, 1-32.

ATCM XXXV IP 13. Colonisation status of the non-native grass Poa pratensis at Cierva Point, Danco Coast, Antarctic Peninsula.

Chambers L.E., Devney C.A., Congdon B.C., Dunlop N., Woehler E.J. & Dann P. 2011. Observed and predicted effects of climate on Australian seabirds. *Emu* **111**: 235-251.

Convey P. y Quintana. R.D.1997. The terrestrial arthropod fauna of Cierva Point SSSI, Danco Coast, northern Antartic Peninsula. *European Journal of Soil Ecology*, 33 (1): 19-29.

Corte, A . 1961. La primera fanerogama adventicia hallada en el continente Antartico. *Contribucion del Instituto Antártico Argentino* 62, 1–14.

Croxall, J.P., Prince, P.A. Rothery, P. & Wood, A.G. 1998. Population changes in albatrosses at South Georgia. In: Robertson, G. & Gales, R. (Eds). Albatross biology and conservation. Chipping Norton: Surrey Beatty. pp. 69–83.

Favero M., Coria N.R. & Beron M.P. 2000. The status of breeding birds at Cierva Point and surroundings, Danco Coast, Antarctic Peninsula. *Polish Polar Research* **21**, 181_187.

González-Zevallos, D., Santos, M., Rombola, E. F. Juáres, M., Coria, N. 2013. Abundance and breeding distribution of seabirds in the northern part of the Danco Coast, Antarctic Peninsula. Polar Research, 32, 11133, http://dx.doi.org/10.3402/polar.v32i0.11133

Guidelines for the Operation of Aircrafts. Resolution 2. 2004 – ATCM XXVII - CEP VII, Cape Town (available at *http://www.ats.aq/documents/recatt/Att224_e.pdf*)

Lynch H.J., Naveen R. & Fagan W.F. 2008. Censuses of penguin, blue-eyed shag *Phalacrocorax atriceps* and southern giant petrel *Macronectes giganteus* populations on the Antarctic Peninsula, 2001_2007. *Marine Ornithology* **36**: 83-97.

Morgan, F., Barker, G., Briggs, C., Price, R. and Keys H. 2007. Environmental Domains of Antarctica version 2.0 Final Report, Manaaki Whenua Landcare Research New Zealand Ltd, pp. 89.

Muller-Schwarze C. & Muller-Schwarze D. 1975. A survey of twenty-four rookeries of pygoscelid penguins in the Antarctic Peninsula region. In B. Stonehouse (ed.): The biology of penguins. Pp. 309_320. London: Macmillan.

Novatti R. 1978. Notas ecolo´gicas y etolo´gicas sobre las aves de Cabo Primavera, Costa de Danco, Península Antártica. (Ecological and ethological notes on birds in Spring Point, Danco Coast, Antarctic Peninsula.) Contribución Instituto Antártico Argentino 237. Buenos Aires: Argentine Antarctic Institute.

Patterson D.L., Woehler E.J., Croxall J.P., Cooper J., Poncet S., Peter H.-U., Hunter S. & Fraser W.R. 2008. Breeding distribution and population status of the northern giant petrel *Macronectes halli* and the southern giant petrel *M. Giganteus*. *Marine Ornithology* **36**: 115-124.

Poncet S. & Poncet J. 1987. Censuses of penguin populations of the Antarctic Peninsula, 1983_87. *British Antarctic Survey Bulletin* 77, 109_129.

Quintana R.D., Cirelli V. & Orgeira J.L. 1998. Abundance and spatial distribution of bird populations at Cierva Point, Antarctic Peninsula. Marine Ornithology 28, 21_27.

Rogers, T., Ciaglia, M., O'Connell, T., Slip, D., Meade, J., Carlini, A., Márquez, M.2012. WAP Antarctic top predator behaves differently: whiskers reveals WAP leopard seals are krill-feeding specialist. XXXII SCAR Open Science Conference and XXIV COMNAP AGM, Portland, Oregon.

Ross M.R., Hofmann E.E., Quetin L. B. 1996. Foundations for Ecological Research West of the Antarctic Peninsula. *American geophysical union*. 448 pp.

SCAR's Code of Conduct for the Use of Animals for Scientific Purposes (available at *http://www.scar.org/treaty/atcmxxxiv/ATCM34_ip053_e.pdf*).

Smith, R. I. L. 1996. Introduced plants in Antarctica: potential impacts and conservations issues. *Biological Conservation*, 76, 135–146.

Stammerjohn, S.E., Martinson, D.G., Smith, R.C., Yuan, X., Rind, D., 2008. Trends in Antarctic annual sea ice retreat and advance and their relation to El Niño–Southern Oscillation and Southern Annular Mode variability. *J. Geophys. Res.*, **113**:C03S90.

Terauds, A., Chown, S., Morgan, F., Peat, H., Watts, D., Keys, H., Convey, P. and Bergstrom, D. 2012. Conservation biogeography of the Antarctic. *Diversity and Distributions*, 22 May 2012, DOI: 10.1111/j.1472-4642.2012.00925.x

Trivelpiece, W.Z., Hinke, J.T. Miller, A.K. Reiss, C.S. Trivelpiece, S.G., Watters, G.M., 2010. Variability in krill biomass links harvesting and climate warming to penguin population changes in Antarctica. *Proc. Natl. Acad. Sci.*, doi/10.1073/pnas.1016560108.

Thompson, D. W. J. y Solomon, S. 2002. Interpretation of recent Southern Hemisphere climate change. *Science* **296**:895–899.

Woehler E.J. 1993. The distribution and abundance of Antarctic and Subantarctic penguins. Cambridge: Scientific Committee on Antarctic Research.

Woehler E.J., Cooper J., Croxall J.P., Fraser W.R., Kooyman G.L., Millar G.D., Nel D.C., Patterson D.L., Peter H.-U., Ribic C.A., Salwicka K., Trivelpiece W.Z. &Weimerskirch H. 2001. A statistical assessment of the status and trends of Antarctic and Subantarctic seabirds. Cambridge: Scientific Committee on Antarctic Research.

Plan de gestion pour la zone spécialement protégée de l'Antarctique n° 135

PÉNINSULE NORTH-EAST BAILEY, CÔTE BUDD, TERRE DE WILKES

Introduction

La Péninsule North-East Bailey (66°16'59.9"de latitude sud, 110°31'59.9" de longitude est) est située à environ 200m à l'est de la station Casey (Australie) dans la région des Iles Windmill sur la Côte Budd, Terre de Wilkes, en Antarctique de l'Est. Elle a été désignée site présentant un intérêt scientifique particulier (SISP) n° 16 adopté par la recommandation XIII-8 (1985), suite à la proposition de l'Australie. Conformément à la décision 1 (2002), le site a été rebaptisé et renuméroté zone spécialement protégée de l'Antarctique (ZSPA) n° 135. Les plans de gestion révisés de la zone ont été adoptés par la mesure 2 (2003) et la mesure 8 (2008). La désignation de la ZSPA a été motivée avant tout par le fait que la zone constitue un site scientifique de référence qui a permis la réalisation d'une série d'études sur l'ensemble végétal diversifié qui la caractérise. Les études sont menées dans cette région depuis le début des années 1980.

1. Description des valeurs protégées

La ZSPA Péninsule North-East Bailey est un condensé de la flore riche et diversifiée de la région des Iles Windmill. De ce fait, la zone abrite des valeurs écologiques remarquables et revêt un grand intérêt scientifique surtout pour les botanistes, microbiologistes, pédologues et spécialistes de la géomorphologie glaciaire.

On rencontre dans la zone trois grandes étendues de mousse qui forment un paysage contrasté. Elles ont fait l'objet d'études taxonomiques, écologiques et physiologiques depuis l'été 1982-83. D'autres études écologiques portant sur les populations d'invertébrés évoluant dans cette flore ainsi que sur les interactions chimiques sol/eau ont été également menées. Des sites permanents réservés notamment à la surveillance de la croissance des lichens et l'évaluation du taux de croissance annuel des mousses (cf. carte E) ont été mis en place. La biodiversité, les particularités physiologiques et biochimiques, les interactions intrinsèques, l'impact des polluants anthropiques et les impacts potentiels du changement climatiques sur la flore ont également fait l'objet de recherches.

Dans le cadre des recherches liées aux changements planétaires, une étude pluriannuelle portant sur l'impact des nutriments sur différents éléments de la végétation, des expérimentations similaires analysant la tolérance de la submersion et de la dessiccation par les mousses ainsi que l'observation de la tolérance par trois genres de mousses à l'exposition de plus en plus intense aux UVB du fait de la réduction de la couche d'ozone, ont été réalisées. Une étude comparée de la diversité génétique des genres de mousses cosmopolites *Ceratodon purpureus* a été effectuée entre la zone et d'autres espaces dans la même région. La datation de longues carottes de mousses au carbone 14 et à l'aide d'isotopes stables de carbone présents dans les sporogones de mousses a été réalisée. Cela a permis d'obtenir un historique de la disponibilité de l'eau sur le site.

La zone fait partie intégrante de la région couverte par le programme antarctique géré par l'Australie et intitulé Indicateur de l'état de l'environnement n° 72 « Dynamique de la végétation terrestre des Iles Windmill », qui comprend une analyse quantitative d'une série de transects permanents déterminés dans des zones de végétation spécifiques pour des fins de surveillance des effets du changement climatique sur les communautés cryptogamiques de l'Antarctique. Cet indicateur a été mis à jour en 2008 puis en 2012.

Les communautés de mousses et de lichens sont considérées comme des indicateurs d'impacts environnementaux dans le cadre des recherches menées à la station Casey. Les données collectées à la Péninsule North-East Bailey constituent une base de comparaison avec celles qui sont collectées dans les environs immédiats de la station, notamment sur les communautés végétales. Les données de la zone sont également une excellente base de comparaison pour les relevés concernant les communautés végétales de la ZSPA n° 136 Péninsule Clark qui sont moins exposées aux impacts et aux perturbations environnementales. En effet, les activités anthropiques sont limitées dans cette zone.

2. Buts et objectifs

La gestion de la zone vise à :

- empêcher la détérioration et prévenir les risques de détérioration des valeurs de la zone en empêchant les perturbations liées à l'échantillonnage inutile ou à toutes autres activités humaines futiles ;
- réserver une partie de l'écosystème de la zone afin de constituer un site de référence pour y réaliser des études comparatives et pour évaluer les impacts directs ou indirects de la station Casey ;
- autoriser la réalisation de recherches scientifiques impérieuses ne pouvant être menées ailleurs ;
- réduire autant que possible, le risque d'introduction involontaire de plantes, d'animaux et de microbes non indigènes dans la zone ; et
- autoriser la poursuite de l'exploitation et de la maintenance des infrastructures de communication essentielles notamment le bâtiment abritant le transmetteur, les tours, antennes, lignes d'alimentation, dispositif de stockage et l'ensemble des infrastructures connexes dans la mesure où il n'y aucune détérioration des valeurs de la zone.

3. Activités de gestion

Les activités de gestion suivantes seront entreprises pour protéger les valeurs de la zone :

- des panneaux indiquant l'emplacement et les limites de la zone et mentionnant clairement toute restriction à l'accès seront installés aux points d'entrée stratégiques de la zone afin d'éviter toute entrée par inadvertance ;
- une signalisation géographique facilitant l'accès à la zone (et mentionnant les restrictions particulières applicables) ainsi que des informations concernant la zone seront installées bien en évidence ; une copie du présent plan de gestion sera disponible à la station Casey. Une copie du plan de gestion de même que les informations évoquées ci-haut seront fournies aux visiteurs se rendant dans les environs immédiats de la zone à bord d'embarcations ;
- les bornes, panneaux ou structures érigés à l'intérieur de la zone à des fins scientifiques ou de gestion seront solidement fixés et maintenus en bon état puis enlevés lorsqu'ils ne seront plus nécessaires ;
- tout matériel ou équipement abandonné devra être enlevé de la zone dans la mesure du possible, sous réserve que cela n'ait pas d'impact négatif sur les valeurs de la zone ;
- une cartographie détaillée des sites d'expérimentation opérationnels sera réalisée afin de prévenir toute perturbation ;
- les visites seront effectuées en fonction des besoins (au moins une fois tous les 5 ans) dans le but d'évaluer la conformité de la zone protégée au statut qui lui a été conféré et de vérifier que les dispositions appropriées concernant la gestion et la maintenance ont été prises ;
- le plan de gestion fera l'objet d'une révision au moins une fois tous les 5 ans et sera mis à jour si nécessaire.

4. Durée de la désignation

La zone est désignée pour une période indéterminée.

5. Cartes

- Carte A : zone spécialement protégée de l'Antarctique, Iles Windmill, Antarctique de l'Est
- Carte B: zone spécialement protégée de l'Antarctique n° 135, Péninsule North-East Bailey. Topographie et répartition des oiseaux
- Carte C: zone spécialement protégée de l'Antarctique n° 135, Péninsule North-East Bailey. Végétation

- Carte D: zone spécialement protégée de l'Antarctique n° 135, Péninsule North-East Bailey. Géologie
- Carte E: zone spécialement protégée de l'Antarctique n° 135, Péninsule North-East Bailey. Sites faisant l'objet de surveillance à long terme

Caractéristiques des cartes:

Projection: Conique conforme de Lambert (Carte A)

Projection: UTM fuseau 49 (Cartes B, C D et E)

Datum horizontal: WGS84 (toutes les cartes)

6. Description de la zone

6 i) Coordonnées géographiques, bornage et caractéristiques du milieu naturel

Caractéristiques générales

La Péninsule Bailey est située dans la région des Iles Windmill, sur la Côte Budd, Terre Wilkes, Antarctique de l'Est (carte A). Elle est caractérisée par des surfaces rocheuses et des étendues couvertes de neige persistante et de glace entre les baies Newcomb et O'Brien, à deux kilomètres au sud de la péninsule Clark.

La zone, d'une superficie d'environ 0,28 km², est située dans la partie nord-est de la Péninsule Bailey, à environ 200 m à l'est de la station Casey (66° 16' 59,9" de latitude sud et 110° 31' 59,9" de longitude est). Sa ligne de démarcation est irrégulière, s'étendant au nord à environ 70 m de la frontière méridionale de la baie Brown. Les coordonnées correspondant aux limites de la zone figurent en annexe 1.

D'un point de vue topographique, la Péninsule Bailey présente un relief de basse altitude (culminant à 40m à peine) constitué d'affleurements rocheux arrondis et dépourvus de glace, s'étendant de la côte aux moraines Løken. Des vallées couvertes de neiges persistantes, de glace, de moraine glaciaire ou de roches détritiques exfoliées entrecoupent ces espaces. On observe également dans ses vallées des bassins versants. La carte B illustre la topographie de la Péninsule Bailey.

Climat

Les Iles Windmill ont un climat glacial caractéristique de l'Antarctique. Les données météorologiques recueillies à proximité de la station Casey (à 32 m d'altitude), font état de températures moyennes de 2,2°C pour le mois le plus chaud et -11,4°C pour le mois le plus froid. Les températures extrêmes peuvent atteindre 9,2°C par temps estival et -34°C par temps hivernal. La température moyenne annuelle maximale est de -5,9°C, tandis que la moyenne annuelle minimale est de -12,5°C. Le climat est sec. La moyenne annuelle des précipitations de neige est de 219 mm (équivalent en millimètres de pluie). Des pluies ont été enregistrées récemment en juillet 2008 et juillet 2009. Mais elles surviennent habituellement durant l'été austral.

La vitesse annuelle moyenne des vents est de 25 km/heure, avec des bourrasques venues de l'est depuis la calotte glaciaire. Les blizzards fréquents et soudains, surviennent surtout l'hiver. Les précipitations de neige sont fréquentes en hiver mais les vents extrêmement violents balaient la neige des zones exposées de la péninsule. La neige s'accumule plutôt dans les recoins des affleurements rocheux et dans les dépressions du substrat, sur la plupart des crêtes des collines de la Péninsule de Bailey. Elle s'accumule également en profondeur, en très grande quantité en bas des pentes où elle forme des congères.

Analyse des domaines environnementaux

L'emplacement de la Péninsule North-East Bailey correspond à l'environnement *D : Géologique du littoral de l'Antarctique de l'Est*, dans la classification relative à l'Analyse des domaines environnementaux.

Régions de conservation biogéographiques de l'Antarctique

La Péninsule North-East Bailey se situe dans la région biogéographique 7 *Antarctique Est* selon la classification des Régions de conservation biogéographiques de l'Antarctique, résolution 6 (2012).

Géologie et sols

REGION DES ILES WINDMILL

Les Iles Windmill abritent les affleurements situés le plus à l'est d'un terrain à faciès granulitique de basse pression présentant des caractéristiques de l'ère Mésoprotérozoïque. Cet espace oriental s'étire vers l'est sur Bunger Hill et encore plus loin vers les complexes archéens de Terre Princesse Élizabeth. Le relief exposé à l'est se situe au niveau de la limite avec la zone Dumont d'Urville et la baie Commonwealth. Ces roches de surface couvrent une superficie d'à peine quelques kilomètres carrés. L'affleurement du Mésoprotérozoïque des Iles Windmill et les complexes archéens de Terre Princesse Élizabeth sont deux des rares espaces de l'Antarctique oriental dont les caractéristiques se rapprochent le plus de celles d'un terrain préhistorique australien identifié lors d'une reconstitution du Gondwana. Le terrain à faciès du Mésoprotérozoïque est constitué d'une série de couches de métapélites et de métapsammites migmatitiques alternant avec des couches mafiques à ultramafiques et felsiques. Ces couches rocheuses comprennent également de rares silicates calciques, des débris volumineux issus de la fonte partielle de la neige chargée (roches supracrustales des Iles Windmill), du granite non déformé, du charnockite, du gabbro, du pegmatite, des aplites et des filons (dykes) tardifs de dolérites dont la coupe est orientée vers l'est.

PÉNINSULE BAILEY

La Péninsule Bailey repose sur un socle caractérisé par une évolution métamorphique qui se décline en plusieurs grades. La Péninsule se situe au nord, sur une zone de transition entre deux grades métamorphiques qui séparent le nord et le sud des Iles Windmill. Les grades métamorphiques permettent de distinguer des roches allant du faciès amphibolitique à sillimanite-biotite-orthoclase au nord sur la péninsule Clark au faciès granulitique à hornblende-orthopyroxène sur la Péninsule Browning au sud en passant par un faciès granulitique à biotite-cordiérite-almandine. La charnockite Ardery au sud est en proie aux intempéries et s'effrite rapidement en raison de sa composition minérale tandis que les séquences métamorphiques des parties septentrionales de la région se caractérisent par une composition minérale et une structure cristalline beaucoup plus stables. Cette différence a une incidence considérable sur la répartition de la végétation dans les Iles Windmill, les types de roches situées au nord constituant un substrat plus propice à la lente croissance des lichens.

Le gneiss granitique leucocrate qui constitue le type d'affleurement dominant de la Péninsule Bailey peut être subdivisé en leucogneiss et en deux types de gneiss grenatifères. L'affleurement sur la Péninsule Bailey se caractérise par un gneiss grenatifère de type 1 qui est blanc, à grain moyen et folié. La foliation est définie par couche d'une génération précoce de biotites dont le degré de pliage varie en intensité, surmontée d'un grenat et une génération de biotites tardive. Les filons de dolérites non métamorphosées et non déformées se retrouvent sur la Péninsule Bailey comme, par exemple, au col «Penguin Pass» (66° 17' 18" de latitude sud, 110° 33' 16" de longitude est), au sud de la zone. De petits affleurements de métapélites, de métapsammites et de leucogneiss sont observés dans la péninsule. Une géochronologie récente des roches dans la région des Iles Windmill indique deux grandes phases de métamorphisme : un épisode de faciès amphibolitique supérieur (première phase) il y a environ 1 400 à 1 310 millions d'années recouverte de faciès granulitiques (seconde phase) il y a environ 1 210 à 1 180 millions d'années. La carte D illustre la géologie de la Péninsule Bailey.

GLACIATION

La région des Iles Windmill a connu une période de glaciation à la fin du Pléistocène. La partie méridionale de la région a connu un regain de chaleur menant à la fonte des glaces vers 8 000 ans avant le Pléistocène tandis que la partie septentrionale, y compris la Péninsule Bailey, a connu ce phénomène de réchauffement environ 5 500 ans avant le Pléistocène. Un relèvement isostatique est intervenu à un rythme de 0,5 à 0,6 m par siècle, la limite marine supérieure, caractérisée par des bourrelets glaciaires, peut ainsi être observée sur la Péninsule Bailey à une altitude moyenne d'environ 30 m, point à partir duquel il s'étend en rangées ininterrompues depuis le niveau de la mer actuel.

SOLS

Les sols de la Péninsule Bailey sont issus de gneiss altéré, de dépôts de moraines et de graviers fluvio-glaciaires constitués lors d'épisodes glaciaires. Les oiseaux de mer ont un impact considérable sur la formation du sol de toute cette région. Les sols sont gelés la majeure partie de l'année. La fonte d'une couche de 30 à 60 cm est observée en été, la couche supérieure de quelques centimètres d'épaisseur regèle la nuit. Les sols sont principalement formés à partir de phénomènes géomorphologiques tels que la cryoturbation et l'altération cryoclastique. A proximité de la station Casey, la plupart des sols ont été classifiés par Blume, Kuhn et Bölter (2002) dans la catégorie des cryosols contenant des sous-unités lithiques, leptiques, squelettiques, turbiques et stagniques. D'autres sols de la région sont constitués de sous-unités d'histosols, de podsols et de régosols tandis que les affleurements rocheux et les rochers abritant une flore épilithique et endolithique sont classés sous la catégorie des lithosols. Dans la ZSPA n° 135, il existe un site qui abritait autrefois une colonie de manchots. Ce site est isolé par un relèvement isostatique survenu il y a 3000 à 8000 ans. Il est caractérisé par un sol riche en nutriments provenant de la décomposition complexe du guano qui fournit un substrat nutritif pour la végétation actuelle.

Lacs

Des lagunes et des lacs monomictiques froids se retrouvent dans les dépressions des Iles Windmill et sont généralement libres de glace en janvier et février. On trouve sur la côte des lacs riches en éléments nutritifs, à proximité de sites abritant ou ayant abrité des colonies notamment de manchots ; les lacs stériles sont situés plus à l'intérieur et sont alimentés par les eaux de fonte et les précipitations locales. La Péninsule Bailey abrite également quelques lacs et lagunes dont les deux principaux sont situés à 500 m à l'ouest de la zone. Deux lagunes se trouvent dans la zone protégée, la plus grande ayant une superficie de 75 m sur 50 et la plus petite présente un diamètre de 25 m environ. La carte B indique la répartition des lacs et des lagunes sur la Péninsule Bailey.

Végétation et communautés microbiennes

REGION DES ILES WINDMILL

Les Iles Windmill constituent le terreau des communautés végétales les plus variées et les plus épanouies en Antarctique occidentale. La région possède une flore diversifiée composée de riches associations de macrolichens et de bryophytes qui occupent des niches écologiques très particulières. On dénombre dans cette végétation, au moins 36 genres de lichens, 4 genres de bryophytes (3 mousses et une hépatique), 150 algues terrestres et au moins 120 taxons fongiques. Un champignon mycorhizien de la famille des ascomycètes a été identifié sur l'hépatique *Cephaloziella varians*.

La végétation de la région des Iles Windmill est caractérisée par une forte concentration de lichens. Les bryophytes sont le genre dominant dans les zones les plus humides. Au moins 11 communautés cryptogamiques ont été identifiées. Ces groupements végétaux constituent un continuum écologique évolutif en fonction des gradients environnementaux influencés par l'humidité, la composition chimique des sols et le microclimat. Trois genres de lichens que l'on retrouve également dans la région Arctique dominent les autres grandes communautés dans les péninsules de cette région. Il s'agit de *Usnea sphacelata*, *Pseudephebe minuscula* et *Umbilicaria decussata*. Dans les îles, les genres d'algues tels que *Prasiola crispa* prédominent, ces zones insulaires étant moins pourvues en bryophytes et lichens que les péninsules. Les lichens sont d'ailleurs complètement absents des zones eutrophiques proches des sites de colonies d'oiseaux. Ces espaces abritent plutôt des algues chlorophytes dont les plus représentés sont *Prasiola crispa*, *Prasiococcus calcareus* et *Desmococcus olivaceus*.

La végétation de la Péninsule Bailey est particulièrement variée et luxuriante. Cette péninsule représente un des sites botaniques les plus importants de l'Antarctique continental. Les habitats contrastés et les communautés végétales relativement complexes de la Péninsule Bailey abritent au moins 23 lichens, trois mousses et une hépatique. Il existe de fortes concentrations de macrolichens et, dans les zones plus humides et moins exposées, les bryophytes produisent des tourbières fermées de 25 à 50 m² de superficie, pouvant atteindre 30 cm de profondeur. Les lichens *Umbilicaria decussata*, *Pseudephebe minuscula* et *Usnea sphacelata* et des bryophytes variés, dominent le couvert végétal de la plupart des zones libres de glace en particulier au nord-est et au centre de la péninsule où la densité de la végétation rappelle celle de la péninsule Clark. Les communautés de bryophytes les plus complexes se retrouvent uniquement dans de petites cavités humides à côté des cours d'eau de fonte et des ruisseaux au centre de la zone nord-est ainsi qu'au centre de la péninsule. La végétation est peu développée, voire absente des zones libres de glace sur la côte méridionale de la péninsule. L'annexe 2 contient une liste des bryophytes et des lichens identifiés à l'intérieur de la zone. Dans de nombreux sites, les mousses moribondes sont de plus en plus étouffées par les lichens. L'analyse des isotopes stables des sporogones de mousse a permis d'établir la baisse des taux de croissances depuis les années 1980 à cause de l'assèchement des bancs de mousses.

Deux importants sous-types de végétation cryptogamique ont été relevées : une association dominée par les lichens occupant une variété de substrats balayés par les vents, allant du soubassement aux graviers, et un petit tapis constitué d'une petite formation de tourbe de mousse dans laquelle quatre groupements végétaux dominés par la mousse ont été identifiés. Les cartes C et E illustrent la végétation de la Péninsule Bailey.

Au moins 150 taxons d'algues terrestres et de cyanobactéries ont été inventoriés. On dénombre 50 cyanobactéries, 70 chlorophytes et 23 chromophytes. Ils ont été identifiés, dans la neige et la glace, le sol, les roches, les étangs éphémères, et les lacs (notamment les petits lacs de montagne). Vingt-quatre genres d'algues et de cyanobactéries ont été observés dans la neige. Les algues des neiges sont abondantes et très répandues dans les couloirs de glace entre les affleurements rocheux et dans les congères semi-permanentes. L'annexe 3 contient la liste des genres d'algues et de cyanobactéries identifiées à l'intérieur de la zone, dans la Péninsule Bailey et dans la région des Iles Windmill.

Le couvert végétal de la Péninsule Bailey contient des hyphes fongiques, des levures, des propagules fongiques, plusieurs genres d'algues, des cyanobactéries et des protozoaires. Ils constituent un habitat essentiel à la microfaune terrestre composée de nématodes, acariens, rotifères et tardigrades. La diversité fongique est relativement faible dans les Iles Windmill, 35 taxons représentant 22 genres de champignons ont été prélevés des sols, et sur les mousses, les algues et les lichens. Trente taxons fongiques ont été relevés dans les sols à proximité de la station Casey, 12 d'entre eux étant identifiés uniquement dans les sols sous influence anthropogénique près de la station, ce qui laisse penser que cette végétation contient des éléments non indigènes. Le genre *Penicillium* est dominant à ces endroits. Dans la région des Iles Windmill en général, 21 taxons fongiques ont été isolés des mousses, 12 des algues et six des lichens. Des champignons liés à la présence de certains animaux dans la région ont été également identifiés. L'annexe 4 fournit des informations détaillées sur les taxons et leur origine.

L'analyse génomique de la flore microbienne des sols est actuellement en cours. Certaines mousses ont déjà été analysées, notamment *C. purpureus*.

Oiseaux

Quatre espèces d'oiseaux nichent à proximité de la Péninsule Bailey. Il s'agit du manchot Adélie *Pygoscelis adeliae,* l'espèce la plus représentée dans la zone. La colonie nicheuse la plus proche se trouve sur l'Ile Shirley à environ 1,5 km à l'ouest de la station Casey. Le pétrel des neiges *Pagodroma nivea* est observé toute l'année et se reproduit dans l'ensemble de la région des Iles Windmill, y compris sur la colline Reeve située à environ 750 m à l'ouest de la zone et sur la colline Budnick, à 600 m au nord-ouest. L'océanite de Wilson *Oceanites oceanicus* se reproduit également dans toute la région des Iles Windmill et niche dans la zone, tout comme le labbe antarctique *Catharacta maccormicki* dont les nids sont très dispersés, principalement à proximité des colonies de manchots Adélie. Les labbes se baignent dans le lac se trouvant à l'intérieur de la ZSPA.
Parmi les autres oiseaux qui se reproduisent sur les Iles Windmill mais pas dans les environs immédiats de la Péninsule Bailey, on peut citer notamment le pétrel géant *Macronectes giganteus*, le damier du cap *Daption capense,* le fulmar antarctique *Fulmarus glacialoides* et le pétrel antarctique *Thalassoica antarctica*. Le manchot empereur *Aptenodytes forsteri* visite régulièrement les Iles Windmill et une colonie nicheuse d'environ 2 000 couples s'est établie à Peterson Bank, à 65 km au nord-ouest de la station Casey.

Communautés de microbes et d'invertébrés terrestres

La puce antarctique, *Glaciopsyllus antarcticus*, a été retrouvée dans les nids des fulmars antarctiques *(Fulmarus glacialoides)*. Le pou anoploure, *Antarctophthirus ogmorhini*, a été observé sur les phoques de Weddell *(Leptonychotes weddelli)*. Quelques espèces de poux mallophages ont été découvertes sur des oiseaux.

L'acarien *Nanorchestes antarcticus* (autonome) a été observé dans la Péninsule Bailey, sur des sols sablonneux ou graveleux dépourvus de lichens et de mousses, et humides sans toutefois être gorgés d'eau.

Cinq espèces de tardigrades ont été prélevées dans la Péninsule Bailey : *Pseudechiniscus suillus, Macrobiotus* sp. *Hypsibius antarcticus, Ramajendas frigidus* et *Diphascon chilenense*. Des études ont permis d'observer une symbiose remarquable entre les bryophytes et les espèces les plus courantes de tardigrades, à savoir *P. suillus, H. antarcticus* et *D. chilenense*, d'autre part, une forte antibiose entre ces bryophytes et des algues ainsi que des lichens a été notée. Aucune étude écologique ou systémique des nématodes n'a encore été publiée pour la région des Iles Windmill.

Des protozoaires ont fait l'objet d'études dans plusieurs sites de la Péninsule Bailey et ont permis d'observer la présence active de ciliés et de thécamoebiens (amibes testacées). Vingt-sept espèces de ciliés et six espèces de thécamoebiens ont été découvertes (voir annexe 5).

6 ii) Accès à la zone

La limite nord-ouest de la zone se situe à environ 20 m à l'est de la station Casey. La zone est accessible facilement à pied. Les dispositions concernant l'accès et la circulation des véhicules terrestres sont exposées dans la section 7 ii) du présent document.

6 iii) Structures à l'intérieur et à proximité de la zone

La station Casey (Australie) est située à l'ouest de la zone, à une distance d'environ 200 m. Depuis 1964, c'est-à-dire avant sa désignation en 1986, divers émetteurs radio avaient été progressivement introduits dans la zone. Au cours de l'été 2001-2002 et de l'été 2007-2008, les antennes redondantes ainsi que d'autres infrastructures, avaient été retirées. Cependant certaines structures sont toujours en place, notamment un petit dispositif de stockage situé au nord-ouest, dans lequel sont rangées des pièces de rechange pour les antennes. Le bâtiment où sont installés les émetteurs (qui fait notamment office de site d'accueil d'urgence), un pylône d'une antenne Tandem Delta de 45 m de haut et une balise non directionnelle situés au sud-est de la zone (carte E) sont également restés en place. Un autre pylône de 35 m de hauteur se trouve à environ 100 m au sud de la zone. Ces matériels constituent les éléments de base du dispositif d'émission à haute fréquence de la station Casey.

6 iv) Existence d'autres zones protégées à proximité de la zone

Les autres zones protégées dans les environs sont: (Carte A):

- ZSPA n° 136, Péninsule Clark, se situe à 2,5 km au nord-est, de l'autre côté de la baie Newcomb.
- ZSPA n° 103, Iles Ardery et Odbert, Côte Budd, Terre Wilkes est située à environ 11 km au sud, à l'ouest de la crête Robinson
- ZSPA n° 160, Iles Frazier, Iles Windmill, Terre Wilkes, Antarctique de l'Est est située dans la partie occidentale de la baie Vincennes à environ 16 km en direction ouest-nord-ouest.

6 v) Sites spécifiques à l'intérieur de la zone

Il n'y a pas de sites spécifiques à l'intérieur de la zone.

7. Critères de délivrance d'un permis d'accès

7 i) Critères généraux

L'entrée dans la zone est interdite. Seules les personnes en possession d'un permis délivré par une autorité nationale compétente peuvent y accéder. Les critères de délivrance d'un permis d'accès sont les suivants :

- un permis est délivré uniquement dans le cadre d'études scientifiques impérieuses, pour l'entretien des dispositifs de communication ainsi que des installations connexes, l'enlèvement des matériels et structures obsolètes ou pour des activités de gestion conformes aux objectifs et aux dispositions du plan de gestion ;
- les actions doivent être autorisées et conformes au présent plan de gestion

- les activités autorisées doivent prêter toute l'attention nécessaire à la protection permanente des valeurs environnementales, écologiques et scientifiques de la zone à travers la mise en œuvre du processus d'évaluation de l'impact sur l'environnement ou être en rapport avec des études scientifiques déjà en cours dans la zone ;

- le permis doit être délivré pour une durée déterminée ;

- le détenteur du permis doit être en possession du permis ou de sa copie lorsqu'il est à l'intérieur de la zone ;

D'autres conditions peuvent être appliquées par l'autorité compétente, conformément aux objectifs et dispositions du plan de gestion.

7 ii) Accès à la zone et déplacements à l'intérieur ou au-dessus de la zone

Il est interdit aux hélicoptères de se poser à l'intérieur de la zone.
L'accès à la zone est également interdit aux véhicules sauf pour les opérations de maintenance du bâtiment, des émetteurs et des antennes ou pour l'enlèvement des structures et matériels. L'accès au bâtiment abritant les émetteurs situé à l'extrémité sud-est de la zone doit se faire via la voie d'accès enneigée menant vers Law Dome, à quelques kilomètres en allant vers le sud. À l'intérieur de la zone, les véhicules doivent emprunter la voie d'accès praticable la plus directe entre la limite de la zone et les installations de communication, en évitant les câbles et la végétation. L'emploi de véhicules à l'intérieur de la zone doit être limité au minimum et les itinéraires autorisés et indiqués sur le permis doivent être respectés.
La station Casey est située à environ 200 m du côté oriental de la limite nord-ouest de la zone. La zone est facilement accessible à pied. Les visiteurs doivent éviter de marcher sur la végétation visible. Toutes les précautions nécessaires doivent être prises lorsque l'itinéraire passe par des sols humides où le piétinement peut facilement perturber les communautés d'algues, de plantes et de sols sensibles, ou encore détériorer la qualité de l'eau. La circulation à pied doit être réduite au strict minimum requis pour la réalisation des activités autorisées et il convient de faire tous les efforts possibles pour contourner ces zones, en marchant par exemple sur les roches ou la glace, lorsque cela peut se faire en toute sécurité.

7 iii) Activités qui sont ou peuvent être menées dans la zone

Les activités suivantes sont autorisées à l'intérieur de la zone :

- études scientifiques indispensables qui ne portent pas atteinte à l'écosystème de la zone et qui ne peuvent être menées ailleurs ;

- activités de gestion essentielles, y compris la surveillance, la signalisation et l'enlèvement de structures ou matériels ;

- prélèvement d'échantillons ; ces derniers doivent être limités au minimum requis par les programmes de recherche autorisés ;

- opération, maintenance ainsi que les autres activités essentielles liées aux dispositifs de communication notamment le bâtiment des émetteurs, les tours, antennes, lignes d'alimentation, dispositifs de stockage et autres matériels ou installations connexes.

7 iv) Installation, modification ou enlèvement de structures

- Aucune structure ne peut être construite ou installée dans la zone sauf autorisation dûment mentionnée sur un permis. Les repères des sites d'expérimentation, de même que les équipements scientifiques doivent être sécurisés et maintenus en bon état. De plus, ils doivent mentionner clairement le pays ayant délivré le permis, le nom du principal chercheur, l'année d'installation. Tous ces objets doivent être fabriqués à partir de matériaux présentant le moins de risque de pollution possible pour la zone. En effet les matériaux utilisés ne doivent pas modifier les propriétés de l'environnement alentour ;

- l'installation (de même que le choix du site), l'entretien, la modification ou l'enlèvement des structures ou matériels doivent être effectués avec soin afin de limiter les effets indésirables sur les valeurs de la zone ;

- les équipements de recherche scientifique doivent être enlevés de la zone avant l'expiration du permis (ou de l'autorisation) relatif à cette recherche. Cette disposition doit constituer une condition préalable à la délivrance du permis. Des informations détaillées sur les repères et le matériel laissé sur place (description, date d'expiration prévue, emplacements précis de GPS précisant les coordonnées en longitude et en latitude en degrés sexagésimaux) doivent être transmises à l'autorité ayant délivré le permis. Dans la mesure du possible, il convient de préciser le datum horizontal utilisé, le modèle de GPS employé, les détails sur la station de référence et les positions altimétriques et planimétriques ;

- les structures et équipements spécifiques doivent être enlevés de la zone dès l'expiration du permis autorisant leur utilisation. Cette disposition doit constituer une condition pour la délivrance du permis

- les installations et structures à caractère permanent sont interdites à l'exception des repères servant à identifier les sites de recherche permanents ;

- tous les objets doivent être exempts d'organismes, propagules (ex : semences, œufs), sols non stériles. Ils doivent être fabriqués à partir de matériaux résistants aux conditions environnementales de la région et présenter le moins de risque de contamination possible ;

- toutes les structures et installations à caractère temporaire doivent être enlevées lorsqu'elles ne sont plus nécessaires et au plus tard à l'expiration du permis autorisant leur utilisation, sous réserve que l'impact de l'opération d'enlèvement sur la végétation et les valeurs de la zone, soit moindre que celui de laisser le matériel sur place.

7 v) Emplacement des camps

L'installation de camps dans la zone est interdite.

7 vi) Restrictions sur les matériaux et organismes pouvant être introduits dans la zone

- L'introduction délibérée d'animaux, de végétaux ou de micro-organismes est interdite. Afin de préserver les valeurs écologiques et scientifiques des communautés végétales, toute personne pénétrant à l'intérieur de la zone doit prendre toutes les précautions nécessaires pour éviter l'introduction involontaire notamment de microbes ou de végétaux provenant de sols d'autres sites de l'Antarctique, y compris les stations, ou de régions en dehors de l'Antarctique. Pour réduire au minimum les risques d'introduction d'espèces non indigènes, il convient de nettoyer soigneusement les chaussures et tout équipement – y compris les caisses de transport et le matériel d'échantillonnage et de balisage ;

- aucun herbicide ni pesticide ne doit être introduit dans la zone. Tout autre produit chimique, y compris les radionucléides ou isotopes stables, susceptibles d'être introduits à des fins scientifiques ou de gestion conformément aux dispositions mentionnées sur le permis, sera retiré de la zone au plus tard à la fin des activités prévues par le permis ;

- le stockage permanent de combustible est interdit. Aucun combustible ne doit être entreposé dans la zone sauf pour répondre aux objectifs essentiels de l'activité pour laquelle le permis a été délivré. Ce stockage temporaire doit être effectué dans des conteneurs scellés et plombés ;

- tout matériel doit être introduit dans la zone pour une période déterminée, et doit être enlevé si possible avant, et au plus tard à l'issue cette période ; le matériel doit être conservé et manipulé avec précaution afin de limiter le risque de rejet ou déversement accidentel dans l'environnement.

7 vii) Prélèvement de végétaux, capture d'animaux ou perturbations nuisibles à la faune et à la flore

Toute capture ou perturbation nuisible à la faune et à la flore est interdite sauf dans le cadre d'une activité dûment autorisée par un permis. Lorsqu'une opération impliquant la capture d'animaux ou une intervention nuisible à la faune ou à la flore est nécessaire, elle doit être au moins conforme au *Code de conduite du SCAR pour l'utilisation d'animaux à des fins scientifiques en Antarctique*. Le respect de ce code est la norme minimale.

7 viii) Enlèvement de toute chose qui n'a pas été apportée dans la zone par le détenteur du permis

La récupération et l'enlèvement de matériel de la zone doit faire l'objet d'une autorisation mentionnée sur un permis et doit être limitée au minimum requis pour les activités menées à des fins scientifiques et de gestion.

Le matériel introduit par l'homme et susceptible de porter atteinte aux valeurs de la zone, lorsqu'il n'a pas été introduit par un visiteur détenteur de permis conformément aux dispositions mentionnées sur le permis ou conformément à tout autre moyen d'autorisation, doit être enlevé si l'impact de l'opération d'enlèvement est moindre que celui de laisser le matériel sur place ; le cas échéant, l'autorité compétente doit en être informée et doit autoriser l'enlèvement.

7 ix) Élimination des déchets

Tous les déchets, y compris les déchets humains doivent être enlevés de la zone.

7 x) Mesures nécessaires pour faire en sorte que les buts et objectifs du plan de gestion continuent à être atteints

Des permis d'accès à la zone peuvent être délivrés pour la réalisation des activités ou des mesures suivantes, à condition qu'elles n'aient pas d'impact négatif sur les valeurs de la zone :

- la réalisation d'activités de surveillance biologique, d'inspection ou de gestion pouvant donner lieu au prélèvement d'un nombre limité d'échantillons ou à la collecte de données à étudier ou à analyser ;

- l'installation ou l'entretien de dispositifs de signalisation

- l'entretien ou l'enlèvement du dispositif de stockage, des bâtiments, pylônes d'antennes et autres matériels connexes installés dans la partie nord-ouest de la zone ; et

- l'exécution de mesures de protection complémentaires le cas échéant.

7 xi) Rapports de visites

Le détenteur principal d'un permis doit soumettre un rapport à l'autorité nationale compétente - pour chaque permis délivré – contenant la description des activités entreprises. Les rapports de visites doivent inclure, s'il y a lieu, les renseignements mentionnés dans le formulaire du rapport de visite contenu dans le *Guide pour la préparation des plans de gestion des zones spécialement protégées en Antarctique*. Les parties concernées doivent répertorier ces activités et dans le cadre des échanges annuels d'informations, fournir une description sommaire des activités entreprises par des personnes relevant de leur autorité. Ces informations doivent être suffisamment détaillées pour contribuer à l'évaluation de l'efficacité du plan de gestion. Les Parties doivent à chaque fois que cela est possible, déposer les originaux ou copies des rapports de visites dans un lieu d'archivage accessible au public et fournissant des relevés de consultation qui pourraient être utilisés à des fins de révision du plan de gestion et pour l'organisation de l'utilisation scientifique qui est faite de la zone

8. Bibliographie

Adamson, E., and Seppelt, R. D. (1990) A comparison of airborne alkaline pollution damage in selected lichens and mosses at Casey Station, Wilkes Land, Antarctica. In: Kerry, K. R. and Hempel, G. (eds.) *Antarctic Ecosystems: Ecological Change and Conservation* Springer- Verlag, Berlin, pp. 347-353.

Azmi, O. R., and Seppelt, R. D. (1997) Fungi in the Windmill Islands, continental Antarctica. Effect of temperature, pH and culture media on the growth of selected microfungi. *Polar Biology* **18**: 128-134.

Azmi, O. R., and Seppelt, R. D. (1998) The broad scale distribution of microfungi in the Windmill Islands region, continental Antarctica. *Polar Biology* **19**: 92-100.

Bednarek-Ochyra, H., Vàòa, J., Ochyra, R., Lewis Smith, R. I. (2000) *The Liverwort Flora of Antarctica*. Polish Academy of Sciences, Institute of Botany, Cracow.

Bergstrom D. and Robinson, S (2010) Casey: the Daintree of Antarctica. http://www.antarctica.gov.au/about-antarctica/fact-files/plants/casey-the-daintree-of-antarctica

Beyer, L., (2002) Properties, Formation and Geography of Soils in a Coastal Terrestrial Ecosystem of East Antarctica (Casey Station, Wilkes Land) [cited 26 November 2012]. Available from internet: http://books.google.com.au/books?hl=en&lr=&id=m-MB7TZrwg0C&oi=fnd&pg=PA3&dq=Beyer,+L.,+(2002)+Properties,+Formation+and+Geography+of+Soils+in+a+Coastal+Terrestrial+Ecosystem+of+East+Antarctica&ots=snaw67pzBU&sig=xU4CR0XzXafitWuROLhm1nR1FT0#v=onepage&q&f=false

Beyer, L., Pingpank, K., Bölter, M. and Seppelt, R. D. (1998) Small-distance variation of carbon and nitrogen storage in mineral Antarctic cryosols near Casey Station (Wilkes Land). *Zeitschrift fur Pflanzenahrung Bodendunde* **161**: 211-220.

Beyer, Lothar, Kristina Pingpank, Manfred Bölter and Rod D. Seppelt (2002): Soil organic matter storage on soil profile and on landscape level in permafrost affected soils in the coastal region of East Antarctica (Casey Station, Wilkes Land). In: Tarnocai et al. (Eds.). *Cryosols - Permafrost-Affected Soils*. Lewis Publishers, Boca Raton (in press).

Blight, D. F. (1975) The Metamorphic Geology of the Windmill Islands Antarctica, Volume 1 and 2, PhD thesis, University of Adelaide.

Blight, D. F. and Oliver, R. L. (1982) Aspects of the Geological history of the Windmill Islands, Antarctica. In: Craddock, C. (Ed.) *Antarctic Geoscience*, University of Wisconsin Press, Madison, WI, pp. 445-454.

Blight, D. F. and Oliver, R. L. (1997) The metamorphic geology of the Windmill Islands Antarctica: a preliminary account. *Journal of the Geological Society of Australia.* **24** (5): 239-262.

Block, W. (1992) *An Annotated Bibliography of Antarctic Invertebrates (Terrestrial and Freshwater)*.British Antarctic Survey, Natural Environmental Research Council, Cambridge.

Block, W. (2002) A dataset of Antarctic and sub-Antarctic invertebrates. [www site], [cited 26 November 2012]. Available from internet: http://gcmd.nasa.gov/KeywordSearch/Metadata.do?Portal=amd_au&KeywordPath=Parameters%7C%28%5BFreetext%3D%27invertebrates%27%5D+AND+%5BFreetext%3D%27sub-antarctic%27%5D%29&OrigMetadataNode=AADC&EntryId=block_invertebrates&MetadataView=Full&MetadataType=0&lbnode=mdlb5

Blume, H-P., Kuhn, D. and Bölter, M. (2002) Soils and landscapes. In: Beyer, L. and Bölter, M. (eds.) *Geoecology of Antarctic Ice-Free Coastal Landscapes*. Springer-Verlag, Berlin, pp. 94-98, 105-108.

Bramley-Alves, J. *King, DH, Miller, RE & Robinson SA. (2013) Dominating the Antarctic Environment: bryophytes in a time of change. In Photosynthesis of Bryophytes and Seedless Vascular Plants. Eds Hanson DT & Rice SK. Volume in series Advances in Photosynthesis and Respiration. Springer (in press).

Bureau of Meteorology (2004) Climate and History, Climate of Casey [www site], [cited 22 June 2004] Available from internet: *http://www.bom.gov.au/weather/ant/casey/climate.shtml*

Clarke, L.J., Robinson, S.A., Ayre, D.J. (2008) Somatic mutation and the Antarctic ozone hole Journal of Ecology 96 378-385. Editor's choice article for March 2008.

Clarke, L.J., Robinson, S.A. Cell wall-bound UV-screening pigments explain the high UV tolerance of the Antarctic moss, Ceratodon purpureus (revised submission to New Phytologist Feb 2008)

Clarke, L.J., Robinson, S.A., Ayre, D.J. Genetic structure of Antarctic populations of the moss Ceratodon purpureus. Antarctic Science 21 51-58

Clarke, L.J., Robinson, S.A., Hua, Q., Ayre D.J. & Fink, D. (2012) Radiocarbon bomb spike reveals biological effects of Antarctic climate change. Global Change Biology, **18** 301-310 plus front cover.

Cowan, A. N. (1979) Giant petrels at Casey, Antarctica. *Australian Bird Watcher.* **8** (2): 66-67. Cowan, A. N. (1981). Size variation in the Snow petrel (Pagodroma nivea). *Notornis* **28**: 169-188. Dunn, J. (2000) Seasonal variation in the pigment content of three species of Antarctic bryophytes Honours thesis University of Wollongong .; [Ref:10167]; AAS Projects 941, 1310

Dunn, J.L., Robinson, S.A. (2006) Ultraviolet B screening potential is higher in two cosmopolitan moss species than in a co-occurring Antarctic endemic moss: implications of continuing ozone depletion. Global Change Biology 12. 2282-2296; [Ref:12830]; AAS Projects 1310, 2542

Dunn, J.L., Robinson, S.A. (2006) UV-B screening potential is higher in two cosmopolitan moss species than in a co-occurring Antarctic endemic moss - implications of continuing ozone depletion Global Change Biology 12 (12). 42pp; [Ref:12867]; AAS Projects 1310, 2542

Dunn, JL, *Turnbull, JD & Robinson, SA (2004) Comparison of solvent regimes for the extraction of photosynthetic pigments from leaves of higher plants. Functional Plant Biology 31: 195-202.

Giese, M. (1998) Guidelines for people approaching breeding groups of Adélie penguins (Pygoscelis adeliae). *Polar Record.* **34** (191): 287-292.

Goodwin, I. D. (1993) Holocene deglaciation, sea-level change, and the emergence of the Windmill Islands, Budd Coast, Antarctica. *Quaternary Research.* **40**: 70-80.

Hallingbäck, Tomas and Hodgetts, Nick. (Compilers) (2000) *Mosses, Liverworts, and Hornworts: Status Survey and Conservation Action Plan for Bryophytes.* IUCN/SSC Bryophyte Specialist Group.

Heatwole, H., Saenger, P., Spain, A., Kerry, E. and Donelan, J. (1989) Biotic and chemical characteristics of some soils from Wilkes Land Antarctica. *Antarctic Science.* **1**(3): 225-234.

Hogg ID, Stevens MI (2002) Soil Fauna of Antarctic Coastal Landscapes. In: Beyer L and Bölter M (eds). Geoecology of Antarctic Ice-Free Coastal Landscapes. Ecological Studies Volume 154, pp 265-282. Springer-Verlag, Berlin

Hovenden, M. J. and Seppelt, R. D. (1995) Exposure and nutrients as delimiters of lichen communities in continental Antarctica. *Lichenologist* **27**(6): 505-516.

Leslie, S. (2003) The Combined Effects of Desiccation and UV-B Radiation on the Accumulation of DNA Damage, Pigment Composition and Photosynthetic Efficiency in three species of Antarctic moss. Thesis. Bachelor of Biotechnology (Honours) Degree, University of Wollongong. 1-87; [Ref:11456]; AAS Project 1310

Ling, H. U. (1996) Snow algae of the Windmill Islands region, Antarctica. *Hydrobiologia* 336: 99-106. Ling, H. U. (2001) Snow Algae of the Windmill Islands, Continental Antarctica: *Desmotetraaureospora*, sp. nov. and D. antarctica, comb. nov. (Chlorophyta). *Journal of Phycology* 37: 160-174.

Ling, H. U. and Seppelt, R.D. (1990) Snow algae of the Windmill Islands, continental Antarctica. esotaenium berggrenii (Zygnematales, Chlorophyta) the alga of grey snow. *Antarctic Science* 2(2): 143-148

Ling, H. U. and Seppelt, R.D. (1993) Snow algae of the Windmill Islands, continental Antarctica. 2. Chloromonas rubroleosa sp. nov. (Volvocales, Chlorophyta), an alga of red snow. *European Journal of Phycology* : 77-84.

Ling, H. U. and Seppelt, R.D. (1998) Non-marine algae and cyanobacteria of the Windmill Islands region, Antarctica, with descriptions of two new species. *Archiv für Hydrobiologie Supplement 124, Algological Studies* 89: 49-62.

Ling, H. U. and Seppelt, R.D. (1998) Snow Algae of the Windmill Islands, continental Antarctica 3. Chloromonas polyptera (Volvocales, Chlorophyta) *Polar Biology* 20: 320-324.

Ling, H. U. and Seppelt, R.D. (2000) Snow Algae of the Windmill Islands Region, Adaptations to the Antarctic Environment. Davison, W., Howard-Williams, C., Broady, P. (eds.) *Antarctic Ecosystems: Models for Wider Ecological Understanding.* pp. 171-174.

Longton, R. E. (1988) *Biology of polar bryophytes and lichens.* Cambridge University Press, Cambridge. 307-309.

Lovelock, C.E., Robinson, S.A. (2002) Surface reflectance properties of Antarctic moss and their relationship to plant species, pigment composition and photosynthetic function. Plant, Cell and Environment. 25. 1239-1250; [Ref:10869]; AAS Projects 941, 1310

Lucieer, A, Robinson, S and Bergstrom D. (2010) Aerial 'OktoKopter' to map Antarctic moss *Australian Antarctic Magazine*, Issue 19. pp. 1-3 http://www.antarctica.gov.au/about-antarctica/australian-antarctic-magazine/issue-19-2010/aerial-oktokopter-to-map-antarctic-moss.

Melick, D. R., Hovenden, M. J., and Seppelt, R. D. (1994) Phytogeography of bryophyte and lichen vegetation in the Windmill Islands, Wilkes land, Continental Antarctica. *Vegetatio* 111: 71-87.

Melick, D. R., and Seppelt, R. D. (1990) Vegetation patterns in Relation to climatic and endogenous changes in Wilkes Land, continental Antarctica. *Journal of Ecology* 85: 43-56.

Miller, W. R., Miller, J. D. and Heatwole, H. (1996) Tardigrades of the Australian Antarctic Territories: the Windmill Islands, East Antarctica. *Zoological Journal of the Linnean Society* 116: 175-184.

Murray, M. D., and Luders, D. J. (1990) Faunistic studies at the Windmill Islands, Wilkes Land, East Antarctica, 1959-80. *ANARE Research Notes* **73**, Antarctic Division, Kingston.

Orton, M. N. (1963) A Brief Survey of the fauna of the Windmill Islands, Wilkes Land, Antarctica. *The Emu* **63** (1): 14-22.

Øvstedal, D. O. and Lewis Smith, R. I. (2001) Lichens of Antarctica and South Georgia: A Guide to their Identification and Ecology. Cambridge University Press, Cambridge.

Paul, E., Stüwe, K., Teasdale, J. and Worley, B. (1995) Structural and metamorpohic geology of the Windmill Islands, East Antarctica: field evidence for repeated tectonothermal activity. *Australian Journal of Earth Sciences* **42**: 453-469.

Petz, P. (1997) Ecology of the active microfauna (Protozoa, Metazoa) of Wilkes Land, East Antarctica. *Polar Biology* 18: 33-44.

Petz, P. and Foissner, W. (1997) Morphology and infraciliature of some ciliates (Protozoa, Ciliophora) from continental Antarctica, with notes on the morphogenesis of *Sterkiella histriomuscorum*. *Polar Record* **33**(187): 307-326.

Robinson, S.A., Wasley, J., Popp, M., Lovelock, C.E. (2000) Desiccation tolerance of three moss species from continental Antarctica. Australian Journal of Plant Physiology 27. 379-388; [Ref:9083]; AAS Projects 941, 1087, 1313

Robinson, S.A., Dunn, J., Turnbull, D., Clarke, L. (2006) UV-B screening potential is higher in two cosmopolitan moss species than in a co-occurring Antarctic endemic ? implications of continuing ozone depletion. Abstracts of the Combio 2006 Conference, Brisbane Sept 24-28th 2006. p. 101; [Ref:12837]; AAS Projects 1310, 2542

Robinson, SA, *Turnbull, JD & Lovelock, C.E. (2005) Impact of changes in natural UV radiation on pigment composition, surface reflectance and photosynthetic function of the Antarctic moss, *Grimmia antarctici*. Global Change Biology **11**: 476-489.

Robinson SA. & *Waterman M. (2013) Sunsafe bryophytes: photoprotection from excess and damaging solar radiation. In Photosynthesis of Bryophytes and Seedless Vascular Plants. Eds Hanson DT & Rice SK. Volume X in series Advances in Photosynthesis and Respiration. Springer (in press).

Robinson, SA, *Wasley, J & Tobin, AK (2003) Living on the edge-plants and global change in continental and maritime Antarctica. Global Change Biology 9 1681-1717. *Invited review.*

Roser, D. J., Melick, D. R., Ling, H. U. and Seppelt, R. D. (1992) Polyol and sugar content of terrestrial plants from continental Antarctica. *Antarctic Science* **4** (4): 413-420.

Roser, D. J., Melick, D. R. and Seppelt, R. D. (1992) Reductions in the polyhydric alcohol content of lichens as an indicator of environmental pollution. *Antarctic Science* **4** (4): 185-189.

Roser, D. J., Seppelt, R. D. and Nordstrom (1994) Soluble carbohydrate and organic content of soils and associated microbiota from the Windmill Islands, Budd Coast, Antarctica. *Antarctic Science* 6(1): 53-59.

Selkirk, P. M.and Skotnicki, M. L (2007) *Measurement of moss growth in continental Antarctica*, Polar Biology 30(4): pp. 407-413; Springer-Verlag, Berlin, illus. incl. 2 tables; 21 refs.

Seppelt, R. D. (2002) Plant Communities at Wilkes Land. In: Beyer, L. and Bölter, M. (eds.) *Geoecology of Antarctic Ice-Free Coastal Landscapes* Springer-Verlag, Berlin, 233-242.

Seppelt, R. D. (2002) Wilkes Land (Casey Station). In: Beyer, L. and Bölter, M. (eds.) *Geoecology of Antarctic Ice-Free Coastal Landscapes*. Springer-Verlag, Berlin, pp. 41-46.

Seppelt, R. D. (2008) Dr R. Seppelt, Senior Research Scientist, Australian Antarctic Division. Personal communication.

Smith, R. I. L. (1980) *Plant community dynamics in Wilkes Land, Antarctica*, Proceedings NIPR Symposium of polar biology **3**: 229-224.

Smith, R. I. L. (1986) Plant ecological studies in the fellfield ecosystem near Casey Station, Australian Antarctic Territory, 1985-86. *British Antarctic Survey Bulletin.* **72**: 81-91.

Terauds A., Chown, S.L., Morgan, F., Peat, H.J., Watts, D., Keys, H., Convey, P. and Bergstrom, D.M. (2012) Conservation biogeography of the Antarctic. Diversity and Distributions, 18, 726–741

Turnbull, JD, Leslie, SJ & Robinson, SA (2009) Desiccation protects two Antarctic mosses from ultraviolet–B induced DNA damage. Functional Plant Biology **36** 214-221.

Turnbull, J.D., Robinson, S.A. Susceptibility to Ultraviolet Radiation Induced DNA Damage In Three Antarctic Mosses (submitted to Global Change Biology)

Turnbull, JD & Robinson, SA (2009) Accumulation of DNA damage in Antarctic mosses: correlations with ultraviolet-B radiation, temperature and turf water content vary among species. Global Change Biology **15** 319-329.

Turnbull, J.D., Robinson, S.A., Leslie, S.J., Nikaido, O. (2008) Desiccation confers protection from UV – B radiation but an endemic Antarctic moss is more susceptible to DNA damage than co- occurring cosmopolitan species. (in prep)

Turner, D., Lucieer, A. and Watson, C. (2012) An Automated Technique for Generating Georectified Mosaics from Ultra-High Resolution Unmanned Aerial Vehicle (UAV) Imagery, Based on Structure from Motion (SfM) Point Clouds. Remote Sens. 4, 1392-1410

Wasley, J., Robinson, S.A., Lovelock, C.E., Popp, M. (2006) Climate change manipulations show Antarctic flora is more strongly affected by elevated nutrients than water. Global Change Biology 12. 1800-1812; [Ref:12682]; AAS Project 1087

Wasley, J., Robinson, S.A., Lovelock, C.E., Popp, M. (2006) Some like it wet — biological characteristics underpinning tolerance of extreme water stress events in Antarctic bryophytes. Functional Plant Biology 33. 443-455; [Ref:12318]; AAS Project 1087

Wasley, J., Robinson, S.A., *Turnbull, J.D., *King D.H., Wanek, W. Popp, M. (2012) Bryophyte species composition over moisture gradients in the Windmill Islands, East Antarctica: development of a baseline for monitoring climate change impacts. Biodiversity DOI:10.1080/14888386.2012.712636.

Woehler, E. J., Penney, S. M., Creet, S. M. and Burton, H. R. (1994) Impacts of human visitors on breeding success and long-term population trends in Adélie penguins at Casey, Antarctica. *Polar Biology* **14**: 269-274.

Woehler, E. J., Slip, D. J., Robertson, L. M., Fullagar, P. J. and Burton, H. R. (1991) The distribution, abundance and status of Adélie penguins *Pygoscelis adeliae* at the Windmill Islands, Wilkes Land, Antarctica. *Marine Ornithology* **19**(1): 1-18.

Annexe 1: Coordonnées des limites de la zone spécialement protégée de l'Antarctique (ZSPA)

n° 135 Péninsule North-East Bailey

Coordonnée	Longitude	Latitude	Coordonnée	Longitude	Latitude
1	110°32'56"	66°17'11"	15	110°32'16"	66°16'52"
2	110°32'50"	66°17'11"	16	110°32'19"	66°16'53"
3	110°32'41"	66°17'10"	17	110°32'19"	66°16'55"
4	110°32'22"	66°17'7"	18	110°32'24"	66°16'55"
5	110°32'20"	66°17'6"	19	110°32'25"	66°16'53"
6	110°32'18"	66°17'2"	20	110°32'29"	66°16'53"
7	110°32'18"	66°17'0"	21	110°32'44"	66°16'54"
8	110°32'14"	66°17'0"	22	110°33'9"	66°17'5"
9	110°32'9"	66°16'56"	23	110°33'11"	66°17'6"
10	110°32'8"	66°16'54"	24	110°33'10"	66°17'9"
11	110°32'5"	66°16'54"	25	110°33'2"	66°17'11"
12	110°32'7"	66°16'52"			
13	110°32'7"	66°16'52"			
14	110°32'12"	66°16'51"			

Annexe 2: Mousses, hépatiques et lichens identifiés dans la zone spécialement protégée de l'Antarctique (ZSPA) n° 135, péninsule North-East Bailey (Mellick, 1994, Seppelt, commentaire personnel)

Mousses
Bryum pseudotriquetrun (Hedw.) Gaertn., Meyer et Scherb.
Ceratodon purpureus (Hedw.) Brid.
Schistidium antarctici Card.
Hépatiques
Cephaloziella varians Steph.
Lichens
Acarospora gwynii Dodge & Rudolph
Amandinea petermannii (Hue) Matzer, H. Mayrhofer & Scheid.
Buellia cf. cladocarpiza Lamb?
Buellia frigida Darb.
Buellia grimmiae Filson
Buellia cf. lignoides Filson
Buellia papillata Tuck.
Buellia pycnogonoides Darb.
Buellia soredians Filson
Caloplaca athallina Darb.
Caloplaca citrina (Hoffm.) Th. Fr.
Candelariella flava (C.W. Dodge & Baker) Castello & Nimis
Lecanora expectans Darb.
Lecidea spp.
Lecidea cancriformis Dodge & Baker (=*Lecidea phillipsiana* Filson)
Lecidea andersonii Filson
Lepraria sp.
Pleopsidium chlorophanum (Wahlenb.) Zopf
Rhizocarpon geographicum
Rhizoplaca melanophthalma (Ram.) Leuck. & Poelt
Rinodina olivaceobrunnea Dodge & Baker
Physcia caesia (Hoffm.) Hampe
Umbilicaria aprina Nyl.
Umbilicaria decussata (Vill.) Zahlbr.
Umbilicaria cf. propagulifera (Vainio) Llano
Xanthoria elegans (Link) Th. Fr.
Xanthoria mawsonii Dodge.
Pseudephebe minuscula (Nyl ex Arnold) Brodo & Hawksw.
Usnea antarctica Du Rietz
Usnea sphacelata R. Br.

Annexe 3 : Champignons isolés des sols, des mousses, des lichens et des algues de la zone spécialement protégée de l'Antarctique n° 135 et d'espèces plus répandues dans la région des Iles Windmill (Azmi 1998 et Seppelt, communication personnelle 2008)

Remarque: Cette liste ne contient qu'une partie des taxons isolés dans la région des Iles Windmill

	ZSPA n° 135	Péninsule Bailey	Bryum pseudotriquetrum	Ceratodon purpureus	Grimmia antarctici	Algues	Lichens*
Acremonium sp.					✓		
Acremonium crotociningenum (Schol-Schwarz) W. Gams		✓					✓
Alternaria alternata (Fr.) Keissl.		✓					
Arthrobotrys			✓	✓			
Aspergillus nidulans (Eidam) G. Winter		✓					
Aspergillus sp.						✓	
Botrytis cinerea Pers.		✓					
Chrysosporium sp	✓		✓	✓	✓		
Chrysosporium pannorum (Link.) S. Hughes	✓	✓	✓	✓	✓	✓	✓
Cladosporium sp.		✓					
Diplodia sp.		✓					
Fusarium oxysporum E.F. Sm., & Swingle		✓					
Geomyces sp.		✓	✓	✓		✓	✓
Geotrichum sp.							
Mortierella sp.		✓	✓		✓	✓	✓
Mortierella gamsii Milko		✓	✓				
Mucor pyriformis Scop.		✓	✓		✓		
Mycelia sterilia 1**	✓		✓	✓	✓	✓	✓
Mycelia sterilia 2**	✓		✓	✓	✓	✓	
Mycelia sterilia 3**	✓		✓	✓	✓		
Mycelia sterilia 4**		✓					
Nectria peziza Berk.		✓	✓		✓		
Penicillium chrysogenum Thom	✓		✓		✓	✓	
P. commune Thom		✓					
P. corylophilum Dierckx		✓					
P. expansum Link		✓	✓	✓		✓	
P. hirsutum Dierckx		✓					
P. palitans Westling		✓	✓	✓	✓		
P. roqueforti Thom		✓					
Penicillium sp.			✓	✓	✓	✓	
Penicillium sp. 1							
Penicillium sp. 2							

	ZSPA n° 135	Péninsule Bailey	Bryum pseudotriquetrum	Ceratodon purpureus	Grimmia antarctici	Algues	Lichens*
Phialophora malorum (Kidd & Beaumont) McColloch		9	9	9	9	9	
Phoma herbarum Westend		9	9	9	9		
Phoma sp.	9						
Phoma sp. 1			9	9	9		
Phoma sp. 2				9	9		
Rhizopus stolonifer (Ehrenb.) Vuill.		9				9	
Sclerotinia sclerotiorum (Lib.) de Bary		9					
Thelebolus microsporus (Berk. & Broome) Kimbr.	9	9	9	9	9	9	9
Trichoderma harzianum Rifai		9					
T. pseudokoningi Rifai		9					

*Il s'agit des genres *Xanthoria mawsonni, Umbilicaria decussata et Usnea sphacelata.*

** Mycelia sterilia est un terme générique pour désigner les mycélia stériles. Environ 45 % des isolats provenant des Iles Windmill n'ont pas été identifiés en raison de leur stérilité persistante en culture.

Annexe 4 : *Espèces de cyanobactéries et d'algues identifiées dans la région des Iles Windmill*

Les taxons sont repris par ordre alphabétique sous chaque phylum avec leurs habitats. Il est également indiqué s'ils sont maintenus en culture.

A = Aquatique, T = Terrestre (du sol), *N = Neige ou glace* et *C = Culture* (Ling, 1998 et communication personnelle de Seppelt, 2008)

Cyanobactéries	
Aphanothece castagnei (Breb.) Rabenh.	A
Aphanocapsa elachista var. irregularis Boye-Pet.	A
Aphanocapsa muscicola (Menegh.) Wille	A
Aphanothece saxicola Nageli	A
Aphanothece sp.	A
Calothrix parietina Thur.	A
Chamaesiphon subglobosus ((Ros-Taf) Lemmerm.	A
Chroococcus dispersus (Keissl.) Lemmerm.	A
Chroococcus minutus (Kutz.) Nageli	A
Chroococcus turgidus (Kutz.) Nageli	A
Dactylococcopsis antarctica F E. Fritsch	A
Dactylococcopsis smithii R. et E.Chodat (= *Rhabdogloea smithii* (R. et E.Chodat)	A
Eucapsis sp.	T
Gloeocapsa dermochroa Nageli	A
G. kuetzingiana Nageli	A
Hammatoidea sp.	A
Homoeothrix sp.	A
Isocystis pallida Woron.	AT
Katagnymene accurata Geitler	AT
Lyngbya attenuata Fritsch	A
Lyngbya martensiana Menegh.	A
Merismopedia tenuissima Lemmerm.	AT
Myxosarcina concinna Printz	A
Nodularia harveyana var. *sphaerocarpa* (Born. et Flah.) Elenkin	A
Nostoc commune Vaucher	ATC
Nostoc sp.	T
Oscillatoria annae Van Gook	A
Oscillatoria fracta Carlson	A
Oscillatoria irrigua Kutz	A
Oscillatoria lemmermannii Wolosz.	A
Oscillatoria proteus Skuja	A
Oscillatoria sp. (Broady 1979a, *Oscillatoria* cf. *limosa* Agardh)	A
Oscillatoria sp. (BROADY 1979a, *Oscillatoria* sp. C)	T
Phormidium autumnale(Agardh) Gomont	T
Phormidium foveolarum Gomont	A
Phormidium frigidum F.E. Fritsch	A
Phormidium subproboscideum (W et G. S. West) Anagnost et Komarek	A
Phormidium sp.	A
Plectonema battersii Gomont	A
Plectonema nostocorum Bornet	A
Pseudanabaena mucicola (Hub.-Pest. et Naum.) Bour.	A
Schizothrix antarctica F E. Fritsch	A
Stigonema mesentericum Geitler f.	T
Stigonema minutum (AGARDH) Hassall	T
Stigonema sp.	T
Synechococcus aeruginosus Nageli	T
Synechococcus maior Schroeter	AT
Tolypothrix byssoidea (Berk.) Kirchner f	A
Tolypothrix distorta var. *penicillata* (Agardh)Lemmerm.(= Tolypothrix penicillata Thuret)	A
Chlorophyta	
Actinotaenium cucurbita (Breb.) Teiling	AC
Apodochloris irregularis Ling et Seppelt	AC
Asterococcus superbus (Cienk.) Scherff.	AC
Binuclearia tatrana Wittr.	AC
Binuclearia tectorum (KÜTZ.) Beger	AC
Chlamydomonas pseudopulsatilla Gerloff	S
Chlamydomonas sphagnicola (F.E. Fritsch) F.E. Fritsch et Takeda	TC

Chlamydomonas subcaudata Wille	A
Chlamydomonas sp. 1	A
Chlamydomonas sp. 2	A
Chlorella vulgaris Beij.	AT
Chloromonas brevispina Hoham, Roemer et Mullet	S
Chloromonas polyptera (F.E. Fritsch) Hoham, Mullet et Roemer	SC
Chloromonas rubroleosa Ling et Seppelt	SC
Chloromonas sp. 1	SC
Chloromonas sp. 2	A
Coenochloris sp.	T
Desmococcus olivaceus (Pers. ex Ach.) Laundon	ATC
Desmotetra sp. 1	SC
Desmotetra sp. 2	SC
Dictyosphaerium dichotomum Ling et Seppelt	T
Fernandinella alpina Chodat	AC
Geminella terricola Boye-Pet.	T
Gloeocystis polydermatica (Kutz.) Hindak	T
Gloeocystis vesiculosa Nageli	T
Gongrosira terricola Bristol	AC
Gonium sociale (Dujard.) Warm.	AC
Hormotila sp.	SC
Kentrosphaera bristolae G.M.Smith	A
Klebsormidium dissectum var. 1(Broady 1979a, *Chlorhormidium dissectum* var. A)	T
Klebsormidium subtilissimum (Rabenh.) Silva, Mattox et Blackwell	A
Klebsormidium sp. (BROADY 1981, *Klebsormidium* sp. A)	SC
Lobococcus sp.?	T
Lobosphaera tirolensis Reisigl	TC
Macrochloris multinucleate (Reisigl) Ettl et Gartner	ATC
Mesotaenium berggrenii (Wittr.) Lagerh. f.	S
Monoraphidium contortum (Thur.) Komark.-Legn.	A
Monoraphidium sp.	S
Myrmecia bisecta Reisigl	T
Palmella sp. 1	TC
Palmella sp. 2	A
Palmellopsis sp.	SC
Prasiococcus calcarius (Boye-Pet.) Vischer	ATSC
Prasiola calophylla (Carmich.) Menegh.	TC
Prasiola crispa (Lightf.) Menegh.	ATSC
Prasiola sp.?	A
Pseudochlorella subsphaerica Reisigl	T
Pseudococcomyxa simplex (Mainx) Fott	T
Pyramimonas gelidfcola McFadden, Moestrup et Wetherbee	A
Pyramimonas sp.	A
Raphidonema helvetica Kol	S
Raphidonema nivale Lagerh.	S
Raphidonema sempervirens Chodat	TC
Raphidonema tatrae Kol	S
Schizogonium murale Kutz.	ATC
Schizogonium sp.	AT
Staurastrum sp.	A
Stichococcus bacillaris Nageli	TSC
Stichococcus fragilis (A. Braun) Gay	A
Stichococcus minutus Grintzesco et Peterfi	S
Tetracystis sp. 1	TC
Tetracystis sp. 2	TC
Trebouxia sp.	TC
Trichosarcina mucosa (B Broady) Chappell et O'Kelly	TC
Trochiscia sp. (Broady 1979x,	A
Trochiscia sp. A)	
Ulothrix implexa (Kutz.) Kutz. A	
Ulothrix zonata (Weber et Mohr) Kutz	
Ulothrix sp. 1	A
Ulothrix sp. 2	S
Uronema sp.	S
Xanthophytes	
Botrydiopsis sp.	TC
Bumilleriopsis sp.	TC
Ellipsoidion sp.?	S
Fremya sp.	ATC

Gloeobotrys sp.	A
Heterococcus filiformis Pitschm.	TC
Heterococcus sp.	TC
Heterothrix debilis Vischer	TC
Tribonema microchloron Ettl	A
Chrysophytes	
Chrysococcus sp.	S
Chroomonas lacustris Pascher et Ruttner	A
Dinophytes	
Gymnodinium sp.	A
Bacillariophytes	
*Achnanthes coarctata var. *elliptica* Krasske	S
Amphora veneta Kutz.	A
*Cocconeis imperatrix A. Schmidt	S
*Diploneis subcincta (A. Schmidt) Cleve	S
*Eucampia balaustium Castray	S
Fragilaria sp.	A
Fragilariopsis antarctica (Castray) Hust.	A
Hantzschia amphioxys (Ehrenb.) Grun.	A
Navicula atomus (Nag.) Grun.	A
Navicula murrayi W. et G. S. West	A
Navicula muticopsis Van Heurck	AT
Navicula sp.	A
Nitzschia palea (Kutz.) W. S M.	AT
Pinnularia borealis Ehrenb.	AT
Torpedoes laevissima W et G. S. West	A

* Sans doute des diatomées marines provenant des embruns portés par les vents.

Annexe 5 : Ciliés et thécamoebiens actifs à proximité de la station Casey sur la Péninsule Bailey (Petz et Foissner, modifié, 1997)

Ciliés
Bryometopus sp
Bryophyllum cf. loxophylliforme
Colpoda cucullus (Mueller, 1773)
Colpoda inflata (Stokes, 1884)
Colpoda maupasi Enriques, 1908
Cyclidium muscicola Kahl, 1931
Cyrtolophosis elongata (Schewiakoff, 1892)
Euplotes sp.
Fuscheria terricola Berger and others, 1983
Gastronauta derouxi Blatterer and Foissner, 1992
Halteria grandinella (Mueller, 1773)
Holosticha sigmoidea Foissner, 1982
Leptopharynx costatus Mermod, 1914
Odontochlamys wisconsinensis (Kahl, 1931)
Oxytricha opisthomuscorum Foissner and others, 1991
Parafurgasonia sp.
Paraholosticha muscicola (Kahl, 1932)
Platyophrya vorax Kahl, 1926
Pseudocohnilembus sp.
Pseudoplatyophrya nana (Kahl, 1926)
Pseudoplatyophrya cf. saltans
Sathrophilus muscorum (Kahl, 1931)
Sterkiella histriomuscorum (Foissner and others, 1991)
Sterkiella thompsoni Foissner, 1996
Trithigmostoma sp.
Vorticella astyliformis Foissner, 1981
Vorticella infusionum Dujardin, 1 841

Thécamoebiens
Assulina muscorum Greeff, 1888
Corythion dubium Taranek, 1881
Euglypha rotunda Wailes and Penard, 1911
Pseudodifflugia gracilis var. *terricola* Bonnet and Thomas, 1960
Schoenbornia viscicula Schoenborn, 1964
Trachelocorythion pulchellum (Penard, 1890)

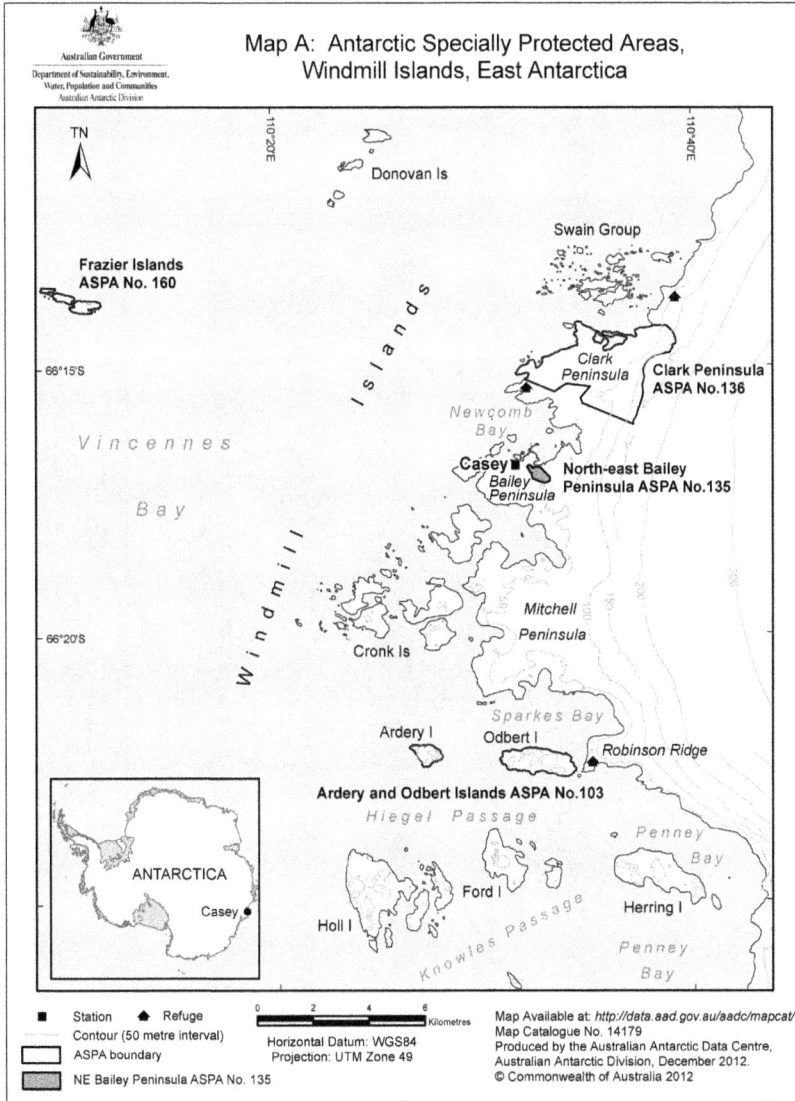

Map A: Antarctic Specially Protected Areas, Windmill Islands, East Antarctica

Rapport final de la XXXVIe RCTA

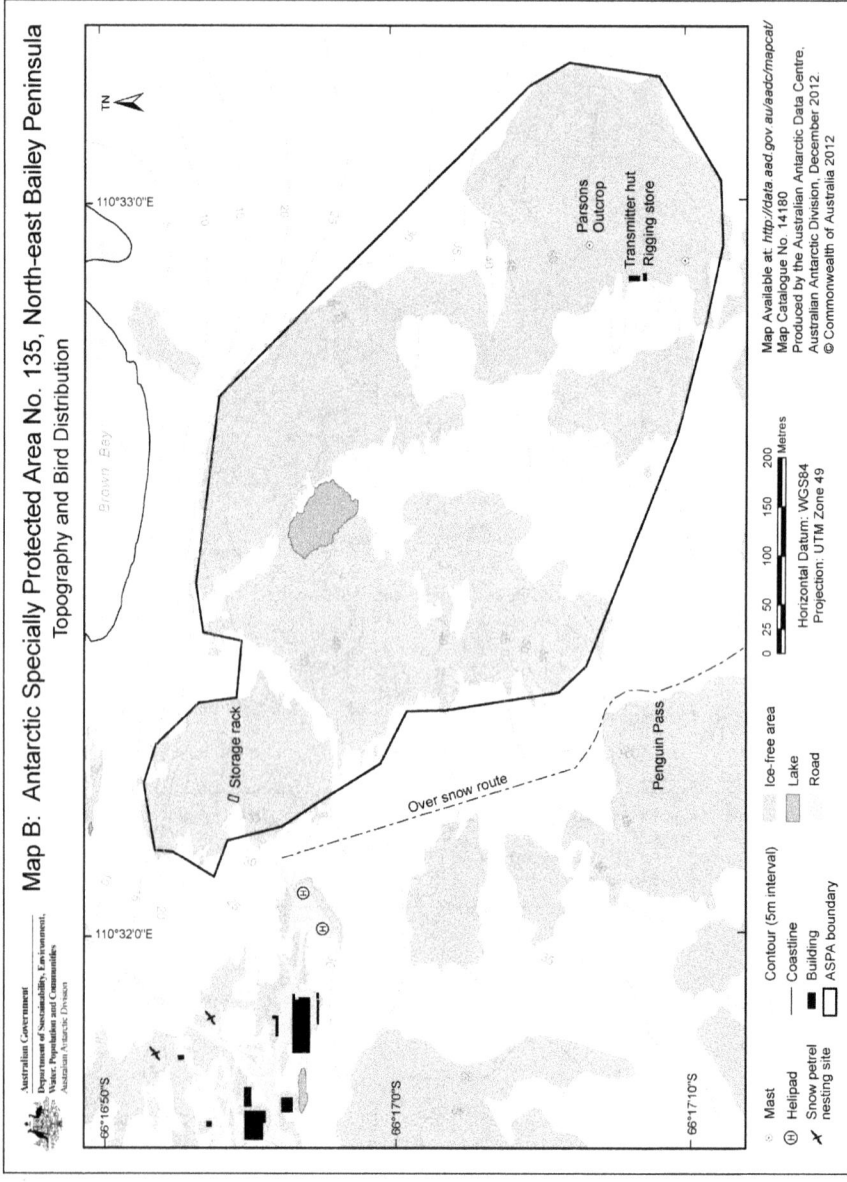

Map B: Antarctic Specially Protected Area No. 135, North-east Bailey Peninsula
Topography and Bird Distribution

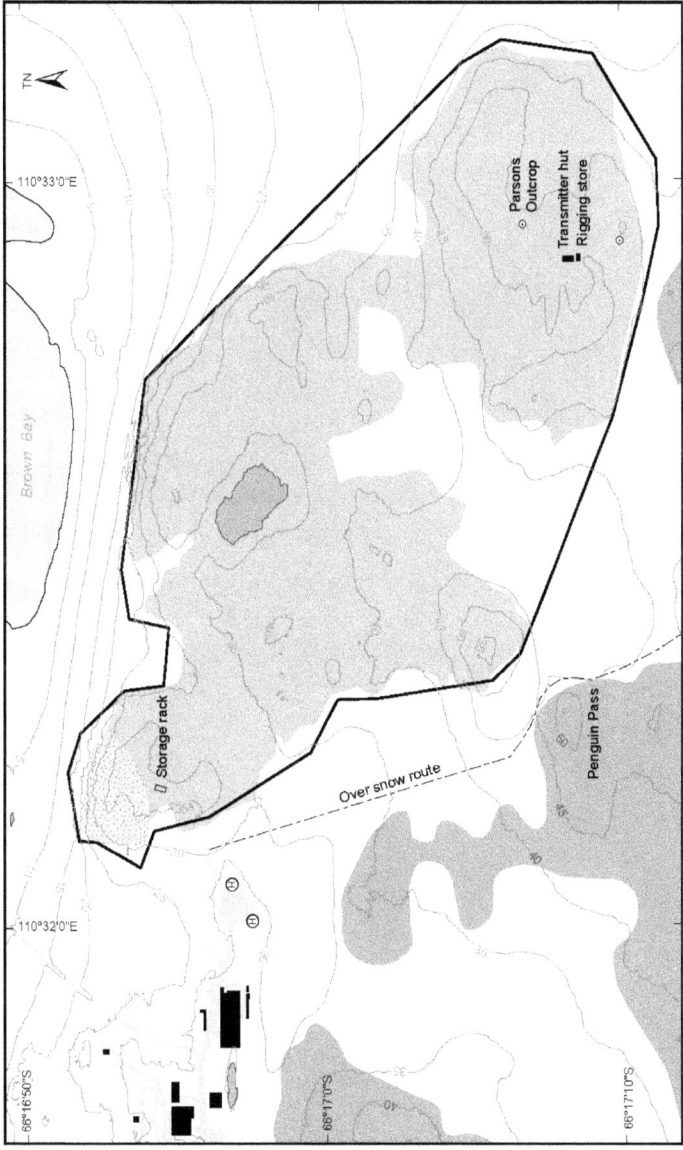

Map C: Antarctic Specially Protected Area No. 135, North-east Bailey Peninsula
Vegetation

Rapport final de la XXXVIe RCTA

Map D: Antarctic Specially Protected Area No. 135, North-east Bailey Peninsula
Geology

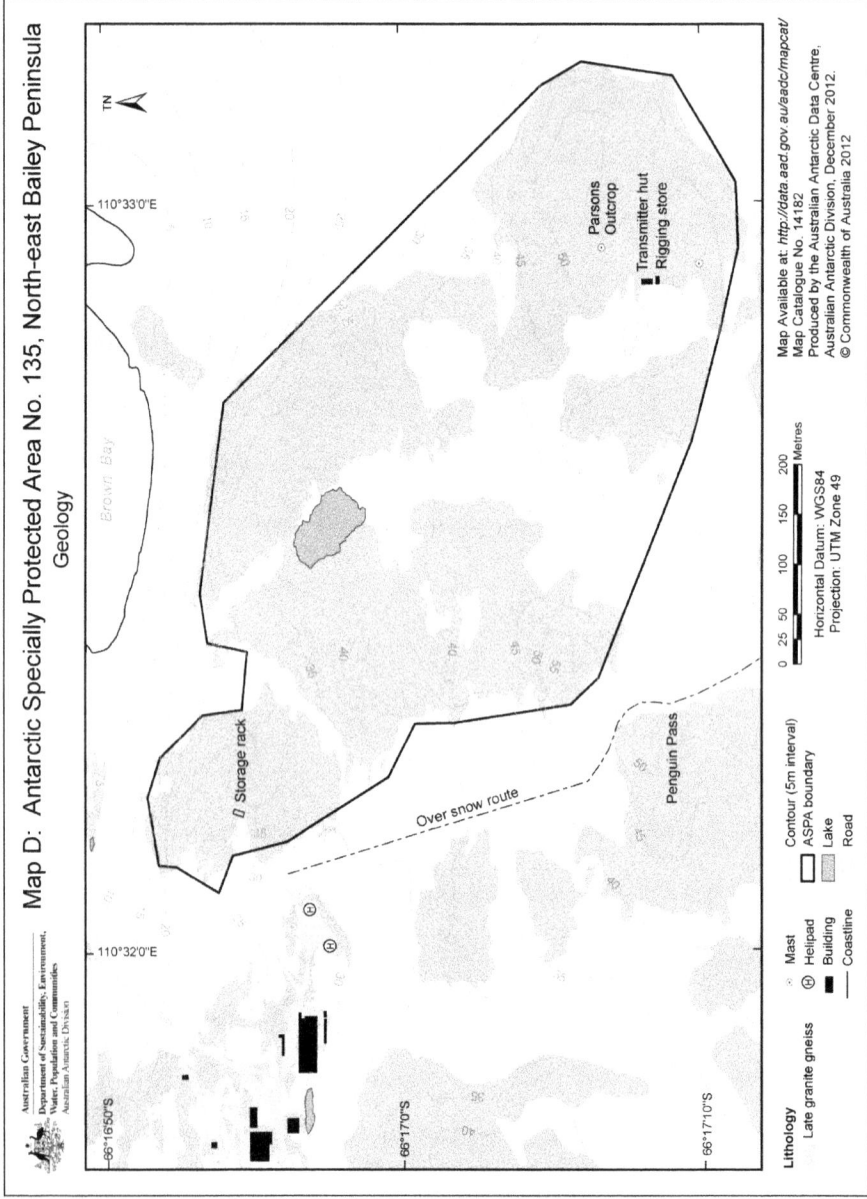

Lithology

Late granite gneiss

Mast
Helipad
Building
Coastline

Contour (5m interval)
ASPA boundary
Lake
Road

0 25 50   100   150   200
                              Metres

Horizontal Datum: WGS84
Projection: UTM Zone 49

Map Available at: http://data.aad.gov.au/aadc/mapcat/
Map Catalogue No. 14182
Produced by the Australian Antarctic Data Centre,
Australian Antarctic Division, December 2012.
© Commonwealth of Australia 2012

Map E: Antarctic Specially Protected Area No. 135, North-east Bailey Peninsula

Long term scientific monitoring sites

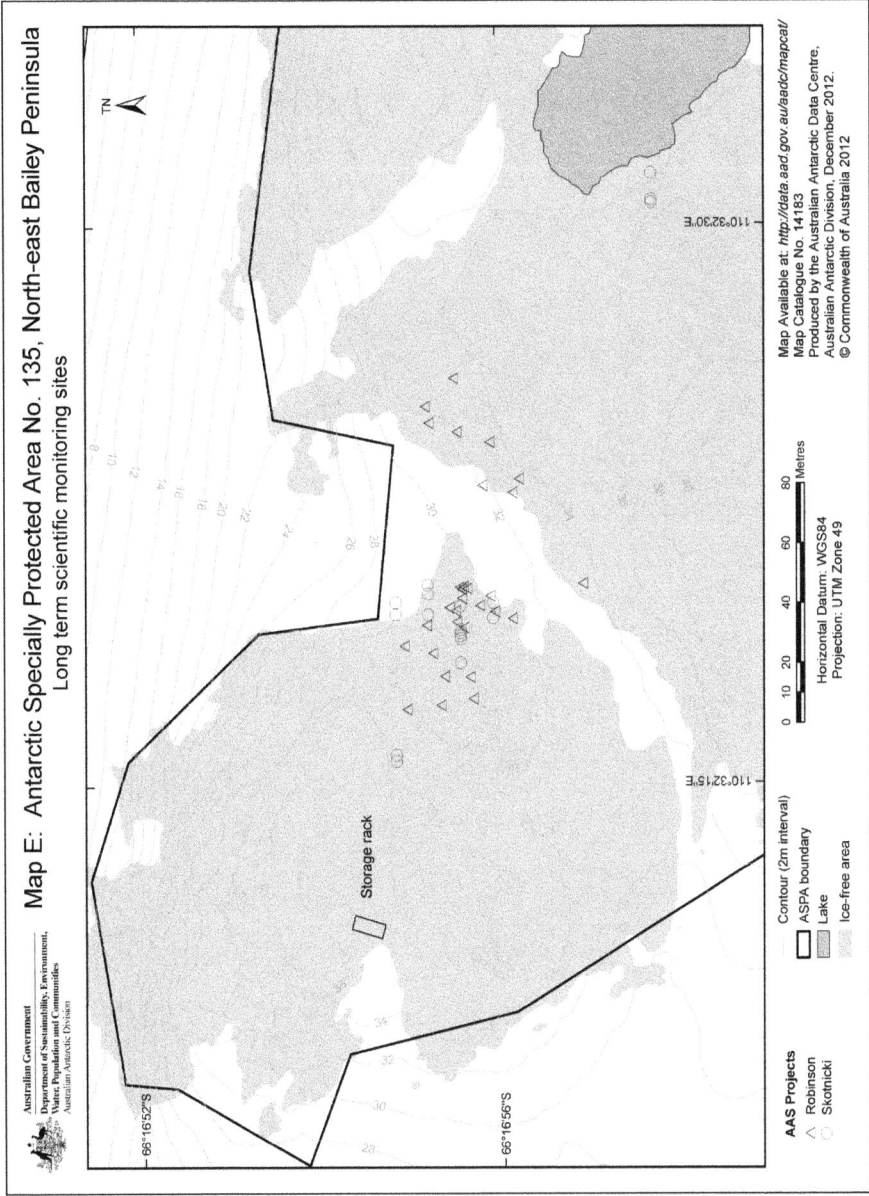

Australian Government

Department of Sustainability, Environment, Water, Population and Communities
Australian Antarctic Division

TN

Storage rack

66°16'52"S

66°16'56"S

110°32'15"E

110°32'30"E

0	10	20	40	60	80

Metres

Horizontal Datum: WGS84
Projection: UTM Zone 49

Contour (2m interval)

ASPA boundary

Lake

Ice-free area

AAS Projects

Robinson

Skotnicki

Map Available at: *http://data.aad.gov.au/aadc/mapcat/*
Map Catalogue No. 14183
Produced by the Australian Antarctic Data Centre,
Australian Antarctic Division, December 2012.
© Commonwealth of Australia 2012

Plan de gestion pour

la Zone spécialement protégée de l'Antarctique (ZSPA) n° 137

ÎLE NORTHWEST WHITE, MCMURDO SOUND

Introduction

L'Île White se situe à environ 25 km au sud-est de la pointe Hut, emplacement de la station McMurdo (États-Unis d'Amérique) et de la base Scott (Nouvelle-Zélande) sur l'Île de Ross. La Zone comprend une bande de cinq kilomètres de large qui s'étend autour de la côte nord-ouest et nord de l'Île White, se situe à 78° 02,5' de latitude sud et 167°18,3' de longitude est, et occupe une superficie d'environ 141,6 km². Le principal motif expliquant la désignation de cette Zone réside dans le besoin de protéger la population de pinnipèdes identifiée comme se situant la plus au sud ; il s'agit d'une petite colonie de phoques de Weddell (*Leptonychotes weddellii*) totalement isolée et dont l'implantation est parfaitement naturelle, ce qui concourt à l'importance scientifique qui lui est témoignée. La colonie de phoques s'y était probablement établie entre le milieu des années 1940 et le milieu des années 1950 par des individus provenant de la baie d'Erebus, avant que la plate-forme glaciaire de McMurdo ne coupe l'accès de la nouvelle colonie à l'eau libre à McMurdo Sound. Des crevasses sont présentes dans la plate-forme glaciaire à l'endroit où elle s'appuie sur la côte de l'Île White, ce qui permet aux phoques d'avoir accès au fourrage situé en-dessous. Le nombre de phoques au sein de cette population qui compte 30 individus est demeuré modeste et le taux de survie des petits est faible. Les multiples visites sur un court laps de temps impactent fortement les petits qui sont sensibles aux perturbations. Le travail scientifique est habituellement mené durant la saison de reproduction. Une recherche continue est menée pour comprendre les incidences que l'isolement a pu avoir sur la génétique de la colonie de phoques de l'Île White. Cette colonie offre des opportunités uniques pour la compréhension scientifique des effets de la reproduction consanguine sur les petites populations isolées ainsi qu'une information de contrôle précieuse pour des études à plus grande échelle sur les dynamiques de population et la variabilité écologique des phoques de Weddell. Il est donc crucial que cette « expérience » naturelle ne soit pas perturbée, accidentellement ou intentionnellement, par des activités humaines.

À l'origine, sur proposition des États-Unis d'Amérique, la Zone a été désignée comme Site présentant un intérêt scientifique particulier (SISP) n° 18, adoptée comme telle par la Recommandation XIII-8 (1985). La Recommandation XIV-7 (1991) a prorogé la date d'expiration du SISP n° 18 au 31 décembre 2001. La Mesure 3 (2001) a prorogé la date d'expiration du 31 décembre 2001 au 31 décembre 2005. La Mesure 1 (2002) a révisé la limite initiale de la ZSPA en se fondant sur de nouvelles données enregistrant la répartition spatiale des phoques sur les plates-formes glaciaires. La Décision 1 (2002) a rebaptisé et renuméroté le SISP n° 18 en tant que Zone spécialement protégée de l'Antarctique n° 137. La Mesure 9 (2008) a mis à jour le Plan de gestion pour y inclure les dernières données de recensement obtenues sur la colonie de phoques, ce qui a conduit à une nouvelle révision de la limite pour y intégrer, au nord-est, une partie de la plate-forme glaciaire de Ross où des phoques avaient pu être observés. Des directives supplémentaires relatives au survol aérien et à l'accès avaient aussi été incluses. La révision effectuée en 2013 a donné lieu à la mise à jour de la documentation, confirmé que les valeurs demeuraient valides, a amélioré la carte de l'Île White et apporté des ajustements mineurs aux dispositions ayant trait à l'accès des aéronefs.

La Zone se situe dans l'Environnement P – plates-formes glaciaires de Ross et Ronne-Filchner, sur la base de l'Analyse des domaines de l'environnement en Antarctique, et également hors des zones couvertes par la classification des Régions de conservation biogéographique de l'Antarctique.

1. Description des valeurs à protéger

Une zone de banquise côtière d'une superficie de 150 km² sur la côte nord-ouest de l'Île White avait été désignée à l'origine sur proposition des États-Unis d'Amérique au motif qu'elle renferme une population reproductrice de phoques de Weddell (*Leptonychotes weddellii*) pour le moins inhabituelle. Cette population, qui est la plus australe connue a été physiquement isolée des autres populations par la progression des plates-formes glaciaires de McMurdo et de Ross (carte 1). Les limites initiales ont été ajustées en 2002 (Mesure 1), puis à nouveau en 2008 (Mesure 9), à la lumière de nouvelles données enregistrant la répartition spatiale des phoques sur les plates-formes glaciaires. Au sud, la limite de la Zone a été déplacée vers le nord et vers l'est pour exclure la région située au nord du détroit de White où aucune observation de phoques n'a été enregistrée. Au nord, la Zone a été élargie pour englober une partie additionnelle de la plate-forme glaciaire de Ross afin d'agrandir la région susceptible d'abriter les phoques. La Zone couvre aujourd'hui une superficie d'environ 141,6 km².

La colonie de phoques de Weddell semble incapable de se réimplanter dans une autre zone en raison de la trop grande distance qui la sépare de l'océan à McMurdo Sound et, à ce titre, elle est extrêmement vulnérable aux impacts humains qui pourraient survenir à proximité. Aucune preuve ne démontre la présence de cette colonie au début des années 1900 car les naturalistes qui, maintes fois, ont visité l'Île White durant les expéditions de Scott en 1902, 1903 et 1910, n'ont jamais mentionné de phoques. Un effondrement glaciaire a eu lieu dans la région entre 1947 et 1956 et les deux premiers phoques observés à proximité de l'extrémité nord-est de l'île, l'ont été en 1958 (R. Garrott, communication personnelle, 2007). Des études menées toute l'année durant n'ont détecté aucune preuve de l'immigration ou de l'émigration de phoques, dont la population semble avoir augmenté pour passer de 11 dans les années 60 à environ 25 à 30. Les phoques n'ont pas la capacité respiratoire nécessaire pour parcourir sous l'eau les 20 km les séparant de l'océan et il n'existe qu'une seule archive témoignant d'un phoque de la colonie qui ait emprunté la surface de la plate-forme glaciaire pour effectuer ce voyage.

Les phoques parviennent à accéder à la mer par des crevasses de pression que forment les mouvements marémoteurs des plates-formes glaciaires de McMurdo et de Ross. L'ensemble des fissures et la zone hummoquée forment un système complexe et dynamique, et bien que la plupart des phoques se situent le long de la crevasse de marée côtière, il est probable qu'ils utilisent les crevasses d'eau libre des hummocks qui s'étendent depuis la côte et les parcourent tout au long de l'année.

Les phoques de Weddell à l'Île White sont en moyenne plus grands et plus lourds que leurs homologues de McMurdo Sound et il est prouvé qu'ils plongent à une moindre profondeur. L'Île Northwest White est un des très rares sites où l'on sait que les phoques de Weddell s'alimentent en dessous de la plate-forme glaciaire. Leur population a une valeur scientifique exceptionnelle du fait de la durée estimée de 60 à 70 ans de son isolement physique et de l'absence d'interactions avec d'autres phoques. Des études sont en cours pour déterminer si le groupe peut être considéré comme une population génétiquement distincte. Des techniques génétiques ont été utilisées pour établir un pédigrée complet de la population de l'Île Northwest White. Les résultats de ces études confirment que cette colonie a été fondée il y a une soixantaine d'années comme en attestent également les observations historiques. Cette colonie offre des opportunités uniques pour la compréhension scientifique des effets de la reproduction consanguine sur les petites populations isolées ainsi qu'une information de contrôle précieuse pour des études à plus grande échelle sur les dynamiques de population et la variabilité écologique des phoques de Weddell. Il est donc crucial que cette « expérience » naturelle ne soit pas perturbée, accidentellement ou intentionnellement, par des activités humaines.

Il est relativement facile d'accéder à l'Île Northwest White par la banquise depuis les stations de recherche américaine et néo-zélandaise situées à la pointe Hut sur l'Île de Ross. En outre, une route d'accès balisée entre ces stations et l'Île Black passe dans un rayon d'environ 2 km de la Zone (carte 1).

La Zone doit durablement bénéficier d'une protection spéciale en raison de l'importance exceptionnelle de la colonie de phoques de Weddell, de ses valeurs scientifiques remarquables et des possibilités de recherche qu'elle offre, sans oublier sa vulnérabilité aux perturbations que pourraient engendrer des activités scientifiques et logistiques menées dans la région.

2. Buts et objectifs

Le Plan de gestion de l'Île Northwest White vise à :

- éviter la dégradation des valeurs de la Zone et les préjudices éventuels, en empêchant les perturbations humaines injustifiées à la Zone ;
- permettre des travaux de recherche scientifique sur l'écosystème, en particulier sur les phoques de Weddell, tout en veillant à ce qu'ils soient protégés de perturbations excessives, de prélèvements excessifs ou d'autres impacts scientifiques potentiels ;
- permettre d'autres travaux de recherche scientifique à condition d'une part, qu'ils résultent de raisons impérieuses qui ne pourraient être satisfaites ailleurs et d'autre part, qu'ils ne portent pas atteinte au système écologique naturel de la Zone ;
- limiter ou empêcher l'introduction dans cette Zone d'animaux, de végétaux et de microbes non indigènes ;
- réduire les risques d'introduction d'agents pathogènes qui pourraient être une source de maladies pour les populations faunistiques de la Zone ;
- permettre que soient effectuées des visites de gestion venant appuyer les objectifs du Plan de gestion.

3. Activités de gestion

Les activités de gestion à entreprendre pour protéger les valeurs de la Zone :

- Des panneaux désignant l'emplacement de la Zone (énonçant les restrictions applicables) doivent être affichés bien en vue et une copie de ce Plan de gestion sera tenue à disposition en des endroits appropriés, en particulier à la station McMurdo, à la base Scott et dans les installations de l'Île Black.
- Tous les pilotes opérant dans cette région, le personnel voyageant jusqu'à l'Île Black via l'itinéraire balisé qui traverse la Plate-forme McMurdo ainsi que tout autre membre du personnel qui voyagerait par voie terrestre dans un rayon inférieur à 2 km de la limite de la Zone, devront être informés des emplacements, des délimitations et des restrictions appliqués aux droits d'entrée, aux survols et aux atterrissages dans le périmètre de la Zone ;
- Les programmes nationaux doivent prendre des mesures pour s'assurer que les limites de la Zone et les restrictions qui s'y appliquent, sont inscrites sur les cartes terrestres et aéronautiques correspondantes ;
- Les bornes, panneaux ou structures érigés à l'intérieur de la Zone à des fins scientifiques ou de gestion doivent être solidement attachés, maintenus en bon état et enlevés lorsqu'ils ne sont plus nécessaires ;
- Tous les matériaux ou équipements abandonnés doivent, autant que possible, être ramassés, dans la mesure où cela n'impliquerait pas d'impacts négatifs sur l'environnement et les valeurs de la Zone ;
- Des visites doivent être effectuées selon que de besoin (au moins une fois tous les cinq ans) pour déterminer si la Zone continue satisfait toujours les buts pour lesquels elle a été désignée et pour s'assurer que les mesures de gestion et d'entretien sont adéquates ;
- Les Programmes antarctiques nationaux en cours dans la région doivent se consulter pour veiller à la mise en œuvre des dispositions relatives aux activités de gestion ci-dessus.

4. Durée de la désignation

La Zone est désignée pour une durée indéterminée.

5. Cartes et photographies

Carte : ZSPA n° 137, Île Northwest White ; carte topographique

Spécifications de la carte : projection : conique conforme de Lambert ; parallèles de référence : 1er 78° 00' 00" S ; 2e 78° 12' 00" S ; méridien central : 167° 05' 00" E ; latitude d'origine : 77° 30' 00" S ; sphéroïde et datum : WGS84.

Encart 1 : Région de la mer de Ross.

Encart 2 : région de l'Île de Ross, principales caractéristiques et stations avoisinantes.

Notes sur la carte : Les positions des côtes et de la plate-forme glaciaire de la carte 1 sont issues de la base de données numérique antarctique (version 5.0, SCAR, 2007). Ce cadre a une position inexacte dans la région de l'Île de Ross/Île White. Un contrôle au sol précis disponible pour la péninsule de la pointe Hut a été utilisé pour ajuster la position géographique du cadre d'environ + 240 m (direction x) et + 100 m (direction y). Ce changement améliore l'exactitude de la carte 1 mais le résultat obtenu n'est qu'une approximation. Les contours topographiques sur l'Île White ont été obtenus par Environmental Research & Assessment (2013) en utilisant un LiDAR 4 m dans un Modèle numérique d'élévation (MNE) (précision estimée d'environ 10 m horizontalement et 1 m verticalement) élaboré par l'Université d'État de l'Ohio (OSU), la NASA et l'Institut d'études géologiques des Etats-Unis (USGS) (Schenk et al., 2004). Les marqueurs de positions sont fournis par le Land Information New Zealand (LINZ) (2000) et Denys & Pearson (2000). Les observations de phoques fournies par R. Garrott (communication personnelle, 2008) ont été réalisées à l'aide d'un système de positionnement universel (GPS) portatif ; ces données sont estimées exactes à hauteur d'environ 200 m de leurs véritables positions. Les observations de phoques fournies par M. La Rue (communication personnelle, 2012) sont estimées exactes à hauteur d'environ 50 m de leurs véritables positions.

6. Description de la Zone

6 i) Coordonnées géographiques, bornage et caractéristiques du milieu naturel

Description générale

L'Île White qui fait partie du complexe volcanique McMurdo, se trouve à environ 20 km au sud-est du bord de la plate-forme glaciaire McMurdo et à 25 km au sud-est de la pointe Hut, qui abrite la station McMurdo (États-Unis d'Amérique) et la base Scott (Nouvelle-Zélande) sur l'Île de Ross (encart 2, carte 1). De forme plus ou moins triangulaire, l'île mesure environ 30 km de long et au maximum 15 km de large ; elle atteint en plusieurs endroits une altitude maximale de 762 m (carte 1). Les rives nord et ouest de l'île descendent abruptement dans la mer de sorte que la profondeur d'eau peut atteindre 600 m dans un rayon de 5 km autour de l'île. Elle est presque totalement recouverte de neige et la plupart des affleurements rocheux se trouvent dans le nord. L'île est entourée d'une banquise permanente (d'une épaisseur allant de 10 m à 100 m) des plates-formes glaciaires de McMurdo et de Ross. L'Île Black se trouve à 2,5 km à l'ouest de l'Île White et en est séparée par la banquise du détroit de White. Les points d'entrée et de sortie GPS pour la route d'accès de McMurdo à l'Île Black sont 78° 12' 00" de latitude sud, 166° 50' 00" de longitude est et 78° 14' 283" de latitude sud et 166° 45' 05" de longitude est, respectivement.

Le déplacement vers l'ouest de la plate-forme glaciaire McMurdo est le plus prononcé à l'extrémité nord de l'Île White et le mouvement d'éloignement de la glace de la côte nord-ouest garantit la présence toute l'année d'eau libre dans les fissures que contient la plate-forme en cet endroit. La population de phoques de Weddell utilise ces fissures pour accéder à l'eau de mer et aux aires d'alimentation sous la banquise et habite et se reproduit dans la région à environ 5 km de leurs positions. Les crevasses se produisent parallèlement et à quelques centaines de mètres de la côte de l'Île White et s'étendent de façon intermittente le long de la côte de l'extrémité nord de l'île jusqu'à 15 km vers le sud.

Limites et coordonnées

La zone comprend 141,6 km² de banquise et de crevasses d'eau libre des plates-formes de Ross et de McMurdo et s'étend jusqu'à 5 km au large au nord-est, nord et ouest de la côte de l'Île White. La limite nord-est s'étend de la côte nord-est du cap Spencer-Smith (78° 00' 717" S, 167° 32' 07" E) à 5 km vers l'est jusqu'au 78° 00' 717" S, 167° 46' 617" E. Elle s'étend ensuite vers le nord-ouest et suit une ligne parallèle à la côte à 5 km de distance de celle-ci, autour du cap Spencer Smith pour ensuite se diriger au sud-ouest vers 78° 05' 00" de latitude sud et 167° 00' 00" de longitude est, après quoi elle continue vers le sud sur 7,8 km jusqu'à 78° 09' 02" S, 167° 00' 00" E, puis sur 1,5 km est vers l'affleurement rocheux le plus significatif sur la côte ouest de l'Île White (78° 09' 02" S, 167° 05' 00" E). La limite s'étend ensuite vers le nord en suivant le littoral autour du cap Spencer Smith jusqu'à la limite nord-est de la Zone. La côte de l'Île White se caractérise par une modification du niveau de la pente en surface à l'endroit où se produit la transition entre la plate-forme glaciaire flottante et la terre ; la transition est en certains endroits progressive et imprécise car la position exacte de la côte n'est, en effet, pas connue avec précision. C'est pour cette raison qu'il est estimé que la limite côtière (en général est) de la Zone suit le littoral comme en atteste l'élévation de la surface de deux mètres au-dessus de la hauteur moyenne de la plate-forme glaciaire de McMurdo adjacente, vers la terre.

La colonie de phoques de Weddell

En 1981, la population de phoques de Weddell était estimée entre 25 et 30 individus résidents (Castellini *et al.*, 1984). Une étude similaire effectuée en 1991 a corroboré cette estimation (Gelatt *et al.*, 2010). Des études réalisées en 1991 ont estimé que 26 phoques avaient plus d'un an et que 25 d'entre eux étaient en âge de se reproduire (> à 4 ans) (Gelatt *et al.*, 2010). Depuis 1991, 17 femelles différentes ont mis bas des bébés phoques sur l'Île White (R. Garrott, communication personnelle, 2008). Entre 2003 et 2007, onze femelles ont été aperçues sur l'Île White, dont six seulement ont eu une progéniture (R. Garrott, communication personnelle, 2008). Entre deux et quatre bébés phoques vivants ont été enregistrés entre 1963 et 1968 (Heine, 1960; Caughley, 1959), en 1981 et en 1991. Les recensements annuels effectués depuis 1991 ont permis de répertorier entre quatre et dix petits de 1991 à 2000, puis seulement entre deux et quatre chaque année de 2000 à 2007. Le taux de mortalité des petits est élevé, à cause sans doute de la consanguinité, tandis que le taux de natalité est faible par rapport à celui de la population dans la baie d'Erebus (R.Garrott, communication personnelle, 2008).

Les phoques sont physiquement isolés par la banquise et ils sont dans l'incapacité de parcourir à la nage et sous la glace les 20 km qui les séparent des eaux libres de McMurdo Sound. Il a été estimé que les phoques de Weddell sont capables de nager, en une seule inspiration, sur une distance d'environ 4,6 km (2,5 milles marins). L'isolement manifeste de la colonie est confirmé par les observations des données des étiquettes placées sur les phoques de Weddell à McMurdo Sound où, sur plus de 100 000 observations réalisées en l'espace de 20 ans, aucun phoque marqué de l'Île White n'a été observé à McMurdo Sound (Stirling, 1967, 1971 ; Ward, Testa & Scotton, 1999). Ces données semblent indiquer que les phoques de l'Île White ne parcourent en général pas la distance de 20 km qui les sépare de l'océan par la surface de la banquise. Toutefois, il existe au moins une archive témoignant d'un jeune phoque de la colonie de l'île White qui a fait le voyage jusqu'à l'aérodrome Williams proche de la station McMurdo (G. Kooyman, communication personnelle, 2007).

Les femelles adultes commencent à faire leur apparition sur la banquise au début du mois de novembre, soit un mois plus tard que dans les autres aires de reproduction de la partie australe de la mer de Ross. Elles donnent le jour à l'extrémité nord-ouest de l'île, période durant laquelle on peut trouver des phoques immatures ainsi que des adultes ne se reproduisant pas jusqu'à 15 km au sud-ouest de l'île près de crevasses ouvertes du côté occidental de l'île (Gelatt *et al.*, 2010). Il n'y a pas à cette époque de mâles adultes sur la glace de mer car ils restent dans l'eau pour y établir leurs territoires et les défendre. Les femelles demeurent sur la glace jusqu'au sevrage des nouveau-nés vers l'âge de 6 à 8 semaines. Après le mois de décembre, phoques adultes et immatures se mélangent dans l'aire de reproduction et le long des crevasses qui se sont formées dans le coin nord-ouest de l'île.

Probablement, durant les mois d'hiver, les phoques restent dans l'eau. En raison des conditions extrêmement difficiles où les températures à la surface peuvent en effet chuter à - 60 °C, les phoques semblent passer la majeure partie de leur temps à maintenir ouverts des trous d'air dans les crevasses. C'est probablement l'un des principaux facteurs limitant la taille de la population (Yochem *et al.*, 2009), les petits et les phoques immatures étant probablement exclus d'accès aux trous de respiration (peu nombreux) par des adultes dominants et agressifs. Certains petits incapables de conserver leurs propres trous de respiration ouverts, risquent d'être bloqué à la surface de la glace si les phoques dominants les empêchent d'entrer dans l'eau (Castellini *et al.*, 1992 ; Harcourt *et al.*, 1998).

Des études indiquent que les phoques de Weddell de l'Île White ont un régime alimentaire similaire à celui de leurs congénères à McMurdo Sound (Castellini *et al.*, 1992). Des études d'otolithes de poisson prélevés sur des échantillons de matières fécales de phoques de Weddell ont révélé un régime alimentaire composé essentiellement de notothénioïdes, *Pleuragramma antarcticum*, mais également de poissons issus du genre *Trematomus* (Burns *et al.*, 1998). On pense que le reste du régime alimentaire des phoques de Weddell se compose d'invertébrés ainsi que d'un céphalopode appartenant à la famille des Mastigoteuthidés (Burns *et al.*, 1998). On a constaté que la consommation de ces derniers était beaucoup plus élevée chez les phoques de l'Île White que chez ceux vivant à McMurdo Sound (Castellini *et al.*, 1992).

D'autres aspects de la physiologie et du comportement des phoques de l'Île White semblent différer de ceux des populations avoisinantes de McMurdo Sound et de la baie de Terra Nova. Les phoques à l'Île White semblent en effet être beaucoup plus gras, (Stirling, 1972 ; Castellini *et al.*, 1984), leur poids enregistré pouvant atteindre 686 kg contre pas plus de 500 kg à McMurdo Sound ou dans la baie de Terra Nova (Proffitt *et al.*, 2008). Les femelles adultes sont en moyenne plus grandes qu'à McMurdo Sound et les jeunes phoques à l'Île White ont, d'après les observations, des taux de croissance plus rapides que leurs homologues à McMurdo. Les profondeurs d'immersion à l'Île White sont en moyenne moins grandes qu'à McMurdo Sound (Castellini *et al.*, 1992).

Les observations de phoques fournies par M. La Rue (PGC, communication personnelle, 2012) sont le résultat d'une analyse visuelle de six images satellitaires de haute résolution (Quickbird, WorldView 1 & 2, et GeoEye : imagery © 2010, 2011 Digital Globe ; avec l'aimable autorisation du Programme d'imagerie satellitaire de l'Agence nationale de renseignement géospatial des États-Unis (National Geospatial-Intelligence Agency (NGA)) acquises en novembre 2010 et 2011. Les phoques de Weddell semblent avoir un comportement d'échouerie plus stable à cette période de l'année. Les images satellitaires ont été prises entre 09h00 et 11h00 heure locale, heures auxquelles la présence des phoques sur les zones d'échouerie est à son plus bas. Les images de phoques ont été recherchées sur une large zone allant jusqu'à environ 10 km au-delà de la limite de la ZSPA. Au total, en associant les différents phoques détectés sur trois des six images, 9 individus ont pu être dénombrés (carte 1). Aucun phoque n'a été découvert à l'extérieur des limites de la ZSPA. Aucun phoque n'a été détecté sur les images acquises au début du mois de novembre ; en revanche, ils étaient présents sur celles de mi- et fin novembre. Il n'a pas été possible, au cours de l'analyse, de déterminer si un même individu avait été compté plusieurs fois ou de faire la distinction entre les adultes et les jeunes phoques. Les observations confirment toutefois la présence continue de la colonie.

6 (ii) Accès à la Zone

Le chemin d'accès piéton et motorisé à la Zone, s'effectue par la route balisée qui relie la pointe Hut à l'Île Black, via l'itinéraire balisé qui passe à environ deux kilomètres de la limite de la Zone. L'accès à cette Zone depuis la route balisée se fait via la plate-forme glaciaire. L'accès par aéronef est interdit, sauf si un permis a été délivré. Ils doivent, en outre, tous respecter les restrictions de limites de survol et d'atterrissage présentées en détail au sein de la section 7(ii).

6(iii) Emplacement des structures situées à l'intérieur et près de la Zone

Il n'y a aucune structure à l'intérieur de la Zone. Plusieurs marqueurs (LINZ, 2000; Denys & Pearson, 2000) sont installés sur l'Île White à proximité immédiate de la Zone (carte 1). La station WTE0 du Réseau de mesure de déformation des monts transantarctiques (TAMDEF), est installée par 78° 11' 385" de latitude sud et 167° 29' 755" de longitude est, à une altitude de 453,5 m. Le marqueur comprend une tige filetée en acier inoxydable fixée dans un rocher et peut être identifié grâce à un disque en plastique jaune. Un repère du Réseau d'unification du système de référence géodésique antarctique du Land Information New Zealand (LINZ) baptisé « HEIN », prenant la forme d'une tige en laiton fixée dans la roche, est implanté par 78° 04' 561" de latitude sud et 167° 27' 042" de longitude est, à une altitude de 737,7 m sur le mont Heine.

6(iv) Emplacement d'autres zones protégées à proximité de la Zone

Les zones protégées les plus proches de l'Île Northwest White se trouvent sur l'Île de Ross. Hauteurs Arrival (ZSPA n° 122) adjacente à la station McMurdo et à la cabane Discovery (ZSPA n° 158) sur la péninsule de la pointe Hut en sont les plus proches à 20 km au nord ; le cap Evans (ZSPA n° 155) et le cap Royds (ZSPA n° 121) se trouvent à 47 et 55 km au nord-ouest respectivement, et Crête Tramway (ZSPA n° 130) près du sommet du mont Erebus se trouve pour sa part, à 60 km au nord.

6(v) Zones spéciales au sein de la Zone
Il n'y a aucune zone spéciale à l'intérieur de la Zone.

7. Critères de délivrance des permis d'accès

7(i) Conditions générales de délivrance de permis

L'accès à la Zone est interdit sauf si un permis est délivré par les autorités nationales compétentes. Les conditions de délivrance d'un permis pour entrer dans la Zone sont les suivantes :

- un permis est délivré pour faire l'étude scientifique de l'écosystème des phoques de Weddell ou pour répondre à des buts scientifiques ne pouvant être effectués ailleurs, ou pour des raisons de gestion de la Zone ;
- les actions permises sont conformes à ce Plan de gestion ;
- les activités autorisées le sont si, via le processus d'évaluation d'impact sur l'environnement, elles sont considérées comme concourant à la protection continue des valeurs environnementales, écologiques et scientifiques de la Zone ;
- les permis doivent être délivrés pour une durée donnée ;
- le permis, ou une copie, doit être emporté à l'intérieur de la Zone ;

7 (ii) Accès à la Zone et déplacements à l'intérieur de celle-ci

L'accès à la Zone peut se faire à pied, en véhicule ou par aéronef.

Accès à pied ou en véhicule

Il n'existe pas de routes d'accès spécifiques, reliant la banquise à la Zone, qui soient réservées aux piétons et aux conducteurs. Les véhicules ont le droit de circuler sur la plate-forme glaciaire mais il leur est fortement déconseillé de s'approcher à moins de 50 m des phoques ; passé ce cap, les déplacements doivent se faire à pied. La circulation des véhicules et des piétons doit être maintenue à son strict minimum, demeurer compatible avec les objectifs de toutes les activités autorisées et il devra être redoublé d'efforts pour limiter au maximum les perturbations.

Accès par aéronef

- Les atterrissages d'aéronefs à l'intérieur de la Zone sont interdits, exception faite pour les permis délivrés pour des motifs autorisés par le Plan de gestion ;
- Les survols en aéronef à une altitude inférieure à environ 610 m sont interdits, exception faite pour les permis délivrés pour des motifs autorisés par le Plan de gestion ;
- Lors de leur approche et à leur départ, les aéronefs doivent éviter de survoler le littoral de l'Île White et les crevasses de marée dans la zone où se trouvent le plus fréquemment les phoques ;
- Les atterrissages à moins d'environ 930 m des phoques de Weddell sont interdits. Les pilotes devraient, avant d'amorcer leur descente et de passer en dessous d'une altitude d'environ 610 m, reconnaître les zones d'atterrissage possibles. Les aéronefs pourront atterrir à au moins 930 m du littoral de l'île et des crevasses de marée lorsque les phoques ne sont pas visibles.

7(iii) Activités pouvant être menées au sein de la Zone

- Les travaux de recherche scientifique qui ne mettront pas en danger les valeurs de la Zone ;
- Les activités de gestion essentielles comprenant la surveillance et l'inspection.

7(iv) Installation, modification ou enlèvement de structures ou d'équipements

- Aucune structure ne doit être érigée dans la Zone sauf si un permis l'autorise, et, à l'exception de panneaux, de structures ou d'installations permanentes, qui sont interdites ;
- Toutes les structures, les équipements scientifiques ou les bornes installés au sein de la Zone doivent être autorisés par un permis et clairement identifiés en mentionnant le pays, le nom du principal chercheur, l'année d'installation et la date prévue d'enlèvement. Tous ces articles doivent être exempts d'organismes, de propagules (par ex. graines et œufs) ou de terre non stérile ; ils doivent être constitués de matériaux pouvant résister aux conditions environnementales et présentent un risque minime de contamination de la Zone.
- L'installation, (y compris le choix du site), l'entretien, la modification ou l'enlèvement des structures ou équipements doivent être menés de façon à limiter autant que possible les perturbations apportées aux valeurs de la Zone.

- L'enlèvement de structures et d'équipements spécifiques dont le permis a expiré, incombe à l'autorité qui a, en premier lieu, délivré le permis et doit en outre, être l'un des critères de délivrance du permis.

7(v) Emplacement des camps

Les camps permanents sont interdits à l'intérieur de la Zone. Les camps temporaires y sont en revanche autorisés. Il n'y a pas de restrictions particulières à l'installation en un endroit précis d'un camp temporaire à l'intérieur de la Zone, bien que les sites retenus doivent se trouver à plus de 200 m des crevasses de la plate-forme glaciaire qu'occupent les phoques, sauf si un permis délivré à cette fin l'autorise, lorsque cela est jugé nécessaire, pour répondre à des objectifs de recherche spécifiques.

7(vi) Restrictions sur les matériaux et organismes pouvant être introduits dans la Zone

Outres les exigences du Protocole au Traité sur l'Antarctique relatif à la protection de l'environnement, les restrictions concernant l'apport de matériaux ou d'organismes au sein de la Zone, sont les suivantes :

- L'introduction délibérée d'animaux (y compris des phoques de Weddell ne faisant pas partie de cette colonie), de végétaux, de micro-organismes et de terre non stérile dans la Zone est interdite. Il est nécessaire de prendre des précautions pour éviter l'introduction accidentelle d'animaux, de végétaux, de micro-organismes et de terre non stérile provenant d'autres régions biologiquement distinctes (au sein ou en dehors de la zone couverte par le Traité sur l'Antarctique).

- Une attention toute particulière est portée à l'introduction de microbes et virus issus d'autres populations de phoques. Les visiteurs doivent s'assurer que le matériel d'échantillonnage, les dispositifs de mesure, ou les bornes à utiliser sont propres avant d'être introduits dans la Zone. Dans la mesure du possible, les chaussures et autres équipements utilisés ou introduits dans la Zone (y compris les sacs à dos, les sacs de transport et les tentes) doivent être minutieusement nettoyés avant de pénétrer au sein de la Zone. Les visiteurs devraient également consulter et se conformer aux recommandations appropriées figurant dans le « *Manuel sur les espèces non indigènes* » du Comité pour la protection de l'environnement (CPE, 2011) et dans le « *Code de conduite environnemental pour la recherche scientifique terrestre de terrain dans l'Antarctique* » (SCAR, 2009) ;

- Aucun herbicide ou pesticide ne doit être introduit dans la Zone ;

- L'utilisation d'explosifs est interdite au sein de la Zone ;

- Les carburants, la nourriture, les produits chimiques et autres matériaux, ne doivent pas être entreposés dans la Zone, sauf s'ils ont fait l'objet d'une autorisation spécifique ; dans ce cas, ils doivent être stockés et manipulés de façon à minimiser le risque d'introduction accidentelle dans l'environnement ;

- Tous les matériaux introduits dans la Zone le seront pour une période donnée uniquement, et seront enlevés à, ou avant la conclusion de ladite période, et

- Si un déversement de matériaux susceptible de compromettre les valeurs de la Zone survient, son élimination est encouragée dans la mesure où l'impact de son retrait ne sera pas plus grand que celui de le laisser sur place.

7(vii) Prélèvement de végétaux et capture d'animaux ou perturbations nuisibles à la faune et la flore

Le prélèvement de végétaux et la capture d'animaux ou toutes perturbations nuisibles à la faune et la flore sont interdits, sauf s'ils sont conformes à l'Annexe II du Protocole sur la protection environnementale relatif au Traité sur l'Antarctique.

« Toutes propositions de prélèvements, ou perturbations nuisibles aux phoques de Weddell au sein de cette Zone qui pourraient être réalisés de manière toute aussi efficace hors de la Zone sur d'autres populations de phoques, ne doivent pas être autorisées. »

Tous prélèvements ou toutes perturbations nuisibles doivent se dérouler au minimum conformément aux dispositions du « *Code de conduite pour l'utilisation d'animaux à des fins scientifiques dans l'Antarctique* » établi par le SCAR, et lorsque cela est rendu possible, ces prélèvements doivent avoir lieu en respectant les normes strictes de recherche et de soin aux animaux ou les directives des procédures nationales.

7(viii) Ramassage ou enlèvement de toute chose n'ayant pas été apportée dans la Zone par le détenteur du permis

- Le ramassage ou l'enlèvement de matériaux dans la Zone ne peut se faire que sur délivrance d'un permis et doivent se limiter au minimum requis pour les activités menées à des fins scientifiques ou de gestion.
- Tous matériaux d'origine anthropique susceptibles d'avoir un impact sur les valeurs de la Zone et n'ayant pas été introduit par le titulaire du permis ou toute autre personne autorisée, peuvent être enlevés dans la mesure où cet enlèvement n'entraînera pas de conséquences plus graves que de les laisser in situ. Dans ce cas, les autorités compétentes devront en être informées et donner leur accord.

7(ix) Élimination des déchets

Tous les déchets, y compris les déchets humains, doivent être retirés de la Zone.

7(x) Mesures nécessaires pour faire en sorte que les buts et objectifs du plan de gestion continuent à être atteints

Les permis d'accès à la Zone peuvent être accordés pour :

- mener des activités de contrôle et d'inspection dans la Zone ; celles-ci peuvent comprendre la collecte d'un petit nombre d'échantillons ou de données pour en effectuer l'analyse ou l'examen ;
- installer ou entretenir des panneaux de signalisation, des bornes, des structures ou des équipements scientifiques ;
- mener à bien des mesures de protection.

7(xi) Rapports de visite

- Le principal titulaire de chaque permis délivré soumet dès que possible à l'autorité nationale compétente, un rapport décrivant les activités menées dans la Zone lors de chaque visite réalisée.
- Ces rapports doivent inclure les renseignements identifiés dans le formulaire du rapport de visite inclus dans le « *Guide pour la préparation des plans de gestion de zones spécialement protégées en Antarctique* ». Si nécessaire, l'autorité nationale doit également transmettre un copie du rapport de visite à la Partie étant à l'initiative du plan de gestion, afin de l'aider à la gestion de la Zone et dans la révision du plan de gestion ;
- Les Parties doivent, dans la mesure du possible, déposer les originaux ou les copies de ces rapports dans une archive à laquelle le public pourra avoir accès afin de maintenir ainsi une archive d'usage. Cette archive pourra être utilisée à la fois lors de tout réexamen du plan de gestion et dans le cadre de l'organisation de l'utilisation scientifique du site ;
- Il convient de notifier l'autorité compétente de toutes activités/mesures entreprises, et/ou de tous matériaux rejetés et non enlevés qui n'auraient pas été inclus au permis accordé.

8. Bibliographie

Burns, J.M., Trumble, S.J., Castellini, M.A. & Testa, J.W. 1998. The diet of Weddell seals in McMurdo Sound, Antarctica as determined from scat collections and stable isotope analysis. *Polar Biology* **19**: 272-82.

Castellini, M.A., Davis, R.W., Davis, M. & Horning, M. 1984. Antarctic marine life under the McMurdo ice shelf at White Island: a link between nutrient influx and seal population. *Polar Biology* **2** (4):229-231.

Castellini, M.A., Davis, R.W. & Kooyman, G.L. 1992. Annual cycles of diving behaviour and ecology of the Weddell seal. *Bulletin of the Scripps Institution of Oceanography* **28**:1-54.

Caughley, G. 1959. Observations on the seals of Ross Island during the 1958–1959 summer. Dominion Museum, Wellington.

Committee for Environmental Protection (CEP) 2011. *Non-native Species Manual – 1st Edition*. Manual prepared by Intersessional Contact Group of the CEP and adopted by the Antarctic Treaty Consultative Meeting through Resolution 6 (2011). Buenos Aires: Secretariat of the Antarctic Treaty.

Denys, P. & Pearson, C. 2000. *The Realisation of Zero, First and Second-Order Stations for the Ross Sea Region Geodetic Datum 2000*. Report Number 2000/0728 - v 2.2. Land Information New Zealand, Wellington.

Gelatt, T.S., Davis, C.S., Stirling, I., Siniff, D.B., Strobeck, C. & Delisle, I. 2010. History and fate of a small isolated population of Weddell seals at White Island, Antarctica. *Conservation Genetics* **11**: 721-35.

Harcourt, R.G., Hindell, M.A. & Waas, J.R. 1998. Under-ice movements and territory use in free-ranging Weddell seals during the breeding season. *New Zealand Natural Sciences* **23**: 72-73.

Heine, A.J. 1960. Seals at White Island, Antarctica. *Antarctic* **2**:272–73.

Kooyman, G.L. 1965. Techniques used in measuring diving capacities of Weddell seals. *Polar Record* **12** (79): 391–94.

Kooyman, G.L. 1968. An analysis of some behavioral and physiological characteristics related to diving in the Weddell seal. In Schmitt, W.L. and Llano, G.A. (Eds.) *Biology of the Antarctic Seas III. Antarctic Research Series* **11**: 227–61. American Geophysical Union, Washington DC.

LINZ (Land Information New Zealand) 2000. *Realisation of Ross Sea Region Geodetic Datum 2000*. LINZ OSG Report 15. Wellington.

Proffitt, K.M., Carrott, R.A. & Rotella, J.J. 2008. Long term evaluation of body mass at weaning and postweaning survival rates of Weddell seals in Erebus Bay, Antarctica. *Marine Mammal Science* 24 (3): 677-89.

SCAR (Scientific Committee on Antarctic Research) 2009. *Environmental Code of Conduct for terrestrial scientific field research in Antarctica*. Cambridge, SCAR.

Schenk, T., Csathó, B., Ahn, Y., Yoon, T., Shin, S.W. & Huh, K.I. 2004. DEM Generation from the Antarctic LIDAR Data: Site Report (unpublished). Ohio State University, Colombus, Ohio.

Stirling, I. 1967. Population studies on the Weddell seal. *Tuatara* **15** (3): 133-41.

Stirling, I. 1971. Population aspects of Weddell seal harvesting at McMurdo Sound, Antarctica. *Polar Record* **15** (98): 653-67.

Stirling, I. 1972. Regulation of numbers of an apparently isolated population of Weddell seals (*Leptonychotes weddelli*). *Journal of Mammalogy* **53**:107–115.

Testa, W. & Scotton, B.D. 1999. Dynamics of an isolated population of Weddell seals (*Leptonychotes weddellii*) at White Island, Antarctica. *Journal of Mammalogy* **80** (1): 82-90.

Testa, W. & Siniff, D.B. 1987. Population Dynamics of Weddell seals (*Leptonychotes weddellii*) in McMurdo Sound, Antarctica. *Ecological Monographs* **57** (2):149-65.

Yochem, P.K., Stewart, B.S., Gelatt, T.S. & Siniff, D.B. 2009. *Health Assessment of Weddell Seals, Leptonychotes weddellii, in McMurdo Sound, Antarctica*. Publications, Agencies and Staff of the U.S. Department of Commerce, Paper 203. Washington DC.

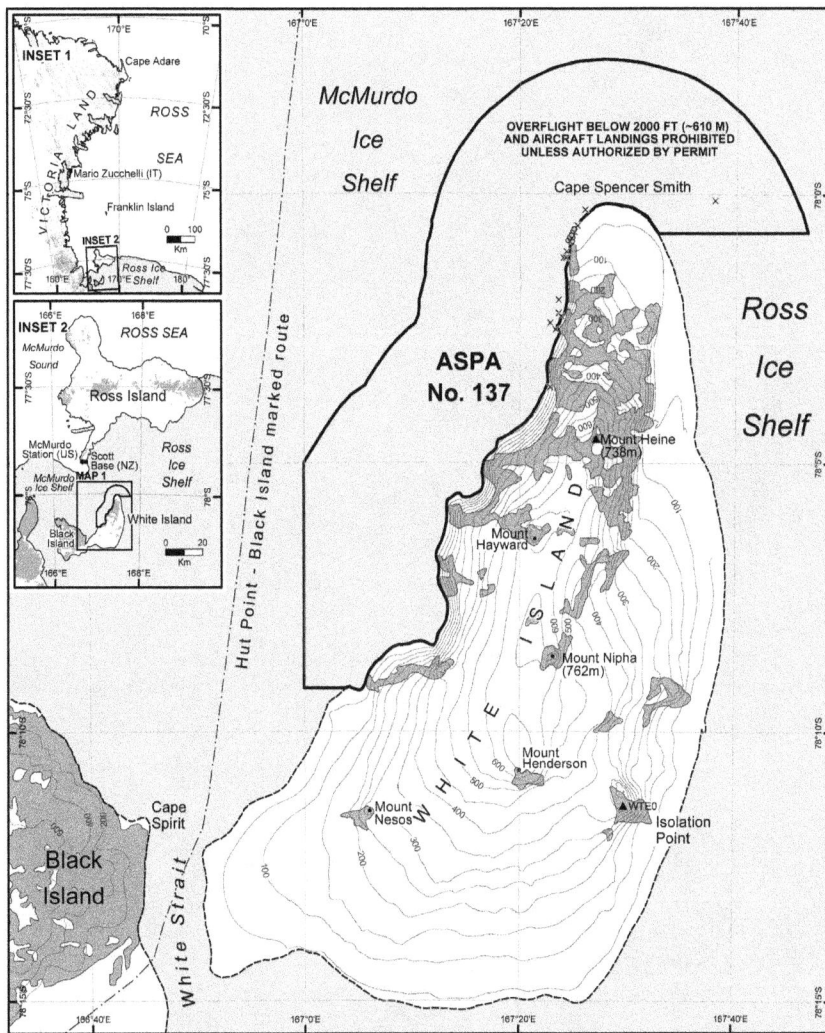

Map 1: ASPA No. 137 - NW White Island - Topographic map

20 Mar 2013
United States Antarctic Program
Environmental Research & Assessment

• Peak
Contour (50m)
Ice free ground
Permanent ice
Ice shelf / Ice tongue

Estimated coastline
Antarctic Specially Protected Area (ASPA) boundary
▲ Survey mark (monumented)
○ Weddell seal observations Nov & Dec 2010,Nov 2011 (LaRue)
× Weddell seal observations 1991 - 2007 (Garrott)
- - - Marked route

0   2   4
Kilometers

Projection: Lambert Conformal Conic
CM 167°05' SP1 78° SP2 78°12' LO 77°30'
Spheroid and Datum: WGS84
Data sources: Topography - ADD v5.0 (horizontally adjusted
(100m N and 240m E) using Hut Point GPS data), except White Island
contours derived by ERA from 4m LiDAR DEM (OSU/NASA/USGS);
Hut Point - Black Island route RPSC kinematic GPS (2008);
Survey marks LINZ (Dec 2000)
Seal obs: pers comms - R Garrott, 2008; M LaRue (PGC), 2012.

Plan de gestion pour la zone spécialement protégée de l'Antarctique n° 138 (ZSPA)

LINNAEUS TERRACE, CHAINE ASGARD, TERRE VICTORIA

Introduction

Linnaeus Terrace est un banc de grès beacon altéré situé en altitude, à l'extrémité occidentale de la Chaîne Asgard, à 1,5 km au nord de Oliver Peak, à 77° 35.8' de latitude sud et 161° 05.0' de longitude est. Linnaeus Terrace mesure environ 1,5 km de long sur 1 km de large et se situe à une altitude de 1600m. Ce site est l'un des plus connus pour la présence d'importantes communautés de micro-organismes cryptoendolithiques colonisant le grès beacon. L'altération du grès révèle une structure rocheuse aux caractéristiques physiques et biologiques singulières ainsi que des empreintes fossiles. Les meilleurs spécimens de communautés cryptoendolithiques ont une valeur scientifique exceptionnelle et font l'objet de descriptions des plus détaillées parmi celles des micro-organismes cryptoendolithiques de l'Antarctique. Le site est vulnérable aux interventions, notamment le piétinement et l'échantillonnage ainsi qu'à l'introduction d'espèces végétales, animales et microbiennes non indigènes et nécessite par conséquent une protection spéciale à long terme.

A l'origine, Linnaeus Terrace avait été désignée site d'intérêt scientifique particulier n° 19, dans la recommandation XIII-8 (1985) sur proposition des États-Unis d'Amérique. Ce statut particulier avait été prorogé à son échéance par le biais de la Résolution 7 (1995) et le Plan de gestion correspondant avait été adopté dans le cadre de l'annexe V, mesure 1 (1996). Un nouveau nom et un nouveau numéro ont été attribués au site par le biais de la Décision 1 (2002). Linnaeus Terrace est maintenant connue sous la référence ZSPA n° 138. Le plan de gestion a été mis à jour à travers la Mesure 10 (2008) afin de prendre en considération des dispositions supplémentaires visant à limiter le risque d'introduction d'espèces non indigènes dans cette zone.

Linnaeus Terrace se situe dans l'Environnement S, Géologique de McMurdo – Terre South Victoria, conformément à l'Analyse des domaines environnementaux pour le continent Antarctique, et dans la Région 9 en Terre South Victoria conformément aux Régions de conservation biogéographiques de l'Antarctique. Il se situe dans la zone gérée spéciale de l'Antarctique (ZGSA) n° 2, à McMurdo Dry Valleys.

1. Description des valeurs à protéger

Linnaeus Terrace avait été initialement reconnue par la recommandation XIII-8 (1985, SISP n° 19) suite à la proposition des Etats-Unis d'Amériques qui avaient fait valoir le fait que cet espace représentait l'un des sites connus qui abritait les plus importantes communautés cryptoendolithiques colonisant le grès beacon. Les surfaces exposées de ce grès constituent l'habitat des micro-organismes cryptoendolithiques qui peuvent coloniser une zone pouvant atteindre 10 mm de profondeur, à l'intérieur des rochers. L'altération du grès révèle une structure rocheuse aux caractéristiques physiques et biologiques singulières ainsi que des empreintes fossiles. La plupart de ces formations géologiques sont fragiles et vulnérables aux activités et peuvent être détruites par le piétinement ou au cours de prélèvement d'échantillons.

Les communautés de micro-organismes cryptoendolithiques sont caractérisées par un cycle de croissance très lent, pouvant s'étaler sur des périodes de plusieurs dizaines de milliers d'années, ce qui implique que les surfaces rocheuses qui seraient endommagées mettraient un temps considérable à se reconstituer et à abriter de nouvelles colonies. Les excellents spécimens de ces communautés trouvées sur le site ont fait l'objet des premières descriptions détaillées sur les micro-organismes cryptoendolithiques de l'Antarctique. De ce fait, Linnaeus Terrace est considérée comme un site de référence dont l'écosystème regorge de valeurs scientifiques exceptionnelles. Ces valeurs, de même que la vulnérabilité du site aux perturbations et à la destruction appellent une protection spéciale à long terme.

Le plan de gestion a été mis à jour afin de prendre en considération les nouvelles dispositions retenues dans le cadre du Guide pour la préparation des plans de gestion des zones spécialement protégées en Antarctique (2011), les révisions relatives à la zone spécialement protégée de l'Antarctique n° 2, McMurdo Dry Valleys, les observations émises lors d'une inspection du site en janvier 2012 et les dernières mesures concernant la réduction du risque d'introduction involontaire d'espèces non indigènes qui a fait l'objet d'un accord entre les parties au Traité sur l'Antarctique.

2. Buts et objectifs

La gestion du site de Linnaeus Terrace a pour objectif :

- d'éviter la dégradation et réduire les menaces sérieuses susceptibles d'affecter les valeurs de la zone en empêchant les interventions humaines superflues ;

- d'autoriser des travaux de recherche scientifique sur l'écosystème, en particulier sur les communautés cryptoendolithiques tout en assurant la protection du site notamment en limitant les perturbations et en évitant le sur-échantillonnage, la destruction des formations rocheuses fragiles ou tout autre activité pouvant avoir des impacts scientifiques néfastes ;

- d'autoriser d'autres travaux de recherche scientifique sous réserve qu'ils soient motivés par des raisons impérieuses et ne puissent pas être menés ailleurs, mais également, à condition qu'ils ne portent pas atteinte à l'écosystème de la zone ;

- d'empêcher ou réduire autant que possible le risque d'introduction dans la zone d'espèces végétales, animales ou microbiennes non indigènes ;

- d'autoriser des visites dans la cadre de la gestion du site et notamment pour faciliter la réalisation des objectifs du plan de gestion.

3. Activités de gestion

Afin de protéger les valeurs de la zone, les activités de gestion décrites ci-dessous seront menées:
- une signalisation géographique facilitant l'accès à la zone (et mentionnant les restrictions particulières applicables) sera installée bien en évidence ; une copie du plan de gestion sera disponible aux stations permanentes situées dans un rayon de 150 km autour de la zone ;

- tous les pilotes navigant dans cette région seront informés de l'emplacement et des frontières de la zone, ainsi que des restrictions applicables à l'entrée et à l'atterrissage dans la zone ;

- Les programmes nationaux prendront les mesures nécessaires pour que les frontières de la zone et les restrictions qui y sont applicables soient mentionnées sur les cartes géographiques, nautiques et aéronautiques concernées ;

- Des girouettes résistantes seront installées à proximité de l'aire d'atterrissage réservée aux hélicoptères chaque fois que des atterrissages seront prévus dans la zone pendant une saison donnée. Ces girouettes devront être remplacées si besoin et retirées lorsqu'elles ne seront plus nécessaires ;

- Des balises de couleurs vives, clairement visibles du ciel et ne représentant aucune menace sérieuse pour l'environnement, seront installées afin de délimiter l'aire d'atterrissage réservée aux hélicoptères ;

- Les bornes, panneaux ou structures érigées à l'intérieur de la zone à des fins scientifiques ou de gestion seront solidement fixés et maintenus en bon état puis enlevés lorsqu'ils ne seront plus nécessaires ;

- Les visites seront effectuées au besoin (de préférence au moins une fois tous les 5 ans) dans le but d'évaluer la conformité de la zone protégée au statut qui lui a été conféré et de vérifier que des dispositions appropriées concernant la gestion et la maintenance ont été prises ;

- Les programmes nationaux pour l'Antarctique en exécution dans cette zone se concerteront afin de veiller à la mise en œuvre des activités de gestion citées ci-haut.

4. Durée de la désignation

La durée de la désignation de cette zone est indéterminée.

5. Cartes et photographies

Carte 1 : ZSPA n° 138, Linnaeus Terrace, vallées Wright et Taylor
Projection conique conforme de Lambert. Parallèles de référence : 1er : 77° 30' de latitude sud ; 2nd : 77° 40'de latitude sud. Méridien central : 161° 53' de longitude est. Latitude de l'origine : 78° 00' sud. Sphéroïde et datum : WGS84
Sources des données : USGS 1:50 000 Series (1970). Intervalle de contour : 250 m. ZGPA n° 2, plan de gestion de McMurdo Dry Valleys

Carte 2 : ZSPA n° 138, Linnaeus Terrace, topographie et ligne de démarcation
Projection conique conforme de Lambert. Parallèles de référence : 1er : 77° 35' de latitude sud ; 2nd : 77° 36' de latitude sud. Méridien central : 161° 05' de longitude est. Latitude de l'origine : 78° 00' sud. Sphéroïde et datum : WGS84
Sources des données : *Topography and boundary* , Gateway Antarctica,
extrait d'une orthophotographie avec une précision de positionnement d'environ 0,5m. Intervalle de contour : 5 m. Instruments, cairns, anciennes installations: étude de terrain de l'ERA (jan. 2012)
Figure 1 : Photographie illustrant des formations rocheuses fragiles et des traces de fossiles trouvées à Linnaeus Terrace.

6. Description de la zone

6 i) Coordonnées géographiques, bornage et caractéristiques du milieu naturel

Linnaeus Terrace (77°35'50" de latitude sud et 161°05'00" de longitude est,) est un banc de grès beacon altéré d'environ 1,5 km de long sur 1 km de large situé à une altitude d'environ 1 600 m (Carte 1). Elle est située à la limite orientale de la Chaîne Asgard, à 1,5 km au nord d'Oliver Peak (77°36'40" de latitude sud, 161°02'30" de longitude est, 2 410 m d'altitude). La zone domine South Fork situé dans la vallée Wright et se trouve à 4 km environ de l'étang Don Juan et à 10 km environ de l'extrémité du glacier supérieur de Wright (Carte 1).

Le relief de la limite inférieure (située au nord) de la zone se distingue par un affleurement essentiellement composé de grès, d'environ 3 m de hauteur, qui s'étend sur une grande partie de la longueur de la terrasse (Carte 2). Cette limite septentrionale est considérée comme l'arrête supérieure de l'affleurement, à cet endroit, l'affleurement s'étire en lignes droites consolidant les extrémités les plus marquées de la roche dont la surface se décline en talus à cette altitude. Un affleurement de grès d'une hauteur variant entre 2 et 5 m longe la limite supérieure (située au sud) de la zone à une altitude variant entre 1660 et 1700 m, et à 70 m environ au-dessus de l'altitude moyenne de la terrasse. Sur cette limite méridionale se trouve l'arrête la plus élevée de l'affleurement. C'est à ce niveau que l'affleurement définit une ligne droite reliant les extrémités marquées de la roche, dont la surface se décline également en talus. A la limite occidentale de la zone, la terrasse se rétrécit pour se confondre avec un talus en dolérite, sur le versant nord-ouest de la crête d'Oliver Peak. Cette partie du relief située à l'ouest s'incline fortement à partir de l'endroit où s'arrête l'affleurement, en suivant l'intersection du talus de dolérite et de la terrasse de grès, jusqu'au coin le plus occidental. La limite orientale d'un contour de 1 615 m est adjacente à l'arrête de l'affleurement qui s'étend sur une grande partie de la largeur de la terrasse (Carte 2). A l'extrême sud-est de la zone, la terrasse déclinée en pente rencontre la vallée; à partir ce point, la roche s'élève vers les 1 700 m d'altitude en suivant la ligne d'affleurement vers le sud-est.
Durant l'hiver à Linnaeus Terrace, la température de l'air varie entre -20°C et - 45°C, tandis qu'en janvier la température moyenne journalière tourne autour de -5°C (Friedmann et al. 1993). Toutefois, la température de

l'air au niveau de la surface des rochers est sujette à une forte amplitude thermique, cela est dû à la variation de la vitesse du vent et à l'intensité de l'irradiation solaire. Ainsi, les micro-organismes cryptoendolithiques s'installent dans les parties des rochers ayant les températures les plus stables, c'est-à-dire à environ 1 à 2 mm de la surface (McKay & Friedmann 1985). Les micro-organismes cryptoendolithiques colonisent généralement le grès beacon poreux. L'analyse granulométrique du grès révèle des particules dont la taille est comprise entre 0,2 et 0,5 mm. Ces organismes cryptoendolithiques privilégient nettement les rochers teintés d'ocre ou de brun par les ions Fe^{3+}, contenant des oxyhydroxides. La croûte siliceuse d'environ 1 mm d'épaisseur, présente sur de nombreux rochers, facilite probablement la colonisation en stabilisant la surface et en réduisant l'érosion éolienne (Campbell & Claridge 1987). Cinq communautés microbiennes cryptoendolithiques ont été décrites par Friedmann *et al.* (1988). Deux de ces types de communautés peuvent être identifiées à Linnaeus Terrace : les communautés dominées par les lichens et les communautés de gloeocapsa à gaine rouge (Friedmann *et al.* 1988). Linnaeus Terrace est l'habitat typique de l'*Hemichloris*, genre d'algue verte endémique et de l'*Heterococcus endolithicus*, une autre algue endémique de la classe des xanthophycées. Cet habitat est hors du commun car il abrite dans un espace limité une multitude de communautés endolithiques à la fois vivantes et fossilisées. L'habitat et les caractéristiques physiques et biologiques de ces communautés ont été décrits par Friedmann (1993) et Siebert *et al.* (1996). Des techniques non destructrices telles que la microspectroscopie in situ ont été utilisées pour identifier les caractéristiques physico-chimiques des communautés microbiennes à partir d'images numériques de la surface des rochers (Hand *et al.* 2005).

On trouve partout dans la zone des formations rocheuses altérées et fragiles notamment du grès érodé contenant des empreintes fossiles et des saillies friables surplombant des bas rochers (d'une hauteur pouvant varier de 10mm à 1 m) (Figure 1).

Une petite étendue de la zone (Carte 2) a été contaminée par le rejet de l'isotope radioactif carbone-14. Bien que cette contamination ne présente aucune menace sérieuse pour l'homme ou l'environnement, aucun échantillon prélevé dans cette zone ne peut faire l'objet de travaux scientifiques impliquant des techniques basées sur l'utilisation du carbone-14.

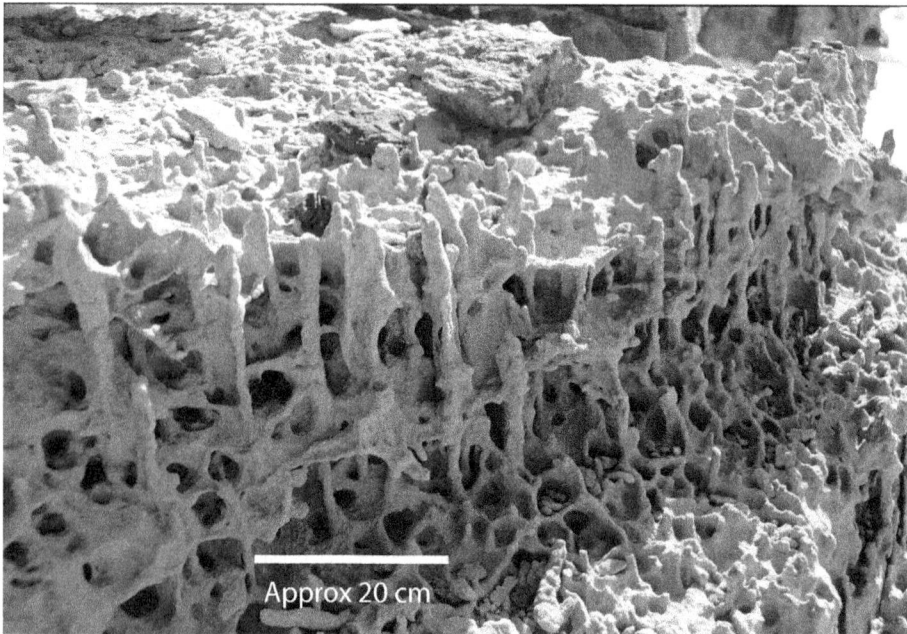

Figure 1: Photographie des formations rocheuses fragiles que l'on retrouve un peu partout dans la zone (photo de Colin Harris, ERA).

6 ii) Accès à la zone

Cette zone est accessible par hélicoptère et à pied. L'accès par voie aérienne se fait en général via les vallées Wright ou Taylor. L'accès par voie terrestre est possible quoique difficile. On peut s'y rendre à pied depuis South Fork de la vallée Wright. Les autres chemins sont en général impraticables. Il n'y a pas une voie d'accès officielle, toutefois la partie sud étant d'un relief plus en altitude, les hélicoptères arrivent plutôt par d'autres côtés, notamment par le nord au-delà de la vallée Wright. Il y a un certain nombre de restrictions relatives à l'accès à la zone, les conditions d'accès particulières sont présentées en section 7 ii) du présent document.

6 iii) Structures à l'intérieur et à proximité de la zone

Une visite d'inspection conjointe a été menée par les Etats-Unis et la Nouvelle-Zélande le 17 janvier 2012. Elle a permis d'établir que des activités ont eu lieu dans la zone par le passé (Harris 2013). Au moins quatre repères (piquets en bois) ont été laissés sur d'anciens sites d'expérimentation dans la zone (Carte 2). Ces repères pourraient être utiles à d'autres chercheurs pour identifier et revisiter ces sites à l'avenir. Bien qu'ayant subi les marques du temps, ces repères ne semblent pas constituer une menace sérieuse pour les valeurs du site et devraient être laissés sur place et surveillés au fil du temps.

Un cairn en pierre a été construit à proximité du lieu où plusieurs petits instruments incrustés dans les rochers ont été retrouvés (Carte 2). Un grand morceau de tissu délavé et déchiré a été conservé dans le cairn, accroché aux rochers. A l'avenir, ce cairn pourrait faciliter l'identification de ces sites d'expérimentation par les chercheurs, par conséquent, il devrait rester sur place. Le morceau de tissu semble inutile et sera enlevé du site lors d'une prochaine visite.

En janvier 2012, trois sites ont été identifiés et quelques petits instruments incrustés dans les rochers y ont été retrouvés (Carte 2). Les instruments retrouvés au niveau du repère #2 sont une série de « vis » incrustés dans la roche. En ce qui concerne les autres sites, 3 instruments dépassant d'environ 10 mm ont été retrouvés dans un rocher, incrusté bien à l'abri dans les sillons ; deux autres instruments similaires, l'un d'eux dépassant d'environ 10mm de la surface, ont été retrouvés sur un autre rocher. Ces instruments seraient de vieilles sondes de température et d'humidité. Ils ne constituent pas une menace pour les valeurs de la zone et devraient donc être laissés sur place et surveillés au fil du temps.

Deux anciennes aires d'atterrissage, réservés aux hélicoptères et deux sites de campements au nord-est et à l'est de la zone sont facilement identifiables grâce à ce qui reste des cercles de démarcations réalisés à l'aide de pierres (Carte 2). Ces pierres devraient être laissées sur place pour faciliter l'identification de sites qui ont été perturbés par le passé.

6 iv) Existence d'autres zones protégées à proximité de la zone

Linnaeus Terrace se trouve dans la zone gérée spéciale de l'Antarctique (ZGSA) n° 2, McMurdo Dry Valleys. Les zones protégées les plus proches de Linnaeus Terrace sont les vallées Barwick et Balham (ZSPA n° 123), à 35 km au nord, la partie inférieure du glacier Taylor et Blood Falls (ZSPA n° 172), à environ 9 km au sud, et le Glacier Canada (ZSPA n°131), à environ 48 km au sud-est (Carte 1). La zone protégée la plus proche, ZGSA n° 2, est l'étang Don Juan, à 4,5 km au nord-est, à South Fork, dans la vallée Wright.

6(v) Sites spécifiques à l'intérieur de la zone

Il n'y a pas de sites spéciaux à l'intérieur de la zone.

7. Critères de délivrance d'un permis d'accès

7 i) Critères généraux

L'entrée dans la zone est interdite. Seules les personnes en possession d'un permis délivré par une autorité nationale compétente peuvent y accéder. Les critères de délivrance d'un permis d'accès sont les suivants :

- un permis est délivré uniquement dans le cadre d'études scientifiques concernant l'écosystème cryptoendolithique, pour des causes scientifiques impérieuses ne pouvant être satisfaites par ailleurs ou pour des raisons essentielles à la gestion de la zone ;

- les actions autorisées doivent être conformes aux dispositions du plan de gestion ;

- les activités autorisées doivent prêter toute l'attention nécessaire à la protection permanente des valeurs environnementales, écologiques et scientifiques de la zone à travers la mise en œuvre du processus d'évaluation de l'impact sur l'environnement ;

- le permis doit être délivré pour une durée déterminée ;

- le détenteur du permis doit être en possession du permis ou sa copie lorsqu'il est à l'intérieur de la zone.

7 ii) Accès à la zone et déplacements à l'intérieur de la zone

L'accès à la zone et les déplacements à l'intérieur de la zone doivent être réalisés soit à pied, soit en hélicoptère. L'accès et la circulation dans la zone sont interdits aux véhicules terrestres. Il n'y a pas de restrictions particulières concernant les itinéraires d'accès et de sortie de la zone.

Accès à pied

- de manière générale, les déplacements à l'intérieur de la zone doivent se faire à pied ;

- les piétons doivent veiller à ne pas endommager les formations rocheuses fragiles : à cet effet, ils doivent éviter de marcher sur les fossiles (figure 1) ainsi que sur les saillies friables surplombant les bas rochers qui sont très vulnérables à l'effritement ;

- la circulation piétonne doit être réduite au strict minimum et se limiter à l'accomplissement des activités autorisées. Les piétons doivent s'efforcer autant que possible de minimiser l'impact de leur présence.

Accès par voie aérienne

- l'atterrissage dans la zone est interdit aux aéronefs. Seuls les appareils disposant d'un permis mentionnant un motif autorisé par le plan de gestion peuvent atterrir dans la zone ;

- les hélicoptères doivent atterrir sur l'aire qui leur est réservé à l'extrême ouest de la terrasse (77° 35.833' de latitude sud et 161° 04.483' de longitude est), à 1610 m d'altitude : Carte 2) sauf autre disposition dûment mentionnée sur le permis pour des raisons scientifiques impérieuses ou pour des raisons liées à la gestion de la zone ;

- lorsque des visiteurs autorisés sont transportés vers la zone par hélicoptère, les pilotes, équipages et passagers ayant une autre destination ne sont pas autorisés à se déplacer à pied dans les environs immédiats de l'aire d'atterrissage et des sites de campements sauf autres dispositions particulières dûment mentionnées sur le permis ;

7 iii) Activités menées ou pouvant être menées dans la zone et restrictions relatives à la durée et au lieu

- travaux de recherche scientifiques ne portant pas atteinte aux valeurs de la zone ;

- activités de gestion essentielles, notamment la surveillance et l'inspection.

7 iv) Installation, modification ou enlèvement de structures

- aucune structure ne doit être érigée dans la zone sauf autorisation par un permis précisant les modalités d'installation ;

- les structures à caractère permanent sont interdites ;

- toutes les structures, tous les matériels scientifiques ou repères installés dans la zone doivent être autorisés par un permis et clairement identifiables par les mentions du pays, nom du principal chercheur, année d'installation, date prévue de l'enlèvement. Tous les objets doivent être exempts d'organismes, propagules (ex : semences, œufs), sols non stériles. Ils doivent être fabriqués à partir de matériaux capables de résister aux conditions environnementales de la région et présenter le moins de risque de contamination possible ;

- l'installation (de même que le choix du site), l'entretien, la modification ou l'enlèvement des structures ou matériels doivent être effectués avec soin afin de limiter les effets indésirables sur les valeurs de la zone ;

- le matériel scientifique ou les repères trouvés sur place ne doivent pas être enlevés sauf autre disposition dûment mentionnée sur un permis ;

- les petits instruments identifiés dans la zone (Carte 2) en janvier 2012 sont considérés comme étant hors d'usage, toutefois, ils ne semblent pas représenter une menace sérieuse pour les valeurs de la zone. A l'avenir, ils pourraient servir de repère à d'autres chercheurs pour identifier d'anciens sites d'expérimentation. Par conséquent, ces instruments devraient être laissés sur place jusqu'à la prochaine révision du plan de gestion. Il sera alors décidé de leur sort ;

- lorsque le permis relatif à des structures/matériels spécifiques expire, il appartient à l'autorité qui a délivré le permis à l'origine, de procéder à l'enlèvement de ces structures ou matériels. Cette disposition doit constituer une condition pour la délivrance du permis.

7 v) Emplacement des camps

Les sites de campement ne doivent pas avoir un caractère permanent. Les campements temporaires sont autorisés à l'intérieur de la zone uniquement à l'endroit réservé à cet effet, dans les environs immédiats de l'aire d'atterrissage des hélicoptères (Carte 2).

7 vi) Restrictions sur les matériaux et organismes pouvant être introduits dans la zone

Outre les exigences du Protocole au Traité sur l'Antarctique relatif à la protection de l'environnement, les restrictions suivantes s'appliquent à l'introduction de matériels et d'organismes dans la zone :

- aucun animal, matériel végétal, micro-organisme ou sol non stérile ne doit être délibérément introduit dans la zone. Toutes les précautions nécessaires doivent être prises afin d'empêcher l'introduction involontaire d'animaux, de matériel végétal, de micro-organismes ou de sol non stérile provenant de régions ayant des propriétés biologiques différentes (qu'elles fassent partie du territoire concerné par le Traité sur l'Antarctique ou d'autres zones géographiques) ;

- les visiteurs doivent veiller à la propreté du matériel scientifique, en particulier le matériel d'échantillonnage, et les repères introduits dans la zone. Dans la mesure du possible, les chaussures et les autres équipements utilisés ou introduits dans la zone (sacs à dos, sacs de transport, tentes) doivent être entièrement et méticuleusement nettoyés avant leur introduction. Les visiteurs doivent également prendre connaissance et suivre les recommandations du Manuel sur les espèces non indigènes du Comité pour la protection de l'environnement (CEP 2011), et du Code de conduite environnementale pour les recherches scientifiques terrestres sur le terrain en Antarctique (SCAR 2009) ;

- aucun herbicide ou pesticide ne doit être introduit dans la zone ;

- l'utilisation d'explosifs dans la zone est interdite ;

- les combustibles, les provisions alimentaires, les produits chimiques ne doivent pas être stockés dans la zone sauf autre disposition dûment autorisée par un permis ; le cas échéant, ils doivent être conservés et manipulés avec précaution afin de limiter le risque d'introduction accidentelle dans l'environnement ;

- tout matériel introduit dans la zone est soumis à une restriction de durée et doit être enlevé à l'issue de la période indiquée ;

- en cas de rejet ou déversement accidentel préjudiciable aux valeurs de la zone, l'enlèvement du matériel est recommandé uniquement si l'impact de l'opération d'enlèvement est moindre que celui de laisser le matériel sur place ;

7 vii) Prélèvement de végétaux, capture d'animaux ou perturbations nuisibles à la faune et à la flore

Il est interdit de prélever des végétaux, de capturer des animaux ou d'entreprendre des interventions nuisibles à la faune et à la flore. Toutefois certaines actions peuvent être entreprises dans le cadre des dispositions de l'annexe II du Protocole au Traité sur l'Antarctique relatif à la protection de l'environnement ;

Lorsqu'une opération impliquant la capture d'animaux ou une intervention nuisible à la faune ou à la flore est nécessaire, elle doit être au moins conforme au Code de conduite du SCAR pour l'utilisation d'animaux à des fins scientifiques en Antarctique. Le respect de ce code est la norme minimale.

7 viii) Récupération ou enlèvement de toute chose qui n'a pas été apportée dans la zone par le détenteur du permis

- la récupération et l'enlèvement de matériel de la zone doit faire l'objet d'une autorisation mentionnée sur un permis et doit être limitée au minimum requis pour les activités menées à des fins scientifiques et de gestion ;

- le matériel introduit par l'homme et susceptible de porter atteinte aux valeurs de la zone, lorsqu'il n'a pas été introduit par un visiteur détenteur de permis conformément aux dispositions mentionnées sur le permis ou conformément à tout autre moyen d'autorisation, doit être enlevé si l'impact de l'opération d'enlèvement est moindre que celui de laisser le matériel sur place ; le cas échéant, l'autorité compétente doit en être informée et doit autoriser l'enlèvement. Il existe au moins quatre repères (piquets en bois) dans la zone, sur d'anciens sites d'expérimentation (Carte 2). Ces repères ne semblent pas constituer une menace sérieuse pour les valeurs de la zone et pourraient être utiles lors de futures projets de recherche. Ils devraient donc être laissés sur place et surveillés au fil du temps.

7 ix) Élimination des déchets

Tous les déchets, y compris les déchets humains doivent être enlevés de la zone.

7 x) Mesures nécessaires à la pérennisation des résultats du plan de gestion

Des permis d'accès à la zone peuvent être délivrés pour :

- la réalisation d'activités de surveillance ou d'inspection dans la zone pouvant donner lieu au prélèvement d'un nombre limité d'échantillons ou à la collecte de données à étudier ou à analyser ;

- l'installation ou la maintenance de panneaux d'affichage, de repères, de structures ou de matériel scientifique ;

- l'exécution de mesures de protection.

7 xi) Rapports de visites

- le détenteur principal d'un permis doit soumettre un rapport à l'autorité nationale compétente dès que possible après chaque visite sur le site, et au plus tard six mois à compter de la date de fin de la visite ;

- les rapports de visites doivent inclure, s'il y a lieu, les renseignements mentionnés dans le formulaire du rapport de visite contenu dans le Guide pour la préparation des plans de gestion des zones spécialement protégées en Antarctique. Le cas échéant, l'autorité nationale compétente doit également adresser une copie du rapport de visite à la Partie ayant soumis le plan de gestion. En effet les informations contenues dans ces rapports sont utiles à la gestion de la zone et à la révision du plan de gestion correspondant ;

- les parties doivent à chaque fois que cela est possible, déposer les originaux ou copies des rapports de visites dans un lieu d'archivage accessible au public et fournissant des relevés de consultation qui pourraient être utilisés à des fins de révision du plan de gestion et pour l'organisation de l'utilisation scientifique qui est faite de la zone ;

• l'autorité compétente doit être informée de toutes activités /mesures envisagées et de tout matériel rejeté et non enlevé qui n'aurait pas été mentionné sur le permis délivré.

8. Bibliographie

Campbell, I.B. & Claridge, C.G.C., 1987. *Antarctica: soils, weathering processes and environment. Developments in Soil Science* **16**. Elsevier Science Publishers, Amsterdam.

Committee for Environmental Protection (CEP) 2011. *Non-native Species Manual – 1st Edition.* Manual prepared by Intersessional Contact Group of the CEP and adopted by the Antarctic Treaty Consultative Meeting through Resolution 6 (2011). Buenos Aires: Secretariat of the Antarctic Treaty.

Darling, R.B., Friedmann, E.I. & Broady, PA. 1987. *Heterococcus endolithicus* sp. nov. (Xanthophyceae) and other terrestrial *Heterococcus* species from Antarctica: morphological changes during life history and response to temperature. *Journal of Phycology* **23**:598-607.

Friedmann, E.I. & Ocampo, R. 1976. Endolithic blue-green algae in the Dry Valleys: primary producers and the Antarctic desert ecosystem. *Science* **193**: 1247–9.

Friedmann, E.I., McKay, C.P. & Nienow, J.A. 1987. The cryptoendolithic microbial environment in the Ross Desert of Antarctica: satellite-transmitted continuous nanoclimate data, 1984 to 1986. *Polar Biology* **7**: 273-87.

Friedmann, E.I., Hua, M. & Ocampo-Friedmann, R. 1988. Cryptoendolithic lichen and cyanobacterial communities of the Ross Desert, Antarctica. *Polarforschung* **58** (2/3): 251-59.

Friedmann, E.I. (ed) 1993. *Antarctic microbiology.* Wiley-Liss, New York.

Harris, C.M. 1994. Ross Sea Protected Areas 1993/94 Visit Report. Unpublished report on inspection visits to protected areas in the Ross Sea. International Centre for Antarctic Information and Research, Christchurch.

Harris, C.M. 2013. Antarctic Specially Protected Area No. 138 Linnaeus Terrace: Site Visit Report for Management Plan review on a joint US/ NZ inspection visit on 17 Jan 2012. Unpublished report for the US Antarctic Program and Antarctica New Zealand. Cambridge, Environmental Research & Assessment Ltd.

Hand, K.P., Carlson, R.W., Sun, H., Anderson, M., Wadsworth,W. & Levy, R. 2005. Utilizing active mid-infrared microspectrometry for in situ analysis of cryptoendolithic microbial communities of Battleship Promontory, Dry Valleys, Antarctica. *Proc. SPIE* 5906, *Astrobiology and Planetary Missions*, 590610.

McKay, C.P. & Friedmann, E.I. 1985. The cryptoendolithic microbial environment in the Antarctic cold desert: temperature variations in nature. *Polar Biology* **4**: 19-25.

SCAR (Scientific Committee on Antarctic Research) 2009. *Environmental Code of Conduct for terrestrial scientific field research in Antarctica.* Cambridge, SCAR.

Siebert, J., Hirsch, P., Hoffman, B., Gliesche, C.G., Peissl, K. & Jendrach, M. 1996. Cryptoendolithic microorganisms from Antarctic sandstone of Linnaeus Terrace (Asgard Range): diversity, properties and interactions. *Biodiversity & Conservation* **5** (11): 1337-63.

Tschermak-Woess, E. & Friedmann, E.I. 1984. *Hemichloris antarctica*, gen. et sp. nov. (chlorococcales, chlorophyta), a cryptoendolithic alga from Antarctica. *Phycologia* **23** (4): 443-54.

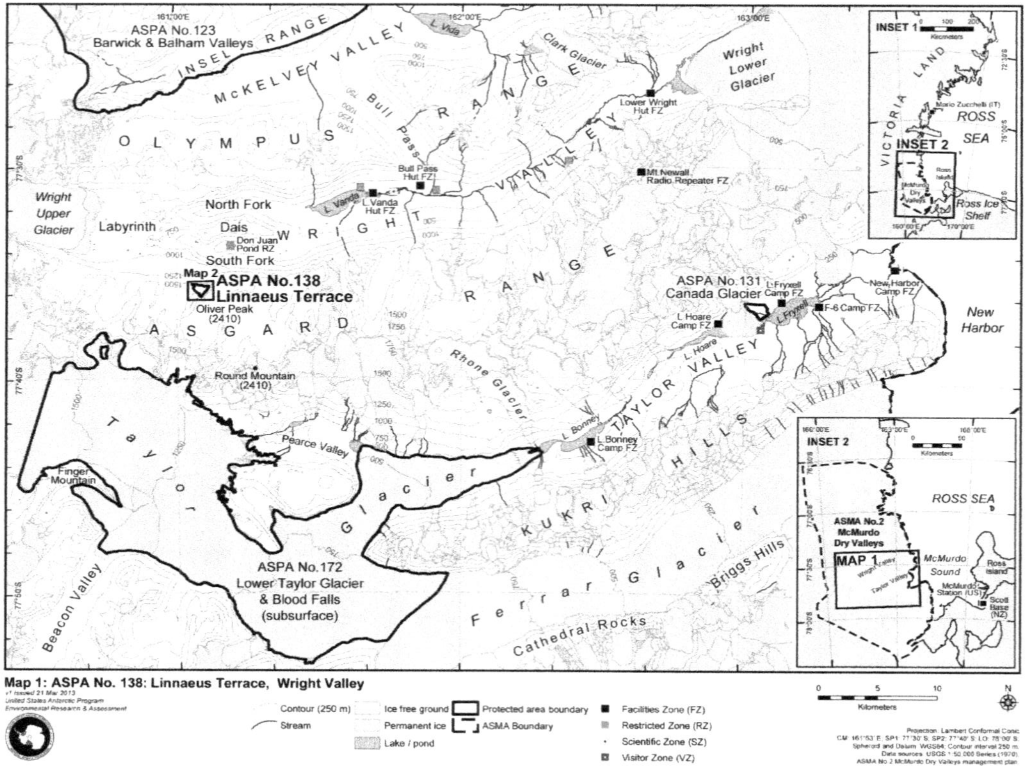

Map 1: ASPA No. 138: Linnaeus Terrace, Wright Valley

130

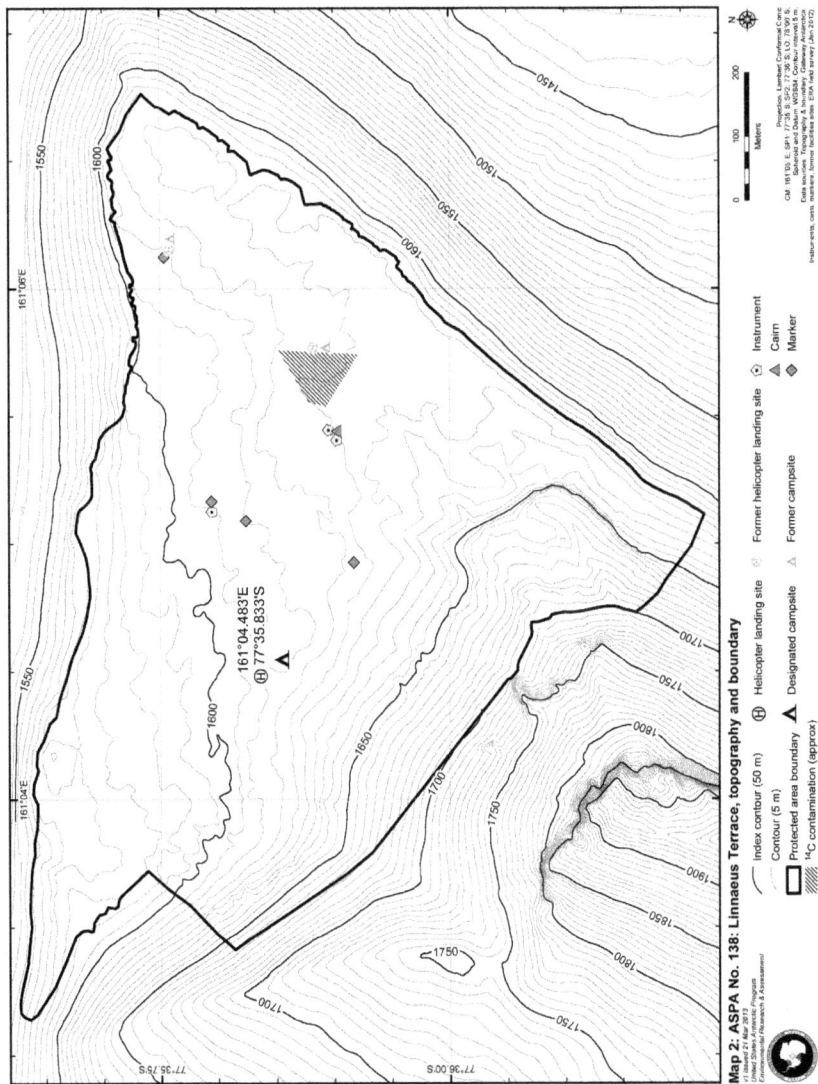

Map 2: ASPA No. 138: Linnaeus Terrace, topography and boundary

v1 issued 21 Mar 2013
United States Antarctic Program
Environmental Research & Assessment

Projection: Lambert Conformal Conic
CM: 161°00' E, SP1: 77°38' 8.5'S2: 77°36' 8.1'O: 78°00' S.
Spheroid and Datum: WGS84. Contour interval 5 m.
Data sources: Topography & boundary, Gateway Antarctica
Instruments, cairns, markers, former facilities sites: ERA field survey (Jan 2012)

— Index contour (50 m)	Ⓗ Helicopter landing site	⊛ Former helicopter landing site	⊛ Instrument
— Contour (5 m)	◢ Protected area boundary	△ Designated campsite	▲ Cairn
▨ ¹⁴C contamination (approx)		△ Former campsite	◆ Marker

161°04.483E
Ⓗ 77°35.833'S

Plan de gestion pour la zone spécialement protégée de l'Antarctique n° 143

PLAINE MARINE, PENINSULE MULE, COLLINES VESTFOLD, TERRE PRINCESSE ELIZABETH

Introduction

Plaine Marine se situe à environ 10 km au sud-ouest de la station Davis, Collines Vestfold (68°37'50.2" de latitude sud, 78°07'55.2" de longitude est). Cette zone spécialement protégée de l'Antarctique (dénommée « la zone » dans le présent document) couvre une superficie de 23,4 km² et donne sur un bras du fjord Crooked, dans la partie sud de la Péninsule Mule qui est la plus méridionale de trois grandes péninsules qui abritent les Collines Vestfold.

La zone est représentative de l'écosystème terrestre, libre de glace de l'Antarctique et a été initialement désignée dans le but de protéger une faune fossile remarquable et des propriétés géologiques rares. Cette zone présente un intérêt scientifique exceptionnel car il contient des éléments clés de l'histoire paléoécologique et paléoclimatique de l'Antarctique.

La zone avait d'abord été désignée site d'intérêt scientifique particulier n° 25 conformément à la résolution XIV-5 (1987) suite à la proposition de l'Australie. Le site a été rebaptisé et renuméroté ZSPA n° 143 conformément à la décision 2 (2002). Un premier plan de gestion révisé pour la zone avait été adopté par le biais de la mesure 2 (2003).

1. Description des valeurs à protéger

Plaine Marine reflète un important écosystème terrestre libre de glace dont les particularités géologiques rares et la faune fossile sont exceptionnelles. Elle revêt un intérêt scientifique permanent remarquable et a fait l'objet de plusieurs études glaciologiques, géomorphologiques, paléontologiques et géologiques.

La zone est le berceau d'une remarquable faune fossile de vertébrés, notamment *Australodelphis mirus*, le seul vertébré supérieur attribué à l'intervalle entre l'Oligocène supérieur et le Pleistocène inférieur, identifié sur terre, en Antarctique. Il s'agit également du premier cétacé fossile ayant eu pour habitat la limite polaire de l'Antarctique entourée par l'océan austral, après l'éclatement du Gondwana. Plaine Marine est également le berceau de 4 autres espèces fossiles de cétacés, une espèce de poisson et une faune d'invertébrés très variée composée de mollusques, gastropodes et diatomées marines. Le premier crustacé décapode de l'Antarctique, datant du Pliocène y a été également découvert.

On trouve à Plaine Marine une étendue de sédiments marins du Pliocène, déterminant une ligne plus ou moins horizontale d'une épaisseur de 8 cm environ, connue sous le nom de formation Sørsdal (cf. carte C). La formation affleure à certains endroits mais est surtout enfouie sous des sédiments de l'Holocène d'une épaisseur pouvant aller jusqu'à un mètre. Une biostratigraphie des diatomées a permis de placer la formation Sørsdal parmi les sédiments essentiellement composés de *Fragilariopsis barronii*, datant du Pliocène inférieur (il y a environ 4,5 à 4,1 millions d'années). Les dépôts du début du Pliocène constituent une source d'informations capitales sur l'environnement de cette période de l'histoire de l'Antarctique.

La faune fossile permet de mieux comprendre l'environnement antarctique du début du Pliocène, notamment l'océanographie et le climat sous les hautes latitudes. L'examen des microfossiles de diatomées permet de reconstituer les conditions paléo-environnementales concernant la formation Sørsdal et de tester des modèles hypothétiques permettant de comparer l'évolution de l'Inlandsis avec les données géologiques recueillies. En outre, cet examen offre la possibilité d'explorer la réaction de l'Inlandsis antarctique aux changements climatiques.

Les Collines Vestfold comportent une zone libre de glace d'environ 413 km² et sont caractérisées par une basse altitude, en général inférieure à 180 m. Elles ont connu des périodes de glaciations intermittentes et les affleurements rocheux présentent un relief poli par endroit mais aussi des aspérités striées ou fracturées. Les stries glaciaires indiquent la direction des mouvements de la glace au cours de l'histoire. Ces particularités ainsi que les autres caractéristiques glaciaires et périglaciaires, ont fait l'objet d'études approfondies afin de comprendre l'histoire glaciaire et géomorphologique de la région.

En outre, le plus grand thermo karst périglaciaire de l'Antarctique oriental se trouve à Plaine Marine. Les sédiments sont normalement cimentés par le pergélisol (en plus de toute autre ciment découlant de la diagenèse), mais la fonte peut entraîner leur fragilisation voire leur effondrement. Les reliefs du thermo karst se sont constitués sous l'effet d'un processus d'usure des bas escarpements et sont caractérisés entre autres par des dépressions et des lacs thermo karstiques, des poches de glace, des dépressions linéaires et de minuscules rigoles. L'impact humain peut accélérer la fonte du pergélisol et dès lors perturber les importantes valeurs géomorphologiques ou porter atteinte aux fossiles présents dans les diatomées.

Des liens intrinsèques existent entre cette plaine géologique et le lac Burton contigu. A l'ouest de Plaine Marine, le lac Burton est un lagon <u>sursalé</u> qui rejoint l'océan selon un rythme saisonnier. Ce lagon représente une phase de l'évolution biologique et physico-chimique d'une masse d'eau terrestre (c.-à-d. la formation géologique du lac).

Le lac Burton, salin et méromictique, ainsi que d'autres lacs plus petits de la ZSPA, constituent des exemples représentatifs de la variété de lacs allant du sursalé à l'eau douce dans les Collines Vestfold et offrent aux chercheurs un terrain propice à la conduite d'importantes études limnologiques et géochimiques. Les corrélations entre l'environnement et les communautés biologiques dans les lacs comme le lac Burton, sont riches d'enseignement sur l'évolution des environnements lacustres et, plus généralement sur l'environnement antarctique. Il s'agit actuellement du seul lac <u>méromictique</u> protégé de l'Antarctique oriental.

En raison de la proximité de la station Davis (Australie), les valeurs scientifiques de la zone pourraient être endommagées ou perturbées involontairement. La zone, facile d'accès, se trouve sur un itinéraire piéton (cf. carte B) menant vers les lacs (Clear, Laternula et McCallum) de la Péninsule Mule à partir de Ellis Rapids.

La zone mérite d'être protégée étant donné que le risque de perturbations susceptibles de porter atteinte à la recherche scientifique est manifeste. Par conséquent, la protection de la faune fossile contre tout prélèvement, tout enlèvement et toute perturbation non autorisés est cruciale.

2. Buts et objectifs

La gestion de la ZSPA Plaine Marine vise à :

- éviter la détérioration et réduire les menaces sérieuses pouvant peser sur les valeurs de la zone en empêchant les interventions humaines superflues ;
- autoriser les recherches scientifiques géologique, paléo-climatique, paléontologique, géomorphologique et limnologique tout en protégeant la zone du sur-échantillonnage ;
- autoriser d'autres recherches scientifiques impérieuses ne pouvant être menées ailleurs ;
- minimiser les risques de destruction des reliefs, en particulier ceux de Plaine Marine, la plaine située au sud du lac Poséidon et à l'est de la crête Pickard (68°37'22.8" latitude sud, 78°07 9.9" longitude est), des formations glaciaires et périglaciaires et des sites susceptibles de contenir des fossiles ; et
- autoriser des visites dans le cadre de la gestion et notamment pour faciliter la réalisation des objectifs du plan de gestion.

3. Activités de gestion

Afin de protéger les valeurs de la zone, les activités de gestion décrites ci-dessous seront menées :

- une signalisation géographique facilitant l'accès à la zone (et mentionnant les restrictions particulières applicables) sera installée bien en évidence ; une copie du plan de gestion sera disponible :
  - à la station Davis qui est adjacente à la zone ;
  - au refuge de Plaine Marine ; et
  - à bord des embarcations se rendant dans les environs de la zone.
- des bornes indiquant les angles de la ligne de démarcation seront installées ;
- une signalisation facilitant l'identification de l'emplacement et de ses limites, et mentionnant clairement les restrictions applicables à l'accès à la zone sera installée aux endroits appropriés au niveau des limites de la zone afin d'empêcher toute entrée par inadvertance ;
- les repères, panneaux de signalisation et structures érigées à l'intérieur de la zone pour des besoins scientifiques ou de gestion devront être fixés solidement et maintenus en bon état puis enlevés lorsqu'ils ne seront plus nécessaires ;
- les équipements ou matériels abandonnés devront être enlevés dans la mesure du possible à condition que l'impact de l'opération d'enlèvement sur les valeurs de la zone soit moindre que celui de laisser le matériel sur place ;
- les visites seront effectuées au besoin, et au moins une fois tous les 5 ans dans le but d'évaluer la conformité de la zone protégée au statut qui lui a été conféré et de vérifier que les dispositions appropriées concernant la gestion et la maintenance ont été prises ; et
- le plan de gestion sera révisé au moins tous les cinq ans et mis à jour si nécessaire.

4. Durée de la désignation

La zone est désignée pour une période indéterminée.

5. Cartes

Carte A – Collines Vestfold, Antarctique oriental. Cette carte indique l'emplacement de la ZSPA Plaine Marine, de la station Davis et des refuges environnants. Encart: emplacement des Collines Vestfold en Antarctique. Caractéristiques de la carte : Projection : UTM fuseau 44. Datum horizontal : WGS84

Carte B – Cette carte illustre la région à proximité immédiate de la ZSPA Plaine Marine. Elle indique les caractéristiques liées à la topographie et à la répartition de la faune. Caractéristiques de la carte : Projection: UTM fuseau 44. Datum horizontal: WGS84. Equidistance des courbes de niveau: 20 m

Carte C – Carte géologique de la ZSPA Plaine Marine illustrant la formation Sørsdal. Caractéristiques de la carte : Projection : UTM fuseau 44. Datum horizontal : WGS84

6. Description de la zone

6i) Coordonnées géographiques, bornage et caractéristiques du milieu naturel

Caractéristiques générales

Plaine Marine (latitude sud 68°37'50,2", longitude est 78°07'55,2", 23,4 km2) est située à environ 10km au sud-est de la station Davis dans les Collines Vestfold. Elle s'ouvre sur un bras du fjord Crooked sur le versant méridional de la Péninsule Mule, la plus méridionale des trois péninsules qui abritent les Collines Vestfold.

Les Collines Vestfold forment une oasis pratiquement dépourvue de glace posée sur un soubassement de quelque 512 km² de superficie. Son relief est également composé de débris glaciaires, de lacs et de lagunes, à l'extrémité orientale de la baie Prydz, Terre Princesse Elizabeth.

La ZSPA n° 143 abrite Plaine Marine (environ 3 km²), qui occupe son centre selon une orientation nord-sud. La crête Pickard (d'une altitude maximale de 70m) sépare la zone du bassin Poséidon au nord-est.

Ces deux espaces sont situés en basse altitude, à moins de 20 m au-dessus du niveau de la mer. On y observe une série de moraines de retrait dont la concavité est orientée vers le sud. A Plaine Marine, à l'est du lac

3

Burton, se trouve une succession de pentes sablonneuses orientées sud-ouest. Les espaces plus en hauteur ne dépassent cette altitude que très légèrement et sont composés de collines accidentées faites de roches du Précambrien. La base de ces collines se distingue particulièrement par sa composition caractéristique d'un littoral de l'Holocène.

En partant de la limite septentrionale, les limites et coordonnées géographiques de la zone se présentent comme suit :

> Le point de départ du périmètre est situé à une latitude sud de 68°36'34" et une longitude est de 78°09'28". A partir de ce point la ligne descend, direction sud-est, jusqu'à un point de latitude sud 68°36'45" et de longitude est 78°10'30", puis toujours vers le sud-est jusqu'à un autre point de latitude sud 68°37'30" et de longitude est 78°12'30", puis pratiquement à la verticale le long d'un méridien de longitude est 78°12' 30" jusqu'au point de contact avec le littoral septentrional du lac Pineapple. Ensuite, la ligne repart vers l'ouest le long de ce littoral jusqu'au bord du glacier Sørsdal, puis toujours dans la même direction le long de la crête septentrionale de ce même glacier jusqu'au point de contact – au niveau de la mer à marée basse – avec le littoral nord-est du fjord Crooked, puis vers l'ouest le long du littoral septentrional à marée basse de ce même fjord (traversant l'estuaire du lac Burton se jetant dans le fjord Crooked) jusqu'à son intersection avec le méridien de longitude est 78°03'0", puis vers le nord le long du méridien de longitude est 78°03'0" jusqu'à son intersection avec le parallèle de latitude sud 68°37'30", puis vers le nord-est jusqu'à la latitude sud 68°36'56" et la longitude est 78°05'39" et à nouveau vers le nord-est jusqu'au point de départ.

Géologie et paléontologie

Les trois grands ensembles lithologiques constituant les Collines Vestfold (cf. carte C) sont (par ordre chronologique): le paragneiss Chelnock, le gneiss Mossel et le gneiss du lac Crooked. Elles se reproduisent en unités selon une orientation est-nord-est vers ouest-sud-ouest. Ces lithologies présentent des rangées de filons (dykes) mafiques suivant un axe plus ou moins droit orienté nord-sud (cf. carte C). Ces filons constituent une des caractéristiques dominantes du relief de Collines Vestfold.

Dans les espaces situés en basse altitude (environ 10 à 17 m au-dessus du niveau de la mer), la moitié supérieure de la couche de roche précambrienne est recouverte de près de 8 m de diatomées du début du Pliocène (4,5 à 3,5 millions d'années) contenant également des lentilles calcaires. Le calcaire abrite des fossiles de mollusques, y compris les lamellibranches, *Chlamys tuftsensis* (Turner). Des débris glaciaires de l'Holocène (il y a environ 6,49 milliers d'années) couvrent de manière inégale le dépôt marin (0,5 à 1 m) s'étendant sur une superficie de 8 à 10 km². Une couche de calcaire lenticulaire sépare les unités du Pliocène et de l'Holocène.

Les bas escarpements des sédiments marins du Pliocène ont révélé une variété de fossiles marins composés de vertébrés et d'invertébrés. Les fossiles de cétacés retrouvés apparaissent comme un ensemble d'ossements notamment des colonnes vertébrales et des crânes, ou parfois sous la forme de spécimens entiers mesurant à peu près 2 m de long voire plus. Ils ont été retrouvés dans la couche supérieure sur 2 m de la section située dans Plaine Marine. Les fossiles les plus grands ont été retrouvés sur les marges du lieu appelé «le Grand fossé», à proximité du lac Burton, et dans l'escarpement du côté oriental de Plaine Marine. Un fossile cétacé notoire est *Australodelphis mirus* qui illustre la remarquable convergence entre les dauphins d'aujourd'hui (famille *Delphinidae*) et la baleine à bec (genre *Mesoplodon*).

Plaine Marine a également révélé la présence du premier crustacé décapode du Pliocène en Antarctique. Le spécimen est incomplet et, dès lors, difficile à identifier avec précision, mais il appartient sans doute à la famille *Palinuridae*. Parmi les autres espèces fossiles identifiées on note une baleine à bec et une baleine à fanons ainsi que d'autres espèces (qui n'ont pas encore été étudiées), probablement des manchots, des poissons, des lamellibranches, des gastropodes, des vers *Serpulidae*, des bryozoaires, des astérides, des ophiurides, des échinides et d'abondantes léiosphères d'origine planctonique.

Cette plaine a connu une importante activité fluviale depuis le milieu de l'Holocène qui a entraîné la formation de petites nappes de sédiments lacustres sur son flanc oriental. Des vallées fluviatiles et des lacs de source (aujourd'hui pratiquement asséchées) ont été identifiés.

La diatomée du Pliocène que l'on observe à Plaine Marine semble être le seul dépôt de la sorte dans les Collines Vestfold libres de glace. A certains endroits, le till et les dépôts glaciaires de l'Holocène sont très fins et, par conséquent, très vulnérables. En effet, la mince croûte sur une surface poudreuse instable peut être facilement écrasée par un simple marcheur, dégageant un panache de diatomées et de poussières riches en sable, et laissant une trace de pas parfaitement claire et contrastée.

Du pergélisol a été observé à environ un mètre de profondeur, et les particularités du relief local ont évolué en raison de la fonte lente et progressive de la glace de surface. Le terrain résultant de ce processus est appelé thermokarst périglaciaire, car les dépressions obtenues confèrent à la topographie un aspect semblable à celui du karst calcaire classique.

Le glacier Sørsdal (situé à proximité de la crête de la plate-forme glaciaire antarctique) constitue la limite méridionale des Collines Vestfold libres de glace. A 800 m de la limite méridionale de Plaine Marine, c'est-à-dire à son intersection avec le bord septentrional du glacier Sørsdal, ce dernier s'est retiré d'un kilomètre, en l'espace de quarante ans, à compter de 1947. Ce retrait est dû aux mouvements de la glace provenant du glacier, vers l'intérieur du canal profond ainsi qu'aux crêtes glaciaires qui se forme sur le glacier et qui s'effondrent ensuite dans le fjord Crooked.

Lacs

Le lac Burton est un élément très important du relief de la partie occidentale de la zone. Il existe plusieurs petits lacs et lagunes anonymes dans la zone. Le lac Burton, méromictique et sursalé, d'une profondeur maximale de 18 m devient une lagune séparée de la mer selon la saison, Il est couvert de glace 10 à 11 mois de l'année et relié au fjord Crooked selon la marée et la saison, par un canal d'environ 20m de large et 2m de profondeur. Le lac est isolé du fjord Crooked par la glace pendant 6 à 7 mois de l'année.

Le lac contient plusieurs types de bactéries photosynthétiques. Les espèces dominantes sont *Chlorobium vibriofome* et *C. Limiola* tandis que les espèces secondaires sont *Thiocapsa roseopersicina* et *Rhodopseudomonas palustris*. Le lac abrite également des bactéries psychrophiliques qui sont relativement inhabituelles dans les zones glaciaires côtières de l'Antarctique et qui s'épanouissent grâce à la disponibilité croissante d'éléments nutritifs d'origine continentale, de la prolifération d'algues pélagiques ainsi que de la décomposition de ces dernières dans les colonnes d'eau de fonte observées au printemps et en été. Une nouvelle espèce de bactéries est *Psychroserpens burtonensis* qui n'a été, ni cultivée, ni recensée dans aucun autre environnement.

Les eaux du lac Burton abondent en algues marines. Une étude floristique portant sur les diatomées a révélé la présence de 41 genres.

L'ultrastructure de *Postgaardi mariagerensis* a été observée pour la première fois lors de recherches menées dans le lac Burton. Cet organisme très inhabituel n'est pas un euglénide, il fait plutôt partie du clade *Euglenozoa – Euglenozoa incertae sedis*. En outre, le lac Burton est un des deux lacs de l'Antarctique où des choanoflagellés (notamment *Diaphanoeca grandis*, *Diaphanoeca sphaerica* et *Saepicula leadbeateri)* ont été observés pour la première fois. Il s'agit aussi d'un habitat particulièrement propice au développement du genre *Spiraloecion didymocostatum* (Cf. *Gen. et Sp. Nov.*)

Quatre espèces de métazoaires ont été régulièrement recensées dans le zooplancton du lac Burton : *Drepanopus bispinosus* et *Paralabidocera antarctica* (copépodes), *Rathkea lizzioides* (anthoméduse) et un cydippe (cténophore) qui n'a pas encore été baptisé. En outre, de nombreuses holotriches, au moins deux espèces de nématodes et un grand amphipode marin ont été recensés dans la communauté benthique. On observe également la présence de tardigrades.

L'espèce de poisson *Pagothenia borchgrevinki* a été observée une fois dans le lac. Elle est répandue dans les zones côtières et les fjords des Collines Vestfold, toutefois, elle ne semble pas habiter le lac en permanence. En raison des interactions marines saisonnières, il est probable que d'autres algues, zooplancton et poissons pénètrent dans le lac mais ne survivent pas à l'hiver.

Végétation

Des mousses et des lichens ont été observés à proximité de quelques petits cours d'eau éphémères caractérisés par une évacuation radiale le long des talus entourant les collines précambriennes. De nombreuses petites crevasses et fissures du pinacle en saillie à l'extrémité septentrionale du lac Burton forment un site riche en lichens tandis que l'extrémité septentrionale du lac Poséidon est riche en mousses. La flore de lichens et de mousses de la zone n'a pas été documentée mais les Collines Vestfold abritent au moins 6 genres de mousses et au moins 23 genres lichens.

Vertébrés

Plusieurs vertébrés viennent sporadiquement dans la zone au cours des mois d'été, de novembre à février. Deux espèces d'oiseaux, l'océanite de Wilson (*Oceanites oceanicus*) et le pétrel des neiges (*Pagodroma nivea*), nichent dans les roches du Précambrien supérieur tandis que le labbe antarctique (*Catharacta maccormicki*) se retrouve sur Plaine Marine et parfois au bord de l'eau. Le phoque de Weddell (*Leptonychotes weddellii*) et l'éléphant de mer (*Mirounga leonina*) ainsi que le manchot Adélie (*Pygoscelis adeliae*) et le manchot empereur (*Aptenodytes forsteri*) se retrouvent en petits groupes dans la zone, mais n'ont fait l'objet d'aucune étude particulière.

Climat

Les informations disponibles sur le climat de la zone dépendant entièrement des observations réalisées à la station Davis à 10 km au nord-ouest de la zone. Les Collines Vestfold ont un climat marin polaire qui est froid, sec et venteux. Les jours d'été sont en général ensoleillés avec des températures à la mi-journée variant de - 1 °C à 3 °C. La température maximale en été est de 5 °C. La majeure partie de l'année les températures se situent sous la barre de 0 °C et elles peuvent même atteindre - 40,7 °C en hiver. La température maximale enregistrée à la station Davis entre 1957 et 2001 a été de 13 °C. Ces données d'archive sont représentatives du climat saisonnier propre aux hautes latitudes mais, en général, la station Davis connaît un climat plus doux que les autres stations situées à la même latitude. Cette différence a été attribuée à l'« oasis rocheux » qui est un phénomène né du fait que l'albédo des surfaces rocheuses est plus faible que celui de la glace (ainsi l'énergie solaire est absorbée par ces surfaces moins enneigées et renvoyée sous forme de chaleur).

Analyse des domaines environnementaux

Selon la classification relative à l'Analyse des domaines environnementaux de l'Antarctique (résolution 3 (2008), Plaine Marine est située dans l'environnement D *Géologique du littoral de l'Antarctique de l'Est.*

Régions de conservation biogéographiques de l'Antarctique

La Plaine Marine se situe dans la région 7 Antarctique Est, conformément à la classification relative aux Régions de conservation biogéographiques de l'Antarctique.

6 ii)   Accès à la zone

Il est possible de se rendre dans les environs de la zone à pied, à bord d'une petite embarcation ou en hélicoptère. Les déplacements doivent se faire conformément aux dispositions présentées en section 7 i) du présent plan de gestion.

6 iii)   Structures à l'intérieur et à proximité de la zone

Il n'y a pas de refuges dans la zone, cependant deux refuges se trouvent dans les environs. Le refuge de Plaine Marine (68°36'54" latitude sud, 78°65'30" longitude sud) se trouve à environ 150m au nord de la limite septentrionale de la zone. Un site d'atterrissage réservé aux hélicoptères se trouve à proximité immédiate du refuge. Watts Hut (68°35'54" latitude sud, 78°13'48" longitude sud) est situé à l'extrémité orientale de Ellis Fjord, à environ 5km du refuge de Plaine Marine dans une orientation est-nord-est et à 2,9km de l'extrémité septentrionale de la zone dans une orientation est-nord-est.

A Plaine Marine, on trouve des traces de recherches antérieures. Deux lignes parallèles constituées de galets délimitent un site d'atterrissage réservé aux hélicoptères, à 30m au nord d'un site de fossiles (68°37'37" latitude sud, 78°08'11" longitude est). A cet endroit, un morceau de polythène de couleur noire (3 m x 1,7 m) maintenu par des rochers recouvre actuellement un site d'excavation. Au nord-ouest de cette échancrure formée dans la plaine, se trouvent environ 10 piquets en bois d'une hauteur d'un mètre délimitant une ligne dessinée à main levée, dans un axe nord-sud. A l'échancrure suivante vers le nord, trois cairns réalisés avec des rochers peints en rouge forment un espace triangulaire (d'environ 50 m de côté).

On trouve également à Plaine Marine, une toile de jute enduite couvrant des os fossiles, cinq trous béants peu profonds, un autre trou béant plus large (près du lac Burton), une excavation de taille importante sur le haut flanc d'une dépression naturelle (appelé localement « Grand fossé ») et plusieurs vieilles tranchées remblayées. Dans la partie nord-ouest du lac Burton, on retrouve sur le sol un tuyau et une corde (ayant sans doute servi pour la surveillance du lac).

Il est prévu d'installer des bornes aux angles du périmètre de la zone.

6 iv) Existence d'autres zones protégées à proximité de la zone

La zone spécialement protégée de l'Antarctique n° 167, Île Hawker (68°38'de latitude sud, 77°51'de longitude est) est située à environ 8 km à l'est de Plaine Marine.

Deux sites et monuments historiques sont situés sur les Collines Vestfold à au moins 25 km au nord de Plaine Marine :

1) sur la plus grande des Îles Tryne (68° 18'29" de latitude sud, 78° 23'44" de longitude est) à la Baie Tryne (à 29 km au nord-est de Davis). Le SMH n° 72 est composé d'un cairn et d'un pylône en bois érigés en 1935 par le Capitaine Klarius Mikkelsen. Ce repère marque le premier atterrissage à Collines Vestfold ;

2) le SMH n° 6, Cairn de roches à Walkabout Rocks (68°22'14" de latitude sud, 78°32'19" de longitude est) situé à 40 km au nord-ouest de Davis est un cairn de roches érigé en 1939 par Sir Hubert Wilkins. Le cairn renferme une « cartouche » contenant un support mentionnant sa visite.

6(v)   Sites spécifiques à l'intérieur de la zone

Il n'y a pas de sites spécifiques à l'intérieur de la zone.

7. Critères de délivrance d'un permis d'accès

7 i)   Critères généraux

L'accès à la zone est interdit sauf autorisation dûment mentionnée sur un permis délivré par l'autorité nationale compétente. Les conditions de délivrance de permis d'accès à la zone sont les suivantes :

•   Le permis doit porter sur des recherches scientifiques (paléontologiques, paléoclimatiques, géologiques, géomorphologiques, glaciologiques, biologiques et limnologiques) ou d'autres activités scientifiques, éducatives et culturelles impérieuses ou pour des raisons liées à la gestion de la zone conformément au plan de gestion ;

•   les actions autorisées ne doivent pas porter atteinte aux valeurs de la zones ni à d'autres activités autorisées ;

•   les actions autorisées doivent être conformes au présent plan de gestion ;

•   le détenteur du permis doit être en possession du permis ou de sa copie conforme lorsqu'il est à l'intérieur de la zone ;

•   un rapport de visite doit être remis à l'autorité ayant délivré le permis dès que possible à l'issue de la visite de la ZSPA et au plus tard six mois après la visite ;

•   le permis doit être délivré pour une durée déterminée ;

•   le détenteur du permis doit informer l'autorité compétente de toute activité menée ou mesure prise qui n'aurait pas été dûment autorisée par le permis.

7 ii)   Accès à la zone et déplacements à l'intérieur de la zone

•   Les déplacements à l'intérieur de la zone doivent être réduits au minimum et aucun effort ne doit être épargné pour minimiser les impacts sur la zone. La croûte superficielle très friable est vulnérable au piétinement, peut endommager les matières fossiles et causer des impacts anthropiques durables. Lorsque cela est possible, il est recommandé de se déplacer sur la partie caractérisée par la roche précambrienne et d'éviter les escarpements. Lors des déplacements, il est essentiel de prendre toutes les précautions nécessaires afin d'éviter de perturber les sols, la végétation, les diatomées, le thermokarst, les affleurements sédimentaires ainsi que les autres éléments géographiques naturels qui confèrent à la zone ses valeurs scientifiques et environnementales. L'atterrissage d'aéronefs, l'utilisation de véhicules et l'installation de camps sont interdits sur la formation Sørsdal.

- Il convient d'utiliser le site d'atterrissage à proximité du refuge de Plaine Marine, réservé aux hélicoptères. Afin de minimiser l'impact des déplacements à pied à l'intérieur de Plaine Marine, l'atterrissage sur un autre site à l'intérieur de la zone peut être autorisé lors d'une visite spécifique. Ce site devra présenter les caractéristiques suivantes :
  - le site sera évalué en fonction de l'ensemble des aspects liés à son utilisation et en tenant compte des dispositions de protection relatives au statut de la zone ;
  - la surface rocheuse (soubassement) du site devra être dépourvue de roches détritiques ; le site devra être situé dans un endroit choisi avec le souci de minimiser les perturbations pouvant être causées par les aéronefs notamment sur les cours d'eau, la végétation et les sédiments ; et
  - il sera également sélectionné dans le souci de minimiser l'impact des déplacements pour se rendre sur le site de recherche.
- Les embarcations à moteur sont interdites sur le lac Burton.
- Le survol des lacs doit être limité au strict minimum. Il doit être lié à la réalisation d'activités de recherches spécifiques ou effectué dans le cadre de la gestion de la zone.
- Tout déplacement dans la zone en véhicule est interdit.

7 iii)   Activités menées ou pouvant être menées dans la zone

Les activités suivantes peuvent être menées à l'intérieur de la zone sous réserve du respect des conditions d'accès :

- réalisation d'activités de recherche scientifique impérieuses ne pouvant être menées ailleurs, et qui ne portent pas atteinte aux valeurs de la zone ;
- prélèvement d'échantillons géologiques limité au minimum requis pour la réalisation des activités du programme de recherche autorisé ;
- prélèvement d'échantillons hydrologiques à partir d'un matériel soigneusement nettoyé avant d'être introduit dans la zone afin de prévenir tout risque de contamination par des substances provenant d'autres lacs ; et
- activités de gestion essentielles, notamment la surveillance.

7 iv)   Installation, modification ou enlèvement de structures

Les structures et installations à caractère permanent sont interdites dans la zone.

Les structures, installations, repères et équipements à caractère temporaire seront mis en place dans la zone uniquement pour des motivations scientifiques impérieuses ou à des fins de gestion conformément aux dispositions stipulées par le permis.

Les structures, installations, repères et équipements à caractère temporaire mis en place dans la zone doivent être :

- clairement identifiables par les mentions du pays, nom du principal chercheur, année d'installation et date prévue de l'enlèvement ;
- exempts d'organismes, de propagules (ex: semences, œufs) et de sol non stérile ;
- réalisés à partir de matériaux résistant aux conditions environnementales de l'Antarctique ;
- constitués de matériaux présentant le moins de risque de contamination possible pour la zone ; et
- enlevés le plus tôt possible, lorsqu'ils ne sont plus nécessaires ou dès l'expiration de la durée de validité du permis.

Les descriptions ainsi que les coordonnées géographiques de l'emplacement des structures, installations, repères et équipements à caractère temporaire doivent être communiquées à l'autorité qui délivre le permis.

7 v)   Emplacement des camps

Il est interdit d'installer des camps sur la formation Sørsdal.

L'installation de camps ailleurs dans la zone est autorisée uniquement si l'utilisation du refuge de Plaine Marine (68°36'54"de latitude sud, 78°6'30 de longitude est) implique des risques plus importants pour les valeurs de la zone.

7 vi)   Restrictions sur les matériaux et organismes pouvant être introduits dans la zone

Il convient de se conformer aux restrictions suivantes:

- aucun animal, matériel végétal, micro-organisme ou sol non stérile ne doit être délibérément introduit dans la zone. Toutes les précautions nécessaires doivent être prises afin d'empêcher toute introduction involontaire ;
- aucun herbicide ou pesticide ne doit être introduit dans la zone. Toute autre substance chimique notamment les radionucléides ou isotopes stables dont l'introduction est autorisée à des fins scientifiques ou de gestion, doit être enlevée de la zone avant la fin et au plus tard à l'issue de l'activité pour laquelle son utilisation a été autorisée ;
- les matières biologiques (bois, coton, toile de jute, etc.) ne doivent pas être utilisés dans l'élaboration de repères ou dans le cadre des recherches sauf si leur utilisation est indispensable. Il convient d'utiliser des matières non biologiques (acier inoxydable, polythène etc.) ;
- les combustibles ne doivent pas être entreposés dans la zone sauf pour une utilisation indispensable dans le cadre d'activités dûment autorisées par un permis. Ils doivent être enlevés de la ZSPA si possible avant la fin et au plus tard à la fin de l'activité autorisée ; et
- tout matériel doit être introduit dans la zone pour une durée déterminée et doit être enlevé si possible avant et au plus tard à l'issue de la période indiquée. Le matériel doit être conservé et manipulé avec précaution afin de minimiser les impacts potentiels sur l'environnement.

7 vii)   Prélèvement de végétaux, capture d'animaux ou perturbations nuisibles à la faune et à la flore

Il est interdit de prélever des végétaux, de capturer des animaux ou d'entreprendre des interventions nuisibles à la faune et à la flore, sauf autorisation dûment mentionnée sur un permis. Lorsqu'une opération impliquant la capture d'animaux ou une intervention nuisible à la faune ou à la flore est nécessaire, elle doit être au moins conforme au Code de conduite du SCAR pour l'utilisation d'animaux à des fins scientifiques en Antarctique. Le respect de ce code est la norme minimale ;

7 viii)   Récupération ou enlèvement de toute chose qui n'a pas été apportée dans la zone par le détenteur du permis

- Le prélèvement ou l'enlèvement d'échantillons de la zone doit faire l'objet d'une autorisation dûment mentionnée sur un permis et doit être limité au minimum requis pour satisfaire aux besoins scientifiques ou de gestion.
- Aucun permis ne doit être délivré en cas de crainte justifiée concernant le déplacement, l'enlèvement, la destruction de la roche, du sol, de l'eau, de la flore ou de la faune indigène lors de l'échantillonnage envisagé. De même aucune activité susceptible de porter atteinte à la répartition ou à l'abondance d'une espèce à Plaine Marine ne doit être autorisée à l'exception de l'excavation de fossiles.
- Tout matériel introduit par l'homme et susceptible de porter atteinte aux valeurs de la zone, lorsqu'il n'a pas été introduit par un visiteur détenteur de permis conformément aux dispositions mentionnées sur le permis ou conformément à tout autre moyen d'autorisation, doit être enlevé si l'impact de l'opération d'enlèvement est moindre que celui de laisser le matériel sur place.

7 ix)   Élimination des déchets

Tous les déchets, y compris les déchets humains doivent être enlevés de la zone.

7 x)   Mesures nécessaires à la pérennisation des résultats du plan de gestion

- Un permis d'accès à la zone peut être délivré pour la réalisation d'activités de surveillance ou d'inspection dans la zone pouvant donner lieu au prélèvement d'un nombre limité d'échantillons ou à la collecte de données à étudier ou à analyser.
- Tout site spécifique devant faire l'objet d'une surveillance à long terme doit être clairement balisé et sa position GPS déterminée et consignée au Système de répertoire de données de l'Antarctique par le biais de l'autorité nationale compétente.
- Afin de préserver les valeurs géologiques, paléontologiques, géomorphologiques, biologiques, limnologiques et les autres valeurs spécifiques de Plaine Marine, toute personne se trouvant dans la zone doit prendre toutes les précautions possibles lorsqu'elle se déplace dans la zone, notamment à pied, sur les moraines, les surfaces rocheuses et les sols à diatomées et lorsqu'elle skie sur les pentes. Tout déplacement à pied en provenance et en direction de Plaine Marine ainsi que de la plaine située au sud du bassin Poséidon et à l'est de la crête Pickard doit être réduit au strict minimum dans le but de minimiser le risque de destruction des valeurs de la zone.
- Afin de maintenir la bonne conservation des valeurs écologiques et scientifiques de la zone qui est très peu touchée par les impacts anthropiques, des précautions particulières doivent être prises pour prévenir tout risque

9

d'introduction d'espèces non indigènes. Pour minimiser ce risque, il convient avant d'entrer à l'intérieur de la zone, de nettoyer méticuleusement les chaussures ainsi que tout matériel qui sera utilisé dans la zone.

• L'intégrité de la stratigraphie et des communautés endolithiques de la zone doit être préservée notamment à travers la fermeture et la protection des sites d'excavation. Il conviendrait de prendre les mesures suivantes :

   - de déposer le sol excavé sur une bâche en polythène d'une épaisseur suffisante ;
   - de redéposer le sol et les sédiments par couches successives et dans leur ordre initial ;
   - de replacer les plus grands clastes en respectant leur orientation initiale ;
   - de supprimer les irrégularités artificielles apportées au relief lors de l'activité d'excavation ; et
   - de réorienter la roche et le till lors de la fermeture.

• Le matériel scientifique abandonné sur le site doit être enlevé et les sites d'excavations réhabilités dans les meilleures conditions possibles.

7(xi)   Rapports de visite

Le détenteur principal d'un permis doit soumettre un rapport à l'autorité nationale compétente dès que possible après chaque visite sur le site, et au plus tard six mois à compter de la date de fin de la visite.

les rapports de visites doivent inclure, s'il y a lieu, les renseignements mentionnés dans le formulaire du rapport de visite contenu dans l'annexe 4 du Guide pour la préparation des plans de gestion des zones spécialement protégées en Antarctique.

Le cas échéant, l'autorité nationale compétente doit également adresser une copie du rapport de visite à la Partie ayant soumis le plan de gestion. En effet les informations contenues dans ces rapports sont utiles à la gestion de la zone et à la révision du plan de gestion correspondant.

Les Parties doivent à chaque fois que cela est possible, déposer les originaux ou copies des rapports de visites dans un lieu d'archivage accessible au public et fournissant des relevés de consultation qui pourraient être utilisés à des fins de révision du plan de gestion et pour l'organisation de l'utilisation scientifique qui est faite de la zone.

8. Bibliographie

Adamson, D.A. & Pickard. J. (1983) Late Quaternary Ice Movement across the Vestfold Hills, East Antarctica. In: Oliver, R.L., James, P.R. & Jago, J.B. (eds.) *Antarctic Earth Science: Proceedings of the Fourth International Symposium on Antarctic Earth Sciences, University of Adelaide, South Australia, 16-18 August 1982*, Australian Academy of Science, Canberra, pp. 465-469.

Adamson, D.A. & Pickard. J. (1986a) Cainozoic history of the Vestfold Hills. In: Pickard, J. (ed.) *Antarctic oasis: Terrestrial environments and history of the Vestfold Hills.* Academic Press Australia, Sydney, pp. 63-98.

Adamson, D.A. & Pickard. J. (1986b) Physiography and geomorphology of the Vestfold Hills. In: Pickard, J. (ed.) *Antarctic oasis: Terrestrial environments and history of the Vestfold Hills.* Academic Press Australia, Sydney, pp. 99-139

Bayly, I.A.E. (1986) Ecology of the zooplankton of a meromictic Antarctic lagoon with special reference to *Drepanopus bispinosus* (Copepoda: Calanoida). *Hydrobiologia* 140:199-231.

Bowman, J.P., McCammon, S.A., Brown, J.L., Nichols, P.D. & McKeekin, T.A. (1997) *Psychroserpens burtonensis* gen. nov., sp. nov., and *Gelidibacter algens* gen. nov., sp. nov., psychrophilic bacteria isolated from Antarctic lacustrine and sea ice habitats. *International Journal of Systematic Bacteriology* **47**: 670-677.

Burke, C.M. & Burton, H.R. (1988) The ecology of photosynthetic bacteria in Burton Lake, Vestfold Hills, Antarctica. In: Ferris J.M., Burton H.R., Johnstone G.W. & Bayly I.A.E. (eds.) *Biology of the Vestfold Hills, Antarctica.* Kluwer Academic Publishers, Dordrecht, The Netherlands, pp. 1-12.

Collerson, K. D. & Sheraton, J.W. (1986) Bedrock geology and crustal evolution of the Vestfold Hills. In: Pickard J. (ed.) *Antarctic oasis: Terrestrial environments and history of the Vestfold Hills.* Academic Press Australia, Sydney, pp. 21-62.

Dartnall, H. (2000) A limnological reconnaissance of the Vestfold Hills. *ANARE Reports* **141**: 57 pp.

Daniels, J. (1996) Systematics of Pliocene Dolphins (*Odontoceti: Delphinidae*) from Marine Plain, Antarctica. M.Sc. Thesis University of Otago, Dunedin, New Zealand.

Feldmann, R.M. & Quilty, P.G. (1997) First Pliocene decapod crustacean (Malacostraca: Palinuridae) from the Antarctic. *Antarctic Science* **9** (1): 56-60.

Fordyce, R.E., Quilty, P.G. & Daniels, J. (2002) *Australodelphos mirus*, a bizarre new toothless ziphiid-like fossil dolphin (Cetacea: Delphinidae) from the Pliocene of Vestfold Hills, East Antarctica. *Antarctic Science* **14**: (1) 37-54.

Gibson, J.A.E. (1999) The meromictic lakes and stratified marine basins of the Vestfold Hills, East Antarctica. *Antarctic Science* **11**: 175-192.

Gibson, J.A.E. (2001) Personal Communication. 10 December 2001.

Gore, D.B. (1993) Changes in the ice boundary around the Vestfold Hills, East Antarctica, 1947 – 1990. *Australian Geographical Studies* **31** (1): 49-61.

Harwood, D.M., McMinn, A. & Quilty, P.G. (2002) Diatom biostratigraphy and age of the Pliocene Sørsdal Formation, Vestfold Hills, East Antarctica. *Antarctic Science* **12**: 443-462.

Kiernan, K. & McConnell, A. (2001a) Impacts of geoscience research on the physical environment of the Vestfold Hill, Antarctica. *Australian Journal of Earth Sciences* **48**: 767-776.

Kiernan, K. & McConnell, A. (2001b) Land surface rehabilitation and research in Antarctica. *Proceedings of the Linnean Society of NSW* **123**: 101-118.

Kiernan, K., McConnell, A. & Colhoun, E. (1999) Thermokarst landforms and processes at Marine Plain, Princess Elizabeth Land, East Antarctica. *INQUA XV International Congress, 3-11 August 1999, Durban, South Africa. Book of Abstracts 1998.*

Marchant, H.J. & Perrin, R.A. (1986) Planktonic Choanoflagellates from two Antarctic lakes including the description of *Spiraloecion Didymocostatum* Gen. Et Sp. Nov. *Polar Biology* **5**: 207-210.

Miller, J.D., Horne, P., Heatwole, H., Miller, W.R. & Bridges L. (1988) A survey of terrestrial tardigrada of the Vestfold Hills, Antarctica. In: Ferris, J.M., Burton, H.R., Johnstone, G.W. & Bayly, I.A.E. (eds.) *Biology of the Vestfold Hills, Antarctica.* Kluwer Academic Publishers, Dordrecht, The Netherlands, pp. 197-208.

Pickard, J. (1985) The Holocene fossil marine macrofauna of the Vestfold Hills, East Antarctica. *Boreas* **14**: 189-202.

Pickard, J. (1986) Antarctic oases, Davis station and the Vestfold Hills. In: Pickard, J. (ed.) *Antarctic oasis: Terrestrial environments and history of the Vestfold Hills.* Academic Press Australia, Sydney, pp. 1-19.

Pickard, J., Adamson, D.A., Harwood, D.M., Miller, G.H., Quilty, P.G. & Dell, R.K. (1988) Early Pliocene marine sediments, coastline, and climate of East Antarctica. *Geology* **16**: 158-161.

Quilty, P.G. (1989) Landslides: Extent and economic significance in Antarctica and the subantarctic. In: Brabb, E.E. & Harrod, B.L. (eds.) *Landslides: Extent and Economic Significance.* Balkema, Rotterdam, pp. 127-132.

Quilty, P.G. (1991) The geology of Marine Plain, Vestfold Hills, East Antarctica. In: Thomson, M.R.A., Crame, J.A. & Thomson, J.W. (eds.) *Geological Evolution of Antarctic.* Cambridge University Press, Great Britain.

Quilty, P.G. (1992) Late Neogene sediments of coastal East Antarctica – An Overview. In: Yoshida, Y., Kaminuma, K. & Shiraishi (eds.) *Recent Progress in Antarctic Earth Science*, Terra Scientific Publishing Company, Tokyo, pp. 699-705.

Quilty, P.G. (1996) The Pliocene environment of Antarctica. *Papers and Proceedings of the Royal Society of Tasmania* **130**(2): 1-8.

Quilty, P.G. (2001) Personal Communication. 9 May 2002.

Quilty, P.G., Lirio, J.M. & Jillett, D. (2000) Stratigraphy of the Pliocene Formation, Marine Plain, Vestfold Hills, Antarctica. *Antarctic Science* **12** (2): 205-216.

Roberts, D. & McMinn, A. (1999) Diatoms of the saline lakes of the Vestfold Hills, Antarctica. *Bibliotheca Diatomologica*, Band 44, pp. 1-83.

Roberts, D. & McMinn, A. (1996) Relationships between surface sediment diatom assemblages and water chemistry gradients in saline lakes of the Vestfold Hills, Antarctica. *Antarctic Science* **8**: 331-34.

Seppelt, R. A., Broady, P.A., Pickard, J. & Adamson, D.A. (1988) Plants and landscape in the Vestfold Hills, Antarctica. In: Ferris J.M., Burton H.R., Johnstone G.W. & Bayly I.A.E. (eds.) *Biology of the Vestfold Hills, Antarctica.* Kluwer Academic Publishers, Dordrecht, The Netherlands, pp. 185-196.

11

Simpson, R.G.B., Van Den Hoff, J., Bernard, C., Burton, H.R. & Patterson, D.J. (1996) The ultrastructure and systematic position of the euglenozoon *Postgaardi Mariagerensis*, Fenchel Et Al. *Archiv fur Protisten Kunde*, 147.

Streten, N.A. (1986) Climate of the Vestfold Hills. In: Pickard, J. (ed.) *Antarctic oasis: Terrestrial environments and history of the Vestfold Hills*. Academic Press, Sydney pp. 141-164.

Whitehead, J.M., Quilty, P.G., Harwood, D.M. & McMinn, A. (2001) Early Pliocene palaeoenvironment of the Sørsdal Formation, Vestfold Hills, based on diatom data. *Marine Micropaleontology* **41**: 125-152.

Williams, R. (1998) The inshore marine fishes of the Vestfold Hills region, Antarctica. In: Ferris J.M., Burton H.R., Johnstone G.W. & Bayly I.A.E. (eds.) *Biology of the Vestfold Hills, Antarctica. Kluwer Academic Publishers, Dordrecht, The Netherlands, pp. 161-167.*

Map A: Antarctic Specially Protected Area No 143, Marine Plain
Vestfold Hills, Ingrid Christensen Coast, East Antarctica

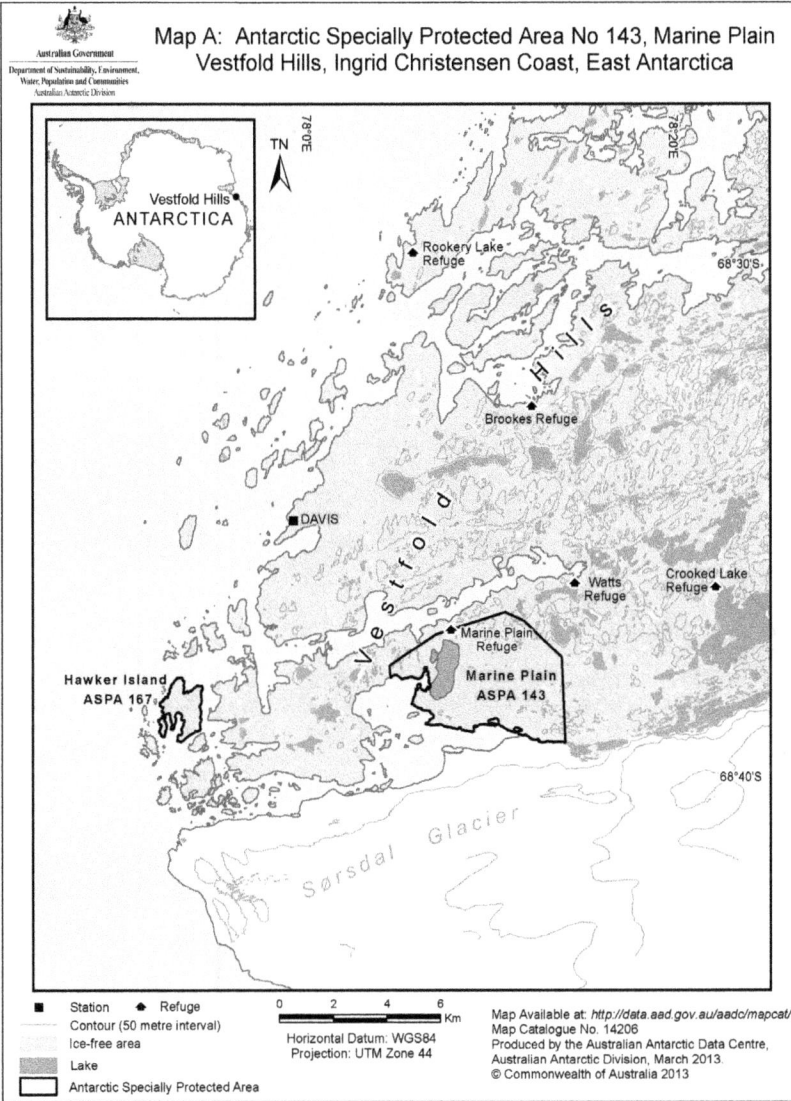

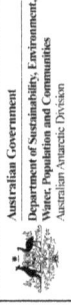

Map B: Antarctic Specially Protected Area No 143, Marine Plain
Vestfold Hills, Ingrid Christensen Coast, East Antarctica
Topography and Fauna Distribution

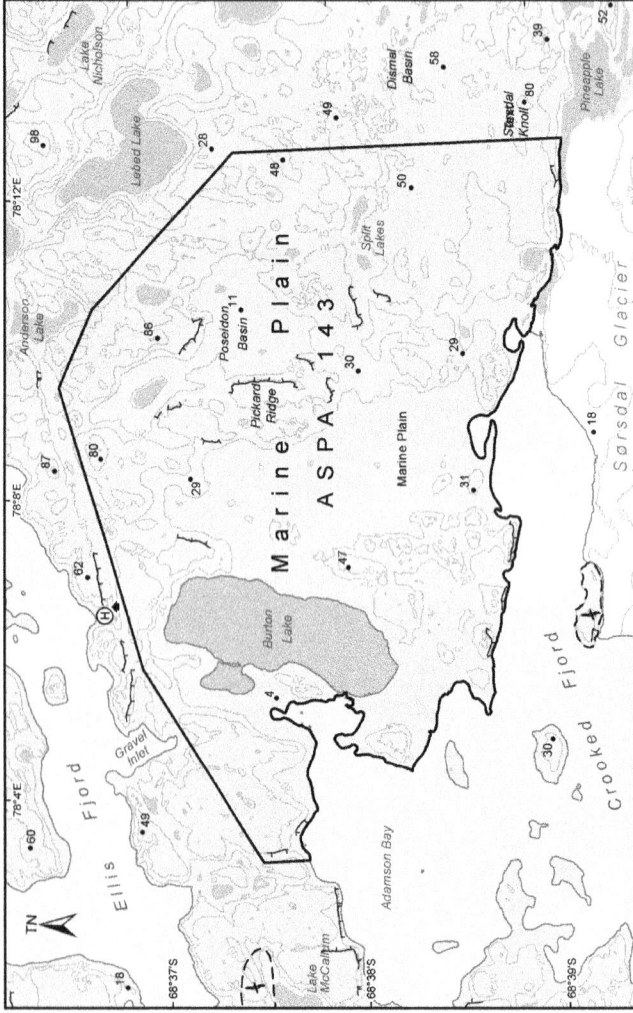

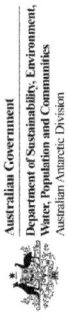

Mesure 9 (2013), Annexe

Map C: Antarctic Specially Protected Area No 143, Marine Plain Vestfold Hills, Ingrid Christensen Coast, East Antarctica Geology

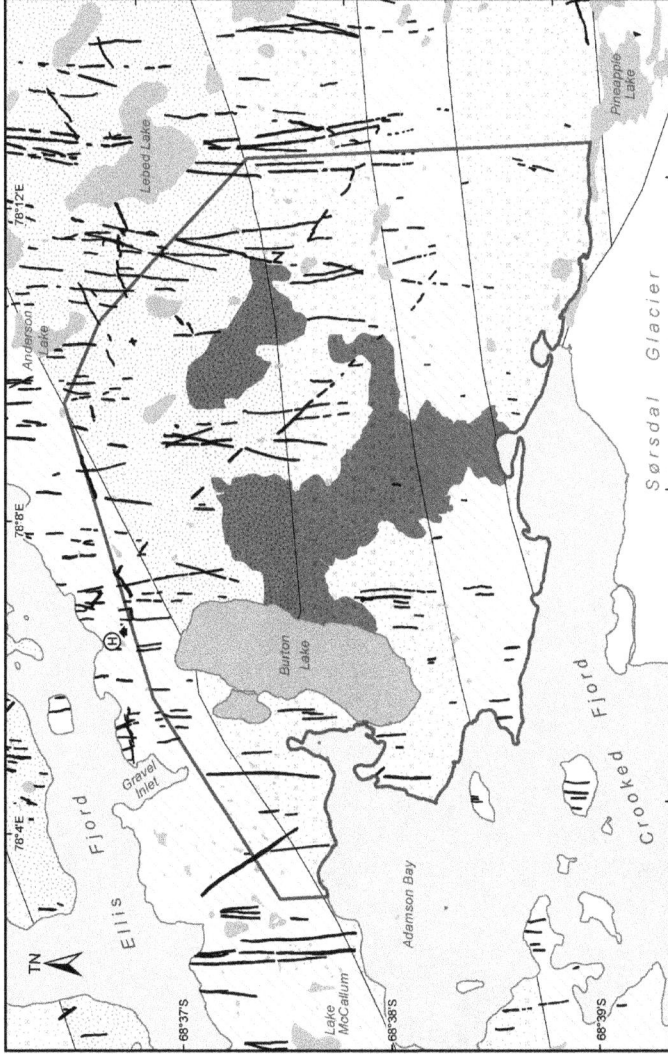

Plan de gestion de la Zone spécialement protégée n° 147 de l'Antarctique

VALLÉE ABLATION, MONT GANYMEDE, ÎLE ALEXANDRE

Introduction

La désignation de la Vallée Ablation, Mont Ganymède, l'île Alexandre (70°48'S, 68°30'O, environ 180 km²) comme Zone spécialement protégée de l'Antarctique (ZSPA) est motivée principalement par la protection des valeurs scientifiques, notamment géologiques, géomorphologiques, glaciologiques, limnologiques et écologiques de cette vaste zone d'ablation.

Pointe Ablation –Mont Ganymède (latitude sud 70° 48', longitude ouest 68°30', environ 180 km², île Alexandre) a été au départ désigné site d'intérêt scientifique particulier (SISP) n° 29 en vertu de la recommandation XV-6, proposée par le Royaume-Uni. Ce site portait sur une région libre de glace dans sa majeure partie et située, d'une part, entre la latitude sud 70° 45' et la latitude sud 70°55' et, d'autre part, entre la longitude ouest 68°40' et la côte du goulet Georges VI. La zone comprend plusieurs systèmes de vallées séparés par des crêtes et un plateau d'une altitude comprise entre 650 et 760 m.

Le Plan de gestion initial (recommandation XV-6) décrivait la Zone comme une des zones de plus forte ablation en Antarctique occidentale avec une géologie complexe, les principaux types de roches étant des conglomérats, des schistes et des grès arkosiques, comprenant notamment des schistes boueux et graveleux ainsi que des brèches sédimentaires. La base de la succession est formée d'un mélange spectaculaire qui comprend de grands amas de lave et d'agglomérats. Celle-ci affleure sur les lits de la vallée ainsi qu'au pied de plusieurs falaises. La zone possède de nombreuses particularités géomorphologiques, notamment des plages surélevées, des systèmes de moraines et des sols réticulés. Elle renferme également plusieurs lacs d'eau douce gelés en permanence et plusieurs lagunes qui, elles, sont libres de glace et abritent une flore (y compris des bryophytes aquatiques) et une faune très variées. La végétation est en général peu abondante, le seul type de communauté dominée par la mousse et l'hépatique étant limité aux «oasis» où on décèle la présence d'eau dans un cadre montagneux en général sec et désolé. Les écosystèmes dulçaquicole et terrestre sont vulnérables à l'action de l'homme et, par conséquent, méritent d'être protégés de toute présence humaine excessive. En résumé, les principales valeurs de la Zone sont ses particularités écologiques, limnologiques, glaciologiques, géomorphologiques et géologiques ainsi que son remarquable intérêt scientifique connexe puisqu'il s'agit de la plus grande zone d'ablation sans glace de l'Antarctique occidentale.

 La désignation de la ZSPA vallée Ablation, Mont Ganymède, Île d'Alexandre, s'intègre dans le contexte plus large du système de Protection de l'Antarctique en protégeant une des zones de plus forte ablation en Antarctique occidental. Des valeurs environnementales et scientifiques équivalentes ne sont pas protégées dans d'autres ZSPA de la Zone péninsulaire antarctique. La Résolution 3 (2008) recommandait que l'analyse des domaines environnementaux du continent antarctique soit utilisée comme un modèle dynamique pour l'identification des zones spécialement protégées de l'Antarctique dans le cadre environnemental-géographique visé dans l'Article 2(2) de l'Annexe V du Protocole (voir également Morgan et al.al. 2007). Si l'on s'en tient à ce modèle, de petites parties de la ZSPA 147 se trouvent dans le domaine environnemental E de la Péninsule antarctique ainsi que dans les principaux champs glaciaires de l'île Alexandre. Pourtant, bien que cela ne soit pas mentionné de manière spécifique dans Morgan et al.al. Il se peut que la Zone englobe le domaine C (Sud géologique de la Péninsule antarctique). D'autres zones protégées englobant le domaine E comprennent les ZSPA 113, 114, 117, 126, 128, 129, 133, 134, 139, 149, 152, 170, ainsi que les ZSGA 1 et 4. D'autres zones protégées contenant le domaine C comprennent ZSPA 170 (même si Morgan et al. – 2007 – ne l'a pas relevé de manière spécifique). La ZSPA fait partie de la Région de conservation biogéographique de l'Antarctique (ACBR) n° 4, Sud central de la Péninsule antarctique, et constitue l'une des deux ZSPA de l'ACBR 4, l'autre étant la ZSPA 170 (Terauds et al.al. 2012).

1. Description des valeurs à protéger

Les valeurs faisant partie du Plan de gestion initial sont réaffirmées dans le présent Plan de gestion. D'autres valeurs qui ressortent avec évidence de descriptions scientifiques de la vallée Ablation, Mont Ganymède sont autant de raisons importantes justifiant une protection spéciale de la Zone. Ces valeurs sont :

- La présence d'affleurements sur la formation <u>Fossil Bluff</u>, structure géologique d'importance capitale car c'est la seule région connue présentant un affleurement ininterrompu englobant le Jurassique et le Crétacé dans l'Antarctique et, dès lors, un lieu essentiel pour comprendre les changements qu'ont connu la flore et de la faune entre ces deux ères géologiques.
- La présence d'un phénomène géomorphologique contigu, au caractère unique et exceptionnel, révélant des fluctuations de glaciers et de la plateforme glaciaires sur plusieurs milliers d'années, ainsi que d'autres traits géomorphologiques issus de processus glaciaires, périglaciaires, lacustres, éoliens, alluviaux et érosifs.
- Deux lacs d'eau douce gelés en permanence (lacs Ablation et Moutonnée) qui ont la particularité d'être en contact avec les eaux salées du goulet Georges VI.
- La présence d'un biote marin, y compris de poissons *Trematomus Bernacchii*, dans le lac Ablation où plusieurs phoques ont été observés malgré la distance de près de 100 km qui les sépare de la mer libre.
- La Zone recèle une diversité de bryophytes (au moins 21 espèces) qui n'existe sur aucun autre site sous cette latitude en Antarctique. Un biote de cyanobactéries, d'algues et de lichens (plus de 35 taxons) d'une grande variété a été observé. La plupart des bryophytes et des lichens se trouvent surtout à la limite méridionale de leur aire de distribution. Certaines de ces espèces sont extrêmement rares en Antarctique.
- Plusieurs mousses observées dans les lacs et les lagunes à des profondeurs de 9 m. Bien que ces espèces soient terrestres, elles peuvent vivre submergées pendant plusieurs mois chaque année lorsque leur habitat est inondé. Une espèce, *Campyliadelphus polygamus*, s'est adaptée à la vie aquatique et certaines colonies, en immersion permanente, ont atteint des dimensions considérables pouvant dépasser 30 cm. Elles représentent le plus bel exemple de végétation aquatique dans la région de la Péninsule antarctique.
- Plusieurs espèces de bryophytes sont fertiles dans la Zone (produisant des sporophytes) et certaines sont d'ailleurs inconnues ou très rares ailleurs en Antarctique dans ce contexte spécifique (hépatique *Cephaloziella varians* et mousses *Bryoerythrophyllum recurvirostrum*, *Distichium cappilaceum* et *Schistidium*).
- La Zone abrite les plus importantes concentrations de végétation de l'île Alexandre, qui se retrouvent notamment dans les zones irriguées où les communautés de bryophytes et de lichens couvrent jusqu'à 100 m², voire plus. Dans les aires peu exposées, des groupes d'espèces terricoles développent des communautés inconnues ailleurs en Antarctique, tandis que les crêtes de roches exposées et les champs de galets stables abritent une communauté localement abondante de lichens, en général dominée par l'espèce *Usnea sphacelata*.
- En termes comparatifs, la Zone est riche en nombre et en abondance des espèces microarthropodes si l'on considère leur répartition aussi loin au sud. Le collembole *Friesia topo* y est représenté et tout porte à croire qu'il est endémique à l'île Alexandre. La vallée Ablation est le seul site de l'île Alexandre où l'acarien prédateur *Rhagidia gerlachet* a été observé, rendant le réseau trophique plus complexe qu'à d'autres endroits sous cette latitude.

2. Buts et objectifs

Le présent Plan de gestion vise à :

- éviter la dégradation et les menaces sérieuses susceptibles d'affecter les valeurs de la Zone en empêchant toute perturbation humaine inutile dans la Zone ;
- empêcher ou réduire au minimum l'introduction dans la Zone de plantes, animaux et microbes non indigènes ;
- autoriser la recherche scientifique dans la Zone à condition qu'elle soit motivée par des raisons impérieuses et ne puisse être menée ailleurs et qu'elle ne porte pas atteinte à l'écosystème naturel de la Zone;
- préserver l'écosystème naturel de la Zone en tant que site de référence pour des études futures.

3. Activités de gestion

Les activités de gestion suivantes seront menées pour protéger les valeurs de la Zone :

- les bornes, signes et autres structures (ex: cairns) érigés dans la Zone à des fins scientifique ou de gestion doivent être solidement fixés et maintenus en bon état puis enlevés lorsqu'ils ne seront plus nécessaires ;

- des copies du présent Plan de gestion doivent être mises à la disposition des aéronefs qui prévoient de visiter le voisinage de la Zone ;

- le Plan de gestion doit être révisé au moins tous les cinq ans et mis à jour selon que de besoin ;

- une copie du Plan de gestion doit être mise disposition à la Station de recherche Rothera (Royaume-Uni ; 67°34'S, 68°07'O) et à la Station Général San Martín (Argentine ; 68°08', 67°06'O) ;

- Toutes les activités scientifiques et de gestion menées dans la Zone doivent faire l'objet d'une évaluation de l'impact sur l'environnement (EIE), conformément aux conditions prévues à l'Annexe I du Protocole au Traité sur l'Antarctique relatif à la protection de l'environnement ;

- Les programmes antarctiques nationaux activant dans la Zone se consulteront pour assurer la mise en œuvre des activités de gestion susmentionnées.

4. Durée de désignation

Désignation pour une durée indéterminée.

5. Cartes et photographies

Carte 1. Coordonnées de la vallée Ablation, Mont Ganymède, dans la Péninsule antarctique. Spécifications sur la carte : Stéréographique polaire antarctique WGS84. Méridien central - 55°, Parallèle standard : -71°.

Carte 2. Carte de la ZSPA n° 147 : vallée Ablation, Mont Ganymède. Spécifications sur la carte : Stéréographique polaire antarctique WGS 1984. Méridien central : -71°, Parallèle standard : -71°.

Carte 3. Carte topographique de la ZSPA n° 147 : vallée Ablation, Mont Ganymède. Spécifications sur la carte : Stéréographique polaire antarctique WGS 1984. Méridien central : -68,4°, Parallèle standard : -71,0°.

6. Description de la Zone

6(i) Coordonnées géographiques, bornes et caractéristiques naturelles

Description générale

La vallée Ablation, Mont Ganymède (zone délimitée par les latitudes sud 70°45' et 70°55' et les longitudes ouest 68°21' et 68°40', environ 180 km²) est située sur la façade est de l'île Alexandre, la plus grande des îles de la côte occidentale de la terre Palmer sur la Péninsule antarctique (cartes 1 et 2). La distance ouest-est au centre de la Zone est d'environ 10 km tandis que la distance nord-sud est de 18 km environ. La Zone est entourée, à l'ouest, par la partie supérieure du glacier Jupiter, à l'est par la plate-forme glaciaire du goulet Georges VI, au nord par le glacier Grotto et, au sud, par les avancées inférieures du glacier Jupiter. La vallée Ablation, Mont Ganymède abrite la plus importante zone libre de glace contiguë du secteur de la Péninsule antarctique. Elle compte aussi des champs de glace permanents plus petits et des glaciers encaissés qui occupent à peine 17 % de la superficie de la Zone. Caractérisée par une topographie montagneuse, la Zone comprend des vallées escarpées séparées par des crêtes légèrement ondulantes aux allures de plateaux qui se situent à une altitude moyenne de 650 à 750 m, pouvant atteindre parfois 1070 m (Clapperton et Sugden, 1983). La région a fait l'objet d'une glaciation importante même si la structure relativement plate des roches sédimentaires et les rigoureuses conditions climatiques ont contribué à une topographie plutôt arrondie à l'exception de quelques «marches» de falaises constituées de conglomérats et de grès en couches importantes (Taylor *et al* 1979).

La Zone comprend quatre vallées principales libres de glace (Ablation, Moutonnée, Flatiron et Striation) dont les trois premières contiennent de grands lacs d'eau douce couverts de glace (Heywood, 1977, Convey et Smith, 1997). Le plus grand d'entre eux est le lac proglaciaire Ablation (environ 7 km²) qui a été retenu par les glaces « remontant » la vallée sous la pression du déplacement vers l'ouest de l'épaisse plate-forme glaciaire (100 à 500 m) Georges VI dont la surface se situe à 30 m au-dessus du niveau de la mer (Heywood, 1977, Clapperton et Sugden, 1982). D'un point de vue biologique, l'écosystème terrestre est à un point intermédiaire entre l'Antarctique maritime plutôt doux du nord et l'Antarctique continental plus sec et plus froid de la partie méridionale. En dépit de sa «sécheresse », la vallée abrite un biote extrêmement riche et constitue un outil de référence très utile pour les comparaisons avec les zones d'ablation plus extrêmes et biologiquement plus pauvres du continent antarctique (Smith, 1988).

Limites

La Zone désignée comprend la totalité du massif abritant la vallée Ablation – Mont Ganymède qui est délimité à l'ouest par la crête principale séparant le glacier Jupiter des principales vallées Ablation – Moutonnée – Flatiron (carte 3). La limite orientale se situe à la bordure ouest de la plate-forme glaciaire Georges VI. La limite septentrionale de la Zone est définie par la crête principale séparant le glacier Grotto de la vallée Erratique et d'autres vallées tributaires de la vallée Ablation directement au sud. Au nord-ouest de la Zone, la limite longe le col - recouvert des glaces les plus épaisses - qui sépare la partie supérieure du glacier Jupiter de la vallée Ablation. La limite méridionale de la Zone, allant de l'est de la crête principale sur le flanc occidental de la vallée Flatiron jusqu'au point de jonction entre le glacier Jupiter et la plate-forme glaciaire Georges VI, correspond au bord latéral septentrional du glacier Jupiter.

Comme, à certains endroits, la ligne de démarcation entre le lac Ablation et la plate-forme glaciaire Georges VI est floue, la limite orientale de la Zone au niveau de la vallée Ablation se définit comme une ligne droite orientée plein sud entre l'extrémité est de pointe Ablation et le point de contact entre la plate-forme glaciaire et la terre, point à partir duquel la limite orientale suit la lisière terre-glacier. La physiographie est semblable plus au sud, au lac Moutonnée, et la limite orientale à cet endroit se définit comme une ligne droite s'étendant de l'extrémité est de la pointe sur le flanc nord du lac Moutonnée à un endroit abritant un grand bassin d'eau de fonte et où la plate-forme glaciaire rejoint la terre à partir d'où la frontière suit la lisière terre-glacier du manteau continental vers le sud où se joignent le glacier Jupiter et la plate-forme glaciaire Georges VI. Ainsi, le site comprend la totalité des lacs Ablation et Moutonnée ainsi que les parties de la plate-forme glaciaire qui les retiennent. Les coordonnées des limites figurent à l'Annexe 1.

Climat

Aucune donnée météorologique approfondie n'est disponible sur la Zone de la vallée Ablation – Mont Ganymède, mais son climat a été décrit comme étant dominé par la double influence de dépressions cycloniques partant de l'Océan austral en direction de l'est, contre le courant d'air anticyclonique frais, plus continental et allant du nord au nord-ouest, qui part de la plate-forme glaciaire de l'ouest de l'Antarctique (Clapperton et Sugden, 1983). Les dépressions cycloniques génèrent un temps relativement doux, des vents violents du nord et un épais couvert nuageux sur la région, tandis que les mouvements anticycloniques produisent des conditions visibles, fraiches et stables, avec des températures au-dessous de 0° ainsi que des vents relativement faibles en provenance du sud. Les données enregistrées dans les environs (à 25 km), au début des années 1970, révèlent une température estivale moyenne légèrement au-dessous de zéro, et une moyenne annuelle d'environ -9° C (Heywood, 1977). Quant aux précipitations, elles s'évaluaient à <200 mm d'eau équivalent par an, avec un peu de neige en été. On rencontre souvent une légère couche de neige post-hivernale, mais la région demeure généralement sans neige vers la fin de l'été, hormis quelques flocons isolés qui peuvent persister par endroits.

Géologie

La Zone de la vallée Ablation – Mont Ganymède offre une géologie complexe mais reste dominée par des roches sédimentaires bien stratifiées. La caractéristique la plus visible du massif reste un grand anticlinal asymétrique, avec une orientation nord-ouest–sud-est et s'étendant du Glacier Grotto jusqu'au Glacier Jupiter (Bell, 1975 ; Crame et Howlett, 1988). Des failles chevauchantes sur la partie centrale du massif suggèrent des déplacements verticaux de strates jusqu'à 800 m (Crame et Howlett, 1988). Les principales lithologies se composent de conglomérats, de grès arkosiques et d'argiles schisteuses fossilifères, avec des boues rocheuses subordonnées et des brèches (gravillons) sédimentaires (Elliot, 1974 ; Taylor et al.al. 1979 ; Thomson, 1979). Un ensemble de fossiles ont été identifiés sur les strates, appartenant au jurassique supérieur/crétacée inférieur, dont des bivalves, des brachiopodes, des bélemnites, des ammonites, des dents de requin et des plantes (Taylor et al.al. 1979 ; Thomson, 1979 ; Crame et Howlett, 1988 ; Howlett, 1989). Plusieurs types de lave interstratifiée ont été observés aux plus bas affleurements de la pointe Ablation (Bell, 1975). La base de cette succession est constituée d'un mélange impressionnant de blocs de lave et d'agglomérés qui affleurent aussi bien sur les sols des vallées qu'à la base de nombreuses falaises (voir Bell, 1975 ; Taylor et al. 1979). La présence des affleurements de la formation Fossil Bluff revêt une grande importance géologique parce qu'il s'agit de l'unique zone connue d'affleurements ininterrompus de rochers de l'ère crétacée/jurassique en Antarctique, faisant de la Zone un lieu essentiel pour comprendre l'évolution de la flore et de la faune entre ces deux ères géologiques.

Géomorphologie et sols

Toute la Zone était jadis couverte de glaciers venant de l'intérieur de l'île Alexandre. Ainsi, les formes terrestres issues tant de l'érosion glaciaire que de dépôts sont présentes partout dans la Zone, prouvant l'avènement d'un mouvement général de glace vers l'est dans le Détroit George VI (Clapperton et Sugden, 1983). Les glaciers inadaptés, le lit rocheux strié et les blocs erratiques indiquent une considérable déglaciation qui remonte au maximum glaciaire pléistocène (Taylor et al. 1979 ; Roberts et al. 2009). De nombreuses moraines terminales présentes sur le front des derniers glaciers actuels, plusieurs sites étonnamment libres d'astragales, et les roches moutonnées polies et striées, indiquent que le retrait glaciaire a pu être rapide (Taylor et al. 1979). Il est permis de conclure que la plate-forme George VI n'existait pas encore entre 9600 et 7730 ans environ (année civile, BP), ce qui laisse croire que le massif de la vallée Ablation – Mont Ganymède n'aurait probablement pas, et en grande partie, de glace à cette époque, même si un certain nombre de mouvements glaciaires ultérieurs ont été enregistrés dans la région (Clapperton et Sugden, 1982 ; Bentley et al. 2005 ; Smith et al. 2007a,b ; Roberts et al. 2008 ; Bentley et al. 2009). L'absence de plate-forme glaciaire laisse penser que les variabilités océaniques-atmosphériques du début de l'holocène dans la Péninsule antarctique étaient bien supérieures à ce qu'on a relevé ces dernières décennies (Bentley et al. 2005). Roberts et al. (2009) ont étudié les deltas adjacents aux lacs Ablation et Moutonnée qui, au départ, étaient plus élevés que le niveau actuel des lacs, et ils en ont conclu que le niveau de la mer avait baissé de quelque 14,4 m depuis la mi-holocène dans cette partie de l'île Alexandre.

Le relief de la région a été modifié par des processus périglaciaires, gravitationnels et fluviaux. Le lit rocheux des surfaces supérieures du plateau (où il a été largement maintenu intact au point d'être surchargé) a été brisé en fragments plats et en blocs sous l'action du gel (Clapperton et Sugden, 1983). Sur les pentes de la vallée, les lobes de gélifluction, blocs et cercles rocheux sont nombreux, alors que les sols de la vallée sont jonchés de cercles rocheux et de formes polygonales sur des sédiments glaciaires et fluvioglaciaires soumis à l'action du gel. Les parois de la vallée sont également dominées par un relief issu de l'action du gel, de l'activité des roches et de glace, ainsi que de mouvements saisonniers d'eau de fonte, qui ont laissé des pentes d'astragale et des failles rocheuses visibles sous des ravins incisés. Les énormes débris de roches sédimentaires fissiles ont aussi entraîné le développement, à environ 50°, de pentes rectilignes, horizontales et légèrement couvertes de débris sur le substrat rocheux. Quelques reliefs éoliens ont été relevés, avec des dunes d'un mètre de haut et de 8 m de long, comme par exemple dans la Vallée erratique (Clapperton et Sugden, 1983). De fines couches de tourbe de 10 à 15 m de profondeur sont rencontrées parfois dans les zones végétales, traduisant les évolutions les plus notables du sol de la Zone.

Écologie d'eau douce

La vallée Ablation – Mont Ganymède est un site limnologique exceptionnel abritant un certain nombre de lacs, d'étangs et de cours d'eau ainsi qu'une flore benthique généralement riche. De fin décembre à février, l'eau ruisselante naît de trois sources, à savoir les précipitations, les glaciers et la fonte de la plate-forme glaciaire George VI, et toute cette eau s'écoule généralement vers la côte (Clapperton et Sugden, 1983). La plupart des cours d'eau, d'une longueur de plusieurs kilomètres, recueillent les eaux des glaciers et des champs de neige permanents. Les principaux cours d'eau s'écoulent dans les lacs Ablation et Moutonnée, qui sont tous deux endigués par la plate-forme glaciaire. Selon des études menées à la fin des années 1970, ces lacs congelés avaient une profondeur de 2 à 4,5 m toute l'année, avec des profondeurs maximales d'eau de 117 m et 50 m respectivement (Heywood, 1977). Dans les deux lacs, une couche supérieure et stable d'eau fraîche, d'environ 60 m et 30 m respectivement, renferme des eaux de plus en plus salines influencées par l'interconnexion avec l'océan se trouvant sous la plate-forme glaciaire, tout en soumettant les lacs à l'influence des marées (Heywood, 1977). Les étangs d'eau de fonte de surface qui, en hiver, forment en particulier des cuvettes entre les chaînes de pression de la glace des lacs, sont en crue quotidiennement et envahissent même les zones alluviales des vallées plus basses (Clapperton et Sugden, 1983).

Des observations récentes indiquent une diminution de la couverture glaciaire permanente des lacs, par exemple de l'ordre de 25% pour le lac Moutonnée – qui n'avait pas de couvert glaciaire durant les étés de 1994-1995 et 1997-1998 (Convey et Smith, 1997 ; Convey comm. perso., 1999). Toutefois, les trois lacs de la Zone étaient presque entièrement couverts de glace au début de février 2001 (Harris, 2001). De nombreux étangs et bassins éphémères et généralement allongés, se forment sur les côtés latéraux de l'écart entre la terre ferme et la plate-forme glaciaire, et leur longueur varie entre 10 et 1500 m, avec une largeur allant jusqu'à 200 m et des profondeurs oscillant entre 1 et 6 m (Heywood, 1977 ; Clapperton et Sugden, 19983). Ces étangs/bassins entrent souvent en crue en période de fonte, mais parfois ils peuvent s'écouler subitement à travers des fissures sous-glaciaires vers la plate-forme glaciaire et créant les anciens côtes des lacs que l'on peut voir sur les moraines environnantes. Les mêmes étangs/bassins peuvent varier énormément en termes de turbidité en fonction de la présence de sédiments glaciaires suspendus. Les bassins sont en général libres de glace en été, tandis que les grands étangs retiennent souvent une partie du couvert glaciaire ; il se peut que seule l'eau des étangs profonds se congèle et devienne solide en hiver (Heywood, 1977). De nombreux étangs d'un hectare et de 15 m de profondeur sont présents dans les vallées, certains possédant de larges couvertures de mousses jusqu'à 9 m de profondeur (Light et Heywood, 1977). Les espèces dominantes qui y ont été décrites étaient *Campylium polygamum* et *Dicranella*, dont les tiges atteignaient 30 cm de longueur. Des espèces telles que le *Bryum pseudotriquetrum* (et probablement une seconde espèce de *Bryum*), *Distichium capillaceum*, ainsi qu'une espèce non identifiée de *Dicranella* ont toutes évolué sur le substrat benthique à 1 m de profondeur ou plus (Smith, 1988). La couverture en mousses atteignait 40 à 80% dans la zone de 0,5 à 5 m de profondeur (Light et Heywood, 1975). Le gros de la zone restante était couvert de feutres cyanobactériens (11 taxons) ayant jusqu'à 10 cm d'épaisseur, avec une dominance de *Calothrix*, *Nostoc* et *Phormidium*, ainsi que de microalgues dérivées – 36 taxons (Smith, 1988). Les augmentations considérables de mousses indiquent que ces étangs sont peut-être relativement permanents, même si leurs niveaux peuvent fluctuer d'une année à l'autre. La température de l'eau atteint quelque 7° C dans les étangs plus profonds et 15° C dans les bassins peu profonds en été, offrant aux bryophytes un environnement relativement favorable et stable. Les bassins peu profonds – habitats de plusieurs types de mousses – peuvent normalement abriter une végétation terrestre et être en crue pendant de courtes périodes en été (Smith, 1988). Les algues abondent dans les cours d'eau à faible débit ainsi que dans les eaux de fonte éphémères, même si elles ne colonisent pas les lits instables des cours d'eau à haut débit. Par exemple, les vastes zones humides du niveau du sol, dans la vallée Moutonnée, disposent d'une flore particulièrement riche – plus de 90% de couverture à certains endroits –, avec cinq espèces de desmidiales (rares en Antarctique) et de nombreux *Zygnema* filamenteux verts, ainsi que *Nostoc* spp. et *Phormidium* spp., dans les zones plus sèches, moins stables et ensablées (Heywood, 1977).

Les protozoaires, les rotifères, les tardigrades et les nématodes forment la faune benthique des bassins, étangs et cours d'eau (Heywood, 1977). Les densités sont généralement les plus fortes dans les cours d'eau à faible débit. Le copépode *Boeckella poppei* se trouvait en abondance dans les lacs, étangs et bassins, mais pas dans les cours d'eau. Le poisson marin *Trematomus bernacchii* était capturé dans des pièges placés dans le lac Ablation à une profondeur de 70 m, sur la couche d'eau saline (Heywood et Light, 1975 ; Heywood, 1977). Une espèce de phoque non identifiée, mais probablement crabier (*Lobodon carcinophagus*) ou de Weddell (*Leptonychotes weddellii*) a été signalée à l'extrémité du lac Ablation à la mi-décembre 1996 (Rossaak, 1997), et plusieurs personnes ont déclaré avoir vu des phoques solitaires les saisons précédentes (Clapperton et Sugden, 1982).

Végétation

La Zone de la vallée Ablation – Mont Ganymède est essentiellement aride. Peu abondante, la végétation est répartie de manière discontinue. Cependant, des communautés végétales complexes existent dans les zones d'infiltration et au large des cours d'eau, et présentent un intérêt tout particulier car:

elles évoluent dans un environnement quasi-stérile ;

les communautés mixtes de bryophytes et de lichens sont les plus développées et les plus diversifiées au sud de la latitude 70°S (Smith, 1988 ; Convey et Smith, 1997) ;

certaines unités taxonomiques de bryophytes sont abondamment fertiles et productives, dans leur limite sud – ce qui est un phénomène inhabituel chez toutes les bryophytes de l'Antarctique, notamment à l'extrême-sud (Smith et Convey, 2002) ;

la région est la localité méridionale la plus connue de par sa richesse taxonomique ; et

même si certaines de ces communautés sont présentes également à d'autres endroits au sud-est de l'île Alexandre, la Zone présente les meilleurs et plus importants exemples connus sous cette latitude.

La diversité de mousses est particulièrement élevée à cette latitude, avec au moins 21 espèces enregistrées dans la Zone, soit 73% des espèces connues dans l'île Alexandre (Smith, 1997). Les lichens sont également présents en grande variété, avec plus de 35 taxons connus. S'agissant des microlichens, 12 des 15 espèces connues dans l'île Alexandre sont représentées dans la Zone (Smith, 1997). Les vallées Ablation, Moutonnée et Striation, ainsi que le littoral SE, regorgent de vastes bassins de végétation tant terrestre que marine (Smith, 1997 ; Harris, 2001). Smith (1988, 1997) a rapporté que la végétation de bryophytes se trouve généralement dans des zones de 10 à 50 m^2, voire 625 m^2 pour certaines, et à des altitudes comprises entre environ 5 m et 40 m, sur des pentes situées au nord ou orientées vers l'est, au niveau des vallées principales. Harris (2001) a, pour sa part, enregistré de grands bassins de bryophytes presque contigus pouvant atteindre 8000 m^2, sur les pentes regardant le sud-est, au niveau du littoral austro-oriental de la Zone, à une altitude de quelque 10 m, près du lieu de jonction entre le Glacier Jupiter et la plate-forme George VI. Un bassin continu d'environ 1600 m^2 a été enregistré sur les pentes humides de la partie inférieure de la vallée Striation. Plusieurs larges bandes continues de mousses (atteignant 1000 m^2) ont été observées sur les pentes de la vallée Striation regardant le sud-ouest et le nord-ouest, à une hauteur de 300 à 400 m. D'autres petites bandes discontinues de mousses ont été enregistrées à proximité, à une altitude de 540 m. Des mousses ont été également observées sur les sommets de la vallée Ablation, à des altitudes de 700 m environ.

La bryophyte dominante des zones les plus humides est l'hépatique *Cephaloziella varians*, qui forme un tapis saumâtre de pousses densément entrelacées. Bien que les données recueillies à la partie la plus méridionale pour l'espèce *C. varians* aient été enregistrées à 77°S à partir de la Baie Botany, à Cape Geology (ZSPA n° 154) à Terre Victoria, les vastes tapis qu'elle forme dans le massif de la vallée Ablation – Mont Ganymède représentent les étendues les plus importantes de cette espèce aussi bien dans l'extrême-sud que dans l'Antarctique maritime. Les cyanobactéries, notamment *Nostoc* et *Phormidium* spp., apparaissent fréquemment soit sur une surface occupée par les hépatiques, soit sur le sol ou en compagnie de pousses de mousse. Au-delà des zones les plus humides, des tapis ondulés de mousses pleurocarpes dominées par *Campylium polygamum* constituent les étendues les plus verdoyantes de la végétation, avec des *Hypnum revolutum*. Ces tapis occupent jusqu'à 10 – voire 15 cm – de tourbes constituées en grande partie de pousses moribondes et non décomposées de mousses. Mélangés à ces mousses mais souvent prédominants sur des espaces plus secs, les *Bryum pseudotriquetrum* poussent comme des "coussins" isolés qui peuvent fusionner pour former une tourbe alambiquée. Sur ces zones périphériques plus sèches, plusieurs autres bryophytes formant des tourbes se mélangent souvent aux *Bryum*. Hormis les espèces plus 'hydriques' susmentionnées, celles-ci comprennent le taxon calcicole : *Bryoerythrophyllum recurvirostrum, Didymodon brachyphyllus, Distichium capillaceum, Encalypta rhaptocarpa, E. procera, Pohlia cruda, Schistidium antarctici, Tortella fragilis, Syntrichia magellanica, Tortella alpicola,* ainsi que plusieurs espèces non identifiées de *Bryum* et de *Schistidium*.

Le massif de la vallée Ablation – Mont Ganymède se distingue par une occurrence inhabituelle d'un certain nombre de bryophytes fertiles constitue une caractéristique majeure. Les bryophytes antarctiques ne produisent guère de sporophytes, mais *Bryum pseudotriquetrum, Distichium capillaceum, Encalypta rhaptocarpa, E. procera* et *Schistidium* spp. ont tous été enregistrés comme étant des espèces fréquemment fertiles de la Zone. Très rarement, de petites quantités de mousses *Bryoerythrophyllum recurvirostre* et d'hépatiques *Cephaloziella varians* ont été observées comme étant productives dans la vallée Ablation et c'était la première qu'on le constatait quelque part en Antarctique (Smith comm. perso., cité dans Convey, 1995 ; Smith, 1997 ; Smith et Convey, 2002). En outre, *D. capillaceum* a été n'a jamais été enregistré avec des sporophytes à travers l'Antarctique maritime (Smith, 1988). *E. procera* n'a été rapporté comme étant fertile que dans une seule zone de l'Antarctique (sur l'Île Signy, Îles Orcades du Sud ; Smith, 1988). Au-delà des zones d'infiltration permanentes, la végétation de bryophytes est extrêmement clairsemée et réservée aux habitats disposant d'eau au moins quelques semaines durant l'été. Ces sites apparaissent de manière sporadique sur les sols de la vallée, avec des rayures de roches sur les pentes, ainsi que dans les fissures qui se forment sur les façades rocheuses faisant face au nord. La plupart des espèces parmi les populations de bryophytes, y compris les lichens, ont été également observées dans ces habitats, et plus fréquemment à l'ombre de grosses pierres ou même sous les fissures que celles-ci portent – en particulier au bord des éléments modelés du sol. A une altitude supérieure à 100 m, l'aridité augmente, et à des altitudes plus élevées, seuls des *Schistidium antarctici* (à 500 m dans la vallée Moutonnée) et des *Tortella fragilis* (près du sommet du pic le plus élevé du sud-ouest, dans la vallée Ablation – 775 m) ont été signalés. Dans ces habitats plus secs, les lichens sont plus fréquents, notamment là où le substrat est stable. Les lichens se répandent et sont localement abondants sur les éboulis, corniches et plateaux les plus stables de la vallée, l'espèce prédominante étant *Usnea sphacelata*, qui donnent une teinte noire aux surfaces rocheuses. Cette espèce se mélange souvent à *Pseudephebe minuscula*, à plusieurs espèces de lichens croûteux et, rarement, à *Umbilicaria decussata* , atteignant le sommet du massif ; à l'exception de cette dernière espèce, toutes poussent aussi régulièrement dans la vallée Moutonnée. Les lichens épiphytes et terricoles, dont les espèces *Leproloma cacuminum* blanches incrustées prédominent, sont assez répandus là où la surface marginale des bryophytes est plus sèche. D'autres taxons comme *Cladonia galindezii*, *C. pocillum* et plusieurs lichens croûteux sont parfois aussi présents. Une variété de lichens colonise le sol sec et les roches de ces localités, s'étendant parfois sur des cousins de mousses. Il s'agit de *Candelariella vitellina*, *Physcia caesia*, *Physconia muscigena*, et parfois *Rhizoplaca melanophthalma*, *Usnea antarctica*, *Xanthoria elegans*, ainsi que de plusieurs espèces non identifiées de taxons croûteux (notamment les espèces *Buellia* et *Lecidea*). Une abondance de *Physcia* et de *Xanthoria* dans des endroits isolés semble indiquer l'enrichissement en azote émanant de labbes de McCormick (*Catharacta maccormicki*) qui nichent dans la Zone (Bentley, 2004). Quelques lichens ornithocoprophiles se développent sur les rochers occasionnels qui servent de perchoirs aux oiseaux. Nombre de bryophytes et lichens se trouvent à la limite australe de leurs répartitions, tandis que plusieurs espèces sont très rares dans l'Antarctique. Les espèces rares de la Zone comprennent *Bryoerythrophyllum recurvirostrum*, *Campylium polygamum*, *Encalypta rhaptocarpa*, *Tortella alpicola* et *Tortella fragilis*. Plusieurs espèces de *Bryum* , *Encalypta rhaptocarpa*, *Schistidium occultum* et *Schistidium chrysoneurum* poussent à la limite australe observée pour ces mêmes espèces. Concernant la flore de lichens, la vallée Ablation reste le seul site de l'hémisphère sud où l'on observe la présence de *Eiglera flavida* et où les *Mycobilimbia lobulata* et *Stereocaulon antarcticum* sont également rares. Les espèces de lichens dont les données ont été recueillies à l'extrémité sud sont *Cladonia galindezii*, *Cladonia pocillum*, *Ochrolechia frigida*, *Phaeorrhiza nimbosa*, *Physconia muscigena* et *Stereocaulon antarcticum*.

Invertébrés, champignons et bactéries

La faune de micro-invertébrés jusqu'ici décrite se trouve sur des échantillons de la vallée Ablation et comprend sept taxons confirmés (Convey & Smith, 1997): deux collemboles (*Cryptopygus badasa*, *Friesea topo*); un acarien cryptostigmatide (*Magellozetes antarcticus*); et quatre acariens prostigmatides (*Eupodes parvus*, *Nanorchestes nivalis* (= *N. gressitti*), *Rhagidia gerlachei* et *Stereotydeus villosus*). Un certain nombre de spécimens collectés ont été présentés comme *Friesea grisea*, une espèce très répandue en Antarctique maritime. Néanmoins, les spécimens de *Friesia* collectés ultérieurement (à partir de 1994) dans l'île Alexandre ont été décrits comme étant une espèce différente, *F. topo* (Greenslade, 1995), elle-même jugée endémique dans l'île Alexandre. Les premières espèces recueillies dans la vallée Ablation ont été examinées, toutes celles qui sont restées identifiables ayant été classées *F. topo*. Si le même nombre d'espèces a été décrit sur un autre site de l'île Alexandre, les échantillons en provenance de la vallée Ablation ont affiché une densité totale moyenne de la population de microarthropodes qui était sept fois plus importante que celle d'autres sites de la région. La biodiversité dans la vallée Ablation était également supérieure à celle de plusieurs autres sites documentés de l'île Alexandre. Tant la diversité que l'abondance sont considérées comme étant inférieures à celles des sites de la baie Marguerite et de la partie septentrionale (Starý et Block, 1998; Convey et al. 1996 ; Convey et Smith, 1997 ; Smith, 1996). L'espèce la plus nombreuse enregistrée dans la vallée Ablation était *Cryptopygus badasa* (96,6% de tous les arthropodes extraits), particulièrement commune dans les habitats de mousses. *Friesea topo* se rencontrait sur des roches en de faibles densités de populations et était pratiquement absente dans l'habitat des mousses, indiquant que ces espèces devaient avoir des préférences distinctes en matière d'habitat. La vallée Ablation est le seul site de l'île Alexandre où l'on a trouvé l'acarien prédateur *R. gerlachei* . Très peu de recherches ont été menées sur les champignons de la Zone ; toutefois, une étude a signalé un champignon chasseur de nématodes qui reste à identifier et qui se développe dans un étang de la vallée Ablation (Maslen, 1982). Si un autre échantillonnage est nécessaire pour décrire *in extenso* la microfaune terrestre, il n'en demeure pas moins que les données disponibles soutiennent l'importance biologique de la Zone.

Oiseaux reproducteurs

La faune avicole du massif de la vallée Ablation – Mont Ganymède n'a pas encore fait l'objet d'une étude détaillée. Quelques couples de labbes de McCormick (*Catharacta maccormicki*) ont été signalés près de certains sites végétaux humides (Smith, 1988). Des pétrels des neiges "se reproduiraient" dans les environs de la pointe Ablation (Croxall et al. 1995, citant Fuchs et Adie, 1949). Bentley (2004) a rapporté l'existence d'une prédation aérienne directe commise par des labbes de McCormick sur les pétrels des neiges dans la Zone. Aucune autre espèce avicole n'a été enregistrée dans le massif de la vallée Ablation – Mont Ganymède.

Activités et impacts de la présence humaine

L'activité humaine dans le massif de la vallée Ablation – Mont Ganymède est menée à des fins exclusivement scientifiques. La première visite de la vallée Ablation a été réalisée en 1936 par des membres de la *British Graham land Expedition*, qui ont prélevé environ 100 spécimens de fossiles non loin de la pointe Ablation (Howlett, 1988). D'autres expéditions ont été effectuées une dizaine d'années plus tard, lorsque des descriptions géologiques de base ainsi que d'autres collectes de fossiles ont été faites. Des recherches paléontologiques plus intensives seront menées par des géologues britanniques entre les années 1960 et 1980, donnant lieu à des études géomorphologiques détaillées (Clapperton et Sugden, 1983). Les études limnologiques ont commencé dans les années 70 et plusieurs expéditions se sont intéressées à la biologie terrestre dans les années 80 et 90. Les activités scientifiques entreprises depuis le début de ce siècle se sont concentrées sur la recherche paléo-climatologique. Toutes les expéditions connues dans la Zone ont été effectuées par des scientifiques britanniques. Les impacts de ces activités n'ont pas été décrits de manière détaillée, mais ils semblent mineurs et se limitent à des empreintes de pas, aux traces d'aéronefs sur la piste d'atterrissage de la vallée Moutonnée (voir Section *6(ii)*), à l'extraction de petites quantités d'échantillons géologiques et biologiques, aux marques, aux objets abandonnés tels que le matériel d'approvisionnement et scientifique, ainsi qu'aux restes de déchets humains.

Un dépôt abandonné, comprenant deux cuves de pétrole – l'une pleine et l'autre vide –, trois bidons de 5 l d'huile Skidoo, une caisse de nourriture et dix sondes de glacier, se trouvait sur le banc moraine adjacent à la plate-forme George VI, à quelque 500 m au nord du lac Moutonnée (70°51'19"S ; 68°19'05"O). Ce dépôt a été partiellement enlevé en novembre 2012, hormis la cuve pleine de pétrole. Plusieurs expéditions effectuées dans les années 1970 et 80 déposaient des cuves de pétrole vides comme des jalons d'itinéraire, à travers la glace de pression, du Détroit George VI jusqu'à la vallée Ablation, ainsi qu'une énorme roche de rivage peinte en jaune laissée au sud-est du lac Ablation (McAra, 1984 ; Hodgson, 2001). Dans les environs, se trouve une grosse croix faite de roches et de cairns peints en rouge, avec un tableau de marquage en bois placé en son centre. Les éléments indiquant les sites de campement sur la rive du lac Ablation étaient encore visibles en 2012. Un site se trouve sur la rive sud-est, près d'une zone végétale riche, et un autre se trouve à quelque quatre kilomètres à l'est de la rive sud-est. Sur les deux sites, des cercles de pierres marquent les emplacements de vieilles tentes, alors que des structures circulaires ont été construites avec des murs de pierre bas (0,8 m). Sur l'ancien site, nombre de pièces en bois (comme des vieilles marques), une vieille caisse de nourriture, du fil et des déchets humains ont été observés (Harris, 2001; Hodgson, 2001). On a trouvé plusieurs roches peintes en rouge autour des rives sud et ouest du lac Ablation en 2001, ainsi que de fragments de peinture dans des sédiments. En 2000-2001, certains des objets abandonnés dans la vallée Ablation ont été enlevés. Il s'agit de trois cuves pleines de pétrole trouvées sur la glace du lac, d'une vieille caisse de nourriture, du bois et des ficelles trouvés sur la rive sud-ouest, ainsi que de nombreux fragments issus de cloches acryliques en plexiglas brisées récupérés sur la rive sud-ouest (neuf ont été enlevés en janvier 1993 – Wynn-Williams, 1993 ; Rossaak, 1997 – tous ont été détruits par le vent) (Harris, 2001;

Hodgson, 2001). En novembre 2012, du métal et des déchets ont été enlevés près d'un vieux campement ayant un mur de pierres bas (situé à 70°49'58"S; 68°22'16"O). Les roches peintes demeurent. Entre 1983 et 1984, des motoneiges ont été utilisées sur le lac et le glacier, et des motoneiges adaptées – avec des roues avant – ont été utilisées sur le terrain en gravier à une proximité réduite de la rive sud-ouest du lac Ablation (McAra, 1984). Quelques traces des passages érodés sur des pentes raides en éboulis, probablement du fait du travail de terrain, ont été enregistrées dans la vallée Moutonnée (Howlett, 1988). Des cairns ont été construits sur plusieurs sommets montagneux afin de marquer des sites de prélèvements à travers la Zone.

6(ii) Accès à la Zone

- La Zone est accessible à pied, en véhicule ou par avion.

- Il n'y a pas de restrictions en ce qui concerne les points d'accès à la Zone, que ce soit par voie terrestre ou par voie aérienne. L'accès par voie terrestre à partir de la plate-forme George VI peut s'avérer difficile en raison de la glace de pression, mais il est considéré comme l'accès le plus fiable et le plus sûr pour les visiteurs qui arrivent dans les environs de la Zone par aéronef à ailes fixes, notamment parce que certaines voies reliant les glaciers à la Zone sont accidentées, crevassées et ardues.

- L'atterrissage d'aéronefs à ailes fixes dans la Zone est déconseillé. Si des impératifs de recherche scientifique ou de gestion l'imposent, il doit se limiter aux lacs recouverts de glace ou à un seul site terrestre situé à l'ouest du lac Moutonnée, et à condition que l'atterrissage soit faisable. La déformation par pression de la surface glaciaire des lacs, de l'eau de fonte et du couvert glaciaire de mince épaisseur peut rendre impraticable tout atterrissage sur le lac à la fin de l'été. Des atterrissages sur le lac Ablation et sur le site terrestre situé à l'ouest du lac Moutonnée ont été effectués en novembre 2000. Le site d'atterrissage terrestre (carte 3) est orienté d'est en ouest avec près de 350 m de piste revêtue de graviers et à pente douce relevée à environ 2 m au-dessus de la vallée environnante. Quelques pierres peintes en rouge marquent l'extrémité (supérieure) en forme de flèche. Des empreintes de pneus sont visibles sur les graviers. En raison du mauvais état de la piste et du risque de dommages pour l'aéronef, il n'est pas recommandé d'utiliser le site terrestre situé à l'ouest du lac Moutonnée.

- Si l'accès par hélicoptère s'avère faisable, aucun site spécifique d'atterrissage n'a été désigné et l'atterrissage à 200 m des rives du lac, ou à 100 m de tout sol humide ou à couvert végétal, ou même sur des lits de cours d'eau, est interdit.

- L'accès est également possible par voie aérienne sur le Glacier Jupiter (550 m), immédiatement à l'ouest de la vallée Ablation et hors de la Zone, lieux à partir desquels l'accès à la Zone peut se faire par véhicule ou à pied.

- Il est interdit aux pilotes, membres d'équipage et à toute autre personne arrivant par air de se déplacer à pied au-delà des alentours immédiats de tout site d'atterrissage de la Zone, sauf si un permis les y autorise spécifiquement.

6(iii) Structures à l'intérieur et à proximité de la Zone

La zone n'abrite aucune structure connue. Quelques cairns ont été posés pour servir de bornes lors des levés topographiques dans toute la Zone (Perkins, 1995, Harris, 2001), et les sites de campement disposent de quelques murs de faible hauteur. Neuf balises en plastique de couleur rouge vif (de 30 cm de haut et retenues au sol à l'aide de pierres) ont été installées pour délimiter la piste d'atterrissage dans la vallée Moutonnée, avant d'être retirées en novembre 2012. La structure la plus proche de la Zone semble être un refuge abandonné dans le Spartan Cwm à environ 20 km au sud de la Zone. Un seul campement d'été réservé à la recherche scientifique existe à Fossil Bluff (Royaume-Uni), à près de 60 km au sud de la côte est de l'île Alexandre. Les stations de recherche scientifique permanentes les plus proches se trouvent à la baie Marguerite. Il s'agit des stations *General San Martín* (Argentine) et *Rothera* (Royaume-Uni) situées à environ 350 km plus au nord (carte 2).

6(iv) Emplacement d'autres zones protégées mitoyennes

Il n'existe pas d'autres zones protégées dans les environs immédiats de la Zone. La zone protégée la plus proche de la vallée Ablation – Mont Ganymède est la ZSPA 170 : Marion Nunataks, Île Charcot, Péninsule antarctique, à environ 270 km à l'est de l'île Alexandre (carte 2).

6(v) Aires spéciales à l'intérieur de la Zone

Il n'existe pas d'aires spéciales à l'intérieur de la Zone.

7. Critères de délivrance d'un permis

7(i) Conditions générales

L'accès à la Zone est interdit sans un permis dûment délivré par les autorités nationales compétentes. Les critères d'octroi d'un permis d'accès à la Zone sont:

- Justifier de motifs scientifiques impérieux qui ne peuvent être réalisés ailleurs, ou pour des impératifs liés à la gestion de la Zone ;
- les actions autorisées doivent être conformes au Plan de gestion ;
- toute activité de gestion doit viser la réalisation des objectifs du présent Plan de gestion ;
- les actions autorisées ne doivent pas mettre en péril l'écosystème naturel de la Zone ;
- les activités autorisées doivent, par le biais d'une EIE, veiller à la protection continue des valeurs environnementales et scientifiques de la Zone ;
- le permis est délivré pour une durée donnée ;
- l'original, ou une copie certifiée conforme, du permis doit être en possession de son titulaire lors de sa présence dans la Zone.

7(ii) Accès et déplacement à l'intérieur ou au-delà de la Zone

- Les mouvements de véhicules à l'intérieur de la Zone doivent se limiter aux surfaces de neige ou de glace.
- Les mouvements terrestres à l'intérieur de la Zone doivent se faire à pied.
- Tout mouvement doit se faire avec la plus grande précaution afin de réduire au minimum toute perturbation du sol, des couverts végétaux et des éléments géomorphologiques sensibles tels que les dunes ; marche sur la neige ou sur des terrains rocailleux, si possible. Autant que faire se peut, les visiteurs doivent éviter de marcher sur les cours d'eau ou sur les lits de lac secs, ou même sur le sol humide, afin de ne pas perturber l'hydrologie et/ou endommager les communautés végétales vulnérables. Il convient de faire attention même lorsqu'il n'y a pas vraiment d'humidité, puisque les plantes discrètes peuvent toujours coloniser le sol.
- La circulation à pied doit être limitée au strict minimum nécessaire pour mener les activités autorisées, et tout effort raisonnable doit être consenti pour minimiser les effets de piétinement.
- L'utilisation d'aéronef sur les aires doit se faire tout au moins en conformité avec les "*Lignes directrices pour les pour les opérations aériennes près de concentrations d'oiseaux*", contenues dans la Résolution 2 (2004).

7(iii) Activités pouvant être menées dans la Zone

Les activités pouvant être menées dans la Zone comprennent :

- activités indispensables de gestion, dont la surveillance ;
- les activités scientifiques indispensables, qui ne peuvent être menées ailleurs, et qui posent aucun risque à l'écosystème de la Zone ; et
- l'échantillonnage, qui doit se limiter au minimum requis pour que les besoins des programmes de recherche approuvés.

En temps normal, la plongée dans les lacs de la Zone est interdite, sauf si elle est justifiée par des considérations scientifiques impérieuses. En cas de plongée, une attention particulière doit être de mise afin de ne pas perturber la colonne d'eau, les sédiments et les communautés biologiques sensibles. Il conviendra de tenir compte, lors de la délivrance des permis de plongée, de la sensibilité de la colonne d'eau, des sédiments et des communautés biologiques aux perturbations imputables à telles activités.

7(iv) Installation, modification ou démantèlement des structures

- Les structures et installations permanentes sont interdites dans la Zone.

- Aucune structure ne doit être érigée à l'intérieur de la Zone et aucun matériel scientifique ne doit y être installé, sauf pour des raisons scientifiques ou de gestion impérieuses et pour une période prédéterminée, tel que spécifié dans le permis.

- Tous les traceurs, matériels ou structures scientifiques installés dans la Zone doivent être clairement identifiés par pays, nom du principal chercheur ou de la principale agence, année d'installation et date à de leur enlèvement.

- Ces éléments ne doivent porter aucun organisme, propagule (semences, œufs, spores, etc.) ou sol non-stérile (voir section *7(vi)*). Les éléments doivent être composés de matériaux pouvant résister aux conditions environnementales et, de ce fait, réduire au minimum le risque de contamination de la Zone.

- L'enlèvement de structures et matériels particuliers, une fois le permis les autorisant aura expiré, devra relever de la responsabilité de l'autorité qui a délivré le permis initial ; le permis doit être assorti de cette condition.

7(v) Emplacement des camps

Lorsque certaines opérations prévues dans le permis l'exigent, des camps temporaires peuvent être installés dans la Zone. Un site aménagé à cet effet est situé à l'extrémité nord-ouest (supérieure) de la piste d'atterrissage dans la vallée Moutonnée (latitude sud 70°51'48", longitude ouest 68°21'39"). Bien que ce site ne soit pas balisé, les tentes doivent être installées le plus près possible de la balise située à l'extrémité nord-ouest de la piste d'atterrissage. Il est toujours préférable d'utiliser ce site lorsque des activités doivent être menées dans les alentours. A ce jour, aucun autre emplacement n'a été désigné pour l'installation de camps, mais tout campement est de toute manière interdit aux endroits abritant de la végétation. En outre, tout campement doit être situé le plus loin possible (au moins 200 m de préférence) des berges des lacs ainsi que des lits asséchés de lacs et de cours d'eau (qui peuvent abriter un biote invisible à l'œil nu). Tout camp doit être de préférence installé, lorsque la situation le permet, sur des surfaces enneigées ou couvertes de glace. Tout emplacement préalablement utilisé à cette fin doit être réutilisé dans la mesure du possible sauf si, compte tenu des critères sus mentionnés, ces emplacements s'avèrent inappropriés.

7(vi) Restrictions sur les matériaux et organismes pouvant être ramenés dans la Zone

Il est interdit d'introduire délibérément des animaux, végétaux et micro-organismes vivants dans la Zone. Pour assurer la conservation des valeurs écologiques de la Zone, des précautions particulières doivent être prises contre l'introduction accidentelle de microbes, invertébrés ou plantes provenant d'autres sites de l'Antarctique (comme les stations) ou des régions hors de l'Antarctique. Tous les matériels ou traceurs d'échantillonnage introduits dans la Zone doivent être nettoyés et stérilisés. Autant que faire se peut, les chaussures et autres effets (sacs, etc.) utilisés ou introduits dans la Zone doivent être entièrement nettoyés auparavant. Les documents *CEP Non-native species manual* [Manuel du CEP sur les espèces non indigènes] (CEP, 2011) et *Environmental code of conduct for terrestrial scientific field research in Antarctica* [Code de conduite en matière environnementale pour la recherche scientifique terrestre sur le terrain en Antarctique] contiennent d'autres directives à cet égard (SCAR, 2009). Compte tenu de la présence probable de colonies d'oiseaux reproducteurs dans la Zone, les produits de volaille – y compris les déchets provenant de ces produits et les produits contenant des œufs secs crus – ne peuvent être lâchés dans la Zone.

L'introduction d'herbicides ou de pesticides dans la Zone est interdite. Tous les autres produits chimiques (radio-nucléides, isotopes stables, etc.), qui peuvent être introduits par nécessité scientifique ou de gestion, et prévus dans le permis, devront être enlevés de la Zone avant ou à la fin de l'activité pour laquelle le permis a été délivré. La libération de radio-nucléides ou d'isotopes stables dans l'environnement d'une manière qui les rende irrécupérables est à éviter, comme il convient d'éviter de stocker le carburant ou tout autre produit chimique dans la Zone, sauf spécification contraire dans le permis. Le stockage et la manipulation de ces produits devront se faire de sorte à minimiser le risque d'une introduction accidentelle dans l'environnement. Les matériaux introduits dans la Zone ne devront l'être que pour une période bien déterminée et devront être enlevés à la fin de cette période. Si l'enlèvement des produits ou matériaux ainsi introduits est susceptible d'affecter les valeurs de la Zone, il convient de ne le faire que si l'impact de tel enlèvement est jugé moindre que si l'abandon sur place de ces matériaux ou produits. Il convient de notifier l'autorité compétente de l'enlèvement ou non d'un objet ou produit qui ne figurait pas dans le permis.

7(vii) Prise ou interférence nuisible avec la flore et la faune indigènes

La prise ou l'interférence nuisible avec la flore et la faune indigènes est interdite, sauf avec un permis délivré conformément à l'annexe II du Protocole au Traité sur l'Antarctique relatif à la protection de l'environnement. Lorsque la prise et l'interférence avec les animaux fait partie de l'activité, cela devrait tout au moins se faire conformément au Code de conduite du SCAR relatif à l'utilisation d'animaux à des fins scientifiques dans l'Antarctique (2011). Tout échantillonnage de sol ou de végétation doit respecter le minimum absolu requis pour des raisons scientifiques ou de gestion, ou être effectué à l'aide de techniques qui minimisent les perturbations du sol, des structures de glace et du biote environnants.

7(viii) Ramassage ou enlèvement de matériaux qui n'ont pas été introduits dans la Zone par le titulaire du permis

Le ramassage ou l'élimination de matériaux présents dans la Zone doit se faire conformément aux conditions du permis et doivent se limiter au minimum nécessaire pour les activités scientifiques ou de gestion. Tout matériau d'origine humaine susceptible d'avoir un impact sur les valeurs de la Zone, et n'a pas été introduit par le titulaire du permis ou toute autre personne autorisée, peut être enlevé sauf si l'enlèvement peut avoir un impact environnemental plus préjudiciable que son maintien sur place. Dans ce cas, il faut notifier l'autorité nationale compétente et obtenir son accord.

7(ix) Elimination des déchets

Tous les déchets, à l'exception des déchets liquides domestiques et humains, seront retirés de la Zone. Les déchets liquides et humains peuvent être éliminés de la Zone en les évacuant dans les failles de glace longeant le bord de la plate-forme glaciaire Georges VI ou du glacier Jupiter, ou en les enterrant dans la moraine située le long de la marge glaciaire à ces mêmes endroits, le plus près possible de la glace. Toute élimination des déchets liquides domestiques et humains selon cette méthode devra s'effectuer à une distance minimum de 200 m et impérativement hors des zones de captation des principaux lacs des vallées Ablation, Moutonnée et Flatiron. Si ces conditions ne peuvent être satisfaites, le déchet doit être retiré de la Zone. Les déchets humains solides doivent être enlevés de la Zone.

7(x) Mesures nécessaires pour continuer de satisfaire les objectifs du Plan de gestion

- Des permis peuvent être délivrés pour entrer dans la Zone afin d'y mener des activités de suivi et d'inspection du site pouvant impliquer le prélèvement de petits échantillons à des fins d'analyse ou pour prendre des mesures de protection.
- Tous les sites spécifiques dont le suivi sera de longue durée doivent être correctement balisés.

- Les activités scientifiques devront être menées conformément au document *Environmental code of conduct for terrestrial scientific field research in Antarctica* [code de conduite en matière environnementale pour la recherche scientifique terrestre sur le terrain dans l'Antarctique] (SCAR, 2009).

7(xi) Rapports de visite

Le titulaire principal du permis pour chaque visite dans la Zone doit soumettre un rapport à l'autorité nationale compétente, le plus tôt possible, et au plus tard six mois après l'achèvement de la visite. Les rapports doivent comprendre, selon qu'il convient, les informations prévues dans *l'Antarctic Specially Protected Area visit report form* [formulaire du rapport de visite de l'aire spécialement protégée de l'Antarctique], qui fait partie du *Guide to the Preparation of Management Plans for Antarctic Specially Protected Areas* [Guide pour la préparation de plans de gestion des aires spécialement protégées de l'Antarctique] (Appendice 2). Dans la mesure du possible, l'autorité nationale doit également envoyer copie du rapport de visite à la partie qui a proposé le Plan de gestion, afin d'aider dans la gestion de la Zone ainsi que dans l'examen du Plan de gestion. Les Parties doivent, dans la mesure du possible, déposer les originaux ou les copies de ces rapports dans une archive ouverte au public et ce, afin de conserver une archive d'usage qui sera utilisée et dans l'examen du Plan de gestion et dans l'organisation de l'utilisation scientifique de la Zone.

8. Bibliographie

Bell, C. M. (1975). Structural geology of parts of Alexander Island. *British Antarctic Survey Bulletin* 41 et 42: 43-58.

Bentley, M. J. (2004). Aerial predation by a south polar skua *Catharacta maccormicki* on a snow petrel *Pagodroma nivea* in Antarctica. *Marine Ornithology* 32: 115-116.

Bentley, M. J., Hodgson, D. A., Sugden, D. E., Roberts, S. J., Smith, J. A., Leng, M. J., Bryant, C. (2005). **Early Holocene retreat of George VI Ice Shelf, Antarctic Peninsula**. *Geology* 33: 173-176.

Bentley, M. J., Hodgson, D. A., Smith, J. A., Cofaigh, C. O., Domack, E. W., Larter, R. D., Roberts, S. J., Brachfeld, S., Leventer, A., Hjort, C., Hillenbrand, C. D. et Evans, J. (2009). Mechanisms of Holocene palaeoenvironmental change in the Antarctic Peninsula region. *The Holocene* 19: 51-69.

Butterworth, P. J. (1985). Sedimentology of Ablation Valley, Alexander Island: report on Antarctic field work. *British Antarctic Survey Bulletin* 66: 73-82.

Butterworth, P. J., Crame, J. A., Howlett, P. J., & Macdonald, D. I. M. (1988). Lithostratigraphy of Upper Jurassic – Lower Cretaceous strata of eastern Alexander Island, Antarctica. *Cretaceous Research* 9: 249-64.

Clapperton, C. M. et Sugden, D. E. (1982). Late Quaternary glacial history of George VI Sound area, West Antarctica. *Quaternary Research* 18: 243-67.

Clapperton, C. M., & Sugden, D. E. (1983). Geomorphology of the Ablation Point massif, Alexander Island, Antarctica. *Boreas* 12: 125-35.

Comité pour la protection de l'environnement (CEP). (2011). Non-native species manual [*Manuel sur les espèces non indigènes*] – 1ère Édition. Manuel préparé par le Groupe de contact inter-sections du CEP et adopté par la Réunion consultative relative au Traité sur l'Antarctique, à travers la Résolution 6 (2011). Buenos Aires, Secrétariat du Traité sur l'Antarctique.

Convey, P., Greenslade, P., Richard, K. J., & Block W. (1996). The terrestrial arthropod fauna of the Byers Peninsula, Livingston Island, South Shetland Islands - Collembola. *Polar Biology* 16: 257-59.

Convey, P.et Mith, R. I. L. (1997). The terrestrial arthropod fauna & its habitats in northern Marguerite Bay & Alexander Island, maritime Antarctic. *Antarctic Science* 9: 12-26.

Crame, J. A. (1981). The occurrence of *Anopaea* (Bivalvia: Inoceramidae) in the Antarctic Peninsula. *Journal of Molluscan Studies* 47: 206-219.

Crame, J. A. (1985). New Late Jurassic Oxytomid bivalves from the Antarctic Peninsula region. *British Antarctic Survey Bulletin* 69: 35-55.

Crame, J. A. et Howlett, P. J. (1988). Late Jurassic & Early Cretaceous biostratigraphy of the Fossil Bluff Formation, Alexander Island. *British Antarctic Survey Bulletin* 78: 1-35.

Croxall, J. P., Steele, W. K., McInnes, S. J., & Prince, P. A. (1995). Breeding distribution of the Snow Petrel *Pagodroma nivea*. *Marine Ornithology* 23: 69-99.

Elliott, M. R. (1974). Stratigraphy & sedimentary petrology of the Ablation Point area, Alexander Island. *British Antarctic Survey Bulletin* 39: 87-113.

Greenslade, P. (1995). Collembola from the Scotia Arc & Antarctic Peninsula including descriptions of two new species & notes on biogeography. *Polskie Pismo Entomologiczne* 64: 305-19.

Harris, C. M. (2001). Revision of management plans for Antarctic protected areas originally proposed by the United States of America & the United Kingdom: Rapport de visite de terrain. Rapport interne de la

Fondation scientifique national (*National Science Foundation*), US, et du Foreign & Commonwealth Office, Royaume-Uni. Environmental Research & Assessment, Cambridge.

Heywood, R. B. (1977). A limnological survey of the Ablation Point area, Alexander Island, Antarctica. *Philosophical Transactions of the Royal Society* B, 279: 39-54.

Heywood, R. B., & Light, J. J. (1975). First direct evidence of life under Antarctic shelf ice. *Nature* 254: 591-92.

Hodgson, D. 2001. Millennial-scale history of the George VI Sound ice shelf & palaeoenvironmental history of Alexander Island. Rapport scientifique BAS - Sledge Charlie 200-2001. Ref. R/2000/NT5.

Howlett, P. J. (1986). *Olcostephanus* (Ammonitina) from the Fossil Bluff Formation, Alexander Island, & its stratigraphical significance. *British Antarctic Survey Bulletin* 70: 71-77.

Howlett, P. J. (1988). Latest Jurassic & Early Cretaceous cephalopod faunas of eastern Alexander

Island, Antarctica. Thèse de doctorat (PhD) non publié, University College, Londres.

Light, J. J., & Heywood, R. B. (1975). Is the vegetation of continental Antarctica predominantly aquatic? *Nature* 256: 199-200.

Lipps, J. H., Krebs, W. N., & Temnikow, N. K. (1977). Microbiota under Antarctic ice shelves. *Nature* 265: 232-33.

Maslen, N. R. (1982). An unidentified nematode-trapping fungus from a pond on Alexander Island. *British Antarctic Survey Bulletin* 51: 285-87.

Morgan, F., Barker, G., Briggs, C., Price, R., & Keys, H. (2007). Environmental Domains of Antarctica Version 2.0 Final Report. Landcare Research Contract Report LC0708/055.

Roberts, S. J., Hodgson, D. A., Bentley, M. J., Smith, J. A., Millar, I. L., Olive, V., & Sugden, D. E. (2008). The Holocene history of George VI Ice Shelf, Antarctic Peninsula from clast-provenance analysis of epishelf lake sediments. *Palaeogeography, Palaeoclimatology, Palaeoecology* 259: 258-283.

Roberts, S. J., Hodgson, D. A., Bentley, M. J., Sanderson, D. C. W., Milne, G., Smith, J. A., Verleyen, E., & Balbo, A. (2009). Holocene relative sea-level change & deglaciation on Alexander Island, Antarctic Peninsula, from elevated lake deltas. *Geomorphology* 112: 122-134.

Rowley P. D., & Smellie, J. L. (1990). Southeastern Alexander Island. In: LeMasurier, W. E., & Thomson, J. W., eds. *Volcanoes of the Antarctic plate & southern oceans*. Antarctic Research Series 48. Washington D.C., American Geophysical Union: 277-279.

SCAR (Comité scientifique sur la recherche en Antarctique) (2009). Code de conduite en matière environnementale pour la recherche scientifique terrestre sur le terrain dans l'Antarctique. ATCM XXXII IP4.

SCAR (Comité scientifique sur la recherche en Antarctique) (2011). Code de conduite du SCAR pour l'utilisation d'animaux à des fins scientifiques dans l'Antarctique. ATCM XXXIV IP53.

Smith, J. A., Bentley, M. J., Hodgson, D. A., Roberts, S. J., Leng, M. J., Lloyd, J. M., Barrett, M. S., Bryant, C., & Sugden, D. E. (2007a). Oceanic & atmospheric forcing of early Holocene ice shelf retreat, George VI Ice Shelf, Antarctica Peninsula. *Quaternary Science Reviews* 26: 500-516.

Smith, J. A., Bentley, M. J., Hodgson, D. A., & Cook, A. J. (2007b) George VI Ice Shelf: past history, present behaviour & potential mechanisms for future collapse. *Antarctic Science* 19: 131-142.

Smith, R. I. L. (1988). Bryophyte oases in ablation valleys on Alexander Island, Antarctica. *The Bryologist* 91: 45-50.

Smith, R. I. L. (1996). Terrestrial & freshwater biotic components of the western Antarctic Peninsula. In: Ross, R. M., Hofmann, E. E. & Quetin, L. B. *Foundations for ecological research west of the Antarctic Peninsula*. Antarctic Research Series 70: American Geophysical Union, Washington D.C.: 15-59.

Smith, R. I. L. (1997). Oases as centres of high plant diversity & dispersal in Antarctica. In: Lyons, W.B., Howard-Williams, C. & Hawes, I. *Ecosystem processes in Antarctic icefree landscapes.* A.A. Balkema, Rotterdam: 119-28.

Smith, R. I. L., & Convey, P. (2002). Enhanced sexual reproduction in bryophytes at high latitudes in the maritime Antarctic. *Journal of Bryology* 24: 107-117.

Starý, J., & Block, W. (1998). Distribution & biogeography of oribatid mites (Acari: Oribatida) in Antarctica, the sub-Antarctic & nearby land areas. *Journal of Natural History* 32: 861- 94.

Sugden, D. E., & Clapperton, C. N. (1980). West Antarctic ice sheet fluctuations in the Antarctic Peninsula area. *Nature* 286: 378-81.

Sugden, D. E., & Clapperton, C. M. (1981). An ice-shelf moraine, George VI Sound, Antarctica. *Annals of Glaciology* 2: 135-41.

Taylor, B. J., Thomson, M. R. A., & Willey, L. E. (1979). The geology of the Ablation Point – Keystone Cliffs area, Alexander Island. *British Antarctic Survey Scientific Reports* 82.

Thomson, M. R. A. (1972). Ammonite faunas of south-eastern Alexander Island & their stratigraphical significance. In: Adie, R.J. (ed) *Antarctic Geology & Geophysics*, Universitetsforlaget, Oslo.

Thomson, M. R. A. (1979). Upper Jurassic & Lower Cretaceous Ammonite faunas of the Ablation Point area, Alexander Island. *British Antarctic Survey Scientific Reports* 97.

Thomson, M. R. A., & Willey, L. E. (1972). Upper Jurassic & Lower Cretaceous Inoceramus (Bivalvia) from south-east Alexander Island. *British Antarctic Survey Bulletin* 29: 1-19.

Willey, L. E. (1973). Belemnites from south-eastern Alexander Island: II. The occurrence of the family Belemnopseidae in the Upper Jurassic & Lower Cretaceous. *British Antarctic Survey Bulletin* 36: 33-59.

Willey, L. E. (1975). Upper Jurassic & Lower Cretaceous Pinnidae (Bivalvia) from southern Alexander Island. *British Antarctic Survey Bulletin* 41 et 42: 121-31.

Carte 1. Coordonnées de la Zone de la vallée Ablation, Mont Ganymède dans la Péninsule antarctique. Spécifications sur la carte : Stéréographique polaire antarctique WGS84. Méridien central - 55°, Parallèle standard : -71°.

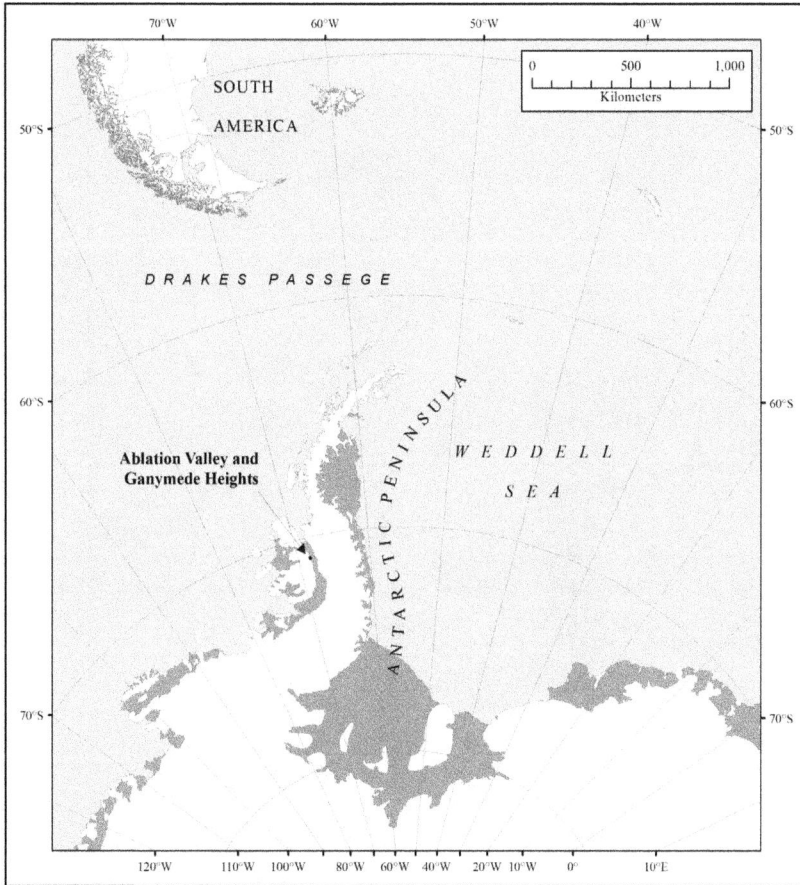

Carte 2. Carte de la ZSPA n° 147 : Vallée Ablation, Mont Ganymède. Spécifications sur la carte : Stéréographique polaire antarctique WGS 1984. Méridien central : -71°, Parallèle standard : -71°.

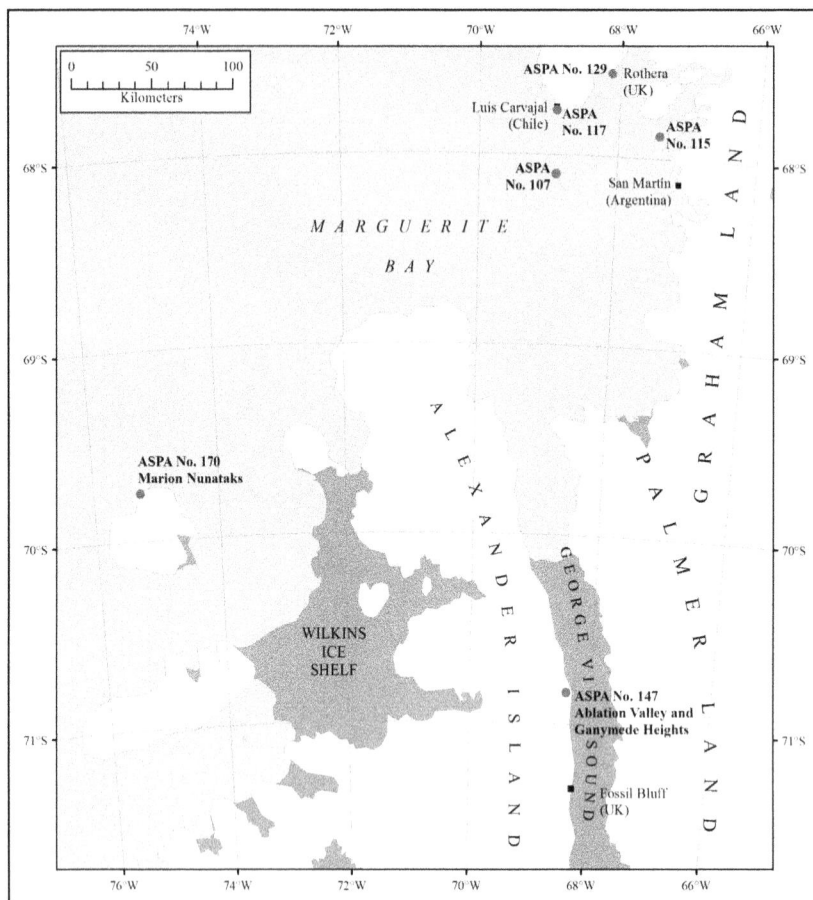

Carte 3. Carte topographique de la ZSPA n° 147 : Vallée Ablation, Mont Ganymède. Spécifications sur la carte : Stéréographique polaire antarctique WGS 1984. Méridien central : -68,4°, Parallèle standard : -71,0°.

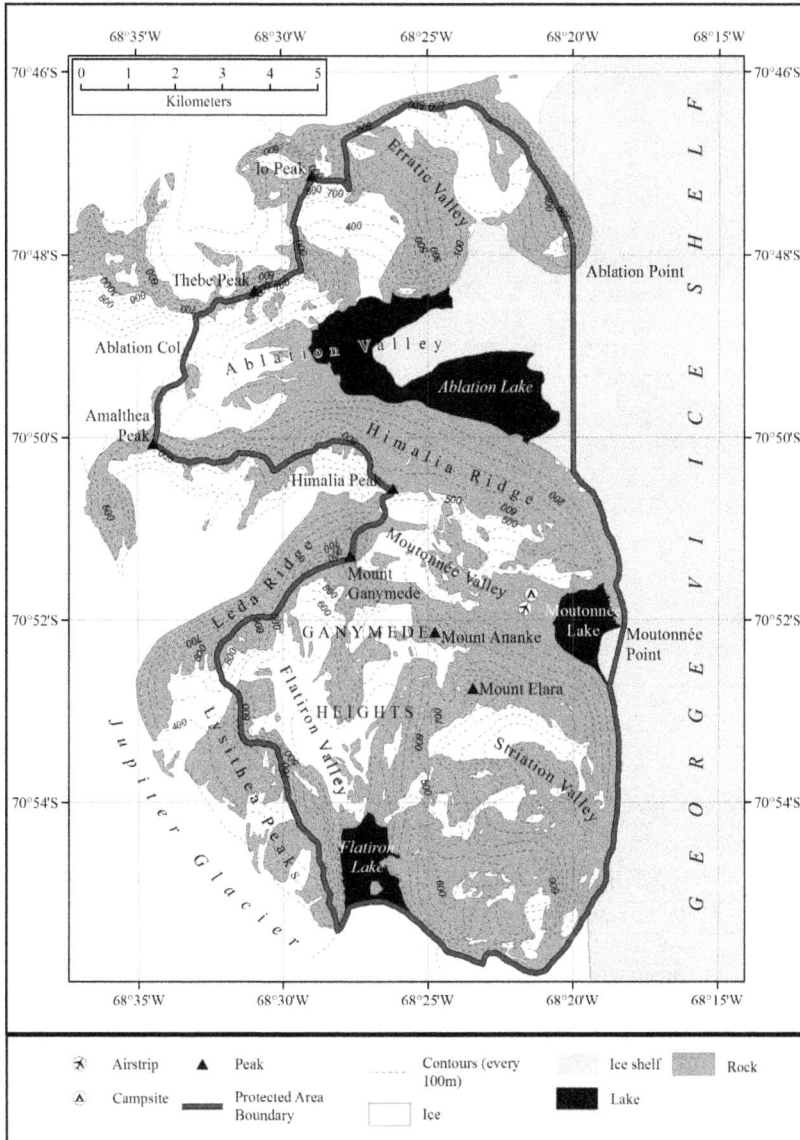

Annexe 1

Coordonnées relatives aux frontières de la ZSPA 147 : Vallée Ablation, Mont Ganymède, île Alexandre. Les frontières suivent en grande partie les éléments de la nature, et la Section *6(i)* en fait une description détaillée. Dans le tableau ci-après, les coordonnées relatives aux frontières sont numérotées, le numéro 1 étant affecté à la coordonnée la plus septentrionale, suivi des autres coordonnées qui sont numérotées de manière séquentielle selon le sens de l'aiguille d'une montre autour du périmètre de la Zone.

Numéro	Latitude	Longitude
1	70°46′26″S	68°24′01″O
2	70°46′28″S	68°25′48″O
3	70°46′55″S	68°28′27″O
4	70°47′13″S	68°28′15″O
5	70°47′12″S	68°29′33″O
6	70°48′02″S	68°29′58″O
7	70°48′23″S	68°32′55″O
8	70°49′44″S	68°34′38″O
9	70°50′06″S	68°31′13″O
10	70°49′56″S	68°28′52″O
11	70°50′19″S	68°26′51″O
12	70°51′17″S	68°28′19″O
13	70°52′09″S	68°31′59″O
14	70°53′02″S	68°31′06″O
15	70°53′03″S	68°29′59″O
16	70°55′03″S	68°27′58″O
17	70°54′53″S	68°27′40″O
18	70°55′36″S	68°23′26″O
19	70°55′41″S	68°21′30″O
20	70°54′43″S	68°19′11″O
21	70°52′44″S	68°19′03″O
22	70°52′04″S	68°18′25″O
23	70°51′17″S	68°18′41″O
24	70°50′18″S	68°20′27″O
25	70°48′08″S	68°20′44″O
26	70°47′38″S	68°21′23″O
27	70°46′55″S	68°22′16″O

Plan de gestion pour la zone spécialement protégée de l'Antarctique n°151

LIONS RUMP, ÎLE DU ROI-GEORGE, (ISLA 25 DE MAYO) ILES SHETLAND DU SUD

Introduction

Lions Rump (62°08'S ; 58°07'O) se trouve sur la côte sud-ouest de l'île du Roi-George (Isla 25 de Mayo), dans les îles Shetland du sud, où elle occupe une surface d'environ 1,32 km².

La zone tient son nom de la colline rocheuse très particulière qui s'étend entre l'extrémité sud de la baie du Roi-George (Isla 25 de Mayo) et l'anse Lions.

À l'origine, la zone avait été désignée sur proposition de la Pologne comme Site d'intérêt scientifique particulier n°34, par la Recommandation XVI-2 (1991, SISP n°34), parce qu'elle contient diverses biotes et caractéristiques géologiques tout en étant un exemple représentatif des habitats terrestres, limnologiques et côtiers de l'Antarctique maritime. En vertu de la Décision 1 (2002), la zone a été redésignée zone spécialement protégée de l'Antarctique (ZSPA n°151). Un plan de gestion révisé a été adopté par la Mesure 1 (2000). La zone a été principalement désignée pour protéger les valeurs écologiques du site. Elle est également un outil très utile comme site de référence où l'on trouve une grande variété d'oiseaux et de mammifères antarctiques, au regard duquel il est possible de mesurer les perturbations en d'autres sites situés non loin de sites d'activités humaines.

Selon l'Analyse des domaines environnementaux du continent antarctique (Résolution 3 (2008)), la ZSPA n°151 fait partie de l'Environnement A (Géologique du nord de la péninsule Antarctique), qui est un petit environnement terrestre autour de la péninsule antarctique nord entièrement composé d'une couverture terrestre libre de glace et présentant une géologie sédimentaire (Morgan *et al.*, 2007). D'autres zones protégées contenant le Domaine A incluent la ZSPA n°111, la ZSPA n°128 et la ZGSA n°1.

Il existe quatre autres ZSPA sur l'île du Roi-George (Isla 25 de Mayo) et sept supplémentaires sur d'autres îles de l'archipel des îles Shetland du sud. Seule l'une d'entre elles (ZSPA n°128, rive occidentale de la baie de l'Amirauté) représente à la fois le même Domaine environnemental A et la même raison principale de désignation (zone présentant des groupements importants ou inhabituels d'espèces, comprenant de grandes colonies d'oiseaux ou de mammifères indigènes se reproduisant dans la zone). Lions Rump, contrairement à la ZSPA n°128, se situe à environ 30 km de la station la plus proche et a été exposée à une perturbation minimale liée des activités humaines. La ZSPA n°151 complète donc la ZSPA n°128 en protégeant un site par rapport auquel l'impact humain peut être évalué.

La zone est considérée comme suffisamment grande pour apporter une protection adéquate aux valeurs décrites ci-après. Les valeurs scientifiques, géologiques et biologiques de Lions Rump sont vulnérables aux perturbations humaines (p. ex. le piétinement, l'échantillonnage excessif, la perturbation des espèces sauvages). Par conséquent, il est important que les activités humaines dans la zone soient gérées afin de minimiser les risques d'impact.

Les premières informations concernant les populations de manchots à Lions Rump ont été apportées par Stephens en 1958 (Croxall et Kirkwood, 1979). D'autres études ont suivi, notamment les travaux de Jabłoński (1984), Trivelpiece *et al.* (1987), Ciaputa et Sierakowski (1999), et Korczak-Abshire *et al.* (2013). Depuis 2007, un programme de surveillance des oiseaux et des pinnipèdes est en cours dans la zone, appliqué selon les méthodes de base de la CCAMLR (recensement des pinnipèdes tous les 10 jours, recensement des nids de manchots et d'autres oiseaux une fois dans la saison de reproduction, pesée des jeunes oiseaux une fois dans la saison, dénombrement des oiseaux isolés).

En 1989/90 et 2004, des études botaniques ont été menées dans la zone, et des cartes de végétation de la zone ont été réalisées, montrant les modifications de la répartition spatiale des lichens causées par les changements climatiques (Olech 1993, 1994, comm. pers.). Une tentative d'estimation de l'âge des colonies de lichens sur les moraines les plus anciennes du glacier de l'Aigle blanc a été réalisée (Angiel, Dąbski, 2012).

Les sols ornithogéniques dans la région des roqueries de manchots à Lions Rump ont été décrits par Tatur (1989), puis inclus dans la synthèse pédologique régionale (Tatur, 2002). La couverture parsemée de vasques glaiseuses superficielles de la zone n'a pas encore été décrite dans les catégories de sols. Une vaste partie du sud de la zone était couverte de glaciers, il y a 30 ans, observés lors des recherches qui ont précédé l'établissement de la ZSPA n°151. Du fait du retrait des glaciers suite au réchauffement régional, un nouveau paysage postglaciaire, frais et libre de glace, est apparu (Angiel, Dąbski, 2012).

Les rochers datant du paléogène et du néogène, provenant de la zone et de ses abords directs, fournissent des données importantes pour l'histoire glaciaire mondiale. La séquence rocheuse est composée de roches sédimentaires et volcaniques, allant de sédiments terrestres et d'eau douce datant de l'éocène de l'époque préglaciaire à un recouvrement en avancée de diamictite datant du début de l'oligocène et de lave en coussins du miocène. Les roches sédimentaires, pyroclastiques et andésitiques de l'éocène qui couvrent une partie principale de la zone appartiennent à la « Formation de l'anse Lions ». Cette unité a été présentée par Birkenmajer (1980, 1981) et décrite plus en détails dans des publications ultérieures (Birkenmajer *et al.*, 1991, 1994 ; Birkenmajer, 2001). La « Formation de l'anse Lions » était exclue du « Groupe Lions Rump » de Barton (1961, 1965). L'âge de l'éocène a été proposé par Smellie *et al.* (1984) pour la Formation de l'anse Lions, en se basant sur une seule datation K-Ar, et a été confirmé par de nombreuses déterminations K-Ar effectuées au cours du projet ACE de l'API (Pańczyk i Nawrocki, 2011 ; Tatur *et al.*, 2009 ; Krajewski *et al.*, 2009 ; Krajewski *et al.*, 2010 ; Tatur *et al.*, 2010 ; Krajewski *et al.*, 2011). Les tillites et les sédiments glaciomarins datant de l'oligocène de la « Formation de l'anse Polonez » (voir Birkenmajer, 2001) bordent la zone en formant des parois rocheuses escarpées sur les côtés ouest, sud et est. La partie centrale de la zone est couverte des laves andésitiques et des laves en coussins les plus jeunes datant du miocène, qui forment des tertres le long des falaises (datations K-Ar du Groupe ACE, comm. pers.).

1. Description des valeurs à protéger

Lions Rump a tout d'abord été désignée comme zone protégée, en tant qu'exemple représentatif des écosystèmes terrestres, limnologiques et côtiers de l'île du Roi-George (Isla 25 de Mayo), contenant diverses biotes et formations rocheuses (roches volcaniques et sédimentaires importantes pour l'histoire géologique mondiale). Elle est comprise dans la Base de données sur les zones protégées de l'Antarctique en tant que zone présentant des groupements importants ou inhabituels d'espèces, notamment d'importantes colonies d'oiseaux et de mammifères se reproduisant dans la zone.

Les objectifs initiaux de désignation de la zone demeurent valides.

L'avifaune se reproduisant dans la zone est diverse et nombreuse, comprenant trois espèces de manchots *Pygoscelis* (le manchot d'Adélie *Pygoscelis adeliae*, le manchot papou *Pygoscelis papua* et le manchot à jugulaire *Pygoscelis antarctica*), ainsi que huit autres espèces d'oiseaux, à savoir : le damier du Cap *Daption capense*, l'océanite de Wilson *Oceanites oceanicus*, l'océanite à ventre noir *Fregetta tropica,* le chionis blanc *Chionis albus,* le labbe de McCormick *Catharacta maccormicki*, le labbe antarctique *Catharacta antarctica*, le goéland dominicain *Larus dominicanus*, et la sterne subantarctique *Sterna vittata*.

En outre, les éléphants de mer (*Mirounga leonina*), les phoques de Weddel (*Leptonychotes weddellii*), les léopards de mer (*Hydrurga leptonyx*), les phoques crabiers (*Lobodon carcinophagus*), et les otaries à fourrure (*Arctocephalus gazella*) se reposent et/ou se reproduisent sur les plages.

La ZSPA n°151 comprend les seules séquences rocheuses datant de l'éocène de l'époque préglaciaire, et de l'oligocène de l'époque partiellement glaciaire. La séquence rocheuse glaciaire continentale de la « Formation de Polonez » (tillites et diamictites glaciaires présentant des clastes erratiques) témoigne, en s'appuyant sur les plus anciennes preuves concrètes connues, de la glaciation du cénozoïque qui était à venir (datation SIRS 28-32). Les affleurements rocheux qui apportent des données de référence relatives à cet événement doivent être protégés, par conséquent le ramassage de bois pétrifié, de feuilles rares, de couches de houille représentant la métaphase de la houille brune lustrée (vitrinite) et de bombes volcaniques provenant de dépôts de tuf est interdit sans permis dans la zone. La flore datant de l'éocène (Mozer, à paraître) est identique à la flore remontant depuis l'autre côté du glacier de l'Aigle blanc (Zastawniak, 1981, 1990), et correspond au modèle floristique régional (Pool *et al.*, 2001).

Lions Rump comporte une flore riche en lichens, et de nombreux peuplements de deux plantes vasculaires indigènes, *Colobanthus quitensis* et *Deschampsia antarctica*. Le biote de lichens de la zone se compose de 148 taxons, ce qui en fait l'un des sites les plus diversifiés de l'Antarctique.

Les valeurs initiales de la zone associées à la faune des fonds marins ne peuvent pas être validées comme étant l'une des raisons principales d'une protection spéciale de la zone, du fait du manque de nouvelles données disponibles pour décrire les communautés. Toutefois, des travaux de recherche futurs pourraient les réaffirmer. La limite marine de la zone n'a donc pas été redéfinie.

La zone n'a pas fait l'objet de visites, de travaux de recherche scientifique et d'échantillonnage fréquents. La présence humaine dans la zone est actuellement estimée à deux personnes, qui effectuent des recherches de surveillance entre le 1er novembre et le 30 mars. La zone pourrait donc être considérée comme site de référence pour la réalisation future d'études comparatives.

Depuis 2007, un programme de surveillance des oiseaux et des pinnipèdes est en cours dans la zone, appliqué selon les méthodes de base de la CCAMLR (recensement des pinnipèdes tous les 10 jours, recensement des nids de manchots et d'autres oiseaux une fois dans la saison de reproduction, pesée des jeunes oiseaux une fois dans la saison, dénombrement des oiseaux isolés). Les données servent de base à la conservation de la faune et de la flore marines de l'Antarctique, pour détecter et enregistrer les changements significatifs des éléments cruciaux de l'écosystème, et pour comparer les tendances de la population par rapport à d'autres zones (telles que la ZSPA n°128, rive occidentale de la baie de l'Amirauté) qui sont confrontées à un niveau plus élevé d'activités humaines.

2. Buts et objectifs

La gestion de la zone vise à :

- Éviter la dégradation des valeurs de la zone et toute atteinte substantielle qui pourrait leur être portée, en empêchant les perturbations humaines inutiles dans la zone.

- Permettre d'effectuer des recherches scientifiques dans la zone, pour autant qu'elles soient indispensables, qu'elles ne puissent être menées ailleurs et qu'elles ne portent pas atteinte à l'écosystème naturel de la zone. Les pratiques envahissantes utilisées au cours des travaux de recherche biologique sont exclues de cette zone.

- Éviter ou minimiser l'introduction et la dissémination d'espèces non indigènes (plantes, animaux et microbes).

- Préserver la zone en tant que site de référence pour la future réalisation d'études comparatives.

3. Activités de gestion

Les activités de gestion suivantes sont à mettre en œuvre afin de protéger les valeurs de la zone :

- Des visites sont à effectuer, selon que de besoin, pour déterminer si la ZSPA continue de répondre aux objectifs pour lesquels elle a été désignée et pour s'assurer que les mesures de gestion et d'entretien soient adéquates.

- Le plan de gestion doit être révisé au moins une fois tous les cinq ans et actualisé, s'il y a lieu.

- Une copie de ce plan de gestion doit être disponible à la station Arctowski (Pologne ; 62°09'34"S, 058°28'15"O), à la station Comandante Ferraz (Brésil ; 62°05'07"S, 58°23'32"O), à la station Machu

Picchu (Pérou : 62°05'30"S, 58°28'30"O), à la station de terrain Copacabana (États-Unis d'Amérique ; 62°10'45"S, 58°26'49"O), au refuge de la pointe Hennequin (Équateur ; 62°07'16"S, 58°23'42"O) et au refuge à proximité de la zone (62°07'54"S, 58°09'20"O).

- Le personnel autorisé à accéder à la zone doit être spécifiquement informé des conditions du présent plan de gestion.

- Les repères, les panneaux ou les structures installés à l'intérieur de la zone à des fins scientifiques ou de gestion doivent être fixés et maintenus en bon état, et enlevés lorsqu'ils ne sont plus nécessaires.

- Les distances d'approche de la faune doivent être respectées, sauf si les projets scientifiques présentent d'autres contraintes et qu'elles sont stipulées dans les permis concernés.

- Toutes les activités scientifiques et de gestion menées dans la zone doivent être soumises à une Évaluation de l'impact sur l'environnement (Annexe I du Protocole au Traité sur l'Antarctique relatif à la protection de l'environnement).

- S'il y a lieu, les Programmes antarctiques nationaux sont incités à coordonner des activités en vue de prévenir le piétinement excessif des matériaux biologiques et géologiques dans la zone, de prévenir ou de minimiser le risque d'introduction et de dissémination d'espèces non indigènes, et de maintenir les impacts sur l'environnement, y compris les impacts cumulatifs, au minimum absolu.

4. Durée de la désignation

La zone est désignée pour une durée indéterminée.

5. Cartes

Carte 1. Emplacement de Lions Rump par rapport à l'île du Roi-George.

Carte 2. Lions Rump plus en détails.

Carte 3. Carte de végétation de Lions Rump.

Carte 4. Carte géologique de Lions Rump.

6. Description de la zone

6(i) Coordonnées géographiques, bornage et caractéristiques du milieu naturel

La zone se trouve sur la côte sud de la baie du Roi-George, sur l'île du Roi-George (Isla 25 de Mayo) dans les îles Shetland du sud (Cartes 1, 2). Elle est décrite comme englobant toutes les terres et toute la mer qui relèvent de la zone limitée par les coordonnées suivantes :

62°07'48"S, 58°09'17"O ;

62°07'49"S, 58°07'14"O ;

62°08'19"S, 58°07'19"O ;

62°08'16"S, 58°09'15"O ;

62°08'16"S, 58°09'15"O.

La zone comprend les aires littorales et sub-littorales qui s'étendent de l'extrémité orientale du Rocher Lajkonik jusqu'au point le plus au nord de Twin Pinnacles. De ce point, la limite s'étend jusqu'à l'extrémité la plus à l'est du culot en forme de colonne de Lions Head vers l'est du glacier de l'Aigle blanc. A terre, la zone comprend la côte de plages surélevées, des mares d'eau douce et des cours d'eau du côté sud de la baie du Roi-George, autour de l'anse Lions, ainsi que des moraines et des versants qui aboutissent à la langue de glace du glacier de l'Aigle blanc, puis en direction de l'ouest vers une petite moraine qui fait saillie à travers la calotte glaciaire au sud-est des collines Sukiennice.

La zone libre de glace de la ZSPA n°151 fait ressortir une variété de caractéristiques géomorphologiques, notamment des plages de différentes longueurs et largeurs, des moraines, des collines et des roches à l'intérieur des terres (Carte 4). Le point le plus élevé atteint une altitude d'environ 190 m. D'un point de vue géologique, la zone de Lions Rump se compose principalement d'une interstratification de couches de lave basaltique, andésitique, de bois doté de lahars, de tuffite, et de tuf, déposée à l'intérieur d'une paléovallée tectonique. Dans la partie supérieure de cette séquence, des coulées de lave andésitiques (datation K-Ar de 42-45 Ma) précédées de lahars sont observées. Ces roches pyroclastiques terrestres ont été exposées à l'érosion alluviale, et les vallées ont finalement été remplies de conglomérat massif (Conglomorate Bluff). Tout ce complexe de roches appartenant à la « Formation de l'anse Lions » a été découpé par des dykes andésitiques plus jeunes (Lions Rump). La « Formation de l'anse Lions » est recouverte de sédiments clastiques glaciomarins de la « Formation de l'anse Polonez datant de l'oligocène » (membres de Krakowiak et Low Head). Des rochers de l'oligocène forment des parois escarpées autour de la zone. La zone est en grande partie couverte de moraines glaciaires et de dépôts glaiseux sur les versants. La façade du glacier de l'Aigle blanc se caractérise par de grandes crêtes de moraines en forme de dôme appartenant à plusieurs phases de l'ère holocène durant lesquelles les glaciers ont avancé et reculé. Les sédiments datant de l'éocène ont été affectés par une altération complexe liée aux changements magmatiques, aux processus de météorisation et au métamorphisme de bas niveau. Des phénomènes de chloritisation, de palagonisation et de zéolitisation sont observés le long de l'ensemble des sédiments. Les roches terrestres de l'oléocène et glaciomarines de l'oligocène sont couvertes de coulées de laves andésitiques et de laves en coussins datant du miocène (env. 20 Ma, groupe ACE, comm. pers.). Les roches volcaniques occupent la partie centrale du territoire de la ZSPA n°151, et la plupart d'entre elles forment les collines Sukiennice.

De grandes quantités de manchots se reproduisent dans l'ensemble de la zone. En 2010/11, l'on pouvait observer 3 751 nids de manchots d'Adélie occupés, 3 004 nids de manchots papous occupés, et 32 nids de manchots à jugulaire occupés. Depuis 1995/96, la population de manchots d'Adélie se reproduisant a considérablement diminué et la population de manchots papous se reproduisant a considérablement augmenté. La population de manchots à jugulaire n'est pas suffisamment nombreuse pour pouvoir y détecter des changements importants en termes statistiques.

Huit autres espèces d'oiseaux se reproduisent dans la zone (le damier du Cap *Daption capense*, l'océanite de Wilson *Oceanites oceanicus*, l'océanite à ventre noir *Fregetta tropica*, le chionis blanc *Chionis albus*, le labbe de McCormick *Catharacta maccormicki*, le labbe antarctique *Catharacta antarctica*, le goéland dominicain *Larus dominicanus*, et la sterne subantarctique *Sterna vittata*). En 2010/11, les effectifs les plus élevés correspondaient aux oiseaux suivants : la sterne subantarctique (57 nids), le damier du Cap (55 nids), et le goéland dominicain (26 nids).

Les éléphants de mer (*Mirounga leonina*), les phoques de Weddell (*Leptonychotes weddellii*), les léopards de mer (*Hydrurga leptonyx*), les phoques crabiers (*Lobodon carcinophagus*), et les otaries à fourrure (*Arctocephalus gazella*) se reposent et/ou se reproduisent sur les plages. En 2010/11, quatre harems et 71 bébés éléphants de mer ont été observés dans la zone. Le nombre maximum d'otaries à fourrure a dépassé 1 500 individus.

Quelque 13 taxons de macroalgues ont été découverts dans l'aire littorale de la zone. Les plus courants parmi ceux-ci sont les suivants : les algues vertes (*Monostroma hariotti*), les algues rouges (*Georgiella confluens, Iridaea cordata* et *Leptosarca simplex*) et les algues brunes (*Adenocystis utricularis* et *Ascoseira mirabilis*). Une faune de fond riche et abondante est présente dans la partie marine de la zone, le bivalve correspondant au groupe dominant. Les amphipodes et les polychètes contribuent aussi sensiblement à l'abondance de la faune benthique. La composition des espèces et la proportion d'espèces endémiques indiquent que la baie du Roi-George est une zone transitoire entre les régions antarctique et subantarctique (données non publiées). La partie marine de la zone est peu profonde, comportant de nombreux récifs et rochers, et n'est pas accessible aux navires.

Le biote des lichens (champignons lichénisés) de la zone se compose de 148 taxons (Carte 3). En outre, 11 espèces de champignons lichénicoles ont été recensées. Les genres les plus diverses sont Caloplaca (19 espèces), Buellia (9 espèces), et Lecanora (8 espèces). La plus grande richesse d'espèces a été observée dans des lieux présentant des habitats diversifiés, p. ex. parsemés de rochers, à proximité de colonies de manchots ou dans des zones de perchage des oiseaux. Le nombre d'espèces le moins élevé a été découvert sur des terrains récemment déglacés (jeunes moraines) ou dans des lits de neige. Depuis 1988/90, des modifications de la répartition spatiale des lichens ont été observées, résultant du retrait des glaciers et du déficit hydrique qui en découle. Les hépatiques ont une place peu importante au sein des communautés végétales locales. Elles sont généralement observées dans les bancs de mousse. Les champignons sont rares ou inhabituels. Il existe peu de connaissances relatives aux algues d'eau douce de la zone.

6(ii) Accès à la zone

L'accès s'effectue par petits bateaux qui débarquent en-dehors de la zone. L'accès par la plage est situé au-delà de la limite occidentale de la zone, devant le refuge (62°07'54"S, 58°09'20"O).

L'accès à la zone depuis le site de débarquement recommandé doit s'effectuer à pied.

Les hélicoptères peuvent atterrir dans la zone uniquement en cas d'urgence. Le site d'atterrissage recommandé se situe sur une zone plate à 50-100 m à l'est du refuge, des deux côtés de la limite de la zone. La répartition variable des mammifères marins, des zones enneigées et des affluents est à prendre en compte au moment de l'atterrissage. L'atterrissage sur la végétation ou non loin d'espèces sauvages doit être évité dans toute la mesure possible. Afin d'éviter le survol de sites de reproduction, l'approche doit s'effectuer de préférence du nord ou de l'ouest.

6(iii) Emplacement des structures à l'intérieur de la zone

Un panneau se trouve sur une terrasse marine à l'extérieur de la limite occidentale de la zone.

Un refuge en bois comportant quatre couchettes (62°07'54"S, 58°09'20"O) construit par la Pologne se trouve sur une terrasse marine plate de cailloutis, à environ 50 m à l'extérieur de la limite occidentale de la zone.

Les stations de recherche scientifique les plus proches se trouvent à 30 km à l'ouest (station Arctowski – Pologne ; 62°09'34"S, 058°28'15"O) et au nord-ouest (station Comandante Ferraz, Brésil ; 62°05'07"S, 58°23'32"O) de la zone.

6(iv) Emplacement d'autres zones protégées à proximité

La ZSPA n°125, péninsule Fildes sur l'île du Roi-George (Isla 25 de Mayo), et la ZSPA n°150 sur l'île Ardley en baie Maxwell, sur île du Roi-George (Isla 25 de Mayo), sont situées à environ 50 km à l'ouest de Lions Rump. La ZSPA n°132, péninsule Potter sur l'île du Roi-George (Isla 25 de Mayo) dans les îles Shetland du sud, se trouve à environ 35 km vers l'ouest. La ZGSA n°1, baie de l'Amirauté sur l'île du Roi-George et la ZSPA n°128, rive occidentale de la baie de l'Amirauté, sur l'île du Roi-George dans les îles Shetland du sud, se trouvent à environ 20 km à l'ouest.

6(v) Zones spéciales à l'intérieur de la zone

Aucune.

7. Critères des permis

7(i) Conditions générales des permis

Les permis ne peuvent être délivrés que par les autorités nationales compétentes, conformément à leur désignation sur le fondement de l'article 7 de l'Annexe V du Protocole au Traité sur l'Antarctique relatif à la protection de l'environnement.

Les conditions de délivrance d'un permis pour entrer dans la zone sont les suivantes :

- Le permis n'est délivré que pour un objectif scientifique qu'il n'est pas possible de réaliser ailleurs.

- Il est délivré à des fins de gestion essentielles, telles que l'inspection, l'entretien ou la révision.

- Les actions autorisées ne porteront pas atteinte à l'écosystème naturel ou aux valeurs scientifiques de la zone.

- Toutes les activités de gestion visent à la réalisation des objectifs du plan de gestion.

- Les actions autorisées sont conformes au présent plan de gestion.

- La détention du permis ou d'une copie certifiée conforme est impérative dans la zone.

- Le permis est uniquement délivré pour une période déterminée.

- Un rapport doit être soumis à l'autorité nommée dans le permis.

- Les autorités compétentes doivent être notifiées de toute activité/mesure mise en œuvre qui n'était pas incluse dans le permis.

7(ii) Accès à la zone et déplacements à l'intérieur de celle-ci

L'accès à la zone et les déplacements à l'intérieur de celle-ci doivent s'effectuer à pied depuis la direction du site d'atterrissage recommandé, sur la plage non loin du refuge.

L'accès doit être limité afin d'éviter la perturbation des oiseaux, ainsi que la dégradation de la végétation et des caractéristiques géologiques.

Les véhicules terrestres sont interdits dans la zone. Les hélicoptères peuvent uniquement atterrir en cas d'urgence (voir *6(ii)*).

Les opérations de survol par les aéronefs à voilure fixe et les hélicoptères doivent être effectuées, comme norme minimale, conformément aux « Directives pour l'exploitation d'aéronefs à proximité de concentrations d'oiseaux dans l'Antarctique », incluses dans la Résolution 2 (2004).

Aucune voie piétonne n'est désignée à l'intérieur de la zone, toutefois les personnes qui s'y déplacent à pied doivent éviter, en toutes circonstances, de perturber les oiseaux et les mammifères et de détériorer la végétation ainsi que les vestiges paléontologiques (faune marine dans la Formation de l'anse Polonez, bois et feuilles rares dans les lahars) et géologiques (erratiques).

7 (iii) Activités menées ou pouvant être menées dans la zone, y compris les restrictions relatives à la durée et au lieu

- Les travaux de recherche scientifique indispensables qui ne peuvent pas être effectués à l'extérieur de la zone et qui ne porteront atteinte à aucun aspect des valeurs biologiques, géologiques, ou esthétiques de la zone, ni n'interféreront avec ceux-ci.

- Les activités de gestion essentielles, y compris la surveillance.

7(iv) Installation, modification ou enlèvement de structures

Aucune structure supplémentaire ne peut être érigée dans la zone, ni aucun équipement scientifique installé, sauf à des fins scientifiques ou de gestion indispensables, et pour une période préétablie, tel que stipulé dans un permis. L'installation (y compris le choix du site), l'entretien, la modification ou l'enlèvement de structures ou de matériel doivent être effectués de manière à minimiser la perturbation de la zone. Toutes les structures ou tout le matériel scientifique installé dans la zone doivent clairement identifier le pays, le nom du chercheur principal et l'année de l'installation.

Tous ces éléments ne doivent comporter aucun organisme, propagule (p. ex. semences, œufs) et aucune particule de terre non stérile, et doivent être faits de matériaux qui puissent résister aux conditions environnementales et constituer un facteur de risque minimal de pollution de la zone. L'enlèvement d'un équipement ou de structures spécifiques pour lesquels le permis est arrivé à expiration doit constituer l'une des conditions de délivrance du permis. Les structures ou installations permanentes sont interdites.

7(v) Emplacement des campements

Le camping est interdit dans la zone, sauf en cas d'urgence. Un refuge en bois comportant quatre couchettes, construit par la Pologne, se trouve sur une terrasse marine plate de cailloutis à environ 50 m à l'extérieur de la limite occidentale de la zone (62°07'54"S, 58°09'20"O). Le refuge est surtout utilisé par des chercheurs polonais qui assurent le suivi des oiseaux et des pinnipèdes de la zone. D'autres options de camping à l'extérieur de la zone sont possibles, dans des sites dépourvus de végétation proches du refuge. Il est essentiel de prendre soin de minimiser la perturbation des espèces sauvages.

7(vi) Restrictions sur les matériaux et organismes pouvant être introduits dans la zone

Aucun animal vivant, aucune matière végétale et aucun microorganisme ne doit être délibérément introduit dans la zone. Afin de veiller à ce que les valeurs floristiques et écologiques de la zone soient maintenues, des précautions particulières doivent être prises contre l'introduction accidentelle de microbes, d'invertébrés ou de plantes provenant d'autres sites de l'Antarctique, notamment des stations, ou de régions hors de l'Antarctique. Un soin particulier doit être accordé afin de s'assurer que la plante herbacée non indigène *Poa annua* présente aux alentours de la station Arctowski ne soit pas introduite dans la zone par mégarde. Tout le matériel d'échantillonnage et tous les repères apportés dans la zone doivent être nettoyés ou stérilisés. L'introduction de terre non stérile est interdite.

Dans toute la mesure possible, les chaussures, les vêtements de dessus, les sacs à dos, ainsi que tout autre équipement utilisé ou apporté dans la zone, doivent être scrupuleusement nettoyés avant d'entrer dans la zone. Le *Manuel sur les espèces non indigènes du CPE* et les *Listes de vérification pour les gestionnaires de la chaîne d'approvisionnement des programmes antarctiques nationaux pour la réduction du risque de transfert d'espèces non-indigènes du COMNAP / SCAR* proposent des orientations supplémentaires en la matière. Les espèces non indigènes potentielles trouvées dans la zone doivent être signalées aux autorités compétentes.

Compte tenu de la présence de colonies d'oiseaux se reproduisant dans la zone, aucun produit de volaille, y compris les produits alimentaires contenant des œufs en poudre non cuits, ne doit être introduit dans la zone.

Aucun herbicide ou pesticide ne doit être introduit dans la zone. Tout autre produit chimique, y compris les radionucléides ou isotopes stables, susceptible d'être introduit à des fins scientifiques ou de gestion stipulées dans le permis, doit être retiré de la zone au plus tard dès que les activités prévues par le permis prennent fin. Le déversement de radionucléides ou d'isotopes stables directement dans l'environnement par une méthode qui les rend irrécupérables doit être évité.

Les carburants ou d'autres produits chimiques ne doivent pas être stockés dans la zone, sauf si cela est spécifiquement autorisé dans les conditions du permis. Ils doivent être entreposés et traités de manière à minimiser le risque de leur déversement accidentel dans l'environnement, et leur quantité doit être maintenue au minimum nécessaire à des fins scientifiques et de gestion stipulées dans le permis.

Tous les matériaux sont introduits dans la zone pour une période déterminée uniquement, et doivent être enlevés lorsque cette période est échue.

Si un déversement est effectué, pouvant porter atteinte aux valeurs de la zone, il est conseillé d'enlever les matériaux uniquement lorsque l'impact de leur enlèvement ne risque pas d'être plus conséquent que celui de les maintenir *in situ*. Les autorités compétentes doivent être informées de tout élément déversé ou non enlevé, qui n'était pas inclus dans le permis délivré.

7(vii) Prélèvement de végétaux et capture d'animaux ou perturbations nuisibles à la flore et à la faune

Le prélèvement de végétaux et la capture d'animaux ou les perturbations nuisibles à la flore et à la faune sont interdits, sauf conformément à l'Annexe II du Protocole au Traité sur l'Antarctique relatif à la protection de l'environnement. Dans le cas de captures ou de perturbations nuisibles d'animaux, le *Code de conduite du SCAR pour l'utilisation d'animaux à des fins scientifiques dans l'Antarctique* doit être utilisé comme norme minimale.

Toute information relative aux prélèvements et aux perturbations nuisibles doit être échangée, comme il convient, par le biais du système d'Echange d'informations du Traité sur l'Antarctique.

Afin de prévenir toute perturbation humaine de la colonie de manchots se reproduisant, les visiteurs ne doivent pas approcher à moins de 10 m de la colonie pendant la période de reproduction, sauf si une autorisation à des fins scientifiques et de gestion spécifiques est stipulée dans un permis.

7(viii) Ramassage ou enlèvement de toute chose qui n'a pas été apportée dans la zone par le détenteur d'un permis

Le ramassage ou l'enlèvement de toute chose qui n'a pas été apportée dans la zone par le détenteur du permis ne doit se produire qu'en conformité avec un permis et doit se limiter au strict nécessaire pour répondre aux besoins scientifiques et de gestion.

Les permis ne doivent pas être accordés s'il existe un danger suffisamment important pour que l'échantillonnage proposé puisse prélever, supprimer ou endommager des quantités de terre, de sédiments, de flore ou de faune telles que la répartition et l'abondance de ces derniers dans la zone seraient considérablement affectées.

Les autres éléments d'origine humaine qui risquent de porter atteinte aux valeurs de la zone (p. ex. les déchets en plastique) et qui n'ont pas été introduits dans la zone par le détenteur du permis, ou pour lesquels aucune autorisation n'a été donnée par ailleurs, peuvent être enlevés de la zone dans la mesure où cet enlèvement n'entraîne pas de conséquences plus graves pour l'environnement que de les laisser *in situ*. Si tel est le cas, les autorités compétentes doivent en être informées et une approbation doit être reçue.

7(ix) Elimination des déchets

Tous les déchets, y compris les déchets solides d'origine humaine, doivent être enlevés de la zone conformément à l'Annexe III (Elimination et gestion des déchets) du Protocole au Traité sur l'Antarctique relatif à la protection de l'environnement. Les déchets liquides d'origine humaine peuvent être déversés dans la mer au large de la zone, à la fin de la saison.

7(x) Mesures nécessaires pour faire en sorte que les buts et objectifs du plan de gestion continuent d'être atteints

Des permis peuvent être délivrés pour entrer dans la zone en vue d'y mener des activités de biosurveillance et d'inspection de sites, pouvant impliquer le prélèvement de petits échantillons pour analyse ou audit, pour ériger ou remettre en état les panneaux, ou pour prendre des mesures de protection. Les activités scientifiques doivent être menées conformément au *Code de conduite environnemental du SCAR pour la recherche scientifique terrestre en Antarctique*.

Tous les sites spécifiques de surveillance de longue durée qui sont vulnérables à des perturbations accidentelles doivent être bornés de manière appropriée, et les informations transmises aux autres Parties en utilisant les voies de communication appropriées.

La perturbation et le recoupement avec les travaux de recherche de longue durée et les programmes de surveillance doivent être évités par le biais de consultations et de l'échange anticipé d'informations concernant les activités proposées.

7(xi) Critères pour les rapports

Le détenteur principal d'un permis, pour chaque visite dans la zone, doit soumettre un rapport à l'autorité nationale compétente dès que possible, et pas plus de six mois suivant la réalisation de la visite.

Les rapports doivent inclure les informations exposées dans le formulaire de rapport de visite, conformément à la Résolution 2 (2011). Si nécessaire, l'autorité nationale est également tenue de transmettre un exemplaire du rapport de visite à la Partie ayant proposé le plan de gestion, afin de contribuer à la gestion de la zone et à la révision du plan de gestion.

Dans la mesure du possible, les Parties sont tenues de déposer les originaux ou les copies de ces rapports de visite originels dans une archive accessible au public, afin de conserver une archive d'usage qui sera utilisée dans l'examen du plan de gestion et dans l'organisation de l'utilisation scientifique de la zone.

L'autorité compétente doit être tenue informée de toute activité mise en œuvre, de toute mesure prise ou de tout matériel rejeté et non enlevé, qui ne sont pas stipulés dans le permis.

8. Bibliographie

Non-Native Species Manual. Resolution 6 (2011) – ATCM XXXIV – CEP XIV, Buenos Aires (available at *http://www.ats.aq/documents/atcm34/ww/atcm34_ww004_e.pdf*)

Guidelines for the Operation of Aircrafts near Concentrations of Birds in Antarctica. Resolution 2 (2004) – ATCM XXVII - CEP VII, Cape Town (available at *http://www.ats.aq/documents/recatt/Att224_e.pdf*)

COMNAP/SCAR Checklists for supply chain managers of National Antarctic Programmes for the reduction in risk of transfer of non-native species – ATCM XXXIV/CEP XIV, Buenos Aires (avaible at https://www.comnap.aq/Shared%20Documents/checklistsbrochure.pdf)

SCAR Code of Conduct for the Use of Animals for Scientific Purposes (available at *http://www.scar.org/treaty/atcmxxxiv/ATCM34_ip053_e.pdf*)

SCAR's Environmental Code Of Conduct For Terrestrial Scientific Field Research In Antarctica (avaible at *http://www.scar.org/researchgroups/lifescience/Code_of_Conduct_Jan09.pdf*

Angiel P.J., Korczak M. 2008. Comparison of population size of penguins concerning present and archive data from ASPA 128 and ASPA 151 (King George Island). Arctic and Antarctic Perspectives in the International Polar Year. SCAR/IASC IPY. Open Science Conference. St. Petersburg, Russia. July 8th - 11th 2008. Abstract volume: 241.

Angiel P.J., Dąbski M. 2012. Lichenometric ages of the Little Ice Age moraines of King George Island and of the last volcanic activity on Penguin Island (West Antarctica). Geografiska Annaler: Series A, Physical Geography, 94, 395–412

Angiel P.J., Korczak-Abshire M. 2011. Recent Climate Change Effect on Penguins and Pinnipeds, King George Island, Antarctica. Newsletter for the Canadian Antarctic Research Network, 30, 10-14

Barton C.M. 1961. The geology of King George Island. Preliminary Report, Falkland Islands Dependencies Survey 12: 1-18

Barton C.M. 1965. The geology of South Shetland Islands. III. The stratigraphy of King George Island. Sci. Rep. of BAS 44, 1-33

Birkenmajer K 1994. Geology of Tertiary glacigenic deposits and volcanics (Polonia Glacier Group and Chopin Ridge Group) at Lions Rump (SSSI No. 34), King George Island, West Antarctica. *Bulletin of the Polish Academy of Sciences, Earth Sciences,* 42, 165-180

Birkenmajer K. 1980. Report on geological investigations of King George Island, South Shetlands (West Antarctica), in 1978/79. Studia Geologica Polonica, 64, 89-105

Birkenmajer K. 1981. Geological relations at Lions Rump, King George Island. Studia Geologica Polonica, 72, 75-87

Birkenmajer K. 1989. A guide to Tertiary geochronology of King George Island, West Antarctica. Polish Polar Research, 10, 555-579

Birkenmajer K. 2001., Mesozoic and Cenozoic stratigraphic units in parts of the South Shetland Islands and Northern Antarctic Peninsula (as used by the Polish Antarctic Programmes). Studia Geologica Polonica, 118, 5-188

Birkenmajer K., Frankiewicz J.K., Wagner M. 1991. Tertiary coal from the Lions Cove Formation, King George Island, West Antarctica. Polish Polar Research, 12, 221-249

Birkenmajer K., Gaździcki A., Gradziński R., Kreuzer H., Porębski S.J., Tokarski A.K. 1991. Origin and age of pectinid-bearing conglomerate (Tertiary) on King George Island, West Antarctica. Geological Evolution of Antarctica, edited by M.R.A. Thomson, J.A. Crame, and J.W. Thomson, pp. 663-665, Cambridge University Press

Ciaputa P., Sierakowski K. 1999. Long-term population changes of Adelie, chinstrap, and gentoo penguins in the regions of SSSI No. 8 and SSSI No. 34, King George Island, Antarctica. Polish Polar Research, 20, 355-365

Croxall J.P., Kirkwood E.D. 1979. The distribution of penguins on the Antarctic Peninsula and islands of the Scotia Sea. Life Science Division, British Antarctic Survey, Cambridge: 186 pp.

Jabłoński B. 1984. Distribution and numbers of penguins in the region of King George Island (South Shetland Islands) in the breeding season 1980/1981). Polish Polar Research, 5, 17-30

Korczak-Abshire M., Angiel P.J., Wierzbicki G. 2011. Records of white-rumped sandpiper (Calidris fuscicollis) on the South Shetland Islands. Polar Record, 47 (242), 262–267

Korczak-Abshire M., Węgrzyn M., Angiel P., Lisowska M. 2012 An analysis of the distribution and population size of penguin species on Lions Rump based on the GIS system. XXIV Sympozjum Polarne, 14-16 czerwca 2012, Sosnowiec, Poland. Streszczenia referatów i posterów str. 91

Korczak-Abshire M., Węgrzyn M., Angiel P.J., Lisowska M. (2013). *Pygoscelid* penguin breeding distribution and population trends at Lions Rump rookery (South Shetland Islands). Polish Polar Research

Krajewski K., Sidorczyk M., Tatur A., Zieliński G. 2009. Lithostratigraphy and depositional history of the earliest Miocene glaco-marine sequences at Cape Melville Formation, King George Island, West Antarctica (poster). The First ACE IPY Conference in Granada, Spain, September 2009

Krajewski K.P., Tatur A., Molnar F., Mozer A., Pecskay Z., Sidorczuk M., Zieliński G., Kusiak M., Keewook Y.I., Namhoon Kim. 2011. Paleoclimatic Stages in the Eocene-Miocene succession on King George Islans: new chronology data and relevance for glaciation of Antarctica. ACE Symposium Edinburgh

Krajewski K.P., Tatur A., Mozer A., Pecskay Z., Zieliski G. 2010. Cenozoic climate evolution in the northern Antarctic Peninsula region: geochronological paleoenvironments on King George Island. Presentation No PS2-C.40. International Polar Year Conference – Oslo Science Conference. 8-12 June 2010

Morgan, F., Barker, G., Briggs, C., Price, R. and Keys, H. 2007. Environmental Domains of Antarctica Version 2.0 Final Report, Manaaki Whenua Landcare Research New Zealand Ltd. 89 pp.

Mozer A. (in press). Eocene sedimentary facies in volcanogenic succession on King George Island, South Shetland Islands: a record of pre-ice sheet terrestrial environments in West Antarctica. Geological Quaterly

Olech M. 1993. Flora porostów i szata roślinna Południowych Szetlandów (Antarktyka). Wiadomości Geobotaniczne 37, 209-211

Olech M. 1994. Lichenological assessment of the Cape Lions Rump, King George Island, South Shetland Islands; a baseline for monitoring biological changes. Polish Polar Research, 15, 111-130

Olech, M. 2001. Annotated checklist of Antarctic lichens and lichenicolous fungi. Institute of Botany of the Jagiellonian University, Kraków

Olech M., Czarnota P. 2009. Two new *Bacidia* (Ramalinaceae, lichenized Ascomycota) from Antarctica. Polish Polar Research, 30, 339-340

Pańczyk M., Nawrocki J. 2011. Geochronology of selected andesitic lavas from the King George Bay area (SE King George Island). Geological Quarterly, 55, 323–334

Poole D., Hunt R.J., Cantrill D.J. 2001. A Fossil Wood Flora from King George Island: Ecological Implications for a AntarcticEocene Vegetation. Annals of Botany, 88, 33-54

Smellie J.L., Pankhurst R.J., Thompson M.R.A., Davies R.E.S. 1984. The geology of South Shetland Islands. VI. Stratigraphy, geochemistry and evolution. Scientific Reports, British Antarctic Survey, 87: 1-85

Tatur A. 1989. Ornithogenic Soils of the maritime Antarctic. Pol. Polar Res. 10, 4; 481 - 532.

Tatur A. 2002. Ornithogenic Ecosystems in the maritime Antarctic - formation, development and disintegration. In: Beyer L. and Bölter M. (eds). Geoecology of Terrestrial Antarctic Ice-Free Coastal Landscapes, Ecological Studies 154, Springer Verlag 161-184

Tatur A. Krajewski K.P., Pecskay Z., Zieliński G., del Valle R.A., Mozer A. 2010. Suplementary evidence of Paleogene environment changes in West Antarctica. SCAR Conference. Buenos Aires, July 2010

Tatur A., Krajewski K.P., Angiel P., Bylina P., Delura K., Nawrocki J., Pańczyk M., Peckay Z., Zieliński G., Mozer A. 2009. Lithostratigraphy, dating, and correlation of cenozoic glacial and interglacial sequences on King George Island, West Antarctica (poster). The First ACE IPY Conference in Granada, Spain, September 2009.

Trivelpiece W.Z., Trivelpiece S.G., Volkman N. 1987. Ecological segregation of Adélie, gentoo, and chinstrap penguins at King George Island, Antarctica. *Ecology* 68: 351-361

Zastawniak E. 1981. Tertiary leaf flora from the Point Hennequin Group of King George Island (South Shetland Islands, Antarctica). Preliminary report. *Studia Geologica Polonica* 72, 97–108, 4 pls

Zastawniak E. 1990. Late Cretaceous leaf flora of King George Island, West Antarctica. In *Proceedings of the symposium: Paleofloristic and paleoclimatic changes in the Cretaceous and Tertiary* (eds Knobloch, E. & Kvacek, Z.), pp. 81–85 (Geological Survey,Prague)

Cartes de Lions Rump :

Battke Z., Cisak J. 1988. Cape Lions Rump, King George Bay, 1:5000. Printed by E. Romer State Cartographic Publishing House, Warsaw

Angiel P.J., Gasek A. Lions Rump and Polonia Glacier, King George Island. Map prepared during the 33rd Polish Antarctic Expedition to Arctowski Station. Glacier front mapped in January 2009. Detailed hydrography only for ASPA 151, generalized in the Polonia Glacier forefront

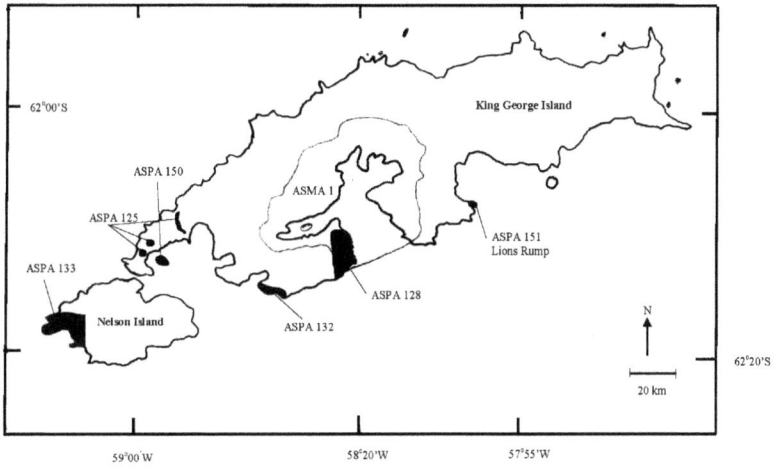

Map. 1. The location of ASPA 151 Lions Rump in relation to King George Island

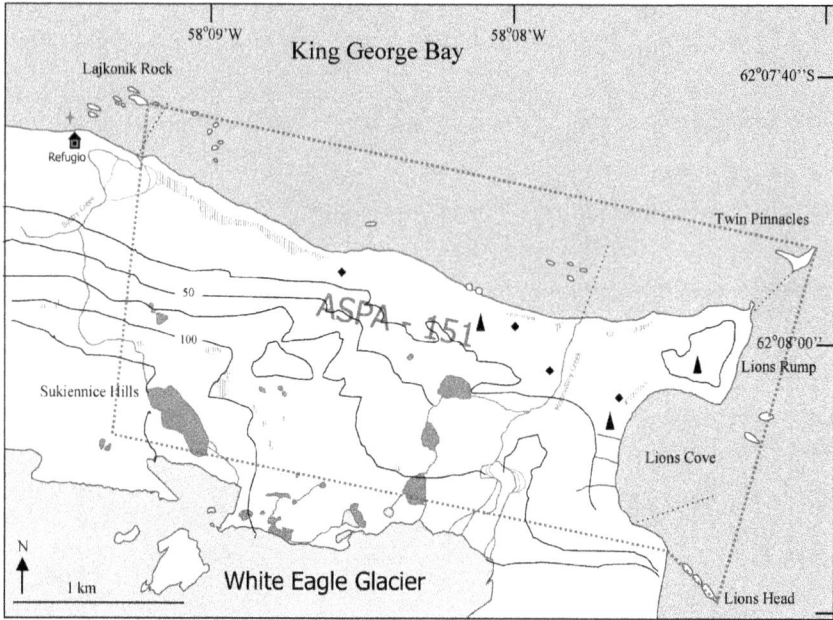

Map 2. Lions Rump in greater detail.

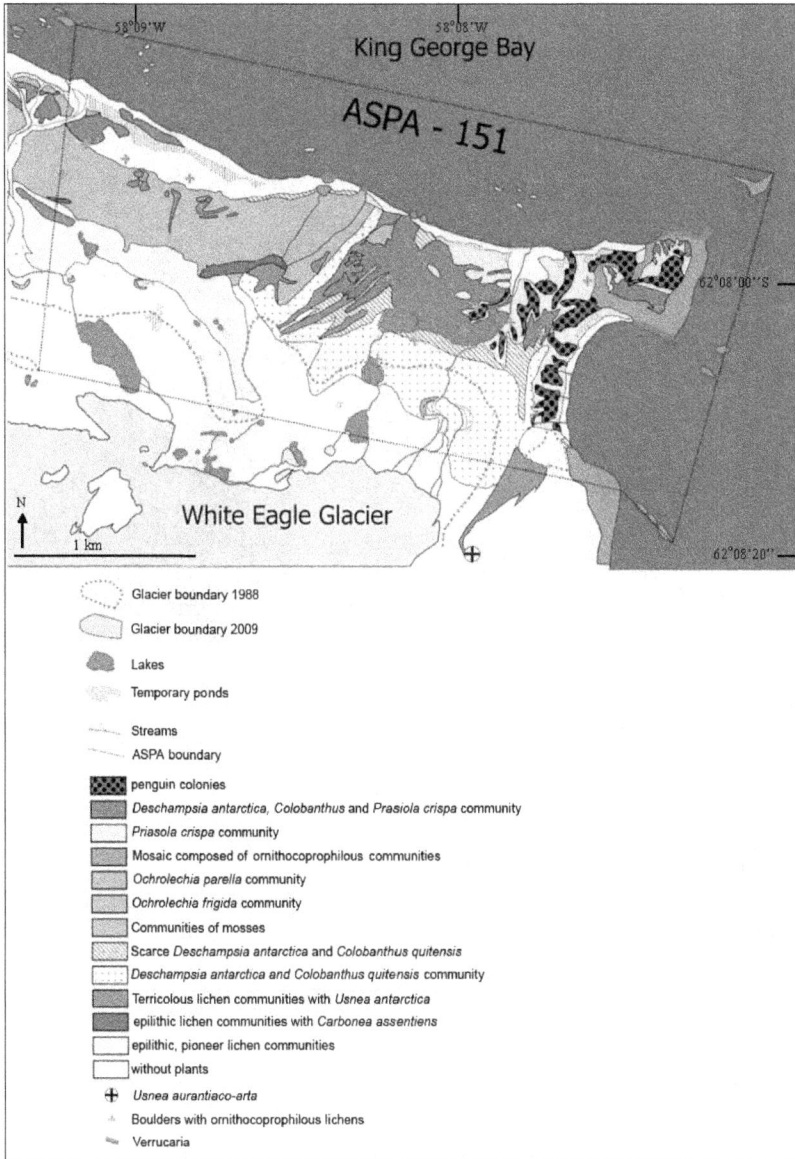

Map 3. Vegetation map of Lions Rump

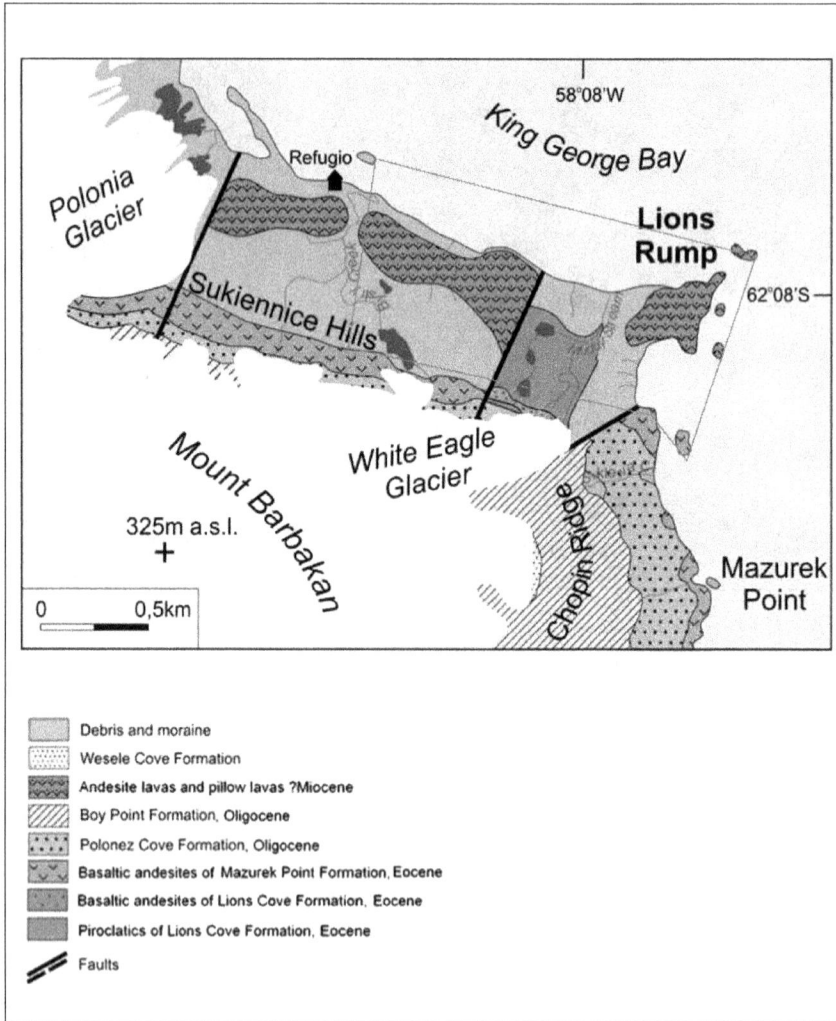

Map 4. Geological map of Lions Rump

Plan de gestion pour la zone spécialement protégée de l'Antarctique (ZSPA) n° 154

BAIE BOTANY, CAP GEOLOGIE, TERRE VICTORIA

Introduction

La baie Botany, cap Géologie, se situe dans la partie sud-ouest de port Granite, Terre Southern Victoria (162°32'52"E, 77°00'14"S ; Carte A, Encart 2). La zone est extrêmement riche sur le plan botanique pour un endroit à une latitude aussi élevée et est également l'un des sites les plus riches de tout l'Antarctique continental. Outre la diversité et l'abondance marquées de lichens (au moins 30 espèces) et de mousses (9 espèces), d'importantes concentrations d'algues sont présentes (au moins 85 taxons). La zone comprend aussi une population diversifiée d'invertébrés (collemboles, acariens, nématodes, rotifères) et une colonie (plus de 40 couples) de labbes antarctiques (*Catharacta maccormicki*). La zone constitue l'emplacement type pour le collembole *Gomphiocephalus hodgsoni* Carpenter et le lichen *Caloplaca coeruleofrigida* Sochting et Seppelt.

Outre les valeurs biologiques décrites, la zone contient des restes d'un abri de rochers et des objets associés d'une importance historique (datant de l'expédition antarctique britannique de 1910-1913), connus sous le nom de « Granite House » et désignés Site et monument historique (SMH) n° 67 en vertu de la Mesure 4 (1995).

A l'origine, la baie Botany, cap Géologie a été désignée Site d'intérêt scientifique particulier (SISP) n° 37 dans la Mesure 3 (1997) sur proposition de la Nouvelle-Zélande, du fait que la zone constituait un refuge botanique d'une extrême richesse à une latitude aussi élevée, avec une diversité et une abondance des espèces de mousses et de lichens exceptionnelles pour Terre Southern Victoria. Le site a été redésigné Zone spécialement protégée de l'Antarctique (ZSPA) n° 154 dans la Décision 1 (2002). Le plan de gestion a été révisé et adopté dans la Mesure 2 (2003) et la Mesure 11 (2008).

La raison principale de la désignation de la baie Botany, cap Géologie, en tant que Zone spécialement protégée de l'Antarctique est de protéger les caractéristiques écologiques uniques de la zone ainsi que ses valeurs scientifiques et historiques exceptionnelles.

1. Description des valeurs à protéger

Dans la région de la mer de Ross, des zones de mousses et de lichens abondants ont été identifiées au cap Bird, île de Ross (ZSPA n° 116), à l'île de Beaufort (ZSPA n° 105), sur le glacier Canada dans la vallée Taylor (ZSPA n° 131), sur le plateau Kar à port Granite, pointe Edmonson (ZSPA n° 165) et au cap Hallett (ZSPA n° 106). Bien que la couverture et la biomasse végétales de ces sites soient importantes, la diversité des espèces présentes est considérablement moins vaste que celle rencontrée dans la baie Botany.

La baie Botany comporte une extrême richesse sur le plan botanique et est également l'un des sites les plus riches de tout l'Antarctique continental. La flore terrestre de lichens et de mousses de la baie Botany comprend une hépatique, neuf mousses et au moins 30 lichens (Annexe 1). De nombreuses algues (au moins 85 taxons) ont été répertoriées, mais la flore algale n'est pas spécialement inhabituelle à cet endroit. La zone comprend aussi une vaste population d'invertébrés (collemboles, acariens, nématodes, rotifères) et une colonie (plus de

40 couples) de labbes antarctiques (*Catharacta maccormicki*). Aucune autre espèce aviaire en phase de reproduction n'a été observée dans la zone. La zone constitue l'emplacement type pour le collembole *Gomphiocephalus hodgsoni* Carpenter et le lichen *Caloplaca coeruleofrigida* Sochting et Seppelt.

La structure et le développement des communautés de mousses et de lichens de la baie Botany sont similaires à celles répertoriées à plus de 10° de latitude plus au nord. Il s'agit de la zone la plus méridionale où ont été observés l'hépatique *Cephaloziella varians*, le lichen *Turgidosculum complicatulum* ainsi que les mousses *Bryoerythrophyllum recurvirostrum* et sans doute *Ceratodon purpureus*. La plupart se trouvent environ trois degrés de latitude plus au sud que les observations les plus proches au nord, dans la région de la baie Terra Nova.

La plage de galets possède des populations denses de lichens épilithiques et endolithiques. La taille (jusqu'à 15 cm de diamètre) de certains thalles de lichens revêt un caractère important. À de hautes altitudes, les macrolichens sont rares et éparpillés. La baie Botany est exceptionnelle du fait de l'abondance de certains macrolichens, notamment *Umbilicaria aprina, Xanthoria elegans, Physcia caesia* et plusieurs formes de microlichens.

La richesse de la flore résulte d'un microclimat relativement chaud généré par le caractère inhabituellement abrité de la zone qui est protégée des vents polaires d'est et du sud et complètement ouverte au soleil le plus lumineux vers le nord. Différents groupements ou associations d'espèces dans la zone dépendent de l'apport de nutriments par la colonie de labbes, de la présence d'une source d'eau, qu'elle soit uniquement issue de la fonte des neiges du champ de glace ou de l'enneigement, ou d'une certaine forme d'eau de fonte, ainsi que de la régularité et de la vitesse du débit d'eau et du type de substratum, surtout s'il s'agit de gravier meuble ou de roche solide.

Sous l'influence d'un climat variable (sur le plan à la fois mondial et local), l'augmentation de volume et les changements d'emplacement du débit d'eau à travers et sur la végétation mèneraient inévitablement à des modifications de la répartition, de la diversité et de l'abondance de la végétation. La zone serait idéale pour l'évaluation des impacts du changement climatique sur les écosystèmes terrestres de l'Antarctique continental dominés par une végétation composée de mousses et de lichens.

Outre les valeurs biologiques décrites, la zone contient les restes d'un abri de rochers et des objets associés d'une importance historique, connus sous le nom de « Granite House ». Construit en 1911 en utilisant le creux naturel des rochers, avec des murs constitués de rochers de granite et le toit de peaux de phoque, l'abri servait de cuisine de terrain à l'équipe géologique occidentale sous la direction de Griffith Taylor pendant l'expédition antarctique britannique de 1910-1913. Il était clos sur trois côtés par des murs de rochers de granite et comportait un traîneau pour soutenir un toit en peaux de phoque. Les murs en pierre de l'abri se sont depuis en partie effondrés, et de nombreux objets ont disparu. En janvier 2012, des parties de murs étaient encore debout, mais le toit s'était effondré et les peaux de phoque s'étaient envolées un peu plus bas sur la plage. L'abri contient toujours des vestiges corrodés de boîtes de conserve, une peau de phoque et des tissus.

L'abri et les objets associés sont vulnérables aux perturbations et leur accès est par conséquent administré par le biais d'une zone d'accès à l'intérieur de la ZSPA, qui est soumise à des restrictions. Il est possible d'identifier un site utilisé par l'équipe géologique occidentale sous la direction de Griffith Taylor, pour y planter ses tentes, par la présence d'une aire de gravier plate assortie d'un certain nombre de pierres qui servaient à maintenir les toiles de tentes par leur poids. Ce site se trouve à l'extérieur de la zone d'accès, et est soumis à des restrictions.

La raison principale de la désignation de la baie Botany, cap Géologie, en tant que Zone spécialement protégée de l'Antarctique est de protéger l'étendue géographique limitée de l'écosystème, les caractéristiques écologiques inhabituelles de la zone ainsi que ses valeurs scientifiques et historiques exceptionnelles. La vulnérabilité de la zone aux perturbations par piétinement, échantillonnage, pollution ou introduction d'espèces exotiques est telle que la zone requiert une protection spéciale à long terme.

2. Buts et objectifs

La gestion de la baie Botany vise à :

- éviter la dégradation des valeurs de la zone et les risques substantiels qu'elles pourraient courir en empêchant les perturbations humaines inutiles dans la zone ;
- permettre la réalisation de travaux de recherche scientifique sur l'écosystème et les éléments de l'écosystème, en particulier sur les espèces de lichens et de mousses, les algues, les invertébrés et les labbes, tout en veillant à éviter un échantillonnage excessif ;
- permettre d'effectuer d'autres recherches scientifiques dans la zone, pour autant qu'elles soient indispensables, qu'elles ne puissent être menées ailleurs et qu'elles ne portent pas atteinte à l'écosystème naturel de la zone ;
- préserver une partie de l'écosystème naturel de la zone comme zone de référence pour des études comparatives futures ;
- éviter ou minimiser l'introduction de plantes, d'animaux et de microbes non indigènes dans la zone ;
- autoriser des visites du site historique « Granite House » qui soient strictement réglementées par un permis ;
- autoriser des visites de conservation sur d'autres sites historiques, qui soient strictement réglementées par un permis ;
- permettre que des visites soient effectuées pour des raisons de gestion appuyant les objectifs du plan de gestion.

3. Activités de gestion

Les activités de gestion suivantes sont à mettre en œuvre afin de protéger les valeurs de la zone :

- Des informations sur l'emplacement de la zone, mentionnant les restrictions spéciales qui s'y appliquent, doivent être disposées bien en évidence, et une copie du présent plan de gestion doit être disponible aux stations des Programmes antarctiques nationaux qui opèrent aux alentours de la zone.
- Des panneaux illustrant l'emplacement et les limites de la zone, et mentionnant clairement les restrictions régissant l'accès à cette zone, doivent être placés à des endroits appropriés sur tout le périmètre pour éviter toute entrée par inadvertance.

- Les repères, les panneaux et autres structures (par exemple les cairns) mis en place dans la zone à des fins scientifiques ou de gestion doivent être solidement fixés, maintenus en bon état, et enlevés lorsqu'ils ne sont plus nécessaires.
- Les visites sont à organiser en fonction des besoins, et au moins une fois tous les cinq ans, afin de déterminer si la zone répond toujours aux objectifs pour lesquels elle a été désignée et de s'assurer que les mesures de gestion et d'entretien sont adéquates.
- Les directeurs des Programmes antarctiques nationaux en cours d'exécution dans la zone sont tenus de se consulter pour veiller à ce que les activités de gestion ci-dessus soient mises en œuvre.

4. Durée de la désignation

La zone est désignée pour une durée indéterminée.

5. Cartes

Carte A – baie Botany, Zone spécialement protégée de l'Antarctique n° 154 : carte topographique.
Spécifications de la carte : projection – conique conforme de Lambert. Parallèles types – 1er 79°20'00" S ; 2nd 76°40'00"S. Méridien central - 162°30'00"E. Latitude d'origine - 78°01'16,211"S. Sphéroïde : WGS84.

Carte B – baie Botany, Zone spécialement protégée de l'Antarctique n° 154 : zone d'accès (avec « Granite House » et aire d'observation).
Les spécifications de la carte sont identiques à celles de la Carte A.

Carte C – baie Botany, Zone spécialement protégée de l'Antarctique n° 154 : densité de la végétation, montrant la densité de répartition des mousses, lichens et algues à l'intérieur de la ZSPA n° 154.
Les spécifications de la carte sont identiques à celles de la Carte A.

6. Description de la zone

6(i) Coordonnées géographiques, bornage et caractéristiques du milieu naturel
Le cap Géologie se situe dans la partie sud-ouest de port Granite, Terre Southern Victoria (162°32'52"E ; 77°00'14"S) à environ 100 km au nord-ouest de l'île de Ross (Carte A, Encarts). La zone se compose de terrasses de plages de galets surélevées, de steppes rocheuses érodées et de plateformes rocheuses irrégulières autour du cap Géologie, s'élevant rapidement vers le sud pour inclure un cirque élevé bien défini contenant un petit champ de glace. Le champ de glace fournit une réserve régulière d'eau de fonte sur la zone. La zone est exposée au nord et est bien protégée des vents violents. L'intensité du rayonnement solaire est accrue par la réflexion de la glace marine qui, en général, se maintient jusqu'à fin janvier à port Granite. Par conséquent, le site présente des températures de l'air qui sont plus chaudes que prévues, atteignant parfois près de 10 °C en janvier. L'espace de végétation le plus vaste se trouve sur la terrasse de plages surélevée et abritée, connue sous le nom de baie Botany.

La géologie de la roche-mère du cap Géologie a été décrite comme un granite biotite porphyrique gris, avec des phénocristaux d'orthoclase d'une couleur rougeâtre reflétée dans la roche érodée.

Les limites de la zone comprennent le captage des eaux et incluent le cirque surélevé depuis le petit champ de glace jusqu'à la côte plus bas (Carte A). La limite nord-ouest de la zone est marquée par une plaque de laiton dans un rocher le long du littoral (M1 ; 162°31'53"E, 77°00'19'S) à 400 m au sud-ouest du cap Géologie. La limite ouest est définie par une ligne s'étendant tout d'abord sur 260 m au sud/sud-est de M1 jusqu'à un rocher (marqué d'un cairn) avec un boulon indicateur (M2 ; 162°33'08"E, 77°00'27"S) à une altitude de 118 m sur la crête au-dessus du site de campement. De là, la limite s'étend sur 250 m le long de cette crête jusqu'à un point situé à une altitude de 162 m et marqué par un piquet en bambou fixé dans un tube métallique. La limite ouest s'étend de 300 m en amont de cette crête jusqu'à un gros rocher saillant à une altitude de 255 m (162°31'46"E ; 77°00'40"S) à proximité du bord du champ de glace permanent. La limite traverse ensuite le champ de glace sur 150 m vers le sud jusqu'au bord ouest d'une ligne proéminente de moraine et d'affleurements rocheux dans la partie sud-ouest de la zone, à une altitude de 325 m. La limite sud suit cette ligne de roches à l'est jusqu'à ce que la partie exposée disparaisse dans le champ de glace, puis s'étend au sud-est sur 500 m à travers ce champ jusqu'au bord d'une seconde partie exposée, plus saillante, à une altitude légèrement supérieure à 400 m (M3 ; 162°33'22"E, 77°00'59"S). La limite suit le bord supérieur de cette partie exposée, puis traverse le champ de glace vers le sud-est jusqu'à une altitude d'environ 325 m à l'endroit où convergent le champ de glace et la crête libre de glace marquant la limite est de la zone (162°34'15"E, 77°01'16"S). La limite est suit l'arête de la crête sur 1 550 m vers le nord-est jusqu'à un point bas situé sur la crête à environ 392 m d'altitude (M4 ; 162°36'10"E, 77°00'13"S) où la limite est tourne pour descendre plein nord jusqu'à la côte à l'extrémité est de la plage de galets de la baie Botany (M5 ; 162°36'12"E, 77°00'12"S). La laisse moyenne de haute mer de la côte forme la limite nord de la zone entre M1 et M5.

La zone comporte également une zone d'accès et une zone restreinte (Carte A et B). La zone d'accès a été désignée pour autoriser l'accès à « Granite House », et la zone restreinte a été désignée pour protéger l'espace de végétation le plus vaste de la zone dans la baie Botany. La densité de mousses, de lichens et d'algues est la plus marquée dans la zone restreinte de la baie Botany (Carte C) et elle a été protégée afin de préserver une partie de la zone en tant que site de référence destiné à des études comparatives futures.

Selon l'Analyse des domaines environnementaux (Résolution 3, 2008), la zone est classée Environnement S – McMurdo - South Victoria Land geologic (géologique du sud de la Terre Victoria, McMurdo). Le domaine environnemental S comprend des zones connues pour l'abondance de leurs mousses et lichens au cap Bird, île de Ross (ZSPA n° 116), à l'île de Beaufort (ZSPA n° 105) et sur le glacier Canada dans la vallée Taylor (ZSPA n° 131).

6(ii) Accès à la zone
L'accès à la zone s'effectue généralement par hélicoptère, avec un site d'atterrissage d'hélicoptères désigné 60 m à l'extérieur (162°31'47,7"E ; 77°00'20,8"S ; Carte A-C) de la partie nord-ouest de la limite, adjacent au site de campement désigné. L'accès au site d'atterrissage d'hélicoptères doit s'effectuer depuis la mer libre / la glace marine au nord de la zone (Carte A et B). Le survol de la zone à une altitude inférieure à 300 m (~1 000 pieds) au-dessus du niveau du sol est normalement interdit. Le survol ou l'atterrissage occasionnel peut être autorisé, à des fins scientifiques ou de gestion essentielles, uniquement après

l'obtention d'un permis. Le survol de la zone restreinte à une altitude inférieure à 300 m (~1 000 pieds) au-dessus du niveau du sol est interdit.

Les véhicules sont interdits dans la zone et seul l'accès à pied est autorisé. L'accès à la zone doit se faire de préférence par le site de campement désigné, le long du couloir privilégié de la zone d'accès situé 10-20 m de la côte et au couvert végétal est assez pauvre. Les visiteurs ne doivent pas s'aventurer au sud de « Granite House », sauf autorisation spéciale stipulée dans le permis.

6(iii) Emplacement des structures à l'intérieur et à proximité de la zone
Les seules structures dont l'existence soit connue dans la zone sont « Granite House » et les objets associés, la borne topographique de la limite située à M1 et d'autres dispositifs de bornage (p. ex. les cairns, les repères dans des tubes métalliques). Au site de campement désigné se trouve une grande plateforme en bois avec des matériaux entreposés dessous et une station météorologique automatique est installée plus bas sur la plage.

6(iv) Emplacement d'autres zones protégées dans les environs
La baie Botany se trouve dans la Zone gérée spéciale de l'Antarctique (ZGSA n° 2), vallées sèches de McMurdo. La zone protégée la plus proche de la baie Botany est la ZSPA n° 123, vallées de Barwick et Balham, à 50 km en direction du sud-ouest.

6(v) Zones spéciales à l'intérieur de la zone
Zone restreinte
L'espace de végétation le plus vaste se trouve sur la terrasse de plages surélevée et abritée, connue sous le nom de baie Botany. Cette échancrure et une partie de la zone directement au-dessus de la baie Botany sont désignées en tant que zone restreinte afin de préserver une partie de la ZSPA comme site de référence destiné à des études comparatives futures. Le reste de la zone, dont la biologie, les caractéristiques et la nature sont semblables, est disponible de manière plus générale pour les programmes de recherche et le prélèvement d'échantillons.

La limite ouest de la zone restreinte est définie par une ligne allant d'une borne (tube métallique fixé dans une roche, à 20 m de la laisse moyenne de haute mer, altitude de 8 m) sur le côté ouest de la baie Botany (Carte A), s'étendant ensuite au sud-ouest sur 170 m jusqu'à un second tube métallique placé sur l'arête de la crête adjacente (87 m). Cette limite s'étend sur 100 m jusqu'à un troisième tube métallique et un cairn (98 m), puis sur 50 m jusqu'à un gros rocher plat au centre de la principale zone inondée (point '1' sur la Carte A). La limite sud de la zone restreinte s'étend sur une ligne droite de 820 m à partir du rocher plat se trouvant dans la zone inondée jusqu'au premier des deux rochers saillants situés l'un à côté de l'autre, approximativement au milieu des pentes libres de glace au-dessus de la baie Botany (point '2' sur la Carte A, 165 m). La limite est s'étend sur 300 m depuis ce point jusqu'à un gros rocher à une altitude de 135 m (point '3' sur la Carte A), puis descend vers le point de délimitation nord-est (M5, 5 m). La limite nord de la zone restreinte correspond à la laisse moyenne de haute mer de la baie Botany et coïncide avec la limite nord de la zone.

L'accès à la zone restreinte est uniquement autorisé pour mener des activités scientifiques ou de gestion indispensables (telles que l'inspection ou la révision), qui ne peuvent être menées ailleurs dans la zone.

Zone d'accès

Afin d'autoriser l'accès à l'abri de rochers connu sous le nom de Granite House (SMH n° 67) et de protéger les objets historiques et les communautés végétales à proximité, une zone d'accès a été désignée.

La zone d'accès est une zone de 470 m sur 20 m le long de la côte et sur 80 m à la pointe qui entoure une crête rocheuse allant de la côte au cap Géologie à l'abri de rochers. Les limites sont indiquées sur la Carte B. L'abri a été construit par les membres de l'expédition antarctique britannique en 1910-1913 et utilisé entre décembre 1911 et janvier 1912 pendant que le groupe procédait à une exploration biologique et géologique des environs.

L'accès à la zone d'accès peut être autorisé par permis, sous réserve des conditions stipulées dans le présent plan de gestion.

7. Critères des permis

7(i) Conditions générales des permis

L'accès à la zone est interdit sauf si un permis est délivré par une autorité nationale compétente. Les conditions de délivrance d'un permis pour entrer dans la zone sont les suivantes :

- En dehors des zones d'accès et restreinte, l'accès peut être autorisé uniquement pour la conduite d'études scientifiques sur l'écosystème, à des fins scientifiques indispensables qui ne peuvent être menées ailleurs, à des fins de conservation dans des sites historiques, ou pour des raisons de gestion essentielles qui sont conformes aux objectifs du plan telles que les activités d'inspection ou de révision.
- L'accès à la zone restreinte peut uniquement être autorisé pour des raisons scientifiques ou de gestion indispensables qui ne peuvent être menées ailleurs.
- L'accès à la zone d'accès peut être autorisé à des fins scientifiques, de gestion, historiques, éducatives ou de loisirs.
- Les actions autorisées ne porteront pas atteinte aux valeurs écologiques, scientifiques ou historiques de la zone.
- Toutes les activités de gestion visent à la réalisation des objectifs du plan de gestion.
- Les actions autorisées sont conformes au plan de gestion.
- La détention du permis ou d'une copie certifiée conforme est impérative dans la zone.
- Un rapport de visite doit être soumis à l'autorité nommée dans le permis.
- Tout permis doit être délivré pour une durée déterminée.

7(ii) Accès à la zone, et déplacements à l'intérieur ou au-dessus de celle-ci

Les véhicules sont interdits dans la zone et tout déplacement à l'intérieur de celle-ci doit s'effectuer à pied. L'atterrissage d'hélicoptères est normalement interdit dans la zone. Un site est désigné à cet usage 60 m en dehors de la zone (162°31'47,7"E ; 77°00'20,8"S ; Carte A-C). L'accès au site d'atterrissage doit s'effectuer depuis la mer libre / la glace marine au nord de la zone (Carte B). Le survol de la zone à une altitude inférieure à 300 m (~1 000 pieds) au-dessus du niveau du sol est normalement interdit. Le survol ou l'atterrissage occasionnel peut être autorisé, à des fins scientifiques ou de gestion essentielles. Ces survols ou atterrissages prévus à l'avance doivent être spécifiquement autorisés par un permis. L'utilisation de grenades fumigènes pour hélicoptère est interdite dans la zone sauf en cas d'absolue nécessité pour des raisons de sécurité, et toutes les grenades utilisées doivent être récupérées. Tous les atterrissages et survols d'hélicoptères à une altitude inférieure à 300 m (~1 000 pieds) au-dessus du niveau du sol sont interdits dans la zone restreinte.

L'accès à la zone doit se faire de préférence par le site de campement désigné, le long du couloir privilégié de la zone d'accès situé à 10-20 m de la côte et au couvert végétal est assez pauvre. Les visiteurs doivent éviter de marcher sur la végétation visible et de perturber inutilement les populations aviaires. Toutes les précautions nécessaires doivent être prises lorsque l'itinéraire passe par des sols humides où le piétinement peut facilement perturber les communautés d'algues, de plantes et de sols sensibles, ou encore détériorer la qualité de l'eau. Les visiteurs doivent tâcher de contourner de telles zones, en marchant sur la glace ou sur le sol rocheux. Les déplacements à pied doivent être réduits au minimum en fonction des objectifs de toute activité autorisée, et il convient à tout moment de veiller à minimiser les effets du piétinement.

L'accès à la zone d'accès doit se faire de préférence par la côte, en suivant la crête conduisant à « Granite House » (Carte B). Une route alternative peut être utilisée depuis le site de campement désigné et le site d'atterrissage d'hélicoptères, le long de la voie privilégiée à 10-20 m le la côte, si le déplacement sur la glace marine s'avère dangereux (Carte B). Sauf disposition visée par le permis, les visiteurs ne sont pas autorisés à pénétrer dans l'abri historique et sont tenus d'accéder au site et d'effectuer leurs observations depuis la crête rocheuse désignée pour un accès par la côte, afin d'éviter toute perturbation de la riche végétation dans la zone d'accès. Les visiteurs ne doivent pas s'aventurer au sud de « Granite House », sauf autorisation spéciale stipulée dans le permis. Le nombre maximum de personnes autorisées à entrer dans la zone d'accès est, en toutes circonstances, limité à 10. Pour ce qui est de l'accès à la zone d'observation surplombant « Granite House », ce nombre est limité à 5 (Carte B).

7(iii) Activités pouvant être menées à l'intérieur de la zone
Les activités pouvant être menées à l'intérieur de la zone sont les suivantes :
- Travaux de recherche scientifique indispensables qui ne peuvent être menés ailleurs, et qui ne porteront pas atteinte à l'écosystème de la zone.
- Activités de gestion essentielles, y compris la surveillance.
- Visites limitées dans la zone d'accès pour des raisons autres que des fins scientifiques ou de gestion et répondant aux conditions décrites dans ce plan.
- Activités dont l'objectif est de préserver ou de protéger les ressources historiques dans la zone.

7(iv) Installation, modification ou enlèvement de structures
Aucune nouvelle structure ne peut être érigée dans la zone, ni aucun équipement scientifique installé, sauf à des fins scientifiques ou de gestion indispensables, et pour une période préétablie, tel que stipulé dans un permis. Tous les équipements scientifiques, repères et structures installés dans la zone doivent être clairement identifiés par pays, nom de l'agence ou du chercheur principal, année d'installation et date d'enlèvement prévue. Tous ces éléments ne doivent comporter aucun organisme, propagule (p. ex. semences, œufs d'invertébrés) et aucune particule de terre non stérile, et doivent être faits de matériaux qui puissent résister aux conditions environnementales et constituent un facteur de risque minimal de pollution de la zone. L'enlèvement d'un équipement ou de structures spécifiques pour lesquels le permis est arrivé à expiration doit constituer l'une des conditions de délivrance du permis.

7(v) Emplacement des campements

Tout campement dans la zone est interdit et doit se situer en dehors de celle-ci, à 100 m de la partie nord-ouest (Carte A), adjacente au site d'atterrissage d'hélicoptères désigné. Ce site a été perturbé par des activités antérieures et les visiteurs devront disposer les tentes et autres installations sur ces mêmes emplacements perturbés.

7(vi) Restrictions sur les matériaux et organismes pouvant être introduits dans la zone
Outre les critères du Protocole au Traité sur l'Antarctique relatif à la protection de l'environnement, les restrictions sur les matériaux et organismes pouvant être introduits dans la zone sont les suivantes :
- L'introduction délibérée d'animaux, de matières végétales, de microorganismes ou de terre non stérile est interdite dans la zone et des précautions doivent être prises pour éviter les introductions accidentelles.
- Aucun herbicide ou pesticide ne doit être introduit dans la zone.
- Tout autre produit chimique, y compris les radionucléides ou isotopes stables, susceptibles d'être introduits à des fins scientifiques ou de gestion stipulées dans le permis, doivent être retirés de la zone au plus tard dès que les activités prévues par le permis prennent fin.
- Aucun combustible ne doit être entreposé dans la zone, sauf autorisation prévue par le permis à des fins essentielles liées à l'activité.
- Tous les matériaux sont introduits dans la zone pour une période déterminée. Ils doivent être retirés de ladite zone au plus tard à la fin de cette période, puis ils doivent être manipulés et entreposés de manière à minimiser les risques pour l'environnement.

7(vii) Prélèvement de végétaux et capture d'animaux ou perturbations nuisibles à la flore et à la faune
Toute capture ou perturbation nuisible à la flore et à la faune est interdite, sauf en fonction d'un permis délivré conformément à l'Annexe II du Protocole au Traité sur l'Antarctique relatif à la protection de l'environnement. Lorsque la capture ou la perturbation nuisible d'animaux a lieu, elle doit, comme norme minimale, être effectuée conformément au *Code de conduite du SCAR pour l'utilisation d'animaux à des fins scientifiques dans l'Antarctique*.

7(viii) Ramassage ou enlèvement de toute chose qui n'a pas été introduite dans la zone par le détenteur du permis
Le ramassage ou l'enlèvement de tout élément présent dans la zone peut uniquement être effectué avec un permis, et doit se limiter au minimum requis pour les activités menées à des fins scientifiques ou de gestion. Tout élément d'origine humaine qui est susceptible de porter atteinte aux valeurs de la zone et qui n'a pas été introduit par le détenteur du permis, ou pour lequel aucune autorisation n'a été donnée par ailleurs, peut être enlevé de la zone dans la mesure où cet enlèvement n'entraîne pas de conséquences plus graves que de le laisser *in situ*. Si tel est le cas, les autorités compétentes doivent en être informées et une approbation doit être reçue.

Sauf autorisation visée par le permis, les visiteurs de la zone ne sont pas autorisés à toucher à ou manipuler, ramasser, endommager ou essayer de restaurer le site « Granite House » ou tout objet trouvé dans la zone d'accès. Les autorités nationales compétentes doivent être informées si des modifications, des dégâts ou de nouveaux objets étaient observés. Le transfert ou l'enlèvement des objets pour des raisons de conservation ou de protection, ou pour restaurer l'intégrité historique du site sont autorisables par le permis.

7(ix) Elimination des déchets

Tous les déchets, y compris les déchets humains, doivent être retirés de la zone.

7(x) Mesures nécessaires pour faire en sorte que les buts et objectifs du plan de gestion continuent à être atteints
Des permis peuvent être délivrés pour entrer dans la zone dans les cas suivants :
- Afin de mener des activités de surveillance et d'inspection de la zone, pouvant impliquer le prélèvement de petits échantillons ou de données à des fins d'analyse ou de révision.
- Pour installer ou entretenir les panneaux, les structures ou l'équipement scientifique.
- Pour mener des activités de gestion et de conservation, notamment associées aux sites historiques.

Tous les sites spécifiques dont le suivi est de longue durée doivent être correctement balisés sur site et sur les cartes de la zone. Les positions GPS seront obtenues pour le Système de répertoire de données de l'Antarctique par le biais des autorités nationales compétentes.

Les visiteurs doivent prendre des précautions spéciales contre toute introduction afin de préserver les valeurs scientifiques et écologiques représentées par l'isolement du site et le niveau relativement faible de l'impact humain dans la zone. Il convient de ne pas introduire de végétaux, d'animaux et de microbes issus des sols d'autres sites antarctiques, y compris de stations, ou provenant d'autres régions hors de l'Antarctique. Dans toute la mesure possible, les visiteurs doivent scrupuleusement nettoyer leurs chaussures, leurs vêtements, ainsi que tout équipement à utiliser dans la zone, notamment les équipements d'échantillonnage et de campement, avant d'entrer dans la zone.

7(xi) Critères pour les rapports
Le détenteur principal d'un permis, pour chaque visite dans la zone, doit soumettre un rapport à l'autorité nationale compétente dès que possible, et pas plus de six mois suivant la réalisation de la visite.

Ces rapports doivent inclure, s'il y a lieu, les informations identifiées dans le formulaire du rapport de visite recommandé, compris dans l'Annexe 4 du Guide pour la préparation des plans de gestion des zones spécialement protégées en Antarctique jointe à la Résolution 2 (1998).

Si nécessaire, l'autorité nationale est également tenue de transmettre un exemplaire du rapport de visite à la Partie ayant proposé le plan de gestion, afin de contribuer à la gestion de la zone et à la révision du plan de gestion.

Dans la mesure du possible, les Parties sont tenues de déposer les originaux ou les copies de ces rapports de visite originels dans une archive accessible au public, afin de conserver une archive d'usage qui sera utilisée dans l'examen du plan de gestion et dans l'organisation de l'utilisation scientifique de la zone.

8. Bibliographie

Broady, P.A. 2005. The distribution of terrestrial and hydro-terrestrial algal associations at three contrasting locations in southern Victoria Land, Antarctica. Algological Studies 118: 95-112.

Davidson, M.M. and Broady, P.A. 1996. Analysis of gut contents of *Gomphiocephalus hodgsoni* Carpenter (Collembola: Hypogastruridae) at Cape Geology, Antarctica. Polar Biology 16 (7): 463-467.

De los Rios, A., Sancho, L.G., Grube, M., Wierzchos, J. And Ascaso, C. 2005. Endolithic growth of two Lecidea lichens in granite from continental Antarctica detected by molecular and microscopy techniques. New Phytologist 165: 181-190.

Green, T.G.A., Kulle, D., Pannewitz, S., Sancho, L.G. and Schroeter, B. 2005. UV-A protection in mosses growing in continental Antarctica. Polar biology 28(11): 822-827.

Green, T.G.A., Schroeter, B. and Sancho, L.G. 2007. Plant life in Antarctica. In: Pugnaire, F.I. and Valladares, F. (Eds.). Handbook of functional plant ecology. Marcel Dekker Inc., New York, pp 389-433.

Green, T.G.A., Schroeter, B. and Seppelt, R.D. 2000. Effect of temperature, light and ambient UV on the photosynthesis of the moss *Bryum argenteum* Hedw. Pages165-170 in Davison, W., Howard-Williams, C. and Broady, P. (Eds). Antarctic Ecosystems: models for wider ecological understanding. Christchurch, New Zealand: New Zealand Natural Sciences. ISBN 047306877X.

Kappen, L. and Schroeter, B. 1997. Activity of lichens under the influence of snow and ice. Proceedings of the NIPR Symposium on Antarctic Geosciences 10: 163-168.

Kappen, L., Schroeter, B., Green, T.G.A. and Seppelt, R.D. 1998. Chlorophyll a fluorescence and CO_2 exchange of *Umbilicaria aprina* under extreme light stress in the cold. Oecologia 113(3): 325-331.

Kappen, L., Schroeter, B., Green, T.G. A. and Seppelt, R.D. 1998. Microclimate conditions, meltwater moistening, and the distributional pattern of *Buellia frigida* on rock in a southern continental Antarctic habitat. Polar biology 19 (2): 101-106.

Montes, M.J., Andrés, C., Ferrer, S. and Guinea, J. 1997. Cryptococcus: A new Antarctic yeast isolated from Botany Bay, Tierra Victoria. Real Sociedad Española de Historia Natural. Boletín. Sección Biológica. 93 (1-4): 45-50.

Montes, M.J., Belloch, C., Galiana, M., Garcia, M.D., Andres, C., Ferrer, S., Torres-Rodriguez, J.M. and Guinea, J. 1999. Polyphasic taxonomy of a novel yeast isolated from Antarctic environment; description of Cryptococcus victoriae sp. Nov. Systmatics and Applied Microbiology 22(1): 97-105.

Pannewitz, S., Schlensog, M., Green, T.G.A., Sancho, L.G., and Schroeter, B. 2003. Are lichens active under snow in continental Antarctica? Oecologia 135: 30-38.

Pannewitz, S., Green, T.G.A., Maysek, K., Schlensog, M., Seppelt, R.D., Sancho, L.G., Türk, R. and Schroeter, B. 2005. Photosynthetic responses of three common mosses from continental Antarctica. Antarctic science 17(3): 341-352.

Rees, P.M. and Cleal, C.J. 2004. Lower Jurassic floras from Hope Bay and Botany Bay, Antarctica. Special Papers in Palaeontology, Vol. 72, 90p. Palaeontology Association, London, United Kingdom.

Ruprecht, U., Lumbsch, H.T., Brunauer, G., Green, T.G.A. and Turk, R. 2010. Diversity of Lecidea (Lecideaceae, Ascomycota) species revealed by molecular data and morphological characters. Antarctic Science 22: 727-741.

Sancho, L.G., Pintado, A., Green, T.G.A., Pannewitz, S. and Schroeter, B. 2003. Photosynthetic and morphological variation within and among populations of the Antarctic lichen *Umbilicaria aprina*: implications of the thallus size. Bibliotheca lichenologica 86: 299-311.

Schlensog, M., Pannewitz, S., Green, T.G.A. and Schroeter, B. 2004. Metabolic recovery of continental Antarctic cryptogams after winter. Polar biology 27(7): 399-408.

Schroeter, B., Green, T.G.A. and Seppelt, R.D. 1993. History of Granite House and the western geological party of Scott's Terra Nova expedition. Polar Record 29 (170): 219-224.

Schroeter, B., Green, T.G.A., Kappen, L. and Seppelt, R.D. 1994. Carbon dioxide exchange at subzero temperatures. Field measurements on *Umbilicaria aprina* in Antarctica. Cryptogamic Botany 4(2): 233-241.

Schroeter, B., Green, T.G.A., Pannewitz, S., Schlensog, M. And Sancho, L.G. 2010. Fourteen degrees of latitude and a continent apart: comparison of lichen activitiy over two years at continental and maritime Antarctic sites. Antarctic Science 22: 681-690.

Schroeter, B., Green, T.G.A., Seppelt, R.D. and Kappen, L. 1992. Monitoring photosynthetic activity of crustose lichens using a PAM-2000 fluorescence system. Oecologia 92: 457-462.

Schroeter, B., Kappen, L., Green, T.G.A. and Seppelt, R.D. 1997. Lichens and the Antarctic environment: effects of temperature and water availability on photosynthesis. Pages 103-117 in Lyons W.B., Howard-Williams, C. and Hawes, I. (Eds.). Ecosystem processes in Antarctic ice-free landscapes: proceedings of an International Workshop on Polar Desert Ecosystems, Christchurch, New Zealand, 1-4 July 1996. The Netherlands: Balkema Press. ISBN 9054109254.

Schroeter, B. and Scheiddegger, C. 1995. Water relations in lichens at subzero temperatures: structural changes and carbon dioxide exchange in the lichen *Umbilicaria aprina* from continental Antarctica. New Phytologist 131(2): 273-285.

Seppelt, R.D. and Green, T.G.A. 1998. A bryophyte flora for southern Victoria Land, Antarctica. New Zealand Journal of Botany 36 (4): 617-635.

Seppelt, R., Turk, R., Green, T.G.A., Moser, G., Pannewitz, S., Sancho, L.G. and Schroeter, B. 2010. Lichen and moss communities of Botany Bay, Granite Harbour, Ross Sea, Antarctica. Antarctic Science 22: 691-702.

Annexe 1 : Bryophytes et lichens de la région de baie Botany-cap Géologie, port Granite, Terre Victoria, Antarctique (source : Seppelt et al., 2010).

HEPATICAE (Hépatique)
[1]*Cephaloziella varians**

MUSCI (Mousses)
*Bryoerythrophyllum recurvirostrum**
[2]*Bryum argenteum var. muticum*
Bryum pseudo triquetrum
*Ceratodon purpureus**
[3]*Didymodon brachyphyllus*
Grimmia plagiopodia
Hennediella heimii
Schistidium antarctici
[4]*Syntrichia sarconeurum*

LICHEN
Acarospora gwynnii
Amandinea petermannii
Buellia frigida
[5]*Buellia* cf. *papillata*
[6]*Buellia subfrigida*
Caloplaca athallina
Caloplaca citrina
Caloplaca coeruleofrigida
Caloplaca cf. *schofieldii*
Caloplaca saxicola
Candelariella flava
[7]*Carbonea vorticosa*
Lecanora expectans
Lecanor mons-nivis
Lecidea andersonii
Lecidea cancriformis
Lecidella siplei
[8]*Leproloma cacuminum*
Physcia caesia
Physcia dubia
Rhizocarpon geminatum
Rhizocarpon geographicum
Rhizoplaca melanophthalma
Rhizoplaca cf. *priestleyi*
Sarcogyne privigna
*Turgidosculum complicatulum**
Umbilicaria aprina
[9]*Xanthomendoza borealis*
Xanthoria elegans

[1] *Cephaloziella varians* a auparavant été désignée sous le nom *C. exiliflora* (Bednarek-Ochyra et al., 2000).
[2] *Bryum argenteum var. muticum* a auparavant été désignée sous le nom *Bryum subrotundifolium* (Ochyra et al., 2008).
[3] *Didymodon brachyphyllus* a auparavant été désignée sous le nom *Didymodon gelidus* (Ochyra et al., 2008).
[4] *Syntrichia sarconeurum* a auparavant été désignée sous le nom *Sarconeurum glaciale* (Ochyra et al., 2008).
[5] *Buellia* cf. *papillata* a auparavant été désigné sous le nom *Buellia grimmiae*.
[6] *Buellia subfrigida* a auparavant été désigné sous les noms *Aspicilia glacialis* (Seppelt et al., 1995) et *Hymenelia glacialis* (Ovstedal et Lewis Smith, 2001).
[7] *Carbonea vorticosa* a auparavant été désigné sous le nom *Lecidea blackburnii* (Seppelt et al., 1995).
[8] *Leproloma cacuminum* a auparavant été désigné sous le nom *Lepraria* sp.
[9] *Xanthomendoza borealis* a auparavant été désigné sous le nom *Xanthoria mawsonii* (Lindblom et Sochting, 2008).
* *Il s'agit de la zone la plus méridionale où ont été observées ces espèces.*

Map A – Botany Bay, Antarctic Specially Protected Area No. 154: Topographic Map

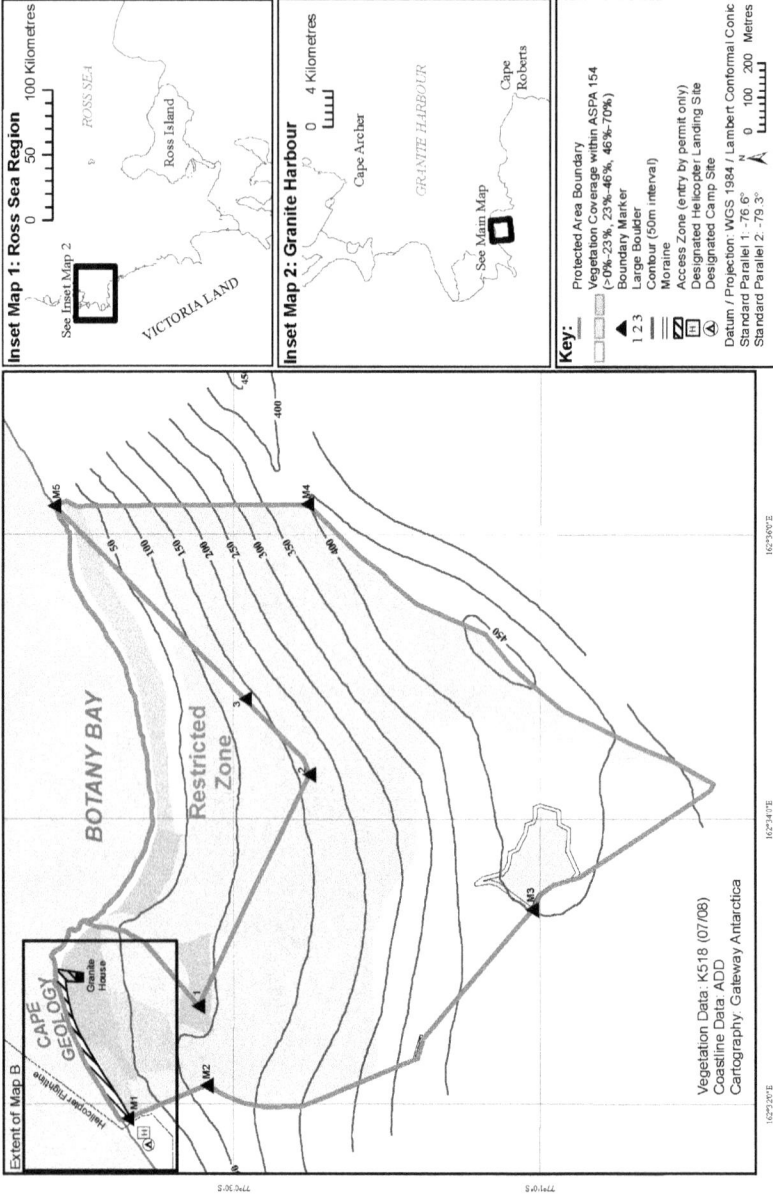

Inset Map 1: Ross Sea Region

ROSS SEA

Ross Island

See Inset Map 2

VICTORIA LAND

0   50   100 Kilometres

Inset Map 2: Granite Harbour

0   4 Kilometres

Cape Archer

GRANITE HARBOUR

See Main Map

Cape Roberts

Key:

Protected Area Boundary
Vegetation Coverage within ASPA 154 (>0%–23%, 23%–46%, 46%–70%)
1 2 3   Boundary Marker
Large Boulder
Contour (50m interval)
Moraine
Access Zone (entry by permit only)
Designated Helicopter Landing Site
Designated Camp Site

Datum / Projection: WGS 1984 / Lambert Conformal Conic
Standard Parallel 1: -76.6°   N
Standard Parallel 2: -79.3°   0   100   200   Metres

BOTANY BAY

Restricted Zone

CAPE GEOLOGY

Granite House

Helicopter Flightline

Extent of Map B

M1, M2, M3, M4, M5

Vegetation Data: K518 (07/08)
Coastline Data: ADD
Cartography: Gateway Antarctica

Map B – Botany Bay, Antarctic Specially Protected Area No. 154: Access Zone

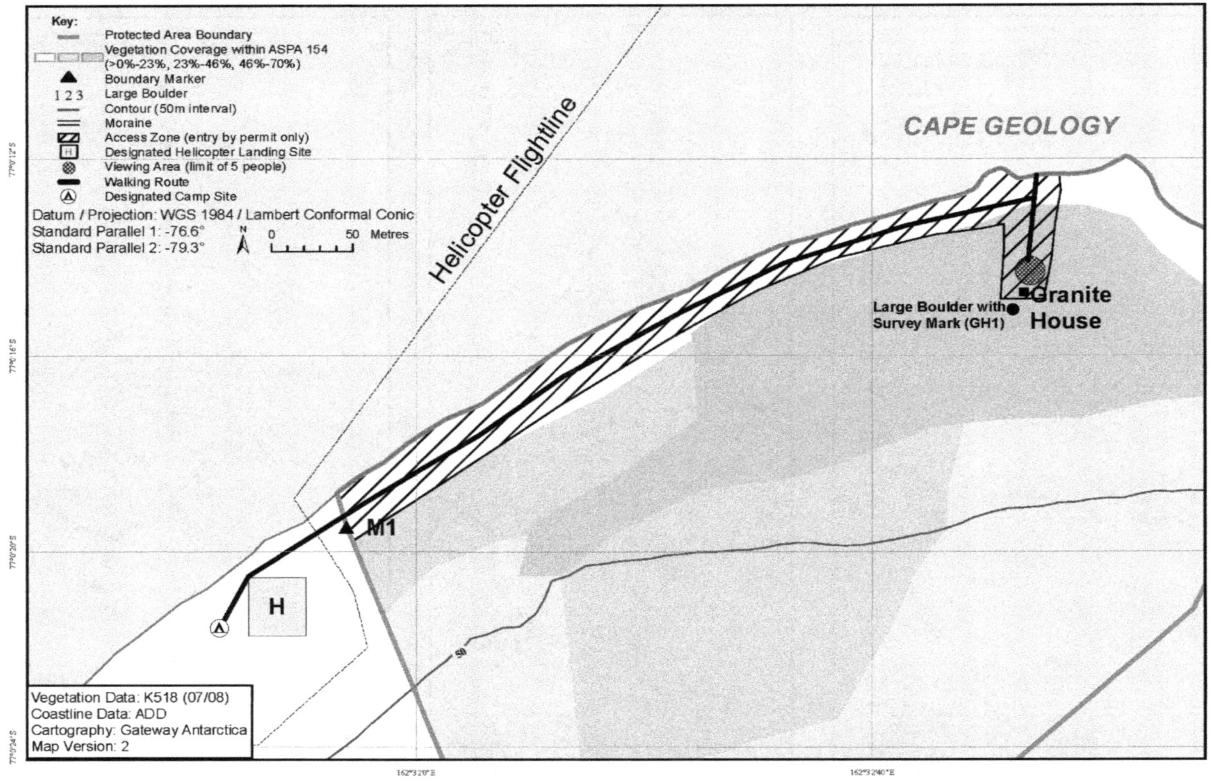

Key:

Protected Area Boundary
Vegetation Coverage within ASPA 154
(>0%-23%, 23%-46%, 46%-70%)
Boundary Marker
1 2 3   Large Boulder
Contour (50m interval)
Moraine
Access Zone (entry by permit only)
Designated Helicopter Landing Site
Viewing Area (limit of 5 people)
Walking Route
Designated Camp Site

Datum / Projection: WGS 1984 / Lambert Conformal Conic
Standard Parallel 1: -76.6°   N   0   50 Metres
Standard Parallel 2: -79.3°

CAPE GEOLOGY

Large Boulder with
Survey Mark (GH1) ● ●Granite House

Helicopter Flightline

M1

H

Vegetation Data: K518 (07/08)
Coastline Data: ADD
Cartography: Gateway Antarctica
Map Version: 2

Map C – Botany Bay, Antarctic Specially Protected Area No. 154: Vegetation Density

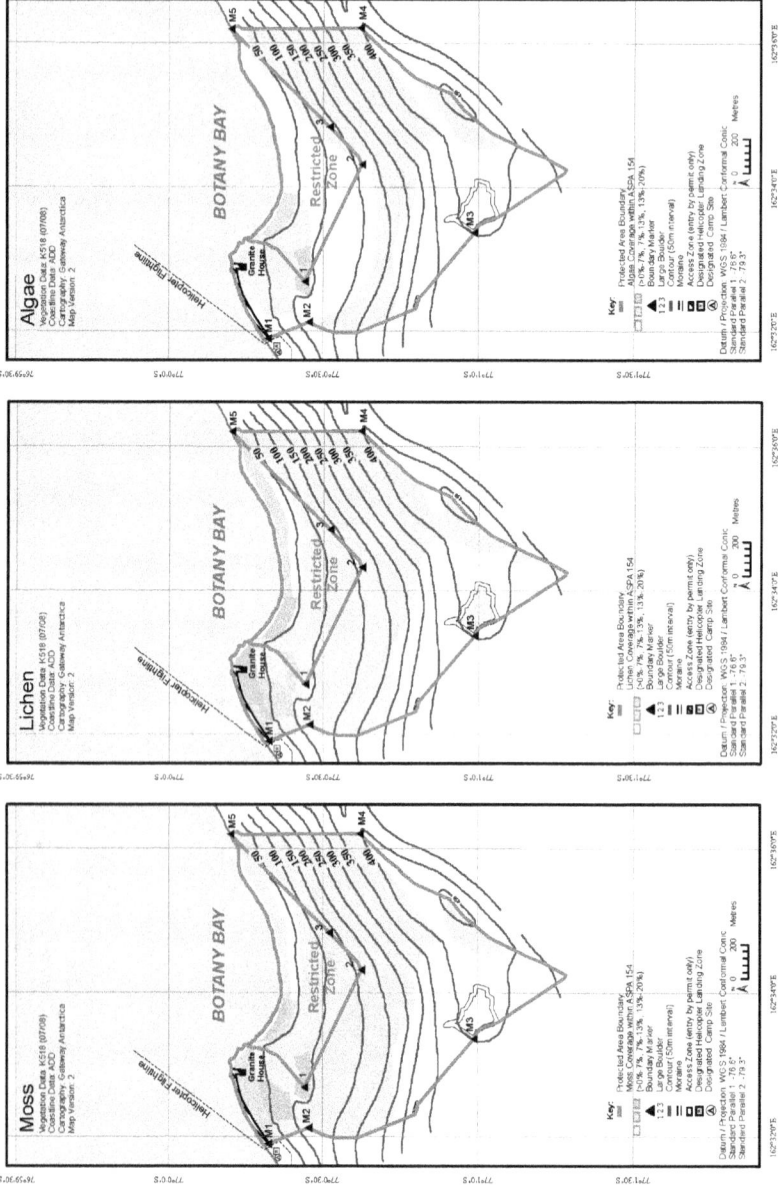

ZSPA n° 154, baie Botany, cap Géologie, Terre Victoria

Liste des désignations, Carte A

Carte A – baie Botany, Zone spécialement protégée de l'Antarctique n° 154 : carte topographique
Étendue de la Carte B
Cap Géologie
Ligne de vol des hélicoptères
Granite House
Baie Botany
Zone restreinte

Données relatives au couvert végétal : K518 (07/08)
Données relatives au littoral : ADD
Cartographie : Gateway Antarctica
Encart Carte 1 : région de la mer de Ross
Voir encart Carte 2
Mer de Ross
Terre Victoria
Île de Ross
Encart Carte 2 : port Granite
Cap Archer
Port Granite
Voir carte principale
Cap Roberts

Légende
Limite de la zone protégée
Couvert végétal dans la ZSPA n° 154
Dispositif de bornage
Gros rocher
Courbes de niveau (intervalles de 50 m)
Moraine
Zone d'accès (entrée uniquement avec permis)
Site d'atterrissage d'hélicoptères désigné
Site de campement désigné
Datum/Projection : WGS 1984/conique conforme de Lambert
Parallèle type 1 : -76/6°
Parallèle type 2 : -79,3°

ZSPA n° 154, baie Botany, cap Géologie, Terre Victoria

Liste des désignations, Carte B

Carte B – baie Botany, Zone spécialement protégée de l'Antarctique n° 154 : zone d'accès
Légende
Limite de la zone protégée
Couvert végétal dans la ZSPA n° 154
Dispositif de bornage
Gros rocher
Courbes de niveau (intervalles de 50 m)
Moraine
Zone d'accès (entrée uniquement avec permis)
Site d'atterrissage d'hélicoptères désigné
Aire d'observation (limitée à 5 personnes)
Itinéraire de marche
Site de campement désigné
Datum/Projection : WGS 1984/conique conforme de Lambert
Parallèle type 1 : -76/6°
Parallèle type 2 : -79,3°

Ligne de vol des hélicoptères
Données relatives au couvert végétal : K518 (07/08)
Données relatives au littoral : ADD
Cartographie : Gateway Antarctica
Version de la carte : 2

Cap Géologie
Granite House
Gros rocher avec borne topographique (GH1)

ZSPA n° 154, baie Botany, cap Géologie, Terre Victoria

Liste des désignations, Carte C

Carte C – baie Botany, Zone spécialement protégée de l'Antarctique n° 154 : densité de la végétation.

Mousses
Données relatives au couvert végétal : K518 (07/08)
Données relatives au littoral : ADD
Cartographie : Gateway Antarctica
Version de la carte : 2
Ligne de vol des hélicoptères
Granite House
Baie Botany
Zone restreinte

Légende
Limite de la zone protégée
Couvert moussu dans la ZSPA n° 154
Dispositif de bornage
Gros rocher
Courbes de niveau (intervalles de 50 m)
Moraine
Zone d'accès (entrée uniquement avec permis)
Site d'atterrissage d'hélicoptères désigné
Site de campement désigné
Datum/Projection : WGS 1984/conique conforme de Lambert
Parallèle type 1 : -76/6°
Parallèle type 2 : -79,3°

Lichens
Données relatives au couvert végétal : K518 (07/08)
Données relatives au littoral : ADD
Cartographie : Gateway Antarctica
Version de la carte : 2
Ligne de vol des hélicoptères
Granite House
Baie Botany
Zone restreinte

Légende
Limite de la zone protégée
Couvert lichénique dans la ZSPA n° 154
Dispositif de bornage
Gros rocher
Courbes de niveau (intervalles de 50 m)
Moraine
Zone d'accès (entrée uniquement avec permis)

Site d'atterrissage d'hélicoptères désigné
Site de campement désigné
Datum/Projection : WGS 1984/conique conforme de Lambert
Parallèle type 1 : -76/6°
Parallèle type 2 : -79,3°

Algues
Données relatives au couvert végétal : K518 (07/08)
Données relatives au littoral : ADD
Cartographie : Gateway Antarctica
Version de la carte : 2
Ligne de vol des hélicoptères
Granite House
Baie Botany
Zone restreinte

Légende
Limite de la zone protégée
Couvert algal dans la ZSPA n° 154
Dispositif de bornage
Gros rocher
Courbes de niveau (intervalles de 50 m)
Moraine
Zone d'accès (entrée uniquement avec permis)
Site d'atterrissage d'hélicoptères désigné
Site de campement désigné
Datum/Projection : WGS 1984/conique conforme de Lambert
Parallèle type 1 : -76/6°
Parallèle type 2 : -79,3°

Plan de gestion pour
la zone spécialement protégée de l'Antarctique n°156
BAIE LEWIS, MONT EREBUS, ILE DE ROSS

Introduction :

Une zone située sur les versants inférieurs du mont Erebus, au-dessus de la baie Lewis au nord de l'île de Ross, a été désignée pour la première fois comme tombeau dans la Recommandation XI-3 (1981), à la suite d'une notification par la Nouvelle-Zélande indiquant que 257 personnes de plusieurs nationalités avaient perdu la vie lorsque l'avion DC-10 à bord duquel ils voyageaient s'est écrasé sur ce site le 28 novembre 1979.

Malgré les actions déterminées et courageuses des expéditions antarctiques de la Nouvelle-Zélande et des États-Unis, les corps de certaines des victimes du crash n'ont pu être retrouvés. En signe de profonde sympathie pour les parents de ceux qui ont trouvé la mort ainsi que pour le Gouvernement et le peuple néo-zélandais, il a été fait déclaration du tombeau pour que la zone soit gardée en paix. Parce que le site est un tombeau, ses valeurs sont pérennes.

La zone a été désignée Zone spécialement protégée n°26 par la Mesure 2 (1997) pour garantir principalement l'inviolabilité de la zone en signe de respect dans le souvenir, et pour protéger les valeurs émotionnelles du site. Le site a été à nouveau désigné Zone spécialement protégée de l'Antarctique n°156 par la Décision 1 (2002), et un plan de gestion révisé a été adopté par la Mesure 2 (2003). Le plan de gestion a été examiné et est resté inchangé lors du CPE XI (2008).

1. Description des valeurs à protéger

La zone désignée est le site du crash du vol TE-901 d'*Air New Zealand* qui a eu lieu sur les versants nord du mont Erebus, sur l'île de Ross. La zone comprend le site du crash et l'aire glaciaire environnante, à 2 km de chaque côté du site en bas de la mer, ainsi qu'un espace aérien d'une altitude de 1000 m (3280 pieds), hormis un corridor d'accès aérien de 200 m qui longe le littoral. Les vestiges de l'aéronef et les corps de certaines victimes du crash qui n'ont pas pu être retrouvés demeurent dans la zone désignée tombeau.

En fin 1979, une croix en bois de l'Oregon de six pieds a été érigée près du site du crash en mémoire de ceux qui ont péri. Détruite par le vent, cette croix a été remplacée le 30 janvier 1987 par une autre en acier inoxydable, placée sur un promontoire rocheux surplombant le lieu du crash, à quelques 3 km de celui-ci (image 1). Ce site ne fait pas partie de la zone protégée mais il a été désigné Site et monument historique (SMH) n°73 en reconnaissance des valeurs commémoratives et symboliques de la croix. En novembre 2009, une capsule horaire en acier koru inoxydable a été installée à côté de la croix où étaient placés des messages des familles des victimes.

Sur la base des analyses des domaines environnementaux pour l'Antarctique (Résolution 3 (2008)), la baie Lewis se trouve dans l'environnement O – *Plate-forme glaciaire de l'Antarctique occidental* (qui comprend également l'intérieur de la Terre de Coats, le dôme Taylor et la calotte glaciaire de l'île de Ross).

2. Buts et objectifs

La gestion de la baie Lewis vise à :

- éviter la dégradation, ou des risques substantiels pour les valeurs de la zone en empêchant toute perturbation humaine inutile de cette zone ;
- s'assurer que le site du crash reste inviolé et empêcher toute perturbation humaine inutile de la zone ;
- permettre des visites du site situé à proximité de la croix commémorative à des fins de commémoration ou pour rendre hommage ;
- permettre des visites à des fins soutenant les objectifs du plan de gestion.

3. Activités de gestion

Pour protéger les valeurs de la zone, il est nécessaire de mener les activités de gestion suivantes :

- Tous les pilotes opérant dans la région doivent être informés de l'emplacement, des limites et des restrictions applicables à l'entrée et au survol de la zone ;
- La zone est visitée, selon que de besoin, pour déterminer si elle continue de répondre aux objectifs ayant conduit à sa désignation et pour s'assurer que les activités de gestion sont menées de manière adéquate ;
- Les programmes antarctiques nationaux présents dans la région doivent se consulter afin de garantir la réalisation des activités de gestion susmentionnées.

4. Période de désignation

Désignation pour une période indéterminée.

5. Cartes

Carte A : Carte topographique de la zone protégée baie Lewis. Note : La Carte A est issue de la base de données numériques sur l'Antarctique (BNA), version 1.0 (1993), qui a été préparée par à partir de l'échelle de base 1:250 000, sous l'égide du SCAR. Au niveau des positions, des corrections ont été apportées aux données de la source BNA à partir des données GPS de 1995 et de la photographie aérienne prise en 1993. L'exactitude de la carte reste approximative, en attendant la publication de nouvelles cartes, plus correctes, de l'île de Ross à l'échelle 1:50 000. Les coordonnées géographiques du site du crash et d'autres éléments sont réputés exacts à environ 100 à 200 m en position horizontale. Quant aux données relatives à l'altitude, elles sont réputées exactes à environ 100 m en position verticale.
Spécifications de la carte : Projection : conique conforme de Lambert ; parallèles standard : 1er 79° 18' 00" de latitude sud ; 2e 76° 42' 00" de latitude sud ; méridien central : 167° 30' 00" de longitude est ; latitude origine : 78° 01' 16.211" S; Sphéroïde : GRS80.

6. Description de la zone

6(i) Coordonnées géographiques, bornage et caractéristiques du milieu naturel

La zone désignée est située sur les versants du mont Erebus (Carte A) et comprend le site du crash (77° 25' 29"S, 167° 28' 30"E) à une altitude de 520 m (1 720 pieds). La zone comprend également une aire glaciaire de 2 km de chaque côté du site du crash. La zone s'étend comme un rectangle de 4 km de large vers la mer et comprend un espace aérien d'une altitude de 1 000 m (3280 pieds), hormis un corridor d'accès aérien de 200 m le long du littoral.

La frontière ouest de la zone est le méridien E à 167° 23' 33", alors qu'à l'est on a le méridien E à 167° 33' 27". La frontière sud est le parallèle S à 77° 26' 33", tandis que la frontière nord est représentée par le littoral (Carte A).

Le premier impact de l'aéronef a eu lieu à une altitude de 446,7 m. Les débris de l'épave se sont envolés au-delà du versant à 570 m du point d'impact, sur une étendue de plus de 120 m de large et jusqu'à une altitude de 580 m (1900 pieds). La grande partie de l'épave reste enfouie dans la glace et se déplace lentement sur le versant avec le glacier vers la mer. Les corps de certaines victimes n'ont pas pu être récupérés et demeurent dans la zone.

Il n'a pas été placé de bornes frontières pour démarquer la zone pour deux raisons : d'abord, leur présence est jugée nuisible aux valeurs inviolées du site; et leur entretien ne serait pas facile sur le glacier mouvant.

6(ii) Accès à la zone

Les véhicules terrestres sont interdits à l'intérieur de la zone et l'accès n'est possible que par hélicoptère ou à pied. Le survol de la zone en-deçà de 1000 m (3280 pieds) au-dessus du niveau de la mer est interdit, sauf pour le cas d'un corridor d'accès aérien qui longe le littoral et permet le transit des aéronefs à travers la zone, lorsque la visibilité ou les intempéries rendent l'évitement de la zone difficile. Lorsque l'accès à la zone est autorisé, il n'existe pas de restrictions particulières pour les voies aériennes ou les pistes d'atterrissage utilisées pour aller et venir dans la zone par hélicoptère.

6(iii) Emplacement de structures à l'intérieur ou à proximité de la zone

La croix commémorative en acier inoxydable (SMH n°73) est placée sur un effleurement de rocher (77° 26' 38"S, 167° 33' 43"E, à une altitude de 810 m (2660 pieds)), à 3 km au sud-est du site du crash, et constitue un symbole d'une importance particulière pour la zone. En novembre 2009, une capsule horaire en acier koru inoxydable a été installée à côté de la croix portant des messages écrits par les familles des victimes. Aucune autre structure n'existe à l'intérieur ou à proximité de la zone. Les débris de l'avion demeurent sur place.

6(iv) Emplacement d'autres aires protégées à proximité

Les zones protégées les plus proches de la baie Lewis sont :
* ZSPA n°130 crête Tramway sur le mont Erebus, à 15 km au sud, près du sommet du mont Erebus ;

- ZSPA n°116 Caughley Beach dans la vallée New College, au cap Bird, à environ 35 km au nord-ouest de l'île de Ross ;
- ZSPA n°121 cap Royds et ZSPA n°157 baie Backdoor, à environ 35 km à l'ouest de l'île Ross ; et
- ZSPA n°124 cap Crozier, à 40 km à lest de l'île de Ross.

6(v) Aires spéciales à l'intérieur de la zone

Il n'existe pas d'aires spéciales à l'intérieur de la zone.

7. Conditions d'obtention de permis d'entrée

7(i) Conditions générales de permis

L'accès à la zone est prohibé, sauf au moyen d'un permis délivré par une autorité nationale compétente. La délivrance d'un permis d'entrée est soumise aux conditions suivantes :
- Il n'est délivré que pour des raisons impérieuses et conformes aux buts du plan de gestion ;
- Les actions autorisées doivent être conformes au plan de gestion :
- Les actions autorisées ne doivent pas mettre les valeurs de la zone en péril ;
- Le permis doit avoir une durée de validité déterminée ;
- Le titulaire du permis doit avoir copie de celui-ci en sa possession durant sa présence dans la zone ; et
- Un rapport de visite doit être établi et remis à l'autorité désignée dans le permis.

7(ii) Accès et mouvement à l'intérieur ou au-dessus de la zone

Les véhicules sont interdits à l'intérieur de la zone, l'accès n'étant autorisé que par hélicoptère ou à pied. Les survols de la zone à moins de 1000 m (3280 pieds) au-dessus du niveau de la mer sont interdits, sauf si c'est pour un accès essentiel en relation avec les valeurs pour lesquelles le site est protégé, ou pour son inspection ou sa surveillance. Lorsque l'accès à la zone est autorisé, il n'existe pas de restrictions particulières pour les voies aériennes utilisées pour y aller et venir par hélicoptère. Pour tous les autres cas, un corridor d'accès aérien de 200 m situé le long du littoral permet à l'aéronef de transiter par la zone, notamment lorsque la visibilité ou les intempéries ne permettent pas de l'éviter (Carte A). L'usage de grenades fumigènes par hélicoptère y est interdit, sauf en cas d'absolue nécessité pour des raisons de sécurité ; le cas échéant, les grenades fumigènes sont immédiatement retirées de la zone par la suite.

7(iii) Activités autorisées dans la zone

Toutes les visites de la zone pour quelque raison que ce soit doivent être effectuées dans le strict respect des principales valeurs à protéger et, dans la mesure du possible, il convient de la laisser en paix.

Les visites peuvent à des fins de gestion, y compris pour s'assurer que les valeurs sont maintenues et déterminer si les matériaux présents sur le site posent un problème quelconque par émergence de la glace, s'il y a une éventuelle dispersion par le vent, de même que les visites peuvent concerner la sécurité et le retrait de tels matériaux de la zone. Il peut également s'agir de visites pour retirer les matériaux introduits dans la zone après sa désignation.

7(iv) Installation, modification ou démantèlement de structures

Il est interdit d'ériger de nouvelles structures à l'intérieur de la zone, sauf si le permis l'autorise. Il est également interdit de modifier ou de retirer une structure qui se trouvait dans la zone au moment où elle a été désignée zone spécialement protégée.

7(v) Emplacement des camps

Le camping est interdit à l'intérieur de la zone, à moins que ce ne soit pour y mener des activités de gestion de la zone. Là où le camping est nécessaire pour de telles activités, le site choisi doit être distant d'au moins 200 m de l'endroit où se trouvait l'épave au moment de la visite (77° 25' 29"S, 167° 28' 30"E).

7(vi) Restrictions sur les matériaux et organismes pouvant être introduits dans la zone

Il est interdit d'introduire des matériaux dans la zone. Les grenades fumigènes utilisées en cas de nécessité absolue pour la sécurité des opérations aériennes doivent être retirés après usage.

7(vii) Prise ou interférence nuisible avec la flore et la faune indigènes

La prise ou l'interférence avec la flore et la faune indigènes est interdite, sauf si un permis délivré conformément à l'Annexe II au Protocole au Traité sur l'Antarctique, relatif à la protection de l'environnement l'autorise.

Dans le cas d'une prise ou d'une interférence nuisible avec des animaux, cela devrait se conformer tout au moins au Code de conduite du SCAR pour l'utilisation d'animaux à des fins scientifiques en Antarctique.

7(viii) Prélèvement ou enlèvement de matériels non introduits dans la zone par le détenteur de permis

Sauf si le permis l'autorise expressément, les visiteurs de la zone ne peuvent interférer avec, toucher, prendre ou endommager un quelconque objet trouvé dans la zone. S'il est constaté que les matériaux se trouvant sur le site émergent de la glace ou que la dispersion par le vent présente un problème de gestion, ces matériaux doivent être enlevés de manière adéquate et en respectant les familles des victimes ainsi que les procédures nationales. Les matériaux introduits dans la zone après sa désignation peuvent être retirés sauf si un tel retrait est susceptible d'avoir un impact négatif encore plus élevé que si on laissait ces matériaux sur place. Si tel est le cas, il convient de le notifier à l'autorité compétente.

7(ix) Élimination des déchets

Tous les déchets, y compris les déchets humains, doivent être retirés de la zone.

7(x) Mesures pouvant s'avérer nécessaires pour réaliser les objectifs du plan de gestion

Des permis d'entrée dans la zone peuvent être délivrés pour des raisons totalement justifiées et liées à la réalisation des buts du plan de gestion. Pour aider à conserver les valeurs émotionnelles du site, il importe de réduire autant que faire se peut le nombre de visiteurs.

7(xi) Exigences liées aux rapports

Le principal détenteur de permis, pour chaque visite effectuée dans la zone, est tenu de remettre un rapport à l'autorité nationale compétente dans la mesure du possible et au plus tard six mois après la visite. Le rapport de visite doit inclure, si possible, les informations identifiées dans le formulaire du rapport de visite [cf. Appendice 4 du Guide pour la préparation des plans de gestion des zones spécialement protégées de l'Antarctique, joint à la Résolution 2 (1998)].

Le cas échéant, l'autorité nationale compétente doit également envoyer une copie du rapport de visite à la Partie qui a proposé le plan de gestion, et ce, dans le but de contribuer à la gestion de la zone et à l'examen du plan de gestion.

Les Parties doivent déposer, si possible, les originaux ou les copies des rapports de visite dans les archives publiques aux fins de conservation de dossier d'utilisation, utile au cas où l'on voudrait à nouveau examiner le plan de gestion ou organiser l'utilisation qui est faite de la zone.

Image 1: Croix érigée en mémoire des victimes du crash de 1979 sur le mont Erebus (SMH n°73) et capsule horaire en koru (installée en novembre 2009), surplombant le site du crash (© Antarctica New Zealand Pictorial Collection : K322 09/10).

Rapport final de la XXXVIe RCTA

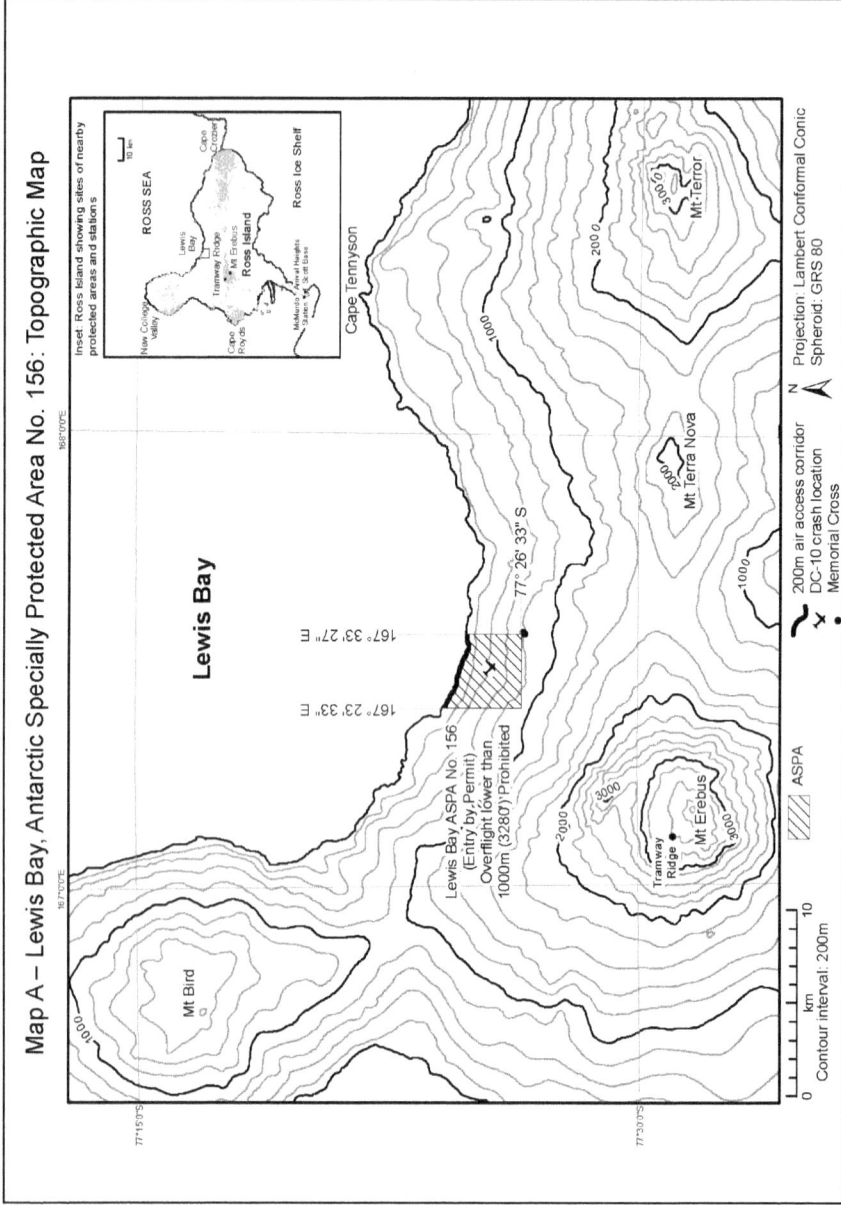

Map A – Lewis Bay, Antarctic Specially Protected Area No. 156: Topographic Map

Carte A : la baie Lewis, zone spécialement protégée de l'Antarctique n°156 : carte topographique

ZSPA n°156 baie Lewis, sur le Mont Erebus, île de Ross

Liste de légendes de la carte A

Carte A – Baie Lewis, Zone spécialement protégée de l'Antarctique n°156: carte topographique
Baie Lewis
Baie Lewis ZSPA n°156
Entrée sur permis
Survol inférieur à 1000m (3280 pieds) interdit
Crête tramway
Mont Erebus
Mont Terra Nova
Mont Terror
Cap Tennyson

Encart: île de Ross Island et sites des zones protégées et stations environnantes
Mer de Ross
Vallée New College
Baie Lewis
Crête Tramway
Mont Erebus
Ile de Ross
Cap Royds
Station McMurdo
Monts Arrival
Base Scott
Plateforme glaciaire de Ross
 Cap Crozier

Courbes de niveau: 200m
 ZSPA
 Couloir d'accès aérien à 200 m
Site du crash du DC-10
Croix commémorative
Projection: conique conforme de Lambert
Sphéroïde: GRS 80

Rapport Final de la XXXVIè RCTA

Plan de gestion pour la zone spécialement protégée de l'Antarctique n°160

ÎLES FRAZIER, ÎLES WINDMILL, TERRE WILKES,

ANTARTIQUE DE L'EST

Introduction

Les Îles Frazier constituent un archipel de trois îles situées à environ 16 km de la côte, en partant de la station Casey (Australie) en Antarctique de l'Est (carte A). Ces îles constituent l'habitat de la plus grande colonie nicheuse de pétrels géants antarctiques *Macronectes giganteus* parmi les quatre seules colonies identifiées en Antarctique continental. Elles avaient été ainsi désignées zone spécialement protégée de l'Antarctique par la mesure 2 (2003) pour leur statut de refuge des oiseaux. Le plan de gestion initial avait été révisé et adopté par la mesure 13 (2008).

Depuis sa découverte en 1955, la colonie de pétrels géants des Îles Frazier a été observée par intermittence durant une période allant de mi-janvier à fin mars. Les visites étaient menées généralement dans le but de réaliser le baguage des oisillons. Des recensements d'oisillons ont pu être effectués par temps clément. De manière générale, ces recensements n'étaient réalisés dans l'Île Nelly uniquement. De ce fait, les premières données collectées n'étaient pas assez complètes pour permettre d'évaluer les changements concernant l'évolution des effectifs de la population totale. Durant ces dernières années, le recensement des nids occupés a été réalisé au cours du mois de décembre, cette fois-ci sur toutes les îles. Les données recueillies suggèrent que la population nicheuse, en particulier celle de l'Île Dewart, serait en hausse.

En dehors de ces visites visant l'observation des oiseaux de mer, les Îles Frazier ont été en réalité très peu visitées. Les visites d'observation des oiseaux interviennent en moyenne tous les deux ans depuis la fin des années 1950 (voir annexe 1). Une stratégie de gestion formalisée avait été mise en œuvre au milieu des années 1980 afin de réduire l'impact des perturbations anthropiques sur les colonies nicheuses de pétrels géants se trouvant dans les environs des stations gérées par l'Australie. *Australian Antarctic Division* avait restreint les visites des participants aux programmes menés par l'Australie en Antarctique. Ainsi les visites à des fins de recensement avaient lieu tous les trois à cinq ans. De plus des mesures de contrôle très strictes encadraient les visites pour d'autres motifs. La périodicité retenue pour les recensements apparaissait comme un compromis raisonnable entre les risques de perturbations des oiseaux nicheurs impliqués par les activités de surveillance et la nécessité de recueillir des données démographiques sur ces oiseaux. Il semble que les réflexions actuelles pencheraient en faveur de recensements plus fréquents qui permettraient de mieux comprendre l'état actuel et les tendances démographiques de ces oiseaux. Ces activités devraient être menées dans les conditions appropriées.

Une hausse notable de la population nicheuse dans les Îles Frazier, de même que les retombées manifestement positives des mesures de protections actuelles justifient la poursuite du protocole de protection des colonies nicheuses de pétrels géants. La protection ainsi que la surveillance à long terme des pétrels géants des Îles Frazier continueront à contribuer à l'élaboration de stratégies régionales et mondiales favorables à la conservation des espèces et à la collecte d'informations permettant des études comparatives avec des populations issues d'autres habitats.

Le présent plan de gestion révisé réaffirme les valeurs qui ont motivé la désignation de la zone et reconnaît les dispositions de l'Annexe V du Protocole au Traité sur l'Antarctique relatif à la protection de l'environnement.

1. Description des valeurs à protéger

La zone a été désignée essentiellement dans le but de protéger la colonie nicheuse de pétrels géants antarctiques qi est en effet la plus grande colonie identifiée en Antarctique continental.

Vers la fin des années 1980, la population mondiale de pétrels géants antarctiques était estimée à 38 000 couples. L'analyse récente des tendances démographiques mondiales sur les trois dernières générations (64 années) fournit une estimation optimiste avec un taux de croissance de 17% et une estimation pessimiste avec un taux de décroissance de 7,2%. Le scénario pessimiste envisagé ne suscite pas d'alerte concernant la vulnérabilité de cette espèce. En effet, même dans une telle situation, l'effectif de la population n'atteint pas le seuil de déclin qui justifierait sa classification dans la catégorie « Vulnérable », dans la Liste rouge des espèces menacées de l'IUCN. L'espèce est en outre passée de la catégorie « Quasi menacé » à la catégorie « Préoccupation mineure » (*BirdLife International,* 2012).

Le pétrel géant antarctique figure dans la liste de l'annexe 1 de l'Accord sur la conservation des pétrels et des albatros (ACAP), un accord multilatéral visant la conservation des albatros et des pétrels à travers la coordination internationale des activités de réduction des risques menaçant ces populations. Il figure également à l'annexe II de la Convention sur la conservation des espèces migratrices.

L'Antarctique orientale est un habitat assez inhabituel pour le pétrel géant, il s'agit en fait de la limite australe de son aire de répartition. Le recensement le plus récent réalisé en 2011, estime la population nicheuse totale des Îles Frazier à 237 couples. On observe des colonies dans les trois îles de l'archipel (Île Nelly, Île Dewart et Île Charlton). La plus grande colonie est installée à l'Île Dewart. En 2011, des caméras de surveillance automatiques ont été temporairement installées à l'Île Nelly afin de déterminer la chronologie et le taux de réussite de la reproduction des pétrels géants (carte B).

Les Îles Frazier constituent l'un des quatre sites connus qui abritent des colonies nicheuses de pétrels géants sur le littoral de l'Antarctique continental. Il s'agit du seul site identifié sur 3000 km de littoral, entre la station Davis et la station Dumont d'Urville. Les trois autres colonies sont installées à proximité des stations Mawson (Île Giganteus, Îles Rookery, ZSPA n°102) et Davis (Île Hawker, ZSPA n°167), et près de la station Dumont d'Urville (France) (archipel Pointe-Géologie, ZSPA n°120). La population de pétrels géants évoluant en Antarctique représente moins de 1% de la population nicheuse mondiale. Elle est actuellement estimée à environ 300 couples pour la région de l'Antarctique continental dont 2-4 couples à l'Île Giganteus, environ 45 couples à Île Hawker (2010), 8-9 couples à l'archipel de Pointe-Géologie (Terre Adélie) (2005) et 237 couples à Îles Frazier (2011). Il faut noter que des observations fortuites sur la côte à proximité de la station Mawson mènent à penser qu'il existerait d'autres colonies non encore identifiées.

La zone abrite également des colonies nicheuses de manchots Adélie et plusieurs autres espèces d'oiseaux volants.

2. Buts et objectifs

La gestion de la ZSPA des Îles Frazier vise à :

- minimiser l'impact des activités humaines sur les colonies nicheuses de pétrels géants et contribuer ainsi à une meilleure protection de la faune sauvage ;
- préserver les Îles Frazier en tant que site de référence pour de futures études comparatives avec d'autres populations nicheuses de pétrels géants, et
- réduire le risque d'introduction involontaire de végétaux, animaux et microbes non indigènes dans les Îles Frazier.

3. Activités de gestion

Afin de protéger les valeurs de la zone, les activités de gestion décrites ci-dessous seront menées:

- des visites d'étude permettant d'évaluer les effectifs et l'évolution de la colonie de pétrels géants et/ou de la faune et de la flore seront autorisées. Les activités et les méthodes causant le moins de perturbations possible à la colonie de pétrels géants seront privilégiées (ex : utilisation de caméras de surveillance automatiques) ;
- les visites seront effectuées de préférence en dehors de la saison de reproduction des pétrels géants (c.à.d. entre mi-avril et mi-septembre) et lorsqu'elles seront nécessaires ; elles permettront d'évaluer la conformité

de la zone protégée au statut qui lui a été conféré et de vérifier que des dispositions appropriées concernant la gestion et la maintenance ont été prises ;

- une signalisation géographique facilitant l'accès à la zone et mentionnant les restrictions particulières applicables sera installée bien en évidence ; des informations concernant la zone seront disponibles à la station Casey; un exemplaire du plan de gestion sera également disponible à cette station. Des exemplaires du présent plan de gestion ainsi que toutes les informations utiles seront remis au personnel compétent à bord des embarcations se rendant à proximité de la zone ;

- le présent plan de gestion sera révisé au moins une fois tous les cinq et mis à jour ou modifié si nécessaire.

4. Durée de la désignation

La zone est désignée pour une durée indéterminée.

5. Cartes

- Carte A: zone spécialement protégée de l'Antarctique, Îles Windmill, Antarctique de l'Est.
- Carte B: zone spécialement protégée de l'Antarctique n°160 Îles Frazier – Topographie et répartition des oiseaux

  Caractéristiques des cartes:

  Projection: UTM fuseau 49

  Datum horizontal: WGS84

6. Description de la zone

6 i) Coordonnées géographiques, bornage et caractéristiques du milieu naturel

Caractéristiques générales

Les Îles Frazier se situent à 66°14' de latitude sud et 110°10' de longitude est (carte A). Les trois îles (Nelly, Dewart et Charlton) se trouvent sur la partie orientale de la baie Vincennes à environ 16 km de la station Casey dans un axe ouest-nord-ouest. L'Îles Nelly est la plus grandes des trois îles (superficie d'environ 0,35 km²). Elle doit son nom à la présence d'un grand nombre de pétrels géants antarctiques que l'on appelle communément « nellies en anglais ». La ZSPA englobe tous les espaces terrestres des trois îles. La limite du côté de la mer est définie par la marée basse (carte B). La superficie totale de la zone est de 0,6 km² environ. Aucun repère mettant en évidence les limites de la zone n'a été installé.

Pétrels géants antarctiques

Dans les Îles Frazier, la saison de reproduction des pétrels géants antarctiques commence habituellement entre la fin octobre et la mi-novembre, et se poursuit jusqu'en avril, période à laquelle les oiseaux entament leur migration hivernale vers le nord. Les oisillons bagués dans les Îles Frazier se sont dispersés à travers l'hémisphère sud et ont été retrouvés en Nouvelle-Zélande, en Amérique du sud, à l'Île de Pâques, et en Afrique du Sud dans les neuf mois suivant leur départ.

Au milieu des années 1980, une stratégie de gestion a été mise en place pour les trois sites abritant des pétrels géants nicheurs à proximité des stations australiennes afin de minimiser les impacts anthropiques. Avant cela, l'*Australian Antarctic Division* avait pris des mesures restrictives concernant les visites de recensement qui étaient limitées à une visite tous les trois à cinq ans. Les autres visites pour d'autres motifs, étaient également strictement encadrées. A l'époque, ces dispositions visaient à établir un compromis entre les risques de perturbation des oiseaux et la nécessité de collecter des données démographiques pertinentes. Il faut souligner toutefois que ce système de gestion a eu une influence sur la détermination des modalités de visite permettant d'évaluer les paramètres et les tendances liées à l'évolution de la population, et n'a pas été particulièrement favorable à l'amélioration de la reproduction des pétrels géants. Aujourd'hui, avec le développement des nouvelles technologies (caméras automatiques), des informations détaillées peuvent être recueillies avec un impact humain très faible voire inexistant notamment durant la période de reproduction.

En décembre 2011, 80 couples nicheurs de pétrels géants ont été observés à l'Île Nelly. Deux de ces pétrels étaient bagués. On dénombre 130 couples à l'Île Dewart et 27 à Île Charlton. Les quatre caméras de surveillance automatiques installées temporairement à Île Nelly contribueront à déterminer et à comprendre des paramètres de reproductions essentiels (carte B).

Autres oiseaux

Parmi les trois îles de la zone, l'Île Nelly est sans doute celle qui abrite la plus grande diversité de communautés aviaires. On y retrouve le pétrel des neiges (*Pagodroma nivea*), le damier du cap (*Daption capense*), le pétrel antarctique (*Thalassoica antarctica*), l'océanite de Wilson (*Oceanites oceanicus*), le fulmar antarctique (*Fulmarus glacialoides*) et les labbes antarctiques (*Catharacta maccormicki*). Toutes ces espèces nichent dans l'île. Les labbes antarctiques ont été également observés dans l'Île Dewart (voir annexe 2, carte B).

Une centaine de nids de manchots Adélie (*Pygoscelis adeliae*) ont été observés dans une colonie, à l'Île Nelly en 1961/62. Lors de la saison de reproduction 1989/90, trois colonies ont été observées sur la crête située au nord-ouest de l'Île Nelly. 554 nids y ont été dénombrés. La croissance de la population observée dans cette localité, suit le même rythme que celle des autres populations de manchots Adélie identifiées dans la région des Îles Windmill en 1959/60 et 1989/90. Pour la saison 2001/02, la population nicheuse de l'Île Nelly est estimée à 1 000 couples. Une brève inspection des sites de colonies en 2005/06 indique que la population nicheuse est toujours en hausse.

Mammifères marins

La présence de mammifères marins dans les Îles Frazier a été signalée en de rares occasions. En 1968, trois phoques de Weddell (*Leptonychotes weddellii*) ont été observés sur la banquise flottante entre l'Île Nelly et l'Île Dewart. Les orques (*Orcinus orca*) - appelées également épaulard ou « baleine tueuse » - ont été aperçus dans l'archipel, en effet un groupe avait été observé en fin 2011. Quelques léopards de mer ont été également repérés sur la banquise à proximité de l'Île Nelly. Quelques rares phoques de Weddell ont été enregistrés sur la banquise près des Îles Frazier l'été 2001/02 (annexe 2).

Végétation

Onze espèces végétales ont été répertoriées à Île Nelly, notamment des lichens *Buellia frigida*, *Usnea antarctica*, *Rhizoplaca melanophthalma*, *Candelariella flava*, un genre d'algue terrestre *Prasiola crispa*, et une « croûte végétale » de couleur verte d'un genre indéterminé qui serait probablement une association d'hyphes et d'algues vertes *Desmococcus olivaceus*. Plusieurs espèces d'algues des neiges dont *Chlorococcum* sp. *Chloromonas polyptera*, *Chlorosarcina antarctica*, *Prasiococcus calcarius* ont été également observées (annexe 2). Aucune publication de données relatives aux invertébrés terrestres dans les Îles Frazier n'a été faite jusqu'ici. Il faut noter en effet, qu'aucune étude n'a été menée dans ce domaine.

Géologie et géographie

La topographie des Îles Frazier est caractérisée par un relief de falaises aux pentes abruptes surplombant la mer. Le pic le plus élevé de l'Île Nelly se situe à 65 m d'altitude. Une grande auge glaciaire (vallée glaciaire en « U ») sépare l'Île Nelly de l'Île Dewart.

Les caractéristiques géologiques métamorphiques des Îles Frazier sont caractéristiques de la région des Îles Windmill. Le relief de ces régions se distingue par les couches de schiste et le gneiss finement crénelé. Les propriétés géologiques des Îles Frazier découlent de deux phases métamorphiques, la première datant d'il y a 1400 à 1310 millions d'années et la seconde de 1200 millions d'années, à l'origine de la transformation des roches volcaniques, du grauwacke et du schiste. A l'Île Nelly, les falaises abruptes sont composées de biotite et de gneiss. Les flancs d'auge de la vallée glaciaire du côté de l'Île Nelly, sont composés de grès rouge erratique, en dessous de la courbe de niveau de 30 m. Des stries glaciaires très polies marquent la surface du gneiss et témoignent d'une période de glaciation récente en indiquant la direction de l'écoulement des glaces de fonte estimée entre 265° et 280° vrais. Les sédiments superficiels que l'on retrouve dans les dépressions de la roche, sont composés de sable fin et graveleux.

Climat

Le climat des Îles Frazier est semblable à celui des Îles Windmill et des autres zones côtières environnantes. A la station Casey, située à 16 km de l'archipel dans une orientation est/sud-est, les températures moyennes sont de 0,3 °C pour le mois le plus chaud et de - 14,9 °C pour le mois le plus froid. Les précipitations sont faibles et à cause de l'albédo élevé des surfaces rocheuses exposées, le sol est dépourvu de glace en permanence, ce qui fait de cette zone un habitat propice à la nidification de l'avifaune.

Analyse des domaines environnementaux

Les Îles Frazier ne figurent pas dans la classification relative à l'Analyse des domaines environnementaux de l'Antarctique (résolution 3 (2008)).

Régions de conservation biogéographiques de l'Antarctique

Les Îles Frazier se situent dans la région 7 *Antarctique Est,* conformément à la classification relative aux Régions de conservation biogéographiques de l'Antarctique.

6 ii) Accès à la zone

Les Îles Fraziers et les sites environnants peuvent être rejoints à bord d'une petite embarcation lorsque l'état de la banquise le permet. Les dispositions mentionnées à la section 7(ii) du présent document doivent être respectés. La banquise est instable la plupart du temps et ne permet pas aux véhicules d'accéder à la zone.

6 iii) Emplacement des structures à l'intérieur de la Zone et adjacentes à celle-ci

Il n'y a pas de structures à caractère permanent à l'intérieur et à proximité de la zone. Aucune structure de cette nature ne doit être érigée. A l'heure actuelle, quatre caméras de surveillance automatiques ont été temporairement installées à proximité de la colonie de pétrels géants dans le but d'assurer la surveillance continue de cette population (carte B) ;

6 iv) Emplacement d'autres zones protégées aux alentours

Les zones protégées suivantes sont situées sur la côte Budd à proximité des Îles Frazier (carte A) :

* ZSPA n°135, Péninsule North-East Bailey (66°17'de latitude sud, 110°32'de longitude est), à environ 16 km dans un axe est-sud-est ;
* ZSPA n°136, Péninsule Clark (66°15' de latitude sud, 110°36' de longitude est), à environ 15km dans un axe est-sud-est ; et
* ZSPA n°103, Île Ardery et Île Odbert (66°22'de latitude sud, 110°30'de longitude est), à environ 20 km au sud-est.

6 v) Sites spécifiques à l'intérieur de la zone

Il n'y a pas de site spécifique à l'intérieur de la zone.

7. Critères de délivrance d'un permis d'accès

7 i) Critères généraux

L'entrée dans la zone est interdite. Seules les personnes en possession d'un permis délivré par une autorité nationale compétente peuvent y accéder. Les critères de délivrance d'un permis d'accès sont les suivants :

* un permis est délivré uniquement pour des raisons scientifiques impérieuses ne pouvant être satisfaites par ailleurs ou pour des raisons essentielles à la gestion de la zone ;
* les actions autorisées doivent être conformes aux dispositions du présent plan de gestion ;

- les activités autorisées doivent prêter toute l'attention nécessaire à la protection permanente des valeurs environnementales de la zone à travers la mise en œuvre du processus d'évaluation de l'impact sur l'environnement ;
- le permis doit être délivré pour une durée déterminée ;
- le détenteur du permis doit être en possession du permis lorsqu'il est à l'intérieur de la zone.

D'autres conditions peuvent être appliquées par l'autorité compétente, conformément aux objectifs et dispositions du plan de gestion. Le détenteur principal d'un permis doit soumettre à l'autorité nationale compétente un rapport faisant état de toutes les activités entreprises à l'intérieur de la zone, et comprenant toutes les données de recensement collectées pendant la visite.

7 ii) Accès à la zone et déplacements à l'intérieur et au-dessus de la zone

- L'accès à la zone est interdit aux véhicules, les déplacements à l'intérieur de la zone doivent se faire à pied.
- L'accès aux Îles Frazier doit se faire exclusivement en embarcation. Les embarcations doivent être amarrées sur la côte et les déplacements à l'intérieur de la zone effectué uniquement à pied.
- Tout déplacement à l'intérieur de la zone doit prendre en considération les restrictions visant la distance d'observation des oiseaux nicheurs. Ces dispositions figurent en annexe 3. Les visiteurs doivent se tenir à une distance raisonnable des pétrels géants nicheurs, suffisante pour la collecte des données biologiques ou de recensement. En aucun cas cette distance ne devra être inférieure à 20 m.
- Afin de limiter les perturbations de la faune et de la flore, les bruits, notamment la communication verbale, doivent être limités au minimum nécessaire. L'utilisation d'appareils à moteur et toute activité potentiellement bruyante et donc source de perturbations pour les oiseaux nicheurs sont interdites durant la saison de reproduction des pétrels géants (du 1er octobre au 30 avril).
- L'atterrissage d'aéronefs à l'intérieur de la zone est formellement interdit quelle que soit la saison.
- La banquise est généralement instable et ne permet pas aux aéronefs d'atterrir sur cette zone, toutefois l'atterrissage d'un hélicoptère monomoteur sur un site adjacent à la zone peut être autorisé dans le cadre de recherches scientifiques indispensables ou pour des impératifs liés à la gestion. L'atterrissage est autorisé lorsque l'état de la banquise le permet et sous réserve de justifier que les perturbations seront limitées. Le lieu d'atterrissage doit être à une distance minimale de 930 m de toute colonie nicheuse d'oiseaux ou de phoques. Cette restriction ne s'applique pas en cas d'urgence. Seuls les visiteurs habilités à mener une activité à l'intérieur de la zone sont autorisés à débarquer de l'hélicoptère.
- Le survol des îles durant la saison de reproduction est interdit, sauf dans le cadre de recherches scientifiques indispensables ou pour des impératifs liés à la gestion. Le cas échéant, l'aéronef doit être à une altitude minimale de 930 m (3050 pieds) pour un hélicoptère monomoteur à ailes fixes, et de 1500 m (5000 pieds) pour un hélicoptère bimoteur.
- Les équipements vestimentaires (en particulier les chaussures) de même que les équipements de recherche doivent être méticuleusement nettoyés avant d'être introduits à l'intérieur de la zone.

7 iii) Activités menées ou pouvant être menées dans la zone

Un permis autorisant l'accès à la zone en dehors de la saison de reproduction des pétrels géants (du 1er mai au 30 septembre) peut être délivré pour des raisons scientifiques impérieuses ne pouvant être satisfaites par ailleurs ou à des fins de gestion en rapport avec les dispositions du plan de gestion. Seules les activités qui ne porteront pas atteinte aux valeurs écologiques ou scientifiques de la zone et qui n'influenceront pas d'autres études scientifiques en cours, seront autorisées.

Un permis autorisant l'accès à la zone durant la saison de reproduction des pétrels géants (du 1er octobre au 30 avril) peut être délivré à des fins de recensement. Lors de la délivrance du permis l'autorité compétente doit se référer aux dispositions mentionnées au premier point de la section 3 du présent plan de gestion. Les recensements doivent être effectués de préférence en dehors des sites des colonies de pétrels géants. Il existe généralement des postes d'observations depuis lesquels les pétrels géants peuvent être recensés. Le nombre de visiteurs et le temps de présence à l'intérieur de la zone doivent être limités en fonctions des conditions raisonnables de réalisation du recensement. Pour des raisons de sécurité, il est recommandé au personnel navigant et aux autres membres de l'équipage de ne pas quitter le site de débarquement.

7 iv) Installation, modification ou enlèvement de structures

- Aucune nouvelle structure ni aucun nouvel équipement scientifique ne doivent être érigés dans la zone sauf pour des raisons scientifiques impérieuses ou des impératifs liés à la gestion. Ces activités doivent être autorisées par un permis délivré pour une durée déterminée.

- Les structures à caractère permanent sont interdites à l'exception des repères permettant d'identifier les sites de recherche permanents.

- Toutes les structures, tous les matériels scientifiques ou repères installés dans la zone doivent être clairement identifiables par les mentions du pays, nom du principal chercheur, année d'installation, date prévue de l'enlèvement.

- Tous les objets doivent être exempts d'organismes, propagules (ex : semences, œufs), sols non stériles. Ils doivent être fabriqués à partir de matériaux résistants aux conditions environnementales de la région et présenter le moins de risque de contamination possible.

- L'installation (de même que le choix du site), l'entretien, la modification ou l'enlèvement des structures ou matériels doivent être effectués avec soin afin de limiter les effets indésirables sur les valeurs de la zone.

- Les structures et installations à caractère temporaire doivent être enlevées du site lorsqu'elles ne sont plus nécessaires et au plus tard à l'expiration du permis autorisant leur installation.

- Lorsque le permis relatif à des structures/matériels spécifiques expire, il appartient à l'autorité qui a délivré le permis à l'origine, de procéder à l'enlèvement de ces structures ou matériels. Cette disposition doit constituer une condition pour la délivrance du permis.

7 v) Emplacement des camps

L'installation de camps à l'intérieur de la zone est interdite sauf en cas d'urgence.

7 vi) Restrictions sur les matériaux et organismes pouvant être introduits dans la zone

Outre les exigences du Protocole au Traité sur l'Antarctique relatif à la protection de l'environnement, les restrictions suivantes s'appliquent à l'introduction de matériels et d'organismes dans la zone :

- aucun animal, matériel végétal, micro-organisme ou sol non stérile ne doit être délibérément introduit dans la zone. Toutes les précautions nécessaires doivent être prises afin d'empêcher l'introduction involontaire d'animaux, de matériel végétal, de micro-organismes ou de sol non stérile provenant de régions ayant des propriétés biologiques différentes (qu'elles fassent partie du territoire concerné par le Traité sur l'Antarctique ou d'autres zones géographiques) ;

- aucun produit avicole, notamment les produits alimentaires à longues conservation contenant des œufs en poudre, ne doit être introduit dans la zone ;

- les combustibles et les autres substances chimiques ne doivent pas être entreposés dans la zone. Le réapprovisionnement des embarcations en carburant est autorisé sur le lieu du débarquement sur la côte. Une petite quantité de combustible peut être autorisé pour alimenter un réchaud en cas d'urgence. Le cas échéant, le combustible introduit doit être manipulé avec précaution afin de minimiser les risques de rejet ou déversement accidentel dans l'environnement. Toute substance chimique introduite dans la zone pour des activités scientifiques impérieuses dûment autorisées par un permis doit être enlevée de la zone si possible avant et au plus tard dès la fin de l'activité ayant fait l'objet de l'autorisation. L'utilisation de radionucléides et d'isotopes stables est interdite ;

- tout matériel doit être introduit dans la zone pour une durée déterminée et doit être enlevé à l'issue de la période indiquée.

7 vii) Prélèvement de végétaux, capture d'animaux ou perturbations nuisibles à la faune et à la flore

Il est interdit de prélever des végétaux, de capturer des animaux ou d'entreprendre des interventions nuisibles à la faune et à la flore. Toutefois certaines actions peuvent être entreprises dans le cadre des dispositions de l'article 3 de l'annexe II du Protocole au Traité sur l'Antarctique relatif à la protection de l'environnement.

Toute action susceptible de perturber les pétrels géants doit être évité quelle que soit la saison. Les visiteurs doivent être particulièrement attentifs à tout changement de comportement dans la faune et la flore, en particulier les changements dans la posture ou la vocalisation chez les oiseaux. Lorsque le comportement des oiseaux indique qu'ils s'apprêtent à quitter leur nid, les visiteurs doivent se mettre en retrait immédiatement.

7 viii) Récupération ou enlèvement de toute chose qui n'a pas été apportée dans la zone par le détenteur du permis

La récupération et l'enlèvement de matériel de la zone doit faire l'objet d'une autorisation mentionnée sur un permis et doit être limitée au minimum requis pour les activités menées à des fins scientifiques et de gestion.

Le matériel introduit par l'homme et susceptible de porter atteinte aux valeurs de la zone, lorsqu'il n'a pas été introduit par un visiteur détenteur de permis conformément aux dispositions mentionnées sur le permis ou conformément à tout autre moyen d'autorisation, doit être enlevé si l'impact de l'opération d'enlèvement est moindre que celui de laisser le matériel sur place ; le cas échéant, l'autorité compétente doit en être informée. Il convient si possible de réaliser et de joindre des photographies représentant ces objets au rapport de visite.

7 ix) Élimination des déchets

Tous les déchets, y compris les déchets humains doivent être enlevés de la zone.

7 x) Mesures nécessaires pour faire en sorte que les buts et objectifs du plan de gestion continuent à être atteints

Un recensement de la population de pétrels géants devrait être effectué au moins une fois tous les cinq ans. D'autres espèces peuvent être recensées à cette occasion sous réserve que l'opération envisagée n'implique pas de perturbations pour les pétrels géants.

Toutes les données GPS recueillies sur les sites de surveillance à long terme doivent être enregistrées dans le répertoire maître de l'Antarctique, par le biais de l'autorité nationale compétente.

7 xi) Rapports de visites

Le détenteur principal d'un permis doit soumettre un rapport à l'autorité nationale compétente faisant état des activités entreprises lors de la visite. Les rapports de visites doivent inclure, s'il y a lieu, les renseignements mentionnés dans le formulaire du rapport de visite contenu dans le *Guide pour la préparation des plans de gestion des zones spécialement protégées en Antarctique*. Les parties concernées doivent répertorier ces activités et dans le cadre des échanges annuels d'informations, fournir une description sommaire des activités entreprises par des personnes relevant de leur autorité. Ces informations doivent être suffisamment détaillées pour contribuer à l'évaluation de l'efficacité du plan de gestion. Les parties doivent à chaque fois que cela est possible, déposer les originaux ou copies des rapports de visites dans un lieu d'archivage accessible au public et fournissant des relevés de consultation qui pourraient être utilisés à des fins de révision du plan de gestion et pour l'organisation de l'utilisation scientifique qui est faite de la zone. Le cas échéant, l'autorité nationale compétente doit également adresser une copie du rapport de visite à la partie responsable du plan de gestion. En effet les informations contenues dans ces rapports sont utiles à la gestion de la zone et à la surveillance des populations d'oiseaux. En outre les rapports de visites doivent contenir des informations détaillées concernant les recensements, l'emplacement de toute nouvelle colonie ou nouveau nid qui n'aurait pas encore était relevé, une description sommaire des découvertes réalisées et les reproductions des photographies réalisées à l'intérieur de la zone.

8. Bibliographie

Agreement on the Conservation of Albatrosses and Petrels. 2012. ACAP Species assessment: Southern Giant Petrel *Macronectes giganteus*. Downloaded from http://www.acap.aq on 25 September 2012.

ANARE (1968) Unpublished data. Birdlife International (2000) *Threatened birds of the world*. Barcelona and Cambridge U. K: Lynx Edicions and Birdlife International.

BirdLife International (2012) *Macronectes giganteus*. In: IUCN 2012. IUCN Red List of Threatened Species. Version 2012.2. Downloaded from www.iucnredlist.org on 21/11/2012.

BirdLife International (2012) Species factsheet: *Macronectes giganteus*. Downloaded from http://www.birdlife.org on 26/09/2012.

Blight, D.F., Oliver, R. L. Aspects of the Geologic History of the Windmill Islands, Antarctica in Craddock C. (ed.) (1982) *Antarctic Geoscience*. University of Wisconsin Press, Madison: 445-454.

Cooper, J., Woehler, E.J., Belbin, L. (2000) Guest editorial. Selecting Antarctic Specially Protected Areas: Important Bird Areas can help. *Antarctic Science* 12: 129.

Cowan, A.N. (1981) Size variation in the snow petrel. *Notornis* 28: 169-188. Cowan, A.N. (1979) giant petrels at Casey. *Australian Bird Watcher* 8: 66-67.

Creuwels, J.C.S., Stark, J.S., Woehler, E.J., Van Franeker, J.A., Ribic, C.A. (2005) Monitoring of a Southern giant petrel Macronectes giganteus population on the Frazier Islands, Wilkes Land, Antarctica. *Polar Biology* 28:483-493

Croxall, J.P., Steele, W.K., McInnes, S.J., Prince, P.A. (1995) Breeding Distribution of the snow petrel *Pagodroma nivea. Marine Ornithology* 23: 69-99.

Environment Australia (2001) *Recovery Plan for Albatrosses and Giant Petrels*. Prepared by Wildlife Scientific Advice, Natural Heritage Division in consultation with the Albatross and Giant Petrel Recovery Team, Canberra.

Environmental Code of Conduct for Australian Field Activities, Australian Antarctic Division.

Garnett, S.T., Crowley, G.M. (2000) *The Action Plan for Australian Birds 2000*. Commonwealth of Australia, Environment Australia, Canberra

Goodwin, I.D. (1993) Holocene Deglaciation, Sea-Level Change, and the Emergence of the Windmill Islands, Budd Coast, Antarctica. *Quaternary Research* 40: 70-80.

Ingham, S.E. (1959) Banding of Giant Petrels by the Australian National Antarctic Research Expeditions, 1955-58. *Emu* 59: 189-200.

IUCN (2001) *IUCN Red List Categories: Version 3.1*. Prepared by the IUCN Species Survival Commission. IUCN, Gland, Switzerland and Cambridge, UK.

Jouventin, P., Weimerskirch, H. (1991) Changes in the population size and demography of southern seabirds: management implications. In: Perrins, C.M., Lebreton, J.-D. and Hirons, G.J.M. *Bird population studies: Relevance to conservation and management*. Oxford University Press: 297-314.

Law, P. (1958) Australian Coastal Exploration in Antarctica. *The Geographical Journal* CXXIV: 151-162.

Mackinlay, S.J. (1997) *A Management Zoning System for Casey Station and the Windmill Islands, East Antarctica*. Project report for the MAppSc degree in Environmental Management, School of Geography, University of New South Wales.

Melick, D.R., Hovenden. M.J., Seppelt, R.D. (1994) Phytogeography of bryophyte and lichen vegetation in the Windmill Islands, Wilkes Land, Continental Antarctica. *Vegetatio* 111: 71-87.

Micol, T., Jouventin, P. (2001) Long-term population trends in seven Antarctic seabirds at Point Géologie (Terre Adélie): Human impact compared with environmental change. *Polar Biology* 24: 175-185.

Murray, M.D. (1972) Banding Giant Petrels on Frazier Islands, Antarctica. *The Australian Bird Bander* 10(3): 57-58.

Murray M.D., Luders D.J. (1990) Faunistic studies at the Windmill Islands, Wilkes Land, East Antarctica, 1959-80. *ANARE Research Notes* 73: 1-45.

Orton, M.N. (1963) A Brief Survey of the Fauna of the Windmill Islands, Wilkes Land, Antarctica. *Emu* 63: 14-22.

Orton, M.N. (1963) Movements of young giant petrels bred in Antarctica. *Emu* 63: 260.

Patterson D.L., Woehler, E.J., Croxall, J.P., Cooper, J., Poncet, S., Fraser, W.R. (2008) Breeding distribution and population status of the northern giant petrel *Macronectes halli* and the southern giant petrel *M. giganteus. Marine Ornithology.*

Paul, E., Stüwe, K., Teasdale, J., Worley, B. (1995) Structural and metamorphic geology of the Windmill Islands, east Antarctica: field evidence for repeated tectonothermal activity. *Australian Journal of Earth Sciences* 42: 453-469.

Robertson, R. (1961) Geology of the Windmill Islands, Antarctica. *IGY Bulletin* 43: 5-8.

van den Hoff, J. (2011) Recoveries of juvenile giant petrels in regions of ocean productivity: Potential implications for population change. *Ecosphere* No 2(7).

van Franeker, J.A., Gavrilo, M., Mehlum, F., Veit, R.R., Woehler E.J. (1999) Distribution and Abundance of the Antarctic Petrel. *Waterbirds: The International Journal of Waterbird Biology*, Vol. 22, No 1: 14-28.

Wienecki, B., Leaper, R., Hay, I., van den Hoff, J. (2009) Retrofitting historical data in population studies: southern giant petrels in the Australian Antarctic Territory. Endangered Species Research Vol. 8: 157-164.

Woehler, E.J. (1990) Status of southern giant petrels at Casey. *ANARE News* 61: 18.

Woehler, E.J. (1991) Status and Conservation of the Seabirds of Heard and the McDonald Islands. In: Croxall, J.P. (ed.) Seabird Status and Conservation: A Supplement. *ICBP Technical Publication* No 11: 263-277.

Woehler E.J., Croxall J.P. (1997) The status and trends of Antarctic and subantarctic seabirds. *Marine Ornithology* 25: 43-66.

Woehler, E.J., Johnstone, G.W. (1991) Status and Conservation of the Seabirds of the Australian Antarctic Territory. In Croxall, J.P. (ed.) Seabird Status and Conservation: A Supplement. *ICBP Technical Publication* No 11: 279-308.

Woehler, E.J., Martin, M.R., Johnstone, G.W. (1990) The Status of Southern Giant Petrels *Macronectes giganteus* at the Frazier Islands, Wilkes Land, East Antarctica. *Corella* 14: 101-106.

Woehler, E.J. (2005) Southern giant petrels critically endangered in the Antarctic. World Birdwatch 27(3), 9.

Woehler, E.J. (2006) Status and conservation of the seabirds of Heard Island and the McDonald Islands. In: Green K & Woehler EJ (eds) *Heard Island, Southern Ocean Sentinel*. Surrey Beatty & Sons, Chipping Norton, pp 128-165.

Woehler, E.J., Riddle MJ & Ribic CA (2003) Long-term population trends in southern giant petrels in East Antarctica. In: Huiskes AHL, Gieskes WWC, Rozema J, Schorno RML, van der Vies SM & Wolff W (eds) Antarctic Biology in a global context. Backhuys Publishers, Leiden, pp 290-295.

Woehler, E.J., Cooper, J., Croxall, J.P., Fraser, W.R., Kooyman, G.L., Miller, G.D., Nel, D.C., Patterson, D.L., Peter, H-U, Ribic, C.A., Salwicka, K., Trivelpiece, W.Z., Weimerskirch, H. (2001) *A Statistical Assessment of the Status and Trends of Antarctic and Subantarctic Seabirds*. SCAR/CCAMLR/NSF, 43 pp.; Patterson *et al.* Breeding distribution and population status of the giant petrel; Woehler *et al.* "*Long-term population trends in southern giant petrels*".

Woehler, E.J., Riddle, M.J. (2003) *Long-term population trends in southern giant petrels in the Southern Indian Ocean*. Poster presented at 8th SCAR Biology Symposium 2001, Amsterdam.

Woehler, E.J., Slip, D.J., Robertson, L.M., Fullagar, P.J., Burton, H.R. (1991) The distribution, abundance and status of Adélie penguins *Pygoscelis adeliae* at the Windmill Islands, Wilkes Land, Antarctica. *Marine Ornithology* 19(1): 1-17.

Woehler, E.J., Cooper, J., Croxall, J.P., Fraser, W.R., Kooyman, G.L., Miller, G.D., Nel, D.C., Patterson, D.L., Peter, H-U, Ribic, C.A., Salwicka, K., Trivelpiece, W.Z., Wiemerskirch, H. (2001) *A Statistical Assessment of the Status and Trends of Antarctic and Subantarctic Seabirds*. SCAR/CCAMLR/NSF, 43 pp.

Annexe 1: Recensement des populations de pétrels géants, Îles Frazier, Antarctique

Note : Toutes les dispositions possibles ont été prises afin de valider chacune des observations ci-dessous à partir des données brutes. Les commentaires indiquent les points où des disparités ont été constatées par rapport à la documentation publiée. Il conviendra de prendre en considération chacune de ces observations avant d'utiliser ces données dans des analyses.

Date	Île Nelly	Île Dewart	Île Charlton	Source	Observations
21, 22 jan. 1956	250 N	Non visitée	Non visitée	Données non publiées: J Bunt 2008 pers. comm.; Law (1958)	Effectifs de quatre sites distincts sur les hauteurs de l'Île Nelly. Selon les commentaires, la plupart des nids contenaient des oisillons. La plupart des nids pourraient être des vieux nids construits avant cette saison
24-5 jan. 1959	25 N	Non visitée	Non visitée	Données non publiées: *Bird log Magga Dan-Wilkes & Oates Land Voyage* (Jan-mars 1959); Données non publiées: Biology report for Wilkes, (1959/60-1960-61), R Penny.	Il n'est pas certain que tous les effectifs correspondent à des oisillons, mais selon Penny certains individus étaient bien des oisillons
15 dec. 1959	60 A	Non visitée	Non visitée	Données non publiées: Biology report for Wilkes, Appendix F (1961) M. Orton; Creuwels *et al.* (2005)	20 autres oiseaux auraient été recensés dans ces nids
12 fev. 1960	46 C	Non visitée	Non visitée	Données non publiées: Biology report for Wilkes, (1959/60-1960-61), R Penny; Unpublished data: Biology report for Wilkes, Appendix F (1961) M. Orton.	Selon Orton, il y avait 47 oisillons à Nelly mais en réalité il y en avait 46 (Penny 1960)
15 dec. 1960	not visited	60 N	Non visitée	Données non publiées: Biology report for Wilkes, Appendix F (1961) M. Orton; Woehler *et al.* (1990); Creuwels *et al.* (2005)	20 autres oiseaux auraient été recensés dans ces nids. Woehler *et al.* (1990) et Creuwels *et al.* (2005) se sont tous deux basés sur les relevés non publiés de R. Penny.
22 mars 1961	34 C	10 C	Aucune donnée	Données non publiées: Biology report for Wilkes, Appendix F (1961) M. Orton; Données non publiées: Biology: Giant petrel Wilkes report (1961); Creuwels *et al.* (2005)	Tous les oisillons observés uniquement à l'Île Nelly étaient bagués. Seule une partie des oisillons trouvés à Île Dewart étaient bagués
23 nov. 1962	11 eggs	Non visitée	Non visitée	Données non publiées: Davis and Mawson station biology log records (1962)	Cet effectif correspond finalement à une partie de la population
21 jan. 1964	10 C	Non visitée	Non visitée	Données non publiées: Wilkes station report, biology log records (1964), L.G. Murray	Les oiseaux étaient observés depuis la crête située au nord-est, 20 nids étaient occupés ; Il y en avait davantage au sud de la crête en bas. Il y avait beaucoup d'anciens nids inoccupés

Date	Île Nelly	Île Dewart	Île Charlton	Source	Observations
7 mars 1968	72	Aucune donnée	Non visitée	Données non publiées: Bird Log Nella Dan (1967-8) Vol. 1; Shaughessey (1971); Murray & Luders (1990)	Ces effectifs concernent quatre sites identifiés à Île Nelly. Dans les relevés, on trouve une carte qui indique leur emplacement
20, 21 jan. 1972	52 C	53 C	10-20 N (aerial survey only)	Murray (1972)	Intervention sur le terrain pour le baguage. 49 des 52 oisillons trouvés ont été bagués à Île Nelly. A Île Dewart, 51 sur 53 oisillons trouvés ont été bagués

Veuillez noter que les effectifs communiqués par Murray & Luders (1990) et utilisés comme source sont incorrects |
31 jan. 1974	27 BC	Aucune donnée	Aucune donnée	Données non publiées: Biology report for Casey (1974) A. Jones; Murray & Luders (1990); Woehler *et al.* (1990); Creuwels *et al.* (2005)	Tous les relevés réexaminés par des pairs comportent une erreur portant sur l'effectif estimé à 76 individus. Toutefois, seuls 27 oisillons ont été bagués lors de cette saison.
13-17 fev. 1977	27 C	43 C	Aucune donnée	Cowan (1979); Murray & Luders (1990); Woehler et al. (1990); Creuwels et al. (2005)	Tous les relevés réexaminés par des pairs comportent une erreur portant sur l'effectif. Cowan était la source retenue, ses données ont été directement transmises pour examen par les pairs avant publication
25 jan. 1978	48 C	48 C	6 C	Cowan (1979); Murray & Luders (1990); Woehler *et al.* (1990); Creuwels *et al.* (2005)	
30 jan., 2 fev. 1979	35 (métho-dologie non commu-niquée)	46 (métho-dologie non commu-niquée)	5 (métho-dologie non commu-niquée)	Murray & Luders (1990); Woehler *et al.* (1990); Creuwels *et al.* (2005)	La référence la plus ancienne est Murray & Luders (1990), mais ils n'avaient pas réalisé les recensements. Pour l'Île Nelly, Woehler *et al.* (1990) et Creuwels *et al.* (2005) indiquent comme effectif 37 et non 35 comme indiqué dans la publication de Murray & Luders (1990). Des investigations complémentaires sont nécessaires pour déterminer le bon effectif. Impossible de retrouver les données originales de K. de Jong's

Date	Île Nelly	Île Dewart	Île Charlton	Source	Observations
18 jan. 1980	43 C	10 (méthodologie non communiquée)	Aucune donnée	Murray & Luders (1990); Woehler *et al.* (1990); Creuwels *et al.* (2005)	Données originales non retrouvées. Creuwels *et al.* (2005) souligne que les données de recensement issues de l'Île Dewart et de l'Île Charlton ont été mélangées avec les données de baguage
28 & 29 nov. 1983	63 AON	68 AON	9 AON	Données non publiées: Casey station report (1983); Woehler *et al.* (1990); Creuwels	Woehler *et al.* (1990) a réalisé cette étude.
25 & 26 jan. 1984	52 (method unknown)	Non visitée	Non visitée	Woehler *et al.* (1990); Creuwels *et al.* (2005)	Les données originales n'ont pas été trouvées.
3, 6 mars 1985	64 C	69 C	no data	Woehler *et al.* (1990); Crewels *et al.* (2005)	Les données originales n'ont pas été trouvées.
14 fev. 1986	59	50	9	Woehler *et al.* (1990); Creuwels *et al.* (2005)	Ce type de recensement ne peut être attribué à une île donnée. Les données originales n'ont pas été trouvées.
23 dec. 1989	73 AON	106 AON	14 AON	Woehler *et al.* (1990); Creuwels *et al.* (2005)	Les nids apparemment occupés (AON) peuvent inclure une proportion de nids de sites de nidification abandonnés ou ne servant pas à la reproduction (Creuwels *et al.* 2005).
18 fev. 1996	11 C	Non visitée	Non visitée	Creuwels *et al.* (2005)	
23 dec. 1997	96 AON	104 AON	21 AON	Creuwels *et al.* (2005)	Les nids apparemment occupés (AON) peuvent inclure une proportion de nids de sites de nidification abandonnés ou ne servant pas à la reproduction (Creuwels *et al.* 2005).
26 dec. 1998	95 AON	103 AON	17 AON	Creuwels *et al.* (2005)	
14 mars 1999	66 C	82 C	11 C	Creuwels *et al.* (2005)	
26 dec. 2001	93 AON	135 AON	20 AON	Creuwels *et al.* (2005)	
14 dec. 2005	100 ON	149 ON	25 ON	Unpublished data: E.J. Woehler	
12-13 dec .2011	80 ON	130 ON	27 ON	Données non publiées: John Van den Hoff	Quatre caméras de surveillance ont été installées à l'Île Nelly

'A' = Effectif des adultes, 'AON' = nids apparemment occupés, 'BC' = oisillons bagués, 'C' = effectif des oisillons, 'N' = effectif des nids, 'ON' = nids occupés

Annexe 2: Biote recensé sur les îles Frazier

	Île Nelly	Île Dewart	Île Charlton
Oiseaux de mer			
Manchot Adélie (*Pygoscelis adeliae*)	c.>1400 (2005)		
Pétrel antarctique (*Thalassoica antarctica*)	P		
Damier du cap (*Daption capense*)	P	P (2001)	P (2001)
Pétrel des neiges (*Pagodroma nivea*)	P	P	
Petrel géant (*Macronectes giganteus*)	100N (2005)	149N (2005)	25N (2005)
Océanite de Wilson (*Oceanites oceanicus*)	P		
Labbe antarctique (*Catharacta maccormicki*)	1N (2005)	1N (2005)	
Fulmar antarctique (*Fulmarus glacialoides*)	P	P	
Mammifères			
Léopard de mer (*Hydrurga leptonyx*)	X (2001)		
Phoque de Weddell (*Leptonychotes weddellii*)	X (2001)		
Orque (*Orcinus orca*) ("baleine tueuse":)	Petit groupe observé à proximité de l'île (2005)		
Lichens			
Buellia frigida	R		
Usnea antarctica	R		
Rhizoplaca melanophthalma	R		
Candelariella flava	R	R	
Mousses			
Bryum pseudotriquetrum	R		
Algues			
« Croûte verte » de genre indéterminé	F		
Prasiola crispa	F		
Chlorococcum sp.	F		
Chloromonas polyptera	F		
Chlorosarcina antarctica	R		
Prasiococcus calcarius	F		

Les données concernant le recensement des oiseaux de mer nicheurs sont fournies lorsqu'elles sont disponibles. « P » indique le nombre d'oiseaux nicheurs mais pour lesquels aucune donnée de recensement n'est disponible. 2001 indique des observations issues d'observation réalisées lors d'une visite en décembre 2001. 2005 indique des observations issues de visites réalisées en décembre 2005. « X » indique que la donnée a été relevée sur l'île ou à proximité. « N » désigne le décompte des nids. « R » indique une présence rare. « F » indique une présence habituelle. Les données proviennent des bases de données de l'*Australian Antarctic Data Centre*, *ANARE archives* 1968, Annexe 1, Melick *et al.* 1994, Seppelt, R., commentaire personnel, Ling, H., commentaire personnel, Woehler, E., commentaire personnel, Woehler, E. et Olivier, F., données non publiées (décembre 2001), et Woehler, E.J. données non publiées (décembre 2005).

Annexe 3: Restrictions sur les distances d'observation de la faune et de la flore

Les distances minimales (proximité maximale) qui sont définies dans le tableau ci-dessous doivent être respectées lorsque l'on s'approche de la faune et de la flore dans les Îles Frazier ou dans les environs, à moins que d'autres distances plus courtes soient autorisées par un permis. Ces distances constituent des lignes directrices indicatives mais les distances d'observation peuvent être plus longues si l'activité implique une perturbation considérable pour la faune et la flore.

Espèces	Distance d'observation (à pied)
Pétrels géants	100m
Autres manchots en colonies Manchots en mue Phoques avec bébés Bébés phoques seuls Prions et pétrels en nidation Labbes antarctiques en nidation	30m
Manchots sur la glace de mer Phoques adultes n'élevant pas de bébés	5m

Remarque:

1. Inclut les damiers du cap, les pétrels antarctiques, les océanites de Wilson, les pétrels des neiges et les fulmars.

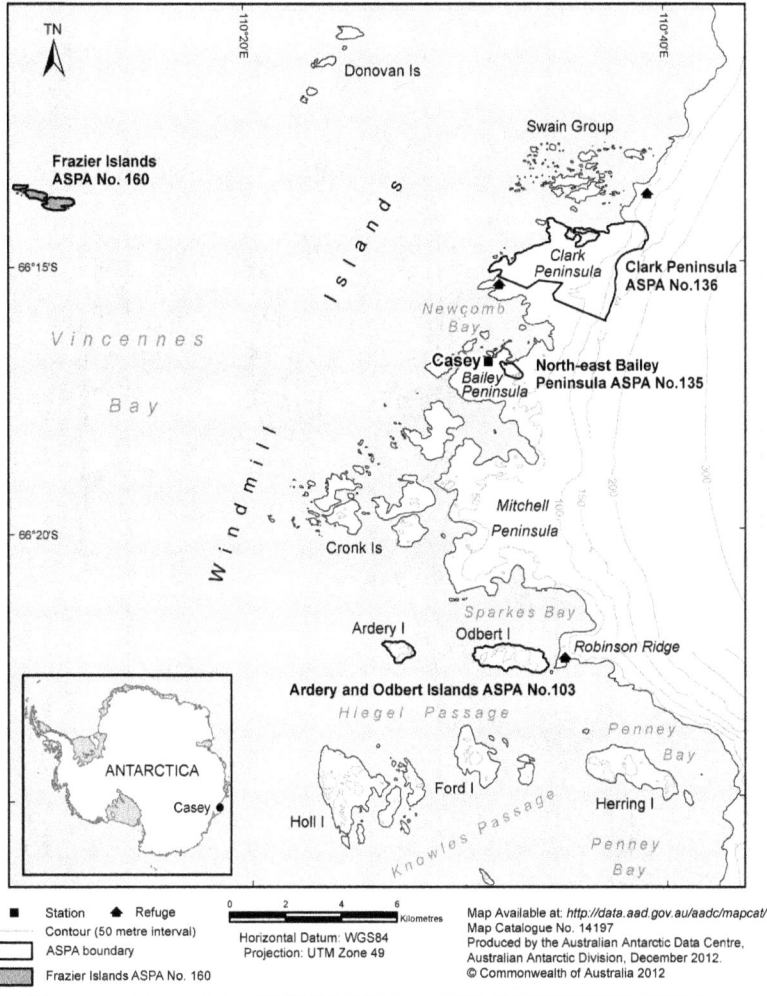

Map A: Antarctic Specially Protected Areas,
Windmill Islands, East Antarctica

Australian Government
Department of Sustainability, Environment,
Water, Population and Communities
Australian Antarctic Division

Map B: Antarctic Specially Protected Area No. 160, Frazier Islands
Topography and Bird Distribution

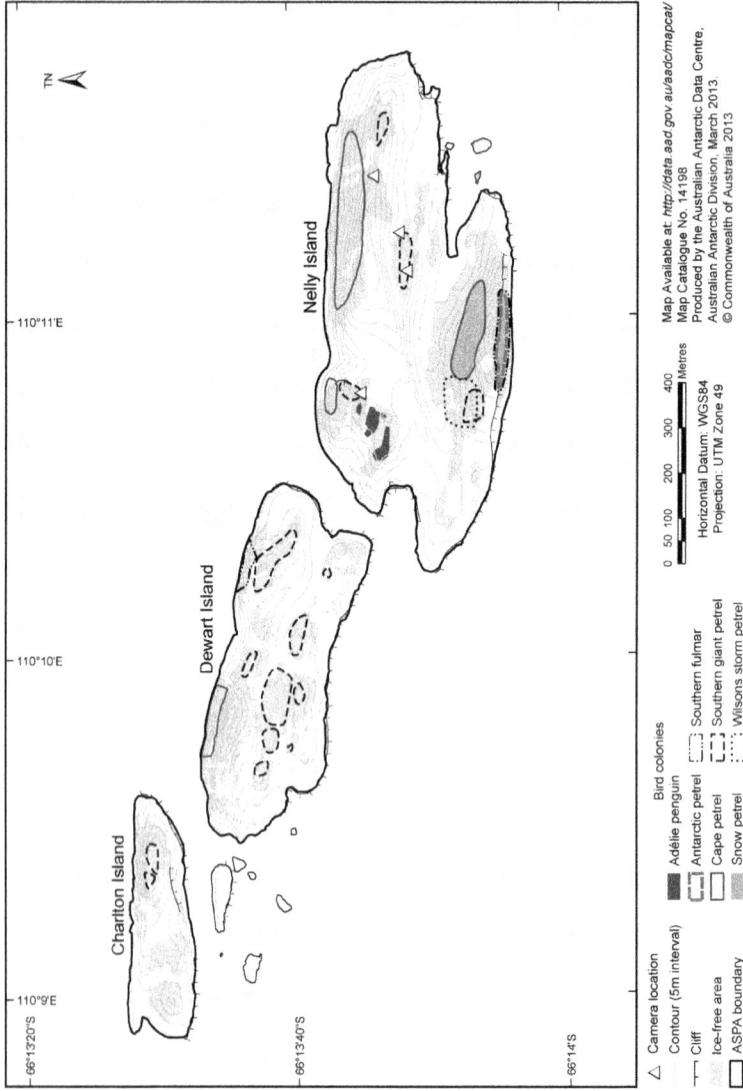

TN

Charlton Island

Dewart Island

Nelly Island

110°9'E 110°10'E 110°11'E

66°13'20"S

66°13'40"S

66°14'S

△ Camera location
Contour (5m interval)
Cliff
Ice-free area
ASPA boundary

Bird colonies
Adélie penguin
Antarctic petrel
Cape petrel
Snow petrel
Southern fulmar
Southern giant petrel
Wilsons storm petrel

0 50 100 200 300 400
Metres

Horizontal Datum: WGS84
Projection: UTM Zone 49

Map Available at: http://data.aad.gov.au/aadc/mapcat/
Map Catalogue No. 14198
Produced by the Australian Antarctic Data Centre,
Australian Antarctic Division, March 2013.
© Commonwealth of Australia 2013

Zone spécialement protégée de l'Antarctique (ZSPA) n° 161

BAIE TERRA NOVA, MER DE ROSS

1. Description valeurs à protéger

L'Italie propose qu'une zone marine côtière d'une superficie de 29,4 km^2 située entre l'anse Adélie et la baie Tethys, baie Terra Nova, soit désignée zone spécialement protégée de l'Antarctique (ZSPA) dans la mesure où elle représente une zone côtière importante pour y faire des études scientifiques solides et de longue durée. La zone est limitée à une bande étroite d'eau qui s'étend sur environ 9,4 km de long immédiatement au sud de la station Mario Zucchelli (MZ) et jusqu'à un maximum de 7 km à partir du littoral. Aucune capture de faune et de flore marines n'a eu lieu, n'est en cours ou n'est envisagée à l'intérieur de la zone ou dans les environs immédiats. Le site demeure généralement libre de glace durant l'été, ce qui est rare pour les zones côtières dans la région de la mer de Ross. Cet aspect en fait par ailleurs un site idéal et accessible pour les travaux de recherche dans les communautés benthiques proches de la côte de la région. Depuis 1986-1987, de vastes travaux de recherche en écologie marine ont été effectués dans la baie Terra Nova, contribuant pour beaucoup à notre compréhension de ces communautés qui n'avaient pas été bien décrites auparavant.

La grande diversité au niveau des espèces et des communautés apporte à cette zone une valeur écologique et scientifique notable. Les études ont révélé la présence d'une gamme complexe d'assemblages d'espèces qui souvent coexistent sous la forme de mosaïques (Cattaneo-Vietti, 1991 ; Sarà *et al.*, 1992 ; Cattaneo-Vietti *et al.*, 1997 ; 2000b ; 2000c ; Gambi *et al.*, 1997 ; Cantone *et al.*,2000). Il existe des assemblages dotés d'une grande abondance d'espèces et d'un fonctionnement complexe tels que les communautés d'éponges et d'anthozoaires, assemblages aux côtés desquels on trouve des assemblages à faible diversité et mal structurés. De plus, les communautés d'éponges et d'anthozoaires dans la baie Terra Nova font état d'une structure unique en leur genre et des transects à long terme ont été mis en place pour surveiller les changements chez les communautés benthiques côtières, aussi bien naturelles que provoquées par l'homme. La présence d'une population de manchots d'Adélie (*Pygoscelis adeliae*) à l'anse Adélie permet de faire une évaluation des effets de cette colonie sur le milieu marin adjacent (Povero *et al.*, 2001).

Il est important de protéger autant que possible la zone des impacts humains directs de telle sorte qu'elle puisse être utilisée pour surveiller les impacts potentiels résultant d'activités conduites à la station scientifique permanente avoisinante de la baie Terra Nova (Mauri *et al.*, 1990 ; Berkman & Nigro, 1992 ; Focardi *et al.*, 1993 ; Minganti *et al.*, 1995 ; Bruni *et al.*, 1997 ; Nonnis Marzano *et al.*, 2000). Les grandes valeurs écologiques et scientifiques émanant de la variété d'espèces et d'assemblages, en particulier au moyen de la collecte de vastes données sur ces caractéristiques, ainsi que la vulnérabilité de la zone aux perturbations causées par la pollution, un échantillonnage excessif et l'introduction d'espèces non indigènes sont telles que la zone nécessite une protection spéciale à long terme.

2. Buts et objectifs

Les buts et objectifs de la gestion de la baie Terra Nova sont les suivants :

- Éviter la dégradation des valeurs de la zone et leur mise en péril en empêchant toute perturbation humaine inutile ;
- permettre des travaux de recherche scientifique sur l'écosystème, en particulier sur les assemblages d'espèces marines tout en veillant à ce qu'il soit protégé d'un échantillonnage excessif ou d'autres impacts scientifiques éventuels ;
- permettre d'autres travaux de recherche scientifique et activités de soutien à condition qu'ils soient motivés par des raisons indispensables qu'il est impossible de satisfaire ailleurs ;
- permettre la poursuite de programmes de surveillance à long terme afin d'évaluer les changements naturels dans les communautés marines ;
- surveiller les effets de la station de recherche et de ses activités connexes sur l'écosystème marin ;
- minimiser les risques d'introduction de plantes, d'animaux et de microbes exotiques dans la zone ;
- autoriser les visites effectuées à des fins de gestion et à l'appui des buts du plan de gestion.

3. Activités de gestion

Les activités de gestion suivantes doivent être entreprises en vue de protéger les valeurs de la zone :

- Une carte indiquant l'emplacement de la zone (stipulant les restrictions particulières qui s'appliquent) sera affichée de manière visible à la station Mario Zucchelli (Italie), où une copie de ce plan de gestion doit être conservée.
- Un panneau indiquant l'emplacement et les limites de la zone et annonçant clairement les restrictions d'accès sera placé à un endroit stratégique de la station MZ.
- Les bouées, repères ou autres structures érigés pour des raisons scientifiques ou de gestion seront maintenus fixes et en bon état, et ils seront enlevés lorsqu'ils ne seront plus nécessaires.
- Des visites seront faites selon que de besoin pour déterminer si la zone continue de répondre aux buts pour lesquels elle a été désignée et si les mesures de gestion et d'entretien sont appropriées.

4. Période de désignation

La zone est désignée pour une durée indéterminée.

5. Cartes et photographies

Carte 1 : baie Terra Nova, zone spécialement protégée de l'Antarctique n° 161, carte bathymétrique.

Spécificités de la carte : Projection : zone UTM 58S ; sphéroïde : WGS84. L'intervalle des contours bathymétriques est de 50 m. Contours du territoire et des côte issus d'une spatiocarte à une échelle de 1/50 000 des contreforts du Nord (Frezzotti *et al*. 2001). La bathymétrie à l'intérieur de la ZSPA vient de données à haute résolution obtenues par sonar à balayage latéral étudiées par Kvitek en 2002. La bathymétrie à l'extérieur de la

ZSPA a été fournie par l'Office hydrographique italien 2000. Les données marines ont été collectées dans le cadre du projet de la zone marine protégée de la baie Terra Nova (PNRA 1999-2001). Encart 1 : Emplacement de la baie Terra Nova dans l'Antarctique. Encart 2 : Carte de l'emplacement de la baie Terra Nova montrant la région couverte par la carte 1, les stations et les sites des zones protégées avoisinantes.

6. Description de la zone

6 (i) Coordonnées géographiques, bornage et caractéristiques du milieu naturel

La zone désignée est située dans la baie Terra Nova, entre la coulée du glacier Campbell Glacier et la coulée Drygalski, terre Victoria. Elle est confinée à une étroite bande d'eaux côtières jusqu'au sud de la station Mario Zucchelli (Italie), s'étendant sur environ 9,4 km de long et en général dans un rayon de 1,5 à 7 km du littoral. Elle couvre une superficie de 29,4 km2 (carte 1). Aucune capture de faune et de flore marines n'a eu lieu, n'est en cours ou n'est envisagée à l'intérieur de la zone ou dans les environs immédiats.

La limite occidentale de la zone est définie comme étant la laisse moyenne de haute mer le long du littoral qui s'étend entre 74°42'50" de latitude sud dans le nord (2,3 km au sud de la station MZ) et 74°48'00" de longitude sud dans le sud (côte sud de l'Anse Adélie) et elle inclut la zone intercotidale (carte 1). La ligne de démarcation nord de la zone est définie comme étant la ligne de latitude 74°42'57"S, s'étendant de la côte à 1,55 kilomètres vers l'est jusqu'à la ligne de longitude 164°10'00"E. La position de la ligne de démarcation peut être reconnue près de la côte par la présence d'un grand rocher très particulier dans l'anse la plus au nord sur la côte au sud de la station Mario Zucchelli, caractéristique unique en son genre sur cette étendue de côte. La ligne de démarcation sud est définie comme étant la ligne de latitude 74°48'00"S qui s'étend de la côte sur 3,63 kilomètres vers l'est jusqu'à la ligne de longitude 164°10'00"E. La position de la ligne de démarcation peut être reconnue visuellement comme se trouvant à la côte sud de l'embouchure de l'anse Adélie, immédiatement au sud d'un affleurement rocheux marqué au pied des falaises côtières. La ligne de démarcation est de la zone est définie comme étant la ligne de longitude164°10'00"E qui s'étend entre 74°42'57" de latitude sud dans le nord et 74°48'00" de longitude sud dans le sud.

Le littoral de la baie Terra Nova se caractérise essentiellement par des falaises rocheuses, de grands rochers formant des « plages » occasionnelles (Simeoli *et al.*, 1989). Dans les aires abritées, le fond meuble commence à une profondeur de 20 à 30 m. L'amplitude de la marée va de 1,5 à 2 m et une banquise d'environ 2 à 2,5 m d'épaisseur couvre la surface de la mer pendant 9 à 10 mois par an (Stocchino & Lusetti, 1988 ; 1990). Les données disponibles pour l'été suggèrent que les courants océaniques dans la zone sont vraisemblablement lents et qu'ils se déplacent en général dans un sens nord-sud. Il y a deux anses principales le long du littoral de la zone : au sud, se trouve l'anse Adélie, qui est la plus grande des deux, et à environ 3 km au nord, se trouve une anse plus petite. Le substrat du fond marin de la plus petite se compose de cailloux de différentes tailles alors que celui de l'anse Adélie se caractérise par des sédiments boueux à grains fins. Une colonie de manchots d'Adélie (*Pygoscelis adeliae*) vit sur l'anse Adélie, sa population atteignant en 1991 quelque 7899 couples reproducteurs. À l'extérieur des anses, les caractéristiques du fond marin et les assemblages d'espèces benthiques sont relativement homogènes tout le long du littoral de la zone et on a constaté qu'ils varient plus particulièrement avec la déclivité verticale.

Une étude aérienne d'espèces de cétacés, réalisée durant l'été 2004 dans la zone côtière entourant la station italienne Mario Zucchelli, a révélé la présence d'orques (*Orcinus orca* (L.)) des types B et C et de petits rorquals (*Balaenoptera bonaerensis Burmeister*). (Lauriano et *al.*, 2007a; 2007b; Lauriano, communication personnelle).

Le fond marin à l'intérieur de la zone se compose principalement de roches granitiques avec des substrats plus meubles de sables ou graviers à grains grossiers. Dans la zone supralittorale, seules les cyanobactéries et les diatomées colonisent les substrats durs tandis que la zone intercotidale (d'une largeur de 1,5 à 2 m) a, dans la plupart des zones abritées, une couverture élevée d'algues vertes *Urospora penicilliformis* et *Prasiola crispa* (Cormaci et *al.*, 1992b). En dessous de la zone intercotidale, à une profondeur de 2 à 3 m, la communauté est très pauvre du fait de la présence chronique et de l'action de chasse des banquises. Elle se compose essentiellement de diatomées épilithiques et du crustacé amphipode *Paramoera walkeri*. Immédiatement en dessous, les roches peuvent être pleinement colonisées par l'algue rouge *Iridaea cordata* (Cormaci et al., 1996) fréquemment trouvée avec *Plocamium cartilagineum* à une profondeur de 12 m (Gambi et *al.*, 1994 ; 2000a). À ce niveau, on peut voir de temps à autre de grands animaux sessiles comme les *Alcyonium antarcticum* et *Urticinopsis antarctica* alors que fréquents sont l'astéroïde *Odontaster validus* et l'échinoïde *Sterechinus neumayeri*. La *Phyllophora antarctica* est une autre algue rouge qui forme de vastes tapis à une profondeur de 12 à 25 m, souvent pleinement colonisés par des organismes sessiles, principalement des hydroïdes (Cerrano et *al.*, 2000c, Puce et *al.*, 2002), des serpulides et des bryozoaires (*Celleporella antarctica* et *Harpecia spinosissima*). Les ceintures d'origine algaire supérieures représentent un abri et une source d'aliments pour les communautés diversifiées et abondantes de faune mobile. De nombreux invertébrés comme le polychaète *Harmothoe brevipalpa*, le mollusque *Laevilittorina antarctica*, le crustacé amphipode *Paramoera walkeri* et l'isopode *Nototanais dimorphus* s'alimentent de ces espèces d'algues et ils peuvent être très abondants. Sur les fonds rocheux dans les couches plus profondes, la colonisation d'algues est remplacée par une algue corallienne crustose calcaire (*Clathromorphum lemoineanum*) dont s'alimentent les oursins.

Les fonds meubles d'une profondeur de 20 à 40 m se composent de sables et graviers grossiers où la communauté se caractérise par le mollusque bivalve *Laternula elliptica* et le polychaète *Aglaophamus ornatus* (Nephtiidae). On trouve en abondance le bivalve *Yoldia eightsi* dans les sédiments de sable fin.

Entre 30 à 70 m, le substrat devient plus fin et il est complètement colonisé par le bivalve *Adamussium colbecki* dont les coquilles sont colonisées par une microcommunauté se composant essentiellement de forams, de bryozoaires (*Aimulosia antarctica*, *Arachnopusia decipiens*, *Ellisina antarctica*, *Micropora brevissima*) et du polychaète spirorbide *Paralaeospira levinsenii*. (Albertelli et *al.* 1998) ; Ansell et *al.* 1998) ; Chiantore et *al.* 1998 ; 2000 ; 2001 ; 2002 ; Vacchi et *al.*, 2000a ; Cerrano et *al.*, (2001a) ; 2001b). Dans cette région, de grands prédateurs tels que le gastropode *Neobuccinumeatoni* et le nemertéan *Parborlasia corrugatus* sont fréquents. L'échinoïde *Sterechinus neumayeri* et l'étoile de mer *Odontaster validus* sont encore très fréquents à toutes les profondeurs sur les substrats et durs et meubles (Chiantore et *al.*, 2002 ; Cerrano et *al.*, 2000b).

À une profondeur allant de 70 à 75 m jusqu'à 120–130 m, des substrats hétérogènes permettent à des communautés de fond dur et meuble de coexister. Sur les affleurements rocheux épars, les algues crustoses disparaissent et les communautés benthiques sont dominées par des zoobenthos sessiles. Cet assemblage filtreur diversifié se caractérise principalement par des éponges et des anthozoaires alors que, dans les sédiments meubles, ce sont les polychaètes et les bivalves détritivores qui dominent. Au nombre des éponges qui peuvent atteindre des valeurs de biomasse très élevées, *Axociella nidificata*, *Calyx arcuarius*, *Gellius rudis*, *Phorbas glaberrima*, *Tedania charcoti*, sont très abondantes (Sarà *et al.*, 1992 ; 2002 ; Gaino *et al.*, 1992 ; Cattaneo-Vietti *et al.*, 1996 ; 2000c ; Bavestrello *et al.*, 2000 ; Cerrano *et al.*, 2000a). De nombreux invertébrés constituent un élément important de cet assemblage qui se développe à des profondeurs allant de 120 à 140 m. Ils incluent le polychaète épibionte *Barrukia cristata* sur des gorgonians Thouarellides, des crustacés peracarides, les pycnogonides, les mollusques opisthobranches (*Austrodoris kerguelenensis*, *Tritoniella belli*) (Sarà *et al.*, 1992 ; 2002 ; Gaino *et al.*, 1992 ; Cattaneo-Vietti *et al.*, 1996 ; 2000c ; Bavestrello *et al.*, 2000 ; Cerrano *et al.*, 2000a) ainsi que les bivalves, les ophiuroïdes et les holothuroïdes, les bryozoaires et les endobiontes. Les tapis de spicules d'éponge trouvés à ces profondeurs mettent en relief le rôle important joué par les éponges dans cette zone, en dehors du rôle joué par les diatomées, dans la détermination de la texture des sédiments et de la teneur en silice. Dominée par des polychaètes et par le bivalve *Limatula hodgsoni*, une communauté particulière peut être associée à ces tapis.

En dessous de 130 m, les substrats durs deviennent très épars et sont essentiellement colonisés par le polychaète *Serpula narconensis* (Schiaparelli *et al.*, 2000) et par plusieurs bryozoaires (*Arachnopusia decipiens*, *Ellisina antarctica*, *Flustra angusta*, *F. vulgaris* et *Isoschizoporella similis*). En ce qui concerne les fonds boueux dominants, ils se caractérisent par des polychaètes tubicoles (Gambi *et al.*, 2000b), principalement des *Spiophanes*. Beaucoup plus bas, à une profondeur d'environ 150 à 200 m, des brachiopodes et diverses espèces de bivalves caractérisent l'environnement sur de petits graviers ainsi que sur le fond meuble (Cattaneo-Vietti *et al.*, 2000b). La grande hétérogénéité de ces substrats contribue à la création de communautés qui se caractérisent par l'abondance, la diversité et la biomasse d'espèces.

Enfin, l'assemblage de faune de la zone comprend les poissons notothénioides, représentés en particulier par les espèces du groupe *Trematomus*, y compris *T. bernacchi*, *T. pennelli*, *T. hansoni* et *T. loennbergii*. Ces poissons jouent un rôle important dans les toiles d'aliments benthiques en tant que consommateurs de nombreuses espèces d'invertébrés, principalement des crustacés et des polychaètes (Vacchi *et al.*, 1991 ; 1992 ; 1994a ; 1994b ; 1995 ; 1997 ; 2000b ; La Mesa *et al.*, 1996 ; 1997 ; 2000 ; Guglielmo *et al.*(1998)).

La glace en plaques qui fait son apparition dans la baie Terra Nova au début du printemps abrite un important élevage de calandre antarctique (*Pleuragramma antarcticum*), un organisme clé de l'écologie des réseaux trophiques en Antarctique (La Mesa *et al.*, 2004; Vacchi *et al.*, 2004). Le milieu dans lequel survient ce type de glace a de fortes caractéristiques prooxydantes au début du printemps austral et la réaction prononcée des défenses antioxydantes représente une stratégie fondamentale pour l'espèce *P. antarcticum* (Regoli *et al.*, 2005b). Le défi prooxydant élevé auquel ces organismes sont de par leur nature adaptés influence également la sensibilité de la *P. antarcticum* aux produits chimiques prooxidants d'origine anthropique (Regoli *et al.*, 2005b).

Le métabolisme oxyradical et les défenses antioxydantes jouent un rôle fondamental dans plusieurs invertébrés marins, poissons et manchots de la baie Terra Nova, représentant d'importantes stratégies contraires lorsqu'il s'agit de conditions environnementales extrêmes, de fluctuations saisonnières marquées de facteurs biotiques et abiotiques, de relations de symbiose, de caractéristiques physiologiques spécifiques, de protection à long terme de macromolécules biologiques et de vieillissement (Regoli *et al*., 1997a,b; 2000a,b, 2002, 2004; Corsolini *et al*., 2001; Cerrano *et al*., 2004).

La sensibilité au stress oxydatif revêt elle aussi une valeur particulière pour la surveillance de l'impact des activités humaines et les réponses cellulaires aux polluants se sont caractérisées dans des organismes antarctiques clés par la création d'une vaste panoplie de biomarqueurs sensibles aux perturbations biologiques (Focardi *et al*., 1995; Regoli *et al*., 1998; Jimenez *et al*., 1999; Regoli*et al*., 2005a; Benedetti *et al.*, 2005, 2007; Canapa *et al.*, 2007; Di Bello *et al.*, 2007). Pour le moment, rien ne prouve l'existence de zones polluées dans la baie Terra Nova mais les organismes sont exposés à une biodisponibilité de par nature élevée de cadmium qui cause des concentrations de tissus en général de dix à cinquante fois plus élevées que celles qui sont typiques d'espèces tempérées (Mauri *et al*., 1990; Nigro *et al*., 1992, 1997; Canapa *et al*., 2007). Bien que des niveaux élevés de cet élément ne causent pas d'effets négatifs directs sur les organismes, les caractéristiques environnementales de la baie Terra Nova influent sur la réaction de ces organismes à d'autres produits chimiques, ce qui a d'importantes conséquences pour la surveillance de l'impact des pressions anthropiques ou des déversements accidentels (Regoli *et al*., 2005a). Il convient de noter en particulier qu'un niveau élevé de cadmium dans la baie Terra Nova module la bioaccumulation et le métabolisme des hydrocarbures aromatiques polycycliques ainsi que des xénobiotiques organochlorés dans les organismes marins locaux, ce qui semble indiquer que l'exposition chronique à cet élément a des effets endocrins (Regoli *et al*., 2005a; Benedetti *et al.*, 2007 ; Canapa *et al*., 2007).

On estime que les impacts humains à l'intérieur de la zone sont minimes et limités à ceux qui émanent de la station proche de la baie Terra Nova ainsi qu'à ceux des travaux scientifiques effectués dans la zone. La station peut héberger quelques 80 personnes. Elle a des installations pour les opérations d'hélicoptère et un quai pour le mouillage de petits bateaux. Le combustible utilisé à la station est un diesel de pétrole léger, stocké dans trois cuves d'acier à double paroi dont la capacité totale est de 1,8 millions de litres. Il est transporté tous les ans à la station à bord du navire de ravitaillement soit au moyen de tuyaux acheminés à travers la glace de mer soit au moyen de barges lorsqu'il n'y a pas de glace de mer. Purifiées par une installation biologique, les eaux noires de la station sont rejetées à la mer dans le voisinage immédiat de la station du côté est de la péninsule sur laquelle la station est située, à 2,3 km de la ligne de démarcation nord de la zone. Les déchets de combustible générés à la station sont incinérés et la fumée qui se dégage est lavée et filtrée avec de l'eau. Cette eau est acheminée vers la centrale d'épuration des eaux usées à des intervalles qui varient selon l'utilisation qui est faite de l'incinérateur. Une installation de surveillance atmosphérique (appelée localement « Campo Icaro ») est située à environ 650 m au nord de la ligne de démarcation nord de la zone et à 150 m de la côte. Aucun déchet n'est rejeté de là. Pendant l'été, un navire de soutien logistique visite à intervalles réguliers la station Mario Zucchelli. Ceux-ci jettent en général l'ancre au large des côtes à plusieurs kilomètres au nord de la zone.

6(ii) Zones restreintes à l'intérieur de la zone

Il n'existe aucune zone restreinte à l'intérieur de la zone.

6(iii) Structures à l'intérieur et à proximité de la zone

Il n'existe aucune structure à l'intérieur de la zone. La structure la plus proche est l'installation de surveillance atmosphérique (connue localement sous le nom de « Campo Icaro »), à 650 m au nord de la ligne de démarcation nord de la zone tandis que la station Mario Zucchelli (Lat. 74°41'42"S ; Long. 164°07'23"E) est située sur une petite péninsule sur la côte adjacente à la baie Tethys, à un 1,65 km en plus vers le nord.

6 (iv) Emplacement d'autres zones protégées à proximité directe de la zone

La ZSPA n° 118, sommet du mont Melbourne, est un site terrestre qui se trouve à 45 km au nord-est. Elle est la seule autre zone protégée à proximité directe de la zone.

7. Conditions des permis

L'accès à la zone est interdit sauf si un permis a été délivré par une autorité nationale appropriée. Les conditions régissant l'octroi de permis d'entrée sont les suivantes :

- Le permis est délivré pour mener des études scientifiques du milieu marin dans la zone ou pour répondre à d'autres buts scientifiques auxquels il n'est pas possible de répondre ailleurs ;
- le permis est délivré pour répondre à des buts de gestion essentiels conformes aux objectifs du plan comme l'inspection, l'entretien ou la révision ;
- les actions autorisées ne doivent pas mettre en péril les valeurs de la zone ;
- toutes les activités de gestion doivent contribuer aux buts et objectifs du plan de gestion ;
- les actions autorisées doivent être conformes au présent plan de gestion ;
- la détention du permis ou d'une copie certifiée est impérative dans la zone ;
- un rapport de visite doit être remis à l'autorité désignée dans le permis ;
- le permis est délivré pour une période déterminée.

7(i) Accès à la zone et déplacements à l'intérieur de celle-ci

L'accès à la zone peut se faire par mer, par terre, au-dessus de la glace de mer ou par air. Il n'existe aucune restriction particulière concernant les voies d'accès et les déplacements à l'intérieur de la zone, quoique que les déplacements doivent être maintenus au minimum nécessaire et être compatibles avec les objectifs des activités autorisées. Tous les efforts raisonnables doivent être entrepris afin de minimiser les perturbations. Il est interdit de jeter l'ancre à l'intérieur de la zone. Il n'existe aucune restriction concernant le survol à l'intérieur de la zone. Les aéronefs peuvent atterrir avec un permis lorsque l'état de la glace de mer le permet. Il est interdit aux équipages des navires ou des petites embarcations, ou aux autres personnes naviguant sur des navires ou des petites embarcations, de se déplacer au-delà du voisinage immédiat de leur navire à moins que cela soit autorisé par le permis.

7(ii) Activités menées ou pouvant être menées dans la zone, y compris les restrictions relatives à la durée et à l'endroit

- Les travaux de recherche scientifique ou les activités opérationnelles indispensables qui ne mettent pas en péril les valeurs de la zone ;
- les activités de gestion essentielles, y compris la surveillance ;
- les activités qui font intervenir le chalutage, le traînage, la préhension, le dragage ou le déploiement de filets à l'intérieur de la zone doivent être réalisées avec grand soin en raison de la sensibilité des riches communautés de fond aux perturbations. Avant qu'un permis ne soit délivré pour ces activités, il convient de prendre soigneusement en considération l'impact qu'elles pourraient avoir sur l'écosystème placé sous

protection spéciale par rapport aux avantages scientifiques ou avantages de gestion prévus, en prenant dûment en considération d'autres méthodes d'échantillonnage plus sélectives et moins effractives ;

- toutes les activités et mesures entreprises au-delà de celles qui figurent dans le permis doivent être notifiées à l'autorité compétente.

7(iii) Installation, modification ou enlèvement de structures

Aucune structure et aucun matériel scientifique ne doit être installé dans la zone, sauf si un permis l'autorise. Toutes les balises, les structures ou le matériel scientifique installés dans la zone doivent être clairement identifiés, indiquant le pays, le nom du principal chercheur et l'année de l'installation. Ces objets doivent être faits de matériaux qui posent un risque minimal de contamination de la zone. L'enlèvement du matériel spécifique pour lequel la validité du permis a expiré sera une des conditions de délivrance du permis. Les installations permanentes sont interdites.

7(iv) Emplacement des camps

Aucun à l'intérieur de la zone. Un camp a de temps à autre été installé sur la plage à l'anse Adélie.

7(v) Restrictions sur les matériaux et organismes pouvant être introduits dans la zone

Aucun animal vivant, aucun agent pathogène et aucun microorganisme ne peut être introduit délibérément dans la zone. Aucun produit à base de volaille, y compris les produits alimentaires contenant des œufs en poudre crus, ne peut être pénétrer la zone. Aucun herbicide ou pesticide ne peut être introduit dans la zone. Tout autre produit chimique, y compris les radionucléides ou les isotopes stables, qui peut être introduit à des fins scientifiques ou à des fins de gestion décrites dans le permis, devra être retiré de la zone au plus tard à l'issue de l'activité pour laquelle le permis a été délivré. L'utilisation de ces produits chimiques se fera en tenant dûment compte des valeurs de la zone. Tous les matériaux seront stockés et manipulés de manière à minimiser les risques d'introduction involontaire dans l'environnement. Lorsque cela est possible, les matériaux seront autorisés dans la zone pendant une période prédéfinie et seront retirés de la zone à la fin ou avant la fin de ladite période. En cas de fuites qui pourraient porter atteinte aux valeurs de la zone, l'enlèvement est encouragé seulement si l'impact de cet enlèvement est inférieur à celui de l'abandon sur place. L'autorité compétente doit être notifiée de toute fuite de tout matière non enlevée qui ne faisait pas partie des substances autorisées par le permis.

7(vi) Prélèvement de végétaux et capture d'animaux ou perturbations nuisibles à la faune et la flore

Le prélèvement de végétaux et la capture d'animaux ainsi que les perturbations nuisibles à la faune et la flore sont interdits, sauf aux termes d'un permis délivré conformément à l'annexe II du Protocole au Traité sur l'Antarctique relatif à la protection de l'environnement. Lorsque des animaux doivent être capturés ou perturbés, il convient d'appliquer comme norme minimale le *Code de conduite du SCAR pour l'utilisation d'animaux à des fins scientifiques dans l'Antarctique*.

7(vii) Ramassage ou enlèvement de toute chose qui n'a pas été apportée dans la zone par le détenteur du permis

Le ramassage ou l'enlèvement de tout matériel ne se fera qu'en vertu des clauses du permis et se limitera au minimum nécessaire afin de répondre aux besoins scientifiques ou de gestion. Les permis ne peuvent être délivrés dans les cas où il est proposé de ramasser, d'enlever ou d'endommager des quantités telles de terre, de flore ou de faune indigènes que leur répartition ou abondance dans la zone serait considérablement affectée. Tous les échantillons prélevés seront décrits en fonction de leur type, de leur quantité et de l'emplacement où ils ont été prélevés. Ces informations seront conservées dans une archive accessible à la station Mario Zucchelli en vue de tenir à jour un dossier d'usage qui facilitera l'évaluation des impacts des activités d'échantillonnage ainsi que la planification d'un échantillonnage futur. Toute chose ou matière d'origine humaine qui pourrait mettre en péril les valeurs de la zone et qui n'a pas été apportée dans la zone par le détenteur du permis ou n'a pas été autorisée, peut être enlevée à moins que l'impact de l'enlèvement ne présente un risque supérieur à celui de l'abandon sur place. Auquel cas, l'autorité compétente doit être notifiée.

7(viii) Élimination des déchets

Tous les déchets, y compris les déchets humains solides, doivent être enlevés de la zone.

7(ix) Mesures nécessaires pour continuer de répondre aux objectifs du plan de gestion

1. Des permis peuvent être délivrés pour entrer dans la zone en vue d'y réaliser des activités de surveillance biologique et d'inspection du site qui peuvent impliquer le prélèvement de petits échantillons à des fins d'analyse ou d'audit, ou pour prendre des mesures de protection.

2. Tous les sites spécifiques de surveillance à long terme sensibles aux perturbations causées par inadvertance, doivent être balisés de manière appropriée et doivent, s'il y a lieu, être indiqués sur des cartes de la zone.

3. Des précautions spéciales contre la pollution marine doivent être prises afin de contribuer à la préservation des valeurs écologiques et scientifiques des communautés marines trouvées dans la zone. Constituent un motif de préoccupation le rejet ou le déversement d'hydrocarbures par des navires ainsi que les introductions d'organismes biologiques. Pour minimiser le risque d'une telle pollution, les visiteurs veilleront à ce que les appareils d'échantillonnage ou les repères amenés dans la zone soient propres. Il est interdit aux embarcations qui sont l'objet de fuites ou qui courent un sérieux risque d'en faire l'objet d'entrer dans la zone. Si une fuite d'hydrocarbure par un navire est découverte alors qu'il est à l'intérieur de la zone, ledit navire quittera la zone à moins que la fuite ne puisse être immédiatement colmatée. La manutention de combustibles et d'hydrocarbures dans la zone sera limitée au minimum nécessaire pour répondre aux objectifs des activités autorisées.

7(x) Rapports de visites

Les Parties au Traité doivent s'assurer que le principal détenteur de chaque permis délivré soumet à l'autorité compétente un rapport décrivant les activités menées dans cette zone. Ces rapports doivent inclure, s'il y a lieu, les renseignements identifiés dans le formulaire de rapport de visite suggéré par le SCAR. Les Parties doivent également conserver une archive de ces activités et, lors de l'échange annuel d'informations, fournir une description synoptique des activités menées par les personnes relevant de leur compétence, avec suffisamment de détails pour permettre l'évaluation et l'efficacité du plan de gestion. Enfin, elles doivent, dans la mesure du possible, déposer les originaux ou des copies de ces rapports de visite dans des archives ouvertes au public en vue de préserver une archive d'usage, qui servira tant à l'examen du plan de gestion qu'à l'organisation de la zone à des fins scientifiques.

8. Références

Albertelli G., Cattaneo-Vietti R., Chiantore M., Pusceddu A., Fabiano M., 1998. Food availability to an *Adamussium* bed during the austral Summer 1993/94 (Terra Nova Bay, Ross Sea). *Journal of Marine Systems* **17**: 425-34.

Ansell A.D., Cattaneo-Vietti R., Chiantore M., 1998. Swimming in the Antarctic scallop *Adamussium colbecki*: analysis of *in situ* video recordings. *Antarctic Science* **10** (4): 369-75.

Bavestrello G., Arillo A., Calcinai B., Cattaneo-Vietti R., Cerrano C., Gaino E., Penna A., Sara' M., 2000. Parasitic diatoms inside Antarctic sponges. *Biol. Bull.* **198**: 29-33.

Benedetti M., Gorbi S., Bocchetti R., Fattorini D., Notti A., Martuccio G., Nigro M., Regoli F. (2005). Characterization of cytochrome P450 in the Antarctic key sentinel species Trematomus bernacchii. Pharmacologyonline 3: 1-8 ISSN-1827-8620

Benedetti M., Martuccio G., Fattorini D., Canapa A., Barucca M., Nigro M., Regoli F. (2007). Oxidative and modulatory effects of trace metals on metabolism of polycyclic aromatic hydrocarbons in the Antarctic fish Trematomus bernacchii. Aquat. Toxicol. 85: 167-175

Berkman P.A., Nigro M., 1992. Trace metal concentrations in scallops around Antarctica: Extending the Mussel Watch Programme to the Southern Ocean. *Marine Pollution Bulletin* **24** (124): 322-23.

Bruni V., Maugeri M.L., Monticelli L.S., 1997. Faecal pollution indicators in the Terra Nova Bay (Ross Sea, Antarctica). *Marine Pollution Bulletin* **34** (11): 908-12.

Canapa A, Barucca M, Gorbi S, Benedetti M, Zucchi S, Biscotti MA, Olmo E, Nigro M, Regoli F 2007 Vitellogenin gene expression in males of the Antarctic fish *Trematomus bernacchii* from Terra Nova Bay (Ross Sea): A role for environmental cadmium? *Chemosphere, 66:1270-1277.*

Cantone G., Castelli A., Gambi M.C., 2000. The Polychaete fauna off Terra Nova Bay and Ross Sea: biogeography, structural aspects and ecological role. In: *Ross Sea Ecology*, F. Faranda, L. Guglielmo and A. Ianora Eds., Springer Verlag, Berlin Heidelberg: 551-61.

Cattaneo-Vietti R., 1991. Nudibranch Molluscs from the Ross Sea, Antarctica. *J. Moll. Stud.* **57**: 223-28.

Cattaneo-Vietti R., Bavestrello G., Cerrano C., Sara' M., Benatti U., Giovine M., Gaino E., 1996. Optical fibres in an Antarctic sponge. *Nature* **383**: 397-98.

Cattaneo-Vietti R., Chiantore M., Albertelli G., 1997. The population structure and ecology of the Antarctic Scallop, *Adamussium colbecki* in Terra Nova Bay (Ross Sea, Antarctica). *Scientia Marina* **61** (Suppl. 2): 15-24.

Cattaneo-Vietti R., Chiantore M., Misic C., Povero P., Fabiano M., 1999. The role of pelagic-benthic coupling in structuring littoral benthic communities at Terra Nova Bay (Ross Sea) and inside the Strait of Magellan. *Scientia Marina* **63** (Supl. 1): 113-21.

Cattaneo-Vietti R., Chiantore M., Gambi M.C., Albertelli G., Cormaci M., Di Geronimo I., 2000a. Spatial and vertical distribution of benthic littoral communities in Terra Nova Bay. In: *Ross Sea Ecology*, F. Faranda, L. Guglielmo and A. Ianora Eds., Springer Verlag, Berlin Heidelberg: 503-14.

Cattaneo-Vietti R., Chiantore M., Schiaparelli S., Albertelli G., 2000b. Shallow and deep-water mollusc distribution at Terra Nova Bay (Ross Sea, Antarctica). *Polar Biology* **23**: 173-82.

Cattaneo-Vietti R., Bavestrello G., Cerrano C., Gaino E., Mazzella L., Pansini M., Sarà M., 2000c. The role of sponges of Terra Nova Bay ecosystem. In: *Ross Sea Ecology*, F. Faranda, L. Guglielmo and A. Ianora Eds., Springer Verlag, Berlin Heidelberg: 539-49.

Cerrano C., Arillo A., Bavestrello G., Calcinai B., Cattaneo-Vietti R., Penna A., Sarà M., Totti C., 2000a. Diatom invasion in the Antarctic hexactinellid sponge *Scolymastra joubini. Polar Biology* **23**: 441-44.

Cerrano C., Bavestrello G., Calcinai B., Cattaneo-Vietti R., Sarà A., 2000b. Asteroids eating sponges from Tethys Bay, East Antarctica. *Antarctic Science* **12**(4): 431-32.

Cerrano C., Puce S., Chiantore M., Bavestrello G., 2000c. Unusual trophic strategies of *Hydractinia angusta* (Cnidaria, Hydrozoa) from Terra Nova Bay, Antarctica. *Polar Biology* **23**(7): 488-94.

Cerrano C., G. Bavestrello, B. Calcinai, R. Cattaneo-Vietti, M. Chiantore, M. Guidetti, A. Sarà, 2001a. Bioerosive processes in Antarctic seas. *Polar Biology* **24**: 790-92.

Cerrano C., S. Puce, M. Chiantore, G. Bavestrello, R. Cattaneo-Vietti, 2001b. The influence of the epizooic hydroid *Hydractinia angusta* on the recruitment of the Antarctic scallop *Adamussium colbecki. Polar Biology* **24**: 577-81.

Cerrano C, Calcinai B, Cucchiari E, Di Camillo C, Nigro M, Regoli F, Sarà A, Schiapparelli S, Totti C, Bavestrello G 2004 Are diatoms a food source for Antarctic sponges?. *Chemistry and Ecology, vol. 20: 57-64.*

Chiantore M., Cattaneo-Vietti R., Albertelli G., Misic M., Fabiano M., 1998. Role of filtering and biodeposition by *Adamussium colbecki* in circulation of organic matter in Terra Nova Bay (Ross Sea, Antarctica). *Journal of Marine Systems* **17**: 411-24.

Chiantore M., Cattaneo-Vietti R., Povero P., Albertelli G., 2000. The population structure and ecology of the antarctic scallop *Adamussium colbecki* in Terra Nova Bay. In: *Ross Sea Ecology*, F. Faranda, L. Guglielmo and A. Ianora Eds., Springer Verlag, Berlin Heidelberg: 563-73.

Chiantore M., Cattaneo-Vietti R., Berkman P.A., Nigro M., Vacchi M., Schiaparelli S., Albertelli G., 2001. Antarctic scallop (*Adamussium colbecki*) spatial population variability along the Victoria Land Coast, Antarctica. *Polar Biology* **24**: 139-43.

Chiantore M., R. Cattaneo-Vietti, L. Elia, M. Guidetti, M. Antonini, 2002. Reproduction and condition of the scallop *Adamussium colbecki* (Smith 1902), the sea-urchin *Sterechinus neumayeri* (Meissner, 1900) and the sea-star *Odontaster validus* Koehler, 1911 at Terra Nova Bay (Ross Sea): different strategies related to inter-annual variations in food availability. *Polar Biology* **22**: 251-55.

Cormaci M., Furnari G., Scammacca B., Casazza G., 1992a. Il fitobenthos di Baia Terra Nova (Mare di Ross, Antartide): osservazioni sulla flora e sulla zonazione dei popolamenti. In: Gallardo VA, Ferretti O, Moyano HI (eds) *Actas del Semin. Int. Oceanografia in Antartide*. Centro EULA, Universitad de Concepción, Chile. ENEA: 395-408.

Cormaci M., Furnari G., Scammacca B., 1992b. The benthic algal flora of Terra Nova Bay (Ross Sea, Antarctica). *Botanica Marina* **35**(6): 541-52

Cormaci M., Furnari G., Scammacca B., 1992c. Carta della vegetazione marina di Baia Terra Nova (Mare di Ross, Antartide). *Biologia Marina* **1**: 313-14.

Cormaci M., Furnari G., Scammacca B., Alongi G., 1996. Summer biomass of a population of *Iridaea cordata* (Gigartinaceae, Rhodophyta) from Antarctica. In: Lindstrom SC, Chapman DJ (Eds) Proceedings of the XV Seeweeds Symposium. *Hydrobiologia* **326/327**: 267-72.

Corsolini S, Nigro M, Olmastroni S, Focardi S, Regoli F 2001 Susceptibility to oxidative stress in Adelie and Emperor penguin, *Polar Biology, vol. 24: 365-368.*

Di Bello D., Vaccaio E., Longo V., Regoli F., Nigro M., Benedetti M., Gervasi PG, Pretti C. (2007). Presence and inducibility by β-Naphtoflavone of CYP 1A1, CYP 1B1, UDP-GT, GST and DT-Diaphorase enzymes in Trematomus bernacchii, an Antarctic fish. Aquatic Toxicol. 84: 19-26

Fabiano M., Danovaro R., Crisafi E., La Ferla R., Povero P., Acosta Pomar L., 1995. Particulate matter composition and bacterial distribution in Terra Nova Bay (Antarctica) during summer 1989-90. *Polar Biology* **15**: 393-400.

Fabiano M., Povero P., Danovaro R., 1996. Particulate organic matter composition in Terra Nova Bay (Ross Sea, Antarctica) during summer 1990. *Antarctic Science* **8**(1): 7-13.

Fabiano M., Chiantore M., Povero P., Cattaneo-Vietti R., Pusceddu A., Misic C., Albertelli G., 1997. Short-term variations in particulate matter flux in Terra Nova Bay, Ross Sea. *Antarctic Science* **9**(2): 143-149.

Focardi S., Bargagli R., Corsolini S., 1993. Organochlorines in marine Antarctic food chain at Terra Nova Bay (Ross Sea). *Korean Journal of Polar Research* **4**: 73-77.

Focardi S, Fossi MC, Lari L, Casini S, Leonzio C, Meidel SK, Nigro M. 1995 Induction of MFO Activity in the Antarctic fish *Pagothenia bernacchii*: Preliminary results. *Marine Environmental Research., 39: 97-100.*

Gaino E., Bavestrello G., Cattaneo-Vietti R., Sara' M., 1994. Scanning electron microscope evidence for diatom uptake by two Antarctic sponges. *Polar Biology* **14**: 55-58.

Gambi M.C., Lorenti M., Russo G.F., Scipione M.B., 1994. Benthic associations of the shallow hard bottoms off Terra Nova Bay (Ross Sea, Antarctica): zonation, biomass and population structure. *Antarctic Science* **6**(4): 449-62.

Gambi M.C., Castelli A., Guizzardi M., 1997. Polychaete populations of the shallow soft bottoms off Terra Nova Bay (Ross Sea, Antarctica): distribution, diversity and biomass. *Polar Biology* **17**: 199-210.

Gambi M.C., Buia M.C., Mazzella L., Lorenti M., Scipione M.B., 2000a. Spatio-temporal variability in the structure of benthic populations in a physically controlled system off Terra Nova Bay: the shallow hard bottoms. In: *Ross Sea Ecology*, F. Faranda, L. Guglielmo and A. Ianora Eds., Springer Verlag, Berlin Heidelberg: 527-538.

Gambi M.C., Giangrande A., Patti F.P., 2000b. Comparative observations on reproductive biology of four species of *Perkinsiana* (Polychaeta, Sabellidae). *Bulletin of Marine Science* **67**(1): 299-309.

Gavagnin M., Trivellone E., Castelluccio F., Cimino G., Cattaneo-Vietti R., 1995. Glyceryl ester of a new halimane diterpenoic acid from the skin of the antarctic nudibranch *Austrodoris kerguelenensis*. *Tetrahedron Letters* **36**: 7319-22.

Guglielmo L., Granata A., Greco S., 1998. Distribution and abundance of postlarval and juvenile *Pleuragramma antarticum* (Pisces, Nototheniidae)of Terra Nova Bay (Ross Sea, Antartica). *Polar Biology* **19**: 37-51.

Guglielmo L., Carrada G.C., Catalano G., Dell'Anno A., Fabiano M., Lazzara L., Mangoni O., Pusceddu A., Saggiomo V., 2000. Structural and functional properties of sympagic communities in the annual sea ice at Terra Nova Bay (Ross Sea, Antarctica). *Polar Biology* **23**(2): 137-46.

Jimenez B, Fossi MC, Nigro M, Focardi S. 1999 Biomarker approach to evaluating the impact of scientific stations on the Antarctic environment using *trematomus bernacchii* as a bioindicator organism. *Chemosphere*, 39: 2073-2078.

La Mesa M., Arneri E., Giannetti G., Greco S., Vacchi M., 1996. Age and growth of the nototheniid fish *Trematomus bernacchii* Boulenger from Terra Nova Bay, Antartica. *Polar Biology***16**: 139-45.

La Mesa M., Vacchi M., Castelli A., Diviacco G., 1997. Feeding ecology of two nototheniid fishes *Trematomus hansoni* and *Trematomus loennbergi* from Terra Nova Bay, Ross Sea. *Polar Biology* **17**: 62-68.

La Mesa M., Vacchi M., T. Zunini Sertorio, 2000. Feeding plasticity of *Trematomus newnesi* (Pisces, Nototheniidae) in Terra Nova Bay, Ross Sea, in relation to environmental conditions. *Polar Biology* **23**(1): 38-45.

La Mesa M., J.T. Eastman, M. Vacchi, 2004. The role of notothenioid fish in the food web of the Ross Sea shelf waters: a review. ***Polar Biol.*, 27: 321-338.**

Lauriano G., Fortuna C.M., Vacchi M., 2007a. Observation of killer whale (*Orcinus orca*)

possibly eating penguins in Terra Nova Bay, Antarctica. *Antarctic Science*, 19(1): 95-96.

Lauriano G., Vacchi M., Ainley D., Ballard G., 2007b. Observations of top predators foraging on fish in the pack ice of the southern Ross Sea. *Antarctic Science*, 19(4): 439-440.

Mauri M., Orlando E., Nigro M., Regoli F., 1990. Heavy metals in the Antarctic scallop *Adamussium colbecki* (Smith). *Mar. Ecol. Progr. Ser.* **67**: 27-33.

Mauri M, Orlando E, Nigro M, Regoli F. 1990 Heavy metals in the Antarctic scallop *Adamussium colbecki* (Smith). *Marine Ecology Progress Series, 67: 27-33.* **I.f. 2.286**

Minganti V., Capelli R., Fiorentino F., De Pellegrini R., Vacchi M., 1995. Variations of mercury and selenium concentrations in *Adamussium colbecki* and *Pagothenia bernacchii* from Terra Nova Bay (Antarctica) during a five year period. *Int. J. Environ. Anal. Chem.* **61**: 239-48.

Nonnis Marzano F., Fiori F., Jia G., Chiantore M., 2000. Anthropogenic radionuclides bioaccumulation in Antarctic marine fauna and its ecological relevance. *Polar Biology* **23**: 753-58.

Nigro M, Orlando E, Regoli F. 1992 Ultrastructural localisation of metal binding sites in the kidney of the Antarctic scallop *Adamussium colbecki. Marine Biology, 113: 637-643.*

Nigro M., Regoli F., Rocchi R., Orlando E. (1997). Heavy metals in Antarctic Molluscs. In "Antarctic Communities" (B. Battaglia, J. Valencia and D.W.H Walton Eds.), Cambridge University Press, 409-412

Povero P., Chiantore M., Misic C., Budillon G., Cattaneo-Vietti R., 2001. Pelagic-benthic coupling in Adélie Cove (Terra Nova Bay, Antarctica): a strongly land forcing controlled system? *Polar Biology* **24**: 875-882.

Puce S., Cerrano C., Bavestrello G., 2002. *Eudendrium* (Cnidaria, Anthomedusae) from the Antarctic Ocean with a description of new species. *Polar Biology* **25**: 366-73.

Pusceddu A., Cattaneo-Vietti R., Albertelli G., Fabiano M., 1999. Origin, biochemical composition and vertical flux of particulate organic matter under the pack ice in Terra Nova Bay (Ross Sea, Antarctica) during late summer 1995. *Polar Biology* **22**: 124-32.

Regoli F, Principato GB, Bertoli E, Nigro M, Orlando E. 1997a Biochemical characterisation of the antioxidant system in the scallop *Adamussium colbecki*, a sentinel organism for monitoring the Antarctic environment. *Polar Biology, 17: 251-25.*

Regoli F, Nigro M, Bertoli E, Principato GB, Orlando E. 1997b Defences against oxidative stress in the Antarctic scallop *Adamussium colbecki* and effects of acute exposure to metals. *Hydrobiologia, 355: 139-144.*

Regoli F, Nigro M, Orlando E. 1998 Lysosomal and antioxidant defences to metals in the Antarctic scallop *Adamussium colbecki. Aquatic Toxicology*, 40: 375-392.

Regoli F, Nigro M, Bompadre S, Wiston G. 2000a Total oxidant scavenging capacity (TOSC) of microsomal and cytosolic fractions from Antarctic Arctic and Mediterranean Scallops: differentiation between three different potent oxidants. *Aquatic Toxicology, 49: 13-25.*

Regoli F, Nigro M, Chiantore MC, Gorbi S, Wiston G 2000b Total oxidant scavenging capacity of Antarctic, Arctic and Mediterranean scallops. *Italian Journal of Zoology, vol. 67: 5-94.*

Regoli F., M. Nigro, M. Chiantore, G.W. Winston, 2002. Seasonal variations of susceptibility to oxidative stress in *Adamussium colbecki*, a key bioindicator species for the Antarctic marine environment. *The Science of the Total Environment*, **289**: 205-211.

Regoli F, Nigro M, Chierici E, Cerrano C, Schiapparelli S, Totti C, Bavestrello G 2004 Variations of antioxidant efficiency and presence of endosymbiontic diatoms in the Antarctic porifera *Haliclona* dancoi, Marine Environmental Research, vol. 58: 637-640.

Regoli F, Nigro M, Benedetti M, Gorbi S, Pretti C, Gervasi PG, Fattorini D 2005a Interactions between metabolism of trace metals and xenobiotics agonist of the aryl hydrocarbon receptor in the Antarctic fish *Trematomus bernacchii*: environmental perspectives. *Environmental Toxicology and Chemistry, vol.* 24(6): 201-208

Regoli F, Nigro M, Benedetti M, Fattorini D, Gorbi S 2005b Antioxidant efficiency in early life stages of the Antarctic silverfish *Pleuragramma antarcticum*: Responsiveness to pro- oxidant conditions of platelet ice and chemical exposure. *Aquatic Toxicology, vol. 75: 43- 52.*

Sarà A., Cerrano C., Sarà M., 2002. Viviparous development in the Antarctic sponge *Stylocordyla borealis* Loven, 1868. *Polar Biology* **25**: 425-31.

Sarà M., Balduzzi A., Barbieri M., Bavestrello G., Burlando B., 1992. Biogeographic traits and checklist of Antarctic demosponges. *Polar Biology* **12**: 559-85.

Schiaparelli S., Cattaneo-Vietti R., Chiantore M., 2000. Adaptive morphology of *Capulus subcompressus* Pelseneer, 1903 (Gastropoda: Capulidae) from Terra Nova Bay, Ross Sea (Antarctica). *Polar Biology* **23**: 11-16.

Simeoni U., Baroni C., Meccheri M., Taviani M., Zanon G., 1989. Coastal studies in Northern Victoria Land (Antarctica): Holocene beaches of Inexpressible island, Tethys Bay and Edmonson Point. *Boll. Ocean. Teor. Appl.* **7**(1-2): 5-16.

Stocchino C., Lusetti C., 1988. Le costanti armoniche di marea di Baia Terra Nova (Mare di Ross, Antartide). F.C. 1128 *Istituto Idrografico della Marina*, Genova.

Stocchino C., Lusetti C., 1990. Prime osservazioni sulle caratteristiche idrologiche e dinamiche di Baia Terra Nova (Mare di Ross, Antartide). F.C. 1132 *Istituto Idrografico della Marina*, Genova.

Vacchi M., Greco S., La Mesa M., 1991. Ichthyological survey by fixed gears in Terra Nova Bay (Antarctica). Fish list and first results. *Memorie di Biologia Marina e di Oceanografia* **19**: 197-202.

Vacchi M., Romanelli M., La Mesa M., 1992. Age structure of *Chionodraco hamatus* (Teleostei, Channichthyidae) samples caught in Terra Nova Bay, East Antarctica. *Polar Biology* **12**: 735-38.

Vacchi M., Greco S., 1994a. Capture of the giant Nototheniid fish *Dissostichus mawsoni* in Terra Nova Bay (Antarctica): Notes on the fishing equipment and the specimens caught. *Cybium* **18**(2): 199-203.

Vacchi M., La Mesa M., Castelli A., 1994b. Diet of two coastal nototheniid fish from Terra Nova Bay, Ross Sea. *Antarctic Science* **6**(1): 61-65.

Vacchi M., La Mesa M., 1995. The diet of Antarctic fish *Trematomus newnesi* Boulenger, 1902 (Nototheniidae) from Terra Nova Bay, Ross Sea. *Antarctic Science* **7**(1): 37-38.

Vacchi M., La Mesa M., 1997. Morphometry of *Cryodraco* specimens of Terra Nova Bay. *Cybium* **21**(4): 363-68.

Vacchi M., Cattaneo-Vietti R., Chiantore M., Dalù M., 2000a. Predator-prey relationship between nototheniid fish *Trematomus bernacchii* and Antarctic scallop *Adamussium colbecki* at Terra Nova Bay (Ross Sea). *Antarctic Science* 12(1): 64-68.

Vacchi M., La Mesa M., Greco S., 2000b. The coastal fish fauna of Terra Nova Bay, Ross Sea (Antarctica). In: *Ross Sea Ecology*, F. Faranda, L. Guglielmo and A. Ianora Eds., Springer Verlag, Berlin Heidelberg: 457-68.

Vacchi M., M. La Mesa, M. Dalù, J. MacDonald, 2004. Early life stages in the life cycle of Antarctic silverfish,*Pleuragramma antarcticum* in Terra Nova Bay, Ross Sea. *Antarctic Science*

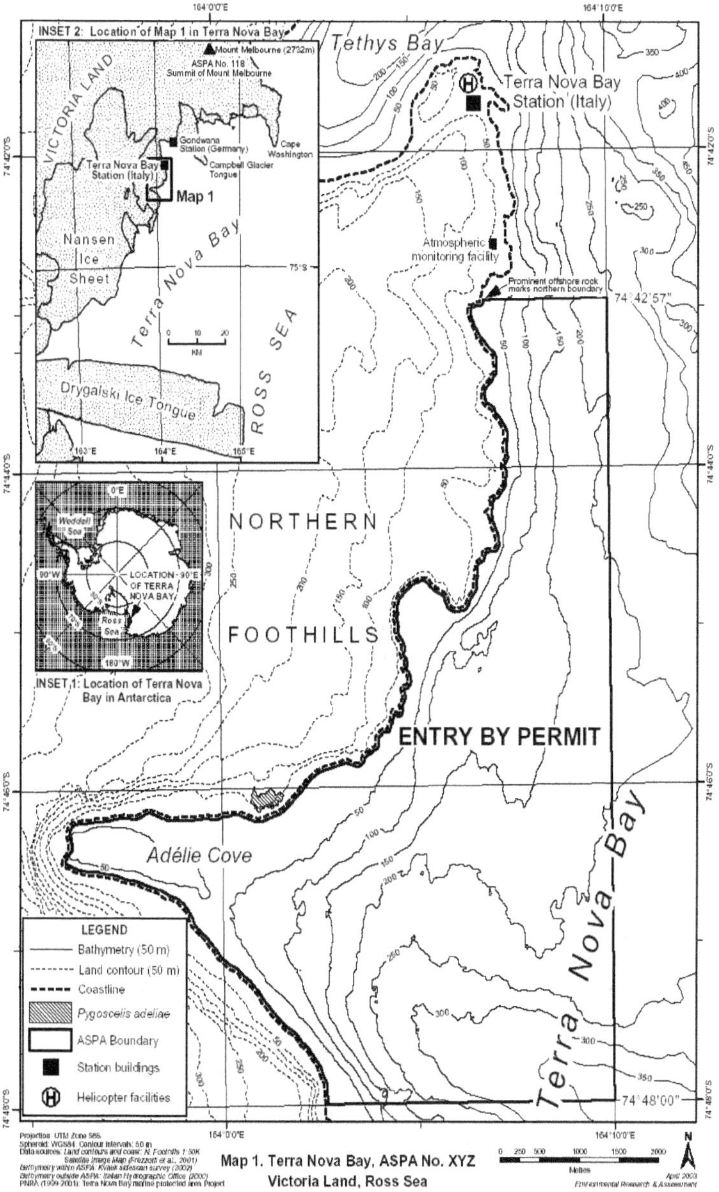
INSET 2: Location of Map 1 in Terra Nova Bay
Mount Melbourne (2732m)
ASPA No. 118 Summit of Mount Melbourne
VICTORIA LAND
Gondwana Station (Germany)
Cape Washington
Campbell Glacier Tongue
Terra Nova Bay Station (Italy)
Map 1
Nansen Ice Sheet
Terra Nova Bay
ROSS SEA
Drygalski Ice Tongue
INSET 1: Location of Terra Nova Bay in Antarctica
Weddell Sea
Ross Sea
LOCATION OF TERRA NOVA BAY
Tethys Bay
Terra Nova Bay Station (Italy)
Atmospheric monitoring facility
Prominent offshore rock marks northern boundary
74°42'57"
NORTHERN
FOOTHILLS
ENTRY BY PERMIT
Adélie Cove
Terra Nova Bay
74°48'00"
LEGEND
Bathymetry (50 m)
Land contour (50 m)
Coastline
Pygoscelis adeliae
ASPA Boundary
Station buildings
Helicopter facilities
Map 1. Terra Nova Bay, ASPA No. XYZ
Victoria Land, Ross Sea

Carte 1 : Baie Terra Nova, ZSPA n° 161, Terre Victoria, mer de Ross.

Appendice 1

Bibliographie récente et autres publications revêtant un intérêt pour les travaux de recherche dans la baie Terra Nova.

Accornero A., Manno C., Arrigo K.R., Martini Atucci S., "The vertical flux of particulate matter in the polynya of Terra Nova Bay. Part I. Chemical constituents" Antarctic Science 15 (1), 119-132, (2003)

Alvaro M.C, Blazewicz-Paszkowycz M., Davey N., Schiaparelli S., 2011. Skin-digging tanaidaceans: the unusual parasitic behaviour of Exspina typica (Lang, 1968) in Antarctic waters and worldwide deep basins. Antarct Sci, vol. 23 (4); p. 343-348, ISSN: 0954-1020, doi: 10.1017/S0954102011000186

Budillon g. & Spezie G., "Thermoaline structure and variability in the Terra Nova Bay polynya (Ross Sea) between 1995-98". Antarctic science 12, 243-254, (2000)

Ballerini T., Tavecchia G., Olmastroni S., Pezzo F., Focardi S., 2009. Nonlinear effects of winter sea ice on the survival probabilities of Adélie penguins. Oecologia 161:253–265.

Bargagli R.,2005. Antarctic Ecosystems. Environmental Contamination, Climate Change, and Human Impact. Ecological Studies ,vol. 175; Springer-Verlag, Heidelberg, 395 pp.

Bargagli R.,2008. Environmental contamination in Antarctic ecosystems. Sci. Total Environ. 400: 212-226.

Borghesi N., Corsolini S., Focardi S., 2008. Levels of polybrominated diphenyl ethers (PBDEs) and organochlorine pollutants in two species of Antarctic fish (*Chionodraco hamatus* and *Trematomus bernacchii*). Chemosphere, 73, 155–160.

Corsolini S., Kannan K., Imagawa T., Focardi S., Giesy J.P., 2002. Polychloronaphthalenes and other dioxin-like compounds in Arctic and Antarctic marine food webs. Environmental Science and Technology, 36: 3490-3496.

Corsolini S., 2009. Industrial contaminants in Antarctic biota. Journal of Chromatography A, 1216, 598–612.

Corsolini S. Borghesi N., Ademolo N., Focardi S., 2011. Chlorinated biphenyls and pesticides in migrating and resident seabirds from East and West Antarctica. Environment International 37(8): 1329-1335.

Corsolini S., 2011. Antarctic: Persistent Organic Pollutants and Environmental Health in the Region. In: Nriagu JO (ed.) Encyclopedia of Environmental Health, volume 1, pp. 83–96 Burlington: Elsevier,NVRN/978-0-444-52273-3

Castellano M "Aspetti trofo-funzionali dell'ecosistema marino costiero antartico: sostanza organica particellata e disciolta", Univeristà degli Studi di Genova, PhD Thesys, (2006)

Chiantore M.C., Cattaneo-Vietti R., ELIA L., Guidetti M., Antonini M., "Reproduction and condition of the scallop Adamussium colbecki (Smith, 1902), the sea-urchin Strerechinus neumayeri (Meissner, 1900) and the sea-star Odontaster validus

(Koehelr, 1911) at Terra nova Bay (Ross Sea): different related to interannual variations in food availability" Polar Biology 25, 251-255, (2002)

Guglielmo G., Zagami G., Saggiorno V., Catalano G., Granata A., "Copepods in spring annual sea ice at Terra Nova Bay (Ross Sea, Antarctica)" Polar Biology 30, 747-758, (2007)

Mangoni O., Modigh M., Conversano F., Carrada G.C., Saggiorno V., "Effects of summer ice coverege on phytoplankton assemblages in the Ross Sea, Antarctica" Deep-Sea Research I, 51, 1601-1617, (2004)

Massolo S., Messa R., Rivaro P., Leardi R., "Annual and spatial variations of chemical and physical properties in the Ross Sea surface waters (Antarctica)" Continental Shel Research 29, 2333-2344, (2009)

Pane L., Feletti m., Francomacaro B., Mariottini G.L., "Summer coastal zooplankton biomass and copepod community structure near the Italian Terra Nova Base (Terra Nova Bay, Ross Sea, Antarctica)" Journal of Plankton Research, vol 26, issue 12, 1479-1488, (2004)

Povero P., Chiantore M., Misic M.C., Budillon G., Cattaneo-Vietti R.,., "Land forcing controls pelagic-benthic coupling in Adelie Cove (Terra Nova Bay, Ross Sea)" Polar Biology 24, 875-882 (2000)

Povero P., Chiantore M., Misic M.C., Budillon G., Cattaneo-Vietti R.,., "Land forcing controls pelagic-benthic coupling in Adeliè Cove (Terra Nova Bay, Ross Sea)" Polar Biology 24, 875-882, (2001)

Povero P., Castellano M., Ruggieri N., Monticelli L.S., Saggiomo V., Chiantore M.C., Guidetti M., Cattaneo-Vietti R., "Water column features and their relationship with sediments and benthic communities along the Victoria Land coast, Ross Sea, Antarctica, summer 2004" Antarctic Science 18 (4), 603-613, (2006)

Swadling K.M., Penot F., Vallet C., Rouyer A., Gasparini S., Mousseau L., Smith M., Goffart A., Koubbi P., "Interannual variability of zooplancton in the Dumont d'Urville sea (39°E-146°E), east Antarctica, 2004-2008" Polar Science 5, 118-133, (2011)

Tagliabue A. & Arrigo K.R., "Anomalously low zooplankton abundane in the Ross Sea: An alternative explanation" Limnol. Oceanogr. 48, 686-699, (2003)

Van dijken G.L., Arrigo K.R., " Annual cycles of sea ice and phytoplankton in three Ross Sea polynyas" Poster at 3rd International Conference on the Oceanography of the Ross Sea Antarctica. Venezia, Italy, 10-14 Oct., (2005)

Vacchi M., La Mese M., Eastman J.T., "The role of notothenioid fish in the food web of the Ross Sea shelf waters: a review" Polar Biology 27(6), 321-338, (2004)

Appendice 2

Durant les campagnes antarctiques italiennes de 2010 à 2012, peu de permis pour les activités et l'échantillonnage dans la ZSPA n° 161 de baie Terra Nova ont été délivrés :

Campagne antarctique de 2010-2011

Site d'activité — ZSPA n° 161 de la baie Terra Nova

Nombre d'entrées autorisées — 5
Durée de l'entrée — 4 h
Organismes vivants impliqués — teléostéens, n° 150
Zooplancton générique, 120 échantillons

Adamussium colbecki n° 100

Campagne antarctique de 2011-2012

Site d'activité — ZSPA n° 161 de la baie Terra Nova

Nombre d'entrées autorisées — 8
Durée de l'entrée — 4 h
Organismes vivants impliqués — zooplancton générique, 120 échantillons
Invertébrés, 200 échantillons
Éponges, 10 échantillons
Adamussium colbecki n° 30

L'échantillonnage et les activités d'études dans la ZSPA ont été effectués à 13 dates différentes, pour un total de 52 heures de travail.

Par ailleurs, les quantités des espèces de poissons suivantes - capturées au moyen de filets Barracuda et selon les règles de la CCAMLR - ont été recueillies à l'intérieur de la ZSPA n° 16 de la baie Terra Nova lors de la campagne antarctique italienne 2011-2012 :

N°	Espèces	Poids total [kg]
29	*Chionodraco hamatus*	13,850
13	*Trematomus bernacchii*	1,800
1	*Trematomus hansoni*	0,150
2	*Cryodraco antarcticus*	0,300

Plan de gestion pour
la Zone spécialement protégée de l'Antarctique n° 170,

NUNATAKS MARION, ÎLE CHARCOT, PÉNINSULE ANTARCTIQUE

Introduction

Afin de protéger les valeurs environnementales et, en particulier, la faune et la flore terrestres des Nunataks Marion, sur l'Île Charcot dans la Péninsule antarctique (69° 45' de latitude sud, 75° 15' de longitude ouest), cette zone a été désignée Zone spécialement protégée de l'Antarctique (ZSPA).

Le site des Nunatak Marion est proche de la côte nord de l'Île Charcot, une île éloignée couverte de glace située à l'ouest de l'Île Alexandre, dans la partie orientale de la mer de Bellingshausen, le long de la Péninsule antarctique. Il forme une chaîne d'affleurements rocheux longue de 12 km, située au milieu de la côte nord de l'île et s'étend du mont Monique à l'extrémité ouest, jusqu'au mont Martine à l'extrémité est. Sa superficie est de 106,5 km² (ses dimensions maximales sont de 9,2 km du nord au sud et de 17 km d'est en ouest) et couvre la quasi-totalité, sinon l'intégralité des terres libres de glace de l'Île Charcot.

Le peu de visites effectuées par le passé sur cette zone ont rarement duré plus de quelques jours, et n'avaient pour but que de mener des recherches géologiques. Toutefois, les scientifiques du *British Antarctic Survey* (BAS) qui se sont rendus sur place entre 1997 et 2000 ont découvert un site biologique riche situé sur le Nunatak de Rils par 69° 44' 56" de latitude sud et 75° 15' 12" de longitude ouest,

Le Nunatak de Rils abrite plusieurs caractéristiques exceptionnelles dont deux espèces de lichen qui n'ont été répertoriées nulle part ailleurs en Antarctique, des mousses que l'on trouve rarement sous de telles latitudes australes et, plus important encore, une absence totale d'arthropodes prédateurs et de collemboles qui sont pourtant présents sur tous les autres sites similaires dans la zone biogéographique. Les nunataks sont extrêmement vulnérables à l'introduction d'espèces non indigènes locales et régionales que des visiteurs pourraient introduire accidentellement sur le site.

La ZSPA n°170, les Nunataks Marion, a été désignée à l'initiative et sur proposition du Royaume-Uni comme ZSPA par la Mesure 4 (2008).

La Zone fait partie du système des zones protégées de l'Antarctique, ce qui permet de protéger l'ensemble, unique en son genre, d'espèces trouvées sur les Nunataks Marion; c'est également la première fois que décision est prise de protéger une importante zone de sol représentative de la calotte permanente et des nunataks que l'on trouve couramment dans le sud de la Péninsule antarctique. La Résolution 3 (2008) a recommandé que la méthode d'analyse des domaines environnementaux pour le continent antarctique soit utilisée comme modèle dynamique pour l'identification de Zones spécialement protégées de l'Antarctique au sein du cadre environnemental et géographique systématisé mentionné à l'Article 3(2) de l'Annexe V du Protocole (cf. également Morgan et al., 2007). Dans ce modèle, la ZSPA n°170 fait partie du Domaine environnemental C (domaine géologique du sud de la Péninsule antarctique) et du Domaine E (Péninsule antarctique et principaux champs de glaces de l'Île Alexandre). La ZSPA n°147 fait également partie des zones protégées du Domaine C (bien que cela ne soit pas spécifiquement précisé par Morgan et al., 2007). Les autres zones protégées du Domaine E englobent les ZSPA n°113, 114, 117, 126, 128, 129, 133, 134, 139, 147, 149, 152, et les ZGSA n°1 et 4. La seule autre ZSPA, outre la ZSPA n°170, figurant au sein de la Région de conservation biogéographique de l'Antarctique (ACBR) 4, Péninsule antarctique centre-sud, est la ZSPA n°147 (Terauds et al., 2012).

1. Description des valeurs à protéger

La valeur environnementale exceptionnelle de la Zone, qui justifie pleinement sa désignation de ZSPA, repose sur l'existence d'un ensemble d'espèces uniques que l'on peut trouver au sein de son environnement terrestre :

- Cette Zone se démarque au sein de l'Antarctique maritime par la singularité de sa faune terrestre qui ne semble contenir ni arthropodes prédateurs ni collemboles, contrairement au reste de la zone terrestre environnante où ils demeurent des membres omniprésents et importants. À ce titre, le site offre des possibilités uniques d'étude scientifique des communautés biologiques terrestres de l'Antarctique maritime dont sont absents des éléments écologiques clés.
- La flore des Nunataks Marion renferme une formation exceptionnelle de trois mousses que l'on trouve rarement au-delà de 65° de latitude sud (*Brachythecum austrosalebrosum*, *Dicranoweisia crispula* et *Polytrichum piliferum*).
- La Zone comprend également deux espèces de lichens qui n'avaient jusqu'ici jamais été recensées en Antarctique (*Psilolechia lucida* et *Umbilicaria* aff. *thamnodes*) et est la seule région aussi australe à recenser plusieurs espèces de lichens (dont *Frutidella caesioatra*, *Massalongia* spp., *Ochrolechia frigida*, *Usnea aurantiaco-atra* et *Usnea trachycarpa*).

Ces valeurs sont vulnérables aux impacts humains, aux dommages causés par piétinement à l'habitat et à l'introduction d'espèces non indigènes susceptibles de perturber la structure et la fonction de l'écosystème.

2. Buts et objectifs

Les buts et objectifs du Plan de gestion sont les suivants :

- éviter la dégradation des valeurs de la Zone, ou les préjudices éventuels en empêchant les perturbations humaines injustifiées à la Zone ;
- empêcher ou limiter l'introduction de végétaux, animaux et microbes non indigènes dans la Zone ;
- réduire les risques d'introduction d'agents pathogènes qui pourraient constituer une source de maladies pour les populations faunistiques de la Zone ;
- permettre d'autres travaux de recherche scientifique à condition d'une part, qu'ils résultent de raisons impérieuses qui ne pourraient être satisfaites ailleurs et d'autre part, qu'ils ne portent pas atteinte au système écologique de la Zone ; et
- préserver l'écosystème naturel de la Zone afin qu'elle serve de zone de référence pour de futures études.

3. Activités de gestion

Les activités de gestion impliquant des visites et l'érection de structures permanentes dans la Zone peuvent considérablement accroître les risques d'impact humain irréversibles par l'introduction d'espèces locales non indigènes. Ainsi, afin de gérer au mieux cette Zone, il convient de mettre l'accent sur la limitation des visites et l'importation de matériaux au sein de la Zone. Les activités de gestion ci-après doivent être entreprises pour protéger les valeurs de la Zone :

- En raison de la vulnérabilité de la Zone et des graves conséquences que pourrait avoir l'introduction d'espèces non indigènes, le nombre des visites de gestion doit être maintenu à son stricte minimum et l'érection de structures permanentes, telles que des panneaux d'information et de signalisation sur des sols libres de glace, doit être évitée.
- L'autorité nationale doit impérativement informer les équipes de terrain des valeurs qu'il convient de protéger au sein de la Zone, ainsi que des précautions et mesures d'atténuation qui sont exposées en détail dans le présent plan de gestion.
- Des copies du présent plan de gestion doivent être mises à la disposition des navires et aéronefs prévoyant de visiter les abords de la Zone.
- Le plan de gestion doit être réexaminé au moins une fois tous les cinq ans et mis à jour en conséquence.

- Une copie du présent plan de gestion doit être mise à la disposition de la station de recherche de Rothera (Royaume-Uni ; 67° 34' S, 68° 07' O) et de la station General San Martín (Argentine ; 68° 08' S, 67° 06' O).

- Toutes les activités scientifiques et de gestion entreprises au sein de la Zone devraient faire l'objet d'une évaluation d'impact sur l'environnement conformément à ce que requiert l'Annexe I du Protocole au Traité sur l'Antarctique relatif à la protection de l'environnement.

- Les Programmes antarctiques nationaux agissant dans la Zone doivent se consulter afin de s'assurer de la bonne mise en œuvre des activités de gestion listées ci-dessus.

4. Durée de la désignation

La Zone est désignée pour une durée indéterminée.

5. Cartes

Carte 1. Situation géographique de l'Île Charcot par rapport à l'Île Alexandre et à la Péninsule antarctique. Spécifications de la carte : WGS84 Stéréographique polaire antarctique. Méridien central : -55° ; Parallèle de référence : -71.0°.

Carte 2. Cartographie de l'Île Charcot et matérialisation de la ZSPA n°170, Nunataks Marion située au nord-ouest de l'île. Spécifications de la carte : WGS84 Stéréographique polaire antarctique. Méridien central : -75° ; Parallèle de référence : -71.0°.

Carte 3. ZSPA n°170, Nunataks Marion, Île Charcot, Péninsule antarctique. Spécifications de la carte : WGS84 Stéréographique polaire antarctique. Méridien central : -75° ; Parallèle de référence : -71.0°. Développée à partir de la mosaïque d'images de l'Antarctique Landsat de l'Institut d'études géologiques des États-Unis (USGS), ID du lieu : x-2250000y+0450000. Métadonnées disponibles sur http://lima.usgs.gov/.

6. Description de la Zone

6 (i) Coordonnées géographiques, bornage et caractéristiques du milieu naturel :

L'Île Charcot, de forme vaguement circulaire, se situe à environ 50 km de l'Île Alexandre dont elle est séparée dans sa partie nord-ouest (à env. 100 km de distance) par le détroit de Wilkins à l'est et le détroit d'Attenborough au sud (cartes 1 et 2). Il y a encore peu, l'Île Charcot était reliée à l'Île Alexandre par la plate-forme glaciaire de Wilkins, mais en 2008, une grande partie s'est effondrée et en avril 2009, le pont de glace a fini par totalement céder (Vaughan et al., 1993; Braun et al., 2009). L'Île Charcot est couverte de glace à l'exception des Nunataks Marion (69° 45' de latitude sud, 75° 15' de longitude ouest) qui forment, au milieu de la côte nord de l'île, une chaîne de 12 km d'affleurements rocheux surplombant la mer, essentiellement constituée de falaises abruptes orientées au nord (Carte 3). Le mont Monique se trouve vers l'extrémité ouest de la chaîne des Nunataks Marion et le mont Martine vers son extrémité est. L'altitude de ces deux pics oscille entre 750 et 1 000 mètres.

Les limites de la Zone sont établies de la manière suivante :

Le point indiqué sur la côte nord de l'Île Charcot par 69° 43' 07" de latitude sud et 75° 00' 00" de longitude ouest représente l'extrémité nord-ouest de la Zone. La limite de la Zone s'oriente ensuite à l'ouest en suivant la côte pour parvenir jusqu'au point établi par 69° 48' 00" de latitude sud et 75° 19' 19" de longitude ouest. Puis, elle gagne à l'est et pénètre dans les terres pour atteindre un point de la calotte glaciaire de l'Île Charcot par 69° 48' 00" de latitude sud et 75° 00' 00" de longitude ouest. Enfin, elle s'oriente vers le nord pour revenir au point de la côte situé par 69° 43' 07" de latitude sud et 75 00' 00" de longitude ouest. La Zone comprend également l'Île Cheesman (69° 43' 24" S, 75°11' 00" O).

Aucune borne ne délimite la Zone, dont les dimensions maximales sont de 9,2 km du nord au sud et de 19,2 km d'est en ouest, pour une superficie globale de 106,5 km². La Zone comprend également une calotte de glace qui s'étend sur au moins 4 km vers le sud et l'est des Nunataks Marion et sert de zone tampon pour empêcher l'introduction accidentelle d'espèces non indigènes (carte 3). Les falaises de glace abruptes de la côte nord de l'île rendent l'accès par la mer difficile.

Conditions climatiques

On ne dispose d'aucune donnée climatique mais l'Île Charcot se trouve sur le chemin emprunté par les dépressions qui abordent la Péninsule antarctique par l'ouest. Les images satellitaires montrent que, la majeure partie du temps, l'île disparaît sous une couverture nuageuse et qu'il faut attendre au mieux la fin de l'été pour qu'elle se libère de la banquise côtière formée au cours de l'hiver.

Biogéographie

Les recherches réalisées par Smith, (1984) et Peat et al., (2007) décrivent les régions biogéographiques établies et reconnues de la Péninsule antarctique. L'Antarctique peut être scindée en trois grandes provinces biologiques : maritime nord, maritime sud et continentale. L'Île Charcot appartient à la province maritime sud (Smith, 1984), à environ 600 km au nord de la Ligne Gressitt, principale discontinuité biogéographique, qui sépare la Péninsule antarctique du continent antarctique (Chown et Convey, 2007). Elle relève aussi de l'ACBR 4, Péninsule antarctique centre-sud (Terauds et al., 2012).

Géologie

Les roches des Nunataks Marion sont constituées de grès et de mudstone turbiditiques similaires à celles trouvées à proximité de l'Île Alexandre. Toutefois, la géochronologie et les analyses isotopiques réalisées sur des minéraux détritiques (grains ayant survécu à l'érosion, au déplacement et au dépôt qui conservent les informations relatives à leur roche mère) semblent indiquer que les roches de l'Île Charcot diffèrent de celles trouvées sur l'Île Alexandre et peut-être aussi, de l'ensemble de la Péninsule antarctique (Michael Flowerdew, communication personnelle). Les roches de l'Île Alexandre se sont formées à partir de sédiments érodés qui se sont détachés de roches présentes sur la Péninsule antarctique. Toutefois, les sédiments de l'Île Charcot se sont à l'origine déposés à l'intérieur d'une profonde tranchée marine qui est née de la destruction de la plaque pacifique située en dessous de la bordure de l'ancien continent Gondwana. Des roches sédimentaires ont été arrachées de la plaque pacifique au cours de sa destruction et se sont accrété au continent Gondwana, provoquant ainsi leur plissement et leur métamorphose sous l'effet de la haute pression. Les roches sédimentaires de l'Île Charcot dateraient du Crétacé (déposées il y a 120 millions d'années environ) et pourraient avoir été transportées sur de longues distances en un laps de temps assez court avant de se juxtaposer à l'Île Alexandre il y a quelques 107 millions d'années.

Biologie

Le site biologique terrestre reconnu (situé sur le Nunatak de Rils par 69° 44' 55'' de latitude sud et 75° 15' 00'' de longitude ouest) s'étend sur approximativement 200 m d'est en ouest et sur tout au plus 50 m du nord au sud, et abrite un vaste biote (Convey et al., 2000). Ce promontoire rocheux végétalisé descend lentement vers le nord-ouest pour ensuite glisser abruptement vers des falaises à-pic qui tombent dans la mer. Les visites effectuées sur ce site de décembre 1997 à janvier 2000 ont permis d'observer la présence d'eau libre pendant l'été.

Les biotes de ce site biologique terrestre reconnu sont les suivants :

- Bryophytes : seize mousses (dont *Andreaea* spp., *Bartramia patens*, *Bryum pseudotriquetrum*, *Brachythecium austrosalebrosum*, *Ceratodon purpureus*, *Dicranoweisia crispula*, *Grimmia reflexidens*, *Hennediella heimii*, *Hypnum revolutum*, *Pohlia* spp., *Polytrichum piliferum*, *Schistidium antarctici*, *Syntrichia princeps*) et une hépatique (*Cephaloziella varians*). Les espèces dominantes sont *Andreaea* spp., *Dicranoweisia crispula* et *Polytrichum piliferum*, que l'on ne rencontre habituellement que dans la région subantarctique. L'abondance de *B. austrosalebrosum* est d'autant plus remarquable qu'il s'agit d'une espèce hydrique au besoin en eau constant. L'eau, qui s'écoule au goutte à goutte des couches de neige tardive sur des dalles de roche humide, permet aux mousses de s'implanter pour former des coussins de 15 cm d'épaisseur. (Smith, 1998 ; Convey et al., 2000).

- Algue foliacée : *Prasiola crispa* (Smith, 1998; Convey et al., 2000).

- Lichens : 34 espèces ont été recensées et deux autres ont pu être assimilées à un genre taxinomique. Les principales espèces de lichen sont *Pseudophebe minuscule*, *Umbilicaria decussata*, *Usnea sphacelata* et divers taxons encroûtants (Smith, 1998 ; Convey et al., 2000). Des communautés de lichen occupent la plupart des sols et crêtes rocheux, secs et balayés par le vent. Des canaux d'eau de fonte parcourant des dalles rocheuses inclinées sont bordés de grands thalles (pouvant atteindre une quinzaine de centimètres de diamètre) d'*Umbilicaria antarctica*. La Zone dispose de deux espèces de lichen qui n'avaient jamais été recensées en Antarctique jusque là, (*Psilolechia lucida* et *Umbilicaria* aff. *thamnodes*), mais aussi plusieurs autres espèces de lichen dont la présence, aussi au sud, est inédite (dont, *Frutidella caesioatra*,

Massalongia spp., *Ochrolechia frigida*, *Usnea aurantiaco-atra* et *Usnea trachycarpa*). Chose inhabituelle, l'espèce très répandue *Usnea antarctica* n'a pu être observée sur place.

- Invertébrés : sept espèces d'acariens, sept nématodes et quatre tardigrades étaient présents dans des prélèvements effectués aux Nunataks Marion. Chose surprenante, ni acariens prédateurs ni collemboles n'ont été recensés (Convey, 1999 ; Convey et al., 2000).

- Vertébrés : une petite colonie de soixante manchots Adélie (*Pygoscelis adeliae*) composée de nombreux poussins a été aperçue sur les petites îles qui se trouvent juste au nord-ouest du mont Monique (Henderson, 1976 ; Croxall et Kirkwood, 1979). La colonie a été revue au même endroit en janvier 2011 et se compose de 70 couples reproducteurs et de nombreux poussins. Il s'agit de la colonie de manchots Adélie la plus au sud de la Péninsule antarctique. En dehors de cette colonie de manchots, il n'y a guère de vertébrés dans la Zone. Des labbes de McCormick (*Catharacta maccormicki*) ont été observés dans la Zone mais seul un nid a été découvert sur un tapis de mousse. Parmi les oiseaux observés et susceptibles de se reproduire dans la Zone figuraient en petits nombres des sternes antarctiques (*Sterna vittata*), des pétrels des neiges (*Pagodroma nivea*), des pétrels antarctiques (*Thalassoica antarctica*) et des océanites de Wilson (*Oceanites oceanicus Kühl*) (Henderson, 1976 ; Smith, 1998 ; Convey et al., 2000).

Bien que tous les éléments du biote recensés soient typiques de la zone biogéographique de l'Antarctique maritime (Smith, 1984), les détails de la composition de leur biome varient considérablement de ceux d'autres communautés répertoriées sur d'autres sites. L'absence manifeste de collemboles est en parfait contraste avec les recensements effectués dans tous les autres sites reconnus de l'Antarctique maritime où ils sont omniprésents. Plusieurs autres espèces d'animaux aperçues au Nunataks Marion donnent à penser que les densités de population sont comparables à celles trouvées dans de nombreux autres sites côtiers de l'Antarctique maritime et qu'elles ont un ordre de grandeur au moins supérieur à celles habituellement trouvées dans les sites de l'Antarctique continentale ou dans la partie sud-est de l'Île Alexandre qui est à la limite sud de l'Antarctique maritime. La contribution numérique des collemboles aux autres faunes de l'Antarctique maritime semble être compensée sur l'Île Charcot par la présence de plusieurs acariens prostigmatides de petite dimension (*Nanorchestes nivalis* et *Eupodes minutes*). L'absence de taxons prédateurs au sein de la communauté d'arthropodes de l'Île Charcot est d'autant plus exceptionnelle qu'elle est en parfaite dichotomie avec les densités de populations d'arthropodes observées.

Les communautés biologiques terrestres de l'Île Charcot sont extrêmement vulnérables à une introduction accidentelle de biotes indigènes et non indigènes de l'Antarctique par l'homme. Convey et al. (2000) écrit :

> *Puisque les visiteurs qui débarqueront sur l'île, arriveront forcément d'autres sites de la zone maritime [Antarctique], ils accroissent le risque de transfert accidentel de terre ou de végétaux agglutinés à leurs chaussures, vêtements, sacs à dos, etc. C'est la raison pour laquelle il est impérieux d'éviter tout transfert d'espèces indigènes entre les diverses populations isolées de l'Antarctique maritime. Il est donc urgent de mettre en place des mesures de contrôle strictes pour tous les visiteurs de ce site, ainsi que d'autres, afin d'assurer la pérennité de leur conservation.*

Activités humaines antérieures

La Zone est extrêmement isolée et très difficile d'accès si ce n'est par aéronef et par conséquent, a été visitée par un faible nombre de personnes, et ces visites ont généralement été brèves. L'Île Charcot a été découverte le 11 janvier 1910 par Jean Baptiste Charcot alors chef de l'Expédition antarctique française. C'est l'Expédition antarctique de recherches de Ronne (RARE) qui à la première atterri sur l'île le 21 novembre 1947 et a profité de l'occasion pour photographier, depuis les airs, des parties de l'île (Searle, 1963).

En novembre 1982, l'Expédition antarctique chilienne et les Forces aériennes chiliennes (FACH) y ont construit une cabane temporaire (30 m²) et une piste d'atterrissage. Le campement était implanté sur la glace à quelques kilomètres à l'est du mont Martine (69°43'S, 75°00'O), à l'endroit même où se situe de nos jours la limite est de la Zone. La cabane a été ensevelie sous la neige durant l'hiver 1983 et il ne demeure aucune trace des restes de cette station en surface (Comité National des recherches antarctiques (*Comite National de Investigaciones Antarcticas* (CNIA)), 1983 ; Veronica Valejos, communication personnelle).

Les géologues et cartographes du *British Antarctic Survey* ont fait de brèves visites aux Nunataks Marion en janvier 1975, du 9 au 13 février 1976 et le 17 janvier 1995. Des biologistes de ces Services ont visité le Nunatak Rils le 22 décembre 1997, les 20 et 21 janvier 1999, le 5 février 1999 et le 16 janvier 2000. Les rapports évaluent à moins de dix le nombre de visites effectuées par les équipes de terrain aux Nunataks Marion depuis la première opération menée en 1975. Ces visites n'ont en général pas excédé quelques jours ou quelques heures. Il sied ici de noter que, depuis la découverte de ses écosystèmes uniques en leur genre, plus aucune visite effectuée aux Nunataks Marion n'a pénétré à l'intérieur des terres en partant du littoral (Convey et al., 2000). Il est par conséquent probable que l'écosystème ait conservé son état vierge originel et qu'aucune introduction de macrobiote ne se soit produite.

Au début de 2010 et 2011, des scientifiques des États-Unis d'Amérique ont brièvement accosté en bateau pour étudier la colonie de manchots Adélie située sur la côte nord-ouest du mont Monique.

6 (ii) Accès à la Zone

Il n'existe pas de points d'accès spécifiques, mais les atterrissages d'aéronefs sont souvent plus sûrs lorsqu'ils sont effectués sur des zones de glace permanente, car accéder à la terre depuis la mer s'avère difficile en raison de la présence de falaises de glace abruptes sur la majeure partie du littoral. Les atterrissages d'aéronefs dans la Zone doivent être conformes aux conditions décrites dans la section *7(ii)*. Au début de 2010 et 2011, de brefs débarquements ont été effectués depuis la mer par des scientifiques américains venus visiter la colonie de manchots Adélie située sur la terre libre de glace au nord-ouest du mont Monique (situation approximative, 69°45'40" S, 75°25'00" O). Les débarquements ont été réalisés en dépit des conditions difficiles mais habituelles rencontrées sur la glace de mer. Ces mêmes conditions ont empêché tout débarquement en 2012. C'est pourquoi cet itinéraire n'est pas celui recommandé pour accéder à la Zone.

6 (iii) Emplacement des structures situées à l'intérieur et à proximité de la Zone

Il n'existe aucune installation ou cache connue dans la Zone. Un cairn a été construit au sommet du petit nunatak (à environ 126 m d'altitude), par 69° 44' 55" de latitude sud et 75° 15' 00" de longitude ouest, à l'occasion du Programme de satellite Doppler mené à l'initiative de l'Institut d'études géologiques des États-Unis (USGS) et du *British Antarctic Survey* (BAS) entre 1975 et 1976 (Schoonmaker et Gatson, 1976). Ce cairn de 60 cm de hauteur indique, au moyen d'une plaque en cuivre de l'USGS mal rivetée à la roche faillée où est gravée la mention « Jon, 1975-1976 », l'emplacement de la station Jon. Un poteau de tente en métal (2,4 m) a été érigé dans le cairn ; toutefois, il n'en est pas fait mention dans les rapports de visite depuis 1995 (Anonyme, 1977 ; Morgan, 1995).

Emplacement d'autres zones protégées à proximité de la Zone

Il n'existe pas d'autres ZSPA ou ZGSA à proximité ; la plus proche est la ZSPA n°147, Vallée Ablation dans les Monts Ganymède, située à 270 km de la côte est de l'Île Alexandre.

6 (v) Zones spéciales au sein de la Zone

Il n'existe pas de zones spéciales au sein de cette Zone.

7. Critères de délivrance des permis d'accès

7(i) Conditions générales de délivrance de permis

L'accès à la Zone est interdit sauf si un permis est délivré par l'autorité nationale compétente conformément au paragraphe 4 de l'article 3 et de l'article 7 de l'Annexe V du Protocole au Traité sur l'Antarctique relatif à la protection de l'environnement.

Les conditions de délivrance d'un permis pour entrer dans la Zone sont les suivantes :

- un permis est délivré pour répondre à des missions scientifiques ne pouvant être effectuées ailleurs, ou pour des raisons essentielles à la gestion de la Zone ;
- les activités autorisées le sont si, via le processus d'évaluation d'impact sur l'environnement, elles sont considérées comme concourant à la protection continue des valeurs environnementales, écologiques et scientifiques de la Zone ;
- les actions permises sont conformes aux objectifs du plan de gestion ;
- le permis, ou une copie certifiée, doit être emporté à l'intérieur de la Zone ;
- le permis doit être délivré pour une durée déterminée ;
- un rapport est adressé à ou aux autorités mentionnées sur le permis ; et

- il convient de notifier à l'autorité compétente toute activité/mesure entreprise qui n'aurait pas été inclue dans le permis accordé.

Accès et déplacements à l'intérieur ou au-dessus de la Zone

Il est vivement recommandé de se limiter, dans la mesure du possible, à des visites d'une journée sur la Zone, afin de réduire les besoins en matériel de campement et les risques connexes d'introduction d'espèces non indigènes dans la Zone. S'il n'est pas possible de répondre aux besoins scientifiques ou de gestion à l'échelle d'une journée, les visites d'une durée plus longue qui exigent de camper à l'intérieur de la Zone sont autorisées mais uniquement après que toutes les autres options ont été étudiées en détail et rejetées.

L'accès du personnel ou de matériel arrivant directement d'autres sites de recherche biologique terrestre est interdit dans la Zone. Comme le décrit en détail le présent plan de gestion (section 7 *(x)*), il est impératif, pour prétendre pénétrer dans la Zone, que tous les visiteurs et le matériel transitent par une station antarctique ou un navire, où les vêtements et le matériel seront méticuleusement nettoyés.

Pour protéger les valeurs de la Zone et limiter le risque d'introduction d'espèces non indigènes, les restrictions ci-après mentionnées s'appliquent à l'intérieur de la Zone :

(a) Aéronefs

Les aéronefs ne sont autorisés à atterrir dans la Zone que s'ils ont pris les mesures décrites en détail dans le présent plan de gestion (section *7(x)*). Dans le cas contraire, les aéronefs doivent atterrir en dehors de la Zone. Au sein de la zone, il est interdit aux aéronefs à voilure fixe et rotative d'atterrir à moins de 100 m d'un sol libre de glace et par voie de conséquence, de la flore et de la faune qui lui sont associées. Les 100 mètres restants doivent être parcourus à pied.

Une colonie de manchots Adélie a élu domicile dans la Zone, sur la côte située au nord ouest du mont Monique (situation approximative 69°44'40" S, 75°25'00" O). Les opérations de survol de la Zone doivent être réalisées conformément aux « *Lignes directrices pour l'exploitation d'aéronefs à proximité des concentrations d'oiseaux dans l'Antarctique* », inscrites dans la Résolution 2 (2004).

(b) Navires et petites embarcations

Peu d'information existe sur les zones de débarquement appropriées pour les navires et petites embarcations (voir section *6(ii)*). Le caractère imprévisible des conditions rencontrées sur la glace de mer dans cette région ne permet pas de recommander le débarquement en bateau comme moyen approprié d'accès à la Zone. Toutefois, les débarquements en bateau peuvent être utiles lors de visites sur la côte, pour se rendre par exemple à l'endroit où s'est implantée la colonie de manchots Adélie, au nord-ouest du mont Monique (situation approximative 69°45'40" S, 75°25'00" O).

(c) Véhicules terrestres et traîneaux

Aucun véhicule terrestre ne doit être introduit dans la Zone sauf pour des raisons scientifiques, de gestion ou de sécurité indispensables. Les véhicules terrestres et traîneaux ne sont autorisés dans la Zone que s'ils ont pris les mesures décrites en détail dans le présent plan de gestion (section *7(x)*). Au sein de la Zone, il est interdit aux scooters des neiges, traîneaux et tout autre véhicule terrestre de s'approcher à moins de 100 m d'un sol libre de glace et par voie de conséquence, de la flore et de la faune qui lui sont associées. Les 100 mètres restants doivent être parcourus à pied.

(d) Déplacements humains

Le trafic piétonnier sera maintenu au strict minimum pour garantir le bon déroulement des activités autorisées. Lorsqu'aucune voie piétonnière n'est identifiée, les déplacements piétonniers devraient être strictement réservés à la réalisation d'activités autorisées et toutes les mesures nécessaires devraient être prises pour éviter les effets de piétinement. Les visiteurs doivent éviter de marcher sur des aires végétalisées et progresser prudemment sur les sols humides, en particulier les lits des cours d'eau pour préserver de leurs pas les sols fragiles, les communautés végétales et algales ainsi que la qualité de l'eau.

Des mesures de quarantaine rigoureuses doivent être prises à titre de précaution, tel que cela est décrit à la section *7(x)* du présent Plan de gestion.

7(iii) Activités pouvant être menées au sein de la Zone

Les activités pouvant être menées sont :

- les travaux de recherche scientifiques impérieux qui ne peuvent être réalisés ailleurs et ne mettront pas en danger l'écosystème de la Zone ;
- les activités d'échantillonnage nécessaires pour que les programmes de recherches soient validés ; et
- les activités indispensables de gestion et de surveillance.

7(iv) Installation, modification ou enlèvement de structures

- Aucune structure ou équipement scientifique ne doivent être érigés ou installés dans la Zone, hormis pour satisfaire des raisons scientifiques ou de gestion impérieuses ; dans ce cas, un permis précisant la durée de ces activités doit être délivré.
- Les structures ou installations permanentes sont interdites.
- Toutes les structures, équipements scientifiques ou bornes installés au sein de la Zone doivent être clairement identifiés et mentionner le pays, le nom du principal chercheur ou de l'agence, l'année d'installation et la date prévue d'enlèvement.
- Tous ces articles doivent être exempts d'organismes, de propagules (par ex. semences, œufs et spores) et de terre non stérile (voir section *7(x)*) ; ils doivent être constitués de matériaux pouvant résister aux conditions environnementales et présenter un risque marginal de contamination de la Zone.
- L'enlèvement de structures et équipements spécifiques dont le permis a expiré, incombe à l'autorité qui a, en premier lieu, délivré le permis et doit en outre, être l'un des critères de délivrance du permis.
- Les structures existantes ne peuvent être démantelées sans délivrance de permis.

7(v) Emplacement des camps

Le camping dans la Zone n'est autorisé que si les objectifs scientifiques ou de gestion requièrent plus d'une journée pour être menés à bien. Le camping au sein de la Zone est également autorisé dans des situations d'urgence. À moins que cela ne s'avère inévitable pour des raisons de sécurité, les tentes devraient être installées sur de la neige ou de la glace, à 500 m au moins de la première zone libre de glace. L'équipement nécessaire à l'établissement de campements au sein de la Zone doit être nettoyé et transporté comme cela est décrit à la section *7(x)* du présent Plan de gestion.

7(vi) Restrictions sur les matériaux et organismes pouvant être introduits dans la Zone

Outres les exigences du Protocole au Traité sur l'Antarctique relatif à la protection de l'environnement, les restrictions concernant l'apport de matériaux ou d'organismes au sein de la Zone sont les suivantes :

- L'introduction délibérée d'animaux, de végétaux, de micro-organismes et de terre non stérile dans la Zone est interdite.
- Il est nécessaire de prendre des précautions pour éviter l'introduction accidentelle d'animaux, de végétaux, de micro-organismes et de terre non stérile provenant d'autres régions biologiquement distinctes (au sein ou en dehors de la zone couverte par le Traité sur l'Antarctique). Les visiteurs devraient également consulter et se conformer aux recommandations appropriées figurant dans le « *Manuel sur les espèces non indigènes* » du Comité pour la protection de l'environnement (CPE, 2011) et dans le « *Code de conduite environnemental pour la recherche scientifique terrestre de terrain dans l'Antarctique* » (SCAR, 2009). Des mesures supplémentaires relatives à la biosécurité spécifiques à ce site sont énumérées à la section *7(x)*.
- Aucun produit avicole, y compris les produits alimentaires contenant de la poudre d'œufs non cuits, ne doit être introduit dans la Zone.

- Aucun herbicide ou pesticide ne doit être introduit dans la Zone. Les autres produits chimiques, y compris les radionucléides ou les isotopes stables introduits pour répondre à un besoin scientifique impérieux et autorisés par un permis, doivent être enlevés de la Zone avant ou au moment de la conclusion de l'activité qui a donné lieu à la délivrance du permis. Les émissions irrémédiables de radionucléides ou d'isotopes stables dans l'environnement doivent impérativement être évitées.

- Le combustible, les aliments et autres matériaux ne peuvent être entreposés dans la Zone, sauf en cas de nécessité absolue liée aux activités pour lesquelles le permis a été délivré. Ils doivent être stockés et manipulés de façon à limiter le risque d'introduction accidentelle dans l'environnement. Le combustible, les aliments et autres matériaux doivent être uniquement entreposés sur des zones de neige ou de glace et éloignés d'au moins 500 m du sol libre de glace le plus proche. Les dépôts permanents sont interdits.

- Les matériaux introduits dans la Zone le sont pour une période donnée uniquement, et doivent être enlevés lors de, ou avant la conclusion de ladite période.

7(vii) Prélèvement de végétaux ou perturbations nuisibles à la faune et la flore

Le prélèvement de végétaux ou toutes perturbations nuisibles à la faune et la flore sont interdits, sauf s'ils sont d'une part, autorisés par un permis et d'autre part, conformes à l'Annexe II du Protocole au Traité sur l'Antarctique relatif à la protection de l'environnement. Tous prélèvements ou toutes perturbations nuisibles aux animaux, doivent se dérouler au minimum conformément aux dispositions du « *Code de conduite pour l'utilisation d'animaux à des fins scientifiques dans l'Antarctique* » établi par le SCAR (2011). Les activités d'échantillonnage du sol ou de la végétation doivent être limitées à leur stricte minimum requis à des fins scientifiques ou à des fins de gestion et exécutées avec des techniques qui minimisent les perturbations susceptibles d'être causées au sol, aux structures de glace et au biote.

7(viii) Ramassage ou enlèvement de toute chose n'ayant pas été apportée dans la Zone par le détenteur du permis

Le ramassage ou l'enlèvement de matériaux dans la Zone ne peut se faire que sur délivrance d'un permis et doivent se limiter au minimum requis pour les activités menées à des fins scientifiques ou de gestion. Tous matériaux d'origine anthropique susceptibles d'avoir un impact sur les valeurs de la Zone et n'ayant pas été introduits par le titulaire du permis ou toute autre personne autorisée, peuvent être enlevés dans la mesure où cet enlèvement n'entraînera pas de conséquences plus graves que de les laisser in situ. Dans ce cas, les autorités compétentes doivent en être informées et donner leur accord.

7(ix) Élimination des déchets

Tous les déchets, y compris les déchets humains, doivent être retirés de la Zone.

7(x) Mesures nécessaires pour que les buts et objectifs du Plan de gestion continuent à être atteints

Pour concourir à la protection des valeurs écologiques et scientifiques de la Zone, il est nécessaire d'en garantir l'isolement et de maintenir un risque faible d'impact humain. Les visiteurs doivent donc prendre des mesures de précaution spéciales pour limiter l'introduction d'espèces non indigènes. Une vigilance particulière est accordée à l'introduction d'animaux et de végétaux issus de :

- sols provenant d'autres sites de l'Antarctique, y compris ceux qui sont proches des stations ;
- sols en provenance de régions extérieures à l'Antarctique.

Pour entrer dans la Zone, les visiteurs doivent limiter les risques d'introduction en se conformant aux mesures suivantes :

(a) Aéronefs

L'inspection minutieuse ainsi que le nettoyage intérieur et extérieur des aéronefs doivent être réalisés juste avant leur envol de la station antarctique ou du navire. L'intérieur des aéronefs doit être méticuleusement balayé et aspiré, tandis que l'extérieur doit être brossé puis nettoyé à la vapeur.

Tous les aéronefs ayant, depuis leur nettoyage à la station ou sur le navire, atterri sur d'autres pistes rocheuses ou à proximité de sites biologiquement riches sont interdits d'accès à la Zone.

Avant d'atterrir dans la Zone, les aéronefs à voilure fixe ayant décollé d'une piste en gravier doivent avoir atterri ou posé leurs skis sur de la neige propre en dehors de la Zone afin d'en déloger toute la terre qui aurait pu y adhérer.

(b) Petites embarcations

Les embarcations servant à transporter les visiteurs depuis un navire de soutien jusqu'à la limite de la Zone doivent être nettoyées (notamment à l'intérieur) et être exemptes de terre, de saletés et de propagules.

(c) Véhicules terrestres et traîneaux

Toutes traces de boue, de terre, de végétaux et de saleté excessives doivent être ôtées des véhicules terrestres et traineaux pénétrant dans la Zone. Cette opération doit être idéalement effectuée avant que les véhicules ne quittent la station ou le navire qui les transférait sur le terrain. Les véhicules terrestres propres mais ayant roulé depuis dans des zones rocheuses ou terreuses ne doivent pas pénétrer dans la Zone.

(d) Équipements nécessaire à l'établissement d'un camp

Tous les équipements de camping, y compris l'équipement d'urgence doivent être minutieusement nettoyés (débarrassés de terre et de propagules et, dans la mesure du possible, placés dans des sacs ou des bâches en plastique) avant d'être introduits dans la Zone. Cela inclut également le matériel de camping d'urgence transporté par un aéronef qui atterri dans la Zone.

(e) Matériel d'échantillonnage, appareils scientifiques et balises de terrain

Tout le matériel d'échantillonnage, tous les appareils scientifiques et toutes les balises introduits dans la Zone doivent avoir été stérilisés et maintenus en cet état avant d'être utilisés à l'intérieur de la Zone. La stérilisation doit se faire au moyen d'une méthode convenue, que ce soit au moyen de rayons UV, d'un autoclavage ou par la stérilisation de la surface en utilisant 70 % d'éthanol ou un biocide disponible dans le commerce (du Virkon® par exemple) (se reporter au « *Code de conduite environnemental pour la recherche scientifique terrestre de terrain dans l'Antarctique* » (SCAR, 2009).

(f) Matériel d'usage général

Le matériel général comprend les harnais, les crampons, le matériel d'escalade, les piolets, les bâtons de marche, le matériel de ski, les balises temporaires, les luges, les traîneaux, les appareils photographiques et vidéo, les sacs à dos, les boîtes de traîneaux ainsi que tout autre équipement personnel.

Tout le matériel destiné à être utilisé à l'intérieur de la Zone devrait être dépourvu de propagules biologiques comme les semences, les œufs, les insectes, les fragments de végétaux et la terre. Tout le matériel utilisé ou introduit dans la Zone doit, dans toute la mesure du possible, avoir été nettoyé consciencieusement et stérilisé à la station ou sur le navire antarctique d'où ils proviennent. Le matériel doit avoir été maintenu dans cet état avant d'entrer dans la Zone, et être idéalement scellé dans des sacs en plastique ou autres conteneurs propres.

(g) Vêtements de dessus

Les vêtements de dessus comprennent les chapeaux, les gants, les pulls ou les polaires, les vestes, les pantalons en toile ou en laine, les pantalons ou les salopettes imperméables, les chaussettes, les chaussures ainsi que tout autre vêtement susceptible d'être exposé à l'environnement. Les vêtements de dessus portés à l'intérieur de la Zone devraient être exempts de propagules biologiques comme les semences, les œufs, les insectes, les fragments de végétaux et la terre. Les chaussures et vêtements de dessus utilisés ou introduits dans la Zone doivent, dans la mesure du possible, avoir été lavés en machine. Les semences et propagules prisonnières des bandes Velcro® doivent être minutieusement ôtées. Les vêtements neufs, directement sortis de l'emballage du fabricant juste avant d'entrer dans la Zone, n'ont pas à être nettoyés.

Les procédures additionnelles pour s'assurer que des espèces non indigènes ne soient pas introduites dans la Zone sur des chaussures et des vêtements dépendent de la façon dont le visiteur est entré sur la Zone : (i) en atterrissant directement dan la Zone ; (ii) par voie terrestre depuis l'extérieur vers l'intérieur de la Zone ou (iii), par bateau jusqu'aux limites de la Zone :

i. Atterrissage directement au sein de la Zone. Une surcombinaison de protection stérile doit être portée. Ce vêtement de protection doit être enfilé juste avant de quitter l'aéronef. Les chaussures de rechange, nettoyées auparavant à l'aide d'un biocide puis scellées dans des sacs en plastique, doivent être déballées et chaussées juste avant d'entrer dans la Zone.

ii. Déplacement par voie terrestre depuis l'extérieur vers l'intérieur de la Zone. Il n'est pas recommandé de porter une surcombinaison de protection stérile car, une fois à l'intérieur de la Zone, beaucoup de déplacements sur un sol crevassé sont susceptibles d'avoir lieu et l'emploi d'une telle surcombinaison peut limiter l'utilisation de matériel de sécurité comme des cordes et des harnais. Les déplacements par voie terrestre au sein de la Zone peuvent faire l'objet de mesures alternatives. Chaque visiteur est tenu d'apporter au moins deux jeux de vêtements de dessus. Le premier jeu devra être porté pour effectuer le voyage jusqu'à la limite de la Zone. Le second, qui a déjà été nettoyé et scellé dans des sacs en plastique, ne doit être porté qu'à l'intérieur de la Zone. Juste avant de pénétrer dans la Zone, les visiteurs doivent changer de vêtements pour porter le jeu propre. Les chaussures de rechange, nettoyées auparavant à l'aide d'un biocide puis scellées dans des sacs en plastique, doivent être déballées et chaussées juste avant d'entrer dans la Zone. Les vêtements sales de dessus qui ont été enlevés doivent être conservés dans des sacs en plastique étiquetés et scellés, de préférence en dehors de la Zone. Lorsque les visiteurs quittent la Zone par voie terrestre, les vêtements portés dans la Zone doivent être enlevés et placés dans un sac en plastique propre et étiqueté et soit, resservir lors de visites ultérieures de la Zone, soit retournés pour nettoyage à la station antarctique ou au navire d'origine.

iii. Déplacement par bateau jusqu'aux limites de la Zone : Chaque visiteur, y compris l'équipage embarqué, doivent, alors qu'ils sont encore à bord du bateau d'assistance, et juste avant d'embarquer sur la petite embarcation devant leur permettre d'atteindre la Zone, enfiler des vêtements propres (vêtements de navigation, gilets de survie et chaussures) dépourvus de terre, de semences ou de toutes autres propagules. S'ils le préfèrent, les visiteurs peuvent, lors de leur arrivée à la limite de la Zone et avant de quitter le bateau, revêtir des surcombinaisons de protection. Les autres vêtements et chaussures nécessaires pour permettre l'entrée des visiteurs au sein de la Zone, doivent être nettoyés avant de quitter le bateau d'assistance et demeurer stockés dans un contenant scellé (sac en plastique) jusqu'à leur utilisation.

7(xi) Rapports de visite

Le principal titulaire de chaque permis délivré soumet dès que possible à l'autorité nationale compétente, un rapport décrivant les activités menées dans la Zone lors de chaque visite réalisée. Ces rapports doivent inclure les renseignements identifiés dans le « *formulaire du rapport de visite d'une Zone spécialement protégée de l'Antarctique* » inclus dans le « *Guide pour la préparation des plans de gestion de zones spécialement protégées en Antarctique* » (Annexe 2). Ce rapport doit précisément mentionner les zones libres de glace spécifiques visitées au sein de la Zone (en indiquant, dans la mesure du possible, les coordonnées GPS de ces sites), le temps passé à chaque endroit et les activités menées. L'autorité nationale doit, chaque fois qu'elle le peut, également transmettre une copie du rapport de visite à la Partie étant à l'initiative du plan de gestion, afin de l'aider à la gestion de la Zone et dans la révision du plan de gestion. Les Parties doivent, dans la mesure du possible, déposer les originaux ou les copies de ces rapports dans une archive à laquelle le public pourra avoir accès afin de maintenir ainsi une archive d'usage. Cette archive pourra être utilisée à la fois lors de tout réexamen du plan de gestion et dans le cadre de l'organisation de l'utilisation scientifique du site.

8. Bibliographie

Anonymous. (1977). British Antarctic Survey Archives Service, Arc. Ref. ES2/EW360.1/SR17-18/7,8.

Antarctic Treaty Consultative Meeting (2004). Guidelines for the operation of aircraft near concentrations of birds in Antarctica. ATCM Resolution 2 (2004).

Braun, M., Humbert, A., and Moll, A. (2009). Changes of Wilkins Ice Shelf over the past 15 years and inferences on its stability. The Cryosphere 3: 41-56.

Comite Nacional de Investigaciones Antarcticas. (1983). Informe de las actividades Antarcticas de Chile al SCAR. Santiago, Instituto Antarctico Chileno.

Committee for Environmental Protection (CEP). (2011). Non-native species manual – 1st Edition. Manual prepared by Intersessional Contact Group of the CEP and adopted by the Antarctic Treaty Consultative Meeting through Resolution 6 (2011). Buenos Aires, Secretariat of the Antarctic Treaty.

Chown, S. L., and Convey, P. (2007). Spatial and temporal variability across life's hierarchies in the terrestrial Antarctic. Philosophical Transactions of the Royal Society B - Biological Sciences 362 (1488): 2307-2R31.

Convey, P. (1999). Terrestrial invertebrate ecology. Unpublished British Antarctic Survey internal report Ref. R/1998/NT5.

Convey, P., Smith, R. I. L., Peat, H. J. and Pugh, P. J. A. (2000). The terrestrial biota of Charcot Island, eastern Bellingshausen Sea, Antarctica: an example of extreme isolation. Antarctic Science 12: 406-413.

Croxall, J. P., and Kirkwood, E. D. (1979). The distribution of penguins on the Antarctic Peninsula and islands of the Scotia Sea. British Antarctic Survey, Cambridge.

Henderson, I. (1976). Summer log of travel and work of sledge kilo in northern Alexander Island and Charcot Island, 1975/1976. Unpublished British Antarctic Survey internal report Ref. T/1975/K11.

Morgan, F., Barker, G., Briggs, C., Price, R., and Keys, H. (2007). Environmental Domains of Antarctica Version 2.0 Final Report. Landcare Research Contract Report LC0708/055.

Morgan, T. (1995). Sledge echo travel report, 1994/5 season – geology in central Alexander Island. Unpublished British Antarctic Survey internal report Ref. R/1994/K7.

Peat, H. J., Clarke, A., and Convey, P. (2007). Diversity and biogeography of the Antarctic flora. Journal of Biogeography 34: 132-146.

Schoonmaker, J. W., and Gatson, K. W. (1976). U. S. Geological Survey/British Antarctic Survey Landsat Georeceiver Project. British Antarctic Survey Archives Service, Arc. Ref. ES2/EW360/56.

SCAR (Scientific Committee on Antarctic Research) (2009). Environmental code of conduct for terrestrial scientific field research in Antarctica. ATCM XXXII IP4.

SCAR (Scientific Committee on Antarctic Research) (2011). SCAR code of conduct for the use of animals for scientific purposes in Antarctica. ATCM XXXIV IP53.

Searle, D. J. H. (1963). The evolution of the map of Alexander and Charcot Islands, Antarctica. The Geographical Journal 129: 156-166.

Smith, R. I. L. (1984). Terrestrial plant biology of the sub-Antarctic and Antarctic. In: Antarctic Ecology, Vol. 1. Editor: R. M. Laws. London, Academic Press.

Smith, R. I. L. (1998). Field report: sledge delta, November 1997 - January 1998. Unpublished British Antarctic Survey internal report Ref. R/1997/NT3.

Terauds, A., Chown, S. L., Morgan, F., Peat, H. J., Watt, D., Keys, H., Convey, P., and Bergstrom, D. M. (2012). Conservation biogeography of the Antarctic. Diversity and Distributions 18: 726-41.

Vaughan, D. G., Mantripp, D. R., Sievers, J., and Doake C. S. M. (1993). A synthesis of remote sensing data on Wilkins Ice Shelf, Antarctica. Annals of Glaciology: 17: 211-218.

Carte 1. Situation géographique de l'Île Charcot par rapport à l'Île Alexandre et à la Péninsule antarctique. Spécifications de la carte : WGS84 Stéréographique polaire antarctique. Méridien central : -55° ; Parallèle de référence : -71°.

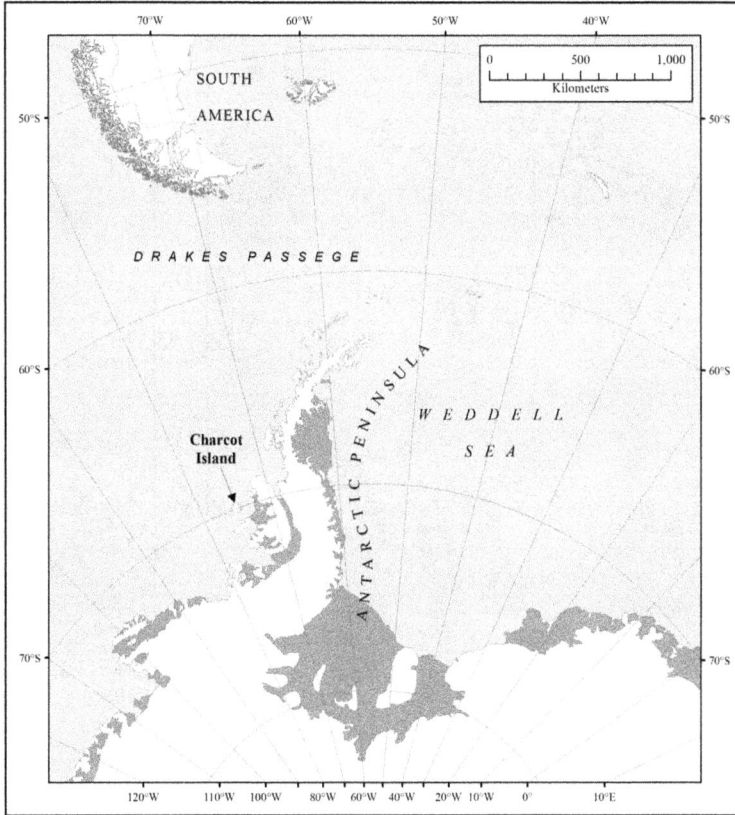

Carte 2. Cartographie de l'Île Charcot et matérialisation de la ZSPA n°170, Nunataks Marion située au nord-ouest de l'île. Spécifications de la carte : WGS84 Stéréographique polaire antarctique. Méridien central : - 75°; Parallèle de référence : - 71.0°

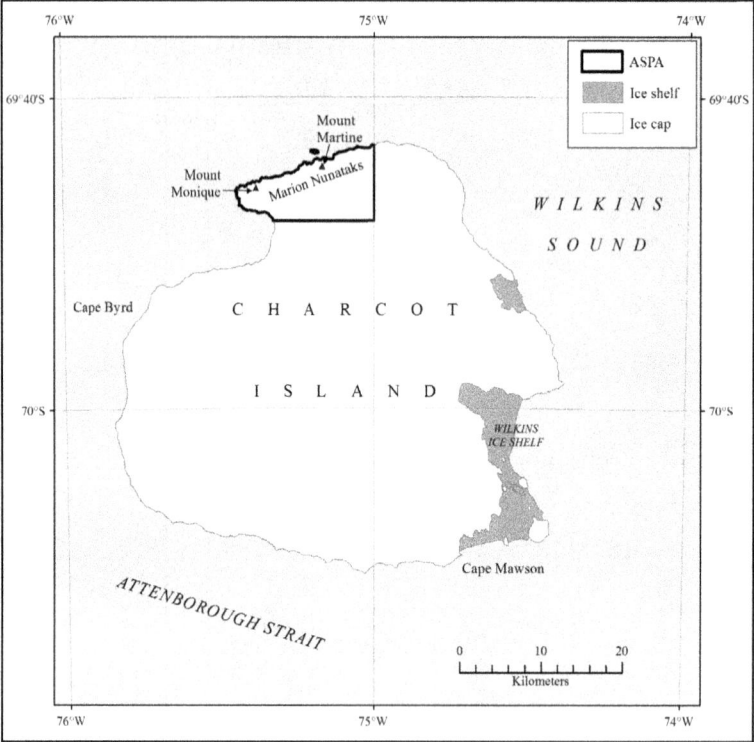

Carte 3. ZSPA n°170, Nunataks Marion, Île Charcot, Péninsule antarctique. Spécifications de la carte : WGS84 Stéréographique polaire antarctique. Méridien central : -75° ; Parallèle de référence : -71.0°. Développée à partir de la mosaïque d'images de l'Antarctique Landsat de l'Institut d'études géologiques des États-Unis (USGS) ID du lieu : x-2250000y+0450000. Métadonnées disponibles sur http://lima.usgs.gov/.

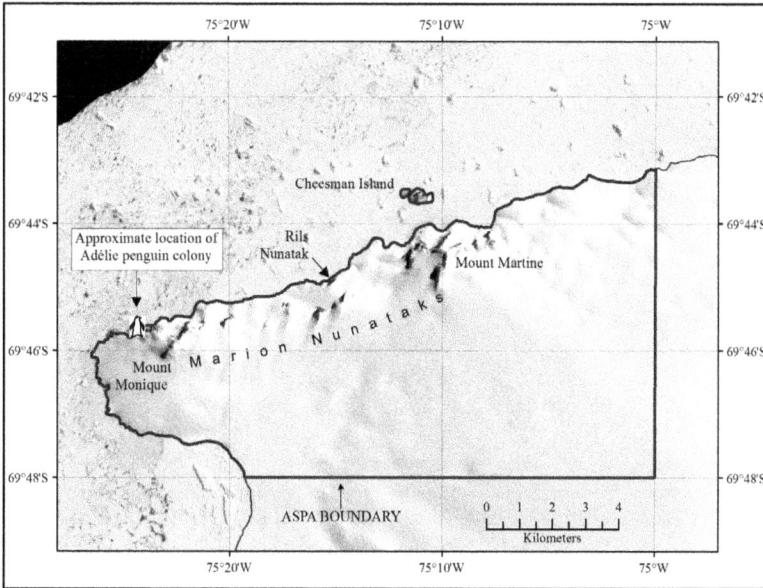

Plan de gestion pour la zone spécialement protégée de l'Antarctique (ZSPA) n° 173

CAP WASHINGTON ET BAIE SILVERFISH, NORD DE LA BAIE TERRA NOVA, MER DE ROSS

Introduction

Le cap Washington et la baie Silverfish sont situés dans le nord de la baie Terra Nova, Terre Victoria, mer de Ross. Zone approximative et coordonnées : 286 km² (centrée à 74°37,1'S ; 164°57,6'E), comprenant une composante marine de 279,5 km² (98 %) et une composante terrestre de 6,5 km² (2 %). Les raisons principales de désignation de la zone correspondent à ses valeurs écologiques et scientifiques exceptionnelles. L'une des plus grandes colonies de manchots empereurs (*Aptenodytes forsteri*) de l'Antarctique se reproduit sur une étendue de glace marine adjacente au cap Washington, avec environ 20 000 couples nicheurs correspondant à environ 8 % de la population mondiale de manchots empereurs et environ 21 % de la population de la mer de Ross. Plusieurs facteurs, tels que l'emplacement, les conditions de la glace, le climat et l'accessibilité, permettent des opportunités relativement stables et constantes d'observation fiable des poussins de manchots empereurs en phase d'envol. La présence d'une variété d'autres espèces rend le lieu idéal pour l'étude des interactions entre les écosystèmes. L'ampleur des observations recensées de la colonie de manchots empereurs du cap Washington présente une valeur scientifique exceptionnelle. A environ 20 km à l'ouest du cap Washington, la première zone de frayère et d'alevinage documentée pour la calandre antarctique (*Pleuragramma antarcticum*) est située dans la baie Silverfish. Des recherches récentes montrent que les concentrations d'œufs s'étendent parfois sur toute la baie jusqu'au cap Washington. Les premières études innovantes concernant le cycle biologique de cette espèce ont été réalisées sur le site, et son accessibilité relative aux stations de recherche à proximité rend la zone importante en matière de recherche biologique. La zone présente également des valeurs géoscientifiques essentielles, car elle comporte de vastes affleurements rocheux volcaniques provenant du volcan actif à proximité, le mont Melbourne.

La zone se trouve dans l'Environnement U - Géologique du nord de Terre Victoria, selon l'Analyse des domaines environnementaux du continent antarctique (Résolution 3 (2008)) et dans la Région 8 – Terre Northern Victoria, selon le système des Régions de conservation biogéographiques de l'Antarctique.

1. Description des valeurs à protéger

La zone située dans la partie nord de la baie Terra Nova comprenant le cap Washington et la baie Silverfish (Carte 1) a été proposée par l'Italie et les États-Unis d'Amérique parce qu'elle contient l'une des plus importantes colonies de manchots empereurs (*Aptenodytes forsteri*) connues, et que la colonie et l'écosystème qui lui est associé font l'objet d'études scientifiques menées depuis 1986. De nombreux œufs de calandre antarctique (*Pleuragramma antarcticum*) ont récemment été trouvés sous la glace marine dans le nord de la baie Terra Nova, ce qui en fait la première zone de frayère et d'alevinage documentée pour cette espèce. Cette découverte a permis une bien meilleure connaissance du cycle biologique de cette espèce, et la proximité de ce site aux stations scientifiques avoisinantes lui confère une valeur scientifique exceptionnelle pour une étude permanente. Le site où les œufs de calandre antarctique ont été trouvés à l'origine a été nommé baie Silverfish (Carte 2), et des études plus récentes ont montré que, certaines années, la forte concentration d'œufs de *P. antarcticum* qu'on y trouve existe dans toute la baie jusqu'au cap Washington. La surface totale de la zone est de 286 km², avec une composante marine d'environ 279,5 km² (98 %) et une composante terrestre de 6,5 km² (2 %).

La colonie de manchots empereurs du cap Washington, qui se concentre généralement à un kilomètre au nord-ouest du cap (à 74°38,8'S ; 165°22'E), était la plus importante colonie connue en Antarctique durant les campagnes 1993 et 1994, avec des recensements s'élevant à environ 24 000 poussins, soit un peu plus que le nombre recensé à la même époque sur l'île Coulman voisine. D'autres années où des recensements ont été faits, la colonie de l'île Coulman était un peu plus nombreuse. Il semble que la population de la colonie soit relativement stable, avec environ 17 000 poussins dénombrés. Cette relative stabilité fait que la colonie se prête particulièrement bien à la recherche et au suivi scientifiques, les tendances à long terme y étant plus faciles à étudier et à détecter. D'autre part, il existe une série chronologique de données scientifiques sur une période relativement longue pour la colonie de manchots empereurs du cap Washington. En raison de sa situation géographique, des conditions de la glace, des conditions météorologiques et de son accessibilité, le cap Washington est l'une des deux seules colonies de la mer de Ross que l'on peut étudier du mois d'octobre au mois de décembre et où l'observation de l'envol des jeunes manchots empereurs est assurée. Toutes ces qualités font de la colonie de manchots empereurs du cap Washington un site ayant une valeur écologique et scientifique exceptionnelle.

La zone du cap Washington et de la baie Silverfish présente aussi un intérêt scientifique considérable en raison de la diversité des espèces présentes dans la zone, qui en font un lieu idéal pour étudier les interactions de l'écosystème et les relations entre proies et prédateurs. Le cap Washington même est une zone de nidification pour les labbes de McCormick (*Catharacta maccormicki*) et les pétrels des neiges (*Pagodroma nivea*). Des manchots d'Adélie (*Pygoscelis adeliae*) sont présents au sein de la colonie de manchots empereurs et peuvent être observés tous les jours de novembre à mi-janvier à la lisière de la glace marine. D'importants groupes d'épaulards (*Orcinus orca*) et d'autres cétacés comme les petits rorquals (*Balaenoptera bonaerensis*) peuvent être régulièrement observés s'alimentant dans cette zone, ainsi que des phoques de Weddell (*Leptonychotes weddellii*) et des léopards de mer (*Hydrurga leptonyx*). La baie est un site d'échouerie et de reproduction important pour les phoques de Weddell, plusieurs centaines d'entre eux se rassemblant généralement le long des chenaux dans la glace marine et près de l'île Markham tout au long de la saison. Des phoques crabiers (*Lobodon carcinophagus*) et des bérardies d'Arnoux (*Berardius arnuxii*) sont parfois repérés à la lisière de la glace marine dans cette région. Le cap Washington est le seul site connu où l'observation des interactions entre les léopards de mer et les manchots empereurs peut avoir lieu de manière aussi fiable.

La zone présente une valeur exceptionnelle en ce qu'elle permet l'observation des interactions et des relations prédateurs / proies entre un grand nombre d'organismes différents de l'écosystème marin dans une zone relativement compacte, accessible à des scientifiques bénéficiant de l'assistance de stations de recherche à proximité. Les limites sont définies par l'application d'une approche intégrée qui tient compte de tous les éléments de l'écosystème local.

La zone présente des valeurs géoscientifiques importantes, car elle comporte de vastes affleurements rocheux volcaniques provenant du volcan actif à proximité, le mont Melbourne. La zone sert de région repère clé pour l'évaluation de la jeune évolution néotectonique de la partie occidentale de la mer de Ross. Elle délimite les eaux les plus profondes de la mer de Ross et comprend l'île Markham, un affleurement volcanique situé au-dessus d'une anomalie magnétique négative, dont l'origine n'est pas encore connue.

Le cap Washington est relativement accessible par la glace marine, par voie maritime et par voie aérienne depuis les stations scientifiques voisines de la baie Terra Nova. Le trafic aérien dans cette région est fréquent durant toute la saison estivale, avec des aéronefs à voilure fixe opérant depuis la piste de glace marine de l'anse Gerlache (Carte 2), et des vols d'hélicoptères réguliers dans la région du mont Melbourne.

La zone nécessite une protection spéciale à long terme compte tenu de l'importance de ses valeurs écologiques et scientifiques exceptionnelles et de la vulnérabilité potentielle de cette zone aux perturbations découlant des activités scientifiques, logistiques et touristiques menées dans la région.

2. Buts et objectifs

La gestion dans la zone du cap Washington et de la baie Silverfish vise à :

- Éviter la dégradation des valeurs de la zone et toute atteinte substantielle qui pourrait leur être portée, en empêchant les perturbations humaines inutiles dans la zone.
- Permettre la réalisation dans la zone de travaux de recherche scientifique sur l'écosystème, en particulier sur les manchots empereurs et les interactions de l'écosystème, tout en évitant tout prélèvement excessif d'échantillons ou tout autre impact scientifique éventuel.
- Permettre d'autres travaux de recherche scientifique, activités d'assistance scientifique et visites à des fins pédagogiques et de vulgarisation (telles que les reportages documentaires (visuels, audio ou écrits) ou la production de ressources ou de services pédagogiques), sous réserve que ces activités aient lieu pour des raisons indispensables qu'il n'est pas possible de mettre en œuvre ailleurs et qu'elles ne portent pas atteinte à l'écosystème naturel de la zone.
- Éviter ou minimiser l'introduction de plantes, d'animaux, et de microbes non indigènes dans la zone.
- Minimiser les possibilités d'introduction de pathogènes qui pourraient apporter des maladies aux populations fauniques dans la zone.
- Permettre des visites à des fins de gestion appuyant les objectifs du plan de gestion.

3. Activités de gestion

Les activités de gestion suivantes sont à mettre en œuvre afin de protéger les valeurs de la zone :

- Des panneaux indiquant l'emplacement de la zone (et spécifiant les restrictions spéciales qui s'y appliquent) doivent être disposés bien en évidence, et une copie du présent plan de gestion doit être disponible à toutes les stations scientifiques situées dans un rayon de 75 km autour de la zone.
- Des copies de ce plan de gestion doivent être mises à disposition de tous les navires et aéronefs qui visitent la zone et/ou qui opèrent aux alentours des stations adjacentes. Tous les pilotes et capitaines de navires opérant dans la région doivent être informés de l'emplacement, des limites et des restrictions qui s'appliquent à l'entrée dans la zone et au survol de celle-ci.
- Les programmes nationaux doivent prendre des mesures pour s'assurer que les limites de la zone et les restrictions qui s'appliquent à l'intérieur de celle-ci soient marquées sur les cartes concernées et sur les cartes nautiques / aéronautiques.
- Les repères, les panneaux ou les structures installés à l'intérieur de la zone à des fins scientifiques ou de gestion doivent être solidement fixés et maintenus en bon état, et enlevés lorsqu'ils ne sont plus nécessaires.
- Tout équipement ou matériel abandonné doit être enlevé dans toute la mesure possible, sous réserve que cette action n'ait pas un impact négatif sur l'environnement et les valeurs de la zone.
- Des visites sont à effectuer selon que de besoin (au moins une fois tous les cinq ans) pour déterminer si la zone continue de répondre aux objectifs pour lesquels elle a été désignée et pour veiller à ce que les mesures de gestion et d'entretien soient adéquates.
- Les Programmes antarctiques nationaux opérant dans la région sont tenus de se consulter pour veiller à ce que les dispositions susmentionnées soient mises en œuvre.

4. Durée de la désignation

La zone est désignée pour une durée indéterminée.

5. Cartes et photographies

Carte 1 : ZSPA n° XYZ : cap Washington et baie Silverfish – Carte régionale. Projection : conique conforme de Lambert ; parallèles de référence : 1er 74°20'S ; 2nd 75°20'S ; méridien central : 164°00'E ;

latitude d'origine : 74°00'S ; sphéroïde et datum horizontal : WGS84 ; intervalle de contour 200 m ; bathymétrie 200 m le long de la côte, puis intervalles de 500 m.

Encadré : Emplacement de la baie Terra Nova dans la région de la mer de Ross.

Carte 2 : ZSPA n° XYZ : cap Washington et baie Silverfish – Carte topographique. Projection : conique conforme de Lambert ; parallèles de référence : 1er 74°35'S ; 2nd 74°45'S ; méridien central : 164°42'E ; latitude d'origine : 74°00'S ; sphéroïde et datum horizontal : WGS84 ; intervalle de contour 200 m ; bathymétrie intervalles de 100 m.

Carte 3 : ZSPA n° XYZ : cap Washington et baie Silverfish – Orientations relatives à l'accès. Détails de la carte conformes à la Carte 2.

Carte 4 : ZSPA n° XYZ : cap Washington et baie Silverfish – Zone restreinte. Détails de la carte conformes à la Carte 2, sauf pour le méridien central : 165°20'E. Image satellite Ikonos obtenue le 30 déc. 2011, © GeoEye (2011), offerte par le programme d'imagerie commercial de la NGA.

6. Description de la zone

6(i) Coordonnées géographiques, bornage et caractéristiques du milieu naturel

Description générale

Le cap Washington est situé dans la partie nord de la baie Terra Nova, à 40 km à l'est de la station Mario Zucchelli (Italie) (Carte 1). La surface de la zone est de 286 km^2, avec une composante marine d'environ 279,5 km^2 (98 %) et une composante terrestre de 6,5 km^2 (2 %).

La glace marine qui recouvre la baie Silverfish et la baie Closs jusqu'au cap Washington persiste de mars à janvier, formant une plateforme stable et fiable pour la reproduction des manchots empereurs et créant des conditions propices à la frayère des calandres antarctiques. La péninsule du cap Washington fournit un abri à la colonie de manchots empereurs, ainsi relativement protégé contre les vents catabatiques violents qui s'abattent sur d'autres parties de la baie Terra Nova. La côte est de la péninsule du cap Washington comporte des falaises abruptes de plusieurs centaines de mètres de haut, tandis que le coté ouest présente des pentes plus douces alternant neige et zones libres de glace, avec quelques affleurements rocheux descendant jusqu'à la mer. La baie Closs est ininterrompue jusqu'à la langue du glacier Campbell, ponctuée par la petite île solitaire Markham, près de la pointe Oscar (Carte 2).

Limites et coordonnées géographiques

La limite orientale de la zone dans la partie nord-est s'étend depuis les coordonnées géographiques 74°37'S, 165°27'E sur la côte est de la péninsule du cap Washington direction plein sud, sur environ 5,6 km jusqu'aux coordonnées 74°40'S, 165°27'E (Carte 2). Elle continue ensuite plein ouest à travers la baie Closs, suivant la courbe de latitude 74°40'S sur environ 26,8 km jusqu'à la langue du glacier Campbell. Elle suit ensuite, en direction du nord, la frange orientale de la langue du glacier Campbell sur à peu près 11,2 km pour atteindre la côte au nunatak Shield. La limite continue alors vers l'est le long de la côte, contournant le glacier Vacchi Piedmont, jusqu'à la côte ouest de la péninsule du cap Washington, à environ 23 km en ligne directe du nunatak Shield. La limite se poursuit ensuite vers le sud en suivant la côte sur à peu près 7,5 km jusqu'au premier affleurement rocheux évident situé à la latitude 74°37,03'S sur la côte ouest de la péninsule du cap Washington. À partir de cette côte, la limite se poursuit vers l'est le long de la courbe de latitude 74°37'S sur environ 2,8 km jusqu'au point de la limite dans la partie nord-est situé sur la côte est de la péninsule du cap Washington.

Climat

Il existe quatre stations météorologiques dans la baie Terra Nova, dont l'« Enéide », située à la station Mario Zucchelli (74°41,750'S ; 164°05,533'E) à environ 25 km du centre de la zone, qui a recueilli la plus longue série chronologique de données. La température moyenne annuelle de l'air relevée à la station Mario Zucchelli pendant la période 1987-2009 était de - 14,1 °C, le mois le plus froid étant juillet, avec une température minimale moyenne de - 28,2 °C, alors que le mois le plus chaud était décembre, avec une température maximale moyenne de 0 °C. La vitesse moyenne annuelle du vent relevée à la station Mario Zucchelli était de 6,56 m/s (23,6 km/h ; 1987 –2009) avec une vitesse maximale moyenne de 11,6 m/s (41,8 km/h) au mois de juin, et une vitesse minimale moyenne de 2,6 m/s (9,4 km/h) en décembre.

La vitesse moyenne annuelle du vent la plus élevée dans la zone de la baie Terra Nova a été relevée près de l'île Inexpressible entre février 1988 et 1989, avec une valeur de 12,3 m/s (44,3 km/h) (Bromwich *et al.*, 1990). Cette vitesse est nettement supérieure à celle des vents catabatiques ordinaires (< 10 m/s), en raison des caractéristiques topographiques locales qui canalisent l'air dans les « zones de confluence » des glaciers Reeves et Priestley (Bromwich *et al.*, 1990 ; Parish & Bromwich, 1991). Ces vents catabatiques au large des côtes jouent un rôle important dans la formation de la polynie de la baie Terra Nova.

Océanographie

La baie Terra Nova consiste en un bassin profond allant jusqu'à environ 1 100 m de profondeur et représentant la région la plus profonde de la mer de Ross (Buffoni *et al.*, 2002) (Carte 1). La circulation océanique dans la baie en été est dominée par le déplacement de la couche supérieure vers le nord, parallèlement à la côte, et la rotation horaire des eaux à mesure qu'elles gagent en profondeur (Vacchi *et al.*, 2012, sous presse). Des eaux plus chaudes et plus salées sont observées à proximité de la côte, tandis que des eaux plus froides sont présentes dans la partie centrale de la baie. Des phénomènes localisés de revolins et de remontée des eaux froides sont fortement influencés par les vents catabatiques (Budillon & Spezie, 2000 ; Buffoni *et al.*, 2002).

Une polynie hivernale perpétuelle se forme dans la baie sous l'effet combiné des vents catabatiques soufflant en permanence la nouvelle glace au large des côtes et de la langue de glace Drygalski, formant une barrière empêchant la banquise de se déplacer vers le nord (Bromwich & Kurtz, 1984 ; Van Woert, 1999) (Carte 1). La polynie prend généralement une forme qui s'étire au maximum en direction est-ouest, et qui semble étroitement liée à la longueur de la langue de glace Drygalski (Kurtz & Bromwich, 1983). Les observations montrent que la polynie recouvre une surface moyenne d'à peu près 1 300 km^2 (65 km N/S sur 20 km E/O), quoiqu'elle puisse être totalement absente certaines années, et que d'autres années elle puisse atteindre une surface maximum d'environ 5 000 km^2 (65 km N/S sur 75 km E/O) (Kurtz & Bromwich, 1983).

Cette polynie joue un rôle important dans la production d'eaux de plateau très salées (HSSW) dans la baie Terra Nova (Buffoni *et al.*, 2002). Le rejet de saumure durant la formation de glace augmente la salinité et la densité de l'eau, entraînant une circulation thermohaline et des mouvements convectifs. Les HSSW dans cette zone ont le taux de salinité le plus élevé de l'Antarctique, atteignant 34,87, et une température potentielle proche du point de congélation des eaux de surface de la mer, à savoir - 1,9 °C.

Biologie marine

La calandre antarctique (*Pleuragramma antarcticum*) est le poisson pélagique dominant dans les eaux du plateau continental de la mer de Ross. Cette espèce clé est l'un des principaux liens entre les niveaux trophiques inférieurs et supérieurs (Bottaro *et al.*, 2009 ; La Mesa *et al.*, 2010 ; Vacchi *et al.*, 2012). La calandre antarctique représente la principale forme de nourriture pour l'ensemble des vertébrés marins, à savoir mammifères, oiseaux marins et autres poissons (La Mesa *et al.*, 2004), et est le principal poisson de proie des manchots empereurs et des phoques de Weddell (Burns & Kooyman, 2001).

Jusque récemment, très peu d'éléments étaient connus concernant les premiers stades du cycle biologique de la calandre antarctique (Guglielmo *et al.*, 1998 ; Vacchi *et al.*, 2004). Des relevés marins effectués dans la baie Terra Nova vers la fin des années 80 ont recueilli des échantillons qui indiquaient la présence, dans le nord de la baie, d'une zone de frayère pour les alevins de l'espèce *P. antarcticum* (Guglielmo *et al.*, 1998). Entre fin octobre et début décembre 2002, de grandes quantités d'œufs embryonnés de *P. antarcticum* ont été trouvés flottant parmi les plaquettes de glace présentes sous la glace marine dans le nord de la baie Terra Nova (Vacchi *et al.*, 2004). Il s'agissait de la première zone de frayère et d'alevinage documentée pour la calandre antarctique. Des études menées durant les années suivantes ont révélé que les concentrations d'œufs étaient toujours plus élevées dans la partie de la baie située à l'est de la langue du glacier Campbell (ainsi cette zone a été nommée baie Silverfish), les quantités les plus importantes étant relevées dans les zones où la profondeur de la mer dépassait 300 m (Vacchi *et al.*, 2012, sous presse) (Cartes 1 et 2). Des observations récentes ont indiqué des nombres importants d'œufs de *Pleuragramma* sous la glace marine située entre la pointe Oscar et le cap Washington, signalant des fluctuations annuelles de l'abondance et de la distribution spatiale des œufs de poisson dans la zone (Vacchi, comm. pers., 2012).

Ces observations ainsi que d'autres études indiquent que les habitats comprenant des combinaisons particulières de caractéristiques et de conditions géographiques et océanographiques (p. ex. plateforme de glace ou langues de glace à proximité, canyons, stratification de la masse d'eau, polynies, vents catabatiques, et couverture de glace marine) sont favorables aux premiers stades du cycle biologique de la calandre antarctique (Vacchi *et al.*, 2012, sous presse, et références qui y figurent).

Oiseaux

La colonie de manchots empereurs du cap Washington est l'une des deux plus grandes colonies connues ; l'autre est la colonie de l'île Coulman, à 200 km au nord. Même si la population du cap Washington a, certaines années, dépassé celle de l'île Coulman, les données disponibles indiquent que la population de cette dernière est généralement la plus importante (Barber-Meyer *et al.*, 2008). La population varie normalement entre environ 13 000 et 25 000 couples se reproduisant (Tableau 1 ; Barber-Meyer *et al.*, 2008). Les données recueillies au cours des années précédentes montrent que le nombre de poussins vivants s'est maintenu à peu près à ces niveaux depuis le début de ces études en 1986 (Kooyman *et al.*, 1990).

Tableau 1. Population de manchots empereurs du cap Washington 2000-05 et 2010.

Année	Nombre de poussins vivants[1]	Nombre de couples en phase de reproduction (approx.)
2000	17 397	20 000
2001	18 734	20 000
2002	11 093	13 000
2003	13 163	15 000
2004	16 700	20 000
2005	23 021	25 000
2010	17 000 [2]	20 000

1. Barber-Meyer *et al.*, 2008.
2. Kooyman, comm. pers., 2012.

La colonie de manchots empereurs se reproduit sur la glace marine qui s'étend depuis le cap Washington jusqu'à la langue du glacier Campbell, dans le nord de la baie Terra Nova. La glace marine commence à se former en mars et la baie est généralement recouverte de glace marine jusqu'à la rupture de la glace vers la mi-janvier. En général, la polynie de la baie Terra Nova permet à la colonie d'accéder à la pleine mer tout au long du cycle de reproduction.

La glace marine à proximité du site de reproduction des manchots empereurs peut être recouverte d'une épaisseur de neige pouvant atteindre 25 cm près de la lisière de la glace, tandis que la côte sud-ouest de la péninsule du cap Washington est recouverte d'environ 1 m de neige (Kooyman *et al.*, 1990). Cette zone est relativement bien protégée des vents de sud-ouest et de nord-ouest. D'après les observations, ce site bénéficie de conditions sous un ciel relativement dégagé entre octobre et janvier, et donc de niveaux élevés de rayonnement solaire direct. L'amollissement et la fonte de neige et de glace sales couvertes de guano s'ensuivent, donnant lieu à des mares qui sont difficiles voire impossibles à traverser pour les manchots, comme pour les humains. Par conséquent, les oiseaux se voient contraints de déplacer leurs sites de reproduction régulièrement au cours de l'été. Les oiseaux en période d'incubation se regroupent souvent le long de la côte sud-ouest du cap Washington jusqu'en septembre, après quoi ils s'éloignent du cap, se dispersant en formant un demi-cercle sans cesse grandissant.

Le centre de la zone d'incubation se situait à peu près à 74°38,8'S / 165°22,0'E en 1996. Les observations faites en 1986-87 révélaient que la colonie s'était dispersée, avant la fin du mois d'octobre, en plusieurs groupes contenant chacun entre 1 000 et 2 000 poussins accompagnés des adultes correspondants (Kooyman *et al.*, 1990). Les observations ont aussi montré qu'il existe un gradient de développement des poussins, allant du cap vers le nord le long de la côte ouest de la péninsule, les poussins les plus gros faisant partie des groupes les plus rapprochés de la lisière de la glace à proximité du cap. Au moment de l'envol, certains groupes de poussins s'étaient éloignés de 5 ou 6 km du site de reproduction initial. En 1986-87, l'envol a eu lieu soudainement sur une période de 10 jours à la fin du mois de décembre et début janvier.

Les données indiquent que la colonie du cap Washington est une population comparativement stable avec un taux de succès de reproduction relativement élevé, affichant en moyenne près de 95 % des poussins qui réussissent à s'envoler, sur une période d'observations de six ans (Barber-Mayer *et al.*, 2008). Par contraste, le taux de succès de reproduction des colonies à la pointe Géologie, au glacier Taylor, et des colonies d'Auster dans l'Antarctique de l'Est, n'était que de 60-70 %. La colonie du cap Washington est particulièrement importante pour la recherche scientifique, en raison de la variabilité relativement faible de son succès de reproduction, qui dépend peut-être en partie de sa grande taille, les colonies plus petites présentant de plus fortes fluctuations de leur population (Barber-Mayer *et al.*, 2008). En outre, la colonie est relativement accessible depuis les stations scientifiques avoisinantes, ce qui facilite également les travaux de recherche.

Une colonie de labbes de McCormick *(Catharacta maccormicki)* forte d'environ 50 couples se situe sur les versants libres de glace du cap Washington, surplombant la colonie de manchots empereurs. Des pétrels des neiges (*Pagodroma nivea*) en phase de reproduction ont été recensés, nichés dans les falaises du cap Washington (Greenfield & Smellie, 1992) et se nourrissant le long de la lisière de la glace. Il s'agit de l'espèce d'oiseau volant la plus abondante dans cette zone pendant les mois d'été (Kooyman *et al.*, 1990). Des manchots d'Adélie (*Pygoscelis adeliae*) ont été observés pendant les mois d'été le long de la lisière de la glace et au sein de la colonie de manchots empereurs, et des océanites de Wilson (*Oceanites oceanicus*) ont fréquemment été observés de la mi-novembre à la fin novembre le long de la lisière de la glace. Des pétrels géants *(Macronectes giganteus)* ont été observés survolant et se posant dans la zone (Kooyman *et al.*, 1990).

Mammifères (phoques, baleines)

On observe régulièrement de grands groupes d'épaulards (*Orcinus orca*), certains atteignant une centaine d'individus, se nourrissant dans cette zone (Kooyman *et al.*, 1990 ; Lauriano *et al.*, 2010). L'écotype « C », qui se nourrit habituellement de poissons (p. ex. la légine antarctique (*Dissostichus mawsoni*) et peut-être la calandre antarctique (*Pleuragramma antarcticum*)), est l'écotype de l'épaulard qui a le plus souvent été observé. Une série d'autres cétacés ont également été observés, notamment le petit rorqual (*Balaenoptera bonaerensis*), d'autres espèces de *Balaenoptera*, la bérardie d'Arnoux (*Berardius arnuxii*) et d'autres espèces non identifiées (Lauriano *et al.*, 2010). L'étude menée par Lauriano *et al.* (2010) en janvier 2004 a le plus souvent recensé des épaulards, suivis de petits rorquals. Le taux d'observation des cétacés dans la région située entre la pointe Edmonson et la langue du glacier Campbell, considérablement plus élevé que dans la région située plus au sud allant de la station Mario Zucchelli à la langue de glace Drygalski, confirme l'importance de la baie Terra Nova pour ces espèces.

Trois espèces de phoques sont communes dans cette zone : le phoque de Weddell (*Leptonychotes weddellii*), le léopard de mer (*Hydrurga leptonyx*) et le phoque crabier (*Lobodon carcinophagus*). La baie est un site d'échouerie et de reproduction important pour les phoques de Weddell, qui se rassemblent généralement le long des chenaux dans la glace marine et des brèches qui se forment dynamiquement tout au long de la saison. Plus de 200 phoques de Weddell ont été recensés dans la baie à l'ouest du cap Washington en 1986-87, dont 31 bébés phoques près de l'île Markham (Kooyman *et al.*, 1990), et un nombre semblable d'adultes a été recensé dans la même région à partir d'images satellites obtenues en novembre 2011 (La Rue, comm. pers., 2012).

Des léopards de mer (*Hydrurga leptonyx*) ont été recensés dans la zone entre mi-novembre et fin décembre, en 1986-87, et ont été observés prenant pour proie des manchots empereurs près de la lisière de la glace. Kooyman *et al.* (1990) ont estimé que les trois individus qu'ils avaient surveillés au cours de cette période auraient saisi environ 150 – 200 oiseaux adultes, soit à peu près 0,5 % des manchots empereurs adultes en phase de reproduction de la colonie. Des phoques crabiers ont parfois été observés au cours de la même saison, à la lisière de la glace ou sur des écoulements glaciaires à proximité (Kooyman *et al.*, 1990).

Activités et impacts humains

Deux stations scientifiques permanentes et une autre en cours de construction sont situées à proximité, dans l'anse Gerlache. La station Mario Zucchelli (74°41,650'S, 164°06,917'E ; Italie), établie en 1987 et qui n'est exploitée que l'été, a une capacité d'accueil d'environ 90 personnes, qui peut être excédée lorsque le navire de soutien *Italica* est présent dans la région. La station Gondwana (74°38,133'S, 164°13,317'E ; Allemagne), établie en 1983, avec une capacité d'accueil d'environ 25 personnes, n'est exploitée que certains étés. La station Jang Bogo (74°37,250'S, 164°11,950'E ; République de Corée) sera une nouvelle station permanente, conçue pour fonctionner toute l'année avec un effectif de 15 personnes l'hiver et jusqu'à 60 personnes l'été, lorsque la construction sera terminée en 2014. La Chine a récemment annoncé son projet d'établissement d'une nouvelle station sur l'île Inexpressible à proximité, environ à la position 74°55'S / 163°42'E (China Daily USA, 2013).

La colonie de manchots empereurs du cap Washington attire les touristes depuis environ 20 ans, avec en moyenne environ 200 visiteurs par an au cap Washington au cours de la dernière décennie. La colonie a également attiré la visite des membres du personnel de la station voisine Mario Zucchelli à titre de loisir, depuis qu'elle a été établie. Une zone fréquentée par les manchots empereurs se trouve immédiatement au sud de la limite sud de la zone à 74°40'S (Cartes 3 et 4). Cette région se situe à l'intérieur de la zone tampon qui s'étend sur environ 6 km à partir du centre nominal de la colonie d'oiseaux en phase de reproduction, où ces derniers ont été régulièrement observés lorsque la glace marine est présente. Cette région située en dehors de la zone protégée permet la réalisation de visites touristiques ou ludiques en continu pour observer les manchots empereurs dans les environs du cap Washington ; d'autres possibilités existent également auprès de colonies dans d'autres endroits de la mer de Ross et en Antarctique plus globalement.

6(ii) Accès à la zone

La zone est accessible en traversant des étendues de terre ou de glace marine, par voie marine ou aérienne. Il n'y a pas de voies d'accès spécifiques désignées par la terre ou la glace marine, ni pour les navires pénétrant dans la zone par la mer. L'accès au cap Washington par hélicoptère doit se faire par la voie d'accès désignée au-dessus de la partie nord de la péninsule du cap Washington. Des restrictions d'accès par navire, d'atterrissage en aéronef et de survol s'appliquent à l'intérieur de la zone, dont les conditions spécifiques sont décrites dans la section 7(ii) ci-dessous.

6(iii) Emplacement des structures à l'intérieur de la zone et à proximité de celle-ci

Il n'existe aucune structure à l'intérieur de la zone. Plusieurs bornes géodésiques ont été installées par le programme antarctique italien sur des sols libres de glace de l'île Markham et du cap Washington ; ce sont les seules bornes permanentes connues de la zone. La station Mario Zucchelli (74°41,650'S, 164°06,917'E ; Italie) est située à environ 13 km au sud-ouest de la limite occidentale de la zone sur la rive sud de l'anse Gerlache (Carte 2). La station Gondwana (74°38,133'S, 164°13,317'E ; Allemagne) se trouve à 8,7 km à l'ouest de la limite occidentale de la zone, également dans l'anse Gerlache, et à 7,2 km au nord de la station Mario Zucchelli. La station Jang Bogo (74°37,25'S, 164°11,95'E ; Corée du Sud, en cours de construction) se trouvera à peu près à 9 km à l'ouest de la limite occidentale de la zone, à environ 1,8 km au nord-ouest de la station Gondwana. Plusieurs structures liées aux opérations des programmes nationaux sont situées à proximité, notamment les installations de communication aménagées près du sommet du mont Melbourne, et plusieurs balises radar et balises non directionnelles pour assister le trafic aérien pendant l'été, bien que toutes se situent en dehors de la zone.

6(iv) Emplacement d'autres zones protégées à proximité de la zone

Les zones protégées les plus proches du cap Washington sont le mont Melbourne (ZSPA n° 118), à 23 km au nord de la limite nord de la zone, la pointe Edmonson (ZSPA n° 165), à 24 km au nord de la limite nord de la zone, et la baie Terra Nova (ZSPA n° 161), à 13 km de la limite occidentale de la zone.

6(v) Zones spéciales à l'intérieur de la zone

Le présent plan de gestion établit une zone restreinte à l'intérieur de la zone, pour laquelle les restrictions s'appliquent du 1er avril au 1er janvier inclus.

Zone restreinte

La zone restreinte est désignée à l'est de la courbe de longitude 165°10'E et au sud de la courbe de latitude 74°35,5'S (Carte 3), englobant le site de reproduction principal des manchots empereurs et considérée comme la partie la plus écologiquement sensible de la zone. La zone restreinte occupe une surface de 62,5 km². L'accès à la zone restreinte n'est autorisé que dans des objectifs indispensables, qu'il n'est pas possible de réaliser ailleurs dans la zone et les conditions d'accès détaillées sont décrites dans la Section 7(ii) ci-après.

7. Critères de délivrance des permis

7(i) Conditions générales des permis

L'accès à la zone est interdit sauf si un permis a été délivré à cet effet par les autorités nationales compétentes. Les critères de délivrance des permis d'accès à la zone sont les suivants :

- les permis sont uniquement délivrés pour la conduite de recherches scientifiques sur l'écosystème, dans des objectifs scientifiques ou pédagogiques (tels que les reportages documentaires ou la production de ressources ou de services pédagogiques) indispensables, qu'il n'est pas possible de réaliser ailleurs, ou pour des raisons essentielles à la gestion de la zone ;
- les actions autorisées sont conformes au présent plan de gestion ;
- les activités autorisées respecteront, comme il convient, la protection continue des valeurs environnementales, écologiques et scientifiques de la zone, par le biais de l'étude de l'impact sur l'environnement ;
- l'accès à la zone restreinte n'est autorisé que dans des objectifs indispensables, qu'il n'est pas possible de réaliser ailleurs dans la zone ;
- le permis est délivré pour une période déterminée ;
- la détention du permis, ou d'une copie, est impérative dans la zone.

7(ii) Accès à la zone, et déplacements à l'intérieur ou au-dessus de celle-ci

L'accès à la zone est autorisé à pied ou en véhicule, par navire ou par petite embarcation, ou par aéronef à voilure fixe ou à voilure-rotor.

Accès à pied ou en véhicule

Aucune voie spéciale d'accès n'est désignée pour l'accès à la zone à pied ou en véhicule sur la glace marine ou par la terre. Les véhicules peuvent être utilisés sur la glace marine et les glaciers, toutefois ils sont interdits sur les sols libres de glace dans la zone. Les déplacements de piétons et de véhicules doivent se limiter au strict nécessaire, conformément aux objectifs de toute activité autorisée, et tout doit être mis en œuvre pour minimiser les perturbations. L'utilisation de véhicules à moins de 100 m des concentrations de manchots empereurs ou de phoques de Weddell doit être évitée, et les visiteurs autorisés dans la zone doivent éviter de pénétrer dans les sous-groupes de manchots ou de s'approcher des phoques sauf, selon que de besoin, pour répondre à des objectifs scientifiques, pédagogiques ou de gestion essentiels.

Accès par aéronef

La Résolution 2 (2004), les Directives pour l'exploitation d'aéronefs à proximité de concentrations d'oiseaux dans l'Antarctique, doit être observée à tout moment. Les restrictions imposées aux opérations aériennes s'appliquent du 1er avril au 1er janvier inclus, période pendant laquelle le mouvement et l'atterrissage d'aéronefs dans la zone sont autorisés sous réserve que les conditions suivantes soient strictement respectées :

- L'atterrissage d'aéronefs à l'intérieur de la zone est interdit sauf s'il est autorisé par un permis pour répondre à des objectifs prévus par le plan de gestion.

- Le survol de la zone restreinte en-dessous de 2 000 pieds (~610 m) est interdit, sauf s'il est autorisé par un permis pour répondre à des objectifs prévus par le plan de gestion.

- Les atterrissages d'aéronefs sur la glace marine sont interdits dans un rayon d'un demi mille nautique (~930 m) par rapport à une colonie de manchots empereurs. Les pilotes des aéronefs doivent tenir compte du fait que la colonie de manchots empereurs peut se déplacer sur une distance pouvant atteindre 6 km par rapport aux coordonnées du centre nominal de la colonie, soit 74°38,8'S / 165°22'E (Carte 3), tout au long de la saison de reproduction, et qu'il est possible que la colonie se subdivise en un certain nombre de groupes plus petits dans la zone.

- Les atterrissages d'aéronefs sur la glace marine sont interdits dans un rayon d'un demi mille nautique (~930 m) par rapport à une concentration de phoques de Weddell. Les pilotes des aéronefs doivent tenir compte du fait que les phoques de Weddell peuvent être présents dans l'ensemble de la zone, bien qu'ils aient tendance à se regrouper le long des chenaux dans la glace marine et autour de l'île Markham (Carte 3). Dans le cadre de la gestion de cette zone, une concentration se définit par un groupe de cinq animaux ou plus, à moins de 300 m d'écart les uns des autres.

- Les pilotes doivent veiller à ce que les aéronefs maintiennent la distance minimale par rapport à toute partie d'une colonie de manchots empereurs et / ou à toute concentration de phoques, en tout temps lorsqu'ils sont en vol au-dessus de la glace marine, sauf dans le cas où cette opération serait impraticable si les animaux se sont approchés volontairement de l'aéronef après son atterrissage.

- Les pilotes effectuant des atterrissages autorisés au-delà d'un rayon d'un demi mille nautique (~930 m) par rapport à la colonie de manchots empereurs et / ou de concentrations de phoques peuvent choisir les aires d'atterrissage en fonction des besoins de la visite, des conditions locales et de sécurité. Les pilotes doivent effectuer une reconnaissance des aires d'atterrissage appropriées, depuis une altitude excédant 2 000 pieds (~610 m), avant de descendre à la terre.

- L'atterrissage d'hélicoptères sur la terre est autorisé dans la zone restreinte, au cap Washington. La voie d'approche du cap recommandée pour les hélicoptères consiste à venir du nord au-dessus de la péninsule du cap Washington, en évitant le survol de la colonie de manchots empereurs, des territoires de reproduction des labbes situés immédiatement à l'ouest de la voie d'accès, et des sites de reproduction des oiseaux marins le long des falaises de la péninsule du cap Washington (Carte 3). Les pilotes qui volent jusqu'au cap doivent suivre la voie d'approche désignée dans toute la mesure possible, et doivent interrompre le trajet si les conditions sont telles qu'elles obligeraient à prendre une voie d'approche qui pourrait entraîner le survol de la colonie de manchots empereurs.

- L'approche en aéronef à voilure fixe des sites d'atterrissage sur la glace marine de la baie Terra Nova à proximité de la station Mario Zucchelli (Italie) (Carte 2) doit se tenir aux voies d'approche et aux altitudes désignées, telles que stipulées dans l'édition la plus récente du Manuel d'information de vol en Antarctique (AFIM). Dans le cas où les conditions de visibilité ou d'autres conditions empêcheraient de se tenir à ces voies et / ou altitudes, les pilotes doivent s'assurer que les approches alternatives choisies évitent de dépasser les hauteurs minimales de survol qui s'appliquent dans la zone restreinte.

Accès par navire ou petite embarcation

Les restrictions imposées aux opérations par navire et / ou par petite embarcation s'appliquent du 1er avril au 1er janvier inclus, période pendant laquelle le déplacement de navires et / ou de petites embarcations dans la zone est autorisé sous réserve que les conditions suivantes soient strictement respectées :

- Les navires et / ou les petites embarcations sont interdits dans la zone, y compris leur accès à la glace marine dans la zone, sauf si un permis à été délivré à cet effet dans des objectifs autorisés par le présent plan de gestion.
- Les navires sont interdits dans la zone restreinte.
- Il n'existe pas de restrictions spéciales relatives au choix de la voie à emprunter pour accéder à la zone par petite embarcation, toutefois les débarquements par petite embarcation doivent éviter les zones où les manchots accèdent à la mer, sauf si ce choix est nécessaire pour des raisons autorisées par un permis.

7(iii) Activités pouvant être menées à l'intérieur de la zone

- Travaux de recherche scientifique qui ne portent pas atteinte aux valeurs de la zone.
- Activités de gestion essentielles, y compris la surveillance et l'inspection.
- Activités à des fins pédagogiques ou de vulgarisation (telles que les reportages documentaires (visuels, audio ou écrits) ou la production de ressources ou de services pédagogiques) qu'il n'est pas possible de réaliser ailleurs.

7(iv) Installation, modification ou enlèvement de structures / de matériel

- Aucune structure ne peut être installée dans la zone sauf autorisation stipulée dans un permis. A l'exception des bornes de surveillance et des panneaux permanents, les structures ou installations permanentes sont interdites.
- Tous les repères, matériels scientifiques et structures installés dans la zone doivent être autorisés par un permis et identifier clairement le pays, le nom du chercheur principal, l'année d'installation et la date d'enlèvement prévue. Tous ces éléments ne doivent comporter aucun organisme, propagule (p. ex. semences, œufs) et aucune particule de terre non stérile, et doivent être faits de matériaux qui puissent résister aux conditions environnementales et constituer un facteur de risque minimal de contamination de la zone.
- L'installation (y compris le choix du site), l'entretien, la modification ou l'enlèvement de structures ou de matériel doivent être réalisés de manière à minimiser la perturbation des valeurs de la zone.
- L'enlèvement de structures / de matériel spécifiques dont le permis a expiré relève de l'autorité qui a délivré le permis original, et doit constituer l'un des critères de délivrance du permis.

7(v) Emplacement des campements

Les campements permanents sont interdits à l'intérieur de la zone. Des sites de campement temporaires sont autorisés dans la zone. Il n'existe pas de restrictions spécifiques s'appliquant à l'emplacement précis des campements temporaires dans la zone, toutefois il est recommandé que les sites soient initialement choisis dans un rayon supérieur à 1 000 m par rapport aux concentrations de manchots empereurs en phase de reproduction. Il est reconnu que les oiseaux s'éloignent de leur site de reproduction initial au cours de la saison. Étant donné que les oiseaux définissent, par la suite, leurs propres limites de distance par rapport à un campement déjà établi, le déplacement du campement en fonction des changements de position de la colonie de manchots empereurs n'est pas considéré comme une nécessité. Il est recommandé que les sites de campement soient positionnés à environ 500 m au large de la côte ouest de la péninsule du cap Washington, car la zone proche du rivage peut faire l'objet d'un excès de neige et d'une inondation due aux eaux de fontes qui s'ensuivent. Le campement sur la partie terrestre de la zone n'est pas limité à un emplacement particulier, toutefois les sites de campement doivent, autant que possible, être installés sur des aires recouvertes de neige.

7(vi) Restrictions sur les matériaux et organismes pouvant être introduits dans la zone

Outre les critères du Protocole au Traité sur l'Antarctique relatif à la protection de l'environnement, les restrictions sur les matériaux et organismes pouvant être introduits dans la zone sont les suivantes :

- L'introduction délibérée d'animaux, de matières végétales, de microorganismes et de terre non stérile à l'intérieur de la zone est interdite. Des précautions doivent être prises pour éviter l'introduction accidentelle d'animaux, de matières végétales, de microorganismes et de terre non stérile qui proviennent d'autres régions différentes en termes biologiques (faisant partie de la zone du Traité sur l'Antarctique et au-delà).

- Les visiteurs sont tenus de veiller à ce que le matériel d'échantillonnage et de balisage introduit dans la zone soit propre. Dans toute la mesure possible, les chaussures et autres matériels utilisés ou apportés dans la zone (y compris les sacs à dos, les sacs à provisions et les tentes) doivent être nettoyés scrupuleusement avant d'y accéder. Les visiteurs sont également tenus de consulter et de suivre, comme il convient, les recommandations comprises dans le *Manuel sur les espèces non indigènes* du Comité pour la protection de l'environnement (CEP, 2011), et dans le *Code de conduite environnemental pour la recherche scientifique terrestre en Antarctique* (SCAR, 2009).

- Les volailles parées doivent être dépourvues de maladies ou d'infections avant leur expédition dans la zone et, lorsqu'elles y sont introduites à des fins alimentaires, toutes les parties et les déchets de volailles doivent être intégralement retirés de la zone ou incinérés, ou encore bouillis suffisamment longtemps pour éliminer toutes les bactéries ou tous les virus potentiellement infectieux.

- Aucun herbicide ou pesticide ne doit être introduit dans la zone.

- Aucun combustible, produit alimentaire, produit chimique ou autre matériel ne doit être entreposé dans la zone, sauf si une autorisation spécifique a été donnée par le biais d'un permis. Ils doivent être stockés et traités de manière à minimiser les risques de leur introduction accidentelle dans l'environnement.

- Tous les matériaux sont introduits dans la zone pour une période déterminée uniquement, et doivent en être retirés au plus tard lorsque cette période donnée est échue.

- En cas de déversement susceptible de porter atteinte aux valeurs de la zone, il est conseillé de retirer les matériaux uniquement lorsque l'impact de leur enlèvement ne risque pas d'être plus conséquent que celui de les maintenir *in situ*.

7(vii) Prélèvement de végétaux et capture d'animaux ou perturbations nuisibles à la flore et à la faune

Tout prélèvement ou toute perturbation nuisible à la flore et à la faune est interdite, sauf si un permis a été délivré à cet effet conformément à l'Annexe II du Protocole au Traité sur l'Antarctique relatif à la protection de l'environnement.

Dans le cas de prélèvements ou de perturbations nuisibles d'animaux, le Code de conduite du SCAR pour l'utilisation d'animaux à des fins scientifiques dans l'Antarctique doit être utilisé comme norme minimale.

7(viii) Ramassage ou enlèvement de toute chose qui n'a pas été apportée dans la zone par le détenteur d'un permis

- Des matériaux peuvent être ramassés ou enlevés de la zone uniquement avec un permis, cette action devant se limiter au strict nécessaire pour répondre à des besoins d'ordre scientifique ou de gestion.

- Tout matériau d'origine humaine qui est susceptible de porter atteinte aux valeurs de la zone et qui n'a pas été introduit dans la zone par le détenteur du permis, ou dont l'introduction n'a pas été autorisée, peut être enlevé de la zone dans la mesure où son enlèvement ne soit pas plus préjudiciable que son maintien *in situ*. Si tel est le cas, les autorités compétentes doivent en être informées et une approbation doit être reçue.

7(ix) Elimination des déchets

Tous les déchets autres que les déchets humains doivent être retirés de la zone. De petites quantités de déchets d'origine humaine, telles que celles provenant de groupes de moins de 10 personnes au cours d'une saison déterminée, peuvent être jetées sur la glace marine annuelle ou directement dans la mer à l'intérieur de la zone ; à défaut, elles doivent être retirées de la zone.

7(x) Mesures pouvant être nécessaires pour faire en sorte que les buts et objectifs du plan de gestion continuent à être atteints

Des permis peuvent être délivrés pour entrer dans la zone dans les cas suivants :

- Mener des activités de surveillance et d'inspection de la zone, pouvant impliquer le prélèvement d'une faible quantité d'échantillons ou de données pour leur analyse ou leur examen.

- Installer ou entretenir les panneaux, repères, structures ou matériels scientifiques.

- Appliquer des mesures de protection.

7(xi) Critères pour les rapports

- Le détenteur principal d'un permis, pour chaque visite dans la zone, doit soumettre un rapport à l'autorité nationale compétente dès que possible, et pas plus de six mois suivant la réalisation de la visite.

- Ces rapports doivent inclure, comme il convient, les informations identifiées dans le formulaire du rapport de visite compris dans le Guide pour l'élaboration des plans de gestion des zones spécialement protégées de l'Antarctique. S'il y a lieu, l'autorité nationale est également tenue de transmettre un exemplaire du rapport de visite à la Partie ayant proposé le plan de gestion, afin de contribuer à la gestion de la zone et à la révision du plan de gestion.

- Dans la mesure du possible, les Parties sont tenues de déposer les originaux ou les copies de ces rapports de visite originels dans une archive accessible au public, afin de conserver une archive d'usage qui sera utilisée dans l'examen du plan de gestion et dans l'organisation de l'usage scientifique de la zone.

- L'autorité compétente doit être informée de toute activité / mesure mise en œuvre, et / ou de tout matériau rejeté et non enlevé, qui ne figuraient pas dans le permis autorisé.

8. Bibliographie

Barber-Meyer, S.M., Kooyman, G.L. & Ponganis P. J. 2008. Trends in western Ross Sea emperor penguin chick abundances and their relationships to climate. *Antarctic Science* **20** (1): 3-11.

Bottaro, M., Oliveri, D., Ghigliotti, L., Pisano, E., Ferrando, S. & Vacchi, M. 2009. Born among the ice: first morphological observations on two developmental stages of the Antarctic silverfish *Pleuragramma antarcticum*, a key species of the Southern Ocean. *Reviews in Fish Biology & Fisheries* **19**: 249-59.

Bromwich, D.H. & Kurtz, D.D. 1984. Katabatic wind forcing of the Terra Nova Bay polynya. *Journal of Geophysical Research* **89** (C3): 3561–72. DOI:10.1029/JC089iC03p03561.

Bromwich, D.H., Parish, T.R., Pellegrini, A., Stearns, C.R & Weidner, G.A. 1993. Spatial and temporal characteristics of the intense katabatic winds at Terra Nova Bay, Antarctica. *Antarctic Research Series* **61**: 47-68. American Geophysical Union, Washington DC.

Budillon, G.& Spezie, G. 2000. Thermohaline structure and variability in Terra Nova Bay polynya, Ross Sea. *Antarctic Science* **12**: 493-508.

Buffoni, G., Cappelletti, A. & Picco, P. 2002. An investigation of thermohaline circulation in Terra Nova Bay polynya. *Antarctic Science* **14** (1): 83-92.

Burns, J.M. & Kooyman, G.L. 2001. Habitat use by Weddell seals and emperor penguins foraging in the Ross Sea, Antarctica. *American Zoologist* **41**: 90-98.

China Daily USA 2013. China selects 4th Antarctic station. **Updated: 2013-01-08 14:36.** http://usa.chinadaily.com.cn/china/2013-01/08/content_16095605.htm.

Committee for Environmental Protection (CEP) 2011. Non-native Species Manual – 1st Edition. Manual prepared by Intersessional Contact Group of the CEP and adopted by the Antarctic Treaty Consultative Meeting through Resolution 6 (2011). Buenos Aires: Secretariat of the Antarctic Treaty.

Greenfield, L.G. & Smellie, J.M. 1992. Known, new and probable Snow Petrel breeding locations in the Ross Dependency and Marie Byrd Land. *Notornis* **39**: 119–124.

Guglielmo, L., Granata, A. & Greco, S. 1998. Distribution and abundance of postlarval and juvenile *Pleuragramma antarcticum* (Pisces, Nototheniidae) off Terra Nova Bay (Ross Sea, Antarctica). *Polar Biology* **19**:37-51.

Kooyman, G.L., Croll, D., Stone, S. & Smith S. 1990. Emperor penguin colony at Cape Washington, Antarctica. *Polar Record* **26** : 103-108.

Kurtz D.D. & Bromwich, D.H. 1983. Satellite observed behaviour of the Terra Nova Bay polynya. *Journal of Geophysical Research* **88**: 9717-22.

Kurtz, D.D. & Bromwich, D.H. 1985. A recurring, atmospherically forced polynya in Terra Nova Bay. In: Jacobs, S.S. (ed) Oceanology of the Antarctic continental shelf. *Antarctic Research Series* **43**: 177-201. American Geophysical Union, Washington DC.

La Mesa, M., Eastman, J.T., & Vacchi, M. 2004. The role of notothenioid fish in the food web of the Ross Sea shelf waters: a review. *Polar Biology* **27**: 321-338.

La Mesa M, Catalano B, Russo A, Greco S, Vacchi M & Azzali M. 2010. Influence of environmental conditions on spatial distribution and abundance of early life stages of Antarctic silverfish, *Pleuragramma antarcticum* (Nototheniidae), in the Ross Sea. *Antarctic Science* **22**: 243- 254.

Lauriano, G., Fortuna, C.M. & Vacchi, M. 2010. Occurrence of killer whales (*Orcinus orca*) and other cetaceans in Terra Nova Bay, Ross Sea, Antarctica. *Antarctic Science* **23**: 139-143. DOI:10.1017/S0954102010000908

Parish, T. & Bromwich, D. 1991. Automatic weather station observations of strong katabatic winds near Terra Nova Bay, Antarctica. *Antarctic Journal of the United States* **Review**: 265-67.

SCAR (Scientific Committee on Antarctic Research) 2009. *Environmental Code of Conduct for terrestrial scientific field research in Antarctica.* Cambridge, SCAR.

Vacchi, M., La Mesa, M. & Greco, S. 1999. Summer distribution and abundance of larval and juvenile fishes in the western Ross Sea. *Antarctic Science* **11**: 54-60.

Vacchi, M., La Mesa, M., Dalu, M. & MacDonald J. 2004. Early life stage in the life cycle of Antarctica silverfish, *Pleuragramma antarticum* in Terra Nova Bay, Ross Sea. *Antarctic Science* **16**: 299-305.

Vacchi, M., Koubbi, P., Ghigliotti, L. & Pisano, E. 2012a. Sea-ice interactions with polar fish – focus on the Antarctic Silverfish life history. In: Verde, C. & di Prisco, G. (eds.) *Adaptation and Evolution in Marine Environments*, From Pole to Pole Series Volume 1. Springer-Verlag, Berlin. DOI: 10.1007/978-3.

Vacchi, M., DeVries, A.L., Evans, C.W., Bottaro, M., Ghigliotti, L., Cutroneo, L. & Pisano, E. 2012b. A nursery area for the Antarctic silverfish *Pleuragramma antarcticum* at Terra Nova Bay (Ross Sea): first estimate of distribution and abundance of eggs and larvae under the seasonal sea ice. *Polar Biology* (in press).

Van Woert, M.L. 1999. Wintertime dynamics of the Terra Nova Bay polynya. *Journal of Geophysical Research* **104**: 1153-69.

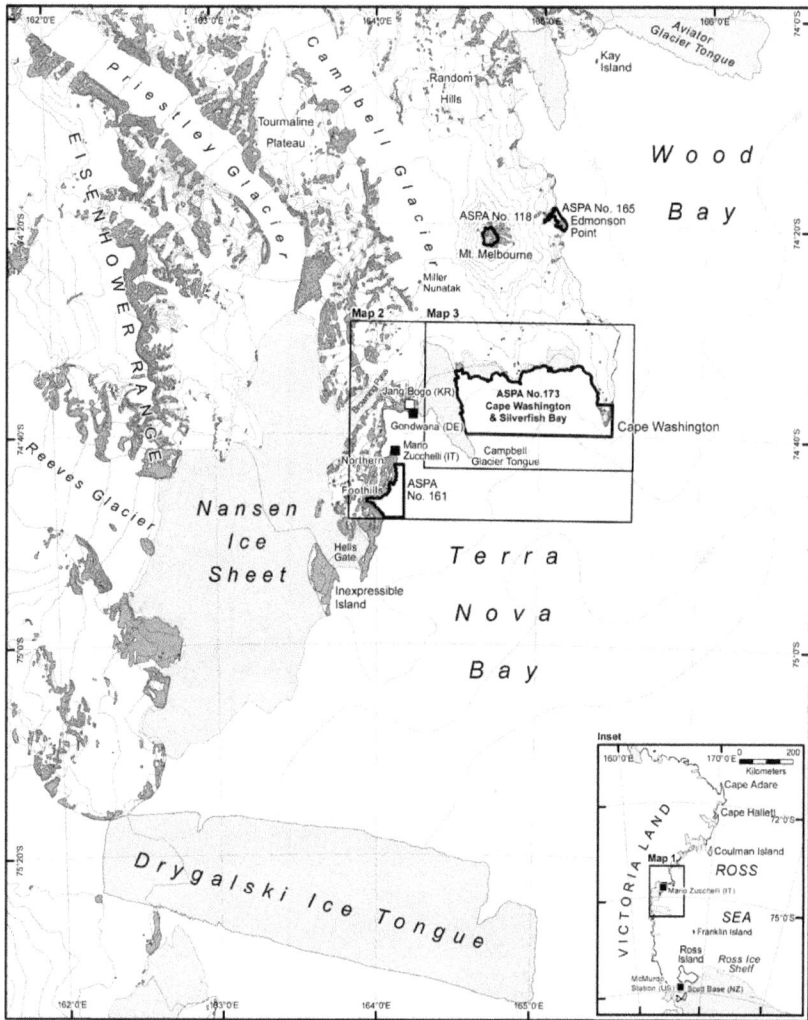

Map 1: ASPA No. 173 - Cape Washington & Silverfish Bay - Regional Map

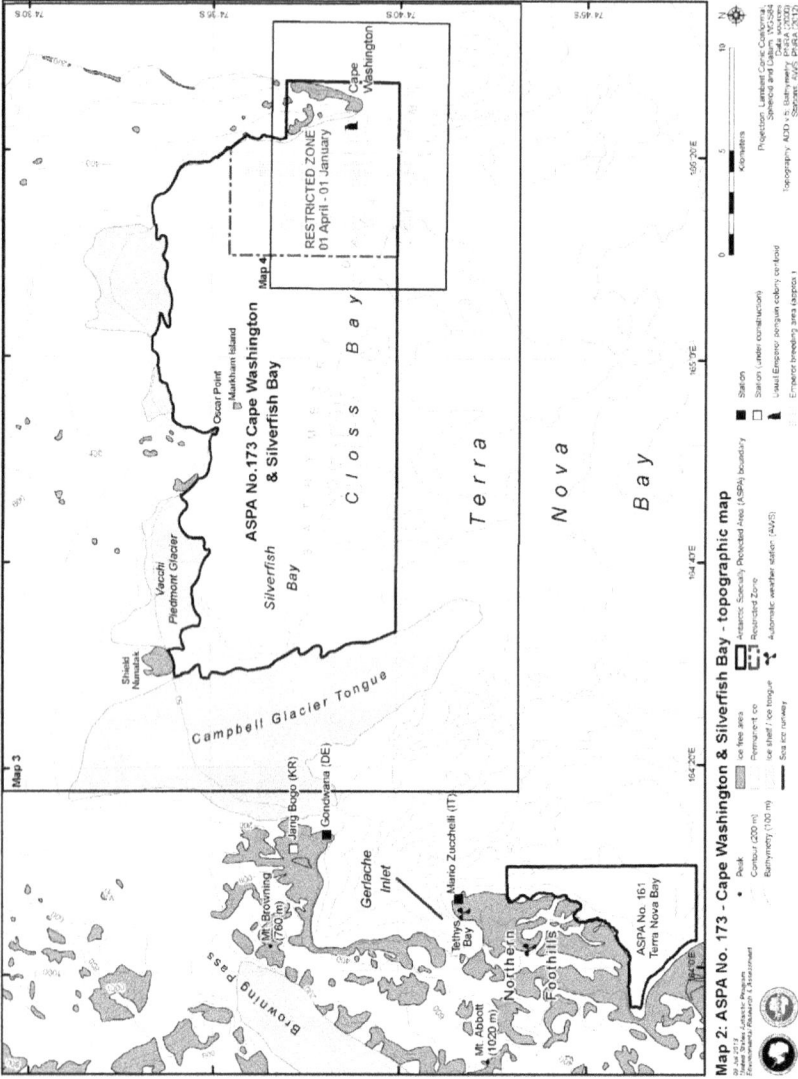

Map 2: ASPA No. 173 - Cape Washington & Silverfish Bay - topographic map

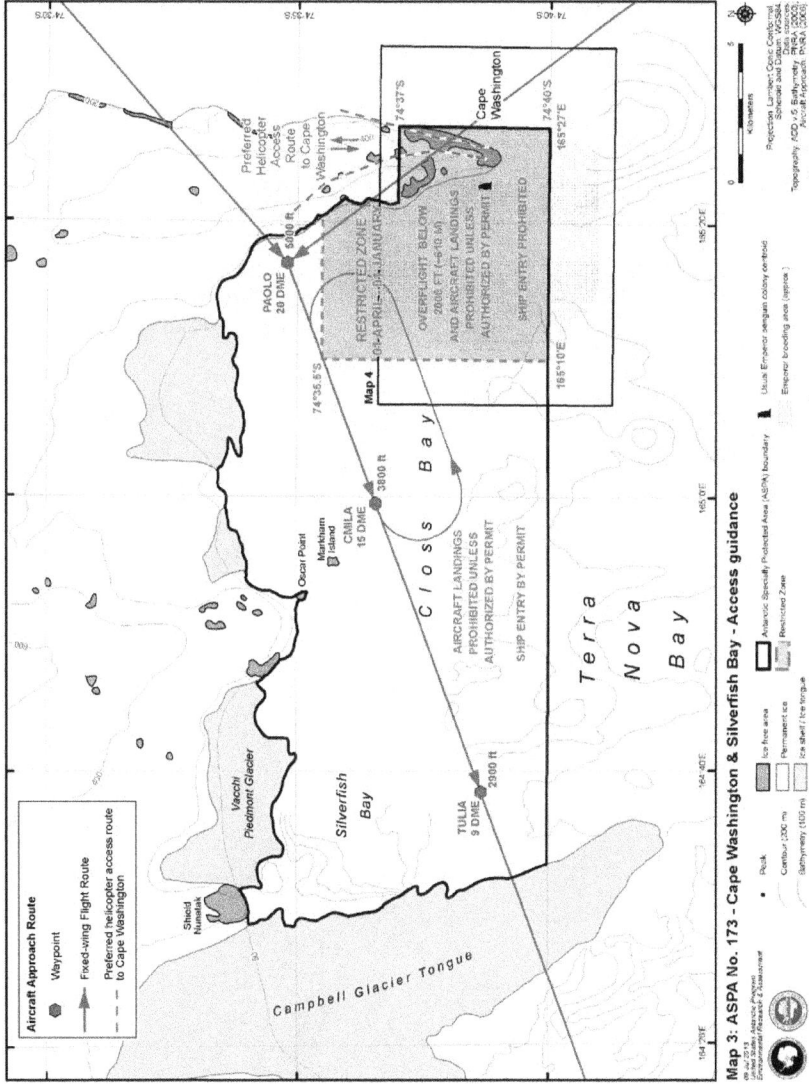

Map 3: ASPA No. 173 - Cape Washington & Silverfish Bay - Access guidance

287

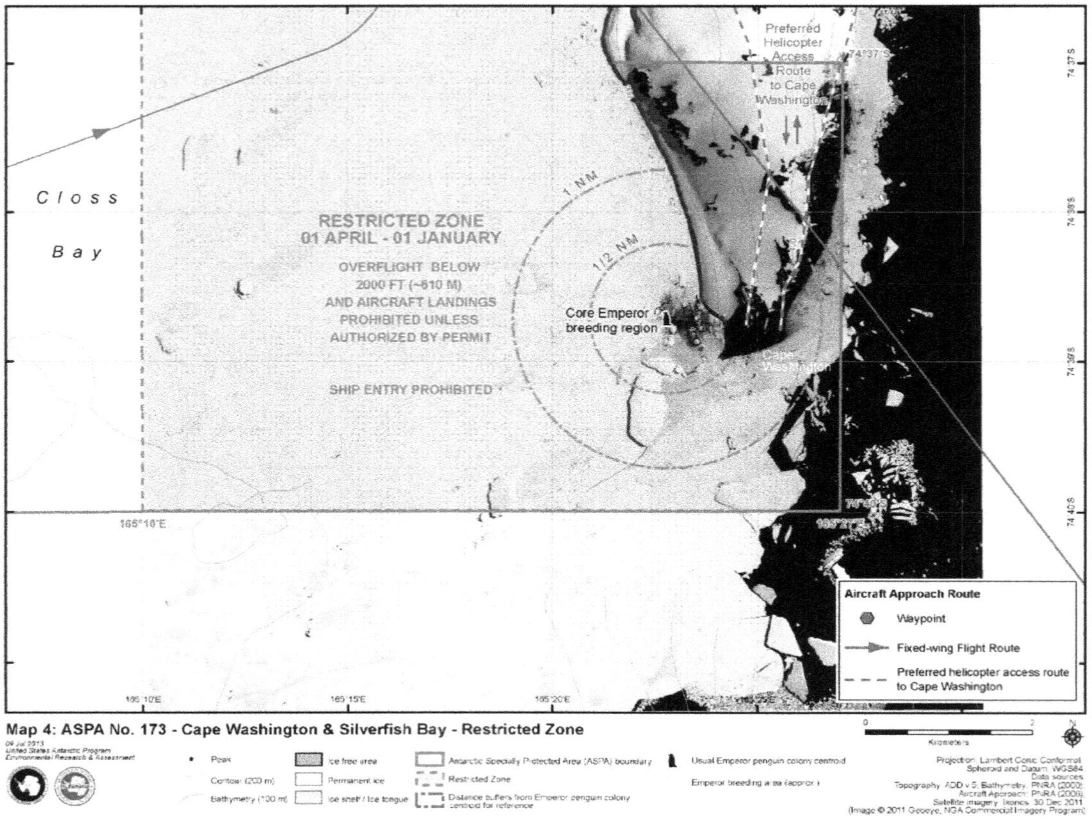

Rapport final de la XXXVIe RCTA

Map 4: ASPA No. 173 - Cape Washington & Silverfish Bay - Restricted Zone

TROISIÈME PARTIE

Discours d'ouverture et de clôture et rapports

1. Rapports des Dépositaires et des observateurs

Rapport du Gouvernement dépositaire du Traité sur l'Antarctique et de son Protocole au titre de la Recommandation XIII-2

Document d'information soumis par les Etats-Unis

Le présent rapport couvre les évènements liés au Traité sur l'Antarctique et à son Protocole relatif à la protection de l'environnement.

Au cours de l'année écoulée, aucune adhésion n'a été enregistrée pour le Traité sur l'Antarctique ni pour son Protocole relatif à la protection de l'environnement. Il y a cinquante (50) Parties au Traité et trente-cinq (35) Parties au Protocole.

Les pays suivants ont fourni une notification afin d'informer qu'ils avaient nommé comme arbitres les personnes indiquées ci-après, conformément à l'article 2 (1) de l'appendice du Protocole relatif à la protection de l'environnement :

Bulgarie	Mme Guenka Beleva	30 juillet 2004
Chili	Ambassadeur María Teresa Infante	Juin 2005
	Ambassadeur Jorge Berguño	Juin 2005
	Dr. Francisco Orrego	Juin 2005
Finlande	Ambassadeur Holger Bertil Rotkirch	14 juin 2006
Inde	Professeur Upendra Baxi	6 octobre 2004
	M. Ajai Saxena	6 octobre 2004
	Dr. N. Khare	6 octobre 2004
Japon	Juge Shunji Yanai	18 juillet 2008
République de Corée	Professeur Park Ki Gab	21 octobre 2008
Etats-Unis	Professeur Daniel Bodansky	1 mai 2008
	M. David Colson	1 mai 2008

La liste des Parties au Traité et au Protocole, des recommandations et mesures, et leur adoption, accompagne le présent document.

Date de l'action la plus récente : 1ᵉʳ mars 2012

Traité sur l'Antarctique

Fait :   à Washington, le 1ᵉʳ décembre 1959

Entrée en vigueur: le 23 juin 1961
Conformément à l'article XIII, le Traité a été soumis à la ratification des États signataires et il est ouvert à l'adhésion de tout État membre des Nations Unies, ou de tout autre État qui pourrait être invité à adhérer au Traité avec le consentement de toutes les Parties contractantes, dont les représentants sont habilités à participer aux réunions mentionnées à l'article IX du Traité ; les instruments de ratification et les instruments d'adhésion seront déposés près le gouvernement des États-Unis d'Amérique. À l'issue du dépôt des instruments de ratification par tous les États signataires, le Traité est entré en vigueur pour ces États et pour les États qui avaient déposé des instruments d'adhésion au Traité. Le Traité est ensuite entré en vigueur pour tout État adhérent au dépôt de ses instruments d'adhésion.

Légende: (aucune marque) = ratification; a = accession; d = succession; w = retrait ou action équivalente

Participant	Signature	Consentement à être lié		Autre action	Notes
Afrique du Sud	1er décembre 1959	21 juin 1960			
Allemagne		5 février 1979	a		1
Argentine	1er décembre 1959	23 juin 1961			
Australie	1er décembre 1959	23 juin 1961			
Autriche		25 août 1987	a		
Belgique	1er décembre 1959	26 juillet 1960			
Biélorussie		27 décembre 2006	a		
Brésil		16 mai 1975	a		
Bulgarie		11 septembre 1978	a		
Canada		4 mai 1988	a		
Chili	1er décembre 1959	23 juin 1961			
Chine		8 juin 1983	a		
Colombie		31 janvier 1989	a		
Corée (RDPC)		21 janvier 1987	a		
Corée (République de Corée)		28 novembre 1986	a		
Cuba		16 août 1984	a		
Danemark		20 mai 1965	a		
Equateur		15 septembre 1987	a		
Espagne		31 mars 1982	a		
Estonie		17 mai 2001	a		
Etats-Unis	1er décembre 1959	18 août 1960			
Fédération de Russie	1er décembre 1959	2 novembre 1960			2
Finlande		15 mai 1984	a		
France	1er décembre 1959	16 septembre 1960			
Grèce		8 janvier 1987	a		
Guatemala		31 juillet 1991	a		
Hongrie		27 janvier 1984	a		
Inde		19 août 1983	a		

Italie		18 mars 1981	a		
Japon	1er décembre 1959	4 août 1960			
Malaisie		31 octobre 2011	a		
Monaco		31 mai 2008	a		
Norvège	1er décembre 1959	24 août 1960			
Nouvelle-Zélande	1er décembre 1959	1er novembre 1960			
Pakistan		1er mars 2012	a		
Papouasie-Nouvelle-Guinée		16 mars 1981	d		3
Pays-Bas		30 mars 1967	a		4
Pérou		10 avril 1981	a		
Pologne		8 juin 1961	a		
Portugal		29 janvier 2010	a		
République slovaque		1 janvier 1993	d		5
République tchèque		1er janvier 1993	d		6
Roumanie		15 septembre 1971	a		7
Royaume-Uni	1er décembre 1959	31 mai 1960			
Suède		24 avril 1984	a		
Suisse		15 novembre 1990	a		
Turquie		24 janvier 1996	a		
Ukraine		28 octobre 1992	a		
Uruguay		11 janvier 1980	a		8
Venezuela		24 mars 1999	a		

---

[1] L'ambassade de la République fédérale d'Allemagne à Washington a transmis au Département d'État une note diplomatique en date du 2 octobre 1990 libellée comme suit :

« L'ambassade de la République fédérale d'Allemagne présente ses compliments au Département d'État et a l'honneur d'informer le gouvernement des États-Unis d'Amérique, en sa qualité de Gouvernement dépositaire du Traité sur l'Antarctique, que, suite à l'accession de la République démocratique allemande à la République fédérale d'Allemagne, qui a pris effet à compter du 3 octobre 1990, les deux États allemands s'uniront pour former un seul État souverain qui, en sa qualité de Partie contractante au Traité sur l'Antarctique, demeurera lié par les dispositions du Traité, et soumis aux recommandations adoptées lors des 15 réunions consultatives que la République fédérale d'Allemagne a approuvées. À compter de la date de réunification de l'Allemagne, la République fédérale d'Allemagne agira sous la désignation de « Allemagne » dans le cadre du Système de l'Antarctique.
« L'ambassade serait reconnaissante au gouvernement des États-Unis d'Amérique de bien vouloir informer toutes les Parties contractantes au Traité sur l'Antarctique du contenu de la présente note.
« L'ambassade de la République fédérale d'Allemagne saisit cette occasion pour renouveler au Département d'État l'assurance de sa plus haute considération. »

Avant l'unification, la République démocratique allemande avait déposé un instrument d'accession au Traité, en l'accompagnant d'une déclaration, le 19 novembre 1974, et la République fédérale d'Allemagne avait, elle aussi, déposé un instrument d'accession au Traité, en l'accompagnant d'une déclaration, le 5 février 1979.

[2] Le Traité a été signé et ratifié par l'ancienne Union des républiques socialistes soviétiques. Dans une note en date du 13 janvier 1992, la Fédération de Russie a informé le gouvernement américain qu'elle « continuait à exercer les droits et à exécuter les obligations émanant des accords internationaux signés par l'Union des républiques socialistes soviétiques. »

[3] Date du dépôt de la notification de succession par la Papouasie-Nouvelle-Guinée ; entrée en vigueur le 16 septembre 1975, à la date de son indépendance.

[4] L'instrument d'accession des Pays-Bas au Traité indique que son accession vaut pour le Royaume des Pays-Bas en Europe, le Suriname et les Antilles néerlandaises.

Le Suriname est devenu un état indépendant le 25 novembre 1975.

L'ambassade du Royaume des Pays-Bas à Washington avait transmis au Département d'État une note diplomatique en date du 9 janvier 1986 libellée comme suit :

"L'ambassade du Royaume des Pays-Bas présente ses compliments au Département d'État et à l'honneur d'attirer l'attention du Département sur le point suivant concernant son rôle de dépositaire (du Traité sur l'Antarctique).
« Depuis le 1er janvier 1986, l'île d'Aruba –qui faisait antérieurement partie des Antilles néerlandaises – a obtenu l'autonomie interne en tant que pays au sein du Royaume des Pays-Bas. En conséquence, le Royaume des Pays-Bas comporte 3 pays depuis le 1er janvier 1986, à savoir : les Pays-Bas en Europe, les Antilles néerlandaises et Aruba.
« l'événement mentionné ci-haut porte uniquement sur un changement des relations constitutionnelles internes du Royaume des Pays-Bas , et le Royaume en tant que sujet de droit international, reste lié par les traités qu'il a conclu, les changements mentionnés ci-haut n'ayant aucune conséquence sur le droit international relatif aux traités conclus par le Royaume, traités dont l'application était étendue aux Antilles néerlandaises y compris Aruba.
« L'ambassade saurait gré au Département d'informer les autres Parties concernées de l'événement mentionnée par la présente.
« L'ambassade du Royaume des Pays-Bas saisit cette opportunité pour renouveler au Département d'État l'assurance de sa haute considération. »

L'ambassade du Royaume des Pays-Bas à Washington avait transmis une note diplomatique au Département d'État en date du 6 octobre 2010 qui stipulait en substance ce qui suit :

« Le Royaume des Pays-Bas comporte actuellement trois partie: les Pays-Bas, les Antilles néerlandaises et Aruba. Les Antilles néerlandaises comportent les îles de Curaçao, Saint-Martin, Bonaire, Saint-Eustache et Saba.
« A compter du 10 octobre 2010, les Antilles néerlandaises cesseront d'exister au sein du Royaume des Pays-Bas. A partir de cette date, le Royaume sera constituée de quatre parties : les Pays-Bas, Aruba, Curaçao et Saint-Martin. Curaçao et Saint-Martin jouiront d'un gouvernement autonome au sein du Royaume comme en jouissent Aruba, et jusqu'au 10 octobre 2010, les Antilles néerlandaises.
« Ces changements constituent une modification des relations constitutionnelles internes du Royaume des Pays-Bas. Le Royaume des Pays-Bas restera en conséquence sujet de droit international dans le cadre des accords conclus. Par conséquent, la modification de la structure du Royaume n'affectera pas la validité des accords internationaux ratifiés par le Royaume pour les Antilles néerlandaises ; Ces accords continueront à s'appliquer à Curaçao et Saint-Martin.
« Les autres îles qui ont jusqu'ici fait partie des Antilles néerlandaises – Bonaire, Saint-Eustache et Saba – continueront de faire partie des Pays-Bas, et formeront « la partie des Pays-Bas située dans les Caraïbes ». Les accords qui s'appliquent actuellement aux Antilles néerlandaises continueront à s'appliquer à ces îles ; toutefois, le Gouvernement des Pays-Bas sera dorénavant responsable de la mise en œuvre de ces accords. »

[5] Date effective de la succession assumée par la République slovaque. La Tchécoslovaquie a déposé un instrument d'accession au Traité le 14 juin 1962. Le 31 décembre 1992, à minuit, la Tchécoslovaquie a cessé d'exister et a été scindée en deux États séparés et indépendants, la République tchèque et la République slovaque.

[6] Date effective de la succession assumée par la République tchèque. La Tchécoslovaquie a déposé un instrument d'accession au Traité le 14 juin 1962. Le 31 décembre 1992, à minuit, la Tchécoslovaquie a cessé d'exister et a été scindée en deux États séparés et indépendants, la République tchèque et la République slovaque.

[7] L'instrument d'accession de la Roumanie au Traité s'est accompagné d'une note signée de l'Ambassadeur de la République socialiste de Roumanie aux États-Unis d'Amérique, en date du 15 septembre 1971, libellée comme suit :
« Monsieur le Secrétaire,

« En soumettant l'instrument d'adhésion de la République socialiste de Roumanie au Traité sur l'Antarctique, signé à
Washington le 1er décembre 1959, j'ai l'honneur de vous informer des faits suivants :
« Le Conseil d'État de la République socialiste de Roumanie indique que les dispositions du premier paragraphe de l'article XIII du Traité sur l'Antarctique ne sont pas conformes au principe selon lequel les traités multilatéraux dont l'objet et les objectifs concernent la communauté internationale, dans son ensemble, devraient être ouverts à la participation universelle. »
« Je vous demande cordialement, Monsieur le Secrétaire, de transmettre à toutes les Parties concernées le texte de l'instrument d'adhésion de la Roumanie au Traité sur l'Antarctique, ainsi que le texte de cette lettre contenant la déclaration du gouvernement roumain mentionnée ci-dessus.
« Je saisis cette occasion pour vous renouveler, Monsieur le Secrétaire, l'assurance de ma plus haute considération. »

Des exemplaires de la lettre de l'Ambassadeur et de l'instrument d'accession de la Roumanie au Traité furent transmis au Parties au Traité sur l'Antarctique par le Secrétaire d'État, dans sa note circulaire en date du 1er octobre 1971.

[8] L'instrument d'accession de l'Uruguay au Traité s'est accompagné d'une déclaration traduite en anglais par le Département d'État américain, libellée comme suit :
« Le gouvernement de la République orientale de l'Uruguay considère que, par son accession au Traité sur l'Antarctique signé à Washington (États-Unis d'Amérique) le 1er décembre 1959, il contribue à affirmer les principes en faveur de l'utilisation exclusive de l'Antarctique à des fins pacifiques, de l'interdiction de toute explosion nucléaire ou déchet radioactif dans cette région, de la liberté de recherche scientifique en Antarctique au service de l'humanité, et de la coopération internationale dans la réalisation des objectifs qui sont fixés dans ledit Traité.
« Dans le contexte de ces principes, l'Uruguay propose, par le biais d'une procédure fondée sur le principe d'égalité juridique, l'établissement d'un statut général et définitif sur l'Antarctique dans lequel, tout en respectant les droits des États tels que reconnus dans le droit international, les intérêts de tous les États engagés dans, et appartenant à la communauté internationale, prise dans son ensemble, seraient considérés équitablement.
« La décision du gouvernement uruguayen d'adhérer au Traité sur l'Antarctique se fonde non seulement sur l'intérêt que l'Uruguay, à l'instar des membres de la communauté internationale, porte à l'Antarctique, mais également sur l'intérêt spécial, direct et substantiel qui provient de son emplacement géographique, du fait que sa ligne côtière atlantique s'ouvre sur le continent de l'Antarctique, de son influence qui en résulte sur le climat, l'écologie et la biologie marine, des liens historiques qui remontent aux premières expéditions lancées pour explorer ce continent et ses eaux et également des obligations souscrites conformément au Traité interaméricain d'Assistance réciproque qui inclut une parte du territoire antarctique dans la zone décrite à l'article 4, en vertu duquel l'Uruguay partage la responsabilité de la défense de la région.
« En communiquant sa décision d'adhérer au Traité sur l'Antarctique, le gouvernement de la République orientale de l'Uruguay déclare qu'il réserve ses droits en Antarctique, conformément au droit international. »

PROTOCOLE AU TRAITE SUR L'ANTARCTIQUE RELATIF A LA PROTECTION DE L'ENVIRONNEMENT

Signé à Madrid le 4 octobre 1991*

État	Date de signature	Date de dépôt De la Ratification (A) ou de l'approbation (AA) de l'acceptation (A) ou l'accession	Date de dépôt de l'accession	Date d'entrée en vigueur	Date de l'acceptation de l'annexe V**	Date d'entrée en vigueur de l'annexe V
PARTIES CONSULTATIVES						
Argentine	4 oct. 1991	28 oct. 1993 [3]		14 jan. 1998	8 sept. 2000 (A) 4 août 1995 (B)	24 mai 2002
Australie	4 oct. 1991	6 avr. 1994		14 jan. 1998	6 avr. 1994 (A) 7 juin 1995 (B)	24 mai 2002
Belgique	4 oct. 1991	26 avr. 1996		14 jan. 1998	26 avr. 1996 (A) 23 oct. 2000 (B)	24 mai 2002
Brésil	4 oct. 1991	15 août 1995		14 jan. 1998	20 mai 1998 (B)	24 mai 2002
Bulgarie			21 avr. 1998	21 mai 1998	5 mai 1999 (AB)	24 mai 2002
Chili	4 oct. 1991	11 jan. 1995		14 jan. 1998	25 mars 1998 (B)	24 mai 2002
Chine	4 oct. 1991	2 août 1994		14 jan. 1998	26 jan. 1995 (AB)	24 mai 2002
Equateur	4 oct. 1991	4 jan. 1993		14 jan. 1998	11 mai 2001 (A) 15 nov. 2001 (B)	24 mai 2002
Finlande	4 oct. 1991	1 nov. 1996 (A)		14 jan. 1998	1 nov. 1996 (A) 2 avr. 1997 (B)	24 mai 2002
France	4 oct. 1991	5 fév. 1993 (AA)		14 jan. 1998	26 avr. 1995 (B) 18 nov. 1998 (A)	24 mai 2002
Allemagne	4 oct. 1991	25 nov. 1994		14 jan. 1998	25 nov. 1994 (A) 1 sept. 1998 (B)	24 mai 2002
Inde	2 juil. 1992	26 avr. 1996		14 jan. 1998	24 mai 2002 (B)	24 mai 2002
Italie	4 oct. 1991	31 mars 1995		14 jan. 1998	31 mai 1995 (A) 11 fév. 1998 (B)	24 mai 2002
Japon	29 sept. 1992	15 déc. 1997 (A)		14 jan. 1998	15 déc. 1997 (AB)	24 mai 2002
Rép. de Corée	2 juil. 1992	2 jan. 1996		14 jan. 1998	5 juin 1996 (B)	24 mai 2002
Pays-Bas	4 oct. 1991	14 avr. 1994 (A) [6]		14 jan. 1998	18 mars 1998 (B)	24 mai 2002
Nouvelle-Zélande	4 oct. 1991	22 déc. 1994		14 jan. 1998	21 oct. 1992 (B)	24 mai 2002
Norvège	4 oct. 1991	16 juin 1993		14 jan. 1998	13 oct. 1993 (B)	24 mai 2002
Pérou	4 oct. 1991	8 mars 1993		14 jan. 1998	8 mars 1993 (A) 17 mars 1999 (B)	24 mai 2002
Pologne	4 oct. 1991	1 nov. 1995		14 jan. 1998	20 sept. 1995 (B)	24 mai 2002
Fédération de Russie	4 oct. 1991	6 août 1997		14 jan. 1998	19 juin 2001 (B)	24 mai 2002
Afrique du Sud	4 oct. 1991	3 août 1995		14 jan. 1998	14 juin 1995 (B)	24 mai 2002
Espagne	4 oct. 1991	1 juil. 1992		14 jan. 1998	8 déc. 1993 (A) 18 fév. 2000 (B)	24 mai 2002
Suède	4 oct. 1991	30 mars 1994		14 jan. 1998	30 mars 1994 (A) 7 avr. 1994 (B)	24 mai 2002
Ukraine			25 mai 2001	24 juin 2001	25 mai 2001 (A)	24 mai 2002

Rapport final de la XXXVIe RCTA

Royaume-Uni	4 oct. 1991	25 avr. 1995 [5]	14 jan. 1998	21 mai 1996 (B)	24 mai 2002
Etats-Unis	4 oct. 1991	17 avr. 1997	14 jan. 1998	17 avr. 1997 (A)	24 mai 2002
				6 mai 1998 (B)	
Uruguay	4 oct. 1991	11 jan. 1995	14 jan. 1998	15 mai 1995 (B)	24 mai 2002

** L'indication suivante désigne la date relative soit
à l'acceptation de l'annexe V, soit à l'approbation de la Recommandation XVI-10
(A) Acceptation de l'annexe V, (B) Approbation de la Recommandation XVI-10

Date de dépôt

État	Date de signature	De la Ratification, de l'acceptation (A) ou de l'approbation (AA)	Date de dépôt de l'accession	Date d'entrée en vigueur	Date de l'acceptation de l'annexe V**	Date d'entrée en vigueur de l'annexe V
PARTIES NON CONSULTATIVES						
Autriche	4 oct. 1991					
Biélorussie			16 juil. 2008	15 août 2008		
Canada	4 oct. 1991	13 nov. 2003		13 déc. 2003		
Colombie	4 oct. 1991					
Cuba	2 juil. 1992					
Danemark						
Estonie						
Grèce	4 oct. 1991	23 mai 1995		14 jan. 1998		
Guatemala						
Hongrie	4 oct. 1991					
Malaisie						
Monaco			1 juil. 2009	31 juil. 2009		
Pakistan			1 mars 2012	31 mars 2012		
Papouasie Nouvelle Guinée						
Portugal						
Rép. de Slovaquie[1,2]	1 jan. 1993	25 août 2004[4]		24 sept. 2004		
Rép. Tchèque[1,2]	1 jan. 1993	3 fév. 2003		5 mars 2003	3 fév. 2003	5 mars 2003
Roumanie	4 oct. 1991					
RPD de Corée	4 oct. 1991					
Suisse	4 oct. 1991					
Turquie						
Venezuela						

* Signé à Madrid le 4 octobre 1991 ; puis à Washington jusqu'au 3 octobre 1992.
Le Protocole entrera en vigueur initialement au trentième jour après la date de dépôt des instruments de ratification, d'acceptation, d'approbation ou d'accession par tous les États qui étaient Parties consultatives au Traité sur l'Antarctique à la date où le Protocole a été adopté. (Article 23)

**Adopté à Bonn le 17 octobre 1991 lors de la XVIème Réunion consultative sur l'Antarctique.

1. Signé pour les Républiques tchèque et slovaque le 2 octobre 1992 – la Tchécoslovaquie accepte la juridiction de la Cour internationale de justice et du Tribunal arbitral pour la résolution des litiges selon l'article 19, paragraphe premier. Le 31 décembre 1992, à minuit, la Tchécoslovaquie a cessé d'exister et a été scindée en deux États séparés et indépendants, la République tchèque et la République slovaque.

2. La date effective de succession, conformément à la signature de la Tchécoslovaquie, qui est soumise à ratification par la République tchèque et la République slovaque.

3. Elle s'est accompagnée d'une déclaration dont la traduction informelle en anglais a été fournie par l'ambassade d'Argentine, libellée comme suit : « La République argentine déclare que, dans la mesure où le Protocole au Traité sur l'Antarctique sur la protection de l'environnement constitue un accord complémentaire du Traité sur l'Antarctique, et que son article 4 respecte pleinement ce qui a été stipulé à l'article IV de la sous-section 1 du paragraphe A dudit Traité, aucune de ses clauses ne devrait être interprétée ou mise en application comme affectant ses droits, fondés sur des titres juridiques, ses actes de possession, sa contiguïté et sa continuité géologique dans la région située au sud du 60ème parallèle, dans laquelle elle a proclamé et maintenu sa souveraineté. »

4. Elle s'est accompagnée d'une déclaration dont la traduction informelle en anglais a été fournie par l'ambassade de la République tchèque, libellée comme suit : « La République tchèque accepte la juridiction de la Cour internationale de justice et du Tribunal arbitral au titre de l'article 19, paragraphe premier du Protocole au Traité sur l'Antarctique relatif à la protection de l'environnement, fait à Madrid, le 4 octobre 1991. »

5. La ratification effectuée au nom du Royaume-Uni de Grande-Bretagne et d'Irlande du Nord, du bailliage de Jersey, du bailliage de Guernesey, de l'île de Man, d'Anguilla, des Bermudes, de la Terre antarctique britannique, des îles Caïman, des îles Malouines, de Montserrat, Sainte-Hélène et Dépendances, des îles de la Géorgie du Sud et Sandwich du Sud, des îles Turques et Caïques et des îles Vierges britanniques.

6. L'acceptation prévaut pour le Royaume en Europe. Au moment de l'acceptation, le Royaume des Pays-Bas a déclaré qu'il choisissait les deux recours possibles pour la résolution des litiges mentionnés à l'article19, paragraphe premier du Protocole, à savoir la Cour internationale de justice et le tribunal arbitral.

Une déclaration du Royaume des Pays-Bas acceptant le Protocole pour les Antilles néerlandaises a été déposée le 27 octobre 2004, accompagnée d'une déclaration confirmant qu'il choisissait les deux recours possibles pour la résolution des litiges mentionnés à l'article19, paragraphe premier du Protocole.

L'Ambassade du Royaume des Pays-Bas à Washington avait transmis une note diplomatique au Département d'État en date du 6 octobre 2010 qui stipulait en substance ce qui suit :

« Le Royaume des Pays-Bas comporte actuellement trois partie: les Pays-Bas, les Antilles néerlandaises et Aruba. Les Antilles néerlandaises comportent les îles de Curaçao, Saint-Martin, Bonaire, Saint-Eustache et Saba.

« A compter du 10 octobre 2010, les Antilles néerlandaises cesseront d'exister au sein du Royaume des Pays-Bas. A partir de cette date, le Royaume sera constitué de quatre parties : les Pays-Bas, Aruba, Curaçao et Saint-Martin. Curaçao et Saint-Martin jouiront d'un gouvernement autonome au sein du Royaume comme en jouissent Aruba, et jusqu'au 10 octobre 2010, les Antilles néerlandaises.

« Ces changements constituent une modification des relations constitutionnelles internes du Royaume des Pays-Bas. Le Royaume des Pays-Bas restera en conséquence sujet de droit international dans le cadre des accords conclus. Par conséquent, la modification de la structure du Royaume n'affectera pas la validité des accords internationaux ratifiés par le Royaume pour les Antilles néerlandaises ; Ces accords continueront à s'appliquer à Curaçao et Saint-Martin.

« Les autres îles qui ont jusqu'ici fait partie des Antilles néerlandaises – Bonaire, Saint-Eustache et Saba – continueront de faire partie des Pays-Bas, et formeront « la partie des Pays-Bas située dans les Caraïbes ». Les accords qui s'appliquent actuellement aux Antilles néerlandaises continueront à s'appliquer à ces îles ; toutefois, le Gouvernement des Pays-Bas sera dorénavant responsable de la mise en œuvre de ces accords. »

Département d'État,
Washington, le 18 avril 2013

302

Approbation, telle que notifiée au gouvernement des États-Unis d'Amérique, des mesures relatives à la poursuite des principes et objectifs du Traité sur l'Antarctique

	16 Recommandations adoptées lors de la première réunion (Canberra 1961) Approuvées	10 Recommandations adoptées lors de la seconde réunion (Buenos Aires 1962) Approuvées	11 Recommandations adoptées lors de la troisième réunion (Bruxelles 1964) Approuvées	28 Recommandations adoptées lors dela quatrième réunion (Santiago 1966) Approuvées	9 Recommandations adoptées lors de la cinquième réunion (Paris 1968) Approuvées	15 Recommandations adoptées lors de la sixième réunion (Tokyo 1970) Approuvées
Argentine	TOUTES	TOUTES	TOUTES	TOUTES	TOUTES	TOUTES
Australie	TOUTES	TOUTES	TOUTES	TOUTES	TOUTES	TOUTES
Belgique	TOUTES	TOUTES	TOUTES	TOUTES	TOUTES	TOUTES
Brésil (1983)+	TOUTES	TOUTES	TOUTES	TOUTES	TOUTES	TOUTES (exc. la 10)
Bulgarie (1998)+						
Chili	TOUTES	TOUTES	TOUTES	TOUTES	TOUTES	TOUTES
Chine (1985)+	TOUTES	TOUTES	TOUTES	TOUTES	TOUTES	TOUTES (exc. la 10)
Equateur (1990)+						
Finlande (1989)+						
France	TOUTES	TOUTES	TOUTES	TOUTES	TOUTES	TOUTES
Allemagne (1981)+	TOUTES	TOUTES	TOUTES (exc. la 8)	TOUTES (exc. 16-19)	TOUTES (exc. la 6)	TOUTES (exc. la 9)
Inde (1983)+	TOUTES	TOUTES	TOUTES (exc. la 8***)	TOUTES (exc. la 18)	TOUTES	TOUTES (exc. 9 & 10)
Italie (1987)+	TOUTES	TOUTES	TOUTES	TOUTES	TOUTES	TOUTES
Japon	TOUTES	TOUTES	TOUTES	TOUTES	TOUTES	TOUTES
Rép. de Corée (1989)+	TOUTES	TOUTES	TOUTES	TOUTES	TOUTES	TOUTES
Pays-Bas (1990)+	TOUTES (exc. 11 & 15)	TOUTES (exc. 3, 5, 8 & 10)	TOUTES (exc. 3, 4, 6 & 9)	TOUTES (exc. 20, 25, 26 & 28)	TOUTES (exc. 1, 8 & 9)	TOUTES (exc. la 15)
Nouvelle-Zélande	TOUTES	TOUTES	TOUTES	TOUTES	TOUTES	TOUTES
Norvège	TOUTES	TOUTES	TOUTES	TOUTES	TOUTES	TOUTES
Pérou (1989)+	TOUTES	TOUTES	TOUTES	TOUTES	TOUTES	TOUTES
Pologne (1977)+	TOUTES	TOUTES	TOUTES	TOUTES	TOUTES	TOUTES
Russie	TOUTES	TOUTES	TOUTES	TOUTES	TOUTES	TOUTES
Afrique du Sud	TOUTES	TOUTES	TOUTES	TOUTES	TOUTES	TOUTES
Espagne (1988)+	TOUTES	TOUTES	TOUTES	TOUTES	TOUTES	TOUTES
Suède (1988)+	TOUTES	TOUTES	TOUTES	TOUTES	TOUTES	TOUTES
Royaume-Uni	TOUTES	TOUTES	TOUTES	TOUTES	TOUTES	TOUTES
Uruguay (1985)+	TOUTES	TOUTES	TOUTES	TOUTES	TOUTES	TOUTES
Etats-Unis	TOUTES	TOUTES	TOUTES	TOUTES	TOUTES	TOUTES

* IV-6, IV-10, IV-12, et V-5 résiliée par VIII-2

*** Acceptée en tant que ligne directrice de transition

+ Année d'obtention du statut consultatif. Acceptation par cet État de mettre en application les Recommandations ou Mesures des réunions tenues à partir de cette année-là.

Rapport final de la XXXVIe RCTA

Approbation, telle que notifiée au gouvernement des États-Unis d'Amérique, des mesures relatives à la poursuite des principes et objectifs du Traité sur l'Antarctique

	9 Recommandations adoptées lors de la septième réunion (Wellington 1972) Approuvées	14 Recommandations adoptées lors de la huitième réunion (Oslo 1975) Approuvées	6 Recommandations adoptées lors de la neuvième réunion (Londres 1977) Approuvées	9 Recommandations adoptées lors de la dixième réunion (Washington 1979) Approuvées	3 Recommandations adoptées lors de la onzième réunion (Buenos Aires 1981) Approuvées	8 Recommandations adoptées lors de la douzième réunion (Canberra 1983) Approuvées
Argentine	TOUTES	TOUTES	TOUTES	TOUTES	TOUTES	TOUTES
Australie	TOUTES	TOUTES	TOUTES	TOUTES	TOUTES	TOUTES
Belgique	TOUTES	TOUTES	TOUTES	TOUTES	TOUTES	TOUTES
Brésil (1983)+	TOUTES (exc. la 5)	TOUTES	TOUTES	TOUTES	TOUTES	TOUTES
Bulgarie (1998)+						
Chili	TOUTES	TOUTES	TOUTES	TOUTES	TOUTES	TOUTES
Chine (1985)+	TOUTES (exc. la 5)	TOUTES	TOUTES	TOUTES	TOUTES	TOUTES
Equateur (1990)+						
Finlande (1989)+						
France	TOUTES	TOUTES	TOUTES	TOUTES	TOUTES	TOUTES
Allemagne (1981)+	TOUTES (exc. la 5)	TOUTES (exc. 2 & 5)	TOUTES	TOUTES	TOUTES	TOUTES
Inde (1983)+	TOUTES	TOUTES	TOUTES	TOUTES (exc. 1 & 9)	TOUTES	TOUTES
Italie (1987)+	TOUTES (exc. la 5)	TOUTES	TOUTES	TOUTES (exc. 1 & 9)	TOUTES	TOUTES
Japon	TOUTES	TOUTES	TOUTES	TOUTES	TOUTES	TOUTES
Rép. de Corée (1989)+	TOUTES	TOUTES	TOUTES	TOUTES	TOUTES	TOUTES
Pays-Bas (1990)+	TOUTES	TOUTES	TOUTES (exc. la 3)	TOUTES (exc. 9)	TOUTES (exc. 2)	TOUTES
Nouvelle-Zélande	TOUTES	TOUTES	TOUTES	TOUTES	TOUTES	TOUTES
Norvège	TOUTES	TOUTES	TOUTES	TOUTES	TOUTES	TOUTES
Pérou (1989)+	TOUTES	TOUTES	TOUTES	TOUTES	TOUTES	TOUTES
Pologne (1977)+	TOUTES	TOUTES	TOUTES	TOUTES	TOUTES	TOUTES
Russie	TOUTES	TOUTES	TOUTES	TOUTES	TOUTES	TOUTES
Afrique du Sud	TOUTES	TOUTES	TOUTES	TOUTES (exc. 1 & 9)	TOUTES (exc. 1)	TOUTES
Espagne (1988)+	TOUTES	TOUTES	TOUTES	TOUTES	TOUTES	TOUTES
Suède (1988)+						
Royaume-Uni	TOUTES	TOUTES	TOUTES	TOUTES	TOUTES	TOUTES
Uruguay (1985)+	TOUTES	TOUTES	TOUTES	TOUTES	TOUTES	TOUTES
Etats-Unis	TOUTES	TOUTES	TOUTES	TOUTES	TOUTES	TOUTES

* IV-6, IV-10, IV-12, et V-5 résiliée par VIII-2

*** Acceptée en tant que ligne directrice de transition

+ Année d'obtention du statut consultatif. Acceptation par cet État de mettre en application les Recommandations ou Mesures des réunions tenues à partir de cette année-là.

Approbation, telle que notifiée au gouvernement des États-Unis d'Amérique, des mesures relatives à la poursuite des principes et objectifs du Traité sur l'Antarctique

	16 Recommandations adoptées lors de la treizième réunion (Bruxelles 1985) Approuvées	10 Recommandations adoptées lors de la quatorzième réunion (Rio de Janeiro 1987) Approuvées	22 Recommandations adoptées lors de la quinzième réunion (Paris 1989) Approuvées	13 Recommandations adoptées lors de la seizième réunion (Bonn 1991) Approuvées	4 Recommandations adoptées lors de la dix-septième réunion (Venise 1992) Approuvées	1 Recommandation adoptée lors de la dix-huitième réunion (Kyoto 1994) Approuvées
Argentine	TOUTES	TOUTES	TOUTES	TOUTES	TOUTES	TOUTES
Australie	TOUTES	TOUTES	TOUTES	TOUTES	TOUTES	TOUTES
Belgique	TOUTES	TOUTES	TOUTES	TOUTES	TOUTES	TOUTES
Brésil (1983)+	TOUTES	TOUTES	TOUTES	XVI-10	TOUTES	TOUTES
Bulgarie (1998)+						
Chili	TOUTES	TOUTES	TOUTES	TOUTES	TOUTES	TOUTES
Chine (1985)+	TOUTES	TOUTES	TOUTES	TOUTES	TOUTES	TOUTES
Equateur (1990)+				XVI-10	TOUTES	TOUTES
Finlande (1989)+			TOUTES	TOUTES	TOUTES	TOUTES
France	TOUTES	TOUTES	TOUTES	TOUTES	TOUTES	TOUTES
Allemagne (1981)+	TOUTES	TOUTES	TOUTES (exc. 3,8,10,11&22)	TOUTES	TOUTES	TOUTES
Inde (1983)+	TOUTES	TOUTES	TOUTES	TOUTES	TOUTES	TOUTES
Italie (1987)+		TOUTES	TOUTES	TOUTES	TOUTES	TOUTES
Japon	TOUTES	TOUTES	TOUTES	TOUTES (exc. 1, 3-9, 12&13)	TOUTES (exc. 1-2 & 4)	TOUTES
Rép. de Corée (1989)+			TOUTES (exc. 1-11, 16, 18, 19)	TOUTES (exc. la 12)	TOUTES (exc. la 1)	TOUTES
Pays-Bas (1990)+				TOUTES	TOUTES	TOUTES
Nouvelle-Zélande	TOUTES (exc. la 9)	TOUTES	TOUTES (exc. la 22)	TOUTES	TOUTES	TOUTES
Norvège	TOUTES	TOUTES	TOUTES	TOUTES	TOUTES	TOUTES
Pérou (1989)+			TOUTES (exc. la 22)	TOUTES (exc. la 13)	TOUTES	TOUTES
Pologne (1977)+	TOUTES	TOUTES	TOUTES	TOUTES	TOUTES	TOUTES
Russie	TOUTES	TOUTES	TOUTES	TOUTES	TOUTES	TOUTES
Afrique du Sud	TOUTES	TOUTES	TOUTES	TOUTES	TOUTES	TOUTES
Espagne (1988)+			TOUTES	TOUTES	TOUTES	TOUTES
Suède (1988)+			TOUTES	TOUTES	TOUTES	TOUTES
Royaume-Uni	TOUTES (exc. la 2)	TOUTES	TOUTES (exc. 3, 4, 8, 10, 11)	TOUTES (exc. 4, 6, 8, & 9)	TOUTES	TOUTES
Uruguay (1985)+	TOUTES	TOUTES	TOUTES	TOUTES	TOUTES	TOUTES
Etats-Unis	TOUTES	TOUTES	TOUTES (exc.1-4, 10, 11)	TOUTES	TOUTES	TOUTES

* IV-6, IV-10, IV-12, et V-5 résiliée par VIII-2

*** Acceptée en tant que ligne directrice de transition

+ Année d'obtention du statut consultatif. Acceptation par cet État de mettre en application les Recommandations ou Mesures des réunions tenues à partir de cette année-là

Rapport final de la XXXVIIe RCTA

Approbation, telle que notifiée au gouvernement des États-Unis d'Amérique, des mesures relatives à la poursuite des principes et objectifs du Traité sur l'Antarctique

	5 Mesures adoptées lors de la dix-neuvième réunion (Séoul 1995) Approuvées	2 Mesures adoptées lors de la vingtième réunion (Utrecht 1996) Approuvées	5 Mesures adoptées lors de la vingt-et-unième réunion (Christchurch 1997) Approuvées	2 Mesures adoptées lors de la vingt-deuxième réunion (Tromso 1998) Approuvées	1 Mesure adoptée lors de la vingt-troisième réunion (Lima 1999) Approuvées
Argentine	TOUTES	TOUTES	TOUTES	TOUTES	TOUTES
Australie	TOUTES	TOUTES	TOUTES	TOUTES	TOUTES
Belgique	TOUTES	TOUTES	TOUTES	TOUTES	TOUTES
Brésil (1983)+	TOUTES	TOUTES	TOUTES	TOUTES	TOUTES
Bulgarie (1998)+					
Chili	TOUTES	TOUTES	TOUTES	TOUTES	TOUTES
Chine (1985)+	TOUTES	TOUTES	TOUTES	TOUTES	TOUTES
Equateur (1990)+					
Finlande (1989)+	TOUTES	TOUTES	TOUTES	TOUTES	TOUTES
France	TOUTES	TOUTES	TOUTES	TOUTES	TOUTES
Allemagne (1981)+	TOUTES	TOUTES	TOUTES	TOUTES	TOUTES
Inde (1983)+	TOUTES	TOUTES	TOUTES	TOUTES	TOUTES
Italie (1987)+	TOUTES	TOUTES	TOUTES	TOUTES	TOUTES
Japon	TOUTES (exc. 2&5)	TOUTES (exc. 1)	TOUTES (exc. 1-2 & 5)		
Rép. de Corée (1989)+	TOUTES	TOUTES	TOUTES	TOUTES	TOUTES
Pays-Bas (1990)+	TOUTES	TOUTES	TOUTES	TOUTES	TOUTES
Nouvelle-Zélande	TOUTES	TOUTES	TOUTES	TOUTES	TOUTES
Norvège	TOUTES	TOUTES	TOUTES	TOUTES	TOUTES
Pérou (1989)+	TOUTES	TOUTES	TOUTES	TOUTES	TOUTES
Pologne (1977)+	TOUTES	TOUTES	TOUTES	TOUTES	TOUTES
Russie	TOUTES	TOUTES	TOUTES	TOUTES	TOUTES
Afrique du Sud	TOUTES	TOUTES	TOUTES	TOUTES	TOUTES
Espagne(1988)+	TOUTES	TOUTES	TOUTES	TOUTES	TOUTES
Suède (1988)+	TOUTES	TOUTES	TOUTES	TOUTES	TOUTES
Royaume-Uni	TOUTES	TOUTES	TOUTES	TOUTES	TOUTES
Uruguay (1985)+	TOUTES	TOUTES	TOUTES	TOUTES	TOUTES
Etats-Unis	TOUTES	TOUTES	TOUTES	TOUTES	TOUTES

"+ Année d'obtention du statut consultatif. Acceptation par cet État de mettre en application les Recommandations ou Mesures des réunions tenues à partir de cette année là.

1. Rapports des Dépositaires et des observateurs

Approbation, telle que notifiée au gouvernement des États-Unis d'Amérique, des mesures relatives à la poursuite des principes et objectifs du Traité sur l'Antarctique

	2 Mesures adoptées lors de la douzième réunion spéciale (La Haye 2000) Approuvées	3 Mesures adoptées lors de la vingt-quatrième réunion (St. Pétersbourg 2001) Approuvées	1 Mesure adoptée lors de la vingt-cinquième réunion (Varsovie 2002) Approuvées	3 Mesures adoptées lors de la vingt-sixième réunion (Madrid 2003) Approuvées	4 Mesures adoptées lors de la vingt-septième réunion (Cape Town 2004) Approuvées
Argentine		TOUTES	*	XXVI-1, XXVI-2 *, XXVI-3 **	XXVII-1 *, XXVII-2 *, XXVII-3 **
Australie	TOUTES	TOUTES	TOUTES	XXVI-1, XXVI-2 *, XXVI-3	XXVII-1 *, XXVII-2 *, XXVII-3 **
Belgique	TOUTES	TOUTES	TOUTES	TOUTES	TOUTES
Brésil (1983)+	TOUTES	TOUTES	TOUTES		XXVII-1, XXVII-2, XXVII-3
Bulgarie (1998)+				XXVI-1, XXVII-2 *, XXVI-3 **	XXVII-1 *, XXVII-2 *, XXVII-3 **
Chili	TOUTES	TOUTES	TOUTES		TOUTES
Chine (1985)+	TOUTES	TOUTES	TOUTES	TOUTES	XXVII-1 *, XXVII-2 *, XXVII-3 **
Equateur (1990)+	TOUTES	TOUTES	*	XXVI-1, XXVI-2 *, XXVI-3 **	XXVII-1 *, XXVII-2 *, XXVII-3 **,
Finlande (1989)+	TOUTES	TOUTES	*	XXVI-1, XXVI-2 *, XXVI-3 **	XXVII-4
France	TOUTES (exc. la 2 de la RCTA XII)	TOUTES	*	XXVI-1, XXVI-2 *, XXVI-3 **	XXVII-1, XXVII-2 *, XXVII-3, XXVII-4
Allemagne (1981)+	TOUTES	TOUTES	TOUTES	TOUTES	XXVII-1 *, XXVII-2 *, XXVII-3 **
Inde (1983)+		TOUTES	TOUTES	TOUTES	XXVII-1 *, XXVII-2 *, XXVII-3 **
Italie (1987)+	TOUTES	TOUTES	*	XXVI-1, XXVI-2 *, XXVI-3 **	XXVII-1 *, XXVII-2 *, XXVII-3 *,
Japon					XXVII-4
Rép. de Corée (1989)+	TOUTES	TOUTES	*	TOUTES	XXVII-1 *, XXVII-2 *, XXVII-3 *,
Pays-Bas (1990)+	TOUTES	TOUTES	TOUTES	XXVI-1, XXVI-2 *, XXVI-3 **	TOUTES
Nouvelle-Zélande	TOUTES	TOUTES	TOUTES	TOUTES	XXVII-1 *, XXVII-2 *, XXVII-3 **
Norvège	TOUTES	TOUTES	*	XXVI-1, XXVI-2 *, XXVI-3 **	XXVII-1 *, XXVII-2 *, XXVII-3 **
Pérou (1989)+		TOUTES	TOUTES	XXVI-1, XXVI-2 *, XXVI-3 **	XXVII-1 *, XXVII-2 *, XXVII-3 **
Pologne (1977)+	TOUTES	TOUTES	TOUTES	TOUTES	TOUTES
Russie	TOUTES	TOUTES	TOUTES	XXVI-1, XXVI-2, XXVI-3 **	XXVII-1 *, XXVII-2 *, XXVII-3 **
Afrique du Sud	TOUTES	TOUTES	*	TOUTES	TOUTES
Espagne (1988)+	TOUTES	TOUTES	TOUTES	XXVI-1, XXVI-2 *, XXVI-3 **	XXVII-1 *, XXVII-2 *, XXVII-3 **
Suède (1988)+				TOUTES	XXVII-1 *, XXVII-2 *, XXVII-3 **
Ukraine (2004)+	TOUTES	TOUTES	TOUTES		XXVII-1 *, XXVII-2 *, XXVII-3 *,
Royaume-Uni	TOUTES (exc. la 2 de la RCTA XII)	TOUTES (exc. la XXIV-3)	TOUTES	TOUTES	XXVII-4
Uruguay (1985)+	TOUTES	TOUTES	*	XXVI-1, XXVI-2 *, XXVI-3	XXVII-1 *, XXVII-2 *, XXVII-3 *,
Etats-Unis	TOUTES	TOUTES	*	XXVI-1, XXVI-2 *, XXVI-3 **	XXVII-1 *, XXVII-2 *, XXVII-3 **

+ Année d'obtention du statut consultatif. Acceptation par cet État de mettre en application les Recommandations ou Mesures des réunions tenues à partir de cette année-là.

* Les plans de gestion annexés à cette Mesure étaient estimés approuvés conformément à l'article 6 (1) de l'annexe V du Protocole au Traité sur l'Antarctique relatif à la protection de l'environnement et à la Mesure ne précisant pas de méthode d'approbation alternative.

** La Liste des sites et monuments historiques révisée et mise à jour, annexée à cette Mesure, était estimée approuvée conformément à l'article 8 (2) de l'annexe V au Protocole au Traité sur l'Antarctique relatif à la protection de l'environnement et à la Mesure ne précisant pas de méthode d'approbation alternative.

307

Approbation, telle que notifiée au gouvernement des États-Unis d'Amérique, des mesures relatives à la poursuite des principes et objectifs du Traité sur l'Antarctique

	5 Mesures adoptées lors de la vingt-huitième réunion (Stockholm 2005) Approuvées	4 Mesures adoptées lors de la vingt-neuvième réunion (Edimbourg 2006) Approuvées	3 Mesures adoptées lors de la trentième réunion (New Delhi 2007) Approuvées	14 Mesures adoptées lors de la trente-et-unième réunion (Kiev 2008) Approuvées	16 Mesures adoptées lors de la trente-deuxième réunion (Baltimore 2009) Approuvées
Argentine	XXVIII-2*, XXVIII-3*, XXVIII-4*, XXVIII-5**	XXIX-1*, XXIX-2*, XXIX-3**, XXIX-4	XXX-1*, XXX-2*, XXX-3**	XXXI-1*, XXXI-2*, … XXXI-14*	XXXII-1*, XXXII-2*, … XXXII-14**
Australie	XXVIII-2*, XXVIII-3*, XXVIII-4*, XXVIII-5**	XXIX-1*, XXIX-2*, XXIX-3**, XXIX-4	XXX-1*, XXX-2*, XXX-3**	XXXI-1*, XXXI-2*, … XXXI-14*	XXXII-1*, XXXII-2*, … XXXII-14**
Belgique	TOUTES exc. la Mesure 1	TOUTES	TOUTES	XXXI-1*, XXXI-2*, … XXXI-14*	XXXII-1*, XXXII-2*, … XXXII-14**
Brésil (1983)+	TOUTES exc. la Mesure 1	XXIX-1*, XXIX-2*, XXIX-3**, XXIX-4 ***	XXX-1*, XXX-2*, XXX-3**	XXXI-1*, XXXI-2*, … XXXI-14*	XXXII-1*, XXXII-2*, … XXXII-14**
Bulgarie (1998)+	XXVIII-2*, XXVIII-3*, XXVIII-4*, XXVIII-5**	XXIX-1*, XXIX-2*, XXIX-3**, XXIX-4 ***	XXX-1*, XXX-2*, XXX-3**	XXXI-1*, XXXI-2*, … XXXI-14*	XXXII-1*, XXXII-2*, … XXXII-14**
Chili	TOUTES exc. la Mesure 1	XXIX-1*, XXIX-2*, XXIX-3**, XXIX-4 ***	XXX-1*, XXX-2*, XXX-3**	XXXI-1*, XXXI-2*, … XXXI-14*	XXXII-1*, XXXII-2*, … XXXII-14**
Chine (1985)+	XXVIII-2*, XXVIII-3*, XXVIII-4*, XXVIII-5**	XXIX-1*, XXIX-2*, XXIX-3**, XXIX-4 ***	XXX-1*, XXX-2*, XXX-3**	XXXI-1*, XXXI-2*, … XXXI-14*	XXXII-1*, XXXII-2*, … XXXII-14**
Equateur (1990)+	XXVIII-1, XXVIII-2*, XXVIII-3*, XXVIII-4*, XXVIII-5**	XXIX-1*, XXIX-2*, XXIX-3**, XXIX-4 ***	XXX-1*, XXX-2*, XXX-3**	XXXI-1*, XXXI-2*, … XXXI-14*	XXXII-1*, XXXII-2*, … XXXII-14**; XXXII-1*, XXXII-2*, … XXXII-14**; XXXII-16
Finlande (1989)+	XXVIII-2*, XXVIII-3*, XXVIII-4*, XXVIII-5**	XXIX-1*, XXIX-2*, XXIX-3**, XXIX-4 ***	XXX-1*, XXX-2*, XXX-3**	XXXI-1*, XXXI-2*, … XXXI-14*	XXXII-1*, XXXII-2*, … XXXII-14**; XXXII-15
France	XXVIII-2*, XXVIII-3*, XXVIII-4*, XXVIII-5**	XXIX-1*, XXIX-2*, XXIX-3**, XXIX-4 ***	XXX-1*, XXX-2*, XXX-3**	XXXI-1*, XXXI-2*, … XXXI-14*	XXXII-1*, XXXII-2*, … XXXII-14**
Allemagne (1981)+	XXVIII-2*, XXVIII-3*, XXVIII-4*, XXVIII-5**	XXIX-1*, XXIX-2*, XXIX-3**, XXIX-4 ***	XXX-1*, XXX-2*, XXX-3**	XXXI-1*, XXXI-2*, … XXXI-14*	XXXII-1*, XXXII-2*, … XXXII-14**
Inde (1983)+	XXVIII-2*, XXVIII-3*, XXVIII-4*, XXVIII-5**	XXIX-1*, XXIX-2*, XXIX-3**, XXIX-4 ***	XXX-1*, XXX-2*, XXX-3**	XXXI-1*, XXXI-2*, … XXXI-14*	XXXII-1*, XXXII-2*, … XXXII-14**
Italie (1987)+	XXVIII-2*, XXVIII-3*, XXVIII-4*, XXVIII-5**	XXIX-1*, XXIX-2*, XXIX-3**, XXIX-4 ***	XXX-1*, XXX-2*, XXX-3**	XXXI-1*, XXXI-2*, … XXXI-14*	XXXII-1*, XXXII-2*, … XXXII-14**
Japon	XXVIII-2*, XXVIII-3*, XXVIII-4*, XXVIII-5**	XXIX-1*, XXIX-2*, XXIX-3**, XXIX-4 ***	XXX-1*, XXX-2*, XXX-3**	XXXI-1*, XXXI-2*, … XXXI-14*	XXXII-15
Rép. de Corée (1989)+	TOUTES exc. la Mesure 1	TOUTES	XXX-1*, XXX-2*, XXX-3**	XXXI-1*, XXXI-2*, … XXXI-14*	XXXII-1*, XXXII-2*, … XXXII-14**
Pays-Bas (1990)+	TOUTES exc. la Mesure 1	TOUTES	TOUTES	TOUTES	XXXII-1*, XXXII-1, XXXII-2*, … XXXII-14
Nouvelle-Zélande	XXVIII-2*, XXVIII-3*, XXVIII-4*, XXVIII-5**	XXIX-1*, XXIX-2*, XXIX-3**, XXIX-4	XXX-1*, XXX-2*, XXX-3**	XXXI-1*, XXXI-2*, … XXXI-14*	XXXII-1*, XXXII-2*, … XXXII-14**
Norvège	XXVIII-1, XXVIII-2*, XXVIII-3*, XXVIII-4*, XXVIII-5**	XXIX-1*, XXIX-2*, XXIX-3**, XXIX-4 ***	XXX-1*, XXX-2*, XXX-3**	XXXI-1*, XXXI-2*, … XXXI-14*	XXXII-1*, XXXII-2*, … XXXII-14**
Pérou (1989)+	XXVIII-5**	TOUTES	XXX-1*, XXX-2*, XXX-3**	XXXI-1*, XXXI-2*, … XXXI-14*	XXXII-1*, XXXII-2*, … XXXII-14**
Pologne (1977)+	TOUTES	XXIX-1*, XXIX-2*, XXIX-3**, XXIX-4 ***	TOUTES	XXXI-1*, XXXI-2*, … XXXI-14*	XXXII-1*, XXXII-2*, … XXXII-14**
Russie	XXVIII-2*, XXVIII-3*, XXVIII-4*, XXVIII-5**	TOUTES	XXX-1*, XXX-2*, XXX-3**	XXXI-1*, XXXI-2*, … XXXI-14*	XXXII-1*, XXXII-2*, … XXXII-14**
Afrique du Sud	TOUTES	XXIX-1*, XXIX-2*, XXIX-3**, XXIX-4	XXX-1*, XXX-2*, XXX-3**	XXXI-1*, XXXI-2*, … XXXI-14*	XXXII-1*, XXXII-2*, … XXXII-14**
Espagne(1988)+	XXVIII-1, XXVIII-2*, XXVIII-3*, XXVIII-4*, XXVIII-5**	XXIX-1*, XXIX-2*, XXIX-3**, XXIX-4	XXX-1*, XXX-2*, XXX-3**	XXXI-1*, XXXI-2*, … XXXI-14*	XXXII-1*, XXXII-2*, … XXXII-14**
Suède (1988)+	XXVIII-1, XXVIII-2*, XXVIII-3*, XXVIII-4*, XXVIII-5**	XXIX-1*, XXIX-2*, XXIX-3**, XXIX-4	XXX-1*, XXX-2*, XXX-3**	XXXI-1*, XXXI-2*, … XXXI-14*	XXXII-1*, XXXII-2*, … XXXII-14**
Ukraine (2004)+	XXVIII-2*, XXVIII-3*, XXVIII-4*, XXVIII-	XXIX-1*, XXIX-2*, XXIX-3**, XXIX-4	XXX-1*, XXX-2*, XXX-3**	XXXI-1*, XXXI-2*, … XXXI-14*	XXXII-1*, XXXII-2*, … XXXII-14**

1. Rapports des Dépositaires et des observateurs

				***
Royaume-Uni	XXVIII-2*, XXVIII-3*, XXVIII-4*, XXVIII-5**	XXIX-1*, XXIX-2*, XXIX-3**, XXIX-4	XXX-1*, XXX-2*, XXX-3**	XXXI-1*, XXXI-2*, ... XXXI-14*	XXXII-1*, XXXII-2*, ... XXXII-14**
				***	
Uruguay (1985)+	XXVIII-2*, XXVIII-3*, XXVIII-4*, XXVIII-5**	XXIX-1*, XXIX-2*, XXIX-3**, XXIX-4	XXX-1*, XXX-2*, XXX-3**	XXXI-1*, XXXI-2*, ... XXXI-14*	XXXII-1*, XXXII-2*, ... XXXII-14**; XXXII-15
				***	
Etats-unis	XXVIII-2*, XXVIII-3*, XXVIII-4*, XXVIII-5**	XXIX-1*, XXIX-2*, XXIX-3**, XXIX-4	XXX-1*, XXX-2*, XXX-3**	XXXI-1*, XXXI-2*, ... XXXI-14*	XXXII-1*, XXXII-2*, ... XXXII-14**

+ Année d'obtention du statut consultatif. Acceptation par cet État de mettre en application les Recommandations ou Mesures des réunions tenues à partir de cette année là.

* Les plans de gestion annexés à cette Mesure étaient estimés approuvés conformément à l'article 6 (1) de l'annexe V du Protocole au Traité sur l'Antarctique relatif à la protection de l'environnement et à la Mesure ne précisant pas de méthode d'approbation alternative.

** La Liste des sites et monuments historiques révisée et mise à jour, annexée à cette Mesure, était estimée approuvée conformément à l'article 8 (2) de l'annexe V du Protocole au Traité sur l'Antarctique relatif à la protection de l'environnement et à la Mesure ne précisant pas de méthode d'approbation alternative.

*** Modification de l'appendice A à l'annexe II du Protocole au Traité sur l'Antarctique relatif à la protection de l'environnement estimée approuvée conformément à l'article 9(1) de l'annexe II du Protocole au Traité sur l'Antarctique relatif à la protection de l'environnement et à la Mesure ne précisant pas de méthode d'approbation alternative.

Approbation, telle que notifiée au gouvernement des États-Unis d'Amérique, des mesures relatives à la poursuite des principes et objectifs du Traité sur l'Antarctique

	15 Mesures adoptées lors de la trente-troisième réunion (Punta del Este 2010) **Approuvées**	**12 Mesures** adoptées lors de la trente-quatrième réunion (Buenos Aires 2011) **Approuvées**	**11 Mesures** adoptées lors de la trente-cinquième réunion (Hobart 2012) **Approuvées**
Argentine	XXXIII-1 - XXXIII-14* and XXXIII-15**	XXXIV-1 - XXXIV-10* and XXXIV-11 - XXXIV-12**	XXXV-1 - XXXV-10* and XXXV-11**
Australie	XXXIII-1 - XXXIII-14* and XXXIII-15**	XXXIV-1 - XXXIV-10* and XXXIV-11 - XXXIV-12**	XXXV-1 - XXXV-10* and XXXV-11**
Belgique	XXXIII-1 - XXXIII-14* and XXXIII-15**	XXXIV-1 - XXXIV-10* and XXXIV-11 - XXXIV-12**	XXXV-1 - XXXV-10* and XXXV-11**
Brésil (1983)+	XXXIII-1 - XXXIII-14* and XXXIII-15**	XXXIV-1 - XXXIV-10* and XXXIV-11 - XXXIV-12**	XXXV-1 - XXXV-10* and XXXV-11**
Bulgarie (1998)+	XXXIII-1 - XXXIII-14* and XXXIII-15**	XXXIV-1 - XXXIV-10* and XXXIV-11 - XXXIV-12**	XXXV-1 - XXXV-10* and XXXV-11**
Chili	XXXIII-1 - XXXIII-14* and XXXIII-15**	XXXIV-1 - XXXIV-10* and XXXIV-11 - XXXIV-12**	XXXV-1 - XXXV-10* and XXXV-11**
Chine (1985)+	XXXIII-1 - XXXIII-14* and XXXIII-15**	XXXIV-1 - XXXIV-10* and XXXIV-11 - XXXIV-12**	XXXV-1 - XXXV-10* and XXXV-11**
Equateur (1990)+	XXXIII-1 - XXXIII-14* and XXXIII-15**	XXXIV-1 - XXXIV-10* and XXXIV-11 - XXXIV-12**	XXXV-1 - XXXV-10* and XXXV-11**
Finlande (1989)+	XXXIII-1 - XXXIII-14* and XXXIII-15**	XXXIV-1 - XXXIV-10* and XXXIV-11 - XXXIV-12**	XXXV-1 - XXXV-10* and XXXV-11**
France	XXXIII-1 - XXXIII-14* and XXXIII-15**	XXXIV-1 - XXXIV-10* and XXXIV-11 - XXXIV-12**	XXXV-1 - XXXV-10* and XXXV-11**
Allemagne (1981)+	XXXIII-1 - XXXIII-14* and XXXIII-15**	XXXIV-1 - XXXIV-10* and XXXIV-11 - XXXIV-12**	XXXV-1 - XXXV-10* and XXXV-11**
Inde (1983)+	XXXIII-1 - XXXIII-14* and XXXIII-15**	XXXIV-1 - XXXIV-10* and XXXIV-11 - XXXIV-12**	XXXV-1 - XXXV-10* and XXXV-11**
Italie (1987)+	XXXIII-1 - XXXIII-14* and XXXIII-15**	XXXIV-1 - XXXIV-10* and XXXIV-11 - XXXIV-12**	XXXV-1 - XXXV-10* and XXXV-11**
Japon	XXXIII-1 - XXXIII-14* and XXXIII-15**	XXXIV-1 - XXXIV-10* and XXXIV-11 - XXXIV-12**	XXXV-1 - XXXV-10* and XXXV-11**
Rép. de Corée (1989)+	XXXIII-1 - XXXIII-14* and XXXIII-15**	XXXIV-1 - XXXIV-10* and XXXIV-11 - XXXIV-12**	XXXV-1 - XXXV-10* and XXXV-11**
Pays-Bas (1990)+	TOUTES	XXXIV-1 - XXXIV-10* and XXXIV-11 - XXXIV-12**	TOUTES
Nouvelle-Zélande	XXXIII-1 - XXXIII-14* and XXXIII-15**	XXXIV-1 - XXXIV-10* and XXXIV-11 - XXXIV-12**	XXXV-1 - XXXV-10* and XXXV-11**
Norvège	XXXIII-1 - XXXIII-14* and XXXIII-15**	XXXIV-1 - XXXIV-10* and XXXIV-11 - XXXIV-12**	XXXV-1 - XXXV-10* and XXXV-11**
Pérou (1989)+	XXXIII-1 - XXXIII-14* and XXXIII-15**	XXXIV-1 - XXXIV-10* and XXXIV-11 - XXXIV-12**	XXXV-1 - XXXV-10* and XXXV-11**
Pologne (1977)+	XXXIII-1 - XXXIII-14* and XXXIII-15**	XXXIV-1 - XXXIV-10* and XXXIV-11 - XXXIV-12**	XXXV-1 - XXXV-10* and XXXV-11**
Russie	XXXIII-1 - XXXIII-14* and XXXIII-15**	XXXIV-1 - XXXIV-10* and XXXIV-11 - XXXIV-12**	XXXV-1 - XXXV-10* and XXXV-11**
Afrique du Sud	XXXIII-1 - XXXIII-14* and XXXIII-15**	XXXIV-1 - XXXIV-10* and XXXIV-11 - XXXIV-12**	XXXV-1 - XXXV-10* and XXXV-11**
Espagne (1988)+	XXXIII-1 - XXXIII-14* and XXXIII-15**	XXXIV-1 - XXXIV-10* and XXXIV-11 - XXXIV-12**	XXXV-1 - XXXV-10* and XXXV-11**
Suède (1988)+	XXXIII-1 - XXXIII-14* and XXXIII-15**	XXXIV-1 - XXXIV-10* and XXXIV-11 - XXXIV-12**	XXXV-1 - XXXV-10* and XXXV-11**
Ukraine (2004)+	XXXIII-1 - XXXIII-14* and XXXIII-15**	XXXIV-1 - XXXIV-10* and XXXIV-11 - XXXIV-12**	XXXV-1 - XXXV-10* and XXXV-11**
Royaume - Uni	XXXIII-1 - XXXIII-14* and XXXIII-15**	XXXIV-1 - XXXIV-10* and XXXIV-11 - XXXIV-12**	XXXV-1 - XXXV-10* and XXXV-11**
Uruguay (1985)+	XXXIII-1 - XXXIII-14* and XXXIII-15**	XXXIV-1 - XXXIV-10* and XXXIV-11 - XXXIV-12**	XXXV-1 - XXXV-10* and XXXV-11**
Etats-Unis	XXXIII-1 - XXXIII-14* and XXXIII-15**	XXXIV-1 - XXXIV-10* and XXXIV-11 - XXXIV-12**	XXXV-1 - XXXV-10* and XXXV-11**

"+ Année d'obtention du statut consultatif. Acceptation par cet État de mettre en application les Recommandations ou Mesures des réunions tenues à partir de cette année là.

* Les plans de gestion annexés à cette Mesure étaient estimés approuvés conformément à l'article 6 (1) de l'annexe V du Protocole au Traité sur l'Antarctique relatif à la protection de l'environnement et à la Mesure ne précisant pas de méthode d'approbation alternative.

**Modification et/ou addition à la liste des sites et monuments historiques estimée approuvée conformément à l'article 8(2) de l'annexe V du Protocole au Traité sur l'Antarctique relatif à la protection de l'environnement et à la Mesure ne précisant pas de méthode d'approbation alternative.

Bureau du Conseiller juridique adjoint pour les questions relatives au Traité
Département d'État,
Washington, le 18 avril 2013.

Rapport du Gouvernement dépositaire de la Convention pour la conservation de la faune et la flore marines de l'Antarctique (CCAMLR)

Document d'information soumis par l'Australie

Résumé

L'Australie, en sa qualité de dépositaire de la Convention pour la conservation de la faune et la flore marines de l'Antarctique (CCAMLR), fournit un rapport.

Contexte

En sa qualité de dépositaire de la Convention pour la conservation de la faune et la flore marines de l'Antarctique signée en 1980 (ci-après nommée « Convention »), l'Australie a le plaisir de soumettre à la trente-sixième Réunion consultative du Traité sur l'Antarctique, son rapport sur le statut de la Convention.

L'Australie informe les Parties au Traité sur l'Antarctique que, depuis la trente-cinquième Réunion consultative du Traité sur l'Antarctique, le Panama a adhéré à la Convention le 20 mars 2013. La Convention est entrée en vigueur pour le Panama le 19 avril 2013.

Une copie de la liste des statuts des Parties contractantes à la Convention est disponible en ligne dans la base de données des Traités de l'Australie, à l'adresse suivante (en anglais) :

http://www.austlii.edu.au/au/other/dfat/treaty_list/depository/CCAMLR.html

Cette liste est également disponible sur demande auprès du Secrétariat des Traités du ministère des Affaires étrangères et du Commerce du gouvernement australien. Les demandes peuvent être transmises par le biais des missions diplomatiques australiennes.

Rapport soumis par le Gouvernement dépositaire de la Convention pour la conservation des phoques de l'Antarctique, en application de la Recommandation XIII-2, paragraphe 2(D)

Rapport préparé par le Royaume-Uni

Nouveaux signataires de la Convention pour la protection des phoques de l'Antarctique (CCAS)

En 2012, le Royaume-Uni a reçu les demandes d'adhésion à la CCAS du Royaume d'Espagne et de la République islamique du Pakistan. En application des dispositions de l'Article 12 de la Convention, le Royaume-Uni a demandé le consentement des Parties contractantes afin d'inviter l'Espagne et le Pakistan à devenir signataires de la Convention. Le Royaume-Uni a notifié le consentement de toutes les Parties contractantes le 25 mars 2013.

Le Pakistan ayant déjà envoyé son instrument d'adhésion au Royaume-Uni le 17 janvier 2012, ce pays accédera de manière formelle à la CCAS le 24 avril 2013 (le 30ème jour suivant la date de la dernière notification).

Le 25 mars 2013, le Royaume-Uni a envoyé une invitation au Gouvernement espagnol afin qu'il dépose de manière formelle son instrument d'adhésion. L'Espagne adhérera formellement 30 jours à compter de la date de réception du document par le Royaume-Uni.

La liste complète des premiers pays signataires de la Convention, ainsi que ceux qui ont suivi, est joint à ce rapport (Annexe A).

Résultat annuel de la CCAS, 2011-2012

L'Annexe B liste toutes les captures et tueries de phoques de l'Antarctique effectuées par les Parties signataires de la CCAS pour la période allant du 1er mars 2011 au 29 février 2012.

Résultat annuel de la CCAS, 2010-2011

Le Royaume-Uni a le regret d'informer les Parties que deux erreurs se sont glissées dans le rapport soumis à la XXXVe RCTA (IP005) :
  a) La liste des phoques capturés par les États-Unis d'Amérique aurait dû se présenter plutôt comme suit : 600 otaries à fourrure d'Antarctique, 50 phoques léopards, 50 éléphants de mer, 1380 phoques de Weddell. Total : 2080 phoques ; et
  b) Le nombre de phoques capturés par l'Australie est plutôt de 69 au lieu de 67.

Par conséquent, un tableau révisé pour 2010/2011 figure dans le rapport de cette année, en Annexe C.

Nouveau résultat annuel de la CCAS

Le Royaume-Uni rappelle les Parties signataires de la Convention que l'échange d'informations telle que visé au paragraphe 6(a) en Annexe à la Convention, pour la période allant du 1er mars 2012 au 28 février 2013, doit se faire avant le **28 juin 2013**. Les Parties à la CCAS doivent soumettre leurs résultats, y compris les résultats nuls, au Royaume-Uni et au SCAR. Le Royaume-Uni exhorte toutes les Parties à envoyer leurs résultats dans les délais.

Le rapport CCAS pour la période 2012-2013 sera soumis à la XXXVIIe RCTA une fois que le délai de juin 2013 relatif à l'échange d'informations aura expiré.

PARTIES A LA CONVENTION POUR LA CONSERVATION DES PHOQUES DE L'ANTARCTIQUE (CCAS)

Londres, 1er juin – 31 décembre 1972

(La Convention est entrée en vigueur le 11 mars 1978)

Situation	Date de signature	Date de dépôt (Ratification ou Acceptation)
Argentine[1]	9 juin 1972	7 mars 1978
Australie	5 octobre 1972	1 juillet 1987
Belgique	9 juin 1972	9 février 1978
Chili[1]	28 décembre 1972	7 février 1980
France[2]	19 décembre 1972	19 février 1975
Japon	28 décembre 1972	28 août 1980
Norvège	9 juin 1972	10 décembre 1973
Russie[1,2,4]	9 juin 1972	8 février 1978
Afrique du Sud	9 juin 1972	15 août 1972
Royaume-Uni[2]	9 juin 1972	10 septembre 1974[3]
États-Unis d'Amérique[2]	28 juin 1972	19 janvier 1977

ADHÉSIONS

Pays	Date de dépôt d'instrument d'adhésion
Brésil	11 février 1991
Canada	4 octobre 1990
Allemagne	30 septembre 1987
Italie	2 avril 1992
Pologne	15 août 1980
Pakistan	25 mars 2013

[1] Déclaration ou réservation
[2] Objection
[3] L'instrument de ratification comprenait les îles de Canal et l'île de Man
[4] Anciennement : URSS

RAPPORT ANNUEL DE LA CCAS, 2011-2012

Résumé de la transmission d'informations en application de l'Article 5 et de l'Annexe à la convention :
Capture et mise à mort de phoques durant la période allant du 1er mars 2011 au 29 février 2012.

Partie contractante	Phoques d'Antarctique capturés	Phoques d'antarctique tués
Argentine	282 (a)	Néant
Australie	76 (b)	Néant
Belgique	Néant	Néant
Brésil	Néant	Néant
Canada	Néant	Néant
Chili	Néant	Néant
France	480(c)	2(e)
Allemagne	Néant	Néant
Italie	Néant	Néant
Japon	Néant	Néant
Norvège	Néant	Néant
Pologne	Néant	Néant
Russie	Néant	Néant
Afrique du Sud	Néant	Néant
Royaume-Uni	Néant	Néant
États-Unis d'Amérique	1190(d)	1(f)

(a) 7 jeunes éléphants de mer, 200 éléphants de mer adultes, 31 jeunes éléphants de mer ré-capturés, 40 éléphants de mer et 4 phoques léopards ré-capturés.
(b) 26 phoques léopards, 50 éléphants de mer.
(c) 170 phoques de Weddell, 65 éléphants de mer adultes, 125 jeunes éléphants de mer, 50 otaries à fourrure et 70 jeunes otaries de fourrure
(d) 600 otaries à fourrure jeunes et adultes, 30 otaries à fourrure femelles, 20 phoques léopards adultes et jeunes, 50 jeunes éléphants de mer, 490 phoques de Weddell
(e) 2 phoques Weddell
(f) 1 phoque de Weddell

Toutes les captures signalées l'étaient pour des besoins de recherche scientifique.

ANNEXE C

RAPPORT ANNUEL DE LA CCAS, 2010-2011

Résumé de la transmission d'informations en application de l'Article 5 et de l'Annexe à la convention : Capture et mise à mort de phoques durant la période allant du 1er mars 20010 au 29 février 2012.

Partie contractante	Phoques d'Antarctique capturés	Phoques d'Antarctique tués
Argentine	49 [a]	Néant
Australie	69 [b]	2 [c]
Belgique	Néant	Néant
Brésil	Néant	Néant
Canada	Néant	Néant
Chili	Néant	Néant
France	600 [d]	Néant
Allemagne	Néant	Néant
Italie	Néant	Néant
Japon	Néant	Néant
Norvège	Néant	Néant
Pologne	Néant	Néant
Russie	Néant	Néant
Afrique du Sud	Néant	Néant
Royaume-Uni	24 [e]	1 [f]
États-Unis d'Amérique	2080 [g]	2 [h]

[a] 10 éléphants de mer, 20 éléphants de mer australe, 19 phoques léopards
[b] 21 éléphants de mer, 28 phoques léopards, 20 phoques de Weddell
[c] 1 phoque de Weddell et 1 phoque léopard
[d] 160 phoques de Weddell, 275 éléphants de mer, 165 otaries à fourrure
[e] 24 phoques de Weddell
[f] 1 phoque Weddell
600 otaries à fourrure, 50 phoques léopards, 50 éléphants de mer, 1380 phoques de Weddell
[h] 2 phoque Weddell

Toutes les captures signalées l'étaient pour des besoins de recherche scientifique.

Rapport du Gouvernement dépositaire de l'Accord sur la conservation des albatros et des pétrels (ACAP)

Document d'information soumis par l'Australie

Résumé

L'Australie, en sa qualité de dépositaire de l'Accord sur la conservation des albatros et des pétrels (ACAP), fournit un rapport.

Contexte

En sa qualité de dépositaire de l'Accord sur la conservation des albatros et des pétrels signé en 2001 (ci-après nommé « Accord »), l'Australie a le plaisir de soumettre à la trente-sixième Réunion consultative du Traité sur l'Antarctique son rapport sur le statut de l'Accord.

L'Australie annonce aux Parties au Traité sur l'Antarctique qu'aucun État n'a adhéré à l'Accord depuis la trente-cinquième Réunion consultative du Traité sur l'Antarctique.

Elle informe en outre que la quatrième session de la réunion des Parties, tenue à Lima du 23 au 27 avril 2012, est convenue d'ajouter le puffin des Baléares (*Puffinus mauretanicus*) à la liste des espèces de pétrels de l'Annexe 1 de l'Accord. Cette modification est entrée en vigueur le 26 juillet 2012.

Une copie de la liste des statuts des parties contractantes à l'Accord est disponible en ligne dans la base de données des Traités de l'Australie, à l'adresse suivante (en anglais) :

http://www.austlii.edu.au/au/other/dfat/treaty_list/depository/consalbnpet.html

Cette liste est également disponible sur demande auprès du Secrétariat des Traités du ministère des Affaires étrangères et du Commerce du gouvernement australien. Les demandes peuvent être transmises par le biais des missions diplomatiques australiennes.

Rapport de l'Observateur de la CCAMLR a la trente-sixième Réunion Consultative du Traité sur l'Antarctique

1.   La trente et unième réunion annuelle de la Commission pour la conservation de la faune et la flore marines de l'Antarctique (CCAMLR-XXXI) était présidée par M. T. Løbach (Norvège). Les vingt-cinq Membres, les Pays-Bas, Singapour, le Viêt Nam et des représentants d'ONG et de l'industrie y ont participé. Le rapport de la XXXIe réunion de la CCAMLR est accessible dans le domaine public à www.ccamlr.org/fr/ccamlr-xxxi.

Respect de la réglementation

2.   La Commission a approuvé une liste des navires INN des Parties non contractantes (http://www.ccamlr.org/fr/compliance/pêche-illicite-non-déclarée-et-non-réglementée-inn) en notant que sept navires au moins persistaient dans des activités de pêche INN dans la zone de la Convention.

Finances et administration

3.   La Commission a approuvé une révision du Statut du personnel et du Règlement financier comportant une réglementation des placements, un rapport de mise en œuvre du plan stratégique, un budget pour 2014 et un budget provisoire pour 2015, ainsi que la mise en route de l'étude d'une stratégie de financement durable.

Comité scientifique

Ressources de krill

4.   En 2011/12, cinq Membres ont capturé 161 143 tonnes de krill dans les sous-zones 48.1 (75 495 tonnes), 48.2 (29 238 tonnes) et 48.3 (52 410 tonnes)[1]. Par comparaison, la capture totale déclarée en 2010/11 était de 180 992 tonnes de krill dans les sous-zones 48.1 (9 215 tonnes), 48.2 (115 995 tonnes) et 48.3 (55 782 tonnes).

5.   Huit Membres ont adressé des notifications de projets de pêche au krill pour 2012/13, pour un total de 19 navires et une capture prévue de 597 700 tonnes.

6.   La Commission a approuvé le plan de développement d'une stratégie de gestion par rétroaction soumis par le Comité scientifique pour la pêcherie de krill de la zone 48.

Ressources de poisson

7.   En 2011/12, 11 Membres ont pêché de la légine (*Dissostichus eleginoides* et/ou *D. mawsoni*). La capture totale déclarée était de 11 329 tonnes[2]. Par comparaison, la capture totale déclarée de légine en 2010/11 était de 14 669 tonnes.

8.   Deux Membres visaient le poisson des glaces (*Champsocephalus gunnari*). La capture totale déclarée de *C. gunnari* était de 999 tonnes[2].

9.   La Commission note certains signes possibles de récupération des populations de *C. gunnari* et *Notothenia rossii* à proximité des îles Shetland du Sud. La pêcherie dirigée sur ces espèces avait été fermée en 1990 pour permettre aux stocks de se reconstituer. La Commission est d'avis de ne pas rouvrir cette pêcherie tant que des recherches n'auront pas confirmé la récupération de ces populations et qu'une évaluation n'aura pas été présentée.

Pêcheries exploratoires

---

[1]   Figures du rapport de CCAMLR-XXXI actualisées à la fin de la saison (30 novembre 2012) par le secrétariat.

10.   Dix Membres ont soumis, pour 26 navires, des notifications de projets de pêcheries exploratoires à la palangre de *Dissostichus* spp. pour 2012/13. La Commission note le nombre croissant de navires adressant des notifications de pêche exploratoire et demande de poursuivre l'examen de la question de la limitation de la capacité dans les pêcheries exploratoires. Aucune notification de projet de nouvelle pêcherie n'a été soumise pour 2012/13.

Capture accessoire de poissons et d'invertébrés

11.   Parmi les recommandations du Comité scientifique concernant la capture accessoire figure la nécessité d'examiner la capture accessoire de poisson dans l'ensemble de la flottille de pêche au krill pour les navires utilisant les différents types de chaluts et la mise en place d'une approche de gestion durable fondée sur le risque pour l'impact des pêcheries de légine sur les raies.

Évaluation et prévention de la mortalité accidentelle

12.   La mortalité aviaire totale obtenue par extrapolation dans les ZEE françaises en 2011/12 a été estimée à 222 oiseaux. Trois cas de mortalité aviaire ont été enregistrés dans d'autres secteurs de la zone de la Convention.

13.   La France a souligné que quelques-uns des sites de reproduction les plus importants d'albatros et de pétrels se trouvaient dans ses ZEE et que, malgré les efforts qu'elle déployait pour les protéger, il était regrettable que ces populations restent menacées du fait de la mortalité accidentelle rencontrée au nord de la zone de la Convention.

Pêche de fond et écosystèmes marins vulnérables

14.   La Commission a souscrit à l'avis selon lequel des mesures devraient être mises en œuvre pour éviter et atténuer les impacts négatifs significatifs sur les écosystèmes marins vulnérables (VME) au cours de la pêche de fond, et noté que 12 VME ont été ajoutés au registre des VME en 2012. En 2011/12, ce sont 38 rencontres de VME potentiels qui ont été notifiées dans les pêcheries exploratoires de fond. En tout, 150 zones à risque de VME ont été fermées à la pêche depuis l'introduction de la mesure de conservation 22-06 en 2008/09.

Aires marines protégées

15.   La Commission s'est félicitée des progrès accomplis par le Comité scientifique pour établir un système représentatif d'AMP suite aux trois ateliers techniques qui se sont tenus en 2012 pour le domaine de planification 1 (péninsule antarctique), le domaine 5 (Del Cano–Crozet) et les domaines 3 (mer de Weddell), 4 (Bouvet et ride Maud) et 9 (mer Amundsen et de Bellingshausen). Elle se félicite également de la collaboration proposée entre la Suède, la République de Corée et les États-Unis pour faire avancer les travaux sur le Domaine 9.

16.   La Commission a pris note de la discussion du Comité scientifique sur la mise en place d'une protection spatiale de précaution pour faciliter l'étude scientifique d'habitats et de communautés au cas où des plates-formes glaciaires viendraient à s'effondrer.

17.   Conformément à la Décision 9 (2005) de la RCTA, la Commission a approuvé l'avis du Comité scientifique à l'égard :

   i)   des plans de gestion révisés pour les ZSPA N°s 144, 145 et 146, notant l'importance de ces zones pour la recherche scientifique et qu'il est peu probable qu'elles fassent l'objet d'activités de pêche

   ii)   du projet de plan de gestion d'une nouvelle ZSPA au cap Washington et à la baie Silverfish, baie du Terra Nova, mer de Ross

   iii)   de l'état d'avancement d'un plan de gestion révisé pour la ZSGA N° 1 de la baie de l'Amirauté (île du roi George, archipel des îles Shetland du Sud), notant qu'il est proposé de soumettre un projet de plan de gestion à la CCAMLR en 2013.

18.   La Commission s'est rangée à l'avis selon lequel ces propositions ne soulevaient aucune question relevant de la CCAMLR et que cet avis devrait être communiqué à la RCTA.

19.   La Commission a noté que des opérations de pêche au krill s'étaient déroulées en 2010 dans la ZSPA N°. 153 – est de la baie Dallmann – alors que le plan de gestion de cette ZSPA interdit toute activité de pêche.

20.   La Commission a reconnu que, si des opérations de pêche avaient eu lieu dans la ZSPA N° 153, c'était que les exigences du plan de gestion n'étaient pas connues et qu'il était donc nécessaire de mettre en place un mécanisme clair pour établir un lien direct entre les mesures de conservation de la CCAMLR et les plans de gestion des ZSPA et des ZSGA avalisés par la RCTA avec l'approbation de la CCAMLR, tels qu'ils sont décrits dans la Décision 9 (2005) de la RCTA (voir paragraphe 26 ci-dessous).

Changement climatique

21.   La Commission a noté l'avis du Comité scientifique à l'égard du changement climatique, notamment la discussion sur les effets potentiels du changement climatique sur le krill.

Questions administratives

22.   La mise en œuvre des recommandations du rapport du Comité d'évaluation de la performance de 2008 a bien avancé en matière de renforcement des capacités. En 2012, le programme de bourse de la CCAMLR a fait l'objet de cinq candidatures présentées par cinq Membres différents. Deux candidats, l'un d'Argentine, l'autre de Chine, ont été sélectionnés. La contribution aux travaux du Comité scientifique du lauréat chilien du programme de bourse de 2011 a été grandement appréciée.

Système international d'observation scientifique

23.   La Commission a approuvé une évaluation externe du système international d'observation scientifique de la CCAMLR.

Mesures de conservation

24.   Les mesures de conservation et résolutions adoptées à la XXXIe réunion de la CCAMLR ont été publiées dans la *Liste officielle des mesures de conservation en vigueur 2012/13*.

Procédure d'évaluation de la conformité

25.   La Commission a approuvé une procédure d'évaluation de la conformité (MC 10-10 (2012)) pour conforter les informations dont dispose la Commission à l'égard des questions de conformité des Membres.

ZSPA et ZSGA

26.   La Commission a approuvé une nouvelle mesure de conservation sur la protection des valeurs des ZSPA et des ZSGA (MC 91-02 (2012)) (annexe). Cette mesure veillera à ce que les navires de pêche sous licence en vertu des mesures de la CCAMLR soient conscients de la position et des plans de gestion de toutes les ZSPA et ZSGA qui comportent des aires marines.

Résolution révisée

27.   La Commission a vivement incité les Membres à envisager de ratifier au plus tôt l'accord du Cap de 2012 sur la mise en œuvre des dispositions du Protocole de Torremolinos de 1993 relatif à la Convention internationale de Torremolinos sur la sécurité des navires de pêche, 1977 (« Accord du Cap »), afin de renforcer la sécurité des navires de pêche dans la zone de la Convention (résolution 34/XXXI révisée (Renforcement de la sécurité des navires de pêche dans la zone de la Convention).

Propositions d'AMP et de zones spéciales

28.   La Commission a examiné des propositions d'AMP dans l'Antarctique de l'Est (une proposition), la région de la mer de Ross (deux propositions – combinées par la suite en une même proposition) et envisagé d'établir des Zones spéciales destinées à la recherche scientifique (SASR) dans des communautés et habitats marins mis à nu suite à l'effondrement d'une plate-forme glaciaire (une proposition).

29.   La Commission n'a pas été en mesure de s'accorder sur la proposition relative à la protection des zones exposées du fait de l'effondrement d'une plate-forme glaciaire. En ce qui concerne les deux autres propositions, la Commission a pris la décision de convoquer une réunion d'intersession du Comité scientifique suivie d'une réunion spéciale de la Commission pour poursuivre les travaux de la Commission ayant trait aux AMP. Les réunions se tiendront à Bremerhaven, en Allemagne, du 11 au 16 juillet 2013. La réunion spéciale examinera les questions liées aux AMP et prendra des décisions, si possible, sur la proposition d'AMP commune de la Nouvelle-Zélande et des États-Unis pour la région de la mer de Ross et sur la proposition d'AMP commune de l'Australie, de la France et de l'UE pour l'Antarctique de l'Est.

Coopération avec le système du Traité sur l'Antarctique et des organisations internationales

Coopération avec le SCAR

30.   La Commission a pris note du fait qu'un groupe d'action CCAMLR/SCAR se réunirait juste avant la XXXVIe RCTA à Bruxelles pour discuter de son engagement stratégique.

Élection du président

31.   La Commission a élu la Pologne à la présidence de la Commission.

Date et lieu de la prochaine réunion

32.   La trente-deuxième réunion se tiendra à Hobart du 23 octobre au 1er novembre 2013.

ANNEXE

MESURE DE CONSERVATION 91-02 (2012)
Protection des valeurs des Zones spécialement gérées et protégées de l'Antarctique

Espèces	toutes
Zones	toutes
Saisons	toutes
Engins	tous

La Commission,

Reconnaissant que la protection de l'environnement marin de l'Antarctique et des ressources marines vivantes de l'Antarctique, notamment par le biais des aires marines protégées, est depuis longtemps considérée comme souhaitable et précieuse dans le cadre des accords et organes qui constituent le système du Traité sur l'Antarctique,

Rappelant que l'engagement envers la désignation de la protection spatiale est clairement défini tant dans le Protocole de 1991 au Traité sur l'Antarctique relatif à la protection de l'environnement que dans la Convention CAMLR de 1980,

Rappelant qu'en vertu du Protocole, une aire de l'Antarctique, y compris une aire marine, peut être désignée comme Zone spécialement protégée de l'Antarctique (ZSPA) ou Zone spécialement gérée de l'Antarctique (ZSGA),

Reconnaissant que les activités menées dans les ZSPA et les ZSGA peuvent être interdites, limitées ou gérées conformément aux plans de gestion adoptés en vertu des dispositions de l'annexe V du Protocole,

Notant que la Convention (Articles V et VIII) prévoit une coopération étroite entre la CCAMLR et le Traité sur l'Antarctique,

Rappelant que les compétences de la RCTA et de la CCAMLR et les relations qu'elles entretiennent ont été clarifiées et confirmées dans le Protocole même avant de l'être par la Décision 4 (1998) – *Aires marines protégées* et la Décision 9 (2005) – *Aires marines protégées et autres zones d'intérêt pour la CCAMLR*, respectivement,

Notant que l'atelier 2011 de la CCAMLR sur les AMP a fait observer qu'une approche harmonisée de la protection spatiale dans le système du Traité sur l'Antarctique pourrait mener à la désignation de ZSPA et de ZSGA par la RCTA à l'intérieur des AMP de la CCAMLR,

Étant entendu qu'une telle approche à plusieurs niveaux de la gestion de la région pourrait harmoniser les décisions prises à la RCTA et à la CCAMLR et rendre possible un examen détaillé d'activités qui, normalement, ne sont pas examinées par la CCAMLR,

Soucieuse du risque que des activités de pêche dans les ZSPA et les ZSGA puissent porter préjudice à la haute valeur scientifique des études écosystémiques à long terme menées dans ces secteurs, et compromettre les objectifs établis dans les plans de gestion de ces zones,

Notant que des navires de pêche pourraient avoir été présents dans les ZSPA et les ZSGA du fait que, parmi les responsables des navires, certains ne connaissaient pas l'existence de ces zones désignées,

Reconnaissant la nécessité d'une communication informative et opportune entre la RCTA et la CCAMLR en ce qui concerne la publication et la mise à disposition des plans de gestion des ZSPA et ZSGA contenant des aires marines,

Rappelant que la Commission a approuvé par le passé l'approche harmonisée de la protection spatiale dans le système du Traité sur l'Antarctique,

adopte la présente mesure de conservation en vertu de l'article III de la Convention :

1.   Chaque Partie contractante veille à ce que ses navires de pêche sous licence1 en vertu de la mesure de conservation 10-02 soient conscients de la position et du plan de gestion de toutes les ZSPA et ZSGA désignées qui comportent des aires marines et qui sont citées à l'annexe 91-02/A.

   [1]   Ou permis

ANNEXE 91-02/A

LISTE DES ZSPA ET ZSGA AVEC ELEMENTS MARINS
ET SITUEES DANS LA ZONE DE LA CONVENTION [1]

Les plans de gestion de ces zones se trouvent dans la base de données des zones protégées de l'Antarctique (ZPA) sur le site du secrétariat du Traité sur l'Antarctique (STA).

ZSPA marines ou partiellement marines :

1)   ZSPA 144, baie du Chili, île Greenwich, îles Shetland du Sud (sous-zone 48.1)

2)   ZSPA 145, Port Foster, île de la Déception, îles Shetland du Sud (sous-zone 48.1)

3)   ZSPA 146, baie South, île Doumer, archipel Palmer (sous-zone 48.1)

4)   ZSPA 152, ouest du détroit de Bransfield, îles Shetland du Sud (sous-zone 48.1)

5)   ZSPA 153, est de la baie Dallmann, archipel Palmer (sous-zone 48.1)

6)   ZSPA 161, baie du Terra Nova, mer de Ross (sous-zone 88.1)

7)   ZSPA 121, cap Royds, mer de Ross (sous-zone 88.1)

8)   ZSPA 149, cap Shirreff, îles Shetland du Sud (sous-zone 48.1)

9)   ZSPA 151, Lions Rump, îles Shetland du Sud (sous-zone 48.1)

10)   ZSPA 165, pointe Edmonson, mer de Ross (sous-zone 88.1).

ZSGA partiellement marines :

11)   ZSGA 1, baie de l'Amirauté, îles Shetland du Sud (sous-zone 48.1)

12)   ZSGA 3, île de la Déception, îles Shetland du Sud (sous-zone 48.1)

13)   ZSGA 7, sud-ouest de l'île Anvers, archipel Palmer (sous-zone 48.1).

[1]   La présente liste ne comprend que les ZSPA et ZSGA pour lesquelles des plans de gestion ont été approuvés par la CCAMLR conformément à la Décision 9 de la RCTA (2005). D'autres ZSPA et ZSGA avec des éléments marins de petite taille ne figurent pas sur cette liste, car elles ne nécessitent pas l'accord de la CCAMLR en vertu de la Décision 9 de la RCTA « Critères définissant les zones d'intérêt pour la CCAMLR ».

Rapport annuel 2012-2013 du Comité scientifique pour la recherche en Antarctique (SCAR)

1. Contexte

Le Comité scientifique pour la recherche en Antarctique (SCAR) est un organe scientifique interdisciplinaire et non-gouvernemental du Conseil international pour la science (CIUS). Il participe, en qualité d'observateur, au Traité sur l'Antarctique et à la Convention-cadre des Nations unies sur les changements climatiques.

Le SCAR joue le rôle de principal facilitateur et coordinateur indépendant et non-gouvernemental, et sa mission est d'encourager l'excellence dans la recherche et la science relatives à l'Antarctique et à l'océan austral. Deuxièmement, il incombe au SCAR de fournir au système du Traité sur l'Antarctique et à d'autres décideurs politiques des conseils scientifiques de qualité et indépendants, y compris concernant l'utilisation de la science en vue d'identifier les tendances émergentes et de sensibiliser les décideurs à ces questions.

2. Introduction

Les recherches scientifiques du SCAR renforcent les efforts nationaux en permettant aux chercheurs de chaque pays de collaborer dans le cadre de programmes scientifiques à grande échelle afin d'atteindre des objectifs difficilement réalisables par un seul pays. Les membres du SCAR comptent actuellement les académies scientifiques issues de 37 pays et 9 unions scientifiques du CIUS.

La réussite du SCAR dépend de la qualité et des délais de ses résultats scientifiques. Une description des programmes de recherche et des résultats scientifiques du SCAR est disponible sur le site www.scar.org. Dans le présent document, le SCAR présente un bref résumé des faits saillants passés (depuis le dernier rapport annuel) et les réunions futures qui devraient intéresser les Parties du Traité. Un autre document, qui l'accompagne, expose les principaux articles scientifiques récents qui ont été publiés depuis les dernières assises du Traité.

Le SCAR présente dans un bulletin électronique trimestriel les questions scientifiques ou autres pertinentes au SCAR (http://www.scar.org/news/newsletters/). Pour recevoir ce bulletin trimestriel, il suffit d'écrire à l'adresse électronique : info@scar.org. Outre son site (www.scar.org), le SCAR est également présent sur Facebook, LinkedIn, Google+ et Twitter.

3. Principales activités du SCAR durant la période 2012-2013

1. Nouvelle génération de programmes de recherche du SCAR

En juillet 2012, les délégués du SCAR ont approuvé cinq nouveaux Programmes de recherche scientifique (PRS). Les nouveaux PRS, tout en s'axant toujours sur les aspects scientifiques importants du SCAR, élargissent également la recherche à des domaines hautement prioritaires récemment identifiés, en mettant notamment l'accent sur le rôle du SCAR en tant que conseiller scientifique du Traité. Pour plus de renseignements, veuillez consulter le site : http://www.scar.org/researchgroups/progplanning . Les nouveaux PRS suivants sont proposés :

- **État de l'écosystème antarctique (AntEco)**

  La diversité biologique est la somme de tous les organismes présents dans un écosystème, qui régissent le fonctionnement des systèmes écologiques et qui sont à la base de la vie sur Terre. Ce programme a été conçu dans le but d'étudier les modèles de biodiversité des environnements terrestres, limnologiques, glaciaires et marins des régions de l'Antarctique, du Subantarctique et de l'océan austral, et de fournir des connaissances scientifiques sur la biodiversité pouvant servir à des fins de conservation et de gestion. Nous proposons essentiellement d'expliquer ce qu'est la biodiversité dans ces régions, comment elle y est arrivée, ce qu'elle y fait et ce qui la menace. Ce programme produirait principalement des recommandations à des fins de gestion et de conservation de ces écorégions.

- **Seuils de l'Antarctique – résilience et adaptation de l'écosystème (AnT-ERA)**

AnT-ERA examinera les processus biologiques actuellement à l'œuvre dans les écosystèmes antarctiques afin de définir leurs seuils et par là même déterminer leur résistance et leur résilience face aux changements. En raison des conditions extrêmes et des différences marquées de la complexité des communautés entre les régions polaires et la majeure partie de la planète, les conséquences du stress sur la fonction et les services de l'écosystème, de même que sa résistance et résilience, seront différentes de celles d'autres parties du monde. Les processus de l'écosystème polaire jouent donc un rôle central car ils éclairent le débat écologique au sens plus large quant à la nature de la stabilité et des changements qui se produisent dans les écosystèmes. Ce programme a pour but de déterminer la probabilité de bouleversements cataclysmiques ou « points de basculement » dans les écosystèmes antarctiques.

- **Evolution du climat antarctique au 21ème siècle (AntClim21)**

AntClim21 a pour buts de fournir des prévisions régionales de meilleure qualité sur les éléments clés de l'atmosphère, l'océan et la cryosphère antarctiques sur la période des 20 à 200 années à venir, et de comprendre les réactions des systèmes physiques et biologiques face aux facteurs de forçage d'origine naturelle et anthropique. AntClim21 s'appuie principalement sur les données issues de l'exécution du modèle mondial couplé atmosphère-océan, à partir desquelles le GIEC a établi son cinquième Rapport d'évaluation. Les paléo-reconstructions de plusieurs périodes temporelles déterminées, reconnues comme périodes analogues passées pour les prévisions climatiques futures, serviront à valider les performances du modèle pour la région antarctique.

- **Dynamique de la plateforme glaciaire passée (PAIS)**

PAIS vise à mieux comprendre la dynamique de la plateforme glaciaire durant les conditions chaudes du passé à l'échelle mondiale, et ce des manières suivantes :

- cibler l'étude des zones vulnérables à travers le continent ;
- rapprocher les données juxtaglaciaires et les données côtières et maritimes, y compris les données marines et paléocéanographiques des zones éloignées ;
- intégrer les données dans la dernière génération de modèles climat-plateforme glaciaire-rebond post-glaciaire.

- **Fortes réactions terrestres et évolution de la cryosphère (SERCE)**

SERCE vise à mieux comprendre les fortes réactions terrestres face aux forçages cryosphérique et tectonique. SERCE servira à :

- Identifier et développer les composantes scientifiques disciplinaires et interdisciplinaires fondamentales d'un programme scientifique ayant pour objectif de mieux comprendre les interactions entre la terre et la cryosphère ;
- Agir en coordination avec d'autres groupes qui étudient l'évolution de la masse glaciaire, la contribution de la plateforme glaciaire dans l'élévation du niveau de la mer à l'échelle planétaire, les modèles de rebond post-glaciaire du Groenland, etc. ;
- Collaborer avec les groupes d'experts / d'action et les programmes de recherche du SCAR pour promouvoir la science interdisciplinaire à l'aide des données du réseau POLENET ;
- Fournir un cadre international permettant de maintenir, et potentiellement d'augmenter, l'autonomie à distance de l'infrastructure POLENET.

2. Système d'observation de l'océan austral (SOOS)

L'océan austral joue un rôle central dans le fonctionnement du climat et de l'écosystème de la planète mais le manque de données a jusqu'ici entravé la compréhension à ce sujet. Un Bureau international des projets, établi en Australie avec l'appui de l'Institut des études marines et antarctiques de l'université de Tasmanie à Hobart, appuie la mise en œuvre du SOOS. Un nouveau portail contenant les données sur le SOOS a été créé : http://www.soos.aq/index.php/data/data-portal. Veuillez consulter le site www.soos.aq ou le document joint.

3. La mise à jour du rapport ACCE (Changement climatique et l'environnement en Antarctique)

Le SCAR a publié une importante mise à jour des "points essentiels" du rapport ACCE. Le rapport résume les prochaines avancées de la recherche sur la manière dont les changements climatiques sont survenus dans le passé et pourraient survenir à l'avenir dans l'Antarctique et l'océan austral, ainsi que sur les impacts dérivés sur le biote marin et terrestre. Veuillez consulter le document joint.

4. Le SCAN sur le tour d'horizon scientifique du SCAR

Le premier SCAN sur le tour d'horizon scientifique du SCAR dans l'Antarctique et l'océan austral réunira plusieurs grands scientifiques spécialistes de l'Antarctique, décideurs, dirigeants, visionnaires afin d'identifier les questions scientifiques majeures qui seront ou seraient résolues grâce à la recherche sur ou à partir des régions polaires australes au cours des deux prochaines décennies. Les résultats obtenus aideront à aligner les programmes, projets et moyens internationaux dans l'optique de faciliter efficacement la recherche scientifique dans l'Antarctique et l'océan austral dans les années à venir. Veuillez consulter le document joint.

5. Conservation en Antarctique au 21ème siècle

Le SCAR, le COMNAP, la Nouvelle-Zélande et l'Union mondiale pour la conservation de la nature (UICN), en association avec plusieurs partenaires, mettent en œuvre une nouvelle stratégie intitulée "Conservation en Antarctique au 21ème siècle". Cette activité devra encourager tous les intervenants de la région à une participation active. L'approche adoptée sera structurée de manière à être en harmonie avec le Protocole au Traité sur l'Antarctique relatif à la protection de l'environnement ainsi qu'avec le plan de travail quinquennal du Comité pour la protection de l'environnement (CPE). La Stratégie en faveur de la conservation de l'Antarctique est en étroite relation avec le Portail des environnements de l'Antarctique qui a été conçu par la Nouvelle-Zélande, l'Australie et le SCAR. Veuillez consulter les documents joints.

6. Médailles et prix

Afin d'élargir les capacités de ses membres, le SCAR a mis en œuvre plusieurs programmes de récompense comprenant :

- *Les Prix SCAR/COMNAP* (délai de soumission de candidatures : 4 juin 2013). Les Prix SCAR/COMNAP visent à encourager la participation active de jeunes scientifiques et ingénieurs spécialistes de l'Antarctique, et à construire de nouveaux liens tout en renforçant les capacités et la coopération internationales dans la recherche sur l'Antarctique. Cette année, ces prix ont été lancés en même temps que les *Prix CCAMLR*. Pour plus de renseignements, veuillez consulter le site http://www.scar.org/awards/fellowships/information.html.

- Prix *Martha T Muse Prize for Science and Policy in Antarctica* (délai de propositions de candidats : 23 mai 2013). Il s'agit d'un prix de 100 000 dollars US financé par la Tinker Foundation et est décerné sans restriction à tout chercheur en science ou politique sur l'Antarctique qui a fait valoir son potentiel dans le sens d'une contribution majeure soutenue et essentielle à la compréhension et/ou la préservation de l'Antarctique. Pour plus de détails, veuillez consulter le site www.museprize.org.

- Programme *SCAR Visiting Professor* (dates de propositions de candidats à déterminer). Les bénéficiaires en sont les scientifiques et universitaires en milieu ou fin de carrière. Le programme leur permet d'entreprendre de courtes visites dans une structure dans un pays membre du SCAR ou qui est dirigé par celui-ci, en qualité de formateur ou parrain. Pour plus de détails, veuillez consulter le site http://www.scar.org/awards/.

7. Nouveau Comité exécutif du SCAR

Jerónimo López-Martínez, de l'Universidad Autónoma de Madrid en Espagne, a été élu le nouveau président du SCAR. Le Comité a également deux vice-présidents, à savoir Karim Lochte d'AWI (Allemagne) et Bryan Storey de l'Université de Canterbury (Nouvelle-Zélande). Ils rejoindront alors Yeadong Kim (République de Corée) et Sergio Marenssi (Argentine), ainsi que Mahlon "Chuck" Kennicutt (USA), qui restera membre du Comité exécutif en qualité d'ancien président.

8. Le Venezuela rejoint le SCAR

Il est le dernier à le faire en 2012 en tant que membre associé.

4. SCAR : Réunions à venir

Plusieurs réunions importantes du SCAR sont en projet (http://www.scar.org/events/), notamment :

- *Biology Symposium* du **SCAR**. 15-19 juillet 2013 à Barcelone, en Espagne. Pour plus de détails, veuillez consulter le site http://www.icm.csic.es/XIthSCARBiologySymposium.

- **La réunion du Comité exécutif du SCAR et la réunion d'interaction des responsables de groupes scientifiques permanents, de comités et de projets de recherche.** 20-23 juillet 2013 à Barcelone, en Espagne.

- **L'atelier du SCAR sur l'astronomie et l'astrophysique depuis l'Antarctique.** 24-26 juillet à Sienne, en Italie. Pour plus de détails, veuillez consulter le site http://www.astronomy.scar.org/AAA2013.

- **Les 33ᵉ réunions du SCAR et la conférence scientifique publique (*XXXIII SCAR Meetings and Open Science Conference*).** 22 août - 3 septembre 2014 à Auckland, en Nouvelle-Zélande. La conférence scientifique publique du SCAR se tiendra du 25 au 29 août. Pour plus de détails, veuillez consulter le site http://www.scar2014.com.

Rapport annuel 2012 du Conseil des directeurs des programmes antarctiques nationaux (COMNAP)

COMNAP est l'organisation de programmes antarctiques nationaux où se retrouvent notamment les directeurs de ces programmes, c'est-à-dire les responsables nationaux chargés de la planification, l'exécution et la gestion du soutien à l'activité scientifique en Antarctique pour le compte de leurs gouvernements respectifs, qui sont tous des Parties contractantes au Traité sur l'Antarctique.

COMNAP ayant été institué en septembre 1988, il marque donc son 25ème anniversaire cette année (2013). Le Conseil marquera cette occasion avec la publication d'un ouvrage intitulé « *A story of Antarctic Cooperation: 25 Years of the Council of Managers of National Antarctic Programs* ».

COMNAP est une association internationale qui regroupe aujourd'hui 28 programmes antarctiques nationaux des Parties contractantes au Traité sur l'Antarctique (Afrique du Sud, Allemagne, Argentine, Australie, Belgique, Brésil, Bulgarie, Chili, Chine, Equateur, Espagne, Etats-Unis d'Amérique, Fédération de Russie, Finlande, France, Inde, Italie, Japon, Norvège, Nouvelle-Zélande, Pays-Bas, Pérou, Pologne, République de Corée, Royaume-Uni, Suède, Ukraine et Uruguay). Les programmes antarctiques nationaux du Belarus et de la République tchèque ont le statut d'observateurs.

La mission du COMNAP, selon ses Statuts, consiste à formuler et promouvoir les meilleures pratiques en matière de gestion de l'appui à la recherche scientifique en Antarctique. Le Conseil s'emploie à apporter de la valeur aux efforts des programmes antarctiques nationaux en servant de forum où formuler des pratiques permettant de donner plus d'efficience aux activités tout en veillant au respect de l'environnement, en favorisant et en promouvant les partenariats internationaux et en offrant opportunités et systèmes pour l'échange d'informations.

En outre, COMNAP s'efforce de fournir au Système du Traité sur l'Antarctique des conseils techniques pratiques, objectifs et apolitiques qu'il tire d'un grand vivier d'experts spécialistes de l'Antarctique appartenant aux divers programmes antarctiques nationaux.

Des problématiques scientifiques de plus en plus complexes se posent que seules des équipes scientifiques multidisciplinaires de différents pays peuvent résoudre. Cette complexité, ajoutée à des mesures environnementales de plus en plus rigoureuses et, dans certains cas, à l'amenuisement des sources de financement, contribue à exacerber la pression sur les programmes antarctiques nationaux et montre que la coopération internationale est plus que jamais nécessaire. COMNAP plaide pour une collaboration plus étroite entre les programmes antarctiques nationaux et reconnaît la nécessité de partenariats plus forts avec des organisations ayant des objectifs similaires. Le Conseil des directeurs des programmes antarctiques nationaux a, graduellement, pris en charge la production de plusieurs outils pratiques relatifs à la sécurité, les bonnes pratiques et l'échange d'information.

COMNAP a tenu son Assemblée générale annuelle (AGA) en août 2012 à Portland, Oregon (États-Unis d'Amérique). Dr Heinrich Miller (AWI) et Mme Michelle Rogan-Finnemore continuent d'assumer leurs fonctions respectives de Président et de Secrétaire exécutive.

Principales réalisations de COMNAP en 2012

Symposium COMNAP 2012: Solutions durables aux défis de l'Antarctique

Lou Sanson (Antarctique, Nouvelle-Zélande) a accueilli le Symposium de COMNAP consacré au thème "Solutions durables aux défis de l'Antarctique" le dimanche 15 juillet 2012, en marge de l'AGA à Portland. C'est le quinzième symposium organisé par SCALOP ou COMNAP. Plusieurs conférenciers ont été invités dont le professeur Steven Chown et Dr. Gwyne Dyer. Le Comité scientifique du symposium avait retenu 16 exposés et 8 affiches, chacun fournissant des informations sur des produits ou des procédés novateurs et respectueux de l'environnement, appliqués ou proposés pour la situation spécifique de l'Antarctique. Les Actes du symposium ont été publiés (ISBN 978-0-473-23259-7) et diffusés ; des exemplaires peuvent être obtenus auprès du Secrétariat de COMNAP.

Atelier sur les innovations dans les communications en Antarctique

David Blake (BAS), leader du Groupe d'experts « Energie et Technologie » de COMNAP, a ouvert l'Atelier consacré aux "Innovations dans les communications en Antarctique" le mardi 17 juillet 2012. Cet atelier ouvert a permis aux programmes antarctiques nationaux de débattre des besoins collectifs et régionaux en matière de communications et des éventuelles solutions qui pourraient s'avérer nécessaires pour la prochaine décennie. Les programmes antarctiques nationaux ont réaffirmé la nécessité d'étudier ensemble ces questions afin d'apporter de la valeur et un soutien efficace à la science. Des représentants d'organisations commerciales étaient également présents à l'Atelier.

Examen des recommandations sur les questions opérationnelles

Le Conseil a conduit un projet consistant à fournir des éléments de langage pour les recommandations que le GCI a identifiées comme ayant besoin d'être mises à jour et proposer des éléments de langage pour le Rapport final de la XXXVIᵉ RTCA lorsque les principes généraux des recommandations sont toujours valables; mais les aspects techniques et pratiques pourraient ne plus être en prise avec les réalités d'aujourd'hui. COMNAP a invité l'IAATO, l'OHI, SCAR et l'OMT à participer, lesquelles organisations étaient co-auteurs du Document de travail qui a été présenté à cette réunion.

Bourse de recherche en études antarctiques du COMNAP

Sachant que l'éducation et le renforcement des capacités constituent un domaine d'intérêt mutuel tant pour SCAR que pour COMNAP, et en reconnaissance de la diversité et de la richesse des compétences existant au niveau des programmes antarctiques nationaux, COMNAP a mis en place sa Bourse de recherches en études antarctiques (*COMNAP Antarctic Research Fellowship*) en mai 2012. Cette année, COMNAP a pu offrir une bourse complète au Dr. Ursula Rack pour entreprendre une activité de recherche en histoire sociale polaire au Scott Polar Research Institute. Dans le cadre d'un partenariat, COMNAP et SCAR ont offert conjointement une bourse à M. Jenson George pour lui permettre de mener des travaux de recherche en biochimie au Centre GEOMAR Helmohltz de recherche océanique. Les deux organisations ont convenu d'offrir conjointement et de promouvoir cette formule de bourse en 2013. Le bénéficiaire de l'*Antarctic Research Fellow* de COMNAP pour 2013 sera annoncé en juillet de cette année à l'occasion de son Assemblée générale annuelle qui se tiendra à Séoul (République de Corée).

Produits et outils COMNAP

Déclaration d'accidents, d'incidents et de quasi-accidents (AINMR)

L'échange d'informations sur les problèmes rencontrés en Antarctique a toujours eu lieu. La toute première RCTA avait convenu, dans sa recommandation I-VII traitant de l'échange d'informations sur les problèmes logistiques qu'il en soit ainsi (à compter du 30 avril 1962). Les assemblées générales annuelles de COMNAP constituent pour ses membres une occasion pour échanger ces informations. En outre, un outil en ligne et complet, appelé Système AINMR, est opérationnel et est accessible dans l'espace réservé aux membres sur le site COMNAP. Cet outil permet aux membres de COMNAP de signaler accidents et incidents en temps opportun. Le principal objectif d'AINMR est de recueillir des informations sur des incidents qui ont eu, ou qui auraient pu avoir des conséquences graves; et/ou mettre en évidence les enseignements à tirer; et/ou informer sur des évènements rares ou inédits. Les rapports détaillés sur les accidents peuvent être également postés sur le site afin d'être étudiés et débattus et pour que les programmes antarctiques nationaux puissent profiter de leurs expériences respectives à l'effet de réduire les risques de conséquences graves dans le cadre de leurs activités en Antarctique. www.comnap.aq/membersonly/AINMR/SitePages/Home.aspx.

Système de localisation des navires de COMNAP (SPRS)

Le SPRS (www.comnap.aq/sprs) est un outil facultatif et volontaire conçu pour échanger des informations sur les opérations des navires relevant des programmes antarctiques nationaux. Il sert principalement à faciliter la collaboration entre les programmes antarctiques nationaux, mais il peut également contribuer de façon utile à la sécurité grâce à la transmission des informations qu'il recueille aux Centres de coordination des opérations de sauvetage (RCC) qui couvrent la région antarctique, venant ainsi compléter les sources d'autres systèmes nationaux et internationaux en activité. L'information sur le positionnement du navire est fournie par email et peut être affichée graphiquement sur Google Earth. L'outil SPRS a été utilisé de nombreuses fois cette saison; 23 navires s'en sont servi pour communiquer leur position lors de leurs voyages en Antarctique.

Manuel d'information de vol en Antarctique (AFIM)

AFIM est un guide d'informations aéronautiques publié par COMNAP pour servir d'outil de sécurité de la navigation aérienne en Antarctique, suite à la recommandation XV-20 de la RCTA sur la "sécurité aérienne en Antarctique". A l'issue d'un examen approfondi du produit actuel dans sa version 'papier', COMNAP élabore actuellement une version électronique de l'AFIM afin que les révisions puissent être effectuées et distribuées plus efficacement. La mise à jour de l'outil se poursuivra en y insérant l'information reçue des programmes antarctiques nationaux. COMNAP a proposé des éléments de langage d'une Mesure actualisée que la prochaine RCTA pourrait souhaiter examiner afin d'entériner le passage au nouveau format. La dernière révision de l'outil AFIM a été finalisée et distribuée à tous les usagers le 15 février 2013.

Manuel des opérateurs de télécommunications en Antarctique (ATOM)

ATOM résulte de l'évolution du manuel des pratiques de télécommunications auquel fait allusion la Recommandation X-C de la RCTA intitulée "Amélioration des télécommunications dans l'Antarctique et collecte et distribution des données météorologiques antarctiques". Les membres de COMNAP et les autorités en charge de la recherche et du sauvetage ont accès à la toute dernière version (février 2013), disponible sur le site électronique du Conseil. COMNAP a suggéré des éléments de langage pour le projet de Rapport final que la RCTA pourrait examiner en lien avec sa recommandation X-3.

Pour plus d'informations, consulter le site électronique de COMNAP: www.comnap.aq ou nous écrire à: info@comnap.aq. Voir également les pièces jointes au présent Rapport annuel. Appendice 1 et Appendice 2.

Appendice 1 : Administrateurs, projets et groupes d'experts de COMNAP

Comité exécutif (ExCom)

Le Président et les vice-présidents de COMNAP sont des administrateurs élus du Conseil. Le Comité exécutif se compose du Secrétaire exécutif et des administrateurs élus, comme suit:

Fonction	Administrateur	Fin du mandat
Président	Heinrich Miller (AWI) heinrich.miller@awi.de	AGA 2014
Vice-présidents	Yuansheng Li (PRIC) lysh@pric.gov.cn	AGA 2013
	Mariano Memolli (DNA) mmemolli@dna.gov.ar	AGA 2013
	Juan Jose Dañobeitia (CSIC) jjdanobeitia@cmima.csic.es	AGA 2014
	Brian Stone (USAP/NSF) bstone@nsf.gov	AGA 2014
	Jose Olmedo (INAE) jolmedo@midena.gob.ec	AGA 2015
Secrétaire exécutif	Michelle Rogan-Finnemore michelle.finnemore@comnap.aq	30 sept. 2015

Tableau 1: Comité exécutif de COMNAP

Projets

Projet	Chef de projet	Administrateur ExCom (supervision)
Lexique de l'Antarctique	Valerie Lukin	Mariano Memolli
Manuel d'informations de vol en Antarctique (AFIM) - Application du nouveau format	Paul Morin	Brian Stone
Brochure sur les communications en cas de tsunami	Michelle Rogan-Finnemore	Heinz Miller
Antarctic Peninsula Advanced Science Information (APASI)	Jose Retamales	Heinz Miller
Ouvrage "*25ème Anniversaire de COMNAP*"	Christo Pimpirev	ExCom (tous)
Lignes directrices sur la gestion de l'énergie et leur applications - suivi de l'étude; base de données des fournisseurs privilégiés	David Blake	Yuansheng Li et Juan Jose Dañobeitia
Planification d'urgence et lutte contre les déversements d'hydrocarbures - suivi de l'étude	Veronica Vlasich	Mariano Memolli
Atelier sur le Système d'observation de l'Océan austral (SOOS)	Rob Wooding	Heinz Miller

Tableau 2: projets COMNAP en cours de réalisation

Groupes d'experts

Groupe d'expert (thématique)	Chef du Groupe d'experts	Administrateur ExCom (supervision)
Science	Jose Retamales	Heinz Miller
Vulgarisation	Eva Gronlund	ExCom (tous)
Air	Giuseppe De Rossi	Brian Stone
Environnement	Sandra Potter	Yuansheng Li
Formation	Veronica Vlasich	Mariano Memolli
Médical	Jeff Ayton	Mariano Memolli
Navigation maritime	Miki Ojeda	Juan Jose Dañobeitia
Sécurité	Robert Culshaw (jusqu'à septembre 2012)	Jose Olmedo
Energie et technologie	David Blake	Yuansheng Li et Juan Jose Dañobeitia
Gestion des données	Michelle Rogan-Finnemore	Heinz Miller

| Relations extérieures | Michelle Rogan-Finnemore | ExCom (tous) |
| Cadre stratégique | Michelle Rogan-Finnemore | Heinz Miller |

Tableau 3: Groupes d'experts COMNAP

Appendice 2 : Réunions

12 derniers mois

14 juillet 2012, réunion conjointe de l'exécutif COMNAP/SCAR, Portland, Oregon (Etats-Unis).

15 juillet, 2012, Symposium COMNAP "Solutions durables aux défis de l'Antarctique": Appui à la recherche polaire au XXIe siècle", Portland, Oregon (Etats-Unis).

16–19 juillet, 2012, Assemblée générale annuelle de COMNAP (COMNAP XXIV), Portland, Oregon (Etats-Unis).

17 juillet, 2012, Atelier COMNAP sur "les innovations dans les communications en Antarctique", Portland, Oregon (Etats-Unis).

15–17 octobre 2012, réunion du Comité exécutif de COMNAP (ExCom) , Institut Alfred Wegener (AWI), Bremerhaven (Allemagne).

12 prochains mois

7 juillet 2013, Atelier COMNAP SOOS (organisé conjointement avec SCAR), Séoul (République de Corée).

8–10 juillet 2013, Assemblée générale annuelle de COMNAP (COMNAP XXV), organisée par KOPRI, Séoul (République de Corée).

Septembre 2013 (date à confirmer), Atelier COMNAP sur les défis de la conservation en Antarctique (organisé conjointement avec SCAR), Cambridge (Royaume-Uni).

Septembre 2013 (date à confirmer), Réunion ExCom de COMNAP.

2. Rapports des experts

Rapport de l'*Antarctic and Southern Ocean Coalition*

1. *Introduction*

L'ASOC est ravie d'être présente en Belgique à l'occasion de la XXXVIe Réunion consultative du Traité sur l'Antarctique. Ce rapport décrit brièvement le travail de l'ASOC réalisé au cours de l'année dernière, et expose certaines questions clés pour cette RCTA.

Le Secrétariat de l'ASOC est basé à Washington, D.C. (États-Unis d'Amérique), et son site internet est le suivant : http://www.asoc.org. L'ASOC comporte 24 groupes membres de plein droit dans 10 pays, ainsi que des groupes d'appui dans ces derniers et plusieurs autres pays. Les campagnes de l'ASOC sont menées par des équipes d'experts en Afrique du Sud, en Allemagne, en Argentine, en Australie, au Chili, en Chine, en Corée du Sud, en Espagne, aux États-Unis d'Amérique, en France, au Japon, en Norvège, en Nouvelle Zélande, aux Pays-Bas, au Royaume-Uni, en Russie, et en Ukraine.

2. *Activités intersession*

Depuis la XXXVe RCTA, l'ASOC et les représentants de ses groupes membres ont activement participé aux discussions intersession dans les forums de la RCTA et du CPE.

En outre, l'ASOC et les représentants de ses groupes membres ont assisté à nombre de réunions concernant la protection de l'environnement en Antarctique, notamment la XXXIIe Réunion du SCAR, le Congrès mondial de la nature et l'Assemblée des membres de l'UICN, la XXXe Réunion de la CCAMLR, deux Ateliers de la CCAMLR sur les aires marines protégées, et toutes les réunions de l'Organisation maritime internationale liées au Code polaire.

3. *Documents pour la XXXVIe RCTA*

L'ASOC a présenté 11 Documents d'information et un Document de contexte. En outre, l'ASOC a participé à l'élaboration du Document de travail 046 concernant la révision des lignes directrices pour le site de Baily Head, île de la Déception.

Les différents documents abordent des questions clés relatives à l'environnement, et exposent des recommandations à l'attention de la RCTA et du CPE qui permettront de contribuer à une protection de l'environnement et à une conservation de l'Antarctique plus efficaces.

Impacts humains en Arctique et en Antarctique : résultats clés pertinents pour la RCTA et le CPE (IP 61) – Lors de la Conférence scientifique d'Oslo de l'API en 2010, deux projets de rédaction ont été engagés, impliquant 50 experts internationaux qui se sont attachés à la thématique des impacts humains et aux futurs scénarios relatifs à l'environnement antarctique. La grande majorité des futurs scénarios rejoignent le fait que les pratiques existantes de gestion de l'environnement et que le système actuel de gouvernance sont insuffisants en vue de répondre aux obligations du Protocole relatif à l'environnement pour protéger l'environnement de l'Antarctique. D'importantes améliorations sont nécessaires, si le Système du Traité sur l'Antarctique vise à répondre de manière satisfaisante aux difficultés auxquelles est confronté un Antarctique qui devient plus chaud et plus fréquenté au XXIe siècle et au-delà.

La mise à jour des incidents de navires dans les eaux antarctiques (IP 59) met à jour le document de l'ASOC de la XXXVe RCTA/IP53 et présente des informations supplémentaires ainsi que l'analyse des incidents de navires, notamment une carte et des études de cas de plusieurs incidents récents. Les études de cas indiquent un certain nombre d'insuffisances dans le projet actuel de Code polaire. L'ASOC recommande que les Parties œuvrent au traitement de ces insuffisances à l'Organisation maritime internationale de manière prioritaire, si le Code polaire final est destiné à être utile en Antarctique.

SAR-WG : un système d'information et de surveillance du trafic maritime en Antarctique (IP 63) – Le document de l'ASOC XXXIV/IP082 demande à la RCTA d'adopter une résolution ou une décision relative à l'élaboration d'un Système d'information et de surveillance du trafic maritime en Antarctique (VTMIS). Le document IP63 met à jour les informations et comprend une proposition de décision exigeant de tous les navires circulant dans la zone du Traité l'installation et le maintien du fonctionnement permanent de Systèmes d'identification automatique (SIA), la transmission de données d'identification et de suivi des navires à grande distance (LRIT) à un centre de données approprié, et l'élaboration d'un VTMIS en Antarctique, en commençant par la zone de la péninsule antarctique.

Déversement des eaux usées et des eaux grises des navires dans les eaux de la zone du Traité sur l'Antarctique (IP 66). Ce document présente des informations relatives aux déversements des eaux noires (usées) et grises des navires, traduit les inquiétudes quant au fait que le système actuel de gestion des flux d'eaux usées pourrait ne pas être adéquat en termes de protection des écosystèmes et des espèces sauvages de l'Antarctique, et résume la réglementation actuelle. Les inquiétudes ne se limitent pas aux navires qui transportent le plus grand nombre de passagers, c.-à-d. les navires de croisière dont les déversements sont les plus importants. Le document suggère que les PCAA examinent plus en détails la nécessité d'une gestion plus stricte de l'élimination des déversements d'eaux des navires.

Les implications du comportement des touristes en termes de gestion (IP 67) – De nombreux impacts réels et potentiels du tourisme résultent du comportement d'individus, dans le contexte plus général de la manière dont le tourisme est mené, régulé et géré. Une bonne compréhension du comportement de base des touristes est pertinente en vue de formuler des décisions en matière de gestion. Toutefois, les comportements peuvent être très diversifiés et ne peuvent être régulés de manière minutieuse, en particulier dans le contexte de l'expansion et de la diversification du tourisme. Dans ce cadre, l'ASOC suggère que les PCAA s'attachent à la régulation et à la gestion du tourisme essentiellement d'un point de vue stratégique, notamment en utilisant les ZSPA et les ZGSA de manière proactive en tant qu'outils de gestion du tourisme.

Un rapport sur le changement climatique en Antarctique (IP 62) – Les recherches sur le changement climatique ont de nombreuses implications pour l'environnement de l'Antarctique, et il est crucial que le Système du Traité sur l'Antarctique comprenne les résultats les plus récents afin que ceux-ci soient intégrés dans les décisions en matière de gestion. Le document IP62 présente la synthèse de ces résultats récents relatifs aux altérations de l'environnement et de l'écosystème, et constate que des changements se produisent dans une diversité de domaines, allant du niveau de pH de l'eau de mer à la stabilité de l'inlandsis de l'Antarctique occidental. Malgré les complexités du changement climatique mondial, l'ATS peut agir dans différents domaines pour réduire l'impact de ce dernier sur l'environnement et sur les espèces de l'Antarctique.

Le carbone noir et autres polluants climatiques de courte durée : impacts sur l'Antarctique (IP 65) – Le carbone noir et autres polluants climatiques de courte durée (SLCP), en particulier issus de sources locales et de l'hémisphère sud, pourraient catalyser l'accélération du réchauffement et de la fonte en Antarctique. Inversement, la réduction des émissions provenant de ces sources pourrait permettre de ralentir le réchauffement dans un avenir proche, bien qu'uniquement lorsqu'y sont associées des actions de réduction des émissions de gaz à effet de serre de plus longue durée. L'analyse de l'importance des émissions de SLCP et de leurs impacts sur l'Antarctique, particulièrement en provenance de sources locales, devrait être une priorité pour les recherches en cours et être incluse dans le Plan de travail stratégique.

Mise à jour : l'avenir de l'inlandsis de l'Antarctique occidental (IP 69) – Ce document met à jour le document IP07 présenté lors de la RETA sur le changement climatique en 2010 et tire les conclusions suivantes :

1. L'IAO perd une partie de sa masse, et cette perte est en train de s'accélérer.
2. Le retrait généralisé des glaciers pourrait déjà être en marche.
3. Les modifications de l'IAO sont en train de se produire actuellement et sont liées au changement climatique anthropique.
4. L'IAO survivra probablement sous une forme en grande partie intacte durant ce siècle, toutefois un « effondrement », si et lorsqu'il se produira, engendrera une élévation du niveau de la mer d'au moins 3 mètres.
5. Un seuil de basculement de l'Antarctique occidental existe probablement, mais la science n'est pas établie à cet égard. L'IAO peut se désintégrer plus rapidement que l'inlandsis du Groenland.

Prospection biologique et l'environnement antarctique (IP 64) – La prospection biologique est absolument non régulée à l'heure actuelle et les réponses des Parties aux critères de la Résolution 7 (2005) en termes d'informations sont limitées. Davantage d'informations sont nécessaires afin de comprendre et de réguler la prospection biologique, et d'évaluer ses impacts sur l'environnement. L'ASOC recommande un usage plus étendu des EEIS, des EIE et de la surveillance de l'environnement, car ces outils s'appliquent aux activités de prospection biologique. Un mécanisme doit être établi en vue d'identifier l'exploitation de la faune et de la flore marines dans l'Océan austral, liée à la prospection biologique.

Réutilisation d'un site après remédiation. Une étude de cas du cap Evans, île de Ross (IP 68) - La réutilisation d'un site remis en état pourrait défaire les effets de la remédiation. Le document IP68 présente des suggestions concernant l'évaluation des impacts et la gestion d'un site, en se basant sur une étude de cas d'un petit site remis en état et actuellement réutilisé.

Cartographie et modélisation des valeurs des zones sauvages en Antarctique : contribution au travail du CPE relatif aux éléments d'orientation concernant la protection des zones sauvages à l'aide d'outils du Protocole (IP 60). Ce document résume les recommandations du rapport « Cartographie et modélisation des valeurs des zones sauvages en Antarctique » (*"Mapping and modelling wilderness values in Antarctica"*) produit par le Wildland Research Institute. Le rapport examine les publications existantes concernant la manière dont la qualité des zones sauvages est cartographiée et modélisée à travers le monde, en utilisant des Systèmes électroniques d'information géographique (SIG). Le document IP60 recommande que le CPE adopte la prémisse fondamentale universelle selon laquelle il est considéré que les conditions d'une zone sauvage existent dès lors qu'un lieu est isolé de toute installation et de tout accès mécanisé, et est relativement libre de modifications anthropiques de la couverture terrestre.

Patrimoine de l'Océan antarctique. Mise à jour 1 : assurer une protection durable pour la région de la mer de Ross (BP 17).
En octobre 2011, l'Alliance de l'Océan antarctique (AOA), dont l'ASOC est membre, a formulé la proposition de création d'un réseau d'aires marines protégées (AMP) et de réserves marines intégralement protégées dans 19 zones spécifiques de l'Océan austral. Par la suite, l'AOA a exposé sa perspective pour une protection marine en Antarctique oriental et dans la mer de Ross qui, outre les sept zones proposées par l'Australie, la France et l'UE, comprenait quatre autres zones à examiner en vue de leur protection dans les années à venir, et a proposé la création d'une réserve marine intégralement protégée couvrant une surface d'environ 3,6 millions de kilomètres carrés dans la région de la mer de Ross. Le document BP17 fait la synthèse du Rapport mis à jour sur le patrimoine de l'Océan antarctique, « Assurer une protection durable pour la région de la mer de Ross ».

4. *Autres questions importantes pour la XXXVIᵉ RCTA*

- **Annexe VI concernant la responsabilité découlant de situations critiques pour l'environnement :** La mise en vigueur de cette importante Annexe doit être hautement prioritaire pour les PCAA. L'ASOC conseille vivement à toutes les Parties de redoubler leurs efforts au cours de l'année prochaine pour que l'Annexe VI puisse être ratifiée et qu'elle entre en vigueur aussi rapidement que possible. L'ASOC félicite la Norvège et le Royaume-Uni pour avoir promulgué la législation de l'Annexe VI.
- **Planification stratégique** : l'ASOC soutient l'élaboration d'un plan stratégique pluriannuel pour la RCTA qui aidera les Parties à gérer les activités humaines de manière durable sur le long terme, et a été activement impliquée dans le travail jusqu'à présent.

5. *Remarques finales*

L'Antarctique est confronté à de nombreuses pressions qui découlent du changement climatique mondial et d'un grand nombre d'activités humaines. L'ASOC se félicite que les PCAA puissent avoir une perspective et une volonté politique à Bruxelles en vue de mettre en place des actions concrètes qui contribueront à protéger les écosystèmes et les valeurs intrinsèques de l'Antarctique sur le long terme.

Rapport de l'Organisation hydrographique internationale

Etat de l'hydrographie et de la cartographie marine dans les eaux antarctiques

Introduction

L'Organisation hydrographique internationale (OHI) est une organisation intergouvernementale consultative et technique. Elle comprend 81 Etats membres. Chaque Etat est en principe représenté par le directeur de son service hydrographique national.

L'OHI coordonne au niveau mondial l'établissement des normes pour les données hydrographiques et la fourniture de services hydrographiques à l'appui de la sécurité de la navigation et de la protection et de l'utilisation durable de l'environnement marin.

Importance de l'hydrographie dans l'Antarctique

Aucune activité humaine ne peut être menée en mer – que ce soit à la surface ou en profondeur – en toute sécurité et de manière durable et rentable sans informations hydrographiques.

L'hydrographie et les informations hydrographiques sont toujours plus reconnues comme étant une condition sine qua non du développement d'activités humaines réussies et durables du point de vue de l'environnement dans les mers et les océans. Malheureusement, on dispose de peu, voire d'aucune information hydrographique, pour de nombreuses parties du monde, particulièrement dans l'Antarctique.

Ceci doit être un motif de préoccupation particulière pour la RCTA.

Etat de l'hydrographie et de la cartographie dans l'Antarctique

Plus de 90% des eaux antarctiques ne sont pas hydrographiées. Des zones importantes ne sont pas représentées sur les cartes et lorsqu'elles le sont, les cartes sont peu utiles du fait du manque d'informations fiables. L'échouement de navires opérant en dehors de routes précédemment empruntées dans l'Antarctique n'est pas rare.

L'hydrographie dans les eaux antarctiques est onéreuse et pose problème. Ceci est dû aux conditions maritimes difficiles et imprévisibles, aux saisons courtes pour effectuer les levés et à la logistique nécessaire à l'appui des navires et des équipements. Il n'y a aucun signe d'une amélioration significative du niveau des levés hydrographiques exécutés dans l'Antarctique. En effet, les autorités hydrographiques nationales représentées à l'OHI font état du fait que les activités hydrographiques parrainées par les gouvernements dans l'Antarctique se réduisent du fait de pressions financières et de conflits avec les priorités nationales.

Commission hydrographique de l'OHI sur l'Antarctique

La Commission hydrographique de l'OHI sur l'Antarctique (CHA) est destinée à améliorer la qualité, la couverture et la disponibilité des cartes marines et des autres informations et services hydrographiques couvrant la région. La CHA comprend 23 Etats membres de l'OHI (Argentine, Australie, Brésil, Chili, Chine, Equateur, France, Allemagne, Grèce, Inde, Italie, Japon, République de Corée, Nouvelle-Zélande, Norvège, Pérou, Fédération de Russie, Afrique du Sud, Espagne, Royaume-Uni, Uruguay, USA, Venezuela), tous sont parties au Traité sur l'Antarctique et sont donc directement représentés à la RCTA.

La CHA travaille étroitement avec les organisations parties prenantes à améliorer la sécurité de la navigation, à assurer la sauvegarde de la vie humaine en mer, à protéger l'environnement marin et à soutenir d'autres activités dans l'Antarctique. Les organisations suivantes participent à la CHA et à ses activités : ATS, COMNAP, IAATO, SCAR, OMI, COI.

La 12ème réunion de la CHA s'est tenue en Uruguay, en octobre 2012. La CHA a examiné les progrès de la cartographie et de l'hydrographie et a mis à jour son programme de production coordonnée des cartes marines et des publications associées. Les conclusions marquantes de la réunion sont exposées dans les paragraphes suivants.

Recueil des données hydrographiques

Les Etats représentés au sein de la CHA indiquent que le niveau des levés hydrographiques dans l'Antarctique diminue du fait des contraintes et des priorités financières pour hydrographier les eaux nationales. En 2012, de nombreux Etats qui exploitent régulièrement des bâtiments hydrographiques dans les eaux australes en été ont signalé que ces navires n'étaient pas disponibles.

La RCTA souhaiterait examiner les lacunes importantes en matière d'hydrographie et de cartographie dans l'Antarctique et leur impact sur toutes les autres activités en cours dans la région.

Recueil des données hydrographiques au moyen de bâtiments d'opportunité

Le service hydrographique du RU et des partenaires du secteur privé ont poursuivi un programme de démonstrations pour permettre aux bâtiments opérant dans les eaux antarctiques de recueillir automatiquement des données hydrographiques au cours de leur traversée. Les données sont transmises aux logiciels/équipement des partenaires, elles sont traitées, nettoyées et adressées au UKHO pour examen et servent ensuite à améliorer les cartes existantes.

Ceci est appelé «la bathymétrie enrichie par les usagers » et se produit principalement autour de la péninsule antarctique où la majorité des bâtiments commerciaux, y compris les navires de croisière opèrent. Il est possible que ce recueil automatique de données hydrographiques puisse être étendu pour recueillir dans le même temps d'autres données environnementales. Des questions relatives au financement du matériel requis pour équiper les navires, la validation et la fiabilité des données sont encore à traiter.

D'autres initiatives commerciales, particulièrement dans le secteur halieutique, sont de la même manière engagées dans des activités de recueil de données « enrichies par les usagers ». Malheureusement, toutes les données pertinentes ne sont pas mises à disposition pour améliorer les cartes marines.

Bathymétrie transmise par satellite

En eau claire, il est possible de déterminer les paramètres de profondeur et les autres paramètres dans la colonne d'eau jusqu'à environ 20 mètres en analysant l'imagerie à partir de capteurs multi-spectraux par satellite. La France utilise cette technique depuis de nombreuses années pour améliorer les cartes. L'OHI encourage de nouveaux développements de cette technique qui ne nécessite pas une infrastructure importante à terre et qui est beaucoup moins onéreuse que les levés traditionnels.

Levés hydrographiques à partir d'aéronefs équipés du Lidar

En eau claire, comme celles de l'Antarctique, il est possible de déterminer la profondeur jusqu'à 70 mètres ou plus en utilisant des sondeurs à écho laser montés sur des aéronefs légers. La technique est utilisée dans de nombreuses parties du monde mais pas encore dans l'Antarctique.

Appui de contrats commerciaux

Un nombre accru de services hydrographiques nationaux dans le monde ont recours à des contrats commerciaux pour renforcer leurs propres efforts. Des sous-traitants fiables sont prêts à recueillir les données hydrographiques pour le compte des gouvernements à l'aide de navires ou du Lidar. Des sous-traitants sont également prêts à aider à la réalisation des cartes marines officielles publiées sous l'autorité des gouvernements concernés.

La sous-traitance de levés hydrographiques ou de production de cartes est pratiquement inexistante en ce qui concerne l'Antarctique. La raison principale en est que les gouvernements donnent la priorité à la cartographie de leurs eaux territoriales. En outre, contrairement aux eaux territoriales, l'obligation découlant de la Règle 9 du Chapitre V de la Convention pour la sauvegarde de la vie humaine en mer (SOLAS), qui incombe aux Etats de fournir des services cartographiques et hydrographiques pour leurs eaux ne s'applique pas à l'Antarctique où aucune revendication territoriale n'est à présent reconnue.

Besoin continu en levés traditionnels

La bathymétrie enrichie par les usagers et la bathymétrie transmise par satellite ne peuvent pas remplacer les levés systématiques, entièrement réglementés, mais peuvent apporter des améliorations rapides aux cartes existantes et contribuer à identifier et à établir des priorités pour les zones qui nécessitent des levés plus complets.

La RCTA souhaitera peut-être encourager les gouvernements membres à renforcer leur niveau de soutien à l'hydrographie et à la cartographie dans l'Antarctique, y compris un soutien en matière de bathymétrie enrichie par les usagers, d'utilisation de la bathymétrie transmise par satellite et d'appui des contrats commerciaux utilisant les navires et le Lidar.

Groupe de travail sur l'établissement des priorités hydrographiques

Le groupe de travail sur l'établissement des priorités hydrographiques de la CHA avec la contribution du COMNAP et de l'IAATO entretient un plan de levés à long terme et une liste succincte des levés afin de refléter les nouveaux besoins hydrographiques. Le programme des besoins hydrographiques porte sur des routes de navigation maritimes définies, et ne prend pas en considération d'autres zones de l'Antarctique dans lesquelles il y a également peu ou pas de données hydrographiques mais où les mouvements de navires sont moins fréquents.

Les paragraphes suivants résument les informations clés disponibles auprès de la CHA.

Etat des levés dans l'Antarctique

La majeure partie des eaux antarctiques n'est pas hydrographiée. Peu de levés systématiques y ont été effectués. Ceux-ci sont essentiellement centrés sur certaines bases antarctiques et autour de la Péninsule antarctique.

Etat des cartes marines de l'Antarctique

Cartes papier. Conformément au plan de cartes INT de l'OHI, les Etats suivants ont compilé des cartes papier couvrant l'Antarctique : Argentine (5), Australie (11), Brésil (1), Chili (6), Equateur (1) France (4), Allemagne (2), Italie (2), Japon (3), Nouvelle-Zélande (9), Norvège (1), Fédération de Russie (14), Afrique du Sud (1), Espagne (1), RU (10), USA (2).

70 des 108 cartes attendues dans le plan ont été publiées.

Cartes électroniques de navigation. Conformément aux récentes révisions de la Convention SOLAS, les navires à passagers et de nombreux autres navires effectuant des voyages internationaux ont désormais l'obligation de disposer à bord de systèmes de visualisation des cartes électroniques et d'information (ECDIS) en tant que moyen de navigation. Les ECDIS remplacent les cartes papier pour la navigation à bord de ces navires. La production de cartes électroniques de navigation (ENC) destinées à être utilisées dans les systèmes ECDIS repose généralement sur les cartes papier existantes. La production d'ENC antarctiques est sérieusement gênée par le mauvais état des cartes papier et par la production et les priorités financières des Etats qui se sont portés volontaires pour produire les ENC. Il y a une nécessité urgente pour les Etats d'attribuer des ressources suffisantes pour permettre d'accélérer la production d'ENC afin de fournir au moins une couverture équivalente à celle des cartes papier.

A ce jour, 70 ENC ont été publiées, y compris dix créées en 2012. La production de 51 autres supplémentaires est prévue dans le courant de l'année prochaine. Approximativement 170 ENC seront nécessaires pour correspondre au plan de cartes papier de l'OHI.

La RCTA souhaitera peut-être encourager les Etats à produire les ENC et les cartes papier afin d'attribuer les ressources appropriées pour accélérer la production des cartes papier et des ENC de l'Antarctique.

Code polaire de l'OMI

L'OHI s'efforce de s'assurer que les lacunes de l'hydrographie et des services de cartographie marine dans l'Antarctique sont bien mises en évidence dans le Code polaire qui en est à présent aux derniers stades de développement et d'examen par l'OMI.

Examen et consolidation des recommandations et résolutions existantes de la RCTA relatives à l'hydrographie et à la cartographie marine

La CHA a examiné les recommandations et résolutions existantes relatives à l'hydrographie et à la cartographie marine et a conclu que les directives qui y sont contenues seraient plus claires et mieux formulées dans une unique recommandation de la RCTA. Une proposition de texte révisé a été adressée au groupe de contact intersessions (GCI) sur l'examen des recommandations de la RCTA sur les questions opérationnelles.

La RCTA est invitée à adopter la recommandation proposée sur l'hydrographie et la cartographie marine élaborée par la CHA.

Résumé

L'état de l'hydrographie et de la cartographie marine de l'Antarctique qui est loin d'être satisfaisant pose de sérieux risques d'accidents maritimes et empêche de mener à bien la plupart des activités qui se déroulent dans les mers et les océans situés autour de l'Antarctique.

Un grand nombre d'Etat membres, *via* leur service hydrographique, tentent d'améliorer cette situation. Toutefois, les ressources sont limitées et il ne semble pas y avoir grand espoir d'une amélioration importante à brève échéance à moins qu'une nouvelle politique ne soit adoptée par les gouvernements.

L'OHI, *via* sa Commission hydrographique sur l'Antarctique, coordonne les travaux des Etats et des organisations ayant des intérêts en Antarctique aux fins d'optimiser les efforts et d'améliorer la situation. Une augmentation du niveau de l'aide des gouvernements, de l'industrie et des organisations est nécessaire pour progresser plus avant de façon importante.

Recommandations

Il est recommandé que la RCTA :

- Prenne bonne note de ce rapport.
- Prenne en considération les importantes faiblesses en hydrographie et en cartographie dans l'Antarctique et leur impact sur toutes les autres activités qui y sont menées.
- Envisage d'encourager les gouvernements membres à accroître leur niveau de soutien à l'hydrographie et à la cartographie de l'Antarctique soit directement soit par le biais d'activités sous contrat.
- Encourage les Etats qui produisent des cartes papier et des ENC à allouer les ressources nécessaires pour accélérer la production de cartes papier et d'ENC de l'Antarctique.
- Adopte la recommandation proposée de la RCTA sur l'hydrographie et la cartographie marine développée par la CHA.

Rapport 2012-2013 de l'Association internationale des organisateurs de voyages en Antarctique (IAATO)

(En vertu du paragraphe 2 de l'Article III du Traité sur l'Antarctique)

Introduction

L'Association internationale des organisateurs de voyages en Antarctique (IAATO) a le plaisir de soumettre son rapport d'activités à la XXXVIe RCTA, en vertu du paragraphe 2 de l'Article III du Traité sur l'Antarctique.

L'IAATO continue d'axer ses activités à l'effet de réaliser sa mission, à savoir :

- La gestion quotidienne efficace des activités des Membres en Antarctique ;
- Des actions de sensibilisation, dont la collaboration scientifique ; et
- L'élaboration et la promotion des bonnes pratiques touristiques en Antarctique.

On trouvera à la *fiche descriptive 2013-2014* et sur le site Internet : www.iaato.org, une description détaillée de l'IAATO, de sa déclaration de mission, de ses principales activités ainsi que des tout derniers développements.

Membres et visiteurs de l'IAATO pour la période 2012-2013

L'IAATO regroupe 116 membres, membres associés, et membres affiliés. Représentant 61 % des Parties consultatives au Traité sur l'Antarctique, les bureaux de ses membres sont répartis aux quatre coins du monde, transportant chaque année en Antarctique des nationaux de la quasi-totalité des Parties au Traité.

Au cours de la saison touristique 2012-2013, l'on a recensé quelques 34 375 visiteurs, suite à une baisse de 22 % l'année précédente (26 519). Bien que cela représente une hausse de 29 % par rapport à la saison 2011-2012, il n'y a pas eu de variation significative entre les saisons 2009-2010 et 2010-2011 (36 881 visiteurs et 33 824 visiteurs respectivement). Toutefois, l'activité touristique demeure bien inférieure à celle de la saison 2007-2008, au cours de laquelle les organisateurs de voyages de l'IAATO ont transporté 45 213 visiteurs sur le continent.

Ces chiffres ne représentent que les touristes ayant eu recours à des voyagistes membres de l'IAATO. Des statistiques touristiques sont fournies au document IP103 de la présente RTCA (document intitulé : *IAATO Overview of Antarctic Tourism: 2012-13 Season and Preliminary Estimates for 2013-14)*. Le Répertoire des membres ainsi que des statistiques supplémentaires sur les activités des membres de l'IAATO peuvent être consultés sur le site Internet : *www.iaato.org*.

Activités récentes

Plusieurs initiatives ont été entreprises durant cette année, notamment :

- L'adoption d'un nouveau Plan stratégique quinquennal qui définit la vision de l'association : « Par voie d'autorégulation, le tourisme antarctique constitue une activité durable et saine, dont l'impact sur l'environnement est mineur ou transitoire ; en outre, il permet la constitution de plaideurs en faveur de la protection de l'environnement de la région».
- La création d'un programme d'observation à quai des yachts de l'IAATO, nouvel élément du programme d'observation renforcé de l'Association, qui sera testé au cours de la saison 2013-2014, et qui vient compléter un programme d'observation existant depuis de nombreuses années et destiné à des navires de plus grande taille exploités par des voyagistes membres de l'Association.

- Mise au point d'un Programme en ligne d'évaluation et de certification du personnel de terrain comprenant diverses activités, différentes catégories de personnel et diverses zones géographiques. Au total 223 membres de personnel ont passé avec succès au moins l'une de leurs évaluations, dont 177 membres de personnel rien qu'au cours de la toute dernière saison. De même, un nouveau bulletin contenant des informations et des mises à jour, et destiné au personnel de terrain de l'IAATO, a été lancé à la fin de la dernière saison touristique.

- Rédaction d'un nouvel exposé PowerPoint sur les changements climatiques, destiné à des conférences donnés à bord des navires membres de l'IAATO, afin d'expliquer aux touristes, dans un langage accessible, les conséquences potentielles des changements climatiques sur l'environnement antarctique. Cet exposé a été révisé par SCAR et peut être téléchargé du site Internet de l'IAATO (http://iaato.org/climate-change-in-antarctica).

- Collecte de données hydrographiques à titre d'essai et selon les circonstances, effectuée par quelques armateurs de paquebots, membre de l'IAATO. Il s'agit, entre autres, du Projet de collecte de données par les usagers auquel participe le Bureau hydrographique du Royaume-Uni, ainsi que d'autres initiatives de prise de relevés. En outre, les capitaines des navires membres de l'IAATO collaboreront à la priorisation des relevés futurs dans les eaux de l'Antarctique.

Réunion de l'IAATO et sa participation à d'autres réunions au cours de la période 2012-2013

Le personnel du Secrétariat et des représentants des membres ont participé à des réunions internes et externes, assurant la liaison avec des Programmes antarctiques nationaux ainsi qu'avec des organisations gouvernementales, scientifiques, écologiques et sectorielles.

- La 24ᵉ réunion de l'IAATO (22 - 24 avril 2013, Punta Arenas, Chili) a rassemblé plus de 130 participants dont des représentants du Chili, de l'Allemagne, du Royaume-Uni, des États-Unis et du COMNAP. En outre, les réunions ont débouché sur les remarquables résultats suivants :
  - Approbation de trois nouveaux membres (passant du statut d'associés à celui de membres à part entière). L'IAATO compte désormais 55 opérateurs/voyagistes, dont 49 membres à part entière et 6 membres associés et représente toujours 100 % des navires à passagers conformes à la Convention SOLAS activant dans le tourisme antarctique.
  - Un rapport sur l'enquête des opérateurs IAATO relative aux lignes directrices RCTA sur la visite de sites et les itinéraires de visite de l'Île Barrientos ;
  - L'adoption de lignes directrices sur le camping côtier de plusieurs nuits, les nuitées courtes et les visites de colonies de manchots empereurs ;
  - L'échange, entre exploitants de navires IAATO, des actions et des techniques de réduction des émissions de carbone actuellement en usage.

- Un atelier de travail d'une journée consacré aux activités de recherche et de sauvetage (« SAR ») a suivi la réunion, et auquel ont pris part plus de 75 participants (capitaines de navires, responsables d'activités de sauvetage des gouvernements chilien, argentin et américain, voyagistes, responsables logistique, chefs d'expédition et personnel de l'IAATO). Les travaux ont été dirigés par David Edwards, du Bureau des activités SAR des Gardes-côtes américains. Durant la matinée, plusieurs exposés traitant de la problématique SAR, sous différents angles, ont été livrés (MRCC, COMNAP et opérateurs de l'IAATO), avec une reproduction interactive d'un exercice SAR en conditions réelles le 8 février 2013, effectué à bord du navire *Veendam* appartenant à la Holland America Line.

- L'Association s'est réjouie de l'occasion qui lui est donnée de participer à la XXIVᵉ réunion du COMNAP qui se tiendra à Portland (États-Unis) en juillet 2013. L'IAATO est très honorée de l'excellente collaboration entre ses membres et les Programmes antarctiques nationaux.

- En octobre 2012, un représentant de l'Association a pris part à la 12ᵉ réunion de l'Organisation hydrographique internationale / Commission hydrographique sur l'Antarctique (OHI/CHA) à Montévideo (Uruguay). L'IAATO continue de soutenir vigoureusement le travail que mène la CHA et poursuivra sa collaboration avec cette dernière ainsi qu'avec l'OHI concernant l'élaboration d'un programme de collecte de données hydrographiques par les usagers.

- En qualité de conseiller de la *Cruise Lines International Association (CLIA)*, l'IAATO poursuit sa contribution à l'élaboration du Code polaire de l'Organisation maritime internationale (OMI). Pour ce faire, elle a participé notamment à l'atelier de travail sur l'évaluation des risques de la navigation en zone polaire, qui s'est tenu à Ottawa (Canada) en juin 2012 ; à la 91e session du Comité de sécurité maritime de l'OMI ; à la 57e session du Sous-comité sur la conception et l'équipement de l'OMI et aux débats du groupe de correspondance intersessions.

- La 25e réunion annuelle de l'IAATO se tiendra à Providence (États-Unis). La date reste à déterminer. Les Parties au Traité intéressées sont invitées à y participer ; contacter l'IAATO à l'adresse mail suivante : iaato@iaato.org.

Surveillance de l'environnement

L'IAATO continue de fournir à la RCTA et au CPE des informations détaillées sur les activités de ses membres en Antarctique. Pour davantage d'informations, consulter les documents ATCM XXXVI/IP103 *IAATO Overview of Antarctic Tourism: 2012-13 Season and Preliminary Estimates for 2013-14 (Présentation du tourisme en Antarctique par l'IAATO : Saison 2012-2013 et estimations préliminaires)*, le *Report on IAATO Operator Use of Antarctic Peninsula Landing Sites (Rapport sur l'utilisation des sites de débarquement de la Péninsule Antarctique par les opérateurs membres de l'IAATO)* et *ATCM Visitor Site Guidelines, 2012-13 Season (les Lignes directrices de site de la RCTA pour les visiteurs, saison 2012-2013)*.

L'IAATO poursuit sa collaboration avec des institutions scientifiques dans le domaine de la surveillance de l'environnement et des activités pédagogiques, et coopère avec l'Inventaire des sites en Antarctique et la Société zoologique de l'Université de Londres/Oxford.

L'IAATO se réjouit de toute forme de collaboration avec d'autres organisations.

Incidents dans le secteur du tourisme dura la saison 2012-2013

Afin de sensibiliser les opérateurs présents en Antarctique aux risques, et de veiller à ce qu'ils retiennent les enseignements tirés, la politique de l'IAATO consiste à communiquer sur les incidents. Pour la saison 2012-2013, les incidents suivants ont été signalés :

- Le 20 décembre 2012, un appareil DC3 affrété et exploité par Antarctic Logistics Centre International (ALCI) et l'Antarctic Company TAC), et géré par Kenn Borek Air Ltd (KBAL) a heurté un sastrugi lors de son décollage d'un camp de la chaîne de montagnes Holtanna, en Terre de Dronning Maud. Cet incident n'a entraîné ni blessures, ni préjudices à l'environnement. Un deuxième avion a été immédiatement déployé depuis la piste de Novo afin de retrouver en toute sécurité tous les passagers et l'équipage. Le DC3 endommagé demeurera sur le lieu de l'incident jusqu'à la saison suivante, ALCI et KBAL ayant lancé une enquête approfondie qui se poursuit.

- Le 18 janvier, alors qu'il se trouvait dans l'Océan austral, le navire *Orion* a reçu un appel de détresse provenant d'un marin seul sur un bateau de sauvetage. Se trouvant à proximité, le MRCC a prié le navire *Orion* de dévier de son itinéraire pour lui porter secours. Le 20 janvier au soir, Orion repère le bateau de sauvetage, un Zodiac déployé malgré les conditions météorologiques difficiles, et le navigateur français Alain Delord a pu être secouru.

- Le 18 février, six passagers du yacht *Santa Maria Australis* de l'IAATO a traversé à pied le nord de l'Île Hovgaard, en quête de vues panoramiques du Port Pléneau. Le yacht *Pelagic Australis* de l'IAATO avait également mouillé l'ancre dans cette même baie. L'un des passagers s'est séparé du groupe et s'est éloigné de la voie indiquée, faisant une chute de 7 mètres dans une crevasse. Le capitaine du *Santa Maria Australis*, aidé de l'équipage du *Pelagic Australis*, s'est prudemment approché du lieu de l'accident et a pu secourir l'individu, qui a subi quelques blessures mineures. D'autres opérateurs membres de l'IAATO ont été informés du lieu de la crevasse le 21 février.

- Le 12 mars, le chef d'expédition du *Plancius* a signalé à Oceanwide Expeditions la disparition d'une plongeuse lors d'une plongée à Île Half Moon. Elle a été retrouvée inconsciente à une profondeur de cinq mètres. Suite à une tentative de réanimation cardio-respiratoire intensive et des soins prodigués par le médecin à bord, le décès de la passagère a été prononcé, Cette Japonaise de 51 ans était une plongeuse expérimentée (plus de 1 500 heures de plongée en combinaison étanche à son actif). Les autorités compétentes et l'IAATO ont immédiatement été informées par Oceanwide. Le gouvernement néerlandais a sollicité une enquête approfondie auprès de l'Argentine, dû à sa position de port d'escale suivant. Cette enquête n'a pas encore abouti.

Assistance scientifique et de conservation

Au cours de la saison 2012-2013, les membres de l'IAATO ont transporté, à un coût économique ou à titre gracieux, environ 100 membres du personnel scientifique, d'assistance et de conservation, ainsi que leurs matériels et équipements entre les stations, les sites de recherches et les ports d'accès.

Les opérateurs membres de l'IAATO et leurs passagers ont également fait don de plus de 440 000 dollars américains aux organisations scientifiques et de conservation actives en Antarctique et dans la région subantarctique (Save the Albatross, Antarctic Heritage Trust, Last Ocean, Mawson's Huts Foundation, Oceanites, World Wildlife Fund, etc.). Au cours des 9 dernières années, ces dons se sont élevés à près de 3 millions de dollars US.

Remerciements

L'IAATO est ravie de pouvoir coopérer avec les Parties consultatives au Traité sur l'Antarctique, COMNAP, SCAR, CCAMLR, OHI/CHA, ASOC et tous les autres acteurs en vue de la protection durable de l'Antarctique.

PARTIE IV

Documents additionnels de la XXXVIè RCTA

1. Documents additionnels

Conférence SCAR: "A la recherche d'organismes vivants aux confins du monde : les technologies d'exploration des écosystèmes sous-glaciaires antarctiques "

Auteur : Le Professeur Jemma Wadham est une biochimiste spécialisée en basse température au Bristol Glaciology Centre, School of Geographical Sciences, Université de Bristol, Royaume-Uni. Elle est co-présidente du groupe d'expert SCAR ATHENA (Advancing TecHnologies and ENvironmental stewardship in Antarctica).

orateur et co-auteur: Le Professeur Mahlon "Chuck" Kennicutt II est chimiste océanographe dans le département d'océanographie à Texas A&M University, College Station, Texas, États-Unis. Il a été l'ancien président du SCAR et Secrétaire du Programme de recherche scientifique relatif aux environnements des lacs sous-glaciaires antarctiques (SALE).

Contexte :

Les environnements aquatiques sous-glaciaires antarctiques (SAE) sont reconnus comme étant essentiels à de nombreux processus qui ont façonné la couverture de glace polaires dans le passé comme aujourd'hui. Ils possèdent des caractéristiques variables en fonction des données géologiques, de l'âge, de l'histoire de l'évolution, des conditions hydrologiques et de la taille et comprennent les lacs sous-glaciaires, les étangs, les marais, les cours d'eau à débit intermittent et les sédiments épais. Ces environnements sont des macrocosmes terrestres "naturels", dont l'origine peut remonter jusqu'à une période antérieure à la glaciation de l'Antarctique. Les SAE demeurent les secteurs de la biosphère froide les moins explorés. Ils sont pourtant connus comme habitats viables pour la vie microbienne et ce malgré les rudes conditions qui y règnent. Dans ces environnements aquatiques situés sous la surface, la vie microbienne génère des altérations chimiques, qui à leur tour dissolvent les nutriments et le carbone dans les écosystèmes en aval et les gaz à effet de serre dans l'atmosphère. L'exploration et l'étude de l'ensemble des environnements sous-glaciaires fournissent une occasion inégalée de mieux comprendre comment la combinaison de la vie, de l'environnement, de l'évolution du climat et de l'histoire de la Terre a produit le monde dans lequel nous vivons aujourd'hui.

Au cours des dix dernières années, le profil des SAE antarctiques a fortement augmenté et un l'engouement visant à les étudier s'est accru. L'amélioration du profil est étroitement lié aux activités du SCAR via SALE, AG-CCER-SAE et ATHENA. Il a culminé lors des quatre campagnes visant à atteindre et à prélever des échantillons directement dans les SAE (Lac Vostok, WISSARD, Lac Ellsworth et les programmes BEAMISH). La phase suivante de l'exploration des SAE antarctiques sera probablement déterminée par le développement des technologies permettant d'apporter des réponses aux questions fondamentales de la science. Cette conférence a pour objectif principal d'identifier quelles sont les questions scientifiques qui appellent un développement des technologiques afin d'explorer à l'avenir les écosystèmes aquatiques sous-glaciaires. Deuxièmement, elle aspire à dresser le bilan des technologies disponibles en appui des recherches antarctiques sous le niveau de la surface.

Pour obtenir de plus amples renseignements, consultez le document de contexte IP82, intitulé : *« Advancing technologies for exploring subglacial Antarctic aquatic ecosystems (SAEs) ».*

2. Liste des documents

2. Liste des documents

Documents de travail								
No.	**Points de l'ordre du jour**	**Titre**	**Soumis par**	**A**	**F**	**R**	**E**	**Pièces jointes**
WP001	RCTA 5	Examen des recommandations de la RCTA sur les questions opérationnelles	COMNAP IAATO OHI SCAR OMM	📄	📄	📄	📄	Pièces jointes A, B et C : Examen des Recommandations
WP002	CPE 9a	Plan de gestion révisé pour la zone spécialement protégée de l'Antarctique (ZSPA) n° 137, Île Northwest White, McMurdo Sound	Etats-Unis d'Amérique	📄	📄	📄	📄	ASPA 137 Map 1 Plan de gestion révisé de la ZSPA N° 137
WP003	CPE 9a	Plan de gestion révisé pour la zone spécialement protégée de l'Antarctique n° 123, vallées Barwick et Balham, Terre Southern Victoria	Etats-Unis d'Amérique	📄	📄	📄	📄	ASPA 123 Map 1 lan de gestion révisé de la ZSPA 123
WP004	RCTA 12 CPE 12	Inspection effectuée par l'Afrique du Sud et l'Allemagne en application de l'article VII du Traité sur l'Antarctique et l'article 14 du Protocole au Traité sur l'Antarctique relatif à la protection de l'environnement : Janvier 2013	Allemagne Afrique du Sud	📄	📄	📄	📄	
WP005	CPE 9a	Plan de gestion pour la zone spécialement protégée de l'Antarctique n° 138 Linnaeus Terrace, Chaîne Asgard, Terre Victoria	Etats-Unis d'Amérique	📄	📄	📄	📄	ASPA 138 Map 1 ASPA 138 Map 2 Plan de gestion révisé de la ZSPA 138
WP006	CPE 9a	Révision du plan de gestion pour la zone spécialement protégée de l'Antarctique (ZSPA) n°141, Vallée de Yukidori, Langhovde, Baie de Lützow-Holm	Japon	📄	📄	📄	📄	ASPA 141 Revised Map 4 Plan de gestion révisé de la ZSPA 141
WP007	CPE 3	Plan de travail quinquennal du CPE adopté à la réunion CPE XV à Hobart	France	📄	📄	📄	📄	Plan de travail quinquennal par le CPE XVI
WP008	CPE 9a	Proposition de plan de gestion pour une nouvelle Zone spécialement gérée de l'Antarctique	Chine	📄	📄	📄	📄	ASMA XXX Chinese Antarctic Kunlun Station Dome A Map 1 ASMA XXX

Documents de travail								
No.	**Points de l'ordre du jour**	**Titre**	**Soumis par**	**A**	**F**	**R**	**E**	**Pièces jointes**
		dans la zone du Dôme A de la Station antarctique Kunlun de la Chine						Chinese Antarctic Kunlun Station Dome A Map 2 ASMA XXX Chinese Antarctic Kunlun Station Dome A Map 3 ASMA XXX Chinese Antarctic Kunlun Station Dome A Map 4 Plan de gestion de la ZSGA XXX, Dôme A, Station Kunlun de la Chine
WP009	RCTA 12 CPE 12	Recommandations générales des inspections conjointes effectuées par l'Espagne, les Pays-Bas et le Royaume-Uni, en application de l'article VII du Traité sur l'Antarctique et de l'article 14 du Protocole au Traité sur l'Antarctique relatif à la protection	Royaume-Uni Pays-Bas Espagne					
WP010	CPE 10c CPE 9f	Identification de refuges pour les manchots empereurs dans un contexte de changement climatique: une approche scientifique	Royaume-Uni					
WP011	CPE 9a	Plan de gestion pour la zone spécialement protégée del'Antarctique (ZSPA) n° 108 Île Green, Îles Berthelot, Péninsule Antarctique	Royaume-Uni					Plan de gestion révisé de la ZSPA 108
WP012	CPE 9a	Plan de gestion révisé pour la zone spécialement protégée de l'Antarctique n° 117, île Avian, baie Marguerite, péninsule antarctique	Royaume-Uni					Plan de gestion révisé de la ZSPA 117
WP013	CPE 9a	Plan de gestion révisé de la Zone spécialement protégée n° 147 de l'Antarctique : Vallée d'ablation et monts de Ganymède, Île Alexandre	Royaume-Uni					Plan de gestion révisé ZSPA 147

Documents de travail

No.	Points de l'ordre du jour	Titre	Soumis par	A	F	R	E	Pièces jointes
WP014	CPE 9a	Plan de gestion révisé pour la Zone spécialement protégée de l'Antarctique n° 170. Manon Nunataks, Île Charcot, Péninsule antarctique	Royaume-Uni	📄	📄	📄	📄	Plan de gestion révisé ASPA n° 170
WP015	CPE 9c	Politiques découlant de l'examen sur site en 2013 des lignes directrices pour les sites ouverts aux visiteurs dans la Péninsule antarctique	Royaume-Uni Argentine Australie Etats-Unis d'Amérique	📄	📄	📄	📄	
WP016	CPE 9c	Lignes directrices de site pour i) Orne Harbour et ii) les Îles Orne	Royaume-Uni Argentine Australie Etats-Unis d'Amérique	📄	📄	📄	📄	Lignes directrices de site pour les Îles Orne Lignes directrices de site pour Orne Harbour
WP017 rev.1	RCTA 10	SAR-WG : Mise à jour sur les actions découlant des deux ateliers SAR du COMNAP, « vers une amélioration de la coordination des opérations et interventions de recherche et sauvetage en Antarctique »	COMNAP	📄	📄	📄	📄	
WP018 rev.1	CPE 9b	Proposition d'ajout du site de l'ancienne station de recherche allemande « Georg Forster » en Antarctique à la liste des sites et monuments historiques	Allemagne	📄	📄	📄	📄	
WP019	CPE 10a	Rapport sur le projet de recherche intitulé « Impact des activités humaines sur les organismes du sol de la zone maritime de l'Antarctique et introduction d'espèces non indigènes en Antarctique »	Allemagne	📄	📄	📄	📄	
WP020	CPE 9c	Examen sur place des lignes directrices pour les visites de sites dans la péninsule antarctique : résumé du programme et suggestion d'amendement de	Royaume-Uni Argentine Australie Etats-Unis d'Amérique	📄	📄	📄	📄	Lignes directrices révisées pour le site Brown Bluff Lignes directrices révisées pour le site île Cuverville Lignes directrices révisées pour le site île Danco Lignes directrices

Documents de travail								
No.	**Points de l'ordre du jour**	**Titre**	**Soumis par**	**A**	**F**	**R**	**E**	**Pièces jointes**
		onze lignes directrices						révisées pour le site île Half Moon Lignes directrices révisées pour le site île Petermann Lignes directrices révisées pour le site île Pleneau Lignes directrices révisées pour le site pointe Damoy Lignes directrices révisées pour le site pointe Hannah Lignes directrices révisées pour le site pointe Jougla Lignes directrices révisées pour le site port Neko Lignes directrices révisées pour le site port Yankee
WP021	CPE 9f	Analyse des valeurs de la faune et de la flore des ZSPA et des ZGPA	Fédération de Russie	📄	📄	📄	📄	
WP022	CPE 9f	Régionalisation biogéographique russe de l'Antarctique comparée à la classification néo-zélandaise	Fédération de Russie	📄	📄	📄	📄	
WP023	CPE 9b	Proposition d'ajout du bâtiment du complexe de forage "Professeur Kudryashov" de la station russe Vostok en Antarctique, à la liste des sites et monuments historiques	Fédération de Russie	📄	📄	📄	📄	
WP024	CPE 8b	Approches scientifiques de l'étude des strates d'eau des lacs sous-glaciaires en Antarctique	Fédération de Russie	📄	📄	📄	📄	
WP025	RCTA 10	SAR-WG Proposition d'ordre du jour pour la réunion du Groupe de travail spécial sur les opérations de recherche et sauvetage (SAR)	Etats-Unis d'Amérique	📄	📄	📄	📄	Projet d'ordre du jour pour le Groupe de travail spécial sur les opérations de recherche et sauvetage (SAR), à la XXXVIe RCTA
WP026	CPE 9c	Proposition d'amendement des lignes directrices de site du Traité sur l'Antarctique pour les visiteurs de l'île Torgersen	Etats-Unis d'Amérique	📄	📄	📄	📄	Lignes directrices de site révisée pour les visiteurs de l'île Torgersen

Documents de travail

No.	Points de l'ordre du jour	Titre	Soumis par	A	F	R	E	Pièces jointes
WP027	CPE 6	Réparation des dégâts causés à l'environnement : Rapport du Groupe de contact intersessions	Nouvelle-Zélande					
WP028	CPE 3	Portail des environnements de l'Antarctique: Rapport d'étape	Nouvelle-Zélande Australie Belgique Norvège SCAR					
WP029	CPE 9a	Révision du plan de gestion de la zone spécialement protégée de l'Antarctique n° 154, baie Botany, cap Géologie, Terre Victoria	Nouvelle-Zélande					ASPA 154 Map A ASPA 154 Map B ASPA 154 Map C Plan de gestion pour la zone spécialement protégée de l'Antarctique (ZSPA) n° 154, Baie Botany, Cap Géologie, Terre Victoria ZSPA n° 154 Liste des désignations, Carte A
WP030	CPE 9a	Révision du plan de gestion pour la Zone spécialement protégée de l'Antarctique n° 156, baie Lewis, mont Erebus, île de Ross	Nouvelle-Zélande					ASPA 156 Map A Liste des balises de la ZSPA n° 156 Plan de gestion révisé de la ZSPA n° 156
WP031	RCTA 7	Rapport du Groupe de contact intersessions ouvert sur le développement accru d'un plan de travail stratégique multi-annuel	Australie Belgique					Rapport. Plan de travail stratégique multi-annuel. Groupe de contact intersessions sur les questions prioritaires éventuelles identifiées dans le plan
WP032	CPE 6	Manuel d'assainissement de l'Antarctique: rapport des discussions informelles intersessions	Australie Royaume-Uni					Résolution 2 (2013) Annexe: Manuel d'assainissement
WP033	RCTA 11 RCTA 16	Rapport du Groupe de contact intersessions sur l'échange d'informations ainsi que sur les aspects environnementaux et les impacts du tourisme sur l'environnement	Nouvelle-Zélande					
WP034	RCTA 10	SAR-WG : Enseignements tirés des incidents de recherche et de sauvetage dans la région de la mer de	Nouvelle-Zélande					

Documents de travail								
No.	**Points de l'ordre du jour**	**Titre**	**Soumis par**	**A**	**F**	**R**	**E**	**Pièces jointes**
		Ross						
WP035	CPE 9d	Orientation possible à l'adresse des Parties afin de les aider à intégrer les valeurs de la nature sauvage dans les évaluations d'impact sur l'environnement	Nouvelle-Zélande	🔗	🔗	🔗	🔗	
WP036	CPE 9a	Révision des plans de gestion pour les zones spécialement protégées de l'Antarctique (ZSPA) n° 135, 143 et 160	Australie	🔗	🔗	🔗	🔗	ASPA 135 Map A ASPA 135 Map B ASPA 135 Map C ASPA 135 Map D ASPA 135 Map E ASPA 143 Map A ASPA 143 Map B ASPA 143 Map C ASPA 160 Map A ASPA 160 Map B Plan de gestion révisé de la ZSPA 135 Plan de gestion révisé de la ZSPA 143 Plan de gestion révisé de la ZSPA 160
WP037	CPE 11	www.biodiversity.aq Le nouveau réseau d'information sur la biodiversité antarctique	Belgique SCAR	🔗	🔗	🔗	🔗	
WP038	RCTA 14 CPE 7	Rapport « Changements climatiques en Antarctique et environnement » (ACCE) : Une mise à jour fondamentale	SCAR	🔗	🔗	🔗	🔗	
WP039	CPE 9f	Empreinte humaine dans l'Antarctique et conservation à long terme des habitats microbiens terrestres	Belgique SCAR Afrique du Sud Royaume-Uni	🔗	🔗	🔗	🔗	
WP040	RCTA 6	Glossaire des termes et expressions utilisés par la RCTA	France Belgique Uruguay	🔗	🔗	🔗	🔗	French/English and English/French glossary of ATCM terminology
WP041	RCTA 13	Renforcement de la concertation dans l'utilisation des moyens logistiques au service de la science en Antarctique	France Chili	🔗	🔗	🔗	🔗	
WP042	CPE 6	Nécessité de prendre en compte les coûts de démantèlement des stations dans les Évaluations Globales d'Impacts	France Italie	🔗	🔗	🔗	🔗	

Documents de travail								
No.	Points de l'ordre du jour	Titre	Soumis par	A	F	R	E	Pièces jointes
		sur l'Environnement (EGIE) relatives à leur construction						
WP043 rev.1	RCTA 16	Importance d'un géo-référencement unique et partagé des données toponymiques dans le système électronique d'échange d'informations	France					
WP043 rev.2	RCTA 16	Importance d'un géo-référencement commun des données toponymiques dans le système électronique d'échange d'informations	France					
WP044	RCTA 5	L'exercice de la juridiction dans la zone du Traité sur l'Antarctique	France					
WP045	RCTA 6	Questions budgétaires : proposition d'affilier le Secrétariat du Traité sur l'Antarctique au « régime de la Coordination »	France					
WP046	CPE 9c	Proposition d'amendement des lignes directrices de site du Traité sur l'Antarctique pour les visiteurs de Baily Head, Île de la Déception	Etats-Unis d'Amérique Argentine ASOC Chili IAATO Norvège Espagne Royaume-Uni					Lignes directrices de site révisées pour les visiteurs de Baily Head Photo 1 Penguin Highway Revised map for Baily Head SGV
WP047	RCTA 11	Rapport du Groupe de contact informel sur la diversité croissante des activités touristiques et non gouvernementales en Antarctique	Pays-Bas					
WP048	RCTA 17	Prospection biologique en Antarctique – de la nécessité d'améliorer l'information	Belgique Pays-Bas Suède					
WP049	CPE 5	Rôle du système du Traité sur l'Antarctique dans l'élaboration d'un réseau général d'aires marines protégées	Belgique Allemagne Pays-Bas					
WP050	RCTA 1	Document withdrawn	STA					

Documents de travail								
No.	Points de l'ordre du jour	Titre	Soumis par	A	F	R	E	Pièces jointes
WP051 rev 1	RCTA 12 CPE 12	Disponibilité à titre complémentaire par le biais du Secrétariat du Traité sur l'Antarctique, des listes d'observateurs des parties consultatives	Uruguay Argentine					
WP052	RCTA 10	SAR-WG : Proposition de développement de procédures opérationnelles normalisées de recherche et de sauvetage à l'échelle régionale	Etats-Unis d'Amérique					Fiche réflexe du Manuel IAMSAR
WP053	RCTA 10	SAR-WG : Système global de recherche et de sauvetage (SAR) : Impacts des nouvelles technologies	Etats-Unis d'Amérique					Exemple de Guide de processus pour traiter une alerte de détresse déclenchée par une balise de localisation personnelle
WP054 rev.1	CPE 9a	Projet de révision du plan de gestion pour la ZGSA n° 1 : baie de l'Amirauté, île du Roi-George, îles Shetland du Sud	Brésil Equateur Pérou Pologne					Plan de gestion révisé de la ZGSA 1
WP055	CPE 9f	Rétablissement des communautés de mousses sur les sentiers et proposition de gestion touristique de l'Île Barrientos	Equateur Espagne					Photographies comparées des sentiers pour la période 2012-2013
WP056	CPE 9a	Groupe subsidiaire sur les plans de gestion – Rapport sur les travaux intersessions 2012/13	Norvège					ASPA 151 Map 1 ASPA 151 Map 2 ASPA 151 Map 3 ASPA 151 Map 4 ASPA 173 Map 1 ASPA 173 Map 2 ASPA 173 Map 3 Plan de gestion de la ZSPA 173, cap Washington et baie Silverfish Plan de gestion révisé de la ZSPA 132 Plan de gestion révisé de la ZSPA 151
WP057	RCTA 15	Coopération internationale en matière de projets culturels en Antarctique	Argentine					Actividades y Exposiciones Realizadas por el Programa de Arte y Cultura
WP058	CPE 3	Contribution aux discussions relatives à l'accès et à la gestion des informations	Argentine					

Documents de travail								
No.	**Points de l'ordre du jour**	**Titre**	**Soumis par**	**A**	**F**	**R**	**E**	**Pièces jointes**
		concernant l'environnement dans le cadre du Système du Traité sur l'Antarctique						
WP059	CPE 9a	Révision du plan de gestion pour la zone spécialement protégée de l'Antarctique n° 134 Pointe Cierva et îles au large des côtes, Côte Danco, Péninsule antarctique	Argentine	⬛	⬛	⬛	⬛	Plan de gestion révisé de la ZPSA n° 134
WP060	CPE 9a	Plan de gestion révisé de la zone spécialement protégée de l'Antarctique n° 161, baie Terra Nova, mer de Ross	Italie	⬛	⬛	⬛	⬛	Plan de gestion révisé de la ZSPA n° 161
WP061	RCTA 10	SAR-WG : Système de surveillance des navires de la Commission pour la conservation de la flore et la faune marines de l'Antarctique et sa contribution potentielle aux efforts SAR dans l'Océan austral	CCAMLR	⬛	⬛	⬛	⬛	
WP062	CPE 9b	Nouveaux Sites et monuments historiques : Camps du Mont Erebus utilisés par un contingent de l'Expédition Terra Nova en décembre 1912	Royaume-Uni Nouvelle-Zélande Etats-Unis d'Amérique	⬛	⬛	⬛	⬛	Terra Nova Expedition 1910-12 Campsites
WP063	CPE 9a	Projet de Plan de gestion de la Zone spécialement protégée de l'Antarctique (ZSPA), Stornes, Collines Larsemann, Terre Princesse-Elisabeth	Australie Chine Inde Fédération de Russie	⬛	⬛	⬛	⬛	ASPA YYY Stornes, Larsemann Hills, Princess Elizabeth Land Map A ASPA YYY Stornes, Larsemann Hills, Princess Elizabeth Land Map B Plan de gestion de la ZSPA n° YYY, Stornes, Collines Larsemann, Terre Princesse-Elisabeth
WP064	CPE 9c	Carte actualisée de l'île Barrientos	Equateur	⬛	⬛	⬛	⬛	Aitcho / Barrientos Este Aitcho / Barrientos Oeste Mapa Barrientos /Aitcho Tableaux des textes pour les cartes de Barrientos (île

Documents de travail								
No.	**Points de l'ordre du jour**	**Titre**	**Soumis par**	**A**	**F**	**R**	**E**	**Pièces jointes**
								Aitcho)
WP065	RCTA 10	SAR-WG: Ressources des stations antarctiques pour l'intervention d'urgence en milieu terrestre : intégration au système d'échange d'informations	Argentine					
WP066	RCTA 5	Rapport du groupe de contact intersessions sur la coopération en Antarctique	Chili					
WP067	RCTA 7	Rapport des coprésidents sur l'atelier d'élaboration d'un plan de travail stratégique pluriannuel pour la RCTA, 20-21 mai 2013	Australie Belgique					

Documents d'information

Number	Ag. Item	Title	Submitted By	E	F	R	S	Attachments
IP001	RCTA 4	Rapport de l'Observateur de la CCAMLR a la trente-sixième Réunion Consultative du Traité sur l'Antarctique	CCAMLR	▣	▣	▣	▣	
IP002	RCTA 4	Rapport de l'Organisation hydrographique internationale	OHI	▣	▣	▣	▣	
IP003	RCTA 4 CPE 5	Rapport annuel 2012 du Conseil des directeurs des programmes antarctiques nationaux (COMNAP)	COMNAP	▣	▣	▣	▣	
IP004	RCTA 4 CPE 5	Rapport annuel 2012-2013 du Comité scientifique pour la recherche en Antarctique (SCAR)	SCAR	▣	▣	▣	▣	
IP005	RCTA 13 CPE 11	The Southern Ocean Observing System (SOOS) 2012 Report	SCAR	▣				
IP006	CPE 5	Rapport de l'Observateur SC-CAMLR à la seizième Réunion du Comité pour la protection de l'environnement	CCAMLR	▣	▣	▣	▣	
IP007	CPE 13	État des lieux de la gestion de l'environnement en Antarctique par le Japon, en référence aux pratiques d'autres programmes antarctiques nationaux	Japon	▣	▣	▣	▣	
IP008	RCTA 9	Annex VI of the Protocol on Environmental Protection to the Antarctic Treaty: United Kingdom's Implementing Legislation	Royaume-Uni	▣				UK Antarctic Act 2013 UK Antarctic Act 2013 Explanatory Notes
IP009	RCTA 13	Principales actividades realizadas en materia antártica por la República Bolivariana de Venezuela 2010-2013	Venezuela				▣	
IP010	RCTA 15	Presentación del libro infantil: "la aventura de un osito polar perdido en la Antártida"	Venezuela				▣	
IP011	RCTA 13	Video divulgativo de las relaciones de	Venezuela				▣	

Documents d'information

Number	Ag. Item	Title	Submitted By	E	F	R	S	Attachments
		cooperación antárticas entre la República Bolivariana de Venezuela y la República de Ecuador						
IP012	RCTA 4	Rapport soumis à la XXXVIe Réunion consultative du Traité sur l'Antarctique par le Gouvernement dépositaire de la Convention pour la conservation des phoques de l'Antarctique, en application de la Recommandation XIII-2, paragraphe 2(D)	Royaume-Uni	⬇	⬇	⬇	⬇	
IP013	RCTA 11 RCTA 16	Antarctic Treaty System Information Exchange Requirements for Tourism and Non-Governmental Activities	Nouvelle-Zélande	⬇				
IP014	RCTA 10	SAR-WR: Incidents de recherche et de sauvetage dans la région de la mer de Ross : 2004-2013	Nouvelle-Zélande	⬇	⬇	⬇	⬇	
IP015	CPE 5	CCAMLR MPA Technical Workshop	Belgique	⬇				
IP016	RCTA 12 CPE 12	Status of the fluid in the EPICA borehole at Concordia Station: an answer to the US / Russian Inspection in 2012	France Italie	⬇				
IP017	RCTA 15	El plan científico antártico argentino: una visión para el mediano plazo	Argentine			⬇		
IP018	RCTA 17	Reporte de las recientes actividades de bioprospección desarrolladas por Argentina durante el período 2011-2012	Argentine			⬇		
IP019	RCTA 13 CPE 11	1St SCAR Antarctic and Southern Ocean Science Horizon Scan	SCAR	⬇				
IP020	RCTA 11 CPE 9c	Antarctic Site Inventory: 1994-2013	Etats-Unis d'Amérique	⬇				
IP021	CPE 8b	Initial Environmental Evaluation for the Construction of Inland Summer Camp, Princess Elizabeth Land, Antarctica	Chine	⬇				

Documents d'information

Number	Ag. Item	Title	Submitted By	E	F	R	S	Attachments
IP022	RCTA 17	An Update on Status and Trends Biological Prospecting in Antarctica and Recent Policy Developments at the International Level	Belgique Pays-Bas					
IP023	RCTA 10	SAR-WG: Summary of International Search and Rescue Activities Associated with an Aircraft Incident in the Queen Alexandra Range, Antarctica	Etats-Unis d'Amérique Italie Nouvelle-Zélande					
IP024	CPE 8b	Progress of the Jang Bogo Station during the first construction season 2012/13	Corée République de					
IP025	CPE 8b	Mitigation measures of environmental impacts caused by Jang Bogo construction during 2012/13 season	Corée République de					
IP026 rev.1	CPE 9a	Management Report of Narębski Point (ASPA No. 171) during the 2012/2013 period	Corée République de					
IP027	CPE 11	Korean/German Workshop about Environmental Monitoring on King George Island	Corée République de Allemagne					
IP028	CPE 10a	Colonisation status of known non-native species in the Antarctic terrestrial environment (updated 2013)	Royaume-Uni					
IP029	CPE 11	Remote sensing for monitoring Antarctic Specially Protected Areas: Progress on use of multispectral and hyperspectral data for monitoring Antarctic vegetation	Royaume-Uni					
IP030	RCTA 13	Japan's Antarctic Research Highlights 2012–13	Japon					
IP031	CPE 10c	Use of hydroponics by national Antarctic programs	COMNAP					
IP032	RCTA 14 CPE 7	Cost/energy Analysis of National Antarctic Program Transportation	COMNAP					
IP033	RCTA 13 CPE 9d	Analysis of National Antarctic Program increased delivery of science	COMNAP					
IP034	RCTA	Best Practice for	COMNAP					

Documents d'information								
Number	Ag. Item	Title	Submitted By	E	F	R	S	Attachments
	14 CPE 7	Energy Management – Guidance and Recommendations						
IP035	CPE 10a CPE 9f	The non-native grass Poa pratensis at Cierva Point, Danco Coast, Antarctic Peninsula – on-going investigations and future eradication plans	Argentine Espagne Royaume-Uni	🔖				
IP036	CPE 6	Clean-up of the construction site of unused airstrip "Piste du Lion", Terre Adélie, Antarctica	France	🔖				
IP037	RCTA 13	Opening of Halley VI Research Station	Royaume-Uni	🔖				
IP038	RCTA 12 CPE 12	Report of the Joint Inspections undertaken by the United Kingdom, the Netherlands and Spain under Article VII of the Antarctic Treaty and Article 14 of the Environmental Protocol	Royaume-Uni Pays-Bas Espagne	🔖				Inspection Report
IP039	CPE 9d	Intersessional report on the provision of guidance material to assist Parties to take account of wilderness values when undertaking environmental impact assessments	Nouvelle-Zélande	🔖				
IP040	RCTA 4	Rapport du Gouvernement dépositaire de l'Accord sur la conservation des albatros et des pétrels (ACAP)	Australie	🔖	🔖	🔖	🔖	
IP041	RCTA 4	Rapport du Gouvernement dépositaire de la Convention pour la conservation de la faune et la flore marines de l'Antarctique (CCAMLR)	Australie	🔖	🔖	🔖	🔖	
IP042	CPE 8b	To discovery of unknown bacteria in Lake Vostok	Fédération de Russie	🔖		🔖		
IP043	RCTA 5	Implementation of the new Russian legislature "On regulation of activity of the Russian citizens and the Russian legal entities in the Antarctic"	Fédération de Russie	🔖		🔖		

Documents d'information

Number	Ag. Item	Title	Submitted By	E	F	R	S	Attachments
IP044	RCTA 10	Joint Investigation Report of Breaking of ice barrier at Leningradsky Bay in April 2012 (Russian & Indian Antarctic Programmes)	Fédération de Russie Inde	☑		☑		
IP045	RCTA 12 CPE 12	Report of Russia – US joint Antarctic Inspection, November 29 – December 6, 2012	Fédération de Russie Etats-Unis d'Amérique	☑		☑		US/Russian Fed. Inspection Report
IP046	CPE 9f	Report of the Antarctic Specially Managed Area No. 6 Larsemann Hills Management Group	Australie Chine Inde Fédération de Russie	☑		☑		
IP047	RCTA 10	New infrastructure facilities of the Russian Antarctic Expedition	Fédération de Russie	☑		☑		
IP048	CPE 8b	Permit for the Activity of the Russian Antarctic Expedition in 2013-17	Fédération de Russie	☑		☑		
IP049	CPE 8b	Results of studies of subglacial lake Vostok and drilling operations in deep ice borehole of Vostok station in the season 2012-2013	Fédération de Russie	☑		☑		
IP050	RCTA 10	SAR-WG: Cooperation between Australia's search and rescue and Antarctic agencies on SAR coordination	Australie	☑				
IP051	RCTA 10	SAR-WG: Overview of search and rescue conventions and international guidelines applicable to the Antarctic	Australie	☑				
IP052	RCTA 14 CPE 5	Ocean Acidification: SCAR Future Plans	SCAR	☑				
IP053	RCTA 12 CPE 12	Inspection by Germany and South Africa in accordance with Article VII of the Antarctic Treaty and Article 14 of the Protocol on Environmental Protection: January 2013	Allemagne Afrique du Sud	☑				Inspection Report
IP054	RCTA 11	Data Collection and Reporting on Yachting Activity in Antarctica in 2012-13	IAATO Royaume-Uni	☑				
IP055	CPE 10a	Final Report on the Research Project "The Impact of Human Activities on	Allemagne	☑				

Documents d'information								
Number	Ag. Item	Title	Submitted By	E	F	R	S	Attachments
		Soil Organisms of the Maritime Antarctic and the Introduction of Non-Native Species in Antarctica"						
IP056	RCTA 13	On planned activities of the Republic of Belarus in the Antarctic	Belarus	🔂		🔂		
IP057	RCTA 13	Foundation of Austrian Polar Research Institute (APRI) in April 2013	Autriche	🔂				
IP058	CPE 8b	Terms of Reference of the Initial Environmental Evaluation (IEE): Reconstruction and Operation of Ferraz Station (Admiralty Bay, Antarctica)	Brésil	🔂				Terms of reference Ferraz Station
IP059	RCTA 10 CPE 11	Update to Vessel Incidents in Antarctic Waters	ASOC	🔂				Antarctic vessel incidents.kmz
IP060	CPE 9d	Mapping and modelling wilderness values in Antarctica: Contribution to CEP's work in developing guidance material on wilderness protection using Protocol tools	ASOC	🔂				Mapping and modelling wilderness values in Antarctica
IP061	RCTA 7 CPE 3	Human impacts in the Arctic and Antarctic: Key findings relevant to the ATCM and CEP	ASOC	🔂				Appendix to Human impacts in the Arctic and Antarctic
IP062	RCTA 14 CPE 7	An Antarctic Climate Change Report Card	ASOC	🔂				
IP063	RCTA 10	SAR-WG: An Antarctic Vessel Traffic Monitoring and Information System	ASOC	🔂				
IP064	RCTA 17	Biological prospecting and the Antarctic environment	ASOC	🔂				
IP065	RCTA 14 CPE 7	Black Carbon and other Short-lived Climate Pollutants: Impacts on Antarctica	ASOC	🔂				
IP066	RCTA 10 CPE 11	Discharge of sewage and grey water from vessels in Antarctic Treaty waters	ASOC	🔂				
IP067	RCTA 11 CPE 11	Management implications of tourist behaviour	ASOC	🔂				
IP068	CPE 6	Reuse of a site after remediation. A case study from Cape	ASOC	🔂				

Documents d'information

Number	Ag. Item	Title	Submitted By	E	F	R	S	Attachments
		Evans, Ross Island						
IP069	RCTA 14 CPE 7	Update: The Future of the West Antarctic Ice Sheet	ASOC	✓				
IP070	CPE 6	Environmental Damage Repair: Disassembling of Ferraz Station, Admiralty Bay, Antarctica	Brésil	✓				
IP071 rev 1	RCTA 13	Romanian Scientific Activities proposed for Cooperation within Larsemann Hills ASMA 6 in East Antarctica – Plan for 2013-2014	Roumanie	✓				
IP072	RCTA 4	Rapport du Gouvernement dépositaire du Traité sur l'Antarctique et de son Protocole au titre de la Recommandation XIII-2	Etats-Unis d'Amérique	✓	✓	✓	✓	Liste de recommandations/mesures et leur adoption Tableau relatif au statut concernant le Protocole Tableau relatif au statut concernant le Traité sur l'Antarctique
IP073	CPE 9f	Antarctic trial of WWF's Rapid Assessment of Circum-Arctic Ecosystem Resilience (RACER) Conservation Planning Tool: initial findings	Royaume-Uni Norvège	✓				Map 1: Landform heterogeneity Map 2: Primary productivity
IP074	CPE 9a	Deception Island Specially Managed Area (ASMA) Management Group Report	Argentine Chili Norvège Espagne Royaume-Uni Etats-Unis d'Amérique	✓				
IP075	CPE 8b	Initial Environmental Evaluation for Establishment of the Ground Station for Earth Observation Satellites at the Indian Research Station Bharati at Larsemann Hills, East Antarctica	Inde	✓				
IP076	CPE 11	Report on the accident occurred to an excavator vehicle at Mario Zucchelli Station, Ross Sea, Antarctica	Italie	✓				
IP077	CPE 12	Italy answer to the US / Russian Inspection at Mario Zucchelli Station in 2012	Italie	✓				
IP078	RCTA 10	31ª Operación Antártica (OPERANTAR XXXI)	Brésil				✓	

Documents d'information								
Number	**Ag. Item**	**Title**	**Submitted By**	**E**	**F**	**R**	**S**	**Attachments**
IP079	RCTA 5	Strengthening Support for the Protocol on Environmental Protection to the Antarctic Treaty	Australie France Espagne	🗎				
IP080	CPE 8b	First steps towards the realization of a gravel runway near Mario Zucchelli Station: initial considerations and possible benefits for the Terra Nova Bay area	Italie	🗎				
IP081	RCTA 10	SAR-WG. SAR coordination case study – helicopter incident in Australia's search and rescue region. October 2010	Australie	🗎				
IP082	RCTA 13	Advancing technologies for exploring subglacial Antarctic aquatic ecosystems (SAEs)	SCAR	🗎				
IP083	RCTA 13 CPE 13	The International Bathymetric Chart of the Southern Ocean (IBCSO): First Release	SCAR	🗎				
IP084	RCTA 10	SAR-WG The Mandatory Code for Ships Operating in Polar Waters (Polar Code) – Update from the Perspective of Search and Rescue	Etats-Unis d'Amérique	🗎				COMSAR 17 recommended text for Chapter 10 Communications
IP085	RCTA 9	Norway's Implementing Legislation: Annex VI of the Protocol on Environmental Protection to the Antarctic Treaty and Measure 4 (2004)	Norvège	🗎				
IP086	RCTA 11	Report on Antarctic tourist flows and cruise ships operating in Ushuaia during the 2012/2013 Austral summer season	Argentine	🗎			🗎	
IP087	RCTA 11	Antarctic tourism through Ushuaia Comparison of the last five Austral summer seasons	Argentine	🗎			🗎	
IP088	RCTA 11	Areas of tourist interest in the Antarctic Peninsula and Orcadas del Sur Islands (South Orkney Islands) region. 2012/2013 Austral summer	Argentine	🗎			🗎	

Documents d'information

Number	Ag. Item	Title	Submitted By	E	F	R	S	Attachments
		season						
IP089	RCTA 10	SAR-WG: Support provided by the Fildes Bay Maritime Station in Emergency Situations in the Antarctic Peninsula Year 2012	Chili	📄			📄	
IP090	RCTA 10	SAR-WG: Fire and Sinking of Fishing Vessel "Kai Xin"	Chili	📄			📄	
IP091	RCTA 10	SAR-WG: International Regulations on Maritime Search and Rescue in the Antarctic Area	Chili	📄			📄	
IP092	RCTA 10	SAR-WG: Agreement between the Chilean Maritime Authorities and Maritime New Zealand for Maritime Search and Rescue Coordination Services	Chili Nouvelle-Zélande	📄			📄	
IP093	RCTA 10	SAR-WG: IAATO Information Submitted Annually to MRCC's with Antarctic Responsibilities	IAATO	📄				
IP094	RCTA 10	Presentación de la nueva Base Antártica Brasileña	Brésil				📄	
IP095	RCTA 10	Instalación de los Módulos Antárticos de Emergencia	Brésil				📄	
IP096	RCTA 10	Demolición de la Base Antártica "Comandante Ferraz" (EACF)	Brésil				📄	
IP097	RCTA 11 CPE 9c	Report on IAATO Operator Use of Antarctic Peninsula Landing Sites and ATCM Visitor Site Guidelines, 2012-13 Season	IAATO	📄				
IP098	RCTA 11	IAATO Guidelines for Short Overnight Stays	IAATO	📄				
IP099	RCTA 4	Rapport 2012-2013 de l'Association internationale des organisateurs de voyages en Antarctique (IAATO)	IAATO	📄	📄	📄	📄	
IP100	RCTA 10	SAR-WG: Joint Search and Rescue Exercise in Antarctica	Chili IAATO	📄				
IP101	CPE 7	IAATO Climate Change Working Group: Report of Progress	IAATO	📄				

Documents d'information

Number	Ag. Item	Title	Submitted By	E	F	R	S	Attachments
IP102	RCTA 11 CPE 9c	Barrientos Island Footpath Erosion	IAATO	⬇				
IP103	RCTA 11	IAATO Overview of Antarctic Tourism: 2012-13 Season and Preliminary Estimates for 2013-14 Season	IAATO	⬇				
IP104	RCTA 5 CPE 13	La Colombie en Antarctique	Colombie	⬇	⬇	⬇	⬇	
IP105	CPE 5	Report of the CEP Observer to the XXXII SCAR Delegates' Meeting	Chili	⬇			⬇	
IP106	RCTA 4	Rapport de l'Antarctic and Southern Ocean Coalition	ASOC	⬇	⬇	⬇	⬇	
IP107	CPE 11	Antarctic Center for Research and Environmental Monitoring, CIMAA: Advances in water quality monitoring and opportunities for cooperation	Chili	⬇			⬇	
IP108	RCTA 13	The Scientific Chilean Program and the international collaboration: Expedition 2012/13	Chili	⬇			⬇	
IP109	RCTA 10	SAR-WG: Decimoquinta Versión de la Patrulla Antártica Naval Combinada entre Chile y Argentina	Chili Argentine				⬇	
IP110	RCTA 13 RCTA 5	Development of Malaysia's Antarctic Research Programme since acceding to the ATS	Malasia	⬇				
IP111	RCTA 16 CPE 9f	Gestion des zones spécialement protégées de l'Antarctique : permis, visites et pratiques d'échange d'informations	Espagne Royaume-Uni	⬇	⬇	⬇	⬇	

Documents du Secrétariat

Number	Ag. Item	Title	Submitted By	E	F	R	S	Attachments
SP001 rev.2	RCTA 3 CPE 2	XXXVIe RCTA et XVIe CPE Ordre du jour et calendrier des travaux	STA	📄	📄	📄	📄	
SP002	RCTA 6	Rapport du Secrétariat 2012/2013	STA	📄	📄	📄	📄	Annexe 3 : Contributions reçues par le Secrétariat du Traité sur l'Antarctique 2012/2013 Décision 4 (2013) Annexe 1 : Rapport financier vérifié 2011/2012 Décision 4 (2013) Annexe 2 : Rapport financier provisoire 2012/2013
SP003 rev.1	RCTA 6	Programme du Secrétariat pour l'exercice 2013/2014	STA	📄	📄	📄	📄	Décision 4 (2013) - Annexe 1 : Rapport prévisionnel de l'exercice financier 2012/2013, budget de l'exercice financier 2013/2014, budget prévisionnel de l'exercice financier 2014/2015 Décision 4 (2013) - Annexe 3 : Grille des salaires 2013/14 Décision 4 (2013) Annexe 2 : Barème des contributions 2014/2015
SP004	RCTA 6	Profil budgétaire quinquennal prévisionnel 2013 - 2017	STA	📄	📄	📄	📄	Profil budgétaire quinquennal prévisionnel 2013 - 2017
SP005	CPE 8b	Liste annuelle des Évaluations préliminaires d'impact sur l'environnement (EPIE) et des Évaluations globales d'impact sur l'environnement (EGIE) menées entre le 1er avril 2012 et le 31 mars 2013	STA	📄	📄	📄	📄	
SP006	CPE 9a	Registre de l'état des plans de	STA	📄	📄	📄	📄	

| Documents du Secrétariat								
Number	**Ag. Item**	**Title**	**Submitted By**	**E**	**F**	**R**	**S**	**Attachments**
		gestion pour les Zones Spécialement Protégées de l'Antarctique et les Zones Gérées Spéciales de l'Antarctique						
SP007	RCTA 14 CPE 7	Mesures prises par le CPE et la RCTA par rapport aux recommandations proposées par la RETA sur le changement climatique	STA	▯	▯	▯	▯	Table with tracked changes
SP012	CPE 2	CEP XVI Summary of Papers	STA	▯				
SP013 rev.1	RCTA 1	Summary of papers Legal and Institutional WG	STA	▯				
SP014 rev.1	RCTA 3	Summary of papers WG Operational matters	STA	▯				
SP015 rev.2	RCTA 11	Summary of papers Tourism WG	STA	▯				
SP016	RCTA 10	Summary of papers SAR/WG	STA	▯				
SP017	RCTA 1	ATCM XXXVI Summary of Papers	STA	▯				
SP018	RCTA 1	List of Registered Delegates	STA	▯				

Documents de contexte

Number	Ag. Item	Title	Submitted By	E	F	R	S	Attachments
BP001	CPE 9b	Antarctic Heritage Trust Conservation Update 2013	Nouvelle-Zélande	📄				
BP002	CPE 8b	Assessing the vulnerability of Antarctic soils to trampling	Nouvelle-Zélande	📄				
BP003	RCTA 10	The Third Antarctic Expedition of Araon (2012/2013)	Corée République de	📄				
BP004	RCTA 13	Scientific & Science-related Collaborations with Other Parties During 2012-2013	Corée République de	📄				
BP005	RCTA 13	CRIOSFERA 1 - A New Brazilian Initiative for the West Antarctic Ice Sheet	Brésil	📄				
BP006	RCTA 13	The Importance of International Cooperation for Brazilian Scientific Research in Antarctica during summer 2012-2013	Brésil	📄				
BP007	RCTA 13	Scientific Results of Brazilian Research in Admiralty Bay	Brésil	📄				
BP008	RCTA 10	Enhancing Australia's Antarctic shipping and aviation systems	Australie	📄				
BP009	RCTA 10 CPE 10a	Australia's new Antarctic cargo and biosecurity operations facility	Australie	📄				
BP010	CPE 9f	Update on Developing Protection for a Geothermal Area: Volcanic Ice Caves at Mount Erebus, Ross Island	Etats-Unis d'Amérique Nouvelle-Zélande	📄				Mandatory Interim Code of Conduct for Mt Erebus Ice Caves
BP011	RCTA 10	Personal and social safety works at Vernadsky station during the season 2011/2012	Ukraine	📄		📄		
BP012	RCTA 13	Research at Vernadsky station in pursuance of the State Special-Purpose Research Program in Antarctica for 2011-2020	Ukraine	📄		📄		
BP013	RCTA 10	Operación Rescate del yate "Mar Sem Fim"	Brésil				📄	
BP014	RCTA 13	SCAR Lecture: "Probing for life at its limits: Technologies for the exploring Antarctic subglacial ecosystems"	SCAR	📄				
BP017	CPE 9e	Antarctic Ocean Legacy Update 1: Securing Enduring Protection for the Ross Sea Region	ASOC	📄				
BP018	RCTA 15	III Concurso Intercolegial sobre Temas Antárticos, CITA 2012	Equateur				📄	
BP019	RCTA 13	Programa de Cooperación Internacional en la Investigación Antártica Ecuatoriana (verano austral 2012-2013)	Equateur				📄	
BP020	RCTA 4 CPE 5	The Scientific Committee on Antarctic Research (SCAR) Selected Science Highlights for	SCAR	📄				

Documents de référence

Number	Ag. Item	Title	Submitted By	E	F	R	S	Attachments
		2012/13						
BP021	RCTA 4 CPE 5	Antarctic climate change and the environment: an update	SCAR	⬚				Antarctic climate change and the environment: an update
BP022	RCTA 15	Examples of educational and outreach activities of the Belgian scientists, school teachers and associations in 2009-2012	Belgique	⬚				
BP023	RCTA 13	Conmemoración del vigésimo quinto aniversario de la primera expedición científica del Perú a la Antártida y Realización de la XXI ANTAR (verano austral 2012-2013)	Pérou				⬚	

3. Liste des participants

3. Liste des participants

PARTICIPANTS: PARTIES CONSULTATIVES				
PARTIE	**TITRE**	**CONTACT**	**FONCTION**	**COURRIEL**
Afrique du Sud	M.	Blows, Jared	Délégué	jblows@samsa.org.za
Afrique du Sud	Adv.	Dwarika, Yolande	Déléguée	DwarikaY@dirco.gov.za
Afrique du Sud	M.	Gordon, Mark	Représentant au CPE	mgordon@environment.gov.za
Afrique du Sud	Mme	Jacobs, Carol	Représentante au CPE	cjacobs@environment.gov.za
Afrique du Sud	M.	Janse Van Noordwyk, Christo	Délégué	JanseVanNoordwykC@dirco.gov.za
Afrique du Sud	Mme	Malefane, Nthabiseng	Suppléante	malefanen@dirco.gov.za
Afrique du Sud	M.	Modiba, Patrick	Délégué	modibap@dot.gov.za
Afrique du Sud	Dr	Mphepya, Jonas	Délégué	jmphepya@environment.gov.za
Afrique du Sud	Amb.	Nkosi, Mxolisi	Chef de délégation	nkosin@dirco.gov.za
Afrique du Sud	Dr	Siko, Gilbert	Délégué	Gilbert.Siko@dst.gov.za
Afrique du Sud	M.	Skinner, Richard	Délégué	Rskinner@environment.gov.za
Afrique du Sud	M.	Smit, Johnny	Délégué	johnnys@atns.co.za
Afrique du Sud	M.	Valentine, Henry	Délégué	hvalentine@environment.gov.za
Allemagne	Mme	Boecker, Frauke	Conseillère	frauke.boecker@diplo.de
Allemagne	M.	Brink, Josef	Délégué	brink-jo@bmj.bund.de
Allemagne	M.	Crocker, Brian	Conseiller	bcrocker@borekair.com
Allemagne	Mme	Fabris, Rita	Conseillère	rita.fabris@uba.de
Allemagne	Dr	Gaedicke, Christoph	Conseiller	christoph.gaedicke@bgr.de
Allemagne	Mme	Guessow, Kerstin	Conseillère	kersin.guesow@bmbf.buud.de
Allemagne	Dr	Hain, Stefan	Conseiller	Stefan.Hain@awi.de
Allemagne	Dr	Herata, Heike	Représentante au CPE	heike.herata@uba.de
Allemagne	M.	Hertel, Fritz	Conseiller	fritz.hertel@uba.de
Allemagne	Mme	Heyn, Andrea	Déléguée	Andrea.Heyn@bmbf.bund.de
Allemagne	Dr	Holfort, Jürgen	Délégué	juergen.holfort@bsh.de
Allemagne	Dr	Kohlberg, Eberhard	Conseiller	eberhard.kohlberg@awi.de
Allemagne	Dr	Lassig, Rainer	Suppléant	504-RL@diplo.de
Allemagne	Dr	Läufer, Andreas	Conseiller	andreas.laeufer@bgr.de
Allemagne	M.	Liebschner, Alexander	Délégué	alexander.liebschner@bfn-vilm.de
Allemagne	M.	Lindemann, Christian	Délégué	christian.lindemann@bmu.bund.de
Allemagne	M.	Lorenz, Sönke	Chef de délégation	504-0@diplo.de
Allemagne	M.	Mengedoht, Dirk	Conseiller	dirk.mengedoht@awi.de
Allemagne	Prof.	Miller, Heinrich	Délégué	heinrich.miller@awi.de
Allemagne	Dr	Ney, Martin	Chef de délégation	Martin.Ney@diplo.de
Allemagne	Dr	Nixdorf, Uwe	Délégué	Uwe.Nixdorf@awi.de
Allemagne	Dr	Vöneky, Silja	Conseillère	silja.voeneky@jura.uni-freiburg.de
Argentine	M.	Adad, Gabriel Carlos	Conseiller	sism@ara.mil.ar
Argentine	M.	Bunge, Carlos	Délégué	bng@mrecic.gov.ar
Argentine	Mr	Conde Garrido, Rodrigo	Délégué	xgr@mrecic.gov.ar
Argentine	M.	Figueroa, Victor Hugo	Conseiller	vfexplorer@yahoo.com
Argentine	M. le Ministre	López Crozet, Fausto	Chef de délégation	digea@mrecic.gov.ar
Argentine	Dr	Marenssi, Sergio	Délégué	smarenssi@dna.gov.ar
Argentine	Dr	Memolli, Mariano A.	Représentant au CPE	drmemolli@gmail.com
Argentine	M.	Monetto, Marcelo	Conseiller	mjmonetto@hotmail.com
Argentine	Mme	Ortúzar, Patricia	Déléguée	portuzar@dna.gov.ar
Argentine	Min.	Pérez Gunella, Sergio	Délégué	sperezgunella@hotmail.com
Argentine	M.	Rodríguez Lamas, Ezequiel	Délégué	rzq@mrecic.gov.ar
Argentine	Lic.	Vereda, Marisol	Conseillère	marisol.vereda@speedy.com.ar
Argentine	Mme	Vlasich, Verónica	Déléguée	vla@mrecic.gov.ar
Australie	Mme	Boyd, Denise	Conseillère	deniseboyd2000@gmail.com
Australie	Dr	Fleming, Tony	Suppléant	tony.fleming@aad.gov.au
Australie	M.	Harper, Scott-Marshall	Délégué	scottmarshall.harper@dfat.gov.au
Australie	Dr	Jabour, Julia	Conseillère	julia.jabour@utas.edu.au

PARTICIPANTS: PARTIES CONSULTATIVES				
PARTIE	**TITRE**	**CONTACT**	**FONCTION**	**COURRIEL**
Australie	S.E.M	Lewis, Duncan	Délégué	gaile.barnes@dfat.gov.au
Australie	Mme	Macmillian, Christine	Déléguée	christine.macmillian@amsa.gov.au
Australie	Mme	McIntyre, Heather	Déléguée	heather.mcintyre@dfat.gov.au
Australie	M.	McIvor, Ewan	Représentant au CPE	ewan.mcivor@aad.gov.au
Australie	Dr	Miller, Denzil	Conseiller	denzil.miller@development.tas.gov.au
Australie	M.	Mundy, Jason	Délégué	Jason.Mundy@aad.gov.au
Australie	Dr	Riddle, Martin	Délégué	martin.riddle@aad.gov.au
Australie	M.	Rowe, Richard	Chef de délégation	Richard.Rowe@dfat.gov.au
Australie	Dr	Tracey, Phillip	Délégué	phil.tracey@aad.gov.au
Belgique	M.	André, François	Représentant au CPE	francois.andre@environnement.belgique.be
Belgique	M.	Chemay, Frédéric	Délégué	frederic.chemay@environnement.belgique.be
Belgique	M.	Hubert, Alain	Conseiller	ah@polarfoundation.org
Belgique	M.	Mayence, Jean-François	Délégué	maye@belspo.be
Belgique	Mme	Mirgaux, Sophie	Déléguée	sophie.mirgaux@milieu.belgie.be
Belgique	M.	Moreau, Roland	Chef de délégation	roland.moreau@environnement.belgique.be
Belgique	Amb.	Otte, Marc	Président RCTA	marc.otte@diplobel.fed.be
Belgique	Directeur Général	Régibeau, Jean-Arthur	Délégué	jean-arthur.regibeau@diplobel.fed.be
Belgique	Dr	Segers, Hendrik	Conseiller	hsegers@naturalsciences.be
Belgique	Directeur	Touzani, Rachid	Délégué	touz@belspo.be
Belgique	Dr	Van de Putte, Anton	Conseiller	antonarctica@gmail.com
Belgique	Mme	Vancauwenberghe, Maaike	Déléguée	maaike.vancauwenberghe@belspo.be
Belgique	M.	Verheyen, Koen	Délégué	koen.verheyen@diplobel.fed.be
Belgique	Mme	Wilmotte, Annick	Suppléante	awilmotte@ulg.ac.be
Brésil	Mme	Bassoi, Manuela	Déléguée	manu.bassoi@gmail.com
Brésil	Mme	Boechat de Almeida, Barbara	Déléguée	barbara.boechat@itamaraty.gov.br
Brésil	M.	Catanzaro Guimarães, Hilton	Délégué	hilton.catanzaro@itamaraty.gov.br
Brésil	C^{dt}	Corrêa Paes Filho, José	Délégué	josepaes@hotmail.com
Brésil	Dr	Gonçalves, Paulo Rogerio	Délégué	Paulo.goncalves@mna.gov.br
Brésil	Dr	Leal Madruga, Jaqueline	Délégué	jaqueline.madruga@mma.gov.br
Brésil	C^{dt}	Leite, Márcio	Délégué	marcio.leite@secirm.mar.mil.br
Brésil	Mme	Schneider Costa, Erli	Déléguée	erli_costa@hotmail.com
Brésil	Vam	Silva Rodrigues, Marcos	Délégué	silva.rodrigues@secirm.mar.mil.br
Brésil	C^{dt}	Teixeira, Antônio José	Délégué	ajvteixeira@hotmail.com
Brésil	M. le Ministre	Vaz Pitaluga, Fábio	Chef de délégation	dmae@itamaraty.gov.br
Bulgarie	M.	Chipev, Nesho	Représentant au CPE	chipev@ecolab.bas.bg
Bulgarie	M.	Ivanov, Tsvetko	Délégué	Tsvetko.Ivanov@bg-permrep.eu
Bulgarie	M.	Mateev, Dragomir	Conseiller	dragomir.mateev@gmail.com
Bulgarie	Prof.	Pimpirev, Christo	Suppléant	polar@gea.uni-sofia.bg
Bulgarie	Mme	Popova, Anna	Déléguée	anna.popova@mfa.bg
Bulgarie	M.	Yordanov, Yordan	Conseiller	agen_i@yahoo.com
Bulgarie	Amb.	Zaimov, Branimir	Chef de délégation	bzaimov@mfa.government.bg
Chili	M.	Cariceo Yutronic, Yanko Jesús	Délégué	ycariceo.12@mma.gob.cl
Chili	Mme	Carvallo, María Luisa	Déléguée	mlcarvallo@minrel.gov.cl
Chili	M.	Ferrada, Luis Valentín	Délégué	lferrada@ssdefensa.cl
Chili	M.	Foxon, Javier	Délégué	jfoxon@minrel.gov.cl
Chili	C^{el}	Guajardo, Claudio	Délégué	guajardo.antartica@gmail.com
Chili	M.	Labra, Fernando	Délégué	cgamboa@minrel.gov.cl
Chili	C^{el}	Madrid, Santiago	Délégué	smadrid@fach.cl
Chili	Mme	Navarrete, Gloria	Déléguée	cgamboa@minrel.gov.cl
Chili	Dr	Retamales, José	Suppléant	jretamales@inach.cl

PARTICIPANTS: PARTIES CONSULTATIVES				
PARTIE	TITRE	CONTACT	FONCTION	COURRIEL
Chili	M.	Sainz, Manuel	Délégué	msainz@fach.cl
Chili	C^el	San Martín, Guillermo	Délégué	gsanmartin@emco.mil.cl
Chili	M.	Sanhueza, Camilo	Chef de délégation	csanhueza@minrel.gov.cl
Chili	M.	Sepulveda, Victor	Délégué	vsepulveda@armada.cl
Chili	Mme	Vallejos, Verónica	Représentante au CPE	vvallejos@inach.cl
Chili	M.	Velasquez, Ricardo	Délégué	rvelasquezo@dgtm.cl
Chine	Deuxième Secrétaire	Kong , Xiangwen	Conseiller	kong_xiangwen@mfa.gov.cn
Chine	M.	Qu, Tanzhou	Conseiller	chinare@263.net.cn
Chine	M.	Qu, Wensheng	Chef de délégation	qu_wensheng@mfa.gov.cn
Chine	M.	Wei, Long	Conseiller	chinare@263.net.cn
Chine	M.	Yang, Lei	Conseiller	chinare@263.net.cn
Chine	Mme	Yu, Xinwei	Conseillère	chinare@263.net.cn
Chine	M.	Zhang, Tijun	Conseiller	chinare@263.net.cn
Chine	M.	Zhuo, Li	Conseiller	zhuoli@msa.gov.cn
Corée (Rép. de)	Dr	Ahn, In-Young	Représentant au CPE	iahn@kopri.re.kr
Corée (Rép. de)	Dr	Choi, Chang-yong	Conseiller	subbuteo@hanmail.net
Corée (Rép. de)	M.	Chung, Kee-young	Chef de délégation	weltgeist@gmail.com
Corée (Rép. de)	Dr	Kim, Yeadong	Délégué	ydkim@kopri.re.kr
Corée (Rép. de)	Dr	Kim, Ji Hee	Conseiller	jhalgae@kopri.re.kr
Corée (Rép. de)	Mme	Kim, Yunok	Conseillère	kimyunok@gmail.com
Corée (Rép. de)	Prof.	Lee, Dr. Woo-shin	Conseiller	krane@snu.ac.kr
Corée (Rép. de)	M.	Lee, Seung-wook	Conseiller	SWLEE2006@Korea.kr
Corée (Rép. de)	M.	Seo, Young-min	Délégué	ymseo05@mofa.go.kr
Corée (Rép. de)	Dr	Seo, Hyun kyo	Délégué	shkshk@kopri.re.kr
Corée (Rép. de)	Dr	Shin, Hyoung Chul	Délégué	hcshin@kopri.re.kr
Corée (Rép. de)	M.	Yang, Seoung-jo	Délégué	ysj102msw@korea.kr
Équateur	Mme	Cajiao, Daniela	Conseillère	danicajiao@gmail.com
Équateur	Mme	Jijon, Rosa	Conseillère	rosajijon@gmail.com
Équateur	M.	Maldonado, Jorge	Délégué	jmaldonado@mmrree.gob.ec
Équateur	Capt.	Olmedo Morán, José	Chef de délégation	pinguino.olmedo@yahoo.com
Équateur	Commandant	Pazmiño, Pablo	Conseiller	pipm467@hotmail.com
Équateur	Mme	Serrano, Mariana	Déléguée	mserrano@mmrree.gov.ec
Espagne	M.	Catalan, Manuel	Représentant au CPE	cpe@mineco.es
Espagne	M.	Muñoz de Laborde Bardin, Juan Luis	Chef de délégation	juanluis.munoz@maec.es
Espagne	M.	Ojeda, Miguel Angel	Délégué	maojeda@cmima.csic.es
Espagne	Mme	Puig Marco, Roser	Conseillère	pruigmar@gmail.com
Espagne	Mme	Ramos, Sonia	Déléguée	sonia.ramos@mineco.es
États-Unis	Amb.	Balton, David	Délégué	baltonda@state.gov
États-Unis	M.	Bloom, Evan T.	Chef de délégation	bloomet@state.gov
États-Unis	Contre-amiral	Brown, Peter	Conseiller	peter.j.brown@uscg.mil
États-Unis	Mme	Cooper, Susannah	Suppléante	cooperse@state.gov
États-Unis	Mme	Dahood-Fritz, Adrian	Déléguée	adahood@nsf.gov
États-Unis	M.	Edwards, David	Délégué	david.l.edwards@uscg.mil
États-Unis	Mme	Engelke-Ros, Meggan	Déléguée	meggan.engelke-ros@noaa.gov
États-Unis	Dr	Falkner, Kelly	Déléguée	kfalkner@nsf.gov
États-Unis	Mme	Hessert, Aimée	Déléguée	hessert.aimee@epamail.epa.gov
États-Unis	M.	Israel, Brian	Délégué	israelbr@state.gov
États-Unis	Dr	Karentz, Deneb	Conseillère	karentzd@usfca.edu
États-Unis	Mme	Landry, Mary	Déléguée	mary.e.landry@uscg.mil
États-Unis	Capt.	Martin, Peter	Délégué	peter.f.martin@uscg.mil
États-Unis	M.	Naveen, Ron	Conseiller	oceanites.mail@verizon.net
États-Unis	Dr	O'Reilly, Jessica	Conseillère	jessyo@gmail.com

383

PARTICIPANTS: PARTIES CONSULTATIVES				
PARTIE	TITRE	CONTACT	FONCTION	COURRIEL
États-Unis	Dr	Penhale, Polly A.	Représentante au CPE	ppenhale@nsf.gov
États-Unis	M.	Rudolph, Lawrence	Délégué	lrudolph@nsf.gov
États-Unis	M.	Stone, Brian	Délégué	bstone@nsf.gov
États-Unis	Mme	Trice, Jessica	Déléguée	trice.jessica@epamail.epa.gov
États-Unis	M.	Watters, George	Délégué	George.Watters@noaa.gov
États-Unis	Mme	Wheatley, Victoria	Conseillère	vewheatley@gmail.com
Fédération de Russie	Mme	Antonova, Anna	Déléguée	avant71@yandex.ru
Fédération de Russie	Mme	Bystramovich, Anna	Déléguée	antarc@mcc.mecom.ru
Fédération de Russie	M.	Gonchar, Dmitry	Chef de délégation	dp@mid.ru
Fédération de Russie	M.	Kremenyuk, Dmitry	Délégué	d.kremenyuk@fishcom.ru
Fédération de Russie	M.	Lukin, Valery	Suppléant	lukin@aari.ru
Fédération de Russie	M.	Masolov, Valerii	Délégué	pom@aari.ru
Fédération de Russie	Mme	Molyakova, Marina	Déléguée	dp@mid.ru
Fédération de Russie	M.	Pomelov, Victor	Délégué	pom@aari.ru
Fédération de Russie	M.	Tsaturov, Yuri	Délégué	tsaturov@mecom.ru
Fédération de Russie	M.	Voevodin, Andrey	Délégué	pom@aari.ru
Finlande	M.	Kalakoski, Mika	Conseiller	mika.kalakoski@fimr.fi
Finlande	Mme	Leisti, Hanna	Conseillère	hanna.leisti@fmi.fi
Finlande	Mme	Mähönen, Outi	Représentant au CPE	outi.mahonen@ely-keskus.fi
Finlande	Mme	Naskila, Annika	Suppléante	annika.naskila@formin.fi
Finlande	Mme	Valjento, Liisa	Chef de délégation	liisa.valjento@formin.fi
France	M.	Babkine, Michel	Délégué	michel.babkine@pm.gouv.fr
France	Mme	Belna, Stéphanie	Représentante au CPE	stephanie.belna@developpement-durable.gouv.fr
France	Dr	Choquet, Anne	Déléguée	annechoquet@orange.fr
France	Mme	Dalmas, Dominique	Représentante au CPE	dominique.dalmas@interieur.gouv.fr
France	Dr	Frenot, Yves	Représentant au CPE	yves.frenot@ipev.fr
France	Dr	Guyomard, Ann-Isabelle	Déléguée	ann-isabelle.guyomard@taaf.fr
France	M.	Guyonvarch, Olivier	Chef de délégation	olivier.guyonvarch@diplomatie.gouv.fr
France	M.	Lebouvier, Marc	Représentant au CPE	marc.lebouvier@univ-rennes1.fr
France	M.	Mayet, Laurent	Délégué	laurent.mayet@diplomatie.gouv.fr
France	M.	Reuillard, Emmanuel	Délégué	emmanuel.reuillard@taaf.fr
France	Amb.	Rocard, Michel	Délégué	laurent.mayet@diplomatie.gouv.fr
Inde	Dr	Bhat, Kajal	Déléguée	bhatkajal@yahoo.com
Inde	Dr	Mohan, Rahul	Délégué	rahulmohangupta@gmail.com
Inde	Dr	Rajan, Sivaramakrishnan	Chef de délégation	rajan.ncaor@gmail.com
Inde	Dr	Sharma, R K	Délégué	rks@nic.in
Inde	Dr	Tiwari, Anoop	Délégué	anooptiwari@ncaor.org
Italie	Amb.	Fornara, Arduino	Chef de délégation	arduino.fornara@esteri.it
Italie	M.	Frezzotti, Massimo	Délégué	massimo.frezzotti@enea.it
Italie	Ing.	Mecozzi, Roberta	Déléguée	roberta.mecozzi@enea.it
Italie	Dr	Tamburelli, Gianfranco	Délégué	gtamburelli@pelagus.it
Italie	Mme	Tomaselli, Maria Stefania	Déléguée	tomaselli.stefania@minambiente.it
Italie	Dr	Torcini, Sandro	Délégué	sandro.torcini@enea.it
Japon	M.	Hasegawa, Shuichi	Délégué	SHUICHI_HASEGAWA@env.go.jp
Japon	Prof	Motoyoshi, Yoichi	Délégué	motoyoshi@nirp.ac.jp
Japon	Dr	Suginaka, Atsushi	Chef de délégation	atsushi.suginaka@mofa.go.jp
Japon	Mme	Takeda, Sayako	Déléguée	sayako_takeda@nm.maff.go.jp
Japon	M.	Teramura, Satoshi	Délégué	satoshi_teramura@env.go.jp

PARTICIPANTS: PARTIES CONSULTATIVES				
PARTIE	**TITRE**	**CONTACT**	**FONCTION**	**COURRIEL**
Japon	Prof.	Watanabe, Kentaro	Délégué	kentaro@nipr.ac.jp
Japon	Prof	Yamonouchi, Takashi	Délégué	yamanou@nipr.ac.jp
Norvège	Mme	Askjer, Angela Lahelle-Ekholdt	Déléguée	angela.askjer@jd.dep.no
Norvège	Mme	Eikeland, Else Berit	Chef de délégation	ebe@mfa.no
Norvège	Mme	Gaalaas, Siv Christin	Déléguée	scg@nhd.dep.no
Norvège	M.	Guldahl, John E.	Conseiller	john.guldahl@npolar.no
Norvège	M.	Halvorsen, Svein Tore	Délégué	sth@md.dep.no
Norvège	Mme	Ingebrigtsen, Hanne Margrethe	Déléguée	hanne.margrethe.ingebrigtsen@jd.dep.no
Norvège	Mme	Johansen, Therese	Déléguée	therese.johansen@mfa.no
Norvège	Mme	Korsvoll, Marie Helene	Déléguée	mhk@md.dep.no
Norvège	Mme	Njaastad, Birgit	Représentante au CPE	njaastad@npolar.no
Norvège	M.	Solberg, Stein	Conseiller	stein.solberg@jrcc-stavanger.no
Norvège	Mme	Strengehagen, Mette	Déléguée	mette.strengehagen@mfa.no
Norvège	M.	Svanes, Tønnes	Conseiller	tonnes.svanes@mfa.no
Norvège	M.	Winther, Jan-Gunnar	Délégué	winther@npolar.no
Nouvelle-Zélande	Mme	Dempster, Jillian	Chef de délégation	Jillian.Dempster@mfat.govt.nz
Nouvelle-Zélande	Dr	Gilbert, Neil	Suppléant	n.gilbert@antarcticanz.govt.nz
Nouvelle-Zélande	Mme	Kendall, Rachel	Déléguée	rachel.kendall@mfat.govt.nz
Nouvelle-Zélande	M.	MacKay, Don	Délégué	don_maria_mackay@msn.com
Nouvelle-Zélande	Mme	Newman, Jana	Déléguée	j.newman@antarcticanz.govt.nz
Nouvelle-Zélande	M.	Sanson, Lou	Délégué	l.sanson@antarcticanz.govt.nz
Nouvelle-Zélande	Mme	Stent, Danica	Déléguée	dstent@doc.govt.nz
Nouvelle-Zélande	M.	Williams, Andrew	Délégué	andrew.williams@mfat.govt.nz
Nouvelle-Zélande	M.	Wilson, Dave	Délégué	david.wilson@martimenz.govt.nz
Pays-Bas	Prof. Dr	Bastmeijer, Kees	Conseiller	c.j.bastmeijer@uvt.nl
Pays-Bas	M.	Brandt, Patrick	Conseiller	Patrick.Brandt@minbuza.nl
Pays-Bas	Mme	Elstgeest, Marlynda	Conseillère	marlynda@waterproof-expeditions.com
Pays-Bas	M.	Hernaus, Reginald	Conseiller	Reggie.hernaus@minienm.nl
Pays-Bas	Mme	Kock, Hetty	Déléguée	hetty.kock@minienm.nl
Pays-Bas	Prof. Dr	Lefeber, René J.M.	Chef de délégation	rene.lefeber@minbuza.nl
Pays-Bas	drs. ir.	Martijn, Peijs	Conseiller	m.w.f.peijs@mineleni.nl
Pays-Bas	Mme	Nachtegaal, Anja	Déléguée	anja.nachtegaal@kustwacht.nl
Pays-Bas	Mme	Noor, Liesbeth	Conseillère	l.noor@nwo.nl
Pays-Bas	M.	Pieter, VAN BAREN	Conseiller	xxx@xxx.nl
Pays-Bas	Drs	van der Kroef, Dick A.	Conseiller	d.vanderkroef@nwo.nl
Pérou	Mme	Bello, Cinthya	Déléguée	cinthyabch@gmail.com
Pérou	M.	Del Aguila, Oswaldo	Conseiller	odelaguila@embaperu.be
Pérou	Amb.	Isasi-Cayo, Fortunato	Conseiller	fisasi@rree.gob.pe
Pérou	Amb.	Velasquez, María Elvira	Chef de délégation	evelasquez@rree.gob.pe
Pologne	M.	Dybiec, Leszek	Délégué	Leszek.Dybiec@minrol.gov.pl
Pologne	Dr	Kidawa, Anna	Déléguée	akidawa@arctowski.pl
Pologne	M.	Kułaga, Łukasz	Délégué	lukasz.kulaga@msz.gov.pl
Pologne	M.	Marciniak, Konrad	Délégué	konrad.marciniak@msz.gov.pl
Pologne	Amb.	Misztal, Andrzej	Chef de délégation	Andrzej.Misztal@msz.gov.pl
Pologne	Prof.	Symonides, Janusz	Délégué	januszsymonides@poczta.onet.pl
Pologne	Dr	Tatur, Andrzej	Délégué	tatura@interia.pl
Pologne	Mme	Wieczorek, Renata	Déléguée	Renata.Wieczorek@minrol.gov.pl
Royaume-Uni	M.	Burgess, Henry	Représentant au CPE	henry.burgess@fco.gov.uk

PARTICIPANTS: PARTIES CONSULTATIVES				
PARTIE	TITRE	CONTACT	FONCTION	COURRIEL
Royaume-Uni	Mme	Clarke, Rachel	Déléguée	racl@bas.ac.uk
Royaume-Uni	M.	Dinn, Michael	Délégué	medi@bas.ac.uk
Royaume-Uni	M.	Downie, Rod	Délégué	rhd@bas.ac.uk
Royaume-Uni	Mme	Fawkner-Corbett, Isabelle	Déléguée	Isabelle.Fawkner-Corbett@fco.gov.uk
Royaume-Uni	Mme	Fothergill, Clare	Déléguée	Clathe@bas.ac.uk
Royaume-Uni	M.	Hall, John	Délégué	jhal@bas.ac.uk
Royaume-Uni	Dr	Hughes, Kevin	Délégué	kehu@bas.ac.uk
Royaume-Uni	M.	Khan, Akbar	Délégué	akbar.khan@fco.gov.uk
Royaume-Uni	M.	McKie, Roland	Délégué	Roly.McKie@mcga.gov.uk
Royaume-Uni	Mme	Rumble, Jane	Chef de délégation	Jane.Rumble@fco.gov.uk
Royaume-Uni	Dr	Shears, John	Délégué	jrs@bas.ac.uk
Royaume-Uni	Mme	Taylor, Victoria	Déléguée	victoria.taylor@fco.gov.uk
Suède	Amb.	Ödmark, Helena	Chef de délégation	helena.odmark@foreign.ministry.se
Suède	Mme	Selberg, Cecilia	Représentante au CPE	cecilia.selberg@polar.se
Suède	M.	Tornberg, Henrik	Délégué	henrik.tornberg@polar.se
Suède	M.	Widell, Lars	Délégué	lars.widell@sjofartsverket.se
Ukraine	M.	Fedchuk, Andrii	Délégué	andriyf@gmail.com
Ukraine	Dr	Lytvynov, Valerii	Chef de délégation	uac@uac.gov.ua
Ukraine	M.	Tereshchenko, Artur	Conseiller	uac@uac.gov.ua
Ukraine	Mme	Tereshchenko, Zoia	Conseillère	uac@uac.gov.ua
Uruguay	Lic.	Abdala, Juan	Représentant au CPE	jabdala@iau.gub.uy
Uruguay	Min. Dr	González Otero, Alvaro	Chef de délégation	alvaro.gonzalez@mrree.gub.uy
Uruguay	M.	Lluberas, Albert	Suppléant	alexllub@iau.gub.uy
Uruguay	Dr	Vignali, Daniel	Conseiller	dvignal@adinet.com.uy

PARTICIPANTS: PARTIES NON CONSULTATIVES				
PARTIE	TITRE	CONTACT	FONCTION	COURRIEL
Autriche	Min. plénipot.	Hack, Norbert	Suppléant	BRUESSEL-OB@bmeia.gv.at
Autriche	Dr	Sattler, Birgit	Suppléante	birgit.sattler@uibk.ac.at
Autriche	Amb.	Schramek, Karl	Chef de délégation	BRUESSEL-OB@bmeia.gv.at
Belarus	M.	Filimonau, Uladzimir	Délégué	vladivaf2010@mail.ru
Belarus	M.	Gaidashov, Alexey	Délégué	alexis_33@inbox.ru
Belarus	Prof.	Loginov, Vladimir F.	Délégué	nature@ecology.basnet.by
Belarus	M.	Rahozin, Ihar	Chef de délégation	depzam@pogoda.by
Canada	M.	Sadar, Kamuran	Chef de délégation	kamuran.sadar@ec.gc.ca
Colombie	Mme	Barrios, Lina María	Déléguée	linambarrios@dimar.mil.co
Colombie	Brigadier général	Forero Montealegre, José Francisco	Délégué	gordoforero@hotmail.com
Colombie	M.	Higuera, Javier	Délégué	javier.higuera@cancilleria.gov.co
Colombie	Mme	Mikan, Sandra Lucía	Déléguée	sandra.mikan@cancilleria.gov.co
Colombie	M.	Molano, Mauricio	Délégué	mmolano@minambiente.gov.co
Colombie	Capt. de navire	Molares Babra, Ricardo	Délégué	ricardomolares@yahoo.com
Colombie	Mme	Pelaez, Carolina	Déléguée	carolina.pelaez@cancilleria.gov.co
Colombie	M.	PONGUTA, Nestor	Conseiller	nestor.ponguta@cancilleria.gov.co
Colombie	Capt. de navire	Reyna, Julian Augusto	Délégué	oceano@cco.gov.co
Colombie	Amb.	Rivera Salazar, Rodrigo	Chef de délégation	rodrigo.rivera@cancilleria.gov.co
Colombie	Mme	Alba Marina, Lancheros	Personnel	albamla@hotmail.com
Cuba	Mme	Viera Gallardo, Yudith	Déléguée	oficome4@embacuba.be
Grèce	Dr	Gounaris, Emmanuel	Chef de délégation	d01@mfa.gr
Hongrie	M. le Ministre	Andras, BALOGH	Conseiller	albalogh@MPA.GOV.HU
Hongrie	M.	Gergely, Balazs	Conseiller	balazs.gergely@mfa.gov.hu
Malaisie	Prof.	Abu Samah, Azizan	Suppléant	azizans@um.edu.my

PARTICIPANTS: PARTIES NON CONSULTATIVES				
PARTIE	TITRE	CONTACT	FONCTION	COURRIEL
Malaisie	Dr	Hamzah, B.Ahmad	Conseiller	bahamzah@pd.jaring.my
Malaisie	M.	Ho, Koon Seng	Délégué	ksho@mosti.gov.my
Malaisie	Mme	Jayaseelan, Sumitra	Déléguée	sumitra@mosti.gov.my
Malaisie	Dr	Mohd Nor, Salleh	Conseiller	salleh.mohdnor@gmail.com
Malaisie	Prof.	Mohd Shah, Rohani	Conseiller	rohanimohdshah@yahoo.com
Malaisie	Dr	Yahaya, Mohd Azhar	Chef de délégation	drazhary@mosti.gov.my
Monaco	S.E.M.	Fautrier, Bernard	Conseiller	bfautrier@gouv.mc
Monaco	S.E.M.	TONELLI, Gilles	Conseiller	gtonelli@gouv.mc
Monaco	Dél.	Van Klaveren, Céline	Suppléante	cevanklaveren@gouv.mc
Monaco	M.	Van Klaveren, Patrick	Chef de délégation	pvanklaveren@gouv.mc
Portugal	Dr	Xavier, José	Conseiller	jxavier@zoo.uc.pt
République slovaque	Dr	Kovacova, Hana	Déléguée	hana.kovacova@mzv.sk
République tchèque	M.	Bartak, Milos	Conseiller	mbartak@sci.muni.cz
République tchèque	M.	Galuška, Vladimír	Chef de délégation	nmgv@mzv.cz
République tchèque	Dr	Kapler, Pavel	Conseiller	kapler@sci.muni.cz
République tchèque	M.	Prošek, Pavel	Conseiller	prosek@sci.muni.cz
République tchèque	Dr	Smuclerova, Martina	Suppléante	Martina_Smuclerova@mzv.cz
République tchèque	M.	Venera, Zdenek	Représentant au CPE	zdenek.venera@geology.cz
Roumanie	Mme	Badescu, Adina	Déléguée	adina.badescu@roumanieAmb.be
Roumanie	Dr	Cotta, Mihaela	Déléguée	mihaelacotta@yahoo.com
Roumanie	M.	Puie, David	Conseiller	david.puie@coleeurope.eu
Roumanie	Amb.	Tinca, Stefan	Chef de délégation	olivia.toderean@roumanieAmb.be
Roumanie	Mme	Toderean, Olivia	Suppléante	olivia.toderean@roumanieAmb.be
Roumanie	Dr	Toparceanu, Florica	Déléguée	florisci@hotmail.com
Suisse	Conseiller	Beltrametti, Siro	Suppléant	siro.beltrametti@eda.admin.ch
Suisse	Attaché	Charlet, François	Délégué	francois.charlet@eda.admin.ch
Suisse	Amb.	de Cerjat, Bénédict	Délégué	benedict.decerjat@eda.admin.ch
Suisse	Dr	Dürler, Reto	Chef de délégation	reto.duerler@eda.admin.ch
Suisse	Prof. em.	Schlüchter, Christian	Conseiller	schluechter@eo.unibe.ch
Turquie	M.	Tabak, Haluk	Délégué	takbam@takbam.org
Turquie	M.	Türkel, Mehmet Ali	Chef de délégation	takbam@takbam.org
Turquie	M.	Türkel, Ebuzer	Délégué	takbam@takbam.org
Venezuela	Dr	Barreto, Guillermo	Chef de délégation	despacho.barreto@gmail.com
Venezuela	Capt. de corbette	Carlos, Castellanos	Délégué	luispibernat@gmail.com
Venezuela	M.	Francesco, FERNANDEZ	Conseiller	frangollen@gmail.com
Venezuela	Lic.	Gilberto, Jaimes	Délégué	gilbertojaimes@gmail.com
Venezuela	Capt. de frégate	Javier, Méndez Guerrero	Délégué	luispibernat@gmail.com
Venezuela	Capt. de navire	Luis, Pibernart	Délégué	luispibernat@gmail.com
Venezuela	Dr	Sira, Eloy	Délégué	esira@ivic.gob.ve

PARTICIPANTS: OBSERVATEURS				
PARTIE	TITRE	CONTACT	FONCTION	COURRIEL
CCAMLR	Dr	Jones, Christopher	Représentant au CPE	chris.d.jones@noaa.gov
CCAMLR	Dr	Reid, Keith	Conseiller	keith.reid@ccamlr.org
CCAMLR	M.	Wright, Andrew	Chef de délégation	andrew.wright@ccamlr.org
COMNAP	Mme	Rogan-Finnemore, Michelle	Chef de délégation	michelle.finnemore@comnap.aq
SCAR	Dr	Badhe, Renuka	Déléguée	rb302@cam.ac.uk
SCAR	Prof.	Chown, Steven L.	Représentant au CPE	steven.chown@monash.edu

SCAR	Prof	Kennicutt, Mahlon (Chuck)	Délégué	m-kennicutt@tamu.edu
SCAR	Prof	López-Martínez, Jerónimo	Délégué	jeronimo.lopez@uam.es
SCAR	Dr	Sparrow, Mike	Chef de délégation	mds68@cam.ac.uk
SCAR	Prof.	Wadham, Jemma	Déléguée	j.l.wadham@bristol.ac.uk

PARTICIPANTS: EXPERTS				
PARTIE	TITRE	CONTACT	FONCTION	COURRIEL
ASOC	M.	Barnes, James	Chef de délégation	james.barnes@asoc.org
ASOC	Mme	Barrett, Jill	Conseillère	j.barrett@biicl.org
ASOC	M.	Bauman, Mark	Conseiller	mbauman@ngs.org
ASOC	Mme	Benn, Joanna	Conseillère	jbenn@pewtrusts.org
ASOC	M.	Bodin, Svante	Conseiller	svante@iccinet.org
ASOC	M.	Campbell, Steve	Conseiller	steve@antarcticocean.org
ASOC	M.	Chen, Jiliang	Conseiller	julian@antarcticocean.org
ASOC	Mme	Christian, Claire	Conseillère	Claire.Christian@asoc.org
ASOC	M.	Hajost, Scott	Conseiller	scotthajost@yahoo.com
ASOC	Mme	Kavanagh, Andrea	Conseillère	akavanagh@pewtrusts.org
ASOC	M.	Keey, Geoff	Conseiller	geoff.keey@gmail.com
ASOC	M.	Leape, Gerry	Conseiller	gleape@pewtrusts.org
ASOC	Mme	Mattfield, Donna	Conseillère	donna@antarcticocean.org
ASOC	M.	Nicoll, Rob	Conseiller	robertanicoll@yahoo.com
ASOC	M.	Page, Richard	Délégué	richard.page@greenpeace.org
ASOC	Mme	Pearson, Pam	Conseillère	pampearson44@gmail.com
ASOC	Dr	Roura, Ricardo	Représentant au CPE	ricardo.roura@worldonline.nl
ASOC	M.	Tak, Paulus	Conseiller	ptak@pewtrusts.org
ASOC	Dr	Tin, Tina	Conseillère	tinatintk@gmail.com
ASOC	M.	Tsidulko, Grigory	Conseiller	grigory@antarcticocean.org
ASOC	M.	Werner Kinkelin, Rodolfo	Conseiller	rodolfo.antarctica@gmail.com
IAATO	Dr	Crosbie, Kim	Chef de délégation	kimcrosbie@iaato.org
IAATO	M.	de Keyser, Marc	Conseiller	marc.achiel@gmail.com
IAATO	Mme	Haase, Janeen	Déléguée	jhaase@iaato.org
IAATO	Mme	Hohn-Bowen, Ute	Déléguée	ute@antarpply.com
IAATO	Mme	Holgate, Claudia	Représentante au CPE	cholgate@iaato.org
IAATO	M.	Inman, Michael	Conseiller	MInman@HollandAmerica.com
IAATO	M.	Rootes, David	Suppléant	david.rootes@antarctic-logistics.com
IAATO	Mme	Schillat, Monika	Déléguée	Monika@antarpply.com
IAATO	Mme	Vareille, Isabelle	Déléguée	ivareille@ponant.com
OHI	M.	Ward, Robert	Chef de délégation	robert.ward@iho.int
UICN	Mme	McConnell, Martha	Chef de délégation	martha.mcconnell@iucn.org
OMM	M.	Ondras, Miroslav	Chef de délégation	mondras@wmo.int
OMM	M.	Pendlebury, Steve	Suppléant	stevefp@bigpond.com

PARTICIPANTS: SECRÉTARIATS				
PARTIE	TITRE	CONTACT	FONCTION	COURRIEL
ATS	M.	Acero, José Maria	Suppléant	tito.acero@antarctictreaty.org
ATS	M.	Agraz, José Luis	Personnel	pepe.agraz@antarctictreaty.org
ATS	Mme	Balok, Anna	Personnel	anna.balok@antarctictreaty.org
ATS	M.	Davies, Paul	Personnel	littlewest2@googlemail.com
Secrétariat PH	M.	Marsia, Luc	Secrétaire général (Pays hôte)	luc.marsia@diplobel.fed.be
ATS	Mme	Guretskaya, Anastasia	Personnel	a.guretskaya@googlemail.com
ATS	Dr	Reinke, Manfred	Chef de délégation	manfred.reinke@antarctictreaty.org
ATS	M.	Wainschenker, Pablo	Personnel	pablo.wainschenker@antarctictreaty.org
ATS	Prof.	Walton, David W H	Personnel	dwhw@bas.ac.uk
ATS	M.	Wydler, Diego	Personnel	diego.wydler@antarctictreaty.org
Trad. & Interprètes	M.	Barchenkov, Alexander	Personnel	project@itamalta.com

PARTICIPANTS: SECRÉTARIATS				
PARTIE	**TITRE**	**CONTACT**	**FONCTION**	**COURRIEL**
Trad. & Interprètes	Mme	Beauvez, Ingrid	Personnel	project@itamalta.com
Trad. & Interprètes	Mme	Bocharova, Elena	Personnel	project@itamalta.com
Trad. & Interprètes	Mme	Castell, Monica	Personnel	project@itamalta.com
Trad. & Interprètes	Mme	DaletChine, Dina	Personnel	project@itamalta.com
Trad. & Interprètes	M.	Dodon, Oleg	Personnel	project@itamalta.com
Trad. & Interprètes	Mme	Dusaussoy, Chloe	Personnel	project@itamalta.com
Trad. & Interprètes	M.	Fermin, Marc	Personnel	project@itamalta.com
Trad. & Interprètes	Mme	Hamdini, Nadia	Personnel	project@itamalta.com
Trad. & Interprètes	Mme	Henkinet, Laurence	Personnel	project@itamalta.com
Trad. & Interprètes	Mme	Hourmatallah, Hind	Personnel	accounts@itamalta.com
Trad. & Interprètes	Mme	Ignatova, Evgenia	Personnel	project@itamalta.com
Trad. & Interprètes	Mme	Janybek Kyzy, Elmira	Personnel	intergov@itamalta.com
Trad. & Interprètes	M.	Klevansky, Anton	Personnel	project@itamalta.com
Trad. & Interprètes	Mme	Koreneva, Julia	Personnel	project@itamalta.com
Trad. & Interprètes	Mme	Lantsuta-Davis, Ludmila	Personnel	project@itamalta.com
Trad. & Interprètes	Mme	Leyden, Gabrielle	Personnel	project@itamalta.com
Trad. & Interprètes	Mme	Niang, Anna	Personnel	project@itamalta.com
Trad. & Interprètes	Mme	Ooms, Anita	Personnel	project@itamalta.com
Trad. & Interprètes	M.	Titouah, Rachid	Personnel	corporate@itamalta.com
Trad. & Interprètes	Mme	Tomkins, Marion	Personnel	project@itamalta.com
Trad. & Interprètes	M.	Van Delft, Jozef	Personnel	project@itamalta.com
Trad. & Interprètes	M.	Zingale, Ricardo	Personnel	project@itamalta.com